Norma Lorre Goodrich
Die Ritter von Camelot

Norma Lorre Goodrich

Die Ritter von Camelot

König Artus, der Gral und die Entschlüsselung einer Legende

Aus dem Englischen
von Peter Knecht

Verlag C.H.Beck München

John Hereford Howard
der Luft, Land und Meer kennt und Heere und Schlachten
und Schiffe, Brücken und Häfen, der sich auch auf die Auswertung
von Luftaufnahmen versteht und mir mit seinem reichen Wissen
eine unschätzbar wertvolle Hilfe war. Er ist gemeinsam mit mir
auf den Straßen gefahren und an den römischen Wällen gewandert,
ist mit mir hinaufgestiegen zu den Festungen auf den Hügeln,
hat all die alten Stätten erkundet und unbestechlich
die Wahrheit gesucht.

Die Originalausgabe des Werkes erschien 1986 unter dem Titel
„King Arthur" im Verlag Franklin Watts, Inc., New York.
Eine Taschenbuchausgabe erschien 1989 im Verlag
Harper & Row, Inc., New York.
© 1986 by Norma Lorre Goodrich. Published by Arrangement with Author.

Mit 10 Abbildungen, 9 Karten und einer Stammtafel

Die Deutsche Bibliothek – CIP-Einheitsaufnahme

Goodrich, Norma Lorre:
Die Ritter von Camelot : König Artus, der Gral und
die Entschlüsselung einer Legende /
Norma Lorre Goodrich. Aus dem Engl. von Peter
Knecht. –
München : Beck, 1994
ISBN 3 406 38171 5

ISBN 3 406 38171 5

© C.H. Beck'sche Verlagsbuchhandlung (Oscar Beck), München 1994
Satz: C. H. Beck'sche Buchdruckerei, Nördlingen
Druck und Bindung: Ebner Ulm
Gedruckt auf alterungsbeständigem,
aus chlorfrei gebleichtem Zellstoff hergestelltem Papier
Printed in Germany

Inhalt

Einleitung
Ille Arturus: Der große König Artus

1. Der verschollene König 7
2. Die Welt des König Artus 21
3. Art und Methoden der Untersuchung 39

Erster Teil
König Artus

1. Der Historiker: Geoffrey von Monmouth 53
2. Geoffreys Vita des König Artus 62
3. Die zwölf Schlachten 84
4. Die Krönung des König Artus 106

Zweiter Teil
Die Entführung der Königin Guinevere

1. Die Romane 134
2. Die Version der Geschichte aus Glastonbury 155
3. Die Entführung der Königin 173
4. Lancelots Fahrt 193
5. König Lancelot 213
6. Meleagants Tod 234

Dritter Teil
Die Gralskönige

1. Perceval und andere Heilige 255
2. Heilige Genealogien 269
3. Percevals Verwandte 284
4. Wegweiser zur Gralsburg 299
5. Die Gralszeremonie 310

Vierter Teil
Der letzte Akt

1. Die Schlacht bei Camlan 327
2. Die Burgen des König Artus 339
3. Die Tafelrunde 354

4. Die Insel Avalon 372
5. Neue Erkenntnisse: Percevals Thronbesteigung 393
6. Zusammenfassung und Schluß: König Artus,
   Legende und historische Wahrheit 410

Anhang

1. Alte Quellen 426
2. Bedeutende arthurische Texte des Hochmittelalters 427
3. Bedeutende arthurische Texte des englischen Spätmittelalters 428
4. Geoffrey von Monmouth 428
5. Arthurs Ofen 431
6. Ausschnitt aus der Chronik des Helinand de Froidmont,
   Eintrag für das Jahr 718 439
7. Zeittafel 440
8. Genealogien 445

Stammbaum der Campbells 446
Karten und Abbildungen 448
Danksagung 449
Literaturverzeichnis 451
Register 477

Einleitung
Ille Arturus: Der große König Artus

1. Der verschollene König

«If King Arthur did not live, he should have.»
Sir Winston Churchill

Es war an einem bemerkenswert stillen Heiligen Abend vor etwa fünfzehn Jahren, als ich in einem altfranzösischen Text etwas entdeckte, was meiner Arbeit die Richtung wies: Ich beschloß, die Herausforderung, welche die Dichter und Gelehrten des Mittelalters an uns gerichtet haben, anzunehmen, den Rätseln und Geheimnissen, die König Artus und sein Reich umgeben, gegenüberzutreten – und diese Rätsel zu lösen. Zuerst und vor allem aber sollte der Beweis geführt werden, daß König Artus eine historische Person war, daß er wirklich existiert hat.

Wer war er? Ein mannhafter Mann, ein Sohn, ein Bruder, ein Gatte, ein Onkel? Ein wohlwollender Förderer junger Talente, selber ein erfahrener, berühmter Kämpfer? Einer, dem es gegeben war, alles Krumme gerade zu richten, letzte und höchste Instanz in Zeiten der Not? Ein idealer Herrscher, in dem Recht und Gerechtigkeit und harmonische Ordnung sich verkörperten? Verteidiger des keltischen Reichs, rettender Held seines Volks? Der größte und beste aller Könige?

Oder war er aus dem Stoff, aus dem Dichtung und Legende sind: mythischer Heros der Kelten, Herrscher über ein Reich voller Zauber, der nichtsdestoweniger den Ehebruch seiner Frau, den Verrat eines mächtigen Vasallen erleben mußte? Sicher ist, daß kein anderer Held des Mittelalters eine derart herausragende Position in einer vergleichbar großen Zahl von Werken der Weltliteratur einnimmt wie König Artus. Wer würde nicht davon gefesselt, wenn Sir Thomas Malory Aufstieg und Fall von König Artus' keltischem Reich schildert? Und wen rührte nicht Alfred Lord Tennysons «coming» und «passing» des Artus? In Deutschland und Skandinavien, in der Schweiz und in Frankreich, in England, Wales, Schottland und Irland, im ganzen westlichen Kulturkreis haben bedeutende Dichter mit Leidenschaft und Genie diese Figur immer wieder beschworen und sie an die verschiedensten Orte in Britannien oder in Frankreich versetzt.

Was immer König Artus einst gewesen sein mag, für die meisten heute ist er ein bloßer Mythos, ein körperloser Schatten, verborgen unter jenem grauen Zauberschleier, von dem die walisischen Barden erzählen, eine Gestalt, die von der Westklippe der Burg Camelot unverwandt hinausblickt über das Reich.

Und doch sind das Geheimnis, das König Artus und sein Reich umgibt, und die Rätsel um den widerspenstigen Lancelot, um die seltsame Königin Guinevere bis heute höchst lebendig geblieben und beschäftigen die Phantasie der Menschen. Wer war König Artus? Guinevere? Lancelot? Wo haben wir Camelot, Avalon, die Tafelrunde zu suchen? Was war der Heilige Gral?

Die Gelehrten des Mittelalters hatten es mit genau denselben Fragen zu tun wie wir. Ihnen standen allerdings nur wenige Hilfsmittel zur Verfügung, und sie waren vom Wissen ihrer Kollegen weitgehend oder ganz abgeschnitten, und so gelang es ihnen nicht, überzeugende Antworten zu finden. Wenn man bedenkt, wie ärmlich die Bibliotheken ausgestattet waren (in der Regel jedenfalls), daß Disziplinen wie die Geschichtswissenschaft, die Anthropologie, die Archäologie und die Sprachwissenschaften noch gar nicht existierten, daß es kaum möglich war, Reisen zu unternehmen, so wird einem ohne weiteres klar, daß sie kaum eine Chance hatten, die Spuren, die sie bis in König Artus' Zeiten hätten führen können, zurückzuverfolgen. Diese Epoche war im Lauf des Mittelalters immer tiefer im Dunkel der Geschichte versunken. Viele Wissenschaftler gaben es einfach auf und ließen König Artus und seine Welt mehr und mehr im Nebel des Mythischen entschwinden.

Und trotz alledem, obwohl diesen Gelehrten und Dichtern nicht einmal Wörterbücher zur Verfügung standen, kopierten, entzifferten, studierten und übersetzten sie, so gut sie es eben vermochten, immer wieder Handschriften aus jenem unübersehbar großen Korpus von Werken, die von König Artus, seinem Reich und seinem Hof berichteten. Sie waren ebenso gefesselt, ja besessen von diesem Gegenstand wie wir heute, und nicht wenige haben ihm ein ganzes Lebenswerk gewidmet.

Ihre Fragen und Rätsel sind auch die unseren. Um zu vernünftigen Antworten zu gelangen, müssen wir mit den frühesten Zeugnissen

1. Der verschollene König

beginnen und von Jahrhundert zu Jahrhundert, von einem Text zum nächsten vorwärtsschreiten. Es ist Zeit, Licht in das alte Gemäuer von Camelot zu bringen.

Wer war König Artus oder *Arturus*? Warum hat man diesen König von Britannien nirgends finden können? Wo lag sein Königreich? Gibt es einen realen Ort, den wir mit Camelot identifizieren können? Konnten Lancelot und Guinevere von seinen Zinnen hinabschauen und sehen, wie die Barke mit der toten Jungfrau vorüberglitt?

Avalon, die Insel, die sich irgendwo im Meer um Britannien verbirgt, dort, wo die wildesten Stürme toben, erhebt sich aus den Texten allzu realistisch schön, um bloß erfunden zu sein. Es scheint offensichtlich, daß einige mittelalterliche Autoren gewußt haben müssen, wo sie lag. Einer von ihnen, ein Kleriker auf Zypern, besaß ein (heute verlorenes) Manuskript, das aus der Stadt Carlisle in Britannien stammte. Er war damals schon zu alt, um große Reisen zu unternehmen, aber wir heute können das sehr wohl tun. Und es gibt noch andere Texte, denen wir Angaben über die Route von des Königs Burg in Carlisle zur Gralsburg entnehmen können. Hat denn nie jemand diese Spuren verfolgt? Carlisle, heute an der Autobahn M6 gelegen, ist und war kein unbedeutender Ort – schon die Gelehrten des Mittelalters und die fahrenden Sänger noch früherer Zeiten konnten ihn sehr leicht finden, und wir heutzutage erst recht. Jene Ortsangaben sind klar, wenngleich unvollständig. Das ist kein Zufall: Welcher König würde denn bis ins Detail genau den Weg zu dem Ort beschreiben, wo er seine Schätze aufbewahrt? Und wir wissen, und zwar von einem glaubwürdigen Zeugen, dem kontinentaleuropäischen Verfasser einer Enzyklopädie, daß jene Anlage tatsächlich etwas dergleichen war: ein prächtiger «Palast», ein gewaltiger Goldschatz, ein Schatzhaus, Kunstwerke genug, um einen König damit freizukaufen – in einer Landschaft mit kleinen Bächen und exotischen, tropischen Pflanzen gelegen. Allerdings ist nur ein einziges Stück aus diesem Schatz, das königliche Schwert Excalibur, im Lauf der Jahrhunderte je wieder aufgetaucht.

Vor einiger Zeit hat ein renommierter schottischer Sprachwissenschaftler herausgefunden, und zwar durch rein etymologische Forschungen, wo die Flotte von König Artus ihren Heimathafen hatte. Jahrhundertelang hatte Artus als Reiterkrieger, als «Ritter» gegolten – als ob Britannien jemals, sei es von einem König oder sonstwem, mit Hilfe von *Reitertruppen* erfolgreich verteidigt worden wäre! Hier wie auch in anderen Zusammenhängen können wir bei der Deutung mittelalterlicher Texte, insbesondere wenn wir es dabei mit Übersetzungen zeitgenössischer oder sehr viel älterer Quellen zu tun haben, von Erkenntnissen der Sprachwissenschaft profitieren.

Was nun speziell den Gral anlangt, so gibt es ein neues Zeugnis, das Folgerungen darüber erlaubt, ob König Artus Heide war oder nicht. Weil niemand so genau wußte, was der Gral eigentlich war und wo man ihn zu suchen hatte, behaupteten die meisten Gelehrten, und zwar bis auf den heutigen Tag, der Gral sei gar kein wirkliches Ding, sondern ein reines Phantasieprodukt. Die einschlägigen Handschriften waren schwer zugänglich und sind erst seit kurzem in gedruckten Ausgaben allgemein verfügbar – aus diesem Grund hatten nur wenige Wissenschaftler überhaupt Gelegenheit, die Quellen genau zu studieren. Behauptungen und Gegenbehauptungen schwirrten durch die Luft, wenn das Thema des Grals berührt wurde. So frage ich jetzt: Ist es möglich, daß König Artus, wie die ältesten Quellen behaupten, Christ war? In diesem Zusammenhang werden wir die Beschreibung eines Gottesdienstes, die in jüngerer Zeit in Deutschland entdeckt und in Schottland veröffentlicht wurde, zu einem Text in Beziehung setzen, der im Hochmittelalter in der Abtei Glastonbury geschrieben wurde und der ebenfalls von diesem Gottesdienst des Artus berichtet. Auch die Existenz des Grals kann heute bewiesen werden, ganz unabhängig davon, wie man die Fragen um König Artus beurteilen mag.

Und was ist mit Artus' Gemahlin Guinevere, jener so imposanten und doch angeblich so unmoralischen Königin? Unter den mittelalterlichen Autoren gab es etliche Frauenhasser, die aus dem Skandal Profit zu schlagen versuchten und Guinevere als Ehebrecherin verleumdeten. Sie waren derart eifrig damit beschäftigt, das Königspaar und seinen Vasallen Lancelot mit Schmutz zu bewerfen, daß sie darüber ganz vergaßen, sich mit den konkreten Lebensumständen der Königin zu befassen, etwas über ihre Herkunft, ihre Erziehung, ihre Stellung herauszufinden. Es müssen dies in jeder Hinsicht außergewöhnliche Umstände gewesen sein, da nicht einmal die Orthographie von Guineveres Namen genau festgestellt werden kann – selbst der gelehrte Geoffrey von Monmouth ist sich nicht sicher. Und niemand hat ihr je zugetraut, daß sie in Wirklichkeit eine heldische Kriegerkönigin Britanniens war.

Lancelot erging es nicht besser. Niemand machte sich auch nur die Mühe, seinen Namen richtig zu buchstabieren – überliefert wurde immer nur die französische Übersetzung davon –, und kein Mensch kümmerte sich um die Frage seiner Herkunft (obwohl die Texte darüber gewissenhaft Auskunft geben), wo er gekrönt wurde, wo er herrschte und was es mit dieser Herrschaft auf sich hatte – man zog es vor, sich in Spekulationen über sein ehebrecherisches Treiben zu ergehen. Warum fällt das Urteil über einen Mann, der doch eine wahrhaft glänzende Karriere im Dienst des Königs hinter sich hat, derart übel aus? Und weiter: Wenn Lancelot ein bloß literarischer Epenheld wäre, dann müßte doch seine Geschichte eigentlich mit einer Totenfeier enden. Aber wie ist er denn gestorben? Wie ist es zu erklären, daß eine derart bedeutende Person so einfach aus den Texten verschwindet oder, in Ungnade gefallen, unbeachtet im Abseits verdämmert?

Wir sind heute nicht mehr gezwungen, alle diese Klatschgeschichten ungeprüft für bare Münze zu nehmen. Es ist in diesem Zusammenhang wichtig, darauf hinzuweisen, daß jeder der alten Autoren abgeschlossen von der Welt in einem Kloster oder Skriptorium arbeitete und daß er oft nur einen einzigen Text als Quelle zur Verfügung hatte (und auch diesen vielleicht nur leihweise und für eine begrenzte Zeit). Und es muß angenommen werden, daß er oder sie – denn gerade hier darf Marie de France keinesfalls vergessen werden – nicht *frei* forschen konnte, sondern Vorgaben von Auftraggebern und Gönnern zu berücksichtigen hatte.

Zudem ist nicht ohne weiteres zu erwarten, daß ein mittelalterlicher Autor, der mindestens sechshundert Jahre nach dem Untergang der arthurischen Welt schrieb, besonderes Einfühlungsvermögen und Verständnis für diese Epoche und ihre Menschen besaß. Und diese Autoren waren auch keineswegs alle Briten, und viele arthurische Werke wurden fern von Britannien verfaßt. Einer von ihnen war unser Gelehrter («Kleriker» heißt es im Text) auf Zypern, der dort bereits seit vierzig Jahren lebte. Sein Buch ist eine der besten Quellen, die wir überhaupt besitzen, obwohl der Verfasser, wie er selbst dem Leser versichert, ein uralter Mann von hundertfünf Jahren war, als eine adelige Gönnerin, die Burggräfin von Baruch, das Werk in Auftrag gab.

Nur weniges von dem arthurischen Material, das auf uns gekommen ist, beschreibt die Dinge aus einer Perspektive, die für König Artus, seine Gemahlin und für Lancelot günstig ist. Es scheint, als ob Artus das Feld seinen Feinden überlassen habe, als er sich in seine sichere Zufluchtsstätte auf der Insel Avalon zurückzog. Lancelot und Gawain müssen damals schon tot gewesen sein. Derartige

Vermutungen sind auch früher schon geäußert worden, aber niemand hat sie weiterentwickelt.

Wer hat also dann diese Geschichten erzählt? Die, die überlebten und das Erbe des Artus antraten: Die Feinde des Königs in der Schlacht bei Camlan, der letzten großen, tragischen Schlacht im Westen.

Wenn die Überlebenden der Schlacht bei Camlan die Urheber jener Geschichten sind, so sind sie vielleicht auch diejenigen, die dafür sorgten, daß die offiziellen Aufzeichnungen über König Artus' Regierung vernichtet wurden? Diese verschollenen Dokumente sollen im zwölften Jahrhundert in Oxford wiederaufgetaucht sein, aber es gibt auch Grund zu der Vermutung, daß etwa zur selben Zeit Fragmente davon in der Stadt Troyes in Frankreich verfügbar gewesen sind. Vermutlich schöpfte der früheste Bericht über König Artus aus jenen fragmentarisch erhaltenen offiziellen Quellen.

Es gibt Texte, in denen behauptet wird, das königliche Archiv sei der Obhut der Königin Guinevere anvertraut gewesen. Die frühesten Berichte über Artus beruhen nicht einfach auf Erfindung. Es gibt zu viele präzise und korrekte Angaben zu Geographie, Geschichte, Politik jener Zeit, über Ereignisse, Sitten und Bräuche, Orte, Straßen, Flußübergänge etc. Und diese frühen Texte, niedergeschrieben im Mittelalter, haben in ihrem Charakter so viel Annalenhaftes, daß sie unmöglich auf bloßer Fiktion beruhen können.

Andere Quellen, die als besonders glaubwürdig gelten, versichern uns, daß es Merlin war, der das Amt eines offiziellen Geschichtsschreibers und Archivars in König Artus' Reich versah. Gewiß, Darstellungen der bildenden Kunst zeigen uns Merlin mit einer Schriftrolle in der Hand. Aber wo sind die Annalen geblieben? Wurden sie ausgesondert und später vielleicht vernichtet?

Dergleichen ist auch anderswo vorgekommen: Wir wissen von Fällen, in denen historisches Beweismaterial unterdrückt und so die Weitergabe von Wissen über bestimmte Ereignisse für alle Zeiten verhindert wurde. Die Geschichten über finstere Machenschaften großer Männer, die alle mißliebigen schriftlichen Zeugnisse unterdrückten, sind Legion.

Eines aber wissen wir sicher: Unter den britannischen Königen alter Zeit ist Artus der einzige, der immer noch populär ist und dem Zuneigung in einem Maß entgegengebracht wird, die an Verehrung grenzt. Und unter den alten Helden ist er der einzige, den alle mit Jubel als ihren eingeborenen Sohn für sich in Beschlag nehmen möchten – die Bretagne, England und Cornwall im Südwesten der

Insel. Aber alle diese Ansprüche sind problematisch: Sie stützen sich nicht auf eigentlich historische Quellen, sondern auf jüngere Literatur, die offensichtlich fiktional und geradezu lächerlich unglaubwürdig ist.

Die intelligenteren unter den Autoren schöpften bei ihrer Arbeit alle Quellen, die der großen Literatur ganz legitimerweise zur Verfügung stehen, aus. Aber was bedeutet das für uns? Wenn Autoren zum Beispiel feststellten, daß Geburt, Herkunft und Kindheit des König Artus im dunkeln lagen, so verzagten sie nicht, sondern borgten sich kurzerhand eine Seite oder zwei aus der Geschichte von Zeugung und Geburt des Herkules aus – eine überaus passende Lösung des Problems. Soviel wir wissen, glaubten sie, Artus sei auf der Burg Tintagel geboren. Und sie wußten – wie jedermann, der die alte britische Landkarte des Ptolemäus studiert hatte –, daß diese Burg Tintagel südlich von Hartland Point an der Küste von Cornwall lag, wo sich während der römischen Besatzungszeit eine Kultstätte des Herkules befand. Wenn diese Autoren lasen – ohne das in irgendeiner Weise in Frage zu stellen –, das «Heldenkind» Artus habe im zarten Knabenalter das Schwert aus dem Stein gezogen, so ließen sie in ihrem Bericht eine ganz ähnliche Großtat des jungen Theseus im antiken Athen durchschimmern. Wenn sie lasen, Artus habe sich zum Nachkömmling eines römischen Patriziers erklärt, so ließen sie ihn konsequent ein römisches Tabu gegen den Tod einhalten – als ein echter Römer stieg er «aus dem Leben hinab», und das bedeutet in seinem Fall: er fuhr dahin, um «wiederzukommen». Wenn wir solche Texte lesen, die aus einer höchst lebendigen Vorstellungskraft heraus geschaffen wurden und in welche die ganze mythologische Gelehrsamkeit des Mittelalters einging, verstehen wir wieder einmal, daß fast alle große Literatur untrennbar mit dem Mythos verbunden ist.

Zum Glück besitzen wir das Zeugnis eines Zeitgenossen des König Artus, das uns Kunde von diesem Herrscher und sogar ein festes Datum gibt: das Jahr 500. Diesem Zeugen verdanken wir auch Erkenntnisse über die Laufbahn des Königs und seinen Rang als Heerführer, er erwähnt die zwölf siegreichen Schlachten, vor allem die am Berg Badon, die der Autor deswegen gut kannte, weil er aus jener Gegend stammte. Mit beißender Kritik zog er über die britischen Könige her, die Camlan überlebt und Artus' Erbe angetreten hatten. Weiter besitzen wir ein episches Werk, das unweit von Edinburgh nur wenige Jahrzehnte nach Artus' Tod entstand und das die außerordentlichen militärischen Talente des Königs preist. Ein späterer

Chronist stellte die zwölf Schlachten in einer Liste zusammen und befaßte sich besonders mit dem glänzenden Triumph, den Artus im letzten dieser Kämpfe errang: Hier wurde der sächsischen Aggression in Britannien für mehr als zwanzig Jahre Einhalt geboten. In diesem Zusammenhang wird es von Interesse sein, zu hören, was die Experten für britische Militärgeschichte herausgefunden haben.

Walisische Gelehrte haben schon vor über hundert Jahren ein Hauptwerk uralten bardischen Geheimwissens vom walisischen Volk und dessen Vorfahren, die einst im Norden Britanniens lebten, ins Licht der Öffentlichkeit entlassen, und die Wissenschaft unserer Zeit verdankt dieser Publikation ganz enorme Fortschritte: Die Rede ist von den *Annales Cambriae,* den *Jahrbüchern von Wales.* Das Studium dieses Werks hat etwas unvergleichlich Wertvolles erbracht – den vielfachen und detaillierten Beweis für die Existenz eines historischen König Artus.

Ausgehend von einer soliden historischen Grundlage, habe ich mich auf der Suche nach bestimmten Details mit römischen Landkarten befaßt, die von ausgezeichneter Qualität sind und denen man den Verlauf von Straßen sowie Namen und Lage der Befestigungen an diesen Verkehrswegen entnehmen kann. Ich wollte etwa, um ein Beispiel zu nennen, herausfinden, wie lange man brauchte, um auf den kleinen Reitpferden, die zu Artus' Zeit üblich waren, das Land zu durchqueren, und von welchen Zentren die einzelnen Routen ausgingen. Wenn man solche Berechnungen zugrunde legt, wird es möglich, etwa zu sehen, wie Lancelot, nachdem er an dem Ort, den der französische Autor «Steinpassage» nennt, auf bewaffnete Wächter getroffen war, weiter in den hohen Norden ritt, oder wir können den Spuren des geheimnisvollen Reiters Perceval folgen, der als junger Krieger von einem wohlwollenden Mentor und Gönner zum nächsten reiste, um schließlich am Ende der Strecke beim Gral anzukommen.

Letztlich suche auch ich nichts Geringeres als den Weg zur Gralsburg, die nicht für alle Zeiten *terra incognita* bleiben kann – da doch die Inseln Britanniens klar und deutlich auf den Generalstabskarten verzeichnet sind.

Ein genauer Blick auf Perceval wird uns endlich das Geheimnis um die Flucht des verwundeten Artus vom Schlachtfeld auf seine abgeschiedene Festung auf Avalon enthüllen. Es wird sich zeigen, wer jene Königinnen, die ihn fortbrachten, wirklich waren, und speziell das Rätsel um die Hohe Witwe von Camelot wird gelöst werden. Kein Sieger von Camlan, wer immer es auch war, hätte es je gewagt, dieser Frau einen Wunsch abzuschlagen oder sie zu brüskieren. Wenn wir die verschiedenen Beziehungen, die hier wirksam waren, analysieren, werden wir auch auf die Gründe stoßen, die das Handeln der Personen leiteten.

Bis in jüngere Zeit hinein haben viele Wissenschaftler sich der Hoffnung hingegeben, die Figur des Artus im Mythos dingfest machen zu können. Sir John Rhys und Sir Edmund K. Chambers, zwei der bedeutendsten Artus-Forscher Britanniens, hielten den König für eine alte keltische Gottheit, vielleicht ein Fruchtbarkeitsgott. Alle historische Wahrheit um Artus scheint mit ihm in den Nebeln um Avalon entschwunden zu sein.

Kaum etwas wird von Artus nach dem Jahr 542 berichtet – vermutlich ist dies also sein Todesjahr. Französische Historiker (nämlich die Gelehrten Turgot und Vérémont) haben schon im achtzehnten Jahrhundert die Behauptung aufgestellt, König Artus sei während der Regierungszeit des Justinian (483–565) gestorben. Solange die *Jahrbücher von Wales* nicht verfügbar waren, besaß die Wissenschaft nur wenige und verstreute Zeugnisse von Historikern. Auffallend ist jedoch die Tatsache, daß nach dem Jahr 542 viele junge Männer von hoher und höchster Geburt den Namen *Arthur* tragen. Es ist dies aber ein keineswegs gewöhnlicher Name: Vor König Artus ist er nirgends belegt, und die lateinische Version *Arturus* findet sich überhaupt nirgends sonst. Wahrscheinlich hatten also jene Namensgeber späterer Zeiten immer den verschollenen König des spätantiken Britannien im Sinn.

Dann plötzlich im Jahr 1136 stießen, offenbar zufällig, die besten Schriftsteller des zwölften Jahrhunderts auf schriftliche Quellen, die von dem verschollenen König der Vorzeit, von seiner Gemahlin und von Lancelot, dem Kommandeur seiner Truppen, Kunde gaben. Man hat immer behauptet, der erste französische Autor von Rang, Chrétien de Troyes, weiche in seinem Bericht von dem Geoffreys von Monmouth ab, des ersten englischen Autors (der freilich lateinisch schrieb). Wir werden aber sehen, daß jeder der beiden von einer annalistischen Quelle ausging und daß diese Quellen eben nicht, wie immer angenommen wurde, im Widerspruch zueinander standen.

Es begann ein wilder Wettstreit, alle möglichen Autoren stürzten sich auf den Artus-Stoff, die einen begeistert, die anderen boshaft – sie waren sich mit Gewißheit nicht einmal darin einig, daß Artus wirklich existiert hatte (obwohl Geoffrey von Monmouth das klar gezeigt hatte). Geoffreys Nachfolger in Britannien und auf dem Kontinent kümmerten sich nicht darum, ob Artus lebendig war oder tot, wirklich oder bloß mythisch, gut oder böse, ein König der Vorzeit oder eines künftigen Reiches – ihnen genügte es, daß er einen guten Romanstoff hergab.

Sozusagen in einem Augenblick aber fiel der Vorhang des Geheimnisses wieder und verbarg die Figur des König Artus erneut, als die Kampagne gegen Geoffrey von Monmouth begann: Beschuldigungen, er sei ein Lügner und Fälscher und ein korrupter Lohnschreiber gewesen, flogen hin und zurück – der Streit hielt Generationen von Mönchen und Dichtern, Äbten und Höflingen, Historikern und Bischöfen in Atem. Der Lärm drang in die entlegensten Winkel des mittelalterlichen Europa. Während die Aufmerksamkeit aller auf diesen Disput gerichtet war, verschwanden jene Schätze von unermeßlichem Wert: die schriftlichen Quellen. Könige und Fürsten verspielten die Handschriften, verkauften sie auf den Kreuzzügen, verpfändeten sie, um sich aus der Gefangenschaft loszukaufen, verloren sie auf Zypern oder verschenkten sie, ohne eine Ahnung von ihrem Wert zu haben. All die Zeit bis heute schien dieser Verlust unwiederbringlich. Aber die Methoden der modernen Wissenschaft ermöglichen es uns, mit dem zu arbeiten, was wir haben – das Korpus der arthurischen Literatur, vielleicht das größte Korpus von Schriften zu einem Stoff, das es in der gesamten Weltliteratur gibt –, und aus jenen Texten aus zweiter oder dritter Hand, die zumeist im zwölften oder dreizehnten Jahrhundert niedergeschrieben wurden, die verlorenen Original-Aufzeichnungen zu rekonstruieren.

Der Zauber, der von König Artus ausging, begann um die Mitte des zwölften Jahrhunderts Touristen nach Britannien zu locken. Mönche aller Orden und aus sämtlichen Klöstern des Kontinents, so scheint es, zogen durchs Land, besonders durch Cornwall. Überall in Britannien finden sich Orte, die Artus' Namen tragen – dieser König ist eine Figur, auf die jeder nationalbewußte Brite stolz ist. Aber einige dieser «arthurischen» Stätten gehen auf das zweite Jahrtausend vor Christus zurück! Auch ich bin mit Begeisterung über die Klippen bei Tintagel geklettert, habe die Monolithen in Stonehenge abgezählt, habe von «Merlins Höhle» aus auf die See hinausgeblickt. Ich bin über die Weiden hoch über dem Golden Valley in Wales gewandert, obwohl die Stätte dort, die den Namen «Arthurs Grab» trägt, ganz offensichtlich aus der Jungsteinzeit stammt. Ich

1. Der verschollene König

bin durch die Ruinen des Klosters Glastonbury spaziert und habe den «Tor» angestaunt und mich gefragt, ob wohl Lancelot wirklich diesen Steilhang hinaufreiten konnte, um am Grab der Guinevere zu beten. Und bin wieder heimgefahren mit der Erkenntnis: Das ist alles recht unwahrscheinlich.

Vieles ist schlicht lächerlich. Artus war kein Mensch des Mittelalters oder der höfischen Zeit, als das Rittertum in Blüte stand. Seine Krieger, wohl etwa 150 Leute, waren keine gar fröhlichen Ritter in eisernem Kleide. Er wurde nicht auf der Burg Tintagel geboren – diese wurde erst im Zeitalter der steinernen Festungsbauten errichtet, also nicht vor dem zwölften oder dreizehnten Jahrhundert. (Immerhin: zu Artus' Zeit hat es möglicherweise an der Stelle der Burg ein keltisches Eremitenkloster gegeben.) Und mit der arthurischen Würde der übrigen oben erwähnten Weihestätten ist es auch nicht weit her, Glastonbury eingeschlossen (mag das Kloster auch sonst durchaus mit Recht als heiliger und altehrwürdiger Ort gelten) – ähnliches läßt sich von Bath, Dover, South Cadbury, Winchester, Salisbury, London, York, den Orten in Cornwall und von der Bretagne sagen.

Es ist keine leichte Aufgabe, der Legende, die Jahrhunderte hindurch ungestört gedeihen und immer neue Blüten hervortreiben durfte, entgegenzutreten. In den Händen von Sir Thomas Malory, der den Niedergang seines eigenen Zeitalters im fünfzehnten Jahrhundert schilderte und sich dabei der Geschichte von Aufstieg und Fall des vorzeitlichen keltischen Reichs von König Artus bediente, und in denen von Alfred Lord Tennyson und anderen verwandelten sich das wirkliche Leben und die Taten des Artus in Stoff der hohen Tragödie.

Romane und Komödien haben in der Neuzeit ein übriges getan, den wirklichen Artus aus dem Bewußtsein zu verdrängen: Die meisten Menschen kommen nicht einmal mehr auf die Idee, daß dieser König tatsächlich gelebt und regiert haben könnte. So erging es diesem einst hochberühmten Helden, dem Verteidiger des Keltentums, dem größten und besten aller Könige! Tapfer soll er gewesen sein und gewaltig, kühn und listig, von allen geehrt und geliebt – ein gerechter, idealer Herrscher. Die Historiker gingen immer ganz selbstverständlich davon aus, daß er ganz Britannien regiert habe. Heute haben sie gelernt, mit Superlativen etwas vorsichtiger umzugehen.

Die Geschichtswissenschaft lehrt aber nach wie vor, König Artus habe ganz Britannien gegen eine Invasion von See her verteidigt. Die

Historiker konnten sich auf erstklassige Quellen berufen, wenn sie behaupteten, daß Artus den sächsischen Eroberern für eine beachtliche Zeitspanne Einhalt gebot und daß er aus all seinen Kämpfen als Sieger hervorging, bis er endlich in der letzten Schlacht tödlich verwundet wurde. Nur sehr wenige Gelehrte sind heute noch der Ansicht, daß er in Cornwall kämpfte oder daß er dort geboren wurde – aus dem ganz einfachen Grund, weil die Sachsen zu Artus' Zeit niemals nach Cornwall vorgedrungen sind. Was die Waliser betrifft, so haben diese nie behauptet, daß Artus in jener Gegend, die *heute* Wales heißt, geboren und erzogen worden sei – noch weniger, daß er gar aus Frankreich, aus der keltischen Bretagne, stamme. Die Historiker sind die kompliziertesten Irrwege gegangen, um eine Stadt in England zu finden, in deren Nähe der große Sieg am Berg Badon erfochten wurde. Sie nahmen an, «Badon» bedeute *Bath* – aber das ist natürlich kein *Berg*. Sie behaupteten auch, Avalon sei mit Glastonbury identisch – aber dieses Kloster liegt oder lag nun wirklich nicht gerade auf einer Insel mitten im Meer! Sie stellten sich vor, Artus sei an der südenglischen Küste bei Portland Bill gelandet, also dort, wo einst die Römer britannischen Boden betraten. Manche, so auch Malory, glaubten, er sei in Dover gelandet, wo die Römer einen Leuchtturm erbaut hatten. Bisweilen vermutete man den Wald von Brocéliande in Schottland, wo schon die antike Landkarte des Ptolemäus ein Waldgebiet angezeigt hatte und wo auch Geoffrey von Monmouth sich das, was er «Arthurs Wald» nannte, dachte. Die Franzosen freilich suchen Brocéliande noch heute unverzagt irgendwo in der keltischen Bretagne, haben aber noch keine Spur davon finden können. Es ist aber wohl ein Irrtum anzunehmen, *Brocéliande* sei ein französisches Wort – in Wahrheit handelt es sich, wie im folgenden gezeigt werden wird, um die schlechte Übersetzung einer keltisch-britannischen Ortsbezeichnung. Das Problem, das in diesem Wort steckt, ist phonetischer Natur und einigermaßen simpel.

Historiker, die sich mit der angelsächsischen Geschichte befassen, weisen darauf hin, es sei unmöglich, daß Artus seine Schlachten auf *englischem* Boden gewonnen habe, denn aus der *Chronik der Angelsachsen* gehe klar hervor, daß die Sachsen England zu Lebzeiten des Königs eroberten und daß diese Gebiete seither immer sächsisch geblieben seien. Man muß deswegen, wenn bezeugt wird, Artus habe in «Salisbury» bei «Winchester» gekämpft, die Möglichkeit in Betracht ziehen, daß diese Ereignisse in einem *anderen* als dem südenglischen Salisbury, in der Nähe eines *anderen*

1. Der verschollene König

Orts namens Winchester stattgefunden haben. Und Malory war im Irrtum, als er jene Burg des Artus, von der im französischen Text die Rede war, nämlich von «Snowdon West Castle», einfach «Westminster» nannte und sie damit nach London ans Ufer der Themse verpflanzte. In neuerer Zeit hat ein Historiker aus Winchester ganz entschieden festgestellt, daß es keine Verbindung zwischen dieser alten Stadt und König Artus gibt. Und Winchester erhebt nicht den Anspruch, in jener hölzernen Tischplatte, die man dort aufbewahrt, die wirkliche «Tafelrunde» des König Artus zu besitzen.

Viele englische Historiker ließen sich von den Mythen und Mystifikationen der arthurischen Literatur entmutigen. Nur Spezialisten für mittelalterliche Sprachen sind die Texte im Original zugänglich; noch schwieriger wird die Lektüre dadurch, daß der Leser sich mit den individuellen Eigenheiten jedes einzelnen Autors in Stil und Wortwahl vertraut machen muß. Es gab im Mittelalter keine Grammatiken für Altfranzösisch und keine Wörterbücher. Jeder schrieb so, wie er es eben für richtig hielt – und das macht die Sache für den heutigen Leser unendlich kompliziert. Viele der Historiker, die sich mit Schwanenrittern, bösen Königen, Riesen, Drachen, Schwertbrücken, wirren Hinweisen auf Inzest, Ehebruch, Verrat konfrontiert sahen, waren nur allzu gern bereit, die Finger von König Artus und seinem angeblichen Reich zu lassen und ihn den altfranzösischen Romanautoren nicht weiter streitig zu machen.

Eine gründliche Kenntnis des Altfranzösischen ist unabdingbar, wenn man die Schriften des zwölften und dreizehnten Jahrhunderts verstehen will; Französisch war damals in Britannien die offizielle Landessprache. Diese Sprachkompetenz ist, wie sich zeigen wird, der Schlüssel, der uns die Türen zu neuen Erkenntnissen öffnet – der es uns erlaubt, nicht allein die Oberfläche der Texte, sondern auch ihren tiefer verborgenen, geheimen Sinn zu durchdringen.

Ein anderer Schlüssel liegt in dem besonderen Ansatz der Untersuchung. Ich gehe davon aus, daß Artus im Britannien der Vorzeit lebte, in einer Region und einer Epoche, aus der praktisch keine historiographischen Aufzeichnungen welcher Art auch immer erhalten sind. Wenn wir nun etwa vor der Aufgabe stehen, den Geburtsort des Königs zu finden, so werden wir nicht nach den Ruinen eines mittelalterlichen Schlosses Ausschau halten, sondern nach den heute kaum mehr sichtbaren Spuren eines alten Erdwalls, nach einer Befestigungsanlage, wie sie in jener Vorzeit üblich war. Und wir denken uns Artus nicht in Regionen, die er unmöglich erobert haben kann, sondern in einem Teil Britanniens, der von den Sachsen nicht überrannt wurde. Wir unternehmen gar nicht erst den Versuch, ihn in Cornwall zu finden oder in England oder im heutigen Wales, wo in den Herrscherlisten sein Name nirgends erwähnt wird. Es ist unbedingt notwendig, die Zeit genau im Auge zu behalten, denn das Jahr 542, als man Artus von der Küste Britanniens auf seine verborgene Insel brachte, sei es, um ihn zu heilen, sei es, um ihn nach irgendwelchen uralten Riten zu bestatten, markiert das Ende einer Epoche. In gewissem Sinn war er wirklich der «letzte Römer», wie die Historiker ihn oft genannt haben, der letzte König der antiken Welt. Nach seinem Tod setzt die in Quellen und Dokumenten festgehaltene «geschichtliche» Epoche ein. Artus fiel, und zur selben Zeit fiel Rom. Ostengland war bereits in sächsischer Hand; dort stieg ein neues Geschlecht imponierend tatkräftiger sächsischer Könige auf – die es dennoch niemals schafften, sei es vor oder nach dem Tod des Artus, ihre Herrschaft in seinem Reich über lange Zeit hinweg zu sichern. Diese Herrscher wurden schon bald zu eifrigeren Verfechtern der arthurischen Legende als selbst die viel älteren keltischen Könige. Der – freilich ganz irrige – Gedanke, Artus liege in Glastonbury, einer sächsischen Stadt, begraben, erfüllte sie mit Genugtuung.

Der Zweck meiner Suche nach König Artus war, verschiedene problematische Annahmen, die durch die Jahrhunderte hindurch immerfort tradiert wurden, richtigzustellen, die Figur des Königs von allem Legendenhaften zu reinigen und ein wahrheitsgetreues Bild von Artus und von seiner Herrschaft wiederherzustellen. Der freudigste Moment, den diese Arbeit mir bescherte, war der, als ich eines Tages endlich eine Generalstabskarte aufschlagen und mit dem Finger auf jene Stelle deuten konnte, an der vor vielen Jahrhunderten die Gralsburg stand. Ein Gefühl von wirklicher Verzauberung durfte ich dann ein Jahr später erleben, als ich in Begleitung meines Mannes aus dem Boot auf den Strand der kleinen Insel trat und vor unseren Augen in sanftem Orange die Ruinen von Festungsbauten aus jüngerer Zeit lagen. Innerhalb weniger Minuten verschwand die Sonne hinter rosafarbenen Wolken, und es ging ein sintflutartiger Regen nieder, so dicht, daß man die Hand vor den Augen nicht mehr sehen konnte – es geschah genau das, was nach den Berichten der mittelalterlichen Handschriften jeden Tag auf der Insel Avalon mitten in den tückischen, dunkelblauen Gewässern im Westen zu beobachten war.

Die Zeit ist da, daß die Legende zurücktritt und dem historischen König Artus Platz macht, einem großen Herrscher der alten Welt.

2. Die Welt des König Artus

König Artus lebte in einer unruhigen Welt. Die meisten Menschen dieser Zeit scheinen die großen Umwälzungen, die sich damals vollzogen, schweigend hingenommen zu haben – es sei denn, diese Möglichkeit besteht natürlich, spätere Machthaber hätten Zeugnisse davon mit mehr Gründlichkeit beseitigt, als wir annehmen. Vor dem dunklen Hintergrund jener frühen Epoche, aus der wir sonst keine schriftlichen Quellen besitzen, hebt sich seine Figur als die eines Mannes ab, der sein ganzes Leben lang fremden Mächten, die in sein Land einbrachen, siegreich trotzte.

König Artus scheint die heroische Geschichtsauffassung zu bestätigen, derzufolge ein Individuum den Lauf der Ereignisse wirklich und dauerhaft verändern kann. Lokalgeschichtliche Studien in Britannien, bei denen man die Namen auf Grabsteinen auswertete und quantitativ erfaßte, haben gezeigt, daß sehr weite Gebiete auf den britischen Inseln keltisch geblieben und nie von den angelsächsischen Einwanderern besiedelt worden waren, selbst in den stürmischen Zeiten von König Artus nicht. In diesem Sinn hat er wohl tatsächlich auf den Lauf der Geschichte Einfluß genommen.

Zwar hat kein griechischer Historiker vom Rang des Plutarch König Artus einen biographischen Essay gewidmet, kein Römer analysierte seine Erfolge und seine Fehlschläge wie Sueton die seiner *Zwölf Kaiser*, immerhin aber hat doch Geoffrey von Monmouth König Artus unter die Zahl der alten, verschollenen Könige Britanniens eingereiht. Es war der heilige Gildas, ein Brite und Zeitgenosse des Artus, der als erster den König als historische Person bezeugte. Artus selbst, so scheint es, war kein Schriftsteller, denn anders als etwa Julius Caesar, der täglich Berichte über seine militärischen Aktivitäten in Gallien und Britannien diktierte, hinterließ er keine Schilderungen seiner Taten. Die Annalen von Artus' Regierung, die angeblich von Merlin geführt wurden, sind verschollen.

Und doch können wir uns sehr wohl ein realistisches Bild jener Welt machen, in der Artus sich bewegte. Wir besitzen ganz hervorragende Quellen von jenseits des Kanals, aus Gallien, das damals in dem Maß, in dem Eroberer aus dem Osten vordrangen, mehr und mehr den Namen Frankreich annahm. Es etablierte sich dort ein neues Königtum, und zwar noch ehe die angelsächsische Besiedelung Englands zum Abschluß gekommen war. (Diese Expansion war von König Artus aufgehalten worden.) Und im Süden, in Rom und Ravenna, waren die Ostgoten in einem schnellen Entwicklungsprozeß begriffen, der diese Barbaren und fremden Eroberer zu «römischen» Herrschern machen sollte.

Während Franken und Ostgoten mit Stolz in die Rolle der neuen Herren schlüpften, stand König Artus, «Herzog von Britannien», ebenso wie Romulus Augustulus, der letzte wirklich *römische* Kaiser in Rom, an der Spitze eines historisch alten Volkes, das sich der Gefahr ausgesetzt sah, aus den Zentren wirtschaftlicher und politischer Macht verdrängt zu werden. Der Konflikt zwischen den aufeinandertreffenden Kulturen muß in Britannien noch schärfer gewesen sein als in Gallien, wo die fränkischen Eroberer die lateinische Sprache und die römische, christliche Religion von den besiegten Einheimischen annahmen. In Britannien hielten die Ureinwohner beharrlich an ihrer Sprache fest, die sie auch schon während fünfhundert Jahren römischer Herrschaft bewahrt hatten. Und ähnlich zäh verteidigten sie ihre anderen Traditionen. Sie sollen es auch abgelehnt haben, die Angelsachsen zu ihrem keltischen Christentum zu bekehren, das sich durch manche mysteriöse Besonderheiten auszeichnete und eben kein *römisches* Christentum war. Noch heute wird jene scharfe Grenze zwischen den Kulturen sichtbar: In Büchern aus diesen Jahrhunderten werden die walisische, die angelsächsische und die schottische Geschichte getrennt behandelt.

Wir sind uns klar darüber, daß die Suche nach König Artus uns in eine Epoche führen wird, von der wir extrem wenig wissen. Am Beispiel seiner Zeit können wir lernen, was der Verlust von Wissen bedeutet. Das fünfte und sechste Jahrhundert war eine Zeit des Umbruchs, in der die antike Welt in ein chaotisches Ende steuerte und in der das Mittelalter seine Bahn beschritt, die in noch wilderen Turbulenzen enden sollte. Vor Artus' Geburt war Rom innerhalb kürzester Zeit gezwungen worden, den Anspruch imperialer Herrschaft aufzugeben. Man hatte die römischen Legionen aus dem fernen Britannien zurückbeordert. Häfen, Brücken, Straßen, Leuchttürme, erbaut und unterhalten von der römischen Verwaltung, blieben verwaist. In die befestigten Garnisonen am Hadrianswall zogen britische Truppen ein, später wurden sie den Bauern der Umgebung überlassen (noch heute werden die Flächen bisweilen als Viehweiden oder sonst zu landwirtschaftlichen Zwecken genutzt). Nach der fünfhundert Jahre währenden römischen Besatzungszeit, in der ein

2. Die Welt des König Artus

sehr effizientes Regime geherrscht hatte, fiel Britannien in ein Interregnum. Jetzt unternahmen die Gattinnnen der örtlichen Machthaber Besichtigungstouren durch die verödeten römischen Zentren, man bewunderte die Architektur von Carlisle und die Brunnen und Bäder der Stadt, die nun trocken lagen und verfielen. Die arthurische Literatur malt an einer Stelle genau dieses Bild: Lancelot reitet durch eine riesige verlassene römische Festungsanlage.

Als die keltischen Völker sich aus ihrer Erstarrung lösten und, umgeben von Trümmern und Ruinen, wieder anfingen zu kämpfen, wobei sie bis zu einem gewissen Grad den Befehlen vornehmer Römer Gehorsam leisteten, die im Land geblieben waren, weil sie nicht wußten, wohin sonst sie gehen sollten, da begann die angelsächsische Invasion erst so recht im Ernst. Es gab praktisch niemanden, der diese Wikinger und landhungrigen Bauern aus Skandinavien und vom Kontinent aufhalten konnte. Die Masse von angelsächsischen Einwanderern prallte mit Gewalt auf die keltischen Völker. Alle krallten sich verzweifelt an jedes Stückchen Land und kämpften ums Überleben, um Äcker, um Grundbesitz. Die einzige Person, der es gelang, sich als Individuum aus diesem Chaos emporzuheben, war König Artus.

Das kontinentale Pendant zu Artus war der mächtige Frankenkönig Chlodwig, der als Gründer des fränkischen Reichs gilt. In Skandinavien herrschte der weitgehend mythische Beowulf, jener Langstreckenschwimmer, der auch gegen einen Drachen gekämpft haben soll. Schriftliche Aufzeichnungen der fränkischen Kirche berichten, daß schließlich Chlodwig und seine Gemahlin Chlothilde heiliggesprochen wurden, aber von anderen, schrecklichen Ereignissen jener Zeit, vom Schicksal der Brünhilde und Kriemhild, von dem ostgotischen König Theoderich erfahren wir nur aus der Pseudogeschichtsschreibung der Epen. Von Hrothgars Gemahlin Wealtheow im *Beowulf* wissen wir kaum mehr, als daß sie den Kriegern in der Halle den Becher mit Met reichte.

Das Rätsel um König Artus' Geburt und Abstammung ist schwer zu entwirren. Über seine Familie ist nichts Sicheres bekannt: drei Schwestern soll er gehabt haben, vielleicht, zwei Väter, vielleicht, drei Ehefrauen, alle mit demselben Namen, vielleicht. Die Geschichte seiner Mutter ist ein ganz besonderer Fall, denn ihre beiden Liebhaber, Zeus und Amphitryon, stammen aus der griechischen Mythologie. Nicht einmal ihren Namen wissen wir sicher: die verschiedenen Autoren schwanken zwischen «Ygerne» und dem deutschen Anagramm «Arnive».

Wir sind heute in unserem Verständnis jener Welt so weit fortgeschritten, daß sich uns endlich die Chance eröffnen könnte, den Stillstand in der Frage nach Artus' Herkunft zu überwinden. Irgendwo in dem wirren Durcheinander von Legende, Witzelei, frauenfeindlichem Gerede, Ressentiment, bösartigem Scherz und Vorurteil steckt eine Wahrheit, und die kann entdeckt werden. Die Gelehrten und Dichter der Vergangenheit haben keine ernsthaften Versuche unternommen, den Schleier, der die Geschehnisse der dunklen Vorzeit verbarg, zu lüften, sie ließen sich abschrecken von den Schwierigkeiten des Unternehmens und weigerten sich, die Möglichkeit in Betracht zu ziehen, daß hinter dem Unsinn seltsame, befremdliche Wahrheiten ans Licht kommen könnten. Als Geoffrey von Monmouth keine Quellen fand, aus denen etwas über Artus' Geburt zu erfahren war, nahm er sich bei seinem Bericht einfach die des Herkules zum Vorbild, weil er wußte, daß es unweit der Burg Tintagel, die zu Geoffreys Zeit gerade im Bau war, ein Heiligtum dieses antiken Heroen gegeben hatte. Wenn das Häßliche Fräulein hoch zu Roß daherkam und triumphierend den abgeschnittenen Kopf eines Feindes vorzeigte, zuckten Wissenschaftler, die von Anthropologie noch nie etwas gehört hatten, nur mit den Schultern: der Gedanke, eine hochadelige Dame, die Pfauenfedern an ihrem eleganten Hut trug, könnte dergleichen wirklich tun, schien absurd. Aber abgeschnittene Köpfe zierten die Mauern englischer Städte noch mindestens bis ins fünfzehnte Jahrhundert hinein. Diese Praxis erinnert an uralte totemistische Bräuche.

Artus wurde in eine wilde Welt hineingeboren. Und doch war sein Land fünfhundert Jahre hindurch römisch gewesen und lange Zeit römische Provinz, von römischen Legionen besetzt, von römischen Gouverneuren regiert und verwaltet. Nun hatte sich Rom aus Britannien zurückgezogen, das Reich hatte sich von allen Pflichten und Rechten in dieser früheren Provinz losgesagt. Und doch behauptete Artus, er sei römischer Abkunft, er stamme von einem gewissen Konstantin ab, vielleicht vom Kaiser Konstantin. Wir wissen heute, daß Artus' Mutter Britin war. Nach einer so langen Zeit römischer Herrschaft und enger Beziehungen zwischen Britannien und Rom muß es viele Menschen gegeben haben, die solche Verbindungen als etwas Wertvolles betrachteten und von sich selbst immer noch in Begriffen jenes Weltreiches dachten. Die politischen Umwälzungen und der Übergang der Macht auf die Ostgoten in Ravenna konnten nicht über Nacht jene Bindungen auflösen, die in mehreren hundert Jahren entstanden waren.

2. Die Welt des König Artus

So finden sich denn auch in der arthurischen Literatur Stellen, die auf Relikte der römischen Herrschaft in Britannien hinweisen, was für die Authentizität jener Textzeugen spricht. Geoffreys Text über Artus ist auf Latein geschrieben, ebenso die älteren Chroniken, die den König erwähnen; der Name erscheint dort in der lateinischen Version *Arturus*. Es handelt sich um folgende Stellen: Artus' Vater Uther Pendragon erleidet eine schwere Niederlage bei dem römischen Kastell Trimontium in Schottland. Artus schlägt mit seinem Hammer auf die Steine der römischen Mauern. Lancelot überquert den Hadrianswall bei Carlisle, nachdem er die Besatzung einer der Grenzgarnisonen überwältigt hat. Derselbe Held reist auf der großen Römerstraße, die Stirling und Edinburgh verbindet, nach Süden und kommt durch die verlassene, öde römische Befestigungsanlage von Camelon. Diese Episode und die Ortsbeschreibung, die der Text gibt, hat die Autoren mit ihrem Realismus so sehr beeindruckt, daß sie bis in die späteste französische Übersetzung hinein erhalten blieb und nicht getilgt wurde.

Bis etwa zweihundert Jahre vor Artus' Geburt hatte Rom dauernd kämpfen müssen, um die Ordnung in Britannien aufrechtzuerhalten: Ein Drittel der Streitmacht des ganzen Römischen Reichs war in der Provinz stationiert. Und trotzdem gelang es dieser gewaltigen Masse ausgebildeter Soldaten nicht, die Insel gegen Angriffe von außen zu sichern.

Im Norden, in der Stadt York, lag die Sechste Legion in Garnison. Sie sollte die kriegerischen caledonischen Stämme aus dem Südosten von Schottland abwehren, die von Zeit zu Zeit den Hadrianswall durchbrachen und in das tiefer gelegene Yorkshire einfielen. Nördlich von York siedelte der uralte Stamm der *Brigantes*, die einst unter dem Befehl ihrer Königin Boudicca der gesammelten Streitmacht Roms eine vernichtende Niederlage beigebracht hatten; der Stamm war besiegt, aber nicht unterworfen, er sorgte für dauernde Unruhe.

Eine ernste Gefahr für Rom drohte auch von Irland her und von den verschiedenen Stämmen und Clans im Westen, was die Römer zwang, zwei ganze Legionen, die Zwanzigste und die *Secunda Augusta* in Chester und in Isca (das heutige Caerleon in Wales) zu stationieren. Reiche römische Grundherren betrieben keine großen Domänengüter, bauten keine herrschaftlichen Villen in diesen gefährdeten Regionen. Die weiter nördliche gelegene Grenzbefestigung, der Antoninuswall, der nahe der Linie der heutigen Autobahn Glasgow-Edinburgh verlief, besaß nur mehr geringe militärische Bedeutung, so oft war er überrannt worden. Wenn der direkte Angriff nicht ratsam war, so konnten die Pikten leicht die Verteidigungslinie umschiffen, indem sie den stürmischen Firth of Forth östlich von Edinburgh überquerten und an der sandigen Südküste landeten.

Um die Zeit von Artus' Geburt, als die römischen Truppen sich vollständig von der Insel zurückgezogen und das Land herrenlos zurückgelassen hatten, gab es noch weite Landstriche, in denen ausschließlich keltisch gesprochen wurde. Das ist bemerkenswert, wenn man vergleicht, wie schnell etwa die Gallier im Gebiet des heutigen Frankreich das Latein der römischen Eroberer angenommen und zu ihrer eigenen Sprache gemacht hatten, die sich, verändert und in ihrer Lautgestalt geprägt durch die eigenartige palatalisierende Artikulation jener Kelten, hin zur französischen Sprache, wie wir sie heute kennen, entwickeln sollte. Bis heute gibt es in jenen nichtromanisierten Gegenden von Britannien – Cornwall, Wales und Strathclyde – noch Volksgruppen, die zäh an ihrem alten keltischen Erbe und Wesen festhalten.

Genauso wie in Artus' Zeit findet sich die größte dieser keltischen Kulturgruppen in der Region Strathclyde, einer Grenzregion zwischen Nordwestengland und den Lowlands von Südschottland. In diesem Gebiet vom Nordosten am Firth of Forth nach Südwesten zum Solway Firth und zu den Rhinns of Galloway, wo die westlichen Ausläufer Schottlands sehr nahe an Irland grenzen, nahe beim Antoninus- wie auch beim Hadrianswall, liegen all die großen Schlachtfelder der Antike. Moderne Straßenkarten verweisen auf viele Anlagen und Gebiete, die noch heute militärisch genutzt werden, so etwa Stirling Castle, die Straße von Stirling am Südufer des Loch Lomond entlang nach Dumbarton am Clyde, Kershope Forest, ein Waldgebiet, das sich zwischen Carlisle und Edinburgh erstreckt. Zu Strathclyde gehörten auch noch die weitgehend wilden Landstriche von Cumberland und dem Lake District. Die Römerstraße von York führte durch diese Region westwärts bis nach Carlisle, der jüngsten römischen Provinzhauptstadt, wo der Hadrianswall in der mächtigen Festungsanlage von Bowness, am Südufer des Solway Firth gelegen, endete. Wenn man die Abzweigung nach Norden nahm, gelangte man zum Eastern March of Scotland, in der römischen Festung Camelon passierte man den Antoninuswall. Die Logik der Sache leuchtet ein, noch bevor wir die Aussagen der Texte gehört haben: Diese Region ist offenbar das einzige große Gebiet, das nicht von den Angelsachsen erobert wurde. Diese unterwarfen in Artus' Zeit allerdings den Küstenstrich nördlich von York bis

2. Die Welt des König Artus

nach Berwick, auf dem auch eine mittelalterliche angelsächsische Festung liegt, heute Bamborough genannt.

Nach Lage der Dinge müßte man nun erwarten, daß die arthurische Literatur, wenn sie authentisch ist und nicht auf bloßer Fiktion beruht, Strathclyde in einzelnen Details erkennbar schildert und daß sie den Verlust des Gebiets zwischen York und Berwick beklagt. Dreh- und Angelpunkte der Handlung, so sollte man annehmen, müßten die alten Festungsanlagen in diesem Raum sein: Dumbarton am Ufer des Clyde, Stirling am Firth of Forth, Carlisle am Solway Firth, schließlich die Meilenkastelle am Hadrianswall. Eine zentrale Stellung dürfte wohl Carlisle einnehmen, wo heute sieben Eisenbahnlinien sich treffen, die fächerförmig in die Region und bis zum Meer im Osten wie im Westen laufen.

Wenn Artus York verloren hat und Lancelots Vater Bamborough – wenn man der Volksüberlieferung glaubt, muß es so gewesen sein –, dann blieben dem König danach noch zwei riesige Waldgebiete, in die er sich zurückziehen und wo er seine Kräfte reorganisieren konnte: eines hinter dem Hadrianswall, das andere hinter dem Antoninuswall. Selbst die Römer hatten nie den fernen Norden, das schottische Hochland, erobert. Von Stirling an der Ostküste und von Dumbarton im Westen hätte Artus militärische Aktionen zu Schiff unternehmen können, zuerst nach Irland, dann auch in Küstenregionen des europäischen Festlands, nach Friesland und Dänemark, vielleicht sogar in sächsisches Siedlungsgebiet.

Es ist eine britische, nicht-angelsächsische Geographie, in der wir uns auf der Suche nach Artus bewegen werden. Artus wird in walisischen mittelalterlichen Quellen *imperator*, was üblicherweise mit «Kaiser» übersetzt wird, genannt, wahrscheinlich bezeichnet aber dieser Namenszusatz, richtig verstanden, einen militärischen Rang, etwa «Oberster Befehlshaber». Die ältesten Historiker weisen darauf hin, daß Artus zwölf große Siege errungen habe. Diejenigen von den zwölfen, denen wir konkrete Orte zuordnen können, wurden im Norden erfochten, in Strathclyde. Weiter südlich, das ist sicher, erfochten die Angelsachsen Siege: Es ist jetzt rein englisches Gebiet. Geoffrey von Monmouth bringt Artus mit Orten in Strathclyde in Zusammenhang, er bezeugt den König in der Festung Dumbarton, am Loch Lomond (wenige Kilometer davon entfernt) und auch in der Nähe der antiken und neuzeitlichen Militärstraße von Stirling (am Firth of Forth) nach Glasgow (am Clyde).

König Artus lebte in einer Zeit schnellen Wandels. Während des fünften Jahrhunderts verschwand das Römische Reich des Julius

28   Einleitung: Der große König Artus

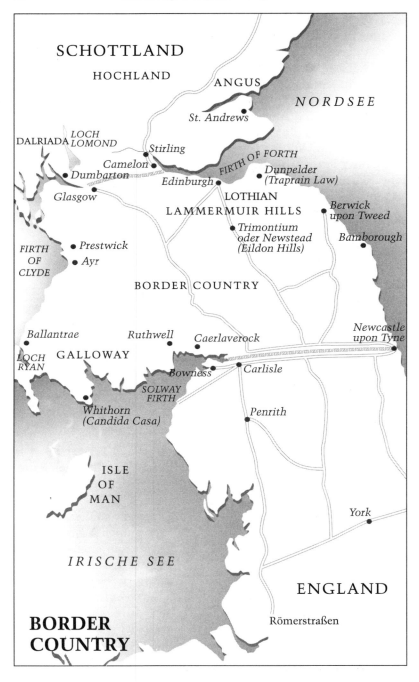

2. Die Welt des König Artus

Caesar und des Augustus als eine politische und militärische Größe. Das Christentum war die neue, alles verbindende Weltreligion geworden. Artus wurde, soweit wir wissen, nie von der christlichen Kunst seiner Zeit auf einem Bildnis dargestellt, wir besitzen kein altes Portrait von ihm, auch kein Bild wie das des fränkischen Königs Chlodwig, das die Taufe des Herrschers zeigt.

Der christliche Kaiser Justinian und die Kaiserin Theodora werden auf den Mosaiken von Ravenna stehend gezeigt, umgeben von neun oder zehn prächtig gekleideten Höflingen. Von Artus ist uns keine einzige bildliche Darstellung oder auch nur eine zeitgenössische Beschreibung seines Äußeren erhalten. Die Künstler haben sich deswegen völlig frei gefühlt, ihn dunkel mit einem gekräuseltem Spitzbart zu zeichnen oder auch weißhaarig oder blond mit einem Stich ins Rote, wie es einem irischen König zukäme. Die schlauen Mönche, die angeblich Artus und Guinevere im zwölften Jahrhundert in Glastonbury exhumiert hatten, behaupteten, das goldene Haar der Königin sei an der freien Luft sofort zu Staub zerfallen. Wir erfahren aus den Texten nichts Näheres über die Königin, es wird lediglich gesagt, sie sei eine eindrucksvolle Erscheinung gewesen, von römisch-britannischer Herkunft; sie scheint, wie auch Artus, einige Schulbildung besessen haben – sie führte das Archiv des Reichs. Sie hieß, bestätigt Geoffrey von Monmouth, vermutlich Guanhumara und trug den Titel *Regina* – sie war ja eine gekrönte Königin von Britannien. Artus wie auch seine Gemahlin waren bei feierlichen Zeremonien auf der Gralsburg anwesend. Der oströmische Kaiser Konstantin war Christ, und Artus behauptete von sich, er sei mit diesem Herrscher verwandt. In York hat man eine mächtige Steinbüste von Konstantin dem Großen gefunden. Wenn es irgendwelche Familienähnlichkeiten gegeben hat, dann könnte Artus eine geradezu schreckliche Gestalt gewesen sein mit großen hervortretenden Augen, hohen Wangenknochen und einem bulligen, mächtigen Schädel. Geblähte Nasenflügel und eine ungeschlacht grobe Nase geben dem Gesicht etwas Furchterregendes. Dieser oströmische Kaiser, Sohn einer britannischen Mutter, war von mächtiger Statur. Auch Artus war der Sohn einer britannischen Mutter, und man nannte ihn bisweilen «den Bären» und «den Hammer».

Obwohl das weströmische Reich im Jahr 476, etwa um die Zeit von Artus' Geburt, zu existieren aufgehört hatte, ging doch die rege Bautätigkeit in Rom weiter. Das konstantinische Baptisterium im Lateran wurde umgestaltet, und es entstanden auch neue Kirchen:

Sta. Sabina (422–433), Sta. Maria Maggiore (432–440) und Sto. Stefano Rotondo (468–483). Es soll hier besonders auf die Tatsache hingewiesen werden – sie ist im Zusammenhang mit der Frage, ob Artus wirklich, wie die Quellen behaupten, in Britannien Bauten errichtet hat, bedeutsam –, daß Sta. Maria Maggiore der Gottesmutter geweiht wurde. Um das Jahr 500 entstand auch ein Wandgemälde in Sta. Maria Antiqua in Rom, das die heilige Maria gekrönt und auf einem Thron sitzend darstellt. Artus soll der heiligen Jungfrau besondere Verehrung gewidmet haben: Ihr Bildnis zierte seinen Schild. Bemerkenswert ist auch eine architektonische Besonderheit von Sta. Maria Maggiore: Die Innenwände der Kirche weisen ein Gebälk («Entablatur») anstelle einer Arkadenkonstruktion auf: unmittelbar auf den Säulen liegt ein Architrav und darüber ein Gesims. Die Kirche Sto. Stefano Rotondo, in der die Gebeine eines christlichen Märtyrers ruhten, war ein sogenanntes Martyrion.

Wenn eine Handschrift sagt, Artus sei nach Jerusalem gereist und habe von dort Märtyrerreliquien mitgebracht, die er der (alten) Abtei Melrose (südlich von Edinburgh) stiftete, so wird dadurch eine Verbindung mit Rom hergestellt. Marienverehrung und der Bau von Martyria waren in jener Zeit im Schwang.

Der ostgotische König Theoderich, eine der großen Herrschergestalten jener Epoche, entfaltete in Ravenna ebenfalls rege Bautätigkeit. Sant' Appollinare Nuovo, Sant' Appollinare in Classe, das orthodoxe und das arianische Baptisterium und das Grabmal des Theoderich entstanden. Da arthurische Texte die Gräber Lancelots, Gawains und Artus' erwähnen, auch das von Lancelots Großvater, ist der Hinweis von Bedeutung, daß der Bau von Grabmälern im fünften Jahrhundert zu den besonders prestigeträchtigen Taten gehörte. Das Grabmal des Theoderich steht noch heute: ein zweigeschossiger Bau wie seine Vorbilder aus dem kaiserlichen Rom, aus Steinquadern, nicht aus Ziegeln, überwölbt von einer mächtigen Kuppel. Theoderich starb einige Jahre vor Artus, im Jahr 526.

Ebenfalls in Ravenna erbaute die Prinzessin Galla Placidia, eine vornehme Römerin – sie war die Schwester des Kaisers Honorius –, nicht allein Santa Croce, die Kirche zum Heiligen Kreuz (425–450), sondern auch ein Grabmal für sich selbst, ihren Mann und ihren Bruder, den Kaiser. Auch dieses Mausoleum, ein Ziegelbau mit kreuzförmigem Grundriß und einer Kuppel auf Strebebögen, ist noch erhalten. Das Innere ist keineswegs schlicht, sondern reich mit Mosaiken und Marmorarbeiten verziert. Die Quellen berichten, Königin Guinevere habe eine prächtige Gruft für Artus bauen las-

2. Die Welt des König Artus

sen. Wenn es wahr ist, daß auch Lancelot Grabbauten errichten ließ, so deutet dies darauf hin, daß er ebenfalls von königlichem Rang war.

Wenn König Artus im Heiligen Land alle bedeutenden Stätten besichtigt hat, so kann er vielleicht den Kult um die Jungfrau Maria an der ihr geweihten Kathedrale von Ephesus kennengelernt haben. Marienverehrung war schon in jener frühen Epoche durchaus üblich. Vielleicht aber war das «Jerusalem» von Artus die Gralsburg auf der Insel im Westen.

Es ist aber auch keineswegs etwas ganz und gar Ungewöhnliches in jener Zeit, wenn Gläubige zu Schiff oder auf dem Landweg ins Heilige Land reisen, vor allem nach Jerusalem, wo Konstantins britannische Mutter ein Stück vom Kreuz Christi gefunden und das Martyrion Christi, die Kirche vom Heiligen Grab, gestiftet hatte. Sie hieß Helena – ebenso wie die Mutter von Lancelot; auch seine Ehefrau, Galahads Mutter, trug denselben Namen. Perceval, der letzte Gralskönig, und Galahad, der ebenfalls Herr des Grals war, starben nicht in Britannien, sondern im Heiligen Land.

Artus starb vermutlich auf der Gralsburg, wo er seine Schätze aufbewahrte, nahe bei dem Grabmal, das man für ihn errichtet hatte. Drei oder vier Königinnen brachten ihn auf einem Schiff oder einer Totenbarke dorthin. Die Gralsburg stand nicht auf dem Festland, sondern auf der Insel Avalon vor der Westküste von Britannien. Schon seit ältesten Zeiten hatte man dort die Könige bestattet. Ganz ähnliche Sitten herrschten bei den gallischen Kelten: Ihr traditioneller Begräbnisplatz war bei *Aliscans* (*alise champs* = «Erlenfelder», heute *Champs Elisées*) an der Rhône. Auch hier war es eine Insel (im Fluß), zu der man die Toten auf einer Barke, wie die der Lilienjungfrau von Astolat, brachte.

Die Gralsburg muß als ein heiliger Ort in Britannien bekannt gewesen sein, ähnlich wie heutzutage etwa die Insel Iona allgemein als geweihter Ort gilt und zahlreiche christliche Pilger anzieht. Auch Delphi in Griechenland war ein solches Heiligtum von hohem Rang; es nannte sich «Nabel der Welt». Lyon in Frankreich hieß *caput Galliae*, das Haupt Galliens, und das bedeutet: die Stadt war der Versammlungsplatz Galliens, der Ort, an dem die gallischen Stämme sich trafen. Man wird es als Bestätigung dessen werten dürfen, daß ein bestimmter Ort wirklich *die* Stätte des Heiligen Grals ist, wenn ähnliche Beinamen oder Kennzeichnungen darauf hinweisen, daß dem Ort seit alter Zeit irgendeine Art von Heiligkeit oder Weihe zugesprochen wird.

Zu Artus' Zeit war Konstantin der Große bereits seit hundertfünfzig Jahren tot, aber es gab noch einen oströmischen Kaiser, der über die Balkan-Halbinsel und Kleinasien herrschte, und diese Gebiete waren christianisiert. Auch die Gralsburg, wie Artus sie kannte, ist wohl einst christlich gewesen, jedenfalls sagen die Texte, Artus habe die Leute dort wieder zum Christentum bekehrt.

Nun ist freilich bei der Interpretation mancher Aussagen eine gewisse Großzügigkeit des Denkens geboten, so etwa, wenn die keltischen Völker behaupten, daß das Christentum zuallererst in Britannien eingeführt worden sei. Sie glauben, daß Christus selbst sie missioniert habe oder auch die Jungfrau Maria oder doch wenigstens Joseph von Arimathia, der den toten Christus vom Kreuz abnahm. Wichtige Personen in der arthurischen Literatur, besonders Perceval und Lancelot, stammen angeblich von diesem Joseph von Arimathia ab oder haben sonst heilige oder heiligmäßige Ahnen.

Der Impuls für eine zweite Welle der Mission kam aus dem päpstlichen Rom gegen Ende des sechsten Jahrhunderts, als der heilige Augustinus von Canterbury auf die Insel reiste, um die Angelsachsen zu bekehren. Aus dieser Richtung kommt der feindselige Unterton, den wir in arthurischen Texten bisweilen bemerken können – er hat religiöse Ursachen: Lindisfarne und Durham, Canterbury und Sankt Cuthbert, auch Beda fingen bald an, auf Joseph von Arimathia, den heiligen Kentigern von Schottland und die Gralsburg verächtlich herabzusehen. In diesen Konflikt, der nie bereinigt wird, treten später auch die großen römisch-katholischen Gelehrten der Abtei Glastonbury, der Historiker Gerald von Wales und noch viele andere ein, die gegen Geoffrey von Monmouth schwere Geschütze auffahren.

Zu König Artus' Zeit erfüllten barbarische Völker das nord- und nordwesteuropäische Festland mit Furcht und Schrecken, in Italien und jenseits der Adria herrschten die Ostgoten, auf der Iberischen Halbinsel die Westgoten, Chlodwig und die Franken in dem Gebiet, das dem heutigen Frankreich und Westdeutschland entspricht, und die Angelsachsen aus den Küstenregionen zwischen Rhein und Elbe drängten die keltischen Völker immer weiter nach Norden.

Als Artus starb, so stellt der Sprachwissenschaftler und Historiker Kenneth Hurlstone Jackson fest, war der angelsächsische Vorstoß nach Westen und Norden etwa an der Linie zwischen der Isle of Wight und Edinburgh zum Halten gekommen.

Als besonders problematisch erweisen sich die altfranzösischen Handschriften dort, wo sie über das Ende von König Artus' kelti-

2. Die Welt des König Artus

schem Reich berichten. Schwierig ist dieses Thema nicht zuletzt auch deswegen, weil die Figur des Lancelot in Geoffreys *Geschichte der Könige Britanniens* nicht gefunden werden konnte. Alle anderen wichtigen Figuren der arthurischen Welt sind dort sehr wohl erwähnt. Geoffrey gibt ebensowenig wie alle anderen eine Beschreibung vom Aussehen des Artus. Immerhin aber erfahren wir aus den französischen Texten genug von den zwei jungen Prinzen Gawain und Lancelot, um sie uns bildlich vorzustellen. Sie waren junge Offiziere, die zuerst der Königin unterstanden, bevor sie in Artus' Dienst traten und in seinem Namen das Schwert Excalibur führten. Die beiden waren, wenn man die Sache mit einem Begriff des römischen Militärs ausdrückt, Träger seines *imperium*, sie hatten als Artus' Stellvertreter seine Macht und seine Rechte inne und übten seine Befehlsgewalt aus. Als Gawain, nach einer Reihe von Jahren, mehr und mehr von seinen Wunden geschwächt wurde, übernahm schließlich Lancelot, wenn man so sagen will, den Posten des kommandierenden Generals. Artus aber blieb *dux*, König und Oberbefehlshaber.

Ein Mann, der *dux bellorum* war, das heißt: Heerführer für die Dauer des Kriegs, «Herzog» also, der als Zeichen seiner Würde den Klauenhammer führte und später sogar König wurde, muß in irgendeiner Weise, so sollte man erwarten, auch als Mensch in seiner unverwechselbaren Persönlichkeit sichtbar und faßbar werden. Wie Konstantin der Große, mit dem er – in welcher Weise auch immer – verwandt war und mit dem Geoffrey ihn vergleicht, war Artus von der Vaterseite her römischer und von seiten der Mutter britannischer Abstammung. Die walisischen Quellen behaupten, sie sei die Tochter eines keltischen Heerführers gewesen. Die Schwester des Artus, jene vornehme Witwe, die von Joseph von Arimathia abstammte, muß, da Artus selbst mit dem frommen Mann nicht verwandt war, seine Stiefschwester gewesen sein. Diese Frau, die bei allen große Wertschätzung genoß und die «Hohe Witwe von Camelot» genannt wurde, war die Mutter Percevals. Charakter und Wesen eines Mannes von so vornehmer Familie und so hohem Rang, eines Heerführers von solchem Format sollte doch wenigstens in Umrissen erkennbar und beschreibbar sein.

Konstantin hatte das Gesicht eines brutalen Totschlägers, die Physiognomie eines schottischen Hammerwerfers und den Körperbau eines Athleten jener typisch schottischen «Highland Games», bei denen man sportliche Künste vorführt wie die, eine schwere Eisenkugel, die an einer langen Stange befestigt ist, zu schleudern.

Artus führte nicht nur einen «Hammer», sondern er wurde auch so genannt. Er benützte einen Hammer auf seinem Feldzug an der Westküste von Schottland in Dalriada. Er war ein junger Mann, und sein Land befand sich in einer extremen Notsituation, als die Versammlung der britannischen Stammeshäuptlinge ihm die militärische Leitung des Verteidigungskriegs anvertraute, und er war über lange Zeit hinweg sehr erfolgreich in seiner Arbeit. Welche Eigenschaften mußte ein Mann, den man in einer solchen Lage wählte, haben?

Die literarischen Quellen können es uns sagen – oder doch diejenigen Autoren, welche über das beste Urteil und die weitesten Kenntnisse verfügen. Plutarch beschreibt in seinen *Parallelbiographien* einmal eine ähnliche Situation in Rom, als die Nation von den blitzkriegartigen militärischen Schlägen des genialen Hannibal wie gelähmt war. Der Senat wählte Fabius, später *Maximus*, «der Große», genannt. Fabius und niemand sonst konnte Hannibal aufhalten und besiegen, er war der einzig richtige Mann zur richtigen Zeit. Was nun seinen Charakter betrifft, so war er milde und gerecht, nüchtern und unbeirrbar konsequent, er sprach langsam und mit Bedacht, wie immer die Lage auch sein mochte, er behielt unter allen Umständen die Nerven und die Übersicht, ähnlich Artus, den selbst der Tod seines Sohns in der Schlacht nicht aus der Fassung brachte. Artus nahm – in diesem Punkt stimmt sogar Malory mit der englischen Dichtung *The Alliterative Morte Arthure* überein – wie Fabius das Schwanken des Glücks gleichmütig hin. Das Rad der Fortuna, sagt der König bei Malory, sei eben immer in Bewegung, mal oben, mal unten. Fabius sah dem Tod, den er den Vater aller Menschen nannte, mit Ruhe entgegen, und er suchte ein Ende, das ebenso ehrenvoll war wie sein Leben. Fabius stammte wie Artus aus vornehmer Familie, und jeder der beiden hatte, wie es sich nach dem Vorbild des Herkules für einen wahren Heroen gehört, zwei Väter. Fabius glich einem Löwen, Artus einem Bären. Beide waren außergewöhnlich stabile Charaktere, beide von mächtiger Statur, beide frei von wilder Leidenschaft, beide beherzt und doch auch vorsichtig. Beide hatten in ihrer Jugend eine sehr harte militärische Ausbildung genossen. Keiner der zwei bot der Spottlust Angriffsflächen, keiner ließ sich von seinem einmal eingeschlagenen Kurs abbringen, keiner ließ sich von listigen Tricks täuschen. Am Ende gelangte der geniale Hannibal zu der Überzeugung, Fabius würde früher oder später aus der Höhe auf ihn niederstürzen wie aus einer dunklen Wolke. Auch von Artus sagte man, er habe eine solche

2. Die Welt des König Artus

Wolke herbeirufen können, nämlich den *lengel* der alten keltischen Tradition, eine Art Tarnmantel, der unsichtbar macht; er gehörte dem alten Meeresgott Manannan mac Llyr von der Isle of Man in der Irischen See.

Die unterschwellige arrogante Kritik an König Artus, die ihn als moralisch kurzsichtig in seinen persönlichen Beziehungen darstellt, was die schreckliche Ehebruchsgeschichte und jenen angeblichen Krieg zwischen Lancelot und Gawain betrifft, der zum Untergang des Reichs geführt haben soll, kam zuerst in den französischen Quellen auf. Eine herausragende dem widersprechende Ansicht findet man in dem epischen Werk *Gododdin*, das in dem prototypischen alten Westkeltisch geschriebenen ist, dem sogenannten *p*-Keltisch. Die wenigen Worte, mit denen ein unbekannter Autor der frühen Zeit aus Edinburgh den König preist, drücken Bedauern darüber aus, daß solches Heldentum und solche Kriegskunst untergehen mußten.

Als die Römer Britannien eroberten, legten sie, ähnlich wie sie es auch in Gallien und in Belgien getan hatten, eine Übersicht über all die verschiedenen keltischen Stämme an. Die Bevölkerung der Grenzregion, die später vom Hadrians- und vom Antoninuswall eingefaßt werden sollte, gehörte diesen Aufzeichnungen zufolge vier größeren Stämmen an, die alle *p*-Keltisch sprachen, das sich zum heutigen Walisisch weiterentwickelt hat (im Unterschied zum Irischen und zum Manx, Dialekten, die zur Gruppe des *q*-Keltischen gehören). Diese Stämme waren die Votadini (in Lothian um Edinburgh), die Selgovae (im Tal des Tweed), die Novantae (im Südwesten) und die Damnonii (im Tal des Clyde und in der Gegend von Glasgow). Das epische Gedicht *Gododdin* hat seinen Namen von dem Volk, das in der lateinischen Namensform *Votadini* heißt. Der Dichter, der hier, etwa hundert Jahre nach dem Tod des Königs, Artus rühmt, stammte also aus der Gegend um Edinburgh, jener Landschaft, die von einem Gipfel vulkanischen Ursprungs namens Arthur's Seat («Arthurs Sitz») überragt wird.

Der Punkt, auf den es bei der erwähnten Passage im *Gododdin* ankommt, ist, daß Artus wirklich in der Gegend, die der Dichter beschreibt, gelebt hat und dort gestorben ist. Jahrhunderte später, nachdem die Votadini in neue Siedlungsgebiete nach Wales gezogen waren, wurden die Erinnerungen dieses Volks an Artus poetisch und phantastisch. Nicht zuletzt die Dichtkunst der walisischen Barden, die Gedichte und Erzählungen wie etwa die der *Mabinogion* hervorbrachte, ist dafür verantwortlich, daß die Legende um Artus immer stärker wucherte und schließlich das Historische der Geschichte ganz überdeckte.

Bis in die jüngste Vergangenheit hinein hat sich die Wissenschaft hauptsächlich mit jener späten Legende um Artus beschäftigt, die wunderschöne, mythische Bilder gezeichnet hat. Mittelalterliche Dichter fügten antikes Gedankengut aus der griechischen und römischen Welt, Götter und Göttinnen, jahreszeitliche Feste, die verschiedenen Häuser des Tierkreises etc. in ihre arthurischen Epen und Romane ein. So ist denn König Artus in eine Region irgendwo zwischen Geschichte und Mythos geraten. Sein Reich scheint halb von dieser, halb von jener Welt zu sein.

Die mythologische Auffassung von Artus begegnet dem Betrachter in einem der aufregendsten walisischen Gedichte aus mittelalterlicher Zeit, dem *Preiddeu Annwn* («Schätze der Jenseitswelt»). Dort wird erzählt, wie Artus mit drei Schiffen und siebenundzwanzig Helden hinaus aufs Meer fährt, um acht Burgen zu erobern und zu plündern, darunter die Glasburg («Caer Wydr») und die von Mittelerde. Jedesmal kehren nur sieben Krieger lebend heim. Es waren «ruhmreiche Prüfungen», die «Kühnheit des Artus» überstieg alles je Dagewesene, man stürzte sich in die «düstere Schlacht», «mit düsterer Trauer muß man des Artus gedenken». Vielleicht plante der Dichter einen Zyklus mit zwölf Abenteuern, entsprechend den zwölf Schlachten, die Artus in seinen frühen Jahren geschlagen haben soll. Die Gematrie, die Zahlenmystik in dieser Dichtung macht den Leser, der dem Zauber der Geschichte erlegen ist, darauf aufmerksam, daß hier mystische Gesetze am Werk sind. Man hat darüber spekuliert, daß die Siebenzahl in irgendeinem Zusammenhang mit den 140 Steinen von Stonehenge stehen könnte.

Im Mittelalter griffen Autoren, die sich mit mythologischen Dingen besonders gut auskannten, die einzelnen Fakten aus Artus' Leben auf und überhöhten sie, bis seine Biographie und seine Person Züge von aus der Mythologie bekannten Geschichten und Figuren annahmen. Der Angelsachse Layamon identifizierte den König mit «Alfadur», einer großen politischen Vaterfigur seines Volks, vergleichbar etwa der des Kaisers Augustus oder des George Washington. Wenn man die Assoziationsmöglichkeiten, die nach Stonehenge führten, weiterspann und dabei seine Phantasie genügend spielen ließ, so konnte Artus schließlich als zyklopischer Baumeister ganz anderer Art erscheinen, ja, als der Gigant Kyklops selber oder als der Jäger Orion am Himmel. Oder man machte Artus zum «Großen Bären» und leitete seinen Namen von dem lateinischen *Arctos* ab – eine durchaus schmeichelnde etymologische Erklärung, die aber, wie viele andere, ganz irrig war.

Sehr früh im Mittelalter identifizierte man Artus mit Zirkumpolarsternen, so etwa mit dem Großen Wagen, der in vierundzwanzig Stunden den Polarstern umkreist und sich auf Nordbritannien niederzusenken scheint. Oder der Name des Königs wurde mit dem des *Arcturus* gleichgesetzt, jenes rötlichen Sterns erster Ordnung, der am Sommerhimmel sichtbar ist und um das Fest Allerseelen herum unter dem östlichen Horizont verschwindet. Weiter wurde Artus dann auch zum Sagittarius, dem Sternbild Schütze, denn der König war wie jener Kentaur auch ein großer Lehrer und Erzieher junger Leute, so etwa Gawains, Percevals und Lancelots. Die Zeit des «Schützen» Artus fiel in etwa mit dem Termin des alten keltischen Herbstfestes Samhain zusammen und – auch hier wieder – mit Allerseelen. So also schloß sich in seiner Person der Kreis: Als Totengott, der zur Zeit der Herbst-Tagundnachtgleiche, wenn die Sonne den Äquator überschreitet, die Gräber auftat, wurde er wieder zu einem großen Vater der Menschheit.

Wenn Artus auf seinem Zauberroß über den Himmel reiten konnte – der Hut, den er trug, war deutlich erkennbar –, dann ist es nicht verwunderlich, wenn Gawain sich zur Zeit der Frühlings-Tagundnachtgleiche ins Sternbild des Widders verwandeln konnte, Perceval an den zwölf Heiligen Tagen (von Weihnachten bis Epiphanie) in das der Fische und Lancelot, dem schon immer der Rote Löwe zugeordnet war, in das des Löwen, und zwar im Hochsommer, wenn die Sonne im Wendekreis des Krebses steht. Schon sehr bald wurden auch andere prominente Figuren aus Artus' Hofstaat mit den übrigen der zwölf Sternkreiszeichen identifiziert. Hier kommen wir wieder auf die Herkunft des Artus, die der des Herkules glich, zurück, auf seine zwölf Schlachten, die zwölf «Arbeiten», *Prüfungen* waren, und damit zum walisischen Heldengedicht *Preideu Annwn*. Auch Herkules unternahm einen Raubzug zum Hades und entriß der Erde Schätze, die sie eifersüchtig hütete. Dem Höllengott, sagt eine irische Märchenerzählung, habe Artus ein Pferd und einen Hund geraubt; diese Tiere schenkte er Irland, weil sie nur dort gezähmt werden konnten.

Mittelalterliche Autoren verwandelten mit leichter Hand arthurische Abenteuer in Märchenepisoden. Diese Gattung scheint sich parallel zu der des mittelalterlichen Romans entwickelt zu haben. Nach den Formgesetzen der Märchenliteratur wurde Artus zur alle Handlung beherrschenden Figur des «Verteilers», zur zentralen

Schaltstelle, die den jungen Helden die gefährlichen Aufgaben zuweist, die sie, ganz auf sich allein gestellt, bewältigen müssen. *Gawain und der Grüne Ritter* ist ein ausgezeichnetes Beispiel für diese Art Literatur – allerdings gibt es dort doch einige Stellen, an denen die Wirklichkeit aus der Dichtung hervorbrechen will; außerdem fehlt der typische Märchenschluß, in dem der junge Held die Prinzessin heiratet und König wird.

Als die Legende um Artus ein politisches Ärgernis zu werden begann, wurde sie gewaltsam unterdrückt. Im zwölften Jahrhundert stellten Gervasius von Tilbury und Walter Map Artus als eine wirklich lächerliche Figur hin. König Heinrich II. konnte die Konkurrenz eines «alten und künftigen Königs» der vereinten keltischen Völker nicht dulden, eines Königs, der jederzeit wiederauferstehen konnte. Deswegen spöttelten die Höflinge über die Legende, verwandelten den uralten Herrscher in einen mißgestalteten Zwerg von den Antipoden, einen nahen Verwandten des Häßlichen Fräuleins aus den Balladen. Oder aber sie entdeckten Artus schlafend in einer Höhle in Sizilien. Sogar in dieser Version noch aber erinnert Artus an Kronos, den schlafenden Gott uralter Mythen, oder auch an den Herbstgott, der verwundet und sterbend am Hadrianswall lag, wo Artus die Nacht nach seiner allerletzten Schlacht, der bei Camlan, zubrachte. Er soll dort die Barke erwartet haben, die ihn nach Avalon bringen sollte. Die Ruinen von Sewingshields Castle in den Borders, jener Burg, die angeblich seine letzte Zufluchtsstätte in Britannien war, sind noch heute zu sehen. Die ganze Geschichte hindurch hatten die keltisch sprechenden Völker Britanniens nie aufgehört, Artus nachzutrauern und seinem Umhang, den man bisweilen auch «Llen» nennt und der zu den «Dreizehn Kostbarkeiten Britanniens» gezählt wird, Verehrung zu erweisen.

Eine alte englische Ballade erzählt, die Schlacht von Camlan habe frühmorgens an einem Montag nach Trinitatis begonnen. Und den Balladendichtern zufolge ist der König südlich von Carlisle an der Landstraße nach Penrith mit dem Häßlichen Fräulein zusammengetroffen. Eine Siedlungsanlage aus alter Zeit findet sich in Penrith, und die Leute dort sagen, das sei «die Tafelrunde». Spuren von ähnlichen Bauten hat man aber auch bei Ausgrabungen auf der Isle of Man entdeckt – offensichtlich haben alle diese Relikte einer alten Kultur nichts mit Artus' Tafelrunde zu tun.

Nach einer anderen mythischen Überlieferung soll König Artus bei Nacht über den Himmel reiten, gefolgt von den roten und weißen Hunden der Hölle. Diese Erscheinung nannte man im Mittelalter «Die höllische Schar». Goethe hat die Legende in seiner berühmten Ballade vom *Erlkönig* aufgegriffen.

König Artus und seine Legende sind über die Zeiten hinweg lebendig geblieben – ein König, der gleichzeitig geliebt und gefürchtet wird. Die Forschung hat Ähnlichkeiten mit Legenden und Sagen anderer Regionen entdeckt, vor allem mit solchen aus Irland und von der Isle of Man. Man hat behauptet, Artus ähnele den Meeresgottheiten des alten Britannien. Mit den Gewässern der Irischen See ist Artus, so scheint es, auch wirklich vertraut gewesen; hier ist er in Segel- und Ruderschiffen gefahren, wenn er heimkehrte in sein Haus, zur Gralsburg in ihrer unvergleichlichen Pracht.

Es ist nun Zeit, daß wir uns von den Lockungen des Mythos freimachen, um die Beweise in Augenschein zu nehmen. Ohne Zweifel ist unter dem Nebel der Legende, dem Zaubermantel, der unsichtbar macht, der wirkliche Artus zu finden.

3. Art und Methoden der Untersuchung

Bei der Suche nach dem historischen König mußten Zeugnisse der verschiedensten Art studiert und immer wieder neu studiert werden: Werke der bildenden Kunst, Handschriften, Annalen, Dokumente, Itinerarien, Landkarten, Geschichtswerke, Romane, Epen, Heiligenbiographien, Geschlechterlisten, triadische Dichtungen walisischer Barden und all die anderen Quellen, aus denen etwas über Artus oder sein Leben zu erfahren ist. Dazu kamen Hunderte von Werken der wissenschaftlichen Sekundärliteratur, die im Lauf der Jahrhunderte dem Thema des König Artus gewidmet wurden.

Natürlich ziehen die Personen aus der nächsten Umgebung des Königs, etwa Lancelot und Gawain, die ihm über sehr lange Zeit hinweg am nächsten standen, besonderes Interesse auf sich. Mit besonderer Gewissenhaftigkeit müssen die zeremoniellen Formen bei offiziellen Auftritten des Artus betrachtet werden, denn es handelt sich hier um Ereignisse von hohem sozialen Symbolwert: Bei solchen Anlässen präsentierten sich die Mächtigen des Reiches in ihrem ganzen Glanz – und solche Veranstaltungen wurden bis ins kleinste Detail genau beschrieben. Artus' Handeln, sowohl im Politischen wie auch im Privaten, stellt uns vor Probleme, die wir im Lichte dessen analysieren müssen, was wir über das Verhalten von Menschen in ähnlichen Situationen wissen. Personen- und Ortsnamen sind Gegenstand eines besonderen, spezialisierten Zweigs der Forschung, in dem allgemein anerkannte und zuverlässige Experten tätig sind. Die Beschäftigung mit Zeitgenossen des Artus auf dem Kontinent, in Ravenna, Rom und sogar in Konstantinopel, denen der König kein Unbekannter war, kann uns helfen, die Zustände jener Zeit im allgemeinen kennenzulernen.

Die schriftlichen Zeugnisse, die wir besitzen – und das nun ist *mein* eigentliches Spezialgebiet –, stammen meist aus dem Mittelalter, teils von anonymen, teils von namentlich bekannten Personen, die sechs- oder siebenhundert Jahre nach Artus lebten. Bei der Interpretation müssen wir zwei Fragestellungen im Auge behalten und voneinander trennen: Wie sahen diese Menschen aus der Perspektive *ihrer eigenen* Zeit den König, und was erfahren *wir* aus ihrem Zeugnis erstens über Artus und zweitens über jene Gewährsleute. Es versteht sich von selbst, daß es naiv wäre anzunehmen, die Zeugen, mögen sie auch noch so klug und tüchtig gewesen sein, hätten sich in ihren Schilderungen von keinem Vorurteil, von keinen parteilichen Neigungen beeinflussen lassen.

Das beste Werkzeug für die Auseinandersetzung mit der Literatur ist die Textkritik, eine wissenschaftliche Disziplin, die in der Renaissance entstand. Heute, da die anthropologische Wissenschaft beginnt, die Kulturen jenes dunklen Zeitalters zwischen Spätantike und Frühmittelalter ans Licht zu bringen, ist die Zeit gekommen, die alten Quellentexte noch einmal gründlich zu studieren und sie neu zu bewerten und neu zu interpretieren. Außerdem werde ich in diesem Buch Übersetzungen von einigen Textstellen, die bisher als unbegreiflich oder abstrus galten, anbieten; es wird auf diese Weise möglich werden, verschiedene verwirrende Ungereimtheiten zu beseitigen, etwa die, die der Übersetzer von Geoffreys Werk verursachte, als er dem Text die Behauptung entnahm, Artus' Vorfahre habe Stonehenge erbaut.

Entdeckungen der jüngeren Zeit und die Entstehung neuer Disziplinen behindern glücklicherweise nicht die Arbeit jener Wissenschaftler, die sich an den Texten orientieren, im Gegenteil: ihr Beitrag zum gemeinsamen Werk wird dankbar entgegengenommen.

Kunsthistoriker des zwanzigsten Jahrhunderts haben den Gegensatz zwischen christlicher und heidnischer Bildhauerei, und zwar auch in der Wahl ihrer Gegenstände, stark betont. Jessie L. Weston war überzeugt, die Gralsburg gehöre in die heidnische Kultur. Heute ist man in der Wissenschaft etwas vorsichtiger damit, Gegenstände kurzerhand in eindeutig heidnische und eindeutig christliche einzuteilen; von daher können die Gralsburg und die Zeremonien und

3. Art und Methoden der Untersuchung 41

Praktiken, die in diesen Zusammenhang gehören, nun mit anderen Augen betrachtet werden. Dank archäologischen Forschungen, besonders die von Leslie Alcock auf Cadbury Castle in England und am Dumbarton Rock bei Glasgow sind hier zu erwähnen, wissen wir, an welchen Orten sich *keine* Beweise für die Existenz von König Artus finden lassen. Kein physischer Beweis, etwa in Gestalt einer Steinsäule oder eines goldenen Kelches, ist entdeckt worden, der vom Königtum des Artus oder von seiner Gralsherrschaft Kunde gibt.

Die prähistorische Forschung, vor allem die Arbeit von Stuart Piggott, hat künftigen Studien neue Richtungen gewiesen und ganz erstaunliche Ähnlichkeiten zwischen der Gesellschaft in arthurischer Zeit und der des archaischen und des homerischen Griechenland festgestellt; das grausame Kriegerethos dort ist dem hier, wie Piggott zeigt, nahe verwandt. O. G. S. Crawford und I. A. Richmond haben die Region zwischen dem Antoninus- und dem Hadrianswall durchwandert, die Römerstraßen in den Norden kartographiert und nach dem Schlachtfeld von Camlan gesucht, das Crawford, wie er mit Gewißheit glaubt, auch wirklich fand.

Das ganz hervorragende Werk des Sprachwissenschaftlers M. K. Pope hat uns die Beziehungen zwischen dem Latein und den mittelalterlichen Vulgärsprachen sichtbar gemacht. Jede der beiden neuen Disziplinen hat damit eine Wahrheit demonstriert, die auch diesen Versuch, einen neuen Anfang zu machen, inspiriert hat: Das Vergangene lebt im Gegenwärtigen fort.

Wir im zwanzigsten Jahrhundert können erst so recht erkennen, wie sehr wir in unserer Arbeit früheren Forschern gegenüber im Vorteil sind. Die Gelehrten des zwölften und des dreizehnten Jahrhunderts arbeiteten unter sehr viel schlechteren Bedingungen. Trotz aller Widrigkeiten gab es doch große Autoren und Gelehrte, so beispielsweise Geoffrey von Monmouth, deren Stimmen über die Jahrhunderte hinweg vernehmbar sind. Wir können heute gewissermaßen dabei zusehen, wie Geoffrey mit den Schwierigkeiten fertigzuwerden versuchte, die seine Quelle ihm bereitete, und wie er schließlich daran scheiterte, daß er nicht die Möglichkeit hatte, in Britannien umherzureisen und die verschiedenen Schauplätze selbst in Augenschein zu nehmen. Wir sehen die Probleme, die er mit Personen- und Ortsnamen hatte, und wie er mannhaft für Königin Guinevere eintrat, weil für ihn die Ehre eines gekrönten Hauptes unverletzlich war.

Der mittelalterliche Forscher bewegte sich auf demselben Feld wie wir, er rechnete mit denselben festen und variablen Größen, er schätzte die vorgegebenen allgemeinen Umstände ab, die Kontinuität von Prozessen im großen und im kleinen, das Verhalten von Menschen in Extremsituationen, beurteilte den Pomp und das formelle Gepräge bei zeremoniellen Auftritten und Festen, wesentliche Charakteristika von Institutionen, wahrscheinliche Entwicklungslinien, Ursachen und Wirkungen. Nicht anders als seine modernen Kollegen mußte er sich auf seine eigene Erfahrung verlassen, wenn er die anderer Menschen beurteilen wollte, und auf eigene Beobachtungen dessen, was Personen, die er verstehen wollte, zu dieser oder jener Entscheidung bewogen hatte. Die Arbeit seines Kritikers muß die seine nachvollziehen, und, wenn nötig, ihre Mängel beheben. Diese Methode ist ihrem historischen Gegenstand eben angemessen – eine Bewegung, die von dem Urteil bedeutender Vorgänger ausgeht und fortschreitet zu einer kritischen Würdigung der Beweise und die oft von den gegebenen Fakten, die den einzelnen Lehrmeinungen zugrunde liegen, zu neuen Erklärungen gelangt.

Im Fall des König Artus gibt es, derzeit jedenfalls, keine unwiderlegbaren handgreiflichen Beweise, etwa in Gestalt seines Schwerts oder seines Helms, auf dem sein Name geschrieben stünde, und wir haben noch nicht einmal ein Grab mit seinen Gebeinen, das Haupt dem Feind zugekehrt. Es gibt einen Ort namens Arthur's Head (Arthuret) bei Carlisle. William von Malmesbury berichtet davon, man habe an der Küste ein Grab Gawains gefunden: Es war ein Riesengrab, aber leider – nirgends in Britannien sind bis jetzt die Gebeine eines Riesen entdeckt worden. Der heilige Kentigern von Schottland («Mungo» genannt) ist der einzige Mensch aus ungefähr der gleichen Zeit, der als «riesenhaft» (oder doch als der größte Mann weit und breit) beschrieben wird.

Da handgreifliche Beweismittel fehlen, muß sich der Historiker mit geschriebenen Zeugnissen behelfen, und er muß so viele Zeugen wie nur möglich anhören, vor allem dann, wenn sie unabhängig voneinander zu ein und demselben Thema etwas beitragen können.

Wenn wir so gewissermaßen mit Querschnitten arbeiten, erfahren wir nicht allein etwas über ganz bestimmte Gedanken und Taten, sondern können tief in die Geistes- und Gefühlswelt von Zeugen der Vergangenheit eindringen. Bei diesem Verfahren lesen wir die immergleichen Texte immer wieder, bis zwei Dinge passieren: 1. der Autor wird uns vertraut, wir «kennen» ihn, und 2. es fallen uns Unstimmigkeiten in seinem Bericht auf, die nach einer genaueren Untersuchung verlangen.

3. Art und Methoden der Untersuchung 43

Diese Methode läßt sich sehr gut am Beispiel der zahlreichen Gralstexte erläutern. Warum beschreibt kein einziger dieser Texte vollständig den Weg zur Gralsburg? Die Sprödigkeit sämtlicher Zeugnisse in diesem besonderen Punkt führte mich zu der Annahme, daß König Artus selbst eine genaue Beschreibung der Route zu Lande und vor allem die Erwähnung der allzu verräterischen Information, daß man übers Meer fahren mußte, nicht wünschte. Die eine Strecke über Land geht in der Beschreibung direkt in eine zweite über, in der Wirklichkeit aber liegt dazwischen das Meer. Man bestieg das Schiff entweder in einem Hafen am Solway Firth oder auf der Halbinsel Wirral (etwa in der Gegend, wo heute der Hafen von Liverpool liegt). Jeder der Texte gibt uns einen Helden, einen Ort, an dem seine Abenteuerfahrt zum Gral beginnt, mehrere identifizierbare Zwischenstationen, vertraute Orientierungspunkte, und schließlich kommt der Held auf der Gralsburg an, normalerweise bei Einbruch der Dunkelheit. Wenn nun aber die Burg auf einer Insel im Meer steht, an so versteckter Stelle, daß der Held sie erst zu Gesicht bekommt, wenn er einen steilen Weg durch eine enge Klamm hinabsteigt, wie ist er vom Festland dorthingelangt? Wo in der wirklichen Welt gibt es einen solchen abschüssigen Weg und eine solche Klamm? Und warum ist seine Reiseroute nicht vollständig beschrieben worden?

Wir wollen die Geschichte im einzelnen durchgehen: Der Held kommt an eine «Stein-Passage», dann zu einer Quelle, wo er einen Kamm am Boden liegen sieht. Er reitet an Burgen vorbei, übernachtet zum erstenmal, sieht ein sandiges Ufer oder einen sandigen Strand vor einem sehr eindrucksvollen Gebäude, zu dessen Füßen sich ein großes Gewässer bis an den fernen Horizont hin erstreckt. An diesem Punkt der Beschreibung brechen alle Autoren ab. Es folgen wenig realistisch anmutende Dinge: Lancelot überschreitet eine «Schwertbrücke», Gawain stürzt von einer «(Unter-/Im-)Wasser-Brücke». Den Autoren ist natürlich klar, daß Brücken normalerweise *übers* Wasser führen und nicht, wie man höchstens von einer Dammstraße bzw. einer Furt sagen könnte, *im* oder gar *unter* Wasser dahinführen. Es scheint offensichtlich, daß wir es hier gleich mehrmals mit Fällen zu tun haben, wo Wissen verlorengegangen ist.

Wir sind weit davon entfernt, die Reaktionen des Helden zu verstehen, so etwa sein irrationales Verhalten, das der Anblick des Kamms auslöst. Wir können uns aber auch nicht einfach herausreden, indem wir sagen, die mittelalterlichen Autoren seien eben «naiv» gewesen (zumal das Wort ja in seiner ursprünglichen Bedeutung nicht mehr heißt als «nativus», also «einheimisch»). Eine Erklärung, die einige Wahrscheinlichkeit für sich hat, ist die, daß Lancelot und Gawain zwei Invasionsheere anführten, das eine zu Land, das andere zu Wasser. Warum aber macht sich Lancelot auf den Weg, sobald er den Kamm sieht? Warum schließt er daraus, daß die Königin vor kurzem hier vorbeigekommen ist? Warum sollte der Gegenstand seine Aufmerksamkeit derart stark fesseln? Hat die Königin dem Helden damit eine geheime Botschaft hinterlassen? Die Kunsthistoriker haben gerätselt, was jene Abbildungen von Kämmen zu bedeuten haben, die man auf alten piktischen Denkmälern in Schottland gefunden hat. Symbole? Hieroglyphen?

Warum sagt der Autor (und nicht nur er) so genau, daß die Burg, wo Lancelot die Königin wegreiten sieht, an einem *Sandstrand* liege? Er will, so kann es scheinen, damit die Burg dem Eingeweihten kenntlich machen. Autoren sind oft empfänglich für solche bildlichen Details und geben die Information weiter, sogar dann, wenn sie selber vielleicht gar nichts damit anzufangen wissen: sie haben einfach das Gefühl, daß sie wichtig ist, daß sie eine Bedeutung haben muß, wenn auch möglicherweise eine geheime. Läßt sich noch heute ein solcher Sandstrand vor einem Burgwall finden? Warum die präzise Formulierung? Man fragt sich, ob vielleicht der Name der Burg etwas mit diesem Sandstrand zu tun hat. Der Autor, der das Detail in Umlauf brachte, verriet ein Geheimnis, als er seinen Lesern mitteilte, woran diese Burg vom Land oder vom Meer aus zu erkennen war. Warum? Ist König Artus dort geboren? War es ein besonderer Ort, den viele Menschen suchten?

Detektivarbeit lebt davon, aus bedeutungsvollen Einzelheiten, beispielsweise aus dem seltsamen Verhalten von Personen oder aus der Tatsache, daß Dinge am falschen Platz stehen, ein Ganzes zu erschließen. Ein guter Detektiv weiß, daß ein Verbrechen in der Gegenwart aus der Vergangenheit heraus geklärt werden kann, die in der Gegenwart weiterlebt und in die Zukunft weiterwirkt. Und die Wissenschaft hat sich immer sehr für die Verbrechen interessiert, die in der Umgebung des König Artus begangen wurden.

In jenen Fällen von Geiselnahme, Landesverrat und Mord, in die Artus, König Urien von Gorre, Lancelot, Gawain und Mordred verstrickt waren, wurden die Voruntersuchungen von Autoren des Mittelalters geführt. Ihre Stimmen, jede für sich in ihrem besonderen, unverwechselbaren Charakter, werden uns vertraut, und zugleich zeigt sich immer klarer, ob es wahr ist, was sie behaupten

3. Art und Methoden der Untersuchung

herausgefunden zu haben, oder nicht. Wir haben eine ganze Menge solcher Schriftsteller des Mittelalters in den Zeugenstand gerufen, um ihre Berichte zu hören.

Die Autoren des zwölften Jahrhunderts, unter ihnen Geoffrey, offenbaren uns ihre persönlichen, individuellen Überzeugungen und Einstellungen gegenüber ihrer eigenen Welt wie auch gegenüber der des König Artus, die damals bereits ferne Vergangenheit war. Wir heute können ihre Ehrfurcht vor wahrem Adel sehen, ihre Ressentiments gegen Frauen, ihre Verachtung für die Ehebrecher und für alles unzüchtige Treiben überhaupt. Wir sehen auch jene sublime Feindseligkeit Artus gegenüber, die sich in die Dichtungen der Marie de France einschleicht. Wir werden in diesem Zusammenhang Anlaß haben, Vermutungen über ihre unbekannte Quelle anzustellen, und zu der Annahme gelangen, daß diese nicht aus England und auch nicht aus Frankreich stammte. Von einem Autor zum nächsten werden wir die Spur der immergleichen Rätsel verfolgen, und wir werden merken, daß diese Autoren jeweils verschiedene Ansichten darüber hatten, welche Kräfte das Verhalten der Menschen hauptsächlich bestimmen. Von diesen Anschauungen ließen sie sich leiten, wenn sie Ereignisse in der Welt des Artus hypothetisch zu rekonstruieren versuchten.

Meine Bewunderung für die wissenschaftliche Interpretationskunst unserer Zeit ist grenzenlos – gleiche Hochachtung empfinde ich nur noch vor jenen Gelehrten, die sich ohne Herablassung der Vergangenheit nähern, und vor denen, die der Versuchung, auf dem Rücken mittelalterlicher Kollegen zu Glanz und Ehre zu reiten, widerstehen. Wir sollten aber auch die Arbeit der Lokalhistoriker nicht gering achten. Ihnen verdanke ich beispielsweise die Erkenntnis, daß der Name des Königs Lot wahrscheinlich Loth lautete und daß er von dem Namen jener Gegend um Edinburgh abgeleitet ist, die Lothian heißt. Lokalhistoriker haben auch die Festungsanlage dieses Königs entdeckt. All dies spricht gegen die Annahme, Loth sei König der Orkney-Inseln gewesen, wie oft behauptet wurde. In seiner Festung Traprain Law, ganz offensichtlich eine Fluchtburg für die Bevölkerung der Gegend, hat man kürzlich einen Silberschatz gefunden; auf einem der Stücke sind die Buchstaben CON (für *Constantinus*) eingraviert.

Ich habe seit vielen Jahren immer denen widersprochen, die in König Artus eine kultische Figur sehen wollten, einen Fruchtbarkeitsgott etwa, oder eine irische Märchengestalt, und ich fand mehr und mehr starke Gründe, die mich zu diesem langwierigen Projekt ermutigten, die guten arthurischen Quellen Wort für Wort und sehr genau zu studieren und König Artus historische Substanz zu geben. Der erste jener Gründe liegt in der Tatsache, daß diese Quellen alle annalenhaften Charakter haben. Sowohl in *Gawain und der Grüne Ritter* wie auch bei Chrétien de Troyes und Marie de France begegnen dem Leser immer wieder genaue Zeitangaben. Zweitens zeigt sich bei näherer Prüfung, daß die topographischen Angaben korrekt und präzis sind, ja, in manchen Fällen ist es geradezu unmöglich, Landschaften und bestimmte Orte und Punkte *nicht* wiederzuerkennen.

Einen dritten Fingerzeig lieferte die sich ständig verdichtende Erkenntnis, daß die französischen und deutschen Quellen echte Eigennamen überliefern, freilich in entstellten Formen. In den französischen Texten haben solche Fehler zweierlei Ursachen: zum einen mangelhafte Kenntnis der keltischen Sprachen, zum anderen ganz allgemein mangelnde Sorgfalt. Die deutschen Texte hingegen zeigen eine Vorliebe für allerlei willkürliche Verwirrspielereien und Anagramme; man behauptet etwa, ein Fluß heiße «Der Kal», wenn die Vorlage sagt, sein Name laute «Calder» (in Schottland wie «Cauder» ausgesprochen). Offensichtlich hat Ulrich von Zatzikhoven eine schriftliche Quelle studiert und sich nicht auf die mündliche Überlieferung durch Barden und Spielleute verlassen.

Eine frühere Theorie über die Handlungsstruktur des typischen Artusromans, in dem die Abenteuer sich aneinanderreihen wie Perlen auf der Schnur, besagte, daß diese Struktur linear sei. Die Handlung schreite stetig fort bis hin zu einem verheißenen Ende, und die Linearität sei etwas genuin Christliches. Bei näherer Betrachtung zeigt sich freilich, daß die Bewegung der Geschichten eher kreisförmig ist. Es sind immer wieder dieselben Orte, an welche die Helden gelangen, als ob Artus abwechselnd Gawain, Lancelot und Perceval auf ein und dieselbe militärische Expedition schickte. Ob von der Rückeroberung der Gralsburg erzählt wird, von der Einsetzung Percevals als Gralskönig auf Avalon oder von der Niederlage und Gefangennahme der Königin Guinevere – es ist gewissermaßen dreimal dieselbe Handlung oder doch jedesmal eine Handlung, in deren Mittelpunkt ein und dasselbe Territorium steht.

Und dann ist da noch das überzeugend Realistische, das die Personen an sich haben. Lancelot zum Beispiel ist einfach zu genau gezeichnet, um eine bloß erfundene Romanfigur zu sein. Wir erfahren zu viel über seine Kindheit, seine Ausbildung, seine Anstrengungen, den verlorenen Besitz seines Vaters zurückzugewinnen. Er war nicht der Sternbild-Löwe, wie der *Prosa-Lancelot* behauptete, und auch nicht der gealterte Herrscher, von dessen Tod im roten Abendlicht die *Mabinogion* erzählen. Lancelot starb jung, als ein Mann in den besten Jahren. Der wunderhaften Legende, die sich um ihn rankt, zum Trotz handelt und herrscht er wie ein wirklicher König. Seine Aura der Heiligkeit verdankt er seiner Abstammung von einem Geschlecht, das als heilig gilt.

Vollkommen falsch klingt dagegen die Psychologie der Frauen in der Literatur, vor allem dann, wenn sie als bloße Sex-Objekte erscheinen. Hier verlieren nun die mittelalterlichen Autoren jedes Maß, bezichtigen König Artus des Inzests, Gawains Mutter der Kindestötung, Königin Guinevere des Ehebruchs, Lancelot des Hochverrats und Modred des Vatermords. Was Modred angeht, so wurden die Stimmen aus Schottland, die über Jahrhunderte hinweg nicht müde wurden, ihn zu verteidigen, in Hohn ertränkt. «Modred war kein Verräter und kein Mörder», so klang es noch in Zeiten der Renaissance, «er war unser geliebter König.»

Ein Ausflug über die Grenze der Disziplinen zu den Anthropologen belehrt uns, daß es im Norden Britanniens unbekannte, wohl barbarische Stämme gegeben hat, deren Sitten und Gebräuche sich deutlich von denen der besser bekannten keltischen Völker weiter südlich unterschieden. Nehmen wir nun einmal an, in einigen arthurischen Handschriften fänden sich Spuren aus einer *anderen* Gesellschaft, Spuren also, die nicht der römischen, nicht der keltischen, nicht der angelsächsischen und nicht der französischen Kultur zugeordnet werden könnten. Gab es eine andere Sprache ganz im Norden Britanniens, eine Sprache, von der noch keine schriftlichen Zeugnisse gefunden wurden? Liegt vielleicht hier der Grund, weswegen so viele Namen aus der arthurischen Welt – *Artus, Guinevere, Carlisle, Britannien, piktisch* – nicht etymologisch erklärt werden können? Ist es möglich, daß aus der riesigen Masse der arthurischen Literatur wirkliche Geheimnisse ans Tageslicht emporsteigen?

Nicht selten begegnen wir in der arthurischen Welt Verhaltensweisen, Beziehungen, Zeremonien, die unerklärlich fremd anmuten, beispielsweise bei Hochzeiten oder zwischen Ehepartnern, wir finden abgeschnittene Köpfe, Frauen, die zur Ader gelassen werden, bis sie verblutet sind, eigentümliche Erbgesetze, die weibliche Verwandte begünstigten, und amazonenhafte Königinnen. Es sieht ganz so aus, als ob es sich in Artus' Welt keineswegs von selbst verstanden hätte, daß die Krone von den Königen auf deren Söhne vererbt wurde – was möglicherweise den Konflikt Artus-Modred in einem völlig neuen Licht erscheinen läßt.

Wenn wir es nur mit einer relativ jungen und poetisch-phantastischen Kultur zu tun hätten, so würden wir ohne weiteres jenen Wissenschaftlern unserer Zeit zustimmen, die behaupten, Artus' Reich sei ein Niemals- und Niemands-Land. Es kann aber kein Zweifel daran bestehen, daß jene Textstellen uns ins fünfte und sechste Jahrhundert verweisen. Die Welt außerhalb des arthurischen Reichs erscheint in den Quellen keineswegs phantastisch. Wir nehmen es dankbar zur Kenntnis, wenn uns mitgeteilt wird, daß Konstantinopel noch an seinem rechten Ort steht, daß schwere Wirren das Römische Reich, das in Auflösung begriffen ist, heimsuchen, daß Jerusalem und Nazareth (das man mit dem mittelalterlichen *Sarras* identifizieren will) immer noch blühende Städte und Mittelpunkt der damals bekannten Welt sind. Es irritiert uns auch keineswegs, zu erfahren, daß das keltische Christentum nach eigenen Gesetzen lebt. Rom ist weit entfernt. Die Briten, von denen ein Kirchenvater einmal spöttisch sagt, sie seien «grün wie das Meer», hingen gewiß allerlei häretischen Glaubensvorstellungen an – manche davon sind wunderschön –, die uns heute als sehr viel weniger ketzerisch erscheinen.

In einem Stadium der Forschung, wo sich die Fäden zu einem wahrhaft gordischen Knoten unauflösbar zu verwirren schienen, entdeckte ein britischer Gelehrter, daß es eine der Burgen von König Artus wirklich gegeben hatte – heute eine Ruine, in der man umherklettern kann. R. L. Graeme Ritchie fand und identifizierte die Burg Caerlaverock und den Festungswall aus arthurischer Zeit; die Anlage befindet sich an der Nordküste des Solway Firth unweit der Stadt Carlisle.

Diese großartige Entdeckung, die Ritchie 1952 an der Universität Oxford vorstellte, ermutigte etliche Wissenschaftler dazu, das gesamte Korpus der arthurischen Literatur noch einmal neu zu studieren. Mit einiger Wahrscheinlichkeit kann man aus verschiedenen Aussagen von Autoren schließen, daß Caerlaverock der Geburtsort des Königs war. Der ursprüngliche Name der Burg und des nahen Sandstrands lautete vielleicht auf britannisch «Dun Dagel» und entspricht damit dem kornischen «Tintagel».

Den ersten Hinweis, der zum Durchbruch in der Forschung führte, lieferte die Geographie. Mit Sicherheit kann sich das Landschaftsbild Britanniens seit dem fünften oder sechsten Jahrhundert nicht ganz und gar verändert haben. Sowohl O. G. S. Crawford als auch I. A. Richmond waren auf der richtigen Spur gewesen. Bald folgten weitere und immer konkretere Hinweise. Es sollte nun eine gründliche vergleichende Prüfung der schriftlichen Quellen beginnen, die mit Sicherheit neues Beweismaterial erbringen mußte. Wegen der gewaltigen Textmenge gab es nur langsam Fortschritte. Zuerst fällt es dem Leser schwer, sich mit Hilfe eines Systems von Anmerkungen von einem Text zum anderen zu bewegen, weniger langwierig wird die Sache erst, wenn man die verschiedenen Texte «im Kopf» hat und nicht mehr allein auf Querverweise angewiesen ist. Gewisse Texte wurden im Lauf der Arbeit beiseite gelegt, weil sie als zu sehr verderbt, als zu schlecht geschrieben oder überhaupt als unzuverlässig erkannt wurden. In diesen Fällen also bestand der Mangel darin, daß die Autoren zu wenig klug und talentiert waren. Die vergleichende Arbeit zeigte, welche Texte eine bevorzugte Stellung einnahmen, welche Autoren die Rolle von Kronzeugen spielen konnten. So wählte ich im ersten Stadium der Untersuchung eine Reihe von Texten aus, die verschiedene Versionen, Varianten zu ein und demselben Zusammenhang überliefern: Das Leben des König Artus, die Entführung der Königin Guinevere, die Erhebung Percevals zum Gralskönig, der Tod des Artus nach der Schlacht von Camlan, die Überführung des verwundeten Königs in seine letzte Zufluchtsstätte.

Die moderne Literaturkritik kennt das Phänomen des «distanzierenden Sprechens», das sich der Form der Ironie bedient, ja, bisweilen, und das ist in manchen Texten der arthurischen Literatur der Fall, ist sogar wirkliche Feindschaft bei den Autoren festzustellen. Das Zeugnis der Marie de France ist in besonderem Maß von Feindseligkeit bestimmt – man möchte glauben, sie sei von Heinrich II. von England bezahlt. Diese Gegnerschaft wird sowohl im *Lanval* (der den Stoff für James Russell Lowells *The Vision of Sir Launfal* geliefert hat) wie auch in der weit besseren Geschichte *Yonec* sichtbar, deren Held seinen von Lancelot erschlagenen Vater rächen muß. Diese Geschichte wird aus der Perspektive von Artus' Feind, König Urien von Gorre, erzählt, der einmal, vielleicht zweimal, die Königin Guinevere entführt hat. Das offenbar unzuverlässige Zeugnis mancher Berichte ist bisweilen dennoch geeignet, unsere Kenntnisse zu vertiefen. Man hat immer geglaubt, die Quellen der Marie de France als einer Dichterin der «matière bretonne» wären bretonisch-französischer Herkunft. Es stellt sich aber heraus, daß sie wahrscheinlich von der Isle of Man oder jedenfalls aus dem gälischen Sprachraum stammten.

3. Art und Methoden der Untersuchung

Ein zweiter bahnbrechender Erkenntnisfortschritt ist den Historikern R. G. Collingwood und J. N. L. Myres zu verdanken, die 1963 feststellten, daß die Historizität von König Artus «schwerlich zu bezweifeln» sei. Die Tatsache, daß im Lauf der Jahrhunderte ein riesiges Legendenwerk die Figur des Königs überwuchert habe, beweise nicht, daß diese Figur selber fiktional sei, so wie auch all die Geschichten, die sich beispielsweise um Moses oder Aristoteles rankten, nicht das mindeste gegen die historische Existenz dieser Personen bewiesen. Diese einfache Feststellung aus dem Mund zweier renommierter Wissenschaftler war von bahnbrechender Bedeutung deswegen, weil ein Faktum eben erst von dem Augenblick an existiert, da jemand es zur Kenntnis nimmt. Das Thema König Artus war damit wieder als Gegenstand der Forschung anerkannt. Man studiert die Primärtexte neu, dann auch die jüngeren und die von jenen abhängigen Quellen, wenn ihr Zeugnis von Bedeutung zu sein scheint, und betrachtet die gesamte Beweisführung noch einmal in dem Licht, das die noch jungen Disziplinen und speziell die Entdeckungen der jüngsten Zeit darauf werfen. Diese Arbeit wird es uns ermöglichen, zu neuen Erklärungen für Geschehnisse der Vergangenheit und zu neuen Erkenntnissen über Artus und seine Gemahlin, über Lancelot und Perceval zu gelangen.

Das Engagement für den historischen Artus bedeutet, bis zu einem gewissen Maß, daß wir uns auch für seinen ersten Biographen, für Geoffrey von Monmouth, einsetzen. Er ist, wie Melville von Ishmael sagt, der wahre Urheber der Geschichte, ohne den es keine Erzählung gäbe. Geoffreys *Geschichte der Könige Britanniens* sah den König im Norden Britanniens leben und wirken, in der Region also, die moderne Wissenschaftler wie Crawford, Ritchie, Piggott und Rachel Bromwich von der Universität Cardiff als Artus' Heimat betrachten.

Diese Forschungen sind eng verknüpft mit der Problematik des Verteidigungskriegs, der in jener Epoche in Britannien geführt wurde. Wenn man die geographischen Verhältnisse der Insel betrachtet – Gelände, Küstenverlauf, Siedlungen, Flüsse, Berge –, so sieht man, daß es nur eine einzige Strategie gab, die militärischen Erfolg versprach. Da schon die frühesten Historiker von Artus berichten, er habe die Verteidigung Britanniens gegen Invasionen aus Irland, Skandinavien oder vom europäischen Festland geleitet und habe dann den Krieg übers Meer an die Küsten Europas getragen, müssen wir zur Kenntnis nehmen, was britische Militärhistoriker zur Frage von Verteidigung und Gegenangriff zu sagen haben.

Wir werden die Stellen genau untersuchen, wo in eigentlich historischen, nichtliterarischen Quellen von Artus berichtet wird – in den frühen Werken von Nennius und Gildas, in den geschichtlichen Aufzeichnungen von Wales und bei Geoffrey. Im Anschluß daran werden wir, indem wir gleichsam die Zeit stillstehen lassen, in einer Querschnittzeichnung Artus, Lancelot und Guinevere und die Struktur ihrer Beziehungen untereinander darstellen. Zum ersten Mal wird es möglich sein, diese Personen realistisch zu sehen und nicht in der verzerrenden Optik der «höfischen Minne», die von den Gelehrten erfunden wurde.

Der vierte Teil dieses Buchs wird sich mit einem Gegenstand befassen, der schon immer als problematisch empfunden wurde, nämlich mit der frühen Gestalt des Christentums in Britannien, mit der sogenannten «pelagianischen Irrlehre», der Uther Pendragon angeblich anhing. In diesem Zusammenhang werden die Praktiken auf der Gralsburg, vielleicht eine Erziehungsinstitution für britannische Fürstensöhne und Stammesführerinnen, näher beleuchtet werden, und wir werden uns anschauen, wie Perceval die Welt verläßt, um die Gralsherrschaft anzutreten. Schließlich werden wir noch einmal zu Artus zurückkehren, um ihn auf seinem letzten Kriegszug zum Kontinent zu betrachten und ihm in seine letzte, tragische Schlacht zu folgen, wir werden jenen drei oder vier Königinnen, die, wie man immer behauptet hat, seine Schwestern oder Stiefschwestern waren (eine davon könnte aber seine Mutter gewesen sein), zusehen, wie sie den König auf ihre Barke laden und ihn übers Meer ins sichere Avalon bringen. Diese Insel ist, wie es scheint, der Schlüssel zur ganzen Sache. Wenn es uns gelingt, sie zu lokalisieren, wird sich das Knäuel ineinander verstrickter Fäden endlich entwirren lassen.

ERSTER TEIL
König Artus

1. Der Historiker: Geoffrey von Monmouth

Geoffrey von Monmouth hat König Artus aus dem Dunkel der Vorzeit heraufgeholt und in die Welt eingeführt. Unter allen Schriftstellern und Historikern des Mittelalters hat allein er den Versuch unternommen, das Leben des König Artus zu erforschen und aufzuzeichnen: Fast alles, was wir über Artus wissen, stammt aus dem zweiten Teil von Geoffreys *Geschichte der Könige Britanniens* (s. Anhang 4).

Wenn es Geoffrey nicht gegeben hätte, so hätten wir keine geordneten Vorstellungen und keinen Leitfaden, die uns helfen könnten, uns in einem der gewaltigsten Stoffkreise der Weltliteratur zurechtzufinden. Den Weg, den er wies, sind viele nach ihm gegangen und haben immer wieder neues Material zutage gefördert bis ins Spätmittelalter hinein an jenen Punkt, den Thomas Malorys *Morte d'Arthur* setzte.

Im Siebenten Buch von Geoffreys *Historia* hebt Merlin in prophetischem Futur zu sprechen an, und zwar von einem bösen König Vortigern und von bevorstehenden Invasionen: die Sachsen würden in Britannien einfallen und die Schotten aus Irland und die Pikten von jenseits des Hadrianswalls. Aurelius und Uther Pendragon, Artus' Verwandte, würden das Reich verteidigen, sie würden aber bald besiegt werden, so klagt Merlin. Die Lage werde schlimm und immer schlimmer werden, bis endlich Uthers Sohn Artus fünfzehn Jahre alt sei.

Aus Geoffreys Bericht kann man den Eindruck gewinnen, Merlin sei der eigentliche Erzähler und Geoffrey habe lediglich Merlins Text ins Lateinische übersetzt, was bedeuten würde, daß wir, wenn wir heute den englischen Text lesen, bestenfalls die Übersetzung einer Übersetzung geboten bekämen. Geoffrey spricht durch den Mund und im Namen Merlins, und dann auch in dem des Artus, und er macht sich damit zur bedeutendsten Stimme jenes «dunklen» Zeitalters zwischen den großen Epochen.

In zwei Punkten von einiger Bedeutung scheint der ansonsten über jede Kritik erhabene Historiker doch angreifbar zu sein: 1. Jener Quellentext, den er, wie er immer behauptete, übersetzt hat, bleibt im Nebelhaften und ist niemals gefunden worden; 2. Geoffrey scheinen viele kapitale Fehler bei geographischen Angaben unterlaufen zu sein – so hat er etwa, um ein bekanntes Beispiel anzuführen, Artus nach Cornwall verpflanzt. Freilich, die übrigen Irrtümer, die man ihm angekreidet hat, sind vielleicht keine.

Seit 1929 ist ein Prozeß, der zur Rehabilitation Geoffreys führen könnte, stetig vorangeschritten. Es sollen im folgenden noch weitere Erkenntnisse zu seiner Verteidigung vorgetragen werden.

Es ist lehrreich, wenn wir uns zuerst einmal seine Geographie etwas genauer ansehen, um eine Vorstellung von den Problemen zu gewinnen. Wenn ein Autor einen Text übersetzt, kann es vorkommen, daß schon ein ganz kleiner Lesefehler, wenn er etwa einen einzigen Buchstaben falsch interpretiert, die ganze Geographie über den Haufen wirft. Offenbar hatte Geoffrey immense Schwierigkeiten damit, den handschriftlich überlieferten Merlin-Text zu entziffern. Vielleicht hätte er eigentlich eine Lesebrille gebraucht. (Optische Linsen, wie sie für ein starkes Vergrößerungsglas nötig sind, wurden erst während der Renaissance in Holland erfunden.) Wir müssen uns aber bemühen, Geoffrey auch dort zu verstehen, wo er Fehler macht, damit wir diese Fehler korrigieren können – es bleibt uns gar keine andere Möglichkeit: Ohne Geoffrey von Monmouth gibt es keinen historischen Artus.

Die Ereignisse, die Geoffrey erwähnt, scheinen in «Armorica» (Bretagne) ihren Anfang zu nehmen und nach «Totnes» an der «Sächsischen Küste», also in Südengland, überzuspringen zum «Eber von Cornwall», womit vermutlich Artus gemeint ist.

Die Abfolge von Ortsnamen im Siebenten Buch der *Historia* entspricht in etwa einer Bewegung, die von Süden nach Norden verläuft, York berührt und an einem Ort endet, der exakt anzugeben ist: bei der alten britischen Festung Kaer (= Burg) Alclyd (= am Clyde). Es handelt sich um eine Festungsanlage auf dem Gipfel eines Felskegels vulkanischen Ursprungs, die schon in spätantiker Zeit als militärischer Stützpunkt bekannt ist. Diese Anlage bei Dumbarton, unweit von Glasgow, thront hoch über dem Nordufer des Clyde; früher war der Felsen eine Insel mitten im Fluß. Der Übersetzer, der Geoffreys Werk, mit ausdrücklicher Zustimmung des Autors, ins Walisische übertrug, war ebenfalls der Meinung, daß es sich bei dem Ort um Dumbarton handelte, aber er ließ auch die

1. Der Historiker: Geoffrey von Monmouth

Angabe «Armorica» (Bretagne) unverändert und kam nicht auf die Idee, daß sie fehlerhaft für das richtige «Armonica» (Nordwales) stehen könnte. Für ihn war klar, daß hier von Schottland die Rede war. Unvermittelt und gegen alle Wahrscheinlichkeit wechselt aber dann die Handlung nach Südengland in die Gegend von London-Winchester-Salisbury, was zeigt, daß Geoffrey wieder einmal irregeht oder daß er richtigen Namen falsche Orte zuweist, weil er eben unter diesen Namen nur diese südenglischen Orte kennt. Geoffreys Überzeugung, daß es sich bei der «Stadt der Legion» um Caerleon im Süden von Wales handelt, fügt der Kette von Irrtümern ein weiteres Glied hinzu. Der walisische Übersetzer weiß nicht mehr, ob er nun in Schottland ist oder in England oder in Wales. Aber er gelangt schon bald wieder auf vertrautes Terrain, nach Trimontium in Schottland, wo Uther Pendragon seine schwere Niederlage erleidet. Diese Schlacht, sagt der keltische Übersetzer, fand bei der römischen Festung und Siedlung Trimontium statt (gemeint sind jene drei Gipfel der Eildons, deren Anblick Sir Walter Scott so liebte).

Doch kaum ist Klarheit darüber hergestellt, daß der Ort der Handlung in den nordöstlichen Provinzen («aquilonaribus provintiis») zu suchen ist, wird sie auch schon wieder getrübt: Es folgt eine Beschreibung der Burg Tintagel in Cornwall. So geht es im Zickzackkurs durch Britannien, von der Südwestspitze der Insel bis nach Schottland, bis schließlich Artus geboren wird. Der walisische Autor übersetzt «Arturus» als «Arthyr», er teilt mit, seine Mutter sei die Tochter des Feldherrn Amlawdd Wledic gewesen, und stellt uns (König) Lot (richtig: Loth) von Lodonesia als einen Fürsten der britannischen Völker vor. Wahrscheinlich verdankt sich Geoffreys «London» einer Verwechslung mit «Lodonesia», der Region Lothian um Edinburgh, wo auch König Loths Festung Traprain Law liegt.

Es ist nicht gerade wahrscheinlich, daß Aurelius, Uther und Artus bei den militärischen Aktionen, die sie leiteten, von weit entfernten Winkeln Britanniens in die Gegend zwischen den römischen Grenzwällen im Norden hektisch hin und her geirrt sind. Aber diese wirre, ja lächerliche Geographie ist schuld daran, daß man Geoffrey jahrhundertelang für unzuverlässig gehalten hat. Wenn wir uns überwinden können, diese Fehler einen Moment lang außer acht zu lassen oder sie gar zu verzeihen, können wir den Beweis führen, wie genial dieser Autor in Wirklichkeit war.

Wenn Geoffrey über das Leben von Artus schreibt, rührt er unser Herz an. Das hindert ihn nicht, doch durchaus methodisch vorzugehen. Seine Lebensbeschreibung ist in fünf Teile gegliedert:

Artus' Herkunft, seine Geburt
Seine Schlachten
Seine Krönung
Sein Feldzug auf dem Kontinent
Die Niederlage bei Camlan, Artus' Verwundung,
seine Abreise zur Insel Avalon jenseits des Meers

Für Geoffrey war Artus die bedeutendste Führerpersönlichkeit der Geschichte. Die Aufgabe, die sich dieser König stellte, war die Verteidigung seines Landes. Die Zeiten, in denen er lebte, waren unvorstellbar schlimm, «ja, der Himmel fiel auf die Erde nieder, und der Zorn der Gestirne machte die Früchte auf den Feldern verdorren». In einem derart furchtbaren Moment der Geschichte scharte dieser Mann, ein großes Ziel vor Augen, Männer wie Gawain, dessen Vater König Loth und König Anguselus um sich zu einer Gemeinschaft von Kriegern und begann den Verteidigungskrieg. König Artus stellte die Ordnung und den Frieden in dem Reich wieder her, für das er die volle Verantwortung übernommen hatte, als er die Herrschaft antrat.

Mit großartigem Gespür erkannte Geoffrey sofort, was er da in der Hand hatte. Er besaß kaum geeignete Handbücher, die ihm bei seiner Arbeit nützlich sein konnten, und seine geographischen Kenntnisse waren äußerst dürftig und zudem auf Südengland beschränkt – von den Verhältnissen in Frankreich wußte er, wie man zeigen kann, wenig –, und trotzdem erfaßte er ganz genau den Wert dessen, was er entdeckt hatte und dem er welthistorische Bedeutung beimaß: die Lebensgeschichte eines der größten Herrscher überhaupt. König Artus war ein Mann nach seinem Herzen: treu, tapfer, ehrenhaft, ein wahrer Christ, aufrichtig, unerschrocken, klug und mit allen Listen vertraut.

Geoffreys Geschichtsphilosophie ist apokalyptisch und visionär, christlich also. Er sieht prophetisch den Tag des Zorns *(dies irae)* nahen, da Gottes Hand über die in Sünde verstrickte Welt kommen wird. Geoffrey sah in König Artus einen Heiligen, einen «Gerechten», der erschien, um die Welt aus dem Toben von Feuer und Flut zu erretten. Wenn Geoffrey die Figur des Merlin als Sprachrohr benutzte, wenn er einen Erzähler als Vermittler seiner Botschaft einführte, so handelte er in der Tradition christlicher apokalyptischer Literatur.

In der *Geschichte der Könige von Britannien* steht also Merlin auf dem Boden der Vergangenheit und prophezeit Ereignisse, die in der

Wirklichkeit des Autors längst stattgefunden haben. Johannes auf Patmos sprach in der *Geheimen Offenbarung* in genau derselben Weise von der Zerstörung Roms. Geschichte wird als Abfolge von Zeitaltern, die in Katastrophen dahingehen, verstanden, und nur Gott oder seine erwählten Diener können in diesen Prozeß eingreifen. Für Geoffrey ist König Artus der Mann, der Gewalt hat über das Böse.

Überall wird die Gestalt des Artus sichtbar werden, versichert Geoffrey, er wird die Inseln des Ozeans und die Wälder Galliens unterwerfen. Sechs Könige aus seinem Geschlecht werden nach ihm herrschen. Nach vielen Heimsuchungen, lange bevor der Neue Himmel auf Erden erscheint, werden die Fixsterne in Unordnung geraten, tobende Winde werden am Sternenhimmel einander bekriegen, schließlich werden die Gestirne in ihrem Zorn die gewohnten Bahnen verlassen, und aus der umgestülpten Kuppel des Himmels wird kein Regen mehr fallen, und die Felder werden verdorren.

Mit heiliger Begeisterung machte sich Geoffrey an sein schwieriges Werk – freilich ohne die nötige Literatur und ohne ausreichende Kenntnisse von der britannischen und französischen Geographie. Er schrieb als ein christlicher Historiker seiner Zeit und verlor dabei nie sein literarisches Vorbild aus den Augen: Die *Geheime Offenbarung* aus dem Neuen Testament.

Artus war der Rote Drache der keltischen Völker, und er kämpfte gegen den angelsächsischen Weißen Drachen. «Ich werde die Geschichte der Briten schreiben», verkündete Geoffrey, «mögen die Sachsen eine sächsische Geschichte schreiben.» Am Ende seines Buchs empfiehlt Geoffrey William von Malmesbury und Henry von Huntingdon, sich besser anderen Gegenständen zu widmen, da sie von den keltischen Dingen doch nichts Rechtes verstünden. Sie hätten nämlich, anders als er, nicht die richtigen Quellen.

Seine Quelle, teilt Geoffrey mit, sei ein Büchlein, das Walter, Erzdiakon von Oxford, auch er ein Mann mit historischen Interessen und Büchersammler, ihm geliehen habe. Walter hatte das Buch, das «in einer britannischen Mundart» geschrieben war, auf dem bretonischen Festland entdeckt. Das Gezeter darüber, daß Geoffrey es wagte, dies ohne irgendeinen Beweis zu behaupten, ist bis heute nicht verstummt.

Aber wahrscheinlich ist es wahr, was Geoffrey sagt, zum Teil jedenfalls, denn er war seit dem Jahr 1129 Kanoniker im Augustinerstift Saint George in Oxford. Er war *magister*, und so ist anzunehmen, daß er in Frankreich studiert und diesen akademischen

Titel erworben hat. Um allerdings Merlins Text übersetzen zu können, hätte er, wie sein Freund Caradoc von Llancarvan, der in Gwynedd aufgewachsen war, die britannische Sprache beherrschen müssen. Sein Freund Walter war wohl Rektor des College Saint George in Oxford. Sicher wissen wir, daß Geoffrey in den zwölf Jahren nach der Fertigstellung seiner *Historia* 1136 sich noch weiter mit der Materie beschäftigt hat. Seine *Vita Merlini*, Merlins Lebensbeschreibung in Versform (eine neue Ausgabe des Werks ist an der Universität Cardiff erarbeitet worden), wurde 1148 fertiggestellt. Er erwähnt einmal, daß er den keltischen Schriftsteller Caradoc von Llancarvan kenne und daß dieser Mann an einer Fortsetzung seiner *Historia* arbeite. Wie noch gezeigt werden wird, schrieb Caradoc eine Geschichte von Wales, und zwar auf Britannisch. Man hat behauptet – wahrscheinlich zu Unrecht –, von ihm stamme auch der früheste Bericht über die Entführung der König Guinevere, der Glastonbury zum Schauplatz der Handlung machte. Geoffrey selbst erwähnt Glastonbury oder sonst irgendeine benediktinische Gründung mit keinem Wort, obwohl doch manche Leute annehmen, er sei vielleicht bei den Benediktinern in Monmouth zur Schule gegangen. Geoffrey teilt mit, er habe bei der Arbeit an seinem Geschichtswerk die Bücher des Beda und des Nennius benutzt – aber freilich: bei Beda zumindest findet sich, soweit wir wissen, nichts über Artus.

Zu Geoffreys Lebzeiten wurde keinerlei Kritik an seiner *Historia* laut; zum erstenmal geriet sie 1198 unter heftigen Beschuß: William von Newburgh nannte die Lebensbeschreibung des Artus «Märchen» und «Phantasterei». Kein Wort sei wahr, die alten Kelten hätten die ganze Sache einfach erfunden. Sogar heute noch bezweifeln viele Wissenschaftler, daß jener Freund Geoffrey ein seltenes altes Buch geliehen und dieser dem Werk die Geschichte des König Artus entnommen habe. Niemand bestreitet dagegen, daß die *Historia* ein überaus erfolgreiches Buch gewesen sein muß: Es sind nicht weniger als 191 Handschriften in 49 Bibliotheken in 11 Ländern erhalten. Es gab wohl das ganze Mittelalter hindurch kaum ein Buch, das seiner stilistischen Eleganz wie seines Inhalts wegen einen stärkeren Zauber auf die Menschen ausgeübt hätte.

Im Jahr 1929 erschien endlich eine wissenschaftlichen Ansprüchen genügende Ausgabe der *Historia* und machte den Text in buchstabengetreuem Abdruck allgemein zugänglich. Die Herausgeber, Acton Griscom und Robert Ellis Jones, gaben ihrer Überzeugung Ausdruck, Geoffrey würde eines Tages rehabilitiert werden, wenn nur erst das Durcheinander bei den Eigennamen beseitigt sei.

Sie wiesen auch darauf hin, daß die Archäologie bereits Erkenntnisse zu seiner Ehrenrettung zutage gefördert habe. Kein Mensch hatte je Geoffreys Behauptung ernst genommen, Vortigerns Sohn sei nach Irland geflohen. Aber dann fand man in Irland eine Steinsäule und eine Inschrift, die Geoffreys Darstellung bestätigten. Im Jahr 1935 ergriff auch der berühmte Historiker und Geograph O. G. S. Crawford, Gründer der Zeitschrift *Antiquity* in Schottland, Partei und veröffentlichte unter dem Titel *Arthur and His Battles* eine Untersuchung, in der er mit Brillanz den Beweis führte, daß Geoffreys «Camblan» tatsächlich am Hadrianswall liegt.

In seiner neuen, englischen Ausgabe der *Vita Merlini* setzte sich auch Basil Clarke von der Universität Cardiff für Geoffrey ein. Er kannte sehr wohl die tendenziösen Theorien von Faral, Fletcher und Tatlock, die sich Gedanken darüber machten, ob und in welchem Maß Geoffrey den Engländern oder den Walisern oder den Schotten feindlich gesinnt war oder ob ihm die Bretonen, die Normannen oder dieser oder jener Plantagenet sympathischer waren. Clarke stellte fest, daß die Feinde von König Artus (wenn sie in jener Welt schnell wechselnder Koalitionen nicht gerade seine Verbündeten waren), von Geoffrey ganz richtig benannt werden, nämlich als Sachsen (und das meint *Angelsachsen*), Schotten und Pikten. Zweitens lokalisiert Geoffrey, im großen und ganzen jedenfalls, diese feindlichen Völker korrekt, nämlich im Norden. Und auch die Schlachten des noch jungen Artus scheinen ja auf den traditionsreichen Kriegsschauplätzen des Norden stattgefunden zu haben, wo Briten auf Schotten, Schotten auf Pikten und alle drei auf «Sachsen» trafen.

In unserem Jahrhundert ist dann noch ein weiterer Kämpfer für Geoffreys Sache in den Ring getreten: Stuart Piggott, der in seinem Buch *Ancient Europe* der historischen Forschung ein ganz neues Feld erschloß. 1941 schritt er zur Verteidigung des mittelalterlichen Historikers und veröffentlichte einen Aufsatz über «Die Quellen des Geoffrey von Monmouth». Die Gründe für Angriffe auf Geoffrey, so stellt der Gelehrte fest, lägen «mehr in professionellem Konkurrenzneid als in Mängeln, die etwa Anlaß zu sachlicher Kritik böten», dies gelte in besonderem Maß immer dann, wenn behauptet wird, Geoffrey sei ein «Schwindler» und «Geschichtenerzähler» gewesen. Vielmehr sei sein Werk «ein bedeutendes Werk der literarischen Geschichtsschreibung». Auch für Piggott war also die Kluft zwischen Geschichtswissenschaft und Literatur in Geoffreys Fall so verengt, daß sie nichts Trennendes mehr an sich hatte.

Und Geoffreys Quellen gab es tatsächlich, fährt Piggott fort. Er führt dann vor, was die gelehrten Studien von Sir Edmund Chamber, der die *Historia* ausgewertet hat, ermittelt haben: das «kleine Buch» in britannischer Sprache, dazu mündlich Überliefertes, alte Balladen, Gildas, Beda, Orosius, Livius, Vergil, Hieronymus und Eusebius, Hagiographisches, Listen mit den Namen von Herrschern und andere Namenslisten, lokalhistorische Aufzeichnungen aus Wales, sächsische Genealogien und die berühmte Kompilation des «Nennius», die um 550 entstand. Das Material aus all diesen Schriften, die gewiß nur in einem Zentrum der Wissenschaft wie Oxford greifbar waren, habe sich, meint Piggott, bisweilen in einer besonderen Mischung verbunden, die nicht ganz leicht «verdaulich» sei. Er selber sei aber durchaus geneigt, dies Geoffrey nachzusehen. Er sei geradezu überwältigt gewesen vor Bewunderung, als er die Passage über die Krönung des Königs las. Piggott meint, dieser Bericht müsse jeden Leser unwiderstehlich in seinen Bann ziehen. Eine derart lebendige Nach-Schöpfung eines alten Krönungszeremoniells könne unmöglich auf purer Erfindung beruhen, und ganz gewiß konnte es nicht in Oxford im zwölften Jahrhundert erfunden werden.

Stuart Piggot greift dann ein Beispiel aus Geoffreys Text heraus, und zwar einen der besonders problematischen Fälle: Was für eine Region hatte Geoffrey im Sinn, wenn er «bretonisch» sagte? Wie konnten die Bretonen derart schnell über den Kanal gelangen – diese Überfahrt bedeutete ja doch zu allen Zeiten kein kleines Risiko – und sich mit Artus in den Kampf stürzen? Und wenn sie es konnten, warum gibt es keine bretonischen Aufzeichnungen, die von dieser übermenschlichen Leistung berichten? Überhaupt: Warum gibt es keine arthurischen Texte aus der Bretagne oder auf bretonisch?

Nun, sagt Piggott, nehmen wir einmal an, das sei ein Irrtum und Geoffrey habe wohl *britonisch/britannisch* gemeint. In dem Augenblick, da wir nicht länger gezwungen sind, in den Texten «bretonisch» zu lesen, verschwinden viele Probleme wie von selbst. Wenn wir «bretonisch» durch «britannisch» und «Bretagne» durch «Britannien» ersetzen dürfen, so bleiben Artus und seine Verbündeten im Land und können einander mittels Signalstaffetten in kürzester Zeit Nachrichten zukommen lassen. Man hätte dann auch keine Probleme mehr damit, daß so selten Kanalüberquerungen in der arthurischen Literatur vorkommen, und Marie de France wäre als isolierter Sonderfall anzusehen. Wir würden dann endlich auch verstehen, weshalb die jahrhundertelange Suche nach arthurischen Orten in der Bretagne erfolglos bleiben mußte.

Wenn Geoffrey von einem der wichtigsten Verbündeten des Artus spricht, von einem Fürsten, der vielleicht Hoel heißt oder auch Alain (*Alan* bedeutet «Fürst»), so ist dieser Krieger, da wir nicht länger gezwungen sind, ihm eine Kanalüberquerung und die lange Reise über die ganze Insel zuzumuten, möglicherweise von einem nahen Ort Artus zu Hilfe gekommen. Und wenn Geoffrey diesen Fürsten zur Genesung nach Dumbarton unweit von Glasgow schickt, so wollte er ihn gewiß nicht unerreichbar fern von den Frauen seiner Verwandtschaft, die zu Hause geblieben waren, wissen; denn diese sollten ihn doch wohl besuchen kommen und ihn pflegen. Wir wissen ja, wie schnell etwa die vier Königinnen zu ihrem verwundeten Verwandten Artus eilten, sogar eine königliche Barke wurde ihnen zur Verfügung gestellt. Wir wissen auch, mit welch ungeduldiger Erwartung die jungen Damen ausharrten, bis endlich die Königin Guinevere Lancelot das Zeichen gab, seinen Feind zu töten. Und mit welch boshaftem Vergnügen sie den Kopf des Feinds forderten. Auch hier wird Sonderbares durch die korrigierende Ersetzung eines Begriffs glaubhaft.

«Die bretonischen Episoden, die Geoffrey von Artus erzählt», meint Piggott, «verdanken sich zum Teil wohl einem Lesefehler, nämlich *Armorica* (der lateinische Name der Bretagne) für *Armonica* (das für *Arfon* steht, heute Gwynedd oder Nordwales genannt).» Dieser Gedanke macht aus mehreren Gründen guten Sinn:

1. König Artus hatte in Nordwales nahe Verwandte mütterlicherseits.
2. Von Nordwales aus sieht man zur Isle of Man hinüber, diese wiederum liegt in Sichtweite der Küste von Cumbria und der Rhinns of Galloway, der Küstenregion im Südwesten von Schottland.
3. Von Nordwales aus ist Dumbarton per Schiff leicht zu erreichen; man fährt an der Küste entlang und dann in den Firth of Clyde.
4. Von Nordwales aus ist, ebenfalls auf dem Seeweg, auch der geschützt liegende Loch Ryan an der Küste von Schottland schnell zu erreichen, der den walisischen Aufzeichnungen zufolge der Hafen des Königs war. Der Ort bot dem König Sicherheit und konnte als Ausgangsbasis dienen, wenn man den Skandinaviern den Seeweg abschneiden wollte.

Mit seiner Vermutung befindet sich Stuart Piggott in Übereinstimmung mit R. H. Hodgkin, einem renommierten Kenner der angelsächsischen Geschichte, der in seiner History of the Anglo-Saxons (erschienen 1935) feststellt, daß Artus nicht in Südengland oder in Cornwall aktiv war. Hodgkin zufolge «führen die kornischen arthurischen Traditionen offenbar irre, denn Cornwall lag abseits des Kampfgebiets» (Bd. 1, S. 122).

Diese Historiker sind in ihrem Bemühen, Geoffrey von Monmouth gegen seine Kritiker in Schutz zu nehmen, nicht allein geblieben, auch ein berühmter englischer Archäologe, nämlich T. C. Lethbridge, der wissenschaftliche Leiter von Ausgrabungsprojekten der Cambridge Antiquarian Society, hat für den mittelalterlichen Gelehrten Partei ergriffen. Er nahm Geoffreys Erzählung von den vorzeitlichen Riesen in Britannien ernst, er folgte seinen Hinweisen und fand tatsächlich riesige Figuren aus Kalkstein, die jahrhundertelang unter dem Gras in der hügeligen Landschaft von Cambridgeshire begraben gelegen hatten. Er berichtet von dieser Suche in seinem Buch Gogmagog: The Buried Gods.

2. Geoffreys Vita des König Artus

Geoffrey von Monmouth stimmt mit dem Kirchenhistoriker Beda darin überein, daß in die blutigen Kämpfe, die zu Artus' Zeit in Britannien tobten, vier Völker verwickelt waren: Briten, Pikten, Schotten und Angeln. Die Pikten, deren Hauptstadt Inverness war, lebten im schottischen Hochland, von dort aus unternahmen sie Raubzüge in die Gegenden südlich des Firth of Forth. Die Schotten waren erst in jüngerer Zeit aus Irland nach Westschottland eingewandert. Das Zentrum ihrer Macht war Oban. Die Angeln waren bestrebt, ihr Gebiet von York in nördlicher Richtung auf Northumberland, Berwick und jene Region beim heutigen Bamborough auszuweiten, die wir für die Heimat Lancelots halten; sie bedrohten selbst Edinburgh und East Lothian. Nachdem die Römer sowohl den Antoninus- wie auch den Hadrianswall aufgegeben hatten, übernahmen britische Stammeshäuptlinge die nördliche der beiden Verteidigungslinien und stationierten Truppen am östlichen Ende bei Edinburgh am Firth of Forth und am westlichen bei Dumbarton Rock am Firth of Clyde. Diese Stämme nannten sich *Gwyr y Gogledd*, «Männer des Nordens», ihr Siedlungsgebiet lag in East Lothian unweit der alten Befestigungsanlage von Traprain Law

2. Geoffreys Vita des König Artus

(Dunpelder). Sie werden schon zu Beginn von Geoffreys Bericht über die arthurische Zeit erwähnt, insbesondere erfahren wir hier von ihrem Herrscher, dem König Loth von Lothian, dessen Frau, sie wird bisweilen Anna genannt, die Schwester des Artus und dessen ältester Sohn der berühmte Gawain war.

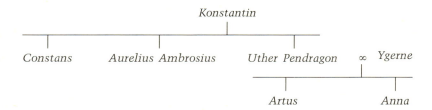

König Artus war nur halb ein Brite von Geburt: von der Vaterseite her stammte er aus kaiserlichem oder doch einem hochadeligen römischen Geschlecht; die Familie seiner britischen Mutter war ebenfalls sehr vornehm, wenn nicht königlich. Sein Vater und dessen Bruder hatten den Oberbefehl über britische Kriegerheere geführt. König Artus heiratete Guinevere, die ihm einen Sohn namens Lohot und/oder einen Sohn namens Amhar (Amr) gebar und, behaupten einige Quellen, noch einen dritten Sohn, aber von Geoffrey erfahren wir darüber nichts. Anna, die Frau des Stammeskönigs Loth, gebar etliche Kinder. Geoffrey bewundert besonders den ältesten Sohn Gawain, einen Krieger mit Leib und Seele. König Artus hatte noch eine zweite Schwester (oder Halbschwester), die «Witwe von Camelot», eine Frau von hohem Rang, die in jener Welt damals großes Ansehen genoß; sie ist die Mutter von Perceval. Manchmal wird behauptet, eine weitere Schwester des Königs habe Artus' Todfeind, König Urien von Gorre, geheiratet – gewiß ist jedenfalls, daß er der Mann war, der Königin Guinevere entführte.

Geoffrey führt die mütterlichen Verwandtschaftsbeziehungen von König Artus nicht weiter aus, aber die walisischen Übersetzer wissen noch einiges mehr darüber. Rachel Bromwich hat die Verwandtschaftsverhältnisse der mütterlichen Linie so rekonstruiert:

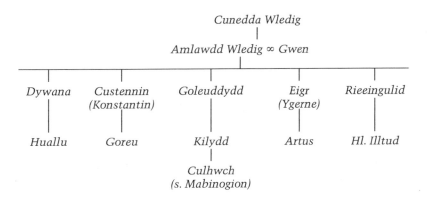

Und die väterliche Familie? Edmond Faral zufolge führt Nennius sieben römische *imperatores* (gemeint sind «Oberbefehlshaber», nicht «Kaiser») auf, die in den fünfhundert Jahren der römischen Herrschaft in Britannien gewesen sind: Julius Caesar, Claudius, Severus, Carausius, Constantinus, Maximus und Maximinianus. Severus und Constantinus (Konstantin), so wird berichtet, seien in Britannien gestorben. Bei Geoffrey spricht Artus während der Krönungszeremonie davon, daß er mit Konstantin und Maximinian blutsverwandt sei. Der *imperator* (sprich: General) Constantinus soll der Sohn von Konstantin dem Großen gewesen sein und in Nordwales, in der Gegend der Menai-Straße, begraben liegen. Es gibt allerdings noch einen anderen Römer, der hier von Bedeutung sein könnte, nämlich Constantius Chlorus, der Vater des Kaisers Konstantin; er starb in York. Geoffrey hat dies aber nicht weiterverfolgt, er weist lediglich auf die Verwandtschaft mit «Konstantin» hin.

Angesichts eines solchen Stammbaums, der wahrscheinlich keineswegs einfach erfunden ist, und nachdem wir verschiedene andere Möglichkeiten ausgeschlossen haben, können wir vermuten, daß Artus in einem britischen *caer* (Burg) zur Welt kam, das seiner Mutter, Tochter und Enkelin britischer Kriegshelden und von königlichem Rang, gehörte. Es handelte sich gewiß um eine besonders sichere Festung. Aus der Tatsache, daß König Artus gewöhnlich ein «vornehmer Römer» genannt wird (auch die Königin heißt in dieser Weise «römisch»), dürfen wir schließen, daß er innerhalb der alten römischen Provinzgrenzen geboren wurde, wahrscheinlich in der Nähe einer römischen Militäreinrichtung, etwa eines Ausbildungslagers für britannische Rekruten. Möglicherweise wuchs er dort in unmittelbarer Nachbarschaft einer solchen Garnison auf: der junge Artus hat ganz offensichtlich, ebenso wie König Loth, Gawain und Lancelot, eine regelrechte Offiziersausbildung durchlaufen.

Wir wissen aus dem Werk des Nennius, daß Artus schon in jungen Jahren als grausam galt und daß er kampflustig und schwer zu bändigen war. Lady Gregory sagt, er habe im Knabenalter seinen ersten Raubzug nach Irland unternommen und beim Überfall auf einen der kleineren Machthaber dort mehrere Hunde erbeutet. Diese Geschichte paßt schön mit Geoffreys Schilderung der mütterlichen Burg an einem Meeresstrand, umspült von den Wellen der See, zusammen: Möglicherweise lag die irische Küste leicht erreichbar jenseits eines schmalen Meeresarms.

Artus (und Gawain ebenfalls) hatte eine Ausbildung erhalten, die der eines römischen Frontoffiziers in nichts nachstand, wie aus Geoffreys Bericht über die zwölf (oder vielleicht: «etwa ein Dutzend») glatten Siege des jungen Mannes hervorgeht. Man möchte glauben, Artus und Gawain seien, zumindest eine Zeitlang, zusammen erzogen worden, so eng und kameradschaftlich erscheint ihr Verhältnis in den Jahrzehnten, die von erfolgreichen militärischen Operationen der verschiedensten Art geprägt sind. Dasselbe kann man auch von Lancelot und Königin Guinevere vermuten: Die beiden verständigten sich bisweilen mittels spezieller Handzeichen, und sie vertrauten einander selbst in extrem prekären Situationen bedingungslos. Es ist der brillant-genialische Lancelot, den Artus anstelle des unbeirrbar «soliden» Gawain zum Kommandeur seiner Sturmtruppen ernennt, als Gawain, schrecklich zernarbt und von zahllosen Verwundungen geschwächt, dieser Aufgabe nicht länger gewachsen ist. Man hat immer gesagt, Geoffrey habe Lancelot nicht gekannt und jedenfalls nicht erwähnt. Und Jessie L. Weston behauptete vor gut fünfzig Jahren gar, Lancelot sei bloß eine Romanfigur, eine späte Zutat zum Artusstoff. Aber derartige Annahmen sind ganz falsch, ja absurd. So verdienen denn Königin Guinevere und Lancelot in späteren Kapiteln eine sorgfältige besondere Betrachtung.

Da Artus ein vornehmer Römer war und außerdem Enkel des berühmten Cunedda Wledig, des Gründers der königlichen Dynastie von Nordwales, folgert der walisische Historiker John Edward Lloyd, daß König Artus, wie vier seiner Vorfahren, ebenfalls Oberbefehlshaber war: Das britannisch-walisische Wort *wledig* bedeutet «Oberbefehlshaber»; es entspricht der römischen Rangbezeichnung *dux.* Wenn Artus bei Nennius oder in den walisischen Aufzeichnungen *dux bellorum* genannt wird, so bedeutet das, daß er den Titel «Feldherr von Britannien» trug.

Als ein solcher Oberbefehlshaber oder «Herzog», gewählt von der Vollversammlung der britischen Stammesoberhäupter, hätte Artus das Kommando über den Antoninus- und den Hadrianswall einschließlich der sechsunddreißig Kastelle an diesen Linien geführt wie auch über die Sechste römische Legion, oder was nach dem Jahr 446 eben noch davon übrig war. Sein Hauptquartier wäre das dieser Legion gewesen, die Stadt Carlisle mitsamt der Linie von Festungswerken, die sich entlang der Südküste des Solway Firth hinzogen und das westliche Ende des Hadrianswalls bildeten.

Hin und wieder in der arthurischen Literatur begegnet man der Mutter des Königs, einer alten, weißhaarigen Grande Dame, die Artus nach längerer Zeit zum erstenmal wiedersieht, und zwar in ihrer eigenen Burg. Meistens ist diese Mutter in Gesellschaft ihrer Tochter und mehrerer Enkelinnen. Ihre Burg ist leicht wiederzuerkennen; sie liegt auf dem Nordufer des Solway Firth, heute ein Naturschutzgebiet inmitten von Sumpf und Schwemmsand, dort, wo der Nith sich zu seiner Mündung hin weitet. Die mittelalterliche Burg, die über der Stadt auf einem Hügel steht, trägt einen uralten piktischen Namen: Caerlaverock. Wenn man hinunter zum Fluß geht, kann man noch den Wall der Palisadenfestung aus arthurischer Zeit erkennen und sogar die Kanäle, auf denen Schiffe die alte Festung umfahren konnten.

Nördlich von Caerlaverock, wo die Landstraße den Fluß überquert, liegt die Stadt Dumfries, die oft in den ältesten Quellen erwähnt wird, so etwa im *Tristan* des Béroul. Unweit davon gab es römische Ausbildungslager und einen römischen Hafen. Jenseits des Nith (die Brücke in Dumfries war die einzige, die es gab) liegt ein altes Kloster, im Mittelalter Sweetheart, heute New Abbey genannt, wo, wenn die Gründung bis auf spätantike Zeit zurückreicht, Artus und Gawain erzogen worden sein könnten. Westlich des Flusses – der Weg führt durch einen Weiler namens Beeswing – liegt einsam ein See, an dessen Ufer sich der lokalgeschichtlichen Überlieferung zufolge Artus bisweilen aufgehalten haben soll: Loch Arthur. Die Gegend ist noch heute ruhig, ja einsam und weltabgeschieden – eine dicht bewaldete Senke mit vielen Brombeersträuchern, und mittendrin der See. Ein idealer Ort für einen jungen Prinzen zum Jagen und Schwimmen, und um sich im waldigen Gelände mit den Waffen zu üben.

2. Geoffreys Vita des König Artus

Dumfries also liegt an einem Flußübergang; wenn man einige Kilometer am östlichen Ufer entlang flußabwärts geht, gelangt man nach Caerlaverock. Ebenfalls flußabwärts, aber auf dem rechten Ufer des Nith liegt Sweetheart Abbey. Der einzige Flußübergang ist der in Dumfries. Der Ort blieb bis in unsere Zeit hinein eine *Royal Burgh*, das heißt eine «freie» Stadt, die nur dem König untertan war.

Die geographischen Verhältnisse sprechen dafür, daß dies hier die Gegend ist, in der König Artus seine Kindheit verbrachte. Vom Flußübergang in Dumfries führt die alte Straße nach Westen in Richtung Castle Douglas, dann weiter zum Loch Ryan, von dem walisische Aufzeichnungen sagen, er sei der königliche Hafen gewesen. Noch heute führt von dort die kürzeste Fährverbindung nach Irland hinüber.

In nordöstlicher Richtung gelangt man von Dumfries nach Moffat und Peebles am Oberlauf des Tweed. Auf dem Fluß kann man die Reise fortsetzen; man kommt dann an den zwei alten Klosteranlagen von Melrose in den Eildon Hills und an dem römischen Trimontium vorbei und gelangt schließlich nach Berwick ans Meer.

Der Text *Sone de Nansai* beschreibt auch die Seeroute, die im Norden um Schottland herumführt. Es ist die Route, welche die Wikinger der Völkerwanderungszeit nahmen. Wenn man auf dem Landweg vom Südwesten (Dumfries) an die Küste im Osten (Berwick) reist, so kreuzt man bei Trimontium die große Römerstraße in den Norden. Dort unter den drei Gipfeln der Eildons erlitt König Uther Pendragon eine vernichtende Niederlage, als sein Sohn Artus noch ein Knabe war.

Geoffrey läßt seine Erzählung vor Artus' Geburt, in der Regierungszeit des alten Verräters Vortigern anheben, den die Waliser Gwrtheyrn nannten. Er gibt keine Jahreszahlen an, aber die moderne Geschichtswissenschaft datiert die Ereignisse, von denen Geoffrey berichtet, auf die Zeit zwischen 425 und 459. Als die Geschichte beginnt, hat Vortigern bereits nicht allein jenen Konstantin, der Artus' Großvater ist, erschlagen, sondern auch dessen ältesten Sohn Constans. Der Seher Merlin warnt Vortigern: Er werde zwischen den Sachsen auf der einen und den Söhnen des Konstantin auf der anderen Seite zermalmt und vernichtet werden. Diese Prophezeiung erfüllt sich. Der böse alte König verbrennt in seinem Turm – was beweist, daß die Festungen jener Zeit im wesentlichen aus Holz gebaut waren.

Der große Kämpfer gegen die Sachsen und Sieger über Vortigern, von dem die Prophezeiung spricht, ist Konstantins zweitältester Sohn, der neue Oberbefehlshaber der Briten Aurelius Ambrosius. Seinem Namen und seinen Taten haben die Historiker bis auf den heutigen Tag ein ehrendes Andenken bewahrt. Geoffrey zeichnet ein lebendiges und anrührendes Bild von diesem großen Kriegshelden und Stammesführer: wir werden Zeugen, wie er lacht, und hören ihn zu Merlin sprechen.

Sobald Friede herrschte zwischen den römischen Wällen, begann Aurelius Ambrosius die Kirchen wiederaufzubauen, die von den heidnischen «Sachsen» zerstört worden waren. Dann wandte er seine Aufmerksamkeit den dreihundert Briten zu, die während eines Waffenstillstands, als sie bei einem Festmahl zusammensaßen, niedergemetzelt worden waren: Aurelius wollte ihnen ein Heldendenkmal errichten, das, so versprach er, bis in alle Ewigkeit an sie erinnern werde. Er begab sich in eine Stadt, die Geoffrey «Guintonia» nennt; die englische Übersetzung sagt «Winchester», aber das würde Südengland bedeuten und ist offensichtlich falsch, was uns auch ein Historiker, der sich mit der Geschichte von Winchester intensiv beschäftigt hat, W. Lloyd Woodland, noch einmal ausdrücklich bestätigt: «Die überlieferte Behauptung, König Artus habe in Winchester das britannische Heer versammelt... ist ganz falsch», und falsch ist auch die Annahme, daß Aurelius dort oder irgendwo dort in der Nähe ein steinernes Denkmal errichtet habe.

Es empfiehlt sich, diese Stelle in Geoffreys *Historia* noch etwas genauer zu betrachten. Erstens: «Guintonia» liegt sehr nahe bei einer Festung, die auch «Salesburia» genannt wird – der englische Text macht daraus Salisbury in Südengland. Zweitens: Bei «Salesburia» gibt es einen Berg namens «Ambrii»: «in monte ambrii». Wir nähern uns nun dem vertracktesten der Mißverständnisse, die Geoffreys Übersetzungen von Stellen aus dem «kleinen Buch» verursacht haben.

Aurelius Ambrosius ließ keinen Zweifel daran, daß er ein steinernes Denkmal für ewige Zeiten errichten wollte, und dieses Denkmal sollte erstens in der Nähe einer bestimmten Stadt, zweitens bei einem Ort mit Namen «Salesburia» und drittens in der Nachbarschaft eines Berges – von einem *Berg*, nicht von einem *Hügel* ist die Rede – erbaut werden. «Laßt Steine herschaffen, und errichtet einen Kreis um den Weg herum» – gemeint ist höchstwahrscheinlich ein Weg, den man in einer Prozession abschreitet –, so heißt es. Man hält eine Beratung ab, schließlich erklärt sich Merlin dazu bereit, nach Irland zu reisen, um Steine mit besonderen magischen Kräften zu besorgen. Bei diesem Unternehmen werden die militärischen Fähigkeiten von Uther Pendragon, dem jüngsten der drei Söhne Konstantins, sichtbar: In Irland kommt es zu kriegerischen Verwicklungen, aber Uther bleibt siegreich, und dank Merlins Zauberkräften gelingt es, die Steine nach «Salisbury» und zu dem Berg zu transportieren.

Es ist nicht verwunderlich, wenn auch Geoffrey «Winchester» und «Salisbury» verstand und wenn er möglicherweise das ganze erstaunliche Riesenprojekt mit Stonehenge identifizierte. Gewiß konnte dieses Bauwerk als ein würdiges Denkmal, wie es der fromme Aurelius im Sinn hatte, aufgefaßt werden. Wie jährlich hunderttausend Touristen bestätigen können, liegt Stonehenge ein Stück von Salisbury entfernt im Hügelland nördlich der Stadt. Aber: *Es gibt keinen Berg – oder doch nichts, was man üblicherweise einen Berg nennen würde – in der Umgebung*, es gibt lediglich sanft gewellte Hügel und trockene, flache Landschaft. Und ganz sicher handelt es sich bei Stonehenge und Avebury um uralte, prähistorische Stätten; sie sind so sehr viel älter als Aurelius Ambrosius, daß Geoffreys Identifizierung geradezu lächerlich erscheinen kann. Wir müssen also Geoffreys Quelle, die nicht mehr existiert, neu und anders deuten.

Die Verbindung mit Winchester und Salisbury hat Geoffrey vermutlich erst recht eingeleuchtet, wenn er die verschiedenen Römerstraßen in dieser Region gekannt hat. Daß mehrere wichtige Verkehrswege – die Straßen mit den Nummern 7, 13, 14, und 15 (London-Chichester, von dort nach Caerleon [= Isca in Wales], von dort nach Exeter im Süden) – diese Gegend erschlossen, könnte als weiteres Indiz gewertet werden, das für jene Annahme sprach. Die römische Stadt Calleva Atrebatum, das heutige Silchester, war ein Verkehrsknotenpunkt, in dem sieben Straßen zusammenliefen; wenn in den arthurischen Texten Figuren sich verabreden, so wählen sie immer solche Straßenkreuzungen als Treffpunkt. Von Calleva Atrebatum führten Straßen nach London, Old Sarum, Alchester, Chichester, Saint Albans und Winchester. Da in Silchester zu Geoffreys Zeit mehr römische Bauten oder Reste davon erhalten waren als irgendwo sonst in Hampshire, lag der Gedanke nahe, im Umkreis dieser Stadt habe wohl auch Aurelius gewirkt. George C. Boons Buch *Roman Silchester* bestätigt, daß es dort nie ein Bauwerk, wie Aurelius es von Merlin errichten ließ, gegeben hat. Aber Geoffrey muß in seiner irrigen Überzeugung durch die Erwähnung von Saint Albans noch bestärkt worden sein; denn er wußte, daß König Artus in einer (bis jetzt noch unbekannten) Stadt der Märtyrer Julius und Aaron gekrönt wurde.

Wir wollen die verschiedenen Hinweise zusammenstellen: Da ist eine Stadt namens Guintonia, nicht weit davon ein Ort, der Salisbury heißt, in der Nähe ein Berg, in Salisbury gibt es ein Kloster und eine bedeutende Kirche, Steine stehen im Kreis um einen Weg oder Prozessionsweg, eine große oder sehr prächtige Begräbnisstätte, wo Aurelius und sein Bruder Uther Pendragon mit königlichem Pomp einmal zur letzten Ruhe gebettet werden wollen. Aurelius beauftragt Merlin, aus Irland die magischen Steine der Riesen herbeischaffen zu lassen: «mitte pro chorea gigantum.» Dann erzählt der Text noch einmal die altbekannte Geschichte von den Riesen aus Afrika, die angeblich Irland besiedelt haben. Später sagt Geoffrey sein Sprüchlein noch einmal, so daß es – leider – keinen Zweifel darüber geben kann, was er meint: *Aurelius wurde in Guintonia beigesetzt* «prope cenobium ambrii infra choream gigantum quam vivens fieri preceperat». Und er wiederholt den Namen der Stadt: «urbe guintonie». Aurelius wurde in einem Friedhof beigesetzt: «in cimiterio». Uther Pendragon, er starb wie Aurelius an Gift, wurde wie sein Bruder bestattet: «ad cenobium ambrii & infra choream gigantum iuxta aurelium ambrosium».

Also: Aurelius wird «auf einem Friedhof bei dem Kloster Ambrii im Kreis der Riesen [bestattet], den er zu Lebzeiten hatte machen lassen». Der tote Uther Pendragon wird «zu dem Kloster Ambrii [gebracht] und im Kreis der Riesen an der Seite des Aurelius Ambrosius» bestattet.

Eine Übersetzung, welche in diese Textstellen irgendeinen Hinweis auf Stonehenge hineinliest, ist beim besten Willen nicht zu rechtfertigen. Es besteht also gar kein Grund, Geoffrey weiter vorzuwerfen, er schreibe Unsinn, denn er hat das, was man ihm unterstellt, *nie und nimmer behauptet.*

Zweitens: Geoffrey von Monmouth schrieb, sei es in Prosa oder in Versen, so gut Latein wie nur irgend jemand sonst, seine sprachliche Meisterschaft ist über jeden Zweifel erhaben. Wenn er irgendwo unsicher gewesen sein sollte, so höchstens in der Frage, ob es besser sei, «gigantum» oder aber «gygantum» zu schreiben – in jedem der beiden Fälle aber hat man es mit einem untadelig korrekten lateinischen Genitiv Plural zu tun. Und doch gibt es in dieser Passage etwas, was ganz und gar falsch ist.

Falsch ist die Sache mit dem «Steinkreis». Da König Artus und

2. Geoffreys Vita des König Artus

seine Verwandten als Christen kenntlich gemacht werden und da Artus gar neben Figuren wie König David und dem heiligen Kaiser Karl als einer der «Neun Großen» der Weltgeschichte gilt, ist es doch sehr unwahrscheinlich, daß Aurelius *Steinkreise zu Ehren heidnischer Götter* errichtet hat.

Alles Heidnische, das in der arthurischen Literatur erscheint, ist von mittelalterlichen Autoren mit Bedacht in die Texte eingefügt worden. Es ist durchaus möglich, daß sie es *zum Spaß* getan haben. Viele der Autoren der arthurischen Epoche und des Mittelalters hatten bei Spezialisten regelrecht «Mythologie studiert». Die Geschichte von den Riesen ist ein bloßer Mythos, eine irische Legende – man hat in Britannien nirgends Spuren von wirklichen Riesen gefunden. (Konstantin der Große, so wie er in jener Büste dargestellt wird, *wirkt* allerdings *wie* ein Riese, und vermutlich hatte König Artus selber auch etwas Riesenhaftes an sich, da er so großgewachsen und stark war.)

So genau Geoffreys Text auch ist, er hinterläßt beim Leser doch ein Gefühl der Unzufriedenheit. Der Autor muß seine Quelle mißverstanden haben. Aber *was* könnte er mißverstanden haben und in welcher Weise? Er muß vor der Wahl zwischen zwei griechischen Wörtern gestanden haben, nämlich *choreia* (Tanz, Reigen) und *choros* (Chor). Er entschied sich für die erste Möglichkeit und schrieb, daß Aurelius einen Kreis, eine Runde, einen Reigen, *a dance of giants*, wie die englische Übersetzung sagt, errichten ließ. (Und man hat, um die Lächerlichkeit voll zu machen, wirklich und wahrhaftig Stonehenge so bezeichnet!)

Hätte Geoffrey sich für das zweite Wort entschieden, so hätte er geschrieben, daß Aurelius Ambrosius in einem *Chor*, nämlich im Chorraum oder Chorumgang eines Klosters, sprich: einer Klosterkirche, bestattet wurde. Die Gräber der großen Männer wären dann wirklich nahe bei dem Weg, den die «Prozession» der Kleriker nimmt, wenn sie ihre Plätze hinten im Chorraum der Kirche einnehmen. Und dieser Raum ist tatsächlich halbkreisförmig.

Wenn Geoffrey dann im folgenden sagt, daß an Pfingsten der Klerus von überallher eingeladen worden sei, um die Fertigstellung des Bauwerks zum Gedächtnis der dreihundert ermordeten Briten mit einem dreitägigen Fest zu feiern, und daß Aurelius Ambrosius mit der Krone auf dem Haupt und in vollem Ornat dagesessen sei und die Glückwünsche aller entgegengenommen habe, dann fällt es schwer, sich den großen Mann umgeben von Steinen («circa plateam») mitten auf der Landstraße sitzend vorzustellen.

Andererseits aber war es keineswegs ungewöhnlich in alten Zeiten, daß jemand fertig behauene Steine, mit denen man Kirchen bauen konnte, kaufte oder auch raubte. Wahrscheinlich erhielt Ambrosius etliche solcher Steine aus Irland, die ihm besonders gut gefielen. Und Merlin hatte nichts dagegen, sie zu verwenden – falls er wirklich die Bauleitung für das Projekt inne hatte, ein Abt Suger *avant la lettre* gewissermaßen. Aber das sind natürlich bloße Spekulationen.

Eine bis jetzt immer falsch verstandene Passage aus den *Mirabilia*, den «Wundern von Britannien» in der Kompilation des Nennius, läßt sich mit dem, was in Geoffreys problematischem Text gesagt wird, verbinden:

Est aliud miraculum in regione vocatur Ercing. Habetur ibi sepulchrum juxta fontem qui cognominatur Licat Amir, et viri nomen, qui sepultus est in tumulo, sic vocabatur.

Diese Stelle aus der *Historia Brittonum* des Nennius lautet in der Übersetzung so:

Es gibt noch ein anderes Wunder in der Gegend, die Ercing heißt. Es steht dort ein Grab neben einer Quelle [oder einem Brunnen], die man «Licat Amir» nennt, und der Mann, der in dem Grab bestattet liegt, heißt so [nämlich «Amir»].

Dann fügt Nennius noch eine verblüffende Bemerkung an:

Amir [vel Amir mur] filius Arthuri militis erat, et ipse occidit eum ibidem, et sepelivit.
Amir [oder Amir der Große] war der Sohn des Kriegers Arthur, und der tötete ihn dort an dieser Stelle und begrub ihn [dort].

Den walisischen *Mabinogion* zufolge hatte König Artus einen Sohn namens Amhar. Im *Perlesvaus* wird erzählt, Kay, einer der Helden an Artus' Hof, habe den Sohn des Königs getötet: Artus habe Amhar zuerst in seiner Familiengruft bestattet, später habe Königin Guinevere das Haupt des Toten auf die Gralsburg gebracht, wo sie für sich selbst und für Artus eine Grabstätte hatte bauen lassen.

Fürs erste machen die Worte «Licat Amir» noch überhaupt keinen Sinn; wenn wir sie aber im Zusammenhang mit Geoffreys Aussagen über das Denkmal für die britischen Toten, über Salisbury und den Mons Ambrii betrachten, gewinnen sie eine ganz erstaunliche Bedeutung.

Die Bezeichnung *mons ambrii* meint offensichtlich *mons ambr(os)ii*, also «Berg des Ambrosius». Amir wird von Nennius

2. Geoffreys Vita des König Artus

auch «Amir der Große» genannt. Dieser Name, er erscheint auch in der Schreibung *Amhyr*, leitet sich von *Emrys* ab, der walisischen Form von «Ambrosius». Es ist dies ein ehrender Beiname, wie er vornehmen Römern verliehen wurde, die sich um ihr Land besonders verdient gemacht hatten, so etwa Scipio *Africanus* oder C. Julius *Caesar*. Der Beiname des Aurelius lautet «der Unsterbliche»; folglich handelt es sich bei jenem Berg um den «Berg des Unsterblichen Aurelius».

Damit kommen wir wieder zu Nennius und seinem «Licat Amir» zurück, wo der Name des Ambrosius wieder erscheint. Solange die in sich selber rätselhafte Textstelle nicht in Verbindung mit Geoffreys Geschichte gebracht wird, ist ihr noch kein deutlicher oder gar offensichtlicher Hinweis auf jenen Berg zu entnehmen. Zu bedenken ist aber nun noch folgendes: Nach den Entwicklungsgesetzen, welche die romanischen Sprachen regieren – diese sind ja dadurch entstanden, daß die keltischen Völker das Lateinische in besonderer Weise aussprachen und umformten –, wird aus dem lateinischen Substantiv *lectus* (Bett) das französische Wort *licat* (heute: *lit*).

Das Wort *Bett* nimmt, wenn es im Zusammenhang mit einem Monarchen, wie Aurelius Ambrosius es war, gebraucht wird, besondere Bedeutung an, wie etwa der Ausdruck *lit de justice/bed of justice* lehrt: es bezeichnet die herrscherliche Sitzgelegenheit schlechthin. In alten Zeiten saß der König auf einem *lectus*, wenn er Recht sprach oder offiziell hofhielt. So kann man sich denn die sonst unverständliche Stelle bei Nennius so erklären, daß er vom Bett des Ambrosius spricht, und der Berg des Ambrosius wird zum Königssitz, zum *Sitz des Ambrosius*.

Gibt es einen Berg namens «Ambrosiussitz» bei Salisbury, gibt es ein Kloster, einen Platz, an dem in geweihter Erde Leute von königlichem Adel bestattet sind? Nein – dieser Berg heißt heute «Arthur's Seat», «Arthurs Sitz». Und er ragt über Salisbury auf – so heißt ein Vorort im Nordosten von Edinburgh. Man weiß, daß König Artus eifersüchtig auf den Ruhm seines Onkels war: Er hat einmal die Gebeine, oder nur das Haupt, eines Verwandten aus dem «Weißen Turm» – gemeint ist damit wohl Guintonia – entfernen lassen. Wahrscheinlich war er auch dafür verantwortlich, daß der Name des Bergs geändert wurde. Artus habe, so wird berichtet, Wert darauf gelegt, daß er seine Macht und seinen Ruhm allein der eigenen Kraft und nicht seinen Vorfahren verdanke.

Einige Autoren, die über Edinburgh schreiben, sind der Meinung, jener Berg heiße deswegen «Arthurs Sitz», weil der König von dort aus eine Schlacht geleitet habe. Das ist unwahrscheinlich, denn der König pflegte seine Truppen nicht vom Gipfel erloschener Vulkane aus zu kommandieren, sondern er griff selbst an vorderster Linie in die Kämpfe ein. Die Schlachten seiner jungen Jahre fanden alle im Norden statt, mit Ausnahme der letzten, die am Hadrianswall geschlagen wurde. Mit einiger Wahrscheinlichkeit lag eines dieser Schlachtfelder bei Edinburgh und ein zweites nicht weit davon bei Linlithgow.

Mit «Arthurs Sitz» ist wohl eine Residenz des Königs gemeint, wo er saß und Recht sprach, ein Palast, der so prächtig und eindrucksvoll gewesen ist, daß der Verfasser eines enzyklopädischen Werks in Frankreich mit Staunen von den Schätzen und Reichtümern dort sprach. Heute steht unterhalb des Bergs, zu Artus' Füßen gewissermaßen, Holyrood Palace, eine Residenz des britischen Königshauses.

Das Andenken der Toten wird dort noch heute geehrt, und zwar mit gewaltigen Steindenkmälern, die auf dem Gipfel des Calton Hill, Arthur's Seat gegenüber, stehen. Sir Walter Scott pflegte Besucher auf jenen Berg, der auch Hill of the Royal Caledonians heißt, zu führen und sie zu den Salisbury Crags oberhalb von Holyrood Palace hinüberschauen zu lassen, wo sich, besonders gut in klarem Morgenlicht, König Artus' Profil abzeichnet.

Am 14. September 1128 begegnete König David I. dort einem Hirsch mit dem Kreuz Christi zwischen den Geweihspitzen. Dies war der Anlaß für die Gründung eines Klosters in der Nähe seiner Residenz, der Abtei Holy Rood («vom heiligen Kreuz»). Die Kirche wurde damals vielleicht auf den Grundmauern und aus Steinen eines sehr viel älteren Gotteshauses aus der Zeit des Ambrosius und Artus errichtet. In König Davids Kirche gab es einen Lettner und eine Königsgruft. Die Literatur sagt, daß der Lettner, in den ein Stück des Wahren Kreuzes Christi eingearbeitet war, möglicherweise ebenfalls aus älterer Zeit stammte: Er wurde einst von der Kaiserin Helena, der Mutter Konstantins des Großen, gestiftet, die jenes Heilige Kreuz, von dem die Abtei ihren Namen hat, in Jerusalem fand und dort die Grabeskirche errichten ließ. Vielleicht aber hat König Artus selbst die Reliquie gestiftet – es wird überliefert, er habe ihretwegen eine Reise ins Heilige Land unternommen.

In der Schatzkammer der Abtei bewahrte man einen Splitter vom Kreuz Christi auf, ein Silberkreuz mit einem Stück vom Wahren

Kreuz, ein neues Kreuz (es stammte aus dem Jahr 1493) aus purem Gold, besetzt mit dreißig Edelsteinen, etliche Kreuze und Ketten aus Silber und einen Kelch aus massivem Gold. Auf diese Kostbarkeiten könnte die Beschreibung der Schätze des König Artus sehr gut passen, die angeblich in seinem Palast «im Land der Pikten», und das heißt: in Schottland, gehortet wurden. Einige Stücke konnten in den Revolutionswirren vom 5. November 1688 gerettet werden, als man die Gebeine von Königen und Königinnen aus ihren Gräbern riß und das Kloster fast ganz zerstörte. Nur einige Mauerreste sind heute noch erhalten. Jene Kostbarkeiten wurden dann vermutlich dem Schatz der Kathedrale von Glasgow einverleibt.

Wenn man den Grundriß von Holyrood ansieht, so erkennt man, daß das Gewölbe mit den Königsgräbern innerhalb des Prozessionsportals auf der Ostseite lag, an den Lettner angrenzend und dem Chor und den Chorschranken gegenüber. Das eigentliche Klostergebäude und der Brunnen standen südlich des Prozessionsportals. Da normalerweise Kirchen auf dem geweihten oder heiligen Boden früherer Kirchen gebaut wurden, scheint Geoffreys Text über die Gräber von Aurelius Ambrosius und Uther Pendragon recht genau auf diesen Ort zu passen.

Geoffrey macht keine genauen Zeitangaben zu den heldenhaften Kämpfen und zum Tod des Uther Pendragon (er wurde vergiftet), er scheint dafür in den Genuß eines Ammenmärchens gekommen zu sein, das über feurige Zeichen am Himmel vor Artus' Geburt und über seine Zeugung, die der des altgriechischen Helden Herakles (Herkules) in nichts nachstand, Erstaunliches zu berichten wußte. Er wiederholt die ebenso berühmte wie amüsante Legende von Herkules, Sohn der Alkmene und des Zeus, aber auch des Sterblichen Amphitryon, ein Stoff, der schon Sophokles, Euripides und Seneca inspirierte. Obwohl noch viele andere Gelehrte Anteil daran haben, daß König Artus im Lauf der Jahrhunderte zu einem übermenschlichen Heroen erhoben wurde, ist es doch Geoffrey gewesen, der, indem er eine antike Quelle ausschrieb, diesen Prozeß in Gang setzte.

Uther Pendragon starb, lange bevor Artus das Mannesalter erreicht hatte. Solange Artus minderjährig war, führte König Loth von Lothian die Regentschaft im Reich, das einen großen Teil jener Region von Schottland umfaßte, die heute unter dem Namen Borders bekannt ist. Loth war auch Graf von Carlisle.

Artus verbrachte wahrscheinlich seine Jugend in der Umgebung von Caerlaverock. (Als er später einmal seine Mutter besuchte, bemerkte er, wie sehr verändert ihm alles erscheine.) Mit väterlich starker Hand griff König Loth, Gawains Vater, von seiner Festung Dunpelder oder Traprain Law in East Lothian aus in die Erziehung des Knaben ein. Man hat in dem Gebiet dieser Anlage einen Silberschatz aus der arthurischen Zeit gefunden, der heute im Museum von Edinburgh gezeigt wird. Eines der Stücke trägt die Inschrift CON, vermutlich für «Constantinus». Der Berg Traprain Law (*law* bedeutet «Gipfel») ist vom Calton Hill bei Edinburgh deutlich zu erkennen. In dieser Gegend ist wohl das epische Gedicht *Gododdin* entstanden (etwa hundert Jahre nach Artus' Tod), das den König erwähnt. Der Name *Gododdin* leitet sich vom lateinischen Namen für König Loths Clan oder Stamm ab: *Votadini*.

Im Alter von fünfzehn Jahren nahm Artus an einer Versammlung der britischen Stammeshäuptlinge teil, die ihn zu ihrem militärischen Oberbefehlshaber wählten. Dieses Treffen fand an einem Ort statt, den Geoffrey «Silchester» (in Südengland) nennt, höchstwahrscheinlich aber handelt es sich dabei um *Silchester am Hadrianswall*, um die Grenzfestung Chesters. Diese liegt ungefähr in der Mitte zwischen dem östlichen und dem westlichen Ende des Walls und in der Nähe von fünf Römerstraßen, von denen die eine südlich an der Mauer entlangführt; zwei andere, die sich beide dann gabeln, verlaufen in Nord-Süd-Richtung. Die Tatsache, daß man einen Platz so nahe bei Carlisle wählte, bestärkt uns in der Annahme, daß Artus, der Ehrengast der Veranstaltung, aus jener Gegend, genauer: aus Dumfries bzw. Caerlaverock, anreiste. Ohne sich besondere Rechenschaft darüber zu geben, erwähnt Geoffrey die britischen Stammeshäuptlinge, jene walisischen Verwandten des Artus aus der Linie der Cunedda-Könige, die bald nach dem Jahr 400 mit ihrem Volk vom Firth of Forth nach Süden gezogen waren.

Artus übernahm das Kommando und führte in der Folge sechs Feldzüge, so jedenfalls stellt es Geoffrey dar. Nach seinem ersten Sieg belohnte er die Häuptlinge der drei Stämme im Norden, die bis zum Einfall der Sachsen in ihre Territorien ganz unabhängig und frei gewesen waren. Hier führt nun Geoffrey erstmals die drei berühmten Brüder ein, die in der arthurischen Literatur des Mittelalters eine so bedeutende Rolle spielen:

1. Loth von Lothian, Vater von Gawain und Modred
2. Urien (eine von zahlreichen orthographischen Varianten), Vater zweier Söhne, die beide Owein (auf französisch: Yvain) heißen;

Herrscher über Murray *(murefensium)* in Westschottland und/ oder die Inseln im Westen
3. Anguselus, König der Schotten (?)

Bei Geoffrey erscheint der dritte Bruder als Wortführer der Gruppe, er leistet den größten Beitrag und ist überhaupt (bis zu Artus' Verwundung) die Hauptfigur unter den dreien. Und doch weiß Geoffrey am wenigsten über ihn zu berichten.

Im folgenden Winter ließ Artus Schiffe bauen, um im Sommer darauf nach Irland einzufallen. Es ist höchst unwahrscheinlich, daß diese Flotte am Fluß in York gebaut wurde, da doch der Clyde oder Clydebank wesentlich günstigere Hafenplätze boten: Sie lagen für Artus in bequemer Nähe, der Fluß war breiter und tiefer, Materialien und Arbeitskräfte standen in der nächsten Umgebung ausreichend zur Verfügung. Trotzdem: In «York», so sagt jedenfalls Geoffrey, heiratete Artus «guenhuueram» – oder ähnlich, zu einer konsequenten Schreibweise hat Geoffrey sich in diesem Fall nicht durchringen können –, die «aus einer vornehmen römischen Familie» stammte. Wir nennen sie hier «Guinevere» – es handelt sich bei ihrem Namen um eine alte Form des uns geläufigen «Jennifer».

Im Sommer führte Artus dann sein Flottenunternehmen in der Irischen See durch. Er eroberte «Island» und «Gothland», wie man üblicherweise, aber falsch übersetzt – mit etwas mehr Wahrscheinlichkeit sind *Islay* und *Schottland* gemeint. Er überwinterte auf seinem Inselstützpunkt in der Irischen See – diesmal ganz offensichtlich nicht Island, eher Islay oder auch die Isle of Man.

Artus konnte den Frieden zwölf Jahre lang bewahren, eine Periode, die für ihn selbst und für sein Land etwas wie ein Goldenes Zeitalter werden sollte. Dann eröffnete er erneut den Seekrieg, diesmal gegen «Norwegen» und «Dänemark». Statt nun ein großes Staunen zu erheben über derart unwahrscheinliche Eroberungen, sollten wir uns lieber klar machen, daß diese Namen wahrscheinlich Territorien in Britannien bezeichnen, die von Skandinaviern oder Wikingern beherrscht waren. Die Isle of Man zum Beispiel wurde weit bis in Geoffreys Zeit hinein «Norwegen» genannt.

Anschließend wandte sich der König gegen Gallien – erst später zu Artus' Lebenszeit und der des Königs Chlodwig wurde das Land zum «fränkischen Reich», zu «Frankreich» also. Diese militärischen Operationen dauerten neun Jahre.

Nach seiner Rückkehr wurde König Artus eine großartige Krönungszeremonie zuteil, vielleicht eine ehrenvolle Auszeichnung ähnlichen Charakters wie der Triumphzug, den man in Rom siegreichen Feldherrn zubilligte. Geoffrey nahm an, diese Krönung habe im walisischen Caerleon stattgefunden, einem alten römischen Stützpunkt in der Etappe. Aber hier irrt Geoffrey wieder einmal: er verwechselt Caerleon und Carlisle. Die prachtvolle Krönungsszene ist Höhepunkt und Ende dieses Abschnitts der *Historia*.

Der letzte Teil in Artus' Lebensbeschreibung erzählt von seinem Feldzug auf dem Kontinent, einem Unternehmen, an dem einige Stammesführer, aber nicht alle, teilnahmen. Der König verliert in diesen Kämpfen Bedevere und Kay. An dem Punkt der Entwicklung, da der Sieg gesichert scheint, erhält Artus die Nachricht, daß Modred und Guinevere, die er als Regenten für die Zeit seiner Abwesenheit in Britannien eingesetzt hatte, geheiratet und den Thron usurpiert haben. Aber: Es ist anzunehmen, daß Königin Guinevere schon lange tot war, als Artus zu seinem Feldzug auf dem Kontinent aufbrach! Offensichtlich geben die alten Quellen hier zwei Darstellungen wieder, die nicht miteinander vereinbar sind.

Was die Geschichte von Guinevere und Modred angeht, so scheint sogar Geoffrey von Monmouth hier einmal frauenfeindliche Propaganda zu verbreiten. Er läßt Artus in Südengland anlegen; das mag auf Julius Caesar zutreffen, aber Artus ist dort ganz sicher nicht gelandet. Dann kommt es zu den blutigen Kriegsereignissen: Modred versucht die Landung zu verhindern. Die Krieger des Königs erstürmen den Strand, die Verluste sind gewaltig. Artus verfolgt Modred. Nach drei Tagen findet die Schlacht zwischen den Heeren statt, und zwar am Hadrianswall. Dort wurde, so glaubt man heute, die Schlacht von Camlan geschlagen, in der Artus schwer verwundet wurde. Es war im Jahr 542, behauptet Geoffrey. An diesem Tag starben viele edle und berühmte Männer.

Unter allen arthurischen Autoren hat allein Geoffrey einigermaßen konkrete Zeitangaben zu wichtigen Ereignissen im Leben des Königs geliefert:

1. Vorgänger:
    König Aurelius Ambrosius
    König Uther Pendragon
2. Regierungszeit des Artus:
    Wahl in Chesters .... *15 Jahre alt*

2. Geoffreys Vita des König Artus

Feldzug im Norden
  Schlacht am Berg Badon .... *ca. 500*
Inselkrieg .... *1 Jahr*
Friedenszeit .... *12 Jahre*
Feldzug in Gallien .... *9 Jahre*
Krönung in «Caerleon» .... *(?)*
Römischer/kontinentaler Feldzug .... *20 Jahre (?)*
Rückkehr nach Britannien und letzter Feldzug
  Schlacht von «Camlan» *542*

Die zwanzig Jahre für den römischen Feldzug und das Jahr 500 als Datum der Schlacht am *Mons Badonis,* am Berg Badon, die den Krieg im Norden beendete, beruhen auf der Voraussetzung, daß Geoffrey in seiner Chronologie die berühmte Stelle bei Gildas, in der dieser die Schlacht am Berg Badon erwähnt, berücksichtigt hat. Seltsamerweise gibt Gildas keine Jahreszahl für dieses Ereignis an; und außer ihm, sagt Hodgkin, wußte damals niemand mehr etwas über die Geschichte Britanniens am Ende der römischen Besatzungszeit. In dieser Verlegenheit kommt uns Faral zu Hilfe und errechnet uns das Datum jener Schlacht:

1. Zwei Tatsachen aus dem Leben des heiligen Gildas sind sicher:
   a) er wurde in Strathclyde geboren
   b) er wurde von König Ainmericus (Regierungszeit 565–568) nach Irland gerufen.
2. Die *Jahrbücher von Ulster* (Annales Tigernachi) teilen mit, daß Gildas 569 (richtig: 570) gestorben sei.
3. Gildas schrieb sein Werk *De excidio et conquestu Britanniae* zu Lebzeiten von Maglocunus (König Maelgwn von Nordwales); dieser starb 547 oder 549. Gildas war 44 Jahre alt, als er sein Werk schrieb, und er ist im Jahr der Schlacht am Berg Badon geboren.
4. Gildas ist also um das Jahr 500 geboren, und folglich muß jene Schlacht ebenfalls um 500 stattgefunden haben.

Es ist lehrreich, wenn man damit die Lebensdaten vergleicht, die der Historiker John Morris (1973) und der Archäologe Lloyd Robert Laing (1975) für König Artus und seine Vorgänger ermittelt haben:

1. Vorgänger:
   König Aurelius Ambrosius .... *ca. 460-ca. 475*
   König Uther Pendragon .... *ca. 475-ca. 490*
   Geburt des Artus .... *ca. 475*

2. Regierungszeit des Artus: .... *insges. 25 Jahre*
Wahl .... *ca. 490*
Feldzug im Norden
Inselkrieg
Friedenszeit .... *12 (?) Jahre*
Feldzug in Gallien .... *9 (?) Jahre*
Römischer/kontinentaler Feldzug .... *2 (?) Jahre*
Verwundung bei Camlan *515*

Viele Historiker, unter ihnen R. G. Collingwood und J. N. L. Myres in dem Buch *Roman Britain and the English Settlements* (verb. Ausg. Oxford 1963), haben die Aussage des Gildas ernst genommen und kamen dann auf eine vierundvierzig Jahre dauernde Friedenszeit in Britannen nach Artus' zwölftem Sieg. Die *Jahrbücher von Wales* dagegen billigen dem König nur einundzwanzig Friedensjahre zu; und bei Geoffrey sind es gar lediglich zwölf. Wir wollen die verschiedenen Datierungsversuche in einer Übersicht zusammenstellen:

Berg Badon		*Camlan*	
Beda	493	Morris	515
Morris	ca. 495	Beda	537
Gildas	ca. 500		
Annales Cambriae	516	*Annales Cambriae*	539
Matthew von Westminster	520	Geoffrey	542

Der Vollständigkeit halber müssen wir auch noch einen flüchtigen Blick auf die angelsächsischen Geschichtswerke werfen, obwohl sie Artus mit keinem Wort erwähnen. Die *Chronik des Ethelwerd* datiert die verschiedenen Landungsunternehmen in Südengland an der «Sächsischen Küste», nämlich die Landung von Hengist und Horsa, von Ella und Cissa und schließlich die von Cerdic und Cynric auf die Jahre zwischen 449 und 556. John Morris meint in *The Age of Arthur*, daß Hengist und Horsa etwas früher, um 428, ins Land gekommen seien. Die angelsächsischen Aufzeichnungen behaupten, die Briten seien überall geflohen wie die Hasen, so etwa im Jahr 473, die alte römische Küstenfestung Anderida (Pevensey) sei 491 und die Isle of Wight 530 erobert worden. Der westsächsische König Cynric soll seine Herrschaft um 534 angetreten und sechsundzwanzig Jahre lang in England regiert haben. König Ida von Bernicia (Northumberland) umgab die Festung Bamborough zuerst mit einem Wall aus Dorngestrüpp, um 547 begann er dann mit dem

2. Geoffreys Vita des König Artus 81

Wiederaufbau. Man kann demnach annehmen, daß zu dieser Zeit die Herrschaft der fremden Eroberer, der Angeln und Sachsen, sich gefestigt hatte. Allerdings konnten die frühen Könige von Bernicia sich nie besonders lange ihrer Herrschaft erfreuen.

Die Festung von Bamborough scheint einst eine britische Fluchtburg gewesen zu sein; sie hieß damals Dinguardi, so jedenfalls meint Herbert A. Evans in *Castles of England and Wales*. Man kann vermuten, daß dieses Dinguardi zur *Joyeuse Garde* der französischen Romane über Guinevere und Lancelot wurde.

Um das Jahr 542 herum hatten Angeln, Sachsen und Jüten jene Küstengebiete besiedelt, die sich, um es etwas vergröbernd auszudrücken, östlich der Linie Southampton-Edinburgh erstreckten. Die militärischen Erfolge des König Artus müssen also entweder zu dieser Zeit schon eine gute Weile zurückliegen, sie wären dann auf den Anfang des sechsten Jahrhunderts zu datieren – dieser Logik scheint John Morris gefolgt zu sein –, oder aber – und darauf deuten die Ergebnisse unserer Untersuchung hin – diese Siege wurden weit im Norden, jenseits des Humber, erfochten.

Wie Kenneth Jackson gezeigt hat, fiel Somerset zwischen 658 und 682 an englischsprachige Eroberer, Cornwall nicht vor 838. Diese Regionen lagen also, folgert Hodgkin, in arthurischer Zeit außerhalb des Kampfgebiets. Die Schlacht am Mons Badonis um das Jahr 500 brachte, hier leuchtet Lloyds Argumentation ohne weiteres ein, die angelsächsische Expansion in Britannien erst einmal zum Stehen. Eine zweite Phase der Eroberung setzte erst in nach-arthurischer Zeit ein – nicht zuletzt eben deswegen, weil der König vom Schauplatz abgetreten war – und führte schließlich zur Trennung in ein nun vollständig angelsächsisches England und keltische Reiche im Norden und Nordwesten. So argumentiert Lloyd überzeugend in seiner *History of Wales* (Bd. 1, Kap. 5).

Nach Artus' Tod wurden die Angeln erneut aus dem Norden vertrieben. Dem piktischen König Bridei mac Bili gelang es 685, Edinburgh zurückzuerobern. Um das Jahr 844 schlossen sich Pikten und Schotten unter der Führung von «Kenneth mac Alpin» zusammen. Dieser König Kenneth Macalpin begründete die Linie der frühen Könige von Schottland, die bis zu David I., der die Abtei Holyrood neu erbauen ließ, reicht (843–1153). Eine Übersicht über die schottischen Könige findet sich in John Prebbles *The Lion of the North*. Prebble spricht von nordbritannischen Stämmen, «denen vielleicht Artus angehörte». Und es gab zwischen Alpin und David I. drei schottische Könige, die den Namen Konstantin trugen. Auch der

Name des Artus machte Tradition, allerdings in einem anderen Herrschergeschlecht, nämlich dem der frühen dalriadisch-schottischen Könige an der Westküste. Diejenigen, die dazu neigen, Geoffreys Datierung des letzten Gefechts bei Camlan für beliebig zu halten, übergehen auch das Zeugnis der epischen Traditionen von Nordwales. Irgend jemand ging als Sieger aus dieser Schlacht hervor, jemand, der erkannt hatte, daß Artus ein Machtvakuum hinterließ und daß sich damit einem neuen Mann eine Chance bot. Dieser Jemand scheint König Maelgwn von Gwynedd gewesen zu sein, der Mann, den der heilige Gildas in *De excidio*, einem großen Klagelied über den Niedergang Britanniens, als Bösewicht brandmarkte und verfluchte. Sharon Turner behauptet in *The History of the Anglo-Saxons*, daß König Maelgwn bei Camlan gegen Artus gekämpft habe – er muß demnach ein Verbündeter Modreds gewesen sein – und daß er das Gemetzel überlebt habe. Wenn Turners Darstellung richtig ist, so hat sich Maelgwns Einsatz gelohnt: sein Sohn Brude (Bridei) wurde bald nach Artus' Tod oder Artus' Abreise nach Avalon König der Pikten. In jener Zeit wurde die Erbfolge nach dem Tod eines Königs keineswegs immer nach dem Gesetz der Primogenitur geregelt, sondern es hatte auch das Prinzip der freien Wahl einiges Gewicht. Turners Argumentation bestätigt die walisische Tradition: Artus war im Jahr 530 noch am Leben, er kämpfte gemeinsam mit Gereint (Erec) in der Schlacht von Llongborth und sah Erec, bei dessen Krönung in Edinburgh er Zeuge gewesen war, fallen.

Wir können nach alledem nun feststellen, daß Geoffreys Bericht über das Leben des König Artus im allgemeinen durchaus zu dem paßt, was wir sonst über die Ereignisse jener Zeit wissen. Geoffrey war sich offenbar des annalenhaften Charakters seiner Quellen genau bewußt und arbeitete in seiner eigenen Darstellung des Lebens und Wirkens von König Artus die Punkte, auf die es ihm ankam, verdeutlichend heraus: die Verwandten und Vorgänger, seine Wahl durch die Stammeshäuptlinge in Chesters am Hadrianswall, seine frühen Schlachten, seine Krönung in «Caerleon», sein römischer Feldzug – möglicherweise gegen die Vandalen und/oder die Westgoten –, schließlich sein Versuch, die Herrschaft in Britannien wiederzugewinnen.

Aus irgendeinem unerklärlichen Grund erfuhr Geoffrey offenbar aus seiner Quelle nichts davon, daß Artus' Erzieher Merlin war, daß dieser dem jungen Mann verraten hatte, wie er das Schwert aus dem

2. Geoffreys Vita des König Artus

Feuerstein ziehen konnte, und daß Artus deswegen von den britischen Stammesführern als König anerkannt wurde, weil es ihm gelungen war, auf diese Weise Feuer zu entfachen. Alles das erscheint erst, reich ausgeschmückt, bei Sir Thomas Malory, der die Geschichte im wesentlichen aus dem *Merlin* des französischen Dichters Robert de Boron hat. Höchstwahrscheinlich verbirgt sich unter dem Namen Merlin der Abt eines Klosters, etwa von Sweetheart bei Dumfries; so ist es wohl zu erklären, daß der junge Artus Merlin mit «Vater» anredete. (Die anderen Geistlichen, mit denen der junge Mann zu tun hatte, nannte er «Brüder».) Die Alternative dazu wäre, daß wir annähmen, irgendein Autor der arthurischen Zeit hätte die ganze Geschichte ganz einfach aus Plutarchs Bericht über das Leben des Theseus gestohlen.

Zweitens stellen wir fest, daß auch Geoffreys Geographie durchaus in die reale Geographie Britanniens paßt. Er spricht von Inseln vor der Küste von Nordwestengland und Westschottland, er erwähnt mehrmals Dumbarton, die britische Befestigungsanlage, auch Lothian, den «kaledonischen Wald» (die Römer nannten vornehme Personen aus dem Norden «Kaledonier»), Loch Lomond, den Clyde; dank Geoffreys Angaben können wir den Hadrianswall wiedererkennen mit der Festung Chesters, später auch das Grenzkastell Camboglanna alias Camlan. Von diesen Fixpunkten aus, so scheint es nun, gelangen wir mit Leichtigkeit nach Caerlaverock, nach Dumfries und Galloway, zum Loch Ryan, dann durch die seichten Furten des Solway hinüber zu der Kette von römischen Kastellen, die sich auf dem sumpfigen Südufer von Carlisle bis Bowness-on-Solway aneinanderreihen. Und die Irische See ist niemals weit, wenn arthurische Orte genannt oder beschrieben werden. Wenn Geoffrey überhaupt irgendwo angreifbar ist, so allein in seinen Zeit- und Ortsangaben; wir werden, um diese Fragen zu klären, auf einige französische Berechnungen zurückgreifen, wenn wir später den verschiedenen «Burgen» des Königs ihren festen geographischen Ort zuweisen.

Geoffrey hat auch bewiesen, daß er über Informationen aus alten Quellen verfügte. So kannte er Gildas und Nennius, freilich wohl nicht die geheimnisumwitterten walisischen *Triaden*. Geoffreys Artus ist sehr stark römisch geprägt, ein gebildeter Militär – nicht der berserkerhafte «Rote Alleszermalmer» der triadischen Dichtung.

Geoffrey berichtet von «wirklichen» Menschen, von historischen Personen – König Loth, König Urien, König Anguselus, König Vortigern, König Uther Pendragon, die edle Ygerne, Königin Anna, die Witwe von Camelot, die Dame vom See, das Häßliche Fräulein aus der alten Ballade, Fürst Modred (in der schottischen Geschichte ein strahlender, liebenswerter Held), schließlich Gawain, der irgendwo nicht weit von Irland gegen einen König, den «Grünen Ritter», kämpfte.

Und dank Geoffreys Anstrengungen sind wir an Orte gelangt, die seit arthurischer Zeit mit dem Königshaus verbunden sind, Römerstraßen haben uns zu antiken Ruinen geführt, wir haben Stätten des christlichen Kults im Norden Britanniens besucht. Alles das führt uns weiter bei dem Bemühen, des historischen Artus habhaft zu werden. Und wo Geoffrey uns nicht leitet, dort gibt er doch wenigstens Fingerzeige wie etwa im Fall des Vortigern. Dieser Mann war ein Anhänger des irischen Theologen Pelagius; Rom erklärte ihn für verrückt, er sei einer dieser «Briten, grün wie das Meer», und seine Theologie sei nichts als Ketzerei.

Wir verdanken Geoffrey viele konkrete Hinweise, und er hat uns ermutigt, neues Zutrauen in sein Zeugnis über jene lang verschollene Vergangenheit zu setzen.

3. Die zwölf Schlachten

Die zwölf Schlachten des Artus erwarben ihm unsterblichen Ruhm. Bei der Behandlung dieses Themas schöpft Geoffrey aus mindestens zwei verschiedenen Quellen: Die eine ist die Handschrift mit dem Merlin-Text, die Walter, Archidiakon in Oxford, ihm geliehen hatte, bei der zweiten handelt es sich um die wesentlich ältere Kompilation walisischer historischer Stoffe, die unter dem Namen des Nennius firmiert.

Die Information, daß Artus in seiner Jugend zwölf Schlachten ausgefochten habe, erscheint erstmals in dem lateinischen Text, den man einem gewissen Nennius zuschreibt. Das Werk, *Historia Brittonum*, erzählt die Geschichte des britischen Volks. Die ältesten und zuverlässigsten Textzeugen, die wir haben, sind das Manuskript Nr. 98 in Chartres und das Manuskript Harley Nr. 3859, das dem Britischen Museum gehört; beide Handschriften sind um die Mitte des zehnten Jahrhunderts oder früher entstanden.

Die größten Artus-Forscher von Frankreich und England, Faral und Chambers, haben bereits bewiesen, daß Geoffrey bei seiner Arbeit das Harley-Exemplar benutzt hat. Es enthält etwas aus den

3. Die zwölf Schlachten

Annales Cambriae, Genealogien und einen Text, der von den «Wundern» berichtet, die man in Britannien besichtigen kann. Diese *Mirabilia Britanniae* lesen sich wie moderne Fremdenverkehrswerbung («Wenn Sie nach England kommen, versäumen Sie nicht, Loch Lomond oben in Schottland zu besuchen! Der See hat eine Fläche von...»). Das Thema der zwölf Schlachten bei Nennius ist mindestens ebenso gewichtig. In der folgenden Übersicht haben wir sie, so wie sie im Manuskript Harley Nr. 3859 erscheinen, zusammengestellt.

Wahrscheinlich haben nie einzelne Wörter aus einem lateinischen Quellentext dem Scharfsinn der Gelehrten derart schwierige Rätsel aufgegeben wie die kryptisch erscheinenden Ortsnamen, die doch einst weithin geläufig waren. Die Ergebnisse dieser Studien sind schon um ihrer selbst willen hochinteressant – wir freilich können uns hier mit ihnen nur insoweit befassen, als sie uns bei der Suche nach dem Reich des König Artus hilfreich sind.

Schlachten	Orte	Übersetzung
1	«ostium fluminis... Glein»	= Mündung des Flusses Glein
2/3/4/5	«aliud flumen... Dubglas in regione Linnuis»	= ein anderer Fluß, der Dubglas in der Gegend Linnuis
6	«flumen... Bassas»	= Fluß Bassas
7	«in silva Celidonis, Cat Coit Celidon»	= im Wald von Celidon, Schlacht im Celidon-Wald
8	«in castello Guinnion»	= im Kastell Guinnion
9	«in urbe Legionis»	= in der Stadt der Legion
10	«in litore flumis Tribruit»	= am Ufer des Flusses Tribruit
11	«in monte Agned»	= am Berg Agned
12	«in monte Badonis»	= am Berg Badon

Der Fluß Glein, der am Schlachtfeld Nr. 1 vorbeifließt, ist niemals in der Forschung identifiziert worden, ebensowenig der Fluß Dubglas, an dessen Ufern die Schlachten 2 bis 5 stattfanden. Was Nr. 6 betrifft, so gibt es zwar auch einen Fluß namens Bass nicht, wohl aber einen Bass *Rock.* Diese Felseninsel und dazu die Ruinen der Burg Tantallon hat man gefunden, jene im Firth of Forth, diese direkt gegenüber auf dem Südufer des Firth, dort, wo er sich zum Meer hin öffnet. Beide sind überaus pittoresk, sie erscheinen auch wirklich auf zahlreichen Landschaftsbildern (z.B. in Arthur G. Bradleys wunderschönem Buch *The Gateway to Scotland*). Wenn wir einmal Bass Rock als einen möglichen Schlachtenort annehmen, so besteht der nächste Schritt darin, daß wir Überlegungen anstellen, was Artus hier verteidigt haben kann: den Zugang zum Firth of Forth, zur königlichen Residenz «Arthurs Sitz», zur Region Edinburgh, schließlich zur Burg oder zu den Burgen von Stirling weiter nördlich am Forth.

Sicher ist, daß auf dem Firth of Forth im Lauf der Jahrhunderte oft große Flottenoperationen stattgefunden haben; so etwa sammelte sich hier die britische Flotte vor der Schlacht um Jütland.

Etwas mehr Gewißheit besteht bei Nr. 7 und 8, da sie ihr Geheimnis 1945 dem Sprachwissenschaftler und Historiker Kenneth Hurlstone Jackson offenbart haben. Die Festung Guinnion, so entdeckte er, ist mit dem römischen Binchester, nur dreißig Kilometer südlich des Hadrianswalls gelegen, identisch. Und der «celidonische Wald» ist bei der modernen Großstadt Glasgow zu suchen. Man hat früher spekuliert, es handle sich um ein Gebiet bei Penrith, der ersten größeren Stadt südlich von Carlisle, an der Autobahn M6 gelegen, aber das ist wohl falsch, das Schlachtfeld liegt etwas weiter im Norden. Sowohl Faral wie O. G. S. Crawford stimmten Jackson in beiden Fällen zu.

Der Nennius-Text hatte berichtet, Artus habe in Binchester ein Bild der Jungfrau Maria getragen und «mit der Kraft unseres Herrn Jesus Christus und der heiligen Jungfrau» viele Feinde getötet.

An einer anderen Stelle sagt der Text, König Artus habe eine Pilgerfahrt nach Jerusalem unternommen und eine wundertätige Figur mitgebracht, die er dem Kloster «Wedale» bei «Melros» schenkte. Wo haben wir diesen Ort zu suchen? Melrose, ein sehr bedeutendes mittelalterliches Kloster, liegt am Fuß der Eildon Hills. Und genau dort hatte einst Uther Pendragon seine vernichtende Niederlage erlitten – wir sind also hier im Frontgebiet, und, wie sich zeigen wird, schon fast am Ziel.

Die mittelalterliche Abtei Melrose – Ruinen davon sind noch zu besichtigen – stand nahe bei dem riesigen Römerkastell Trimontium, und zwar an der römischen «Großen Straße in den Norden», die von London über York nach Stirling in Schottland führte. Die Festung hatte ihren Namen von den das Landschaftsbild weithin beherrschenden drei Gipfeln der Eildons. Vom alten Trimontium (heute Newstead) sind kaum Spuren erhalten. Trotzdem war sich Faral ziemlich sicher, daß die verschollenen *Annalen des Nordens* (Schottlands und des König Artus) dort geführt und aufbewahrt wur-

3. Die zwölf Schlachten

den, und zwar in einem Kloster Melrose, das bereits in spätantiker Zeit existierte.

König Artus, so scheint es, hat wirklich dort gekämpft, wo Geoffrey annahm, nämlich nördlich von York in der Nähe des Hadrianswalls und südlich des Antoninuswalls, der sich vom heutigen Glasgow im Westen bis nach Edinburgh in Ostschottland erstreckte, vom Firth of Clyde bis zum Firth of Forth. Es ist dies die kürzeste Ost-West-Verbindung auf der Insel und somit die strategische Linie, die sich am leichtesten verteidigen läßt.

Die «Stadt der Legion», bei der Nennius zufolge die neunte Schlacht geschlagen wurde, ist nach dem neueren Stand der Wissenschaft nicht die kleine römische Festungsstadt Deva, heute Chester, wo die Zwanzigste Legion in Garnison lag. Welche Legionen kommen denn in diesem Zusammenhang in Frage, und wo waren sie stationiert? Die Zwanzigste also in Chester. Die Zweite Legion, «Augusta» genannt, war in einem Etappenstützpunkt des römischen Militärs stationiert, nämlich in Caerleon-on-Usk in Südwales. Die Sechste lag in York. Also konnten York, Chester und Caerleon «Stadt der Legion» heißen. Aber alle drei sind zu weit entfernt von den Orten, an denen nach heutigem Wissensstand die Schlachten des Artus stattgefunden haben, und es gibt auch keine positiven Hinweise, die eine dieser Städte mit Kriegshandlungen jener Zeit in Verbindung bringen.

Der Ausdruck «Stadt der Legion», den Nennius gebraucht, ist zu unbestimmt. Es spricht einiges dafür, ihn auf die jüngste der römischen Hauptstädte in Britannien zu beziehen, auf Carlisle. Diese Region wurde schon seit 368 hart umkämpft. Auf Karten sieht man einen Ring von stark befestigten römischen Kastellen, der über die heutige Stadt Carlisle hinaus weit nach Westen reicht.

Das große System von Befestigungsanlagen bei Carlisle, zu dem auch die Kastelle auf dem Südufer des Mündungstrichters gehörten, umschloß große Teile des Tieflands am Ende des Solway Firth. Seit Jahrhunderten siedelte hier der wildeste und kühnste der alten britischen Stämme, ein überaus kriegerisches Volk, die *Brigantes*. In arthurischer Zeit hatten diese Stämme ihr Gebiet auf das nördliche, piktische Ufer des Solway Firth ausgeweitet, und das bedeutet: Sie siedelten in ebender Region, in der, wie zu vermuten ist, Artus geboren und erzogen wurde.

Wie wichtig der Stützpunkt Carlisle für das römische Besatzungsregime war, ist auch daraus zu ersehen, daß zwei Römerstraßen dorthin führten, nämlich Nr. 2 (Dover-London-Chester-Carlisle) und Nr. 5 (London-Lincoln-York-Carlisle). Wir wissen auch, daß es sich bei dem Ort, der in den meisten französischen Handschriften als Hauptquartier des König Artus erscheint, um Carlisle handelt. Diese Stadt mit den verschiedenen Festungen der Umgebung war nicht nur die westliche Bastion am Hadrianswall, mitten in dem Gebiet, das in den letzten hundert Jahren der römischen Besatzungszeit am heftigsten umkämpft war, sondern sie war außerdem ein bedeutender Verkehrsknotenpunkt, weil von hier wichtige Straßen nach Norden und Osten in die Gegend von Edinburgh und nach Nordwesten in die Region Glasgow und zu den verschiedenen britischen Festungen (besonders Dumbarton Rock am Clyde ist hier zu nennen) führten. Nach dem Rückzug der Römer formierte sich die britischen Streitmacht neu in zwei Zentren: (1) Carlisle-Glasgow-Dumbarton und (2) Stirling-Edinburgh-Traprain Law. Carlisle blieb ein Machtzentrum der unabhängigen Briten. Lange Perioden hindurch bis weit ins siebte Jahrhundert hinein war es die Hauptstadt von Strathclyde und mehrmals sogar schottische Hauptstadt.

Die Schlacht Nr. 11, so hat man mit guten Gründen behauptet, fand in der Gegend von Edinburgh statt, damals eine Befestigungsanlage auf dem Burgberg, von der aus man die Ebene überblicken konnte. Der Name «Arthurs Sitz», aber auch andere Fakten weisen auf eine enge Verbindung des Königs mit dieser Stadt.

Was die Schlacht Nr. 10 betrifft, so gibt uns, meint O. G. S. Crawford, Nennius mit «Tribruit» zwei Ortsnamen. Der Name verweise erstens auf ein sandiges Flußufer und zweitens auf drei Wasserläufe, die dem Mündungstrichter eines Flusses zustrebten. Er gelangte zu diesem Schluß, nachdem er die Varianten verschiedener Nennius-Handschriften verglichen und sprachwissenschaftlich untersucht hatte. Einige dieser Handschriften deuten das walisische *traeth* und seine lateinische Übersetzung *tractus* als eine «Strecke» Sand an einem Flußufer. Die zweite Wurzel, die in dem Wort steckt, *bruit*, leite sich von der lateinischen Form für den altwalisischen Namen des Flusses Frew in Schottland ab.

Dieser Fluß strömt durch das Vale of Menteith, das sich gegen Stirling Rock hin weitet, und mündet im oberen Teil dieses Tals in den Forth. Nach ihrer Vereinigung führt der Lauf der Flüsse in Windungen unter jenem Burgfelsen vorbei und in weiten Schleifen zum Firth of Forth. Der Fluß, der, aus dem Hochland weiter nördlich kommend, die schottischen Lowlands etwa in West-Ost-Richtung durchschneidet, trifft auf den Burgfelsen wie auf eine Barriere. Nach

Crawfords Interpretation hielt die zehnte Schlacht den Vormarsch der Pikten auf, die von Norden her eingefallen waren.

Die einst spektakulären Furten am Frew wurden lange Zeit zu den großen Naturwundern von Schottland gezählt. Nördlich davon erstreckten sich die wilden Gebiete der Pikten des Nordens bis hinauf nach Inverness und zum Reich des Macbeth. Die Grenze dieses Landes der schwarzen Schafe, so sagen die Perceval-Texte, bilde der *Mittlere Fluß*; jenseits dessen im Süden liege das Land der weißen (christlichen) Schafe. Jene Furten (sie liegen heute direkt beim Zusammenfluß von Goodie Water und Forth, wo die Landstraße über eine kleine Brücke führt) boten die einzige Möglichkeit, über den Fluß zu gelangen. In arthurischer Zeit war der Pfad zum Wasser hinab so steil, daß man die Pferde einzeln hinunterführte. Die französischen Autoren des *Prosa-Lancelot* waren ganz hingerissen davon, wie heldenhaft Lancelot diese Passage auf seinem Weg in den sicheren Norden meisterte.

Das Wort *Tribruit*, schloß Crawford, verweise auf jene drei gefährlichen Wasser, die westlich von Stirling das Vale of Menteith durchschneiden. Und es sind tatsächlich drei Wasserläufe, die zusammen einen tiefen Fluß bilden und jenseits von Stirling sich zum Firth of Forth weiten: Forth, Goodie Water und Teith. «Man könnte sich keinen passenderen Platz für eine Festung oder für eine Schlacht ausdenken», so faßte Crawford in *Arthur and His Battles* seine Überlegungen zusammen.

Vierzehn Jahre später kam Kenneth Jackson in einem Aufsatz zu dem Ergebnis, diese Schlacht habe bei den Sümpfen zwischen Carlisle und dem Solway Firth stattgefunden, in unmittelbarer Nähe der Orte, auf welche die mittelalterlichen Autoren aus Kontinentaleuropa mit solchem Nachdruck verweisen. Der Name Carlisle erscheint vielfach variiert als Karidol (deutsch), Karleolum (normannisch-französisch), Caerluil oder Caerleol, Luguvallum (lateinisch), als Hauptstadt der römischen *civitas Carvetiorum* (Provinz der «Hirsch-Leute»?) nach 368, als Rom mehr und mehr fürchten mußte, die Gebiete im Norden zu verlieren.

Die Schlachten von König Artus, soweit sie lokalisiert werden konnten, sind demnach an folgenden Orten geschlagen worden:

7. Celidonischer Wald = Umgebung von Glasgow
8. Kastell Guinnion = Binchester, südlich des Hadrianswalls
9. Stadt der Legion = Carlisle
10. Fluß Tribruit = a) Stirling oder b) Carlisle

11. Berg Agned = Edinburgh (oder vielleicht High Rochester, nördlich des Hadrianswalls)

Die letzte Schlacht, die am Berg Badon, stellt die größte Herausforderung für die Historiker dar, da ihr eine lange Friedenszeit folgte und weil sie das militärische Genie des Königs eigentlich und weithin sichtbar unter Beweis stellte. Den Ort dieser Bergfestung hat man immer gesucht. Eine solche Aura des Ruhms umgab den Mons Badonis, daß nicht weniger als drei alte Quellen seinen Namen überliefern. Der heilige Gildas erzählt von der Belagerung des «Badonici montis», des «badonischen Bergs» also; damals seien die Sachsen bei dem Versuch, «die Macht des Nordens aufs Haupt zu schlagen», gescheitert. Nennius spricht vom «Krieg» oder von der «Schlacht am Berg Badon», *bellum in monte Badonis*, an einem einzigen Tag seien 840 Männer hingemetzelt worden – die Schlacht war so unvergeßbar schrecklich, daß Gildas sein Geburtsdatum angeben konnte, indem er auf dieses Ereignis verwies. Die *Annalen von Wales* schildern die Kämpfe ähnlich und fügen hinzu, daß die Heere im Verlauf von drei Tagen und Nächten dreimal aufeinandertrafen. Im Gefecht trug Artus ein Kreuz.

Wenn wir alle Hinweise zusammennehmen, verfügen wir über die folgenden Informationen:

1. Es gab einen Berg, auf dessen Gipfel eine Festung stand.
2. Diese Festung wurde belagert. Die Sachsen hatten sich verschanzt.
3. König Artus leitete mehrere Angriffswellen.
4. König Artus befehligte alliierte Streitkräfte des Nordens.
5. König Artus erscheint als Christ, die Feinde sind Heiden.
6. Der Zahl Drei kommt in allen Berichten besondere Bedeutung zu.
7. Die Verluste waren enorm, so hoch, daß die kryptische walisische Überlieferung es Artus ankreidet. Es wurde mit einer Erbitterung gekämpft, die zeigt, daß hier alles auf dem Spiel stand.
8. Es war ein kriegsentscheidender Sieg. Der Feind wurde so vernichtend geschlagen, daß er ein oder zwei Generationen lang Frieden hielt.

Was für eine Art von Sieg war das?

Üblicherweise hat man die Schlacht vom Mons Badonis bei Bath in Südwestengland lokalisiert. Wahrscheinlich hat schon Geoffrey von Monmouth selbst so gedacht, und die Militärhistoriker sind ihm kritiklos gefolgt, so etwa Charles Hardwick in *Ancient Battlefields in Lancashire*. Gewiß, man kann durchaus einiges Verständ-

3. Die zwölf Schlachten

nis für Geoffreys schwierige Lage aufbringen, denn es gibt praktisch keine wirklichen Ortsnamen, die mit der Silbe *Ba* beginnen – trotzdem: mit Bath liegt er doch arg weit daneben. Die Stadt, auf walisisch Caerfadon (*fa* also, und nicht *ba*) genannt, war ein römischer Kurort, ein «Bad», eine Festung hat es dort nie gegeben, und es liegt auch nicht auf einem Berg. Im übrigen liegt es weitab von den Kriegsschauplätzen der arthurischen Zeit.

Es ist durchaus möglich, daß Geoffrey eine der alten Handschriften vom Werk des Gildas zugänglich war. In einem dieser Manuskripte haben die zwei Kopisten, die daran arbeiten, aus eigener Initiative die Erklärung hinzugefügt: «qui prope Sabrinum ostium habetur» (der Ort «liegt, so glaubt man, nicht weit von der Mündung des Severn»). Freilich, das beweist gar nichts – wir wissen heute, daß in den frühen arthurischen Texten regelmäßig «Severn» für «Solway» steht.

Zwei Gelehrte der jüngsten Zeit schließen sich ohne besondere Begründung Geoffreys Meinung an. Die *New Historical Geography of England* datiert die Schlacht am Mons Badonis korrekt auf das Jahr 500 und vermutet ihren Ort in der Nähe der Kanalküste bei Poole Harbour. Artus, und mit ihm alle die Stämme und Clans des Nordens, hätte dieser Ansicht zufolge von Edinburgh/Glasgow anreisen müssen, um bei Saint Aldhelm's Head, dort, wo die Insel Purbeck vor der Kalksteinküste liegt, gegen die Feinde zu kämpfen – und er hätte die Schlacht *verlieren* müssen, denn die sächsischen Quellen wissen mit Sicherheit, daß die Sachsen in Südengland immer siegreich waren.

Helen Hill Miller hält in ihrem Buch über Artus an der Fiktion fest, der König habe in Bath gesiegt. Sie nahm an, die Sachsen wären damals in Somerset eingefallen – in Wirklichkeit sind sie aber, wie bekannt, zu jener Zeit nie und nimmer so weit nach Westen vorgedrungen. Sie versucht außerdem dafür zu argumentieren, daß Artus durch die Pforte von Swindon in den Chiltern Hills her angerückt sei. Als die Römer Britannien besetzten, landeten sie mit ihren Galeeren an der Südküste, und zwar nicht weit von Portland Bill. Gewiß, König Artus verfügte über eine eigene Flotte, aber es ist doch nicht recht vorstellbar, wie irgend jemand, es sei denn die Feinde des Königs, die Sachsen, auf dem Wasserweg nach Bath hätte gelangen können. Und ein Heer in kurzer Frist über Land nach Bath zu schaffen war unter den damaligen Verhältnissen ganz unmöglich. Es bedurfte jahrelanger Vorbereitungen, um Truppen für eine offene Feldschlacht zu sammeln und zum vorgesehenen Ort zu befördern.

Wie auch immer: mit einiger Sicherheit dürfen wir doch jetzt annehmen, daß elf der zwölf Schlachten im Norden stattfanden, in den Fällen 7, 8, 9, 10 und 11 haben wir positive Hinweise auf den genauen Ort der Handlung.

Der einzige Weg, um zu weiteren Fortschritten bei Nennius oder Geoffrey zu kommen, ist nun der, die beiden Berichte zusammenzunehmen und eine synoptische Fassung aus den zwei verschiedenen Darstellungen zu bilden. Bei Geoffrey werden etliche der Schlachten gar nicht eigens genannt, bei Nennius wird nichts über die Kriegsereignisse sonst berichtet. Nennius bietet eine Aufzählung der zwölf Schlachten des jungen Artus, Kämpfe, die sämtlich in dem Raum zwischen den zwei römischen Grenzwällen stattfanden. Geoffrey dagegen kommt es offenbar nicht auf die Zahl Zwölf an; er numeriert und summiert nicht, sondern verweilt länger beim genaueren Hergang der Sache.

Geoffrey stellt auf zwölf Seiten seines sehr dichten und konzentrierten Berichts knapp ein revidiertes Szenario dar, das etwa so aussieht:

1. Artus hält sich in der Nähe seiner Hauptstadt auf (Geoffrey glaubt, diese Stadt sei York).
2. Man meldet ihm, die Sachsen seien in *Albania* eingefallen, in Schottland also. Sie sind übers Meer gekommen, also handelt es sich offenbar um Ostschottland.
3. Artus besiegt die Feinde und begibt sich eilig in die größte Stadt der Region, um sich mit Truppen aus Nordwales zu verstärken (Geoffrey glaubt, diese Stadt sei London, was aber ganz unwahrscheinlich ist).
4. Artus schlägt, nachdem er Verstärkung erhalten hat, drei Schlachten in Schottland.
5. Dann zieht Artus nach Binchester südlich des Hadrianswalls und arbeitet sich nach Norden vor. Bei Carlisle kämpft er in zwei blutigen Schlachten. Geoffrey nennt diese Gegend «Somerset» – das wäre in Südengland! Gemeint ist aber ganz offensichtlich nicht «Somer», sondern das ganz ähnlich klingende *Cymry*, also Alt-Wales, das Land der *Kymren*, und das ist Strathclyde. Bei all diesen Aktionen hat Artus Dumbarton im Auge, das die Sachsen belagert und erobert hatten.
6. Nachdem Artus die südliche Provinz von Binchester bis Carlisle befreit hat, zieht er wieder nach Edinburgh und gewinnt dort eine weitere Schlacht. Er vertreibt die Sachsen aus den Borders, sie

3. Die zwölf Schlachten

flüchten westwärts in die eine Festung, die ihnen noch geblieben ist; diese steht auf dem rechten, dem nördlichen Ufer des Clyde.
7. Er kämpft am Mons Badonis; dann zerstört er die Flotte der Sachsen, die dort im Firth of Clyde liegt.

Um zu zeigen, wie wir zu dieser Logik der Ereignisse gelangt sind, müssen wir noch einmal zurück zu Nennius und seine zwölf Schlachten in Beziehung setzen zu den etwa fünf Feldzügen, wie sie bei Geoffrey erscheinen.

Die zwölf Schlachten

Nennius	Geoffrey
	I.
1. Mündung des Flusses Glein	
2–5. Fluß Dubglas, Region Linnuis (Wenn wir «Mündung des Glein» in die alte Schreibweise zurückübersetzen, so erhalten wir «Aber-Glein»; das könnte «Aber-Gullane» an der Südküste des Firth of Forth sein.)	1–2. Fluß Dulgas bei York (?). Artus erfährt, daß die Sachsen nach Albania (Schottland) eingefallen sind. Nach der Schlacht Nr. 2 begibt sich Artus nach London (?), dort erhält er Verstärkung aus Nordwales.
6. Fluß Bassas [Bassas=Bo'ness? =Bass Rock?]	3. Schlacht bei Kaer-Luid-Coit = «Burg-Lothian-Wald». 6000 Sachsen ertrinken im Fluß. Die übrigen verheeren das Land bis zum Meer am Severn (richtig: Solway). Die Sachsen fliehen in die Wälder. Frische sächsische Truppen landen bei Totnes in Südengland (?); Geoffrey meinte vielleicht Bo'ness am Firth of Forth: Dies ist der einzige Hafen mit einem *litus*, einem Sandstrand vor einer ziemlich hohen Klippenreihe. Artus war eben mit den Vorbereitungen für einen Feldzug gegen Schotten und Pikten beschäftigt. Er mußte nun gegen neue sächsische Kräfte kämpfen.
	II.
7. Cat Coit Calidon (Schlacht im celidonischen Wald)	4. Wald von Celidon. Artus erkennt, daß er Dumbarton einnehmen muß, das von den Sachsen besetzt ist.

Nennius	Geoffrey
	III.
8. Festung Guinnion (Binchester)	5–6. Stadt der Legion, eine Schlacht auf einem Hügel, die zwei Tage dauert. Am zweiten Tag tötet Artus 470 Männer.
9. Stadt der Legion	Carlisle
10. Fluß Tribruit (Carlisle oder Stirling)	
	IV.
11. Berg Agned (Edinburgh)	
	V.
12. Mons Badonis	7. Dumbarton

Geoffrey spezifiziert die Angaben in der Liste des Nennius so:

I. Feldzug in East Lothian
II. Caledonischer Wald
III. Vormarsch von Binchester über Carlisle nach Schottland.
IV. Edinburgh
V. Dumbarton/Glasgow

Geoffreys Bericht klingt im großen und ganzen glaubwürdig, und zwar sowohl was die Logik der Ereignisse wie auch was die Geographie angeht. In drei wichtigen Punkten irrt er sich; diese Fehler können erklärt und verbessert werden: York, London und Somerset. Somerset ist der einfachste Fall, weil es sich hier lediglich um die Vertauschung von ähnlich klingenden Wörtern handelt, nämlich «Cymry» und «Somer». Es sind eigentlich bloß Varianten ein und desselben Worts, denn auch «Somerset» bedeutet «Land der Kymren, der Waliser». Wir nehmen somit an, daß Geoffrey Strathclyde gemeint hat, die Region um Carlisle.

Die Sache mit York ist etwas komplizierter. Das, was Geoffrey über die berühmten Kirchen der Stadt sagt, paßt durchaus. Seine Stadt York liegt nahe bei einem Fluß, auf dem die Flotte des Artus gebaut wird – das wiederum paßt nicht zu dieser Stadt bzw. zu dem kleinen Flüßchen Ouse. Hier hat Artus angeblich geheiratet – aber York war nicht die Heimat des Königs noch die seiner Vorfahren, er hatte nicht einmal eine Residenz dort. Es gab auch sonst keinen guten Grund, weswegen Artus den Winter dort hätte zubringen sol-

3. Die zwölf Schlachten

len, wenn er doch in Schottland Krieg gegen die Sachsen führen mußte. Zeit und Entfernung sind falsch.

Wir müssen eine andere Stadt an die Stelle von York setzen, und zwar eine mit berühmten Kirchen, an der Ostküste gelegen, wo man Schiffe bauen kann, nicht zu weit entfernt von den Stränden, an denen die Sachsen landeten, und nicht zu weit vom Kriegsschauplatz in Schottland. Es scheint jetzt offensichtlich, daß Geoffrey mit «York» «Guintonia» gemeint haben muß, Salisbury und Holyrood also, die Gegend von Ambrosius und Uther. Deren Begräbniskirche war damals weitaus berühmter als Yorkminster, das erst später als sächsisches Zentrum des römisch geprägten Christentums seine Bedeutung erlangte.

Nun sind wir heute in der glücklichen Lage, daß wir über einige zusätzliche Informationen verfügen können, die Geoffrey, weil er nicht in die Geheimnisse der walisischen Barden eingeweiht war, verschlossen waren. Eine Stelle in den walisischen *Triaden* greift einmal eine Bemerkung Geoffreys auf, die beweist, daß er wirklich eine Quelle besonderer Art benutzt haben muß. Als Geoffrey von der Kirche spricht, die Ambrosius wiederaufbauen ließ (dort, wo heute die Ruinen des Klosters Holyrood stehen), teilt er auch mit, daß «Guintonia» auch Caer Caradoc, das heißt: *Burg* Caradoc, genannt werde. Die triadische Dichtung (Ms. Penarth 185, auch Ms. R. Vaughan genannt, *Triade* 90, ins Engl. übers. v. Rachel Bromwich), die Geoffrey – man muß es der Fairneß halber noch einmal betonen – *unmöglich gekannt haben kann*, sagt uns dazu dies:

Dreimal immerwährende Harmonie auf der Insel Britannien:
Einmal auf der Insel Afallach,
und ein zweitesmal in Caer Garadawg,
und das drittemal in Bangor.
An jedem dieser Orte gab es 2400 Fromme. Und jeweils 100 von denen in jeder der vierundzwanzig Stunden von Tag und Nacht beteten und feierten Gottesdienst ohne Unterlaß und immerfort.

Ältere Übersetzer sagen «Dreimal immerwährender Chor», womit wir wieder bei der Verwechslung von *choros* (Chor) und *chorei* (Tanz) wären, die wir Geoffrey unterstellt hatten. Es war ein «immerwährender Chor», was Ambrosius stiftete. Und es muß Artus gewesen sein, der ein zweites «ewiges Gebet» auf der Insel Avalon (oben in der Schreibung «Afallach») stiftete, wo er nach dem Willen der Königin Guinevere seine letzte Ruhestätte finden sollte. Es sind wiederum die *Triaden*, die als einzige Quelle Kunde davon geben, was Artus im Weißen Turm – das meint vielleicht wieder Guintonia – getan hatte, und die auch wissen, weshalb er das Haupt seines Verwandten Bran (das Wort bedeutet «König») überführen ließ.

Sobald einmal jene Ereignisse an einen sinnvollen Ort versetzt sind, klären sich die übrigen Unstimmigkeiten wie von selbst. Bei der Stadt «London», wo König Artus Verstärkung aus Nordwales erhält, handelt es sich in Wirklichkeit wohl um Glasgow oder aber um eine der anderen sicheren Hafenstädte an dem sehr langen Mündungstrichter des Clyde. Dumbarton selbst liegt nur wenige Kilometer flußabwärts von Glasgow auf dem Nordufer des Clyde, und zwar dort, wo der Leven, der sein Wasser aus dem Loch Lomond bekommt, in den Clyde mündet. Der Wasserweg von Dumbarton zum See ist nur etwa sieben Kilometer lang. Möglicherweise hat Artus an beiden Küsten Schiffe bauen lassen: eine Nordseeflotte auf dem Firth of Forth – wo die Werftenindustrie noch bis in die jüngste Zeit hinein blühte – und eine für die Irische See in Glasgow. Wenn die Sachsen bei Gullane und bei Bo'ness am Firth of Forth an Land gingen, wird leicht verständlich, daß so viele von ihnen ertranken. Diese Gewässer dort sind tief, gefährlich, kalt und sehr stürmisch. Bei der Lektüre von Geoffreys Text wird einem klar, wie präzis er die schwierige Lage des Königs erfaßt hatte, der sich von zwei Seiten her bedroht sah. Die wenigen Seiten, die Geoffrey diesem Gegenstand widmet und die der Interpretation solche Schwierigkeiten bereiten, sagen fast alles, was man braucht, um diesen ersten Krieg als Abwehrkampf der Briten zu verstehen.

Geoffrey reckt sich zu wahrhaft epischer Größe, wenn er diesen Krieg schildert, er läßt uns die Rede des Königs an sein Heer hören und die Worte, mit denen der Bischof Dubricius in der Stadt der Legion, also in Carlisle, die Leute anfeuert. Die Tatsache, daß ein Mann der Kirche König Artus unterstützte, bestätigt, daß diese Region schon sehr früh christianisiert wurde.

Stephen Johnsons Buch *Later Roman Britain* führt uns eine große Menge von Zeugnissen christlichen Lebens in Carlisle vor Augen. Wir erfahren daraus, daß die Stadt Bischofssitz war; es gab viele Kirchen und römische Stadthäuser, auch Taufbecken aus Blei sind erhalten. Nirgends in Britannien, ausgenommen allein Cirencester, sagt Johnson, läßt sich eine größere Konzentration von christlichen Altertümern finden. Und noch etwas näher bei Dumfries, wo Artus vielleicht aufgewachsen ist, steht die Keimzelle des Christentums in Schottland, eine Gründung des heiligen Ninian, die dem hochverehrten Martin von Tours geweiht ist. Spuren, die uns noch einmal zum heiligen Ninian und zu seinen Kirchengründungen führen, werden uns später in arthurischen Texten aus Kontinentaleuropa begegnen.

Es scheint, als hätte es in römischer Zeit fünf städtische Zentren gegeben: London, York, Lincoln, Cirencester und Carlisle.

Die Überlegung, daß Artus zum Antoninuswall, zur nördlichen der beiden römischen Verteidigungslinien, zurückgekehrt sein könnte, führt uns jetzt wieder zu der Liste, in der wir festgehalten haben, was wir über die Schlacht am Mons Badonis wissen. Die britische Festung am Rock of Clyde, Dumbarton Rock also, die berühmteste aller auf einem Berg gelegenen Befestigungsanlagen der arthurischen Zeit, erfüllt die erste Bedingung, die dort gestellt wird. Es ist gut denkbar, daß sich die Sachsen an den Flanken dieses doppelgipfligen Vulkanfelsens, der damals auf allen Seiten vom Wasser des Clyde umgeben war, verschanzt hatten. Im Lauf der Geschichte wurde der Felsen immer wieder belagert und gestürmt. Es war ein Ort, dessen Besitz den vereinigten Truppen des Nordens in jeder Epoche unverzichtbar und dessen Rückeroberung unbedingt notwendig erschienen wäre.

Aus dem lateinischen Wortlaut geht klar hervor, daß Geoffrey die Bedeutung von Dumbarton verstand. Er nennt den Ort beim rechten Namen: *civitas alclud* (oder «Alcluith», fünf Kilometer vom Rock of Clyde bei Dumbarton entfernt, am Old Kirkpatrick Ferrydike), «das Gemeinwesen», «der Staat» mit Namen Rock of Clyde. Mit dem Wort *civitas* unterstreicht Geoffrey, daß es sich um eine politische Einheit von einiger Bedeutung handelt, eine Nation, eine «Landsgemeinde». Dieser «Staat» umfaßte auch die Region um den Loch Lomond, deren Sehenswürdigkeiten, so jedenfalls erzählt Geoffrey, Artus dann bald danach seinem Vetter Hoel zeigen sollte. Als guter Gastgeber führte der König seinem Gast die *mirabilia* Schottlands vor. Später bezeichnet Geoffrey Dumbarton als *pagum badonis*, als das «Land», oder den «Kanton» von Badon. Der Loch Lomond wird *stagnum* genannt, um seine Wasser von denen des Flusses Clyde zu unterscheiden; dort werden bald des Königs Schiffe kreuzen.

Artus selbst stürmte wohl die felsigen Ufer von Dumbarton hinauf zu den zwei Gipfeln – «ascendit arturus» sagt Geoffrey. Hoel, des Königs «Neffe», wie Geoffrey meint, liegt krank in der Festung, auch aus diesem Grund war Eile und besondere Kühnheit geboten. Dank seinen persönlichen Anstrengungen und rücksichtslosem Einsatz aller Gewaltmittel gelang es Artus, den Berg von «barbarica oppressione» zu befreien.

Die *Triaden* spielen, so scheint es, speziell auf diese Schlacht am Mons Badonis an, wenn sie Artus' Kampfeswut mit der Farbe Rot kennzeichnen:

> Drei Rote Zermalmer auf der Insel Britannien:
> Rhun, Sohn des Beli,
> und Lle(u) mit der geschickten Hand
> und Morgan(t) der Reiche.
> Aber es gab einen Roten Zermalmer, größer als alle die drei: Arthur hieß er. Ein Jahr lang wuchs nicht Gras noch Kraut, wo einer von den dreien gegangen war, aber wo Arthur gegangen war, wuchs sieben Jahre lang nichts.
>
> (*Triade* 20 W)

Es war eine entscheidende Schlacht, die Artus am Berg Badon gewann: Vierundvierzig Jahre lang wagten die Sachsen keine neuen Eroberungszüge mehr, sagt Gildas, der in Dumbarton geboren ist. Was für eine Art von Sieg konnte einen Frieden von so langer Dauer herbeiführen in einer Welt wie der des arthurischen Britannien? Wenn man hier die Hilfe eines renommierten Militärhistorikers in Anspruch nimmt und etwa Sir Halford J. Mackinders *Britain and The British Seas* aufschlägt, so kann man dort folgendes lesen: «Die Verteidigung Britanniens steht und fällt mit der Kontrolle über die Meere.» Artus hat diese Maxime beherzigt.

Artus ließ Geoffrey zufolge seine Schiffe zuerst in den seichten Küstengewässern östlich von England und Schottland patrouillieren und tat so genau das, was Mackinder jedem kommandierenden Admiral in dieser Lage zu tun empfiehlt. Der König säuberte den flachen Küstenstreifen nördlich von Berwick-on-Tweed bis, so scheint es, über den Firth of Forth hinaus von feindlichen Truppen. Dann wandte er sich der «alten», der atlantischen Seite Britanniens zu, mit ihrer zerklüfteten Küstenlinie, den roten Felsklippen und den Vorgebirgen, die in die stürmische See hinausragen, und den mehr als fünftausend Inseln. Dort in der Irischen See richtete er auf einer Insel einen Flottenstützpunkt ein. Wenn man annimmt, diese Insel sei die Isle of Man gewesen, so befand sich der König dort ziemlich genau im Zentrum Großbritanniens. Von der Isle of Man konnte Artus nach Ulster, Cumberland, Wales, Südwestschottland und Strathclyde hinüberschauen. Diese Insel, die von den Römern nie erobert oder beherrscht worden ist, wird der Nabel Britanniens genannt. Ihr Emblem ist ein heilig-ehrwürdiger Dreifuß wie der vom Orakel in Delphi, ein Rad mit drei Beinen darin.

Erläuterungen und Hintergrundinformationen zu Geoffreys Werk können wir uns auch bei dem Geographen Ian A. Richmond holen.

3. Die zwölf Schlachten

Dieser Gelehrte weist darauf hin, daß nach dem Abzug der römischen Legionen der Schutz der Küsten eine Aufgabe von höchster Dringlichkeit war. Seestreitkräfte an der Ostküste wurden gebraucht, um militärische Schläge gegen die Orkney-Inseln und Scapa Flow zu führen. Nach dem Jahr 388 wurde auch mehr und mehr die Notwendigkeit sichtbar, etwas gegen die irischen Seeräuber zu unternehmen, Freibeuter wie die, welche den heiligen Patrick aus seiner Heimat in England oder in Strathclyde entführten. In verschiedenen Flottenunternehmen von Dumbarton aus, die Artus nach dem Zeugnis Geoffreys durchführte, sicherte er die Kontrolle über die küstennahen Gewässer bis nach Great Orme und Anglesey im Süden. Früher hatten die Römer Kriegsschiffe dort kreuzen lassen, um die Routen für ihren Kupferhandel zu schützen.

Es wird nun langsam deutlicher, welchen Charakter jener entscheidende Sieg des Königs hatte. An welchem Ort konnte Artus die sächsischen Eroberer packen und ihren Expansionsdrang auf Jahre hinaus lähmen? Wenn Geoffrey Scapa Flow genannt hätte, wir würden es glauben: eine genaue Betrachtung der geographischen Verhältnisse führt zu dem Schluß, daß ein durchschlagender militärischer Erfolg in den rauhen Gewässern des Pentland Firth sehr wohl geeignet gewesen wäre, die fremden Eroberer zu lähmen.

Die Schiffe der Skandinavier, so haben die Historiker herausgefunden, umfuhren mit der Gezeitenströmung Dunnett Head und gelangten dann durch den Nord- und den Kleinen Minch in die Hebriden-See und schließlich nach Islay, wo Artus nach Geoffreys Zeugnis einen Flottenstützpunkt unterhielt. Von Islay und Jura aus konnte Artus dann auch sehr gut landgerichtete Militäroperationen gegen die dalriadischen Schotten unternehmen, die von Irland her einsickerten.

Wenn Artus die Wikinger nicht bei Scapa Flow aufhielt und wenn sie ihm auch am Kap Wrath entkommen waren, dann mußte er bei Dumbarton im Firth of Clyde mit ihnen zusammenstoßen. Und genau dort hat Geoffrey ihn die letzte Schlacht seiner jungen Jahre, nachdem er seine anderen miltärischen Aufgaben bewältigt hatte, ausfechten lassen.

Offensichtlich wäre der Versuch, die Skandinavier in einer der Passagen auf ihrem Weg zwischen dem Kap Wrath im Norden und Dumbarton im Süden aufzuhalten, vergeblich gewesen wäre. Diese Passagen sind bis zu 250 km lang und oft 50 km breit. Ganze Flottillen von Wikingerschiffen hätten dort ungehindert durchschlüpfen können.

Es ist wahrscheinlich, daß ein Sieg in einer Seeschlacht die langdauernde Aggression der Wikinger auf den Meeren des Nordens beendet hat. Ein solcher Sieg hätte den Verlust vieler sehr gut ausgebildeter Seeleute bedeutet. Man kann erfahrene Lotsen und Schiffsoffiziere nicht aus dem Boden stampfen. Die Wikinger hatten Jahrzehnte gebraucht, ihre Flotte aufzubauen – auf welche Schwierigkeiten mußte ein solches Projekt erst stoßen, wenn qualifizierte Arbeitskräfte knapp waren und Bauholz unter hohen Kosten importiert werden mußte! Eine Vorstellung davon, mit welchem Einsatz an Zeit und qualifizierter Arbeitskraft dergleichen zu bewältigen war, vermittelt auch Sharon Turners *History*. Dort wird sehr ausführlich und überzeugend der angelsächsische Schiffbau auf dem Kontinent behandelt.

Selbst wenn der Friede, den Artus am Berg Badon erkämpfte, nur siebzehn Jahre lang gehalten haben sollte – das ist die niedrigste aller Schätzungen –, muß doch eine ganze Generation skandinavischer Seekrieger dort vernichtet worden sein. Wenn dies aber so ist, warum teilt dann Geoffrey nicht mehr darüber mit, als daß einer der königlichen Heerführer zu den Schiffen der Sachsen geeilt sei und sie zerstört habe? Warum stellt er die Aktion so dar, als wäre der Zweck des Unternehmens im wesentlichen die Befreiung Dumbartons von «barbarischer Unterdrückung» gewesen? Irgend etwas bleibt hier unklar.

Geoffreys Zurückhaltung bringt uns auf den Verdacht, daß nicht alles ganz glatt lief am Berg Badon. Er verdeckt hier etwas und stachelt damit unsere Neugier erst recht an, so daß wir versuchen, die Lösung anderswo zu suchen, etwa im *Prosa-Lancelot*.

Die Beschreibung einer Landschaft, die es in Wirklichkeit gibt – vor allem dann, wenn es sich um einen derart markanten Punkt wie Dumbarton Rock handelt –, macht ungeachtet ihres literarischen Charakters doch das reale Vorbild unverwechselbar kenntlich. Es ist ein mächtiger roter Felsen, schwindelerregend steil, ehrfurchtgebietend. Auf seiner nackten Fläche gibt es keinen Halt.

Wenn nun der *Prosa-Lancelot* auf die entscheidende Phase von Artus' «Krieg in Schottland» zu sprechen kommt, so treten der Dumbarton Rock und die Ufer des Clyde wiedererkennbar aus der Beschreibung hervor. Der Autor muß eine gut informierte Quelle benutzt haben, oder er kannte den Ort aus eigener Erfahrung.

Der französische Verfasser schrieb vermutlich in Frankreich – freilich ist es durchaus denkbar, daß er speziell diese Passagen in Holyrood/Melrose oder in Jedburgh oder in Stirling im Kloster Cam-

3. Die zwölf Schlachten

buskenneth niederschrieb –, und er interessierte sich nicht besonders für das militärische Genie des König Artus. Vielleicht erkannte er nicht einmal, daß er es hier mit einem solchen Geniestreich zu tun hatte. Er sagt nur, daß der König «Arestuel» belagerte.

Im Vordergrund fließt ein sehr breiter, großer Fluß. Über dem anderen Ufer ragt ein langgestreckter Berggipfel auf, eine britische Festungsanlage, auf keltisch *dunn (dum)* genannt. Dieser Ort heißt «Sachsenfels», weil die Sachsen ihn besetzt hielten. Das alles paßt sehr gut auf den Rock of Clyde, Festung der Briten (= *Dumbarton*).

Das Lager von König Artus, das einen Aussichtsturm für die Königin besitzt, steht dem Text zufolge auf dem gegenüberliegenden Ufer, das «nähere» Ufer genannt. Die Belagerung des Felsens ist bis jetzt erfolglos geblieben, die Besatzer haben die Stellung gehalten.

Zwischen den feindlichen Heeren, in einer Furt des Flusses oberhalb des Lagers, treffen täglich Krieger zum Zweikampf auf Leben und Tod zusammen. Der Fluß wäscht das Blut weg. Lancelot, der Heerführer der Königin, lockt eines Tages die gesamte feindliche Streitmacht in jene Furt und vernichtet sie.

König Artus selbst, sagt der *Prosa-Lancelot*, ist gefangengenommen worden und auf der Felsenfestung eingekerkert. *Die irischen Verbündeten der Sachsen haben vor, ihn nach Irland mitzunehmen.* Die walisischen *Triaden* bestätigen, daß Artus «Die drei erhabenen Gefangenen der Insel Britannien» an Würde noch übertraf (*Triade* 52):

Und einer [ein Gefangener], der erhabener war als die drei, war drei Nächte gefangen in Caer Oeth und Anoeth und drei Nächte gefangen in Gwen Pendragon und drei Nächte in einem Zauberkerker unter dem Stein von Echymeint. Dieser erhabene Gefangene war Arthur. Und es war jedesmal derselbe junge Mann, der ihn aus den drei Gefängnissen befreite: Goreu, der Sohn des Custennin, sein Vetter.

Der Bericht unterscheidet sich von dem Geoffreys darin, daß hier nicht Artus seinen Vetter, der krank in Dumbarton liegt, befreit, sondern umgekehrt dieser den König. Es scheint sich in den zwei Versionen um ein und denselben Vetter aus Nordwales zu handeln, nur heißt er bei Geoffrey nicht Goreu, sondern Hoel.

Sowohl in der walisischen wie in der irischen Tradition finden sich noch etliche andere Hinweise auf jene Gefangenschaft, aber die irische Überlieferung kommt dem Bericht des *Prosa-Lancelot* am nächsten. Nach diesen Quellen gab es ein Gefängnis, das aus den Knochen erschlagener Römer gebaut war; dort wurden politische Gefangene, unter ihnen Artus, eingekerkert. Es war ein Bau mit vielen Räumen, und er stand im Land Gorre. Dieser Ort wird bei Geoffrey nicht erwähnt, aber er kommt in den verschiedenen Lancelot-Abenteuern so oft vor, daß man die Sache nicht einfach als unwesentlich abtun darf. Hier wurde die Königin Guinevere, genau wie Artus, gefangengehalten und von Lancelot befreit.

Freilich hatte Artus' Gefangennahme einen anderen Grund: Die sächsische Prinzessin, die den Oberbefehl über die Krieger auf der Festung führte, wollte den König heiraten. In der Version des *Prosa-Lancelot* befehligten in der ersten Phase der Schlacht am Berg Badon Frauen die Truppen, nämlich die Sächsin Camilla und auf der Seite der Briten Königin Guinevere. Im *Prosa-Lancelot* liegt Artus nicht auf der Festung gefangen, sondern er ist bereits auf dem Schiff nach Irland. Es scheint uns daher angebracht, das Land Gorre westlich von Dumbarton, und zwar jenseits des Meeres, zu suchen. Beide Oberbefehlshaber der Sachsen, ein König und die Prinzessin Camilla, begehen Selbstmord; sie stürzen sich von der Festungsmauer, angeblich beim Ford of the Gael's Shore. Nach seinem Triumph nimmt Artus die Helden, denen der Sieg zu verdanken ist, nämlich Lancelot, Hector und Galehaut, in die «Tafelrunde» auf.

Man kann mit einigem Recht behaupten, daß dieser Bericht nicht eigentlich im Widerspruch zur Darstellung bei Geoffrey steht, daß er sie vielmehr *ergänzt*, wobei er allerdings die Perspektive so verschiebt, daß Lancelot in den Mittelpunkt rückt. Er bestätigt die Vermutung, daß ein Teil der Ereignisse, die unter der Bezeichnung «Schlacht am Berg Badon» firmieren, im Tal des Clyde (*strathClyde*) stattfand, zwischen Dumbarton und Glasgow. Der Rock of Clyde ist und war identisch mit *Dum* (*dunn, mons* = Burg/Berg) + *Barton* (*Britannorum, Breatan, Bretan, Britton, mBretan* = der Briten), bei Geoffrey von Monmouth auch *Alclut* (Rock of Clyde) genannt. An diesem Ort hatte Geoffrey seine Geschichte des König Artus anheben lassen: Dumbarton nämlich ist die Festung auf dem Felsen, die der böse König Vortigern sich von Merlin bauen ließ. Und der *Prosa-Lancelot* sagt dasselbe: Es war die Burg von Vortigern; dieser heiratete die Schwester des Sachsen Hengist, und so erklärt es sich, daß Camilla den Oberbefehl über die Sachsen dort führte. Sobald es Artus gelungen war, den gewaltigen roten Lavafelsen in Besitz zu nehmen, konnte er sein keltisches Reich neu ordnen und sichern.

Aufgrund der natürlichen Gegebenheiten war die Gegend von Dumbarton für Artus ein ideales Rückzugsgebiet, das größte seiner Art südlich des schottisch-irischen Königreichs Dariada. Er kontrol-

3. Die zwölf Schlachten

lierte von dort aus sowohl das Mündungsgebiet des Clyde und die Seewege der Umgebung als auch das Land zwischen Clyde und Solway. Befestigte Stützpunkte erstreckten sich von Dumbarton und Glasgow im Nordwesten bis nach Carlisle mit seinen römischen Ruinen im Süden. Von Dumbarton, so teilt Geoffrey mit, begab sich der König den Leven hinauf zum Loch Lomond, dann weiter nach Osten Richtung Stirling. Von dort hatte er freie Sicht zu Arthur's Seat hinüber und auf die Gegend von Holyrood im Nordosten von Edinburgh. Die Militärstraße von Stirling zum Loch Lomond und nach Dumbarton wird noch heute viel befahren, die Trasse ist tief in den Boden eingegraben. Zwischen Edinburgh und der Nordsee lag des Königs vorderste Verteidigungslinie mit der Festung Traprain Law, die mit Kriegern der Gododdin bemannt war.

Nur wenige Landschaftsbilder in der Welt beeindrucken Augen und Geist so sehr wie Dumbarton und Stirling und Arthur's Seat. Traprain Law, in der Nähe von Haddington gelegen, wirkt verwunschen und unheimlich. Wenn man von der Anhöhe im Süden des Loch Lomond hinabblickt, hebt sich unten im Tal der Rock of Clyde vor dem blauen Wasser des Flusses ab wie der mächtige Leib eines roten Drachen. In der Ferne im Vale of Menteith schimmert düster grau die Westklippe von Stirling.

Diese uralten Burgen, Wahrzeichen der Landschaft, stehen an unübersehbar strategischen Punkten. Und ohne Zweifel waren die Schlachten des König Artus hier in der Nähe von der Geographie diktiert. Dumbarton war lang nach Artus' Tod im Besitz von Wikingern und wurde dann wieder, um Geoffreys Ausdruck zu gebrauchen, «befreit» und Teil dessen, was Nora Chadwick das «keltische Reich» genannt hat. Stirling dient noch heute als Garnison.

Der *Prosa-Lancelot* bestätigt Geoffreys Darstellung insofern, als beide die frühen Schlachten des Königs als Stationen eines Feldzugs im Norden, «Krieg in Schottland», genannt, begreifen. Die französischen Gralromane (die im dritten Teil dieses Buches betrachtet werden sollen) stützen Geoffrey ebenfalls, darin nämlich, daß Artus sich in Schottland aufhielt, als er «Winchester» und «Salisbury» besuchte, und daß der schottische Krieg in den Sümpfen im Osten begann, als Lancelots Vater die Festung «Joyeuse Garde» (vermutlich Bamborough) verlor. Damals, so sagt Geoffrey, begann die ruhmreiche Laufbahn des Artus, als die schlimme Nachricht eintraf, der Feind sei in Schottland eingefallen.

Es ist Zeit, daß die Historiker die Dinge im Zusammenhang betrachten. John Edward Lloyd erklärt uns, daß bei der Verteidigung

Britanniens in der arthurischen Epoche drei feindliche Mächte ins Kalkül gezogen werden mußten, die allerdings für kurze Perioden auch als Verbündete in Frage kamen: Iren, Sachsen und die Pikten aus dem Norden. Diese dreifache Bedrohung begann bereits um das Jahr 360 Gestalt anzunehmen. Nach 446, als die Briten den römischen Gouverneur in Gallien – vergeblich – baten, die militärische Verantwortung auf der Insel wieder zu übernehmen, verschlechterte sich die Lage zusehends.

In der römischen Besatzungszeit lag die Befehlsgewalt über die Truppen in Britannien bei drei hochrangigen Offizieren:

1. dem Oberbefehlshaber von Britannien *(Comes Militum Britanniarum)*, dem 2200 Mann Infanterie, 200 Mann Kavallerie und 37 Festungen *(castella)* unterstanden
2. dem Oberbefehlshaber der Sächsischen Küste *(Comes Tractus Maritimi*, später *Comes Litoris Saxonici)* mit 3000 Mann Infanterie, 900 Mann Kavallerie, 9 Festungen
3. dem Feldherrn der Grenztruppen von Britannien *(Dux Limitum Britanniarum)*, der 14 000 Infanteristen, 900 Kavalleristen und 36 Festungen am Antoninus- und am Hadrianswall befehligte.

Da diese Militärs nach dem Jahr 400 keine Berichte mehr nach Rom schickten, so folgert Nora Chadwick, waren ihre Posten wohl zu dieser Zeit nicht mehr besetzt, die Festungen waren vielleicht aufgegeben worden und standen verlassen. Sir John Rhys, ein Artus-Forscher der allerersten Garnitur, vermutete, Artus, der in den Quellen *dux* genannt wird, habe das Amt des *Comes Militum* bekleidet. In seiner *Geschichte von England* befaßte sich J. M. Lappenberg eingehend mit der Frage der römischen Militärverwaltung in Britannien. Professor Lloyd vom University College of North Wales in Bangor stimmt im großen und ganzen mit Lappenberg überein.

Die zwölf Schlachten gehören nach Geoffreys Deutung in den Zusammenhang des britischen Befreiungskrieges; es handelt sich um eine Folge von militärischen Aktionen, die in ihrer Summe den «Feldzug im Norden» ausmachen. Dieser Autor dachte genauso wie moderne Militärhistoriker und legte größtes Gewicht auf die Beschreibung von Ort, Gelände, Art der Operationen und Strategie. Er hat seinen Lesern offene Feldschlachten geschildert, Belagerungsunternehmen, einen Angriff aus dem Hinterhalt, einen taktischen Rückzug, Gewaltmärsche, Einkesselung, Blockade, den Einsatz der Reiterei und der Flotte. Die Schiffe bewegten sich auf dem Loch

3. Die zwölf Schlachten

Lomond und im Mündungstrichter des Clyde, aber wahrscheinlich auch in der Irischen See. Als Hauptquartier der Marine bot sich, das scheint naheliegend, der Flottenstützpunkt des Königs auf einer der Inseln vor der Westküste Britanniens an. Nach Geoffrey kämpften die Briten vorzugsweise auf Hochflächen, im Mündungsbereich von Flüssen oder bei Flußübergängen. Sein Artus ist ein Meister darin, den Feind aus der Defensive zu locken, nach offenem Kampf Mann gegen Mann setzt er sofort den Fliehenden nach und schlachtet sie unbarmherzig ab. Die Aktionen des König zielen immer auf die totale Unterwerfung des Gegners. Schnelligkeit, Wendigkeit und entschlossenes Handeln zeichnen den jungen König aus.

Geoffreys Artus zeigt auch organisatorisches Talent. Als Kommandeur kämpfender Truppen mußte er Reserven, Verpflegung, den Nachschub überblicken, er mußte seine Offiziere im Auge behalten, Auszeichnungen und Belohnungen vergeben. Artus und seine Krieger wurden reich von der sächsischen Beute, wenn der Feind besiegt war. Die Auslieferung des Schatzes wurde in den Kapitulationsbedingungen ausdrücklich verlangt. Verhandlungsgeschick und Begabung für die psychologische Kriegführung, Eigenschaften, auf die kein großer Feldherr verzichten kann, besaß Artus in ganz erstaunlichem Maß. Er scheint es verstanden zu haben, den Feind niemals zur Ruhe und zu freier Überlegung kommen zu lassen, jeden seiner Schritte zu manipulieren.

Geoffrey erwähnt mit keinem Wort irgendwelche Gefühle der Abneigung gegen Artus unter seinen Offizieren, jedenfalls nicht vor der Schlacht am Berg Badon. Alles spricht dafür, daß sich schon ganz zu Anfang des Jahrhunderts junge vornehme Bewunderer des Artus, die *principes iuventutis*, um ihn scharten, bereit, in seinem Dienst selbst das Leben zu opfern. Sie blieben ihm auch bei seinem zweiten großen militärischen Unternehmen treu, das Geoffrey zufolge den Inseln westlich von Britannien galt und im Sommer mit der Eroberung Irlands begann. Diese «Ritter voller Courtoisie», so erscheinen sie später, umgemodelt nach den Vorstellungen des zwölften Jahrhunderts, müssen freilich noch eine Weile im zweiten Glied warten, bis endlich die französischen Dichter sich ihrer annehmen und sie unsterblich machen.

Wie der moderne Militärhistoriker Halford J. Mackinder ausführt, hat jeder, der sich in einer ähnlichen Lage wie Artus befindet, es mit den immergleichen drei Problemen zu tun. Erstens ist die Herrschaft zur See zu sichern; zweitens, wenn diese Herrschaft verloren ist oder war, muß der Verteidigungskrieg in Britannien geführt werden; drittens muß ein solcher Krieg auch in Irland geführt werden. Nachdem er die britischen Gewässer unter Kontrolle gebracht und die irische Hintertür verschlossen hatte, konnte Artus zum Angriff auf den europäischen Kontinent übergehen: Dort war sein Feind zu Hause. Geoffrey zufolge blieb Artus neun Jahre in Gallien. Während dieser Zeit zerstörte der König auch Küstenstädte und Flottenstützpunkte an der friesischen, dänischen und sächsischen Küste. Er muß irgendwo in britischen Gewässern sichere Häfen besessen haben, wo seine Schiffe stationiert waren. Der westliche Teil des Firth of Forth wäre für seine Zwecke wohl ganz ausgezeichnet geeignet gewesen, wie jeder Admiral unserer Zeit gewiß bestätigen würde: Unweit von Edinburgh befindet sich noch heute eine der drei großen britischen Militäreinrichtungen, die Truppentransporte nach Übersee organisieren.

4. Die Krönung des König Artus

Wenn wir hier versuchen, die Knäuel und Knoten der Überlieferung zu entwirren, so hätten wir doch gerne Klarheit darüber, ob wir es tatsächlich mit Dokumenten zu tun haben, die von einem *wirklichen* König Zeugnis geben. Wo hat er gelebt und gekämpft und regiert? Wer waren seine Verbündeten? Wer seine Feinde? Können wir deren Anführer identifizieren und benennen? Kurz: Welchen realen Kern haben die Geschichten um Artus? Können wir jene Klarheit aus den wenigen Sätzen Geoffreys gewinnen, die der Schilderung des blutigen Endes bei Camlan vorhergehen?

Wir haben einigen Grund zur Hoffnung: Die Chronologie der Ereignisse wird immer deutlicher; die Frage der Abstammung des Artus scheint geklärt – zumindest kennen wir die Familie der Mutter, auf der Vaterseite wissen wir Genaueres über Aurelius Ambrosius; etliche Schlachtfelder, auf denen Artus gekämpft hat, wurden lokalisiert. Und was noch weit mehr wert ist: Wir kennen die alten Festungen, von denen er über das Land blickte, und wir können diese Orte noch heute selbst in Augenschein nehmen. Schließlich hat sich gezeigt, daß das, was von Artus' Leben und von seinen militärischen Leistungen berichtet wird und von den Personen, mit denen er zu tun hatte, durchaus in den Rahmen dessen paßt, was wir sonst von jener Zeit wissen.

Die Orte, an denen Artus angeblich – und das heißt: nach dem Zeugnis von mehr als fünfzig Autoren verschiedener Mutterspra-

4. Die Krönung des König Artus

chen und aus verschiedenen Jahrhunderten – gelebt hat, gibt es, wie sich herausstellt, tatsächlich, wir können sie mit eigenen Augen sehen. Hier lag er verwundet, hier wurde er bestattet, hier lag er gefangen unter den Steinen, hier stand er und blickte hinaus übers Wasser, hier streifte er als Knabe durch die Wälder, hier bestieg er sein erstes Boot und segelte dahin, hier schwang er seinen Hammer und schuf sich freie Bahn zu den schottischen Seen, hier wütete er unter seinen Feinden, bis alles in Blut schwamm. Wir wissen jetzt auch, und zwar von Archäologen, die in England gearbeitet haben, daß er nicht in *England* lebte – ein Grund mehr für uns, zu glauben, daß wir ihn im Norden suchen müssen.

Auf dem Gipfel seiner Macht, sagt Geoffrey, erlebte Artus ein prächtiges Krönungsfest, bei dem er – wenn nicht real, so doch symbolisch – im Triumph seine besiegten Feinde in Ketten vorführte. Sie mußten aufmarschieren und an der Feier teilnehmen und so seine Überlegenheit vor aller Augen bezeugen. Sogar dann, wenn wir annehmen, daß Geoffreys eigene Einbildungskraft nötig war, um den Quellen diese Schilderung abzugewinnen, haben wir doch Grund, seinen Bericht für wahr zu halten. Wenn wir ein Wort Albert Einsteins abwandeln wollen, können wir hier sagen, daß das eigentliche unergründliche Geheimnis an Geoffreys Quelle in ihrer ohne weiteres faßlichen Plausibilität liegt.

Eine Analyse der Tiefenstrukturen von Geoffreys Text ist notwendig. Ein derartiges Verfahren ist mit der mittelalterlichen Methodologie durchaus vereinbar, weil man damals folgende zwei Theorien nebeneinander aufrechthielt: erstens, daß die Zeit etwas sei, das sich gleichmäßig linear forterstrecke bis zu einem verheißenen Ende, zweitens, daß die Zeit etwas Relatives sei, daß sie an gewissen Punkten innehalte und in eine vertikale Bewegung übergehe, sich gleichsam anstaue. Wir haben vorher das Leben des Artus von seiner Geburt bis zum Eintritt ins Mannesalter betrachtet, dann die Abfolge der zwölf Schlachten von der ersten bis zur letzten. In der Passage von Geoffreys Werk nun, wo er von der Krönung des Königs berichtet, werden wir Artus so erfahren, wie ein moderner Romancier ihn zeigen könnte: in einem Bild, das stillsteht in der Zeit, vielleicht auch in überlebensgroßem Format gestaltet.

Geoffrey trauert alten Zeiten nach, wenn er schreibt: «Britannien war damals voller Größe.» Es gab einen König von wunderbarer Macht, ein würdiger Nachfolger jenes Caratacus von Caer Caradoc, der ein Sohn des Bran war. In jener Zeit wurden allerdings die Könige nicht mit Namen bezeichnet. Lancelot war bereits ein berühmter Kriegsheld und ein gemachter Mann, ehe er sich darauf besann, daß sein Name «Lancelot» lautete und daß seine Vorfahren Könige von Britannien waren, die Lancelot I. und Lancelot II. hießen. Wie lange genau Artus damals schon König war, sei dahingestellt – jedenfalls kam Artus bei Geoffrey in eine große römische Stadt, um sich ein zweites Mal krönen zu lassen.

Wir wissen von Gildas, daß die britischen Edlen des fünften Jahrhunderts bereits das Königtum kannten. In seiner Schrift überhäuft Gildas jene Könige, die in den vierziger Jahren des sechsten Jahrhunderts regierten, Artus' Nachfolger nach der Schlacht bei Camlan also, mit Schmähungen; sie seien schlechte Herrscher gewesen, sagt er und meint: im Gegensatz zu Artus. Wir wissen, daß Artus Reichtümer und Beute an seine Verbündeten austeilte. Die Unterstützung, die er fand, hatte Wurzeln, die über mehrere Generationen hinweg bis in die Zeit der römischen Besetzung Britanniens reichten. Wenn er bei einem zeremoniellen Akt, wie es jene zweite Krönung war, auftrat, so brachte dies dem ganzen Land Heil. In der Harmonie seiner Erscheinung vermischte sich seine menschliche Existenz mit der göttlichen Ordnung und mit dem unwandelbar Ewigen der Sterne am Firmament. Deswegen reichte seine Macht weit über das Grab hinaus. Artus war der Garant dafür, daß Natur und Gesellschaft sich in lebendigem Einklang bewegten. Er trug wahrscheinlich den Namen «Vater», auf altirisch *athair* oder *athir*, lateinisch *pater*. Lancelots Name in seiner Jugend war Galahad.

Wir haben keine Berichte darüber, daß die alten Briten Seeschlachten gegen die Sachsen geschlagen haben. Frühere Generationen von Gelehrten, die sich mit Artus beschäftigten, waren der Meinung, Artus hätte seine Siege zu Pferde erfochten – aber welchen Nutzen hätte ein Pferd auf dem Dumbarton Rock bringen können? Oder auch bei Traprain Law, oder auf den drei Gipfeln der Eildons, wo Uther Pendragon gedemütigt wurde? Wir haben keine Kunde davon, daß etwa Kirchen das ganze Land überzogen hätten, wir wissen lediglich von dem ärmlich zusammengeflickten Bau von Glastonbury. Und wir finden heute in Whithorn an der Küste von Galloway, wo der heilige Ninian wahrscheinlich seine Candida Casa erbaute, nur noch ein paar Steinbrocken. Aber Geoffrey sagt uns, daß Artus Schiffe gebaut hat – oder doch Wasserfahrzeuge irgendeiner Art –, und er wurde in einer christlichen Kirche gekrönt. Wir wissen sonst nichts davon, daß Bischöfe und Erzbischöfe – was immer diese Titel in arthurischer Zeit genau bedeuteten – bei der

4. Die Krönung des König Artus

zweiten Krönung des Artus eine wichtige Rolle spielten. Und doch: Geoffrey sagt uns, daß sie als Zelebranten fungierten. Wir wissen nicht viel über die Kirche in Britannien, die in arthurischer Zeit «culdaische» oder «keltische Kirche» hieß, ehe der heilige Augustinus, den der Papst in Rom geschickt hatte, die Sachsen zu bekehren, nach Canterbury kam. Und das Schlimmste von allem: wir wissen auch immer noch nicht das Geringste darüber, wie groß wohl Artus' Herrschaftsgebiet war.

Aber es eröffnet sich uns jetzt eine Möglichkeit, genau dies zu erfahren, und zwar aus der sehr dichten und detaillierten Beschreibung des Krönungszeremoniells, die wir Geoffrey verdanken. Wie ist das möglich? Aus der Gästeliste. Bei einer solchen Feier durfte niemand fehlen, weder die besiegten Feinde noch die Freunde und Verbündeten. Alles, was Rang und Namen hatte in Artus' Welt, war anwesend. Und auch die Königin wurde gekrönt – also erschienen auch die Damen bei der Feier; allerdings wurde nach britischer Sitte streng auf Geschlechtertrennung geachtet.

Die Liste der Ehrengäste zu enträtseln wird eine schwere Aufgabe sein. Wer war wer? Und wo waren sie alle zu Hause? Welche Entfernungen hatten die Gäste zu überwinden? Und folglich: Wie weit reichte die Herrschaft des Königs gegen Ende seiner Regierung, die den Frieden viele Jahre lang bewahrt hatte?

Die Studien, die sich in der Vergangenheit mit dem Krönungsbericht Geoffreys kritisch befaßt haben, sind voller Zweifel. Ihre Skepsis hat Geoffreys Zeugnis fast in allen Punkten für wertlos erklärt – nicht einmal die Möglichkeit eines Hoffests zu Pfingsten und irgendwelcher Zeremonien, bei denen die Krone eine Rolle spielt, wollte man gelten lassen. Vielmehr wurde behauptet, daß derartige und ähnlich prächtige Feiern in Britannien keinesfalls früher als in der Ära der Plantagenets möglich gewesen seien. Warum eigentlich?

Warum, fragen wir mit Geoffrey, sollte es König Artus, der in den vorangehenden Jahren seine Feinde mit Furcht und Schrecken erfüllt hatte, unmöglich gewesen sein, diese nun, da sie ganz und gar besiegt waren, zu zwingen, sich an irgendeinem beliebigen Ort seiner Wahl einzufinden? Warum sollen «Pracht und Eleganz» ein Privileg des zwölften Jahrhunderts, des höfisch-ritterlichen Zeitalters gewesen sein? Wurden «Diademe» und Lorbeerkränze, wie Artus und Guinevere sie bei jener Krönung trugen, wirklich vor 1136 nur normannischen Herzögen aufs Haupt gesetzt? Gewiß nicht – selbst im republikanischen Rom schon wurden auf diese Weise große Männer für ihre Verdienste geehrt, besonders siegreiche Feldherrn. Jener Staatsakt, bei dem Artus zum zweiten Mal symbolisch erhöht wurde, fand statt, nachdem der König Schlachten gewonnen, Inseln erobert hatte, nachdem er neun Jahre lang auf dem Festland Siege erfochten hatte. Artus war heimgekehrt, um neue Kräfte zu sammeln und die wohlverdiente Belohnung für seine Taten zu genießen: einen Triumphzug und, so können wir es heute auffassen, eine «Beförderung», indem ihm nämlich der römische militärische Titel eines *imperator* verliehen wurde.

Auch die walisischen Hüter geheimen Wissens hatten Kunde davon, daß Artus schließlich zum Rang eines solchen *imperator* aufgestiegen ist: *Yr Amherawdyr Arthur* nennen sie den Herrscher. Sir John Rhys geht in seinen *Studies in the Arthurian Legend* näher auf diesen Titel ein. Viele römische Feldherrn erhielten diese Würde eines Oberkommandierenden schon nach ihrem ersten eindrucksvollen Sieg.

In Geoffreys Bericht hat Artus soeben erst wieder britischen Boden betreten. Wie jeder große Kriegsheld, der lange und harte Kämpfe siegreich überstanden hat, schwimmt er auf einer Woge allgemeiner Begeisterung. Darum bekommt er nun einen Triumphzug zugesprochen, ganz ähnlich wie einst Fabius Maximus oder Caesar oder Pompejus im antiken Rom. Als *dux* in voller Rüstung zog er hoch zu Roß, in der Hand einen Stab zum Zeichen der Befehlsgewalt, durch seine Stadt und schließlich in die Kirche. Artus will einen neuen Feldzug auf dem Festland unternehmen, er fordert alle, die genügend Mut haben, auf, sich ihm anzuschließen, und verheißt ihnen Ruhm und Beute.

Geoffrey meinte, Artus habe die Stadt Caerleon-on-Usk *(Kaer Illion ar wysc)* im Süden von Wales zum Schauplatz jenes feierlichen Staatsakts gewählt. Er hat sich damit eine Menge harscher Kritik eingehandelt – man hat ihm vorgeworfen, er habe sich deswegen für diese Stadt entschieden, weil sie an das angestammte Herrschaftsgebiet seines Gönners, Robert von Gloucester, grenzte. Dabei gibt es gar keinen guten Grund für die Annahme, Geoffrey hätte sich bei diesem Robert einschmeicheln wollen oder wäre ihm irgendwie verpflichtet gewesen. Wir können nur vermuten, daß Geoffreys Quelle wieder einmal die «Stadt der Legion» als Ort angab und so den Irrtum auslöste.

Schon die bloße Tatsache, daß Caerleon eine große Stadt war, konnte Geoffrey in seiner falschen Überzeugung befestigen. Zehn-

4. Die Krönung des König Artus

tausend Legionäre waren neun oder zehn Generationen lang in dieser römischen Garnison namens Isca (von dem walisischen Wort *usige*, «Wasser») stationiert gewesen. Die Stadt lag weit genug vom Meer entfernt, um vor Überfällen von See her einigermaßen sicher zu sein, und hätte doch den Gästen des Königs die Möglichkeit geboten, zu Schiff, auf dem Severn, anzureisen, ein wichtiger Gesichtspunkt damals.

Das römische Isca war dreihundert Jahre lang ein bedeutendes Römerlager gewesen. Wir wissen heute, daß es circa zwanzig Hektar umfaßte, ein Rechteck von etwa 400 × 500 m mit vier Toren, von denen sich das südöstliche zur Brücke über den Usk und zu den Landstraßen hin öffnete. Vor dem Südwesttor gab es ein Amphitheater, das sechstausend Zuschauer faßte und das heute «Arthur's Round Table» heißt. Im Nordwesten gibt es ein halbkreisförmiges britisches Lager, heute «King Arthur's Chair» genannt. Nicht weit von der Stadt liegt die keltische Befestigungsanlage Caerwent oder Venta Silurum, heute Cheapstow. Der weite Hügel am Südosttor von Caerleon erhielt irgendwann den Namen «King Arthur's Palace». Hier soll der König zu Ostern siebenmal und zu Weihnachten fünfmal hofgehalten haben und an jenem Pfingstsonntag gekrönt worden sein. Die Paläste von Caerleon hatten nach Geoffrey goldene Dächer, aber an diesem Punkt verweigern die Archäologen ihm die Gefolgschaft.

Das schwierigste Problem werfen die Kirchen auf, in denen Artus und Guinevere gekrönt wurden. Geoffrey sagt, sie seien den Märtyrern Julius und Aaron geweiht. Diese Heiligen haben nach Auskunft der Kirchenhistoriker ihr Martyrium gemeinsam mit dem heiligen Alban unter Kaiser Decius (249–251) in Rom erlitten. Aber wo standen ihre Kirchen? Hier folgte Geoffrey dem Theologen und Historiker Beda Venerabilis, der geschrieben hatte, daß jene zwei Heiligen in Caerleon, Wales, den Märtyrertod gestorben seien. In seinem *Itinerarium* stimmt Giraldus Cambrensis (Gerald von Wales), ein walisischer Geistlicher und Freund König Heinrichs II., seinem Zeitgenossen Geoffrey zu. Er habe mit eigenen Augen die Spuren römischer Pracht in Caerleon gesehen, bestätigt er, eine großartige Anlage, umgeben von drei Meilen Ziegelmauer, mit Aquädukten und Hypokausten und hohen Türmen. Und er habe auch, sagt er, die Kirchen von Julius und Aaron gesehen, genau wie Beda und Geoffrey sie beschrieben hatten. Nun hat aber bedauerlicherweise, denn sein Kredit wird dadurch nicht eben gehoben, außer Gerald von Wales niemand diese Kirchen je gesehen, und es hat sich nie irgendeine Spur davon gefunden. Das Zeugnis des Gerald von Wales ist also keineswegs geeignet, die Zweifel an Geoffreys Aussage zu zerstreuen.

Der Fairneß halber muß man schließlich noch darauf hinweisen, daß es zu Zeiten des kaiserlichen Rom in Britannien drei Oberdruiden gab und daß, wie man vermutet, an ihre Stelle dann später zur Zeit des keltischen, also vor-augustinischen Christentums drei Erzbischöfe getreten sind. Diese keltischen Erzbischöfe residierten in London, in York und in Caerleon. Wenn man dies weiß, so kann man erst recht verstehen, weshalb Geoffrey bei der Suche nach der «Stadt der Legion» – ein Dutzendname, der wenig besagte – auf Caerleon verfiel.

Das erste oder zweite Indiz dafür, daß sich Geoffrey geirrt haben könnte, findet sich bei Gildas, einem Zeitgenossen des Artus. Dieser Autor nämlich erwähnt einmal ohne besonderen Anlaß, daß Julius und Aaron in *Carlisle* den Märtyrertod gestorben seien, und diese Stadt hieß «Stadt der Legion». Man muß in dem Zusammenhang betonen, daß Gildas Brite war, Beda dagegen ein Angelsachse, der in Jarrow in Northumberland schrieb, und zwar gut zweihundert Jahre nach Artus' Tod. Der Historiker Henry von Huntingdon, ein Zeitgenosse Geoffreys, schließt sich denn auch Gildas' Meinung an («Aaron und Julius, Bürger von Carlisle», sagt dieser), wenn er schreibt: «Kair Lion, das wir heute Carlisle nennen.»

Aber es gibt noch ein Zeugnis, das Beda, Geoffrey und Gerald von Wales bestätigt. Eine Zeitgenossin Geoffreys, die geheimnisvolle Dichterin und Theologin Marie de France, stellt ebenfalls einen Zusammenhang zwischen dem heiligen Aaron und Caerleon her. In ihrer britischen («bretonischen») Dichtung *Yonec* (Johann), die etwa vierzig Jahre nach Geoffreys *Historia* verfaßt wurde, erwähnt Marie einen Herrscher namens Muldumarec. Sein Land lag angeblich um Caerwent herum oder irgendwo zwischen Caerwent und Caerleon. Und, teilt Marie mit, das Fest des heiligen Aaron wurde in Caerleon (Karlion) und auch in anderen Städten mit großem Aufwand gefeiert.

Warum aber sollte das große Abenteuer des Helden in Caerleon ausgerechnet an diesem besonderen Tag stattfinden? Was geht der heilige Aaron den Yonec an? Nichts, wirklich nichts. Das bringt einen auf den Gedanken, daß dieses Werk, das Marie de France, wie sie selbst zugibt, nur übersetzt hat, vielleicht Teil einer größeren Dichtung war, die zur Unterhaltung des König Artus und seiner Gemahlin bei den Krönungsfestlichkeiten verfaßt worden war. In

4. Die Krönung des König Artus

ähnlicher Weise war vielleicht auch jene Geschichte in den walisischen *Mabinogion,* welche von den Abenteuern des Gereint (Erec) berichtet, ein einzelner Abschnitt in einer umfangreichen Komposition mehrerer Erzählungen. Vielleicht hat Marie deswegen den Terminus «Stadt der Legion» falsch auf Caerleon bezogen. Oder aber sie hat diese Zuordnung aus Geoffreys Werk oder von Gerald von Wales übernommen. Marie, so wird behauptet, sei von König Heinrich II. gefördert worden. Wenn es auch nicht in dessen Interesse liegen konnte, den Rang und das Gewicht von Wales allzu sehr zu betonen, so mußte doch seinem Freund Gerald desto mehr an einer solchen Darstellung gelegen sein. Am Ende freilich gab man dann doch Canterbury den Vorzug, und Caerleon wurde übergangen – ebenso wie Gerald übrigens, der bei der Vergabe kirchlicher wie weltlicher Würden in Wales leer ausging.

Dies alles sind Vermutungen – die weitere Analyse wird jedoch erweisen, daß Marie de France in dem einen Punkt jedenfalls einem kapitalen Irrtum zum Opfer fiel, als sie annahm, das Land des Königs Muldumarec befinde sich bei Caerwent, im Süden von Wales also. Wesentlich hierfür wird es sein, diesen britischen König, der bei der Krönung des Artus tatsächlich anwesend war – wenn auch wohl nicht aus Freundschaft Artus gegenüber –, zu identifizieren. Muldumarec ist in der arthurischen Literatur gut bekannt, und zwar unter dem Namen *König Urien von Gorre;* sein Sohn Yvain ist der Held verschiedener französischer Romane, sein Land gehörte einst dem Riesen Gorre. Sein Name hat sich in den beschwörenden Redensarten «by Gorrey» und «by Golly» (beide nicht im *Webster's* aufgeführt) erhalten. Nach alledem kann auch die Stelle bei Marie de France nicht als Beweis dafür gewertet werden, daß Geoffrey mit seiner Entscheidung für Caerleon das Richtige getroffen hat.

Caerleon war eine Stadt, behauptet Geoffrey, die Rom in vielem ähnelte. Es gab einen Frauenkonvent, dessen Kirche dem heiligen Julius geweiht war. Außerdem stand da die Kathedrale St. Aaron mit einer Domschule, der zweihundert Philosophen und Astronomen angehörten. Geoffrey stellt die Astronomie auch in seinem letzten Werk, der *Vita Merlini,* als Wissenschaft der Zukunftsdeutung dar; dort zieht sich der Seher in ein Observatorium zurück, um aus den Sternen die Geheimnisse der Zukunft zu lesen. Wenn Geoffrey im folgenden erklärt, Caerleon sei der Sitz des walisischen Erzbischofs in Britannien, so scheint er, wie Gerald von Wales, eine Lanze für das keltische Christentum brechen zu wollen. Aber das war vergebliche Mühe – schon bald nach Geoffreys Zeit bestimmte

Rom die Erzbistümer des britischen Mittelalters neu: Canterbury, York, Saint Andrew's, Glasgow, Armagh, Tuam und Dublin.

In seinem Buch *The Legacy of Arthur's Chester* verfocht Robert B. Stoker die These, Chester sei die Krönungsstadt des Königs gewesen. Seine Beweisführung ist zwar in sich durchaus vernünftig, jedoch stützt keiner der zahlreichen kontinentaleuropäischen Texte seine Annahmen. Es ist im übrigen offensichtlich, daß die Stadt allzu weit abgelegen war und so für die Gäste schwer zu erreichen gewesen wäre. Chester, eine römische Gründung, ist ein kleines Städtchen, umgeben von einer Mauer, und liegt am Dee, der bis hierher schiffbar ist. Es lagen hier mit Sicherheit einst zwei römische Legionen in Garnison, und zwar eine Zeitlang die *Adjutrix* und mehr als dreihundert Jahre lang die *Valeria Vitrix*.

Aber für Carlisle sprechen doch weit stärkere Gründe. Erstens gibt es das Zeugnis des Gildas, eines Zeitgenossen des Artus. Zweitens ist da die Uneindeutigkeit des Namens *Caerleon* selbst, zumal ja bis heute eine allgemein anerkannte Etymologie von *Carlisle* sich noch nicht durchgesetzt hat. Drittens war Carlisle eine Zufluchtsstätte für Königinnen, wenn in Schottland Krieg herrschte, zum Beispiel damals, als der heilige Cuthbert im siebten Jahrhundert die Königin von Northumberland dorthin begleitete. Diese Besucher sahen noch die mächtigen Ruinen römischer Bauten, Brunnen, Aquädukte, sechs Meter hohe Verteidigungsmauern, und sie spazierten um die Wallanlagen herum. Man kann sich vorstellen, um wieviel prächtiger die Stadt zweihundert Jahre vorher gewesen sein muß. Und man kann wohl annehmen, daß Carlisle für die unglückliche Königin Guinevere während der Schlacht bei Camlan eine geradezu ideale Zufluchtsstätte gewesen wäre.

Carlisle war außerdem in arthurischer Zeit das zweitwichtigste Zentrum des britischen Christentums, das jedenfalls legen die archäologischen Funde nahe. Und es war die fünfte römische *civitas* auf britischem Boden, eine römische Provinzhauptstadt also, gegründet nach 368 und somit die jüngste unter den römischen Städten. Wie London, Caerleon und Chester war Carlisle vorher ein *vicus* gewesen, ein militärischer Stützpunkt der Römer. William von Malmesbury, ein weiterer Zeitgenosse Geoffreys und ein viel berühmterer Historiker, bezeugt die Existenz eines bedeutenden römischen Tempels des Mars oder der Victoria.

Was die Logistik betrifft, so war Carlisle ein Ort, wo Lebensmittel für viele Festgäste und deren Begleiter, ebenso Futter für die Pferde

4. Die Krönung des König Artus

leicht besorgt und herangeschafft werden konnten. In der Ebene von Cumberland am Unterlauf des Eden gelegen, ist die Stadt noch heute ein Zentrum der Landwirtschaft. Und Carlisle war vor allem ein extrem gut geschützter Ort: Was die Frage der Sicherheit für den König und seine Gäste angeht, so bot Carlisle die denkbar besten Bedingungen. Die Natur des Landes in der Umgebung der Stadt machte größere Truppenbewegungen sehr schwierig. Carlisle liegt weit vom offenen Meer im Landesinneren. Im Nordosten sperrte unwegsame Wildnis, heute Kershope Forest genannt, den Zugang. Ein Angriff von Osten und Süden her, aus Yorkshire, Lancaster und Northumbria, war praktisch unmöglich. Man muß sich nur Gawains Winterreise von Carlisle nach Penrith im Süden und weiter in die Gegend von Liverpool und Chester vergegenwärtigen, die in *Gawain und der Grüne Ritter* eindrücklich geschildert wird, um zu erkennen, wie schwierig das Gelände dort war. Eine alte englische Ballade über König Artus beglaubigt, daß wirklich diese Gegend gemeint ist. Sogar heute noch, wenn man auf der M6 oder mit dem Zug Glasgow-London diese Landschaft durchquert, spürt man ihre bedrohliche Wildheit.

Auch die Größe der Stadt spricht für Carlisle: Die Mauern aus römischer Zeit umschlossen eine Fläche von dreißig Hektar – Chester und Caerleon waren lediglich je zwanzig Hektar groß.

Die zahlreichen Straßenverbindungen, die im alten Carlisle zusammenliefen – vielleicht erklärt sich hieraus die kryptische Rede arthurischer Texte von den «sieben Straßen» –, waren vom Hadrianswall, der im Norden verlief, geschützt. Die Annäherung von der offenen See her war an der weitgehend unzugänglichen Nordwestküste von Britannien weniger gut möglich als bei Chester oder Caerleon; auch in dieser Beziehung bot Carlisle ein höheres Maß an Sicherheit.

Und weiter ist zu bedenken: Carlisle hatte keine Tradition als kulturell-kultisches Zentrum des Druidentums – auch dies aus der Sicht des christlichen König Artus ein Vorteil.

Schließlich war Carlisle die eigentliche Heimat des walisischen Volks, der *Walenses*. Deswegen konnte man diese Gegend in arthurischer Zeit ohne weiteres «Wales» bzw., in den französischen Texten, «Galles» nennen. Letztere sprechen immer von «Galles» oder «Norgalles», wenn sie «Nordwales» meinen, oder auch vom «äußeren Wales», nämlich «Outregalles» oder «Estre-Galles». Die Autoren haben dabei natürlich nicht das Gebiet im Sinn, das *heute* Wales heißt. Bis auf den heutigen Tag heißt ja der Südwesten von Schottland «Wales», nämlich *Galloway.* Die Ebene von Carlisle war zu Artus' Zeit das Zentrum der walisischen Stämme und wurde bis weit ins elfte Jahrhundert hinein von britischen Königen beherrscht. Nach alledem stellen wir fest: König Artus wurde wahrscheinlich in Carlisle gekrönt, in der Stadt, die er selbst zum Schauplatz seines größten Triumphs gewählt hatte.

So prächtig erstrahlte der Ruhm des König Artus, in solcher Herrlichkeit wurde dort drei Tage lang gefeiert, daß der Erzbischof Dubric(ius), der dem König die Krone aufs Haupt gesetzt hatte, des weltlichen Pomps müde geworden, anschließend darum bat, sein Amt niederlegen und sich in eine Einsiedelei zurückziehen zu dürfen. Geoffreys Bericht über den heiligen Dubric, dessen sterbliche Überreste im zwölften Jahrhundert wiederaufgefunden und von der Insel Bardsay nach Llandaff in Wales gebracht wurden, stimmt mit dem des *Book of Llandaff* überein. Dort wird behauptet, daß Dubric um 470 Bischof von Llandaff wurde, um 490 dann Erzbischof von Caerleon. (Die *Annalen von Wales* allerdings bestätigen Geoffreys Darstellung nicht.)

Der nächste Kirchenfürst, den Geoffrey preist, ist kein anderer als der Patronatsheilige von Wales. Der hochverehrte «Devi Sant» (ca. 520–588) war ein Onkel des Artus, auch er ein Abkömmling der Cunedda-Könige. Eine andere monastische Tradition stimmt hier in Geoffreys Lob ein und versichert uns, daß drei oder vier große Figuren jener Epoche nach Jerusalem gereist sind: die Kaiserin Helena Augusta, die Mutter Konstantins des Großen, König Artus und der heilige David von Wales.

Durch den heiligen David, der sicher Oberhaupt der walisischen Kirche war, ist Artus für immer auch mit Südwales verbunden. Davids Lehrer war der heilige Illtud, ein Cousin des Artus. Er diente später im Heer des Königs. Bei Geoffrey erscheint also Artus mehr und mehr als Mittelpunkt und Stützpfeiler des alten britischen Christentums, denn er ist Neffe, Cousin und Freund der am meisten verehrten Eremitenheiligen seiner Zeit. Die bis heute erhaltenen Spuren ihres Wirkens sind weit zahlreicher als die von den Leistungen des Königs, so sind etwa in Südwales dreiundfünfzig Kirchen dem heiligen David geweiht (und von ihm gegründet).

Alte Verse erzählen, daß König Artus den Entschluß seines Onkels, sich von der Welt zurückzuziehen, gutgeheißen habe. Der heilige David zog in die Gegend von Brecon, wo zu Geoffreys Zeit das Zisterzienserkloster Llantony stand:

4. Die Krönung des König Artus

Hier war der Ort, wo der Patron von Wales
sein Büßerleben fristen wollte in der Einsamkeit.
Hier baute er sich eine Klause,
Wurzeln seine Nahrung, zu trinken Wasser
vom Bergbach Honddu.

Jedes Wort in Geoffreys Bericht ist bedeutungsvoll. Sogar im fernen Frankreich erfaßte Chrétien de Troyes, ein Zeitgenosse Geoffreys, die feinen Details der Welt des Artus und setzte bei der Aufzählung der besiegten Könige immer genau den an die erste Stelle, den auch Geoffrey zuerst genannt hatte. Einer der Könige bei dieser Krönung spielt eine Schlüsselrolle im Reich des Artus. Seinetwegen, und weil Artus in seiner Anwesenheit gekrönt wird, verkündet man des Königs neue Würde vor genau ausgesuchten Zeugen. Diese anderen Könige sind Zeugen, wenn nicht Wähler, und sie sind die bedeutendsten Männer unter den Briten ihrer Zeit.

Die neue Würde des König Artus ist, so wird verkündet, die der «Krone von Britannien». Am Tag der Krönung soll Artus sehr vergnügt gewesen sein und, fügt Geoffrey hinzu, heiter gestimmt durch die Festlichkeiten, mit denen man seine Siege feierte.

Die sorgfältige Lektüre von Geoffreys Text lehrt, daß die Reihenfolge der wichtigsten Gäste, die bei der Krönung zugegen waren, von einem strengen Protokoll diktiert ist.

Als erster erscheint König Angus von Schottland. Er ist dem Rang nach der erste, als erster wird er von Artus eingeladen, bei der Aufzählung der Anwesenden wird er zuerst erwähnt: Seine Hoheit, der König von Schottland, der «Rí Alban». Er wird «König Angus von Schottland» genannt, auf lateinisch *Auguselus* [sic] *von Albania*. (In späteren Berichten wird sein Name gar zu «Angelus», «Engel» zusammengezogen.) Dieser große Mann war Herrscher von Schottland, damals Albania, «nunc scocia dicitur», also: «jetzt Schottland genannt». Die wissenschaftliche Autorität in allen Fragen, die das alte Schottland betreffen, ist immer noch W. F. Skene, und dieser erklärt uns, daß hier Ostschottland nördlich des Firth of Forth gemeint sei. Dies muß man im Sinn behalten, denn es macht deutlich, daß Angus von Stirling nördlich des Firth zur Krönung anreiste.

Was diesen Angus betrifft, so sind die Kritiker Geoffreys, allen voran J. S. P. Tatlock, einigermaßen blind in die Irre gelaufen. Nach Tatlocks Meinung war der Hohe König von Schottland «sehr wahrscheinlich» mit Angus von Moray identisch, einem «notorischen Aufrührer», der im Jahr 1130, also zu der Zeit, da Geoffrey in Oxford an seiner *Historia* schrieb, ums Leben kam. Tatlock lag mit seinem Urteil nicht nur völlig daneben, er schimpfte auch noch Geoffrey einen Lügner und verhinderte ein halbes Jahrhundert lang, daß andere Wissenschaftler die Arbeit anpackten. Er bemerkte nicht einmal, daß der *zweite* der Könige aus Moray kommt!

König Angus folgen die Könige Urien von Moray, Cadwallon Lawhir (Langarm) von Nordwales, Stater von Südwales und Cador von Cornwall. Der walisische Übersetzer von Geoffreys Werk gibt die Namen in ihren walisischen Formen wieder: Aaron, Yrien, Kasswallawn Lawhir, Meyric und Kattwr.

Die höchsten Würdenträger der keltischen Kirche, die Erzbischöfe der alten kultischen Zentren London, York und Caerleon, werden im Anschluß an die fünf weltlichen Herrscher genannt. Alle drei nehmen an der Zeremonie teil, aber nur einer führt die eigentliche Krönungshandlung aus, während die beiden anderen, links und rechts von ihm stehend, assistieren. Die Anwesenheit all der hohen Herren und die Feierlichkeit der Zeremonie trugen zweifellos nicht wenig dazu bei, das Prestige des Königs zu steigern.

Geoffrey nennt immer Rang und Titel dieser Ehrengäste der ersten Garnitur: «Rex Albaniae», «Rex Murefensium», «Rex Demetorum», «Rex Venedotorum», «Rex Cornubiae». Er unterscheidet in seiner Wortwahl genau den ersten und den fünften von den übrigen: diese sind Könige von Völkern, jene Könige von Ländern. Cornwall und Albania werden als Territorien betrachtet, die Bevölkerung von Moray – die Historiker heute nennen es Dalriada – und die Waliser erscheinen als Stämme oder Clans, sie sind nicht einfach das Staatsvolk eines Königreichs.

Als Griscom und Jones 1929 an der Columbia University ihre Edition von Geoffreys Werk abschlossen, waren sie überzeugt, daß die Historizität jeder einzelnen der dort genannten Personen eines Tages bewiesen werden könnte. Und wirklich: König Angus erscheint in der *History of Great Britain*, 1526 von John Major verfaßt. Die Existenz des Königs Urien von Moray und des Königs Cadwallon Lawhir bezeugen die walisischen Genealogien, die im Manuskript Harley 3859 des Britischen Museums überliefert sind. König Cadwallon Lawhir ist einer der Cunedda-Könige, vielleicht der Vater des Königs Maelgwyn Hir, auch Maelgwyn Gwynedd genannt, der die Schlacht von Camlan überlebte. Dieser starb 547 oder 549 während einer Pestepidemie in Anglesey. Gildas hat ihn als einen bösen, skrupellosen König gebrandmarkt. Der König Cador, den Geoffrey nennt, spielt später bei den Kämpfen auf dem Konti-

4. Die Krönung des König Artus

nent eine besondere Rolle. Er ist es, der Königin Guinevere erzog. Schon daraus wird klar, daß wir ihn gewiß nicht in Südengland finden werden, in der Gegend also, auf die der Name «Cornwall» zu deuten scheint.

Sodann marschieren elf edle Konsuln auf, «nobiles consules», sagt Geoffrey. Der Ausdruck hat Geoffreys Kritikern einige Schwierigkeiten bereitet, die glaubten, er bezeichne angelsächsische Grafen, und – mit wenig Erfolg – versuchten, einzelne Grafschaften dingfest zu machen. Die «Städte», als deren Repräsentanten diese Männer auftreten, gaben den Kritikern noch schwierigere Rätsel auf. Die Namen, die genannt werden, tauchen nirgends in jener «Aufzählung von dreiunddreißig Städten Britanniens» auf, die in der Nennius-Kompilation enthalten ist. Und sie entsprechen auch nicht genau den Namen der römischen Städte in Südengland. Der Versuch, die einzelnen Angaben so zu übersetzen und zurechtzudeuten, daß sich die Namen Gloucester, Winchester, Salisbury, Warwick, Leicester, Canterbury, Vaddon, Silchester, Oxford, Chichester und Dorchester oder Dorset ergeben, kostete die Kritiker einige krampfhafte Mühe. Mit «Vaddon», so behaupten sie, meine Geoffrey natürlich wieder einmal Bath. Und da ist noch ein weiteres Problem, das noch größere Schwierigkeiten macht: Alle die erwähnten Städte, Canterbury ausgenommen, liegen westlich der Linie, bis zu der die Angelsachsen in Britannien vorgedrungen waren. Es ist deswegen noch schwerer zu glauben als ohnehin, daß es sich um siegreiche Verbündete oder gar um besiegte Feinde des König Artus handeln soll.

In dieser Verwirrung der Geister bleibt uns nun nur die Möglichkeit, zur Quelle selbst zurückzukehren und uns Geoffreys Liste in der Ausgabe von Griscom und Jones, die auch die orthographischen Varianten und Lesarten der verschiedenen Abschriften wiedergibt, noch einmal anzusehen. Dann stellt sich das Problem jener Städte so dar:

1. Claudiocestrie
2. Wigornensis oder Guigornensis
3. Salesberiensis
4. Guerensis oder Warewic
5. Legecestria
6. Kaicestria
7. Dorobernie oder Galluc Guintoniensis
8. ex badone oder Badone

9. dorocestrensis oder dorchecestrensis
10. ridochemsis oder Ridocesis = Oxenefordie oder Oxinfordie

Es müßte möglich sein, das Problem mit diesen Städtenamen zu lösen, ohne auf die Unstimmigkeiten, die sich bei dem Versuch der Gelehrten ergaben, Geoffreys Formen als Namen südenglischer Städte zu deuten, im einzelnen besonders hinzuweisen.

Zuallererst bemerken wir, daß auf Geoffreys Liste vier römische Festungen, *castra*, aufgeführt sind (1, 5, 6, 9). Drei davon stehen am Hadrianswall und tragen das lateinische *castra* noch in ihrem heutigen Namen: Chesters, Chesterholm und Great Chesters. Die vierte findet sich weiter nördlich am Antoninuswall. Diese ist am leichtesten zu identifizieren, weil die Namen sich nur wenig unterscheiden: 6. Kaicestria, Kaercestria = Castle Cary.

Die Erkenntnisse, die wir früher gewonnen haben, besonders was die Orte betrifft, an denen der junge Artus seine zwölf Schlachten schlug, bestärken uns in unserer Überzeugung: Es handelt sich hier um Städte, die Artus eroberte und unter seine Gewalt brachte und die er als militärische Stützpunkte besetzt hielt. Wir kommen jetzt dem realen König Artus immer näher.

Unter den sechs übrigen Namen haben wir einen *vicus*, und das bedeutet: eine größere befestigte Stadt mit einer römischen Garnison. Diese Stadt ist Guerensis, «heute», sagt Geoffrey, «Warewic genannt». Wir haben bereits festgestellt, daß Artus wahrscheinlich in Carlisle gekrönt wurde, und dieser Ort war jahrhundertelang ein römischer *vicus*. Ein Blick auf die *Ordnance Survey Map of Ancient Britain*, lehrt uns, daß Warwick östlich von Carlisle liegt, bzw. daß es sich um einen Vorort im Osten der Stadt handelt.

Was das «ex badone» betrifft, so haben wir bereits, als wir die Schlacht vom Mons Badonis am Dumbarton Rock lokalisierten, wahrscheinlich machen können, daß Geoffrey hier die Gegend um Glasgow meint. Überhaupt ist klar: Wenn irgend jemand zur Krönung des Artus kam, so doch ganz gewiß ein Vertreter dieser großen und bedeutenden Stadt. Noch bedeutender war damals freilich die britische Festung Dumbarton ganz in der Nähe.

Die Namen *Dorobernie* und *Salesberiensis* weisen auf die Gegend um Edinburgh, in der wir den Ambrosius- bzw. Arthurs Sitz gefunden haben und wo die Residenz Holyrood liegt. Auf den Namen Salisbury, der sich in Edinburgh bis heute erhalten hat, sind wir bereits eingegangen. Was nun *Dorobernie* betrifft, so fügt Geoffrey erklärend hinzu: «... Guintoniensis» – gemeint ist also

4. Die Krönung des König Artus

«Guintonia» alias Caer Caradoc oder «Winchester», und das ist Holyrood.

Die zwei übrigen Namen sind nicht so ohne weiteres zu deuten und bedürfen einer etwas längeren Betrachtung; immerhin scheint doch soviel klar, daß in Nr. 2, *Wigornensis/Guigornensis*, das Wort «weiß» steckt, wie etwa in «Whitley Castle», ein Name, der einen römischen Stützpunkt an der Straße, die in den Norden nach Carlisle und zum Hadrianswall führt, bezeichnet. Die Sprachwissenschaftler A. F. L. Rivet und Colin Smith haben gezeigt, wie langlebig die keltischen Ortsnamen sind und wie selten, wenn überhaupt, sie von lateinischen Namen verdrängt wurden. Whitley Castle bietet jedenfalls eine Erklärung, die eher befriedigen kann als die angestrengten Übersetzungsversuche Geoffreys.

Der Name *ridochemsis*, mit der Variante *Ridocesis*, hat Geoffrey offenbar die größten Probleme bereitet. Er gibt an, das stehe für *Oxenefordie* und beweist damit, daß er ein Sprachwissenschaftler von erstaunlichem Format ist.

Wir müssen uns in unserer Deutung an die Wurzeln halten, die in den Namen stecken, und die wichtigste davon ist das walisische *rhyd*, das «Furt» bedeutet. Dies macht uns auf die Tatsache aufmerksam, daß mit den römischen Legionen auch die Spezialisten für den Bau und die Instandhaltung von Brücken aus Britannien abzogen und daß diese Bauten in der Folgezeit verfielen. Artus und seine Truppen waren somit bei der Überquerung der zahlreichen Flüsse weitgehend auf natürliche Furten angewiesen. Jene Furt, von der in dem Ortsnamen die Rede ist, muß also dem König und seinen Leuten vertraut gewesen sein, weil sie häufig benutzt wurde.

Wir ziehen nun, um diesem *ridochemsis* auf die Spur zu kommen, arthurische Texte vom Kontinent zu Rate, in denen von Furten in Britannien berichtet wird, wir suchen nach den Namen dieser Flußübergänge und schauen uns genauer an, unter welchen Umständen und von wem sie benutzt wurden. Wir haben bereits gesehen, wie Lancelot die Sachsen an der Blutigen Furt am Clyde, ein Stück oberhalb des Dumbarton Rock gelegen, zum Kampf stellte und sie vernichtend schlug. Nun meint aber der Name *ridochemsis* schwerlich diese «Blutige Furt», denn das walisische Wort für «Blut» lautet *gwaed*. Und das würde auch gar keinen guten Sinn machen, denn einen Vertreter von der Festung Dumbarton haben wir ja bereits identifiziert.

Nun berichten die Texte aber nicht allein vom *Gué du Sang*, von der Blutigen Furt, sondern es finden sich in der französischen Artusliteratur und im deutschen *Parzival* auch ausführliche Beschreibungen anderer Flußübergänge in Britannien. Unter diesen fällt eine Furt auf, die wegen ihrer besonderen Risiken bisweilen *Le Gué Perilleux*, «Die Gefährliche Furt» genannt wird. Oft ist es Gawain, der dieses Abenteuer meistert. Der Übergang liegt in der Nähe eines militärischen Stützpunkts oder einer Festung am Zusammenfluß zweier Wasserläufe: ein reißender Fluß vereinigt sich dort mit dem Mündungstrichter eines Stroms, in dem sich die Gezeiten vom nahen Meer her bemerkbar machen. Wenn wir verschiedene Informationen über Gawains Heldentat zueinander in Beziehung setzen, so ergibt sich, daß diese Furt auf der Strecke nach «Galvoie», das ist wahrscheinlich Galloway, liegen muß. *Galvoie* läßt sich unschwer als *Galles* (= Wales) + *voie* (= Weg) übersetzen. Jene Burg, von der die Rede ist, gehörte der Mutter des Artus. Sie wurde nach dem Tod des Uther Pendragon wiederaufgebaut und sicherte die westlichen Gebiete der Rhinns of Galloway, und sie steht dort, wo der Nith in den Solway Firth, einen Mündungstrichter, in dem Ebbe und Flut herrschen, fließt. Die Ufer sind wegen des Schwemmsands sehr gefährlich. Dort, so scheint es, haben wir *ridochemsis* zu suchen.

Wenn Geoffrey in diesem Zusammenhang «Oxenefordie» sagt, so hat er nicht die Stadt Oxford im Sinn. Was auch immer seine Kritiker glauben mögen, so hätte er doch ganz genau gewußt, daß Oxford auf walisisch *Rhydychen*, auf altbritisch *Rhedecina* hieß.

Geoffreys *ridochemsis* enthält zwei Wurzeln, die beide in den indoeuropäischen Sprachen weit verbreitet sind, nämlich *rhyd* = Furt und *ac* = scharf, schwierig, auch gefährlich. Mit den keltischen Wörtern, die von *ac* abgeleitet sind, befaßt sich Joseph Loth in einem Artikel in der *Revue Celtique*. Diese Wurzel begegnet einem in dem lateinischen Adjektiv *acer*, das sich im Englischen in eine ganze Familie um das Wort *acrid* «scharf», «herb» etc. verzweigt. Dieses *ac* wird nach bekannten Lautgesetzen zu *ox* transformiert – genauso wie Geoffrey, ein Sprachwissenschaftler, ehe noch die Sprachwissenschaft als Disziplin gegründet war, vermutete! Was Geoffrey freilich nicht gewußt zu haben scheint, ist, daß diese gelehrte lateinische oder römische Namensform sich niemals gegenüber der älteren britischen durchgesetzt hat. Es war deswegen eine nutzlose Mühe, wenn Geoffrey dem Leser alte britische Namen in lateinischer Übersetzung bot. In manchen Fällen machte er es uns auf diese Weise unmöglich, die britischen Formen wieder aufzufinden.

4. Die Krönung des König Artus

Die Wissenschaftler haben immer behauptet, daß die alte britische Sprache niemals schriftlich tradiert worden sei, aber dieser Fall bei Geoffrey beweist das Gegenteil, wie Rivet und Smith (Princeton 1979) gezeigt haben.

Mit *ridochemsis* meinte Geoffrey die Burg von Artus' Mutter, die Burg, in der Artus wahrscheinlich geboren wurde. Der Mann, der aus diesem Ort kam, nahm als der offizielle Vertreter der Siedlung an den Krönungsfeierlichkeiten teil.

Die Liste jener «edlen Konsuln» hat uns vor Augen geführt, wie weit die königliche Macht des Artus zur Zeit seiner Krönung reichte. Wir müssen nun noch die übrigen Würdenträger lokalisieren. Wenn ihre Herkunftsorte in unserem geographischen Rahmen einen Sinn ergeben, so können wir dies als einen weiteren Beweis für Geoffreys Glaubwürdigkeit werten. Er kann unmöglich alle diese Namen, wenn sie sich als plausibel erweisen, einfach erfunden haben. Jene vierzig Namen von Festungen an den römischen Wallanlagen, die wir aus Inschriften auf dem sogenannten Rudge Cup und der Patera (Opferschale) von Amiens kennen, sind ja erst in jüngerer Zeit bekannt geworden, neue Funde werden derzeit untersucht. Folglich hätte Geoffrey die Namen der vier *castra*, die er aufzählt, unmöglich wissen können, wenn nicht dank einer alten Quelle, des kleinen Buchs nämlich, das er, wie er behauptete, gelesen hat.

Die Personen, die nun als nächste im Zug hinter Artus schreiten, sind die sechs Könige, die er bei seiner zweiten großen Militäraktion, dem Krieg um die Inseln, der ein Jahr dauerte, besiegt hat. Die Wissenschaftler, die sich bisher mit der Frage befaßt haben, weigern sich, wie so oft, Geoffrey Glauben zu schenken. So wollen wir denn, um auf diesem dornigen Weg dennoch ein Stück voranzukommen, Geoffreys Ausagen denen von zweien der am meisten geschätzten Übersetzer seines Werks gegenüberstellen – in der Hoffnung, daß vier Köpfe besser denken als einer. Wir führen zuerst Geoffreys lateinische Namen der besiegten Herrscher auf, in der zweiten Spalte die Version, die der walisische Übersetzer, zweifellos mit viel Mühe und Überlegung, hergestellt hat und die sich in der Ausgabe von Griscom und Jones parallel zum Text der besten lateinischen Handschriften findet, in der dritten Spalte dann die Deutung des anglo-normannischen Klerikers Wace. Dieser war ein Günstling von König Heinrich II. und hatte, so kann man wohl annehmen, Zugang zu Informationen, die nicht jedermann ohne weiteres offenstanden.

Die Insel-Könige

Bei Geoffrey von Monmouth	Beim walisischen Übersetzer	Bei Wace (dem französischen Übersetzer)	Orts-angaben	Schluß-folgerung
1. Gillamaurus (Gilla)	Gillamwri	Villamus	Hibernia	Irland
2. Maluasius	"	Malinus	Hislandie / Isslont / Alawnt	Islay
3. Doldavius	Doldaf	Doldamer	Godlandie / Goudlandie / Gudlandie / Yssgottlont	Schottland
4. Gunuasius	Gwynnwas	Gonfal	Orcadum / Orchadum / Ork	Orkney-Inseln
5. Loth	Llew mab Kynvarch	Lot	Noruegie / Nor Wegie / Llychlyn	Argyle und die Isle of Man
6. Aschillus (Ascillus)	Achel	Acil	Dacorum «Dänemark»	Denmark in Caithness

Diese vergleichende Methode schafft Klarheit in Geoffreys Text und verhilft uns zu der Erkenntnis, daß es sich bei den eroberten Territorien sämtlich um solche handelt, die in der näheren Umgebung von Westschottland und Cumbria liegen. Bei den Personennamen scheint Geoffrey einen recht erfolglosen Kampf gegen die Tücken der gälischen Sprache gefochten zu haben, und so nahm er nicht selten, wie etwa im ersten Fall, den Titel des Königs für dessen Eigennamen. So zeigt Sir John Rhys, daß die Bezeichnung, die Geoffrey als den Namen Gilla oder Gillamaurus auffaßt, bedeutet, daß jener König sich einen «Diener der Jungfrau Maria» nennt *(Gilla + muire > Gilmore)*, ja vielleicht sollte damit nicht mehr gesagt werden, als daß der König Christ sei. Wenn der walisische Übersetzer diesen Namen auch dem zweiten König gibt, so vermuten wir, daß ihn wieder der Titel irreleitete. Es handelte sich vermutlich um eine Person, die irgendeine Funktion bei der Krönungszeremonie ausübte, er könnte etwa das Schwert oder einen Teil der Rüstung getragen haben. Bei ähnlichen Zeremonien der schottischen Clans gab es solche Zelebranten, die man «An Gille Môr» nannte. Eben die Möglichkeit von derartigen Mißverständnissen auf seiten Geof-

4. Die Krönung des König Artus

freys und seiner Übersetzer bewegt uns dazu, gelegentlich kurz auf alte Bräuche und Zeremonien, die in der Gegend von Carlisle oder in Schottland üblich waren, einzugehen.

Eine weitere Schwierigkeit für die Übersetzer war die Geographie. Wace weigert sich, Geoffreys «Island» zu übernehmen, er zieht sich lieber einfach dadurch aus der Affäre, daß er die zweite Insel, die Artus eroberte, überhaupt nicht nennt. Griscom und Jones haben freilich zu Geoffreys Ehrenrettung 1929 klar gezeigt, daß er gar nicht Island gemeint hat. Er hat vielmehr ganz korrekt *Islay* bezeichnet, und ebenso korrekt, nämlich in der Form «Ynys yr ia», hätte er den Namen von Island angegeben, wenn er diese Insel im Sinn gehabt hätte. Durch seine Orthographie macht Geoffrey auch klar, daß er keineswegs Gothland für die dritte Insel hält. Das «s impurum», dem die Franzosen, um sich die Aussprache zu erleichtern, einen Vokal voranstellen: «Yssgottlont», zeigt an, daß *Schottland* gemeint ist. Dänische Siedlungen in Britannien nannte man üblicherweise «Dänemark», und genauso ungeniert bezeichnete man Argyle als «Llychlyn», die Gegend nördlich des Loch Lomond, die zu «Prydyn» gehört. Heute nennen wir diese Region Dalriada, nach den irischen Einwanderern, die sich zur Zeit des Artus dort niederließen. Wenn Geoffrey «Norwegen» sagt, so hat er ein Land mit Schafen und Schäfern im Sinn. Zu Geoffreys Zeit wurde die Isle of Man «Norwegen» genannt, weil es von einer Dynastie norwegischer Könige, die nach Artus' Tod an die Macht kam, regiert worden war. Auf dieser Insel gibt es bis heute eine Rasse von Schafen, die nur dort gezüchtet wird.

Um nun Genaueres über die elf Könige Geoffreys zu erfahren, wollen wir noch einmal die vergleichende Methode anwenden und diesmal einen alten französischen Text heranziehen, der von ganz anderem Charakter als der Geoffreys ist. Daneben stellen wir die Varianten einer späten Bearbeitung desselben Themas, nämlich Sir Thomas Malorys *Le Morte d'Arthur* (I,xii, aber auch I,iii, I,viii, V,i et passim). Die frühe französische Handschrift, *Le Roy Artus* genannt, benutzt eine andere Terminologie, und sie stellt die Könige als «trotzig-kühn» dar. Bei den fünf Königen, die zuerst genannt werden, stehen Geoffreys Quelle und die des französischen Autors einander noch ziemlich nahe. Interessant ist, daß im Verständnis des Franzosen «Galles» und «Gorre» nicht Wales und Gower bezeichnen, sondern offenbar irgendwelche anderen Orte.

Die elf Könige

Geoffreys Historia	Le Roy Artus	Le Morte d'Arthur
1. Auguselus, albanie	Aigusel von Schottland	König Anguish
2. Vrianus, murefensium	Urien von Galles oder Gore	König Uriens von Gore (Gorre)
3. Caduallo laurh, venedotorum	Tradelinan de Norgalles	König Cradelment oder Cradelmas von Nordwales
4. Stater oder Eddelin, demetorum	Belinan de Sorgalles	König von Westwales (?)
5. Cador, cornubie	Ydier de Cornuailles	König Idres von Cornwall
	Insel-Könige	
6. Gillamaurus, Hibernia	———	———
7. Maluasius, Isslont	———	———
8. Doldavius, Yssgottlont	———	———
9. Gunuuasius, Orcadum	———	———
10. Loth, Llychlyn	Loth	König Loth von Lothian und Orkney (?)
11. Aschillus, Dacorum	———	———

Etliche der einundzwanzig Edlen, die Artus' Krönung beiwohnen, begegnen uns an anderen Stellen von Geoffreys Werk wieder, einige von ihnen enden tragisch. Manche von ihnen müssen wir in den Texten kontinentaleuropäischer Herkunft suchen. Beim Feldzug auf dem Kontinent spielt einer der Könige, Angus von Schottland, eine herausragende Rolle. Er ist es auch, der gewissermaßen das Schlußwort bei den Krönungsfeierlichkeiten spricht, ja, er ist neben Hoel und Artus selbst die einzige Person, die eine längere Rede hält. Auf dem Kontinent wird er später eine Infanteriedivision befehligen, genauso wie die Könige Loth und Aschil, der Herzog Hoel (Howell) und «Sir» Gawain.

Als König Angus fällt, ist der Sturz des Artus nicht mehr fern. Der schottische König ist die wichtigste Persönlichkeit im Reich.

Sir Gawain fällt an der Seite des Königs Angus. Geoffrey sagt, Angus sei getötet worden, als Artus nach Britannien zurückkehrte und von dem Regenten Modred an der Landung gehindert wurde. Geoffrey kennt keine Figur namens Lancelot, aber Malory erzählt,

4. Die Krönung des König Artus

daß Lancelot Gawain getötet habe. Ein König von Norwegen namens Olbricht fiel bei Camlan und mit ihm die Könige Aschil von Dänemark und Cador von Cornwall. Yvain (Owein), Sohn des König Urien von Gorre, folgte Angus auf dem Thron von Schottland. Acht andere Könige starben mit Modred, den Geoffrey den «Verschwörer» nennt. Nachdem Artus von der Bühne abgetreten war, eroberte König Maelgwn Hir von Nordwales/Anglesay die sechs Inseln des Artus und vereinigte sie unter seiner Herrschaft. Wie wir sehen, gibt es hier doch noch einige Widersprüche, die aufgeklärt werden müssen. Immerhin haben wir aber mit Geoffreys Hilfe jetzt bereits alle Hauptpersonen außer Lancelot identifiziert und lokalisiert.

Es ist offensichtlich, daß Geoffrey alles, was er schrieb, zuvor genau und gründlich durchdacht hat. Er allein hat erkannt, daß die Herrschaft des Artus weitgehend vom Wohlwollen dreier anderer Könige abhing. Er stellt das Zusammengehörigkeitsgefühl zwischen diesen Herrschern und später den Bruch der Freundschaft übersteigert dar. Der erste in dieser Gruppe ist König Loth, genannt «von Lothian», das Zentrum seiner Macht scheint aber zumindest in einigen Perioden anderswo in Britannien gelegen zu haben.

Nun, da das Register der Namen komplett und die Frage der Herkunftsorte geklärt ist, haben wir auch eine Vorstellung von der räumlichen Ausdehnung der Königsherrschaft des Artus auf dem Höhepunkt ihrer Macht gewonnen. Die Krönungsfeier steht am Anfang des letzten Sommers, den Artus auf britischer Erde verbrachte. Bei dieser Feier erscheint ein römischer Gesandter, der in provozierender Form auf die römische Oberherrschaft pocht. Auf diese Herausforderung antwortet zuerst Artus, dann Hoel, schließlich in einer längeren Rede König Angus von Schottland. Damit sind die Ereignisse, die zum Ende hin führen, ins Rollen gebracht. Artus, Hoel, Cador, Loth und Anguselus begeben sich im August auf den Kontinent. Modred und Guinevere sollen gemeinsam die Regentschaft übernehmen. Ein König fehlt bezeichnenderweise: König Urien von Gorre, Todfeind des Artus, der Mann, der Marie de France ihren Stoff geliefert hat, Stoff für eine Artus-feindliche Dichtung. Wahrscheinlich hat eben diese gegen Artus gerichtete Tendenz die Dichterin bei Heinrich II. von England beliebt gemacht.

Die Rede des Artus, sei sie nun von Geoffrey so komponiert oder aber aus der Quelle übernommen, ist ein Meisterwerk der politischen Literatur, derart nach allen Regeln der rhetorischen Kunst vollendet, daß Cicero – oder wer sonst der Autor von *Ad Herennium* war, dem Handbuch der römischen Rhetorik – seine Freude

4. Die Krönung des König Artus

daran gehabt hätte. In Geoffreys Vortrag erscheint König Artus als ein mit allen Wassern gewaschener Redner, dessen Überzeugungskraft unwiderstehlich war.

Bereits in seiner Anrede erinnert Artus seine Zuhörer an die Güter, die sie in seinem Dienst gewonnen haben. «Genossen meines Reichtums und meiner Kämpfe», so beginnt der König, «Genossen im Krieg und im Rat...» Dann appelliert er an die natürliche, «gnomische» Weisheit seiner Hörer: «Der Weise sieht das Unglück voraus, so kann er es desto besser ertragen.» Und er fährt fort: «Wir werden jetzt von den Römern angegriffen, die Tribut von uns fordern.» Dann die *interrogatio*: «Warum? Etwa, weil Julius Caesar einst in Britannien eingefallen ist und das Land erobert hat?«

«Als er damals Tribut forderte», so Artus weiter, «tat er es zu Unrecht.» Und verschärft die Attacke, indem er noch einmal die Waffe der *sententio* einsetzt und seine Zuhörer die Macht volkstümlich eingängiger Weisheiten spüren läßt:

Was auf Gewalt gegründet ist, ist auf Unrecht gegründet... Ergo: Da er Unrecht tut, haben wir das Recht, ebenfalls Unrecht zu tun.... So soll denn der Bessere von beiden gewinnen! Da er von uns Tribut fordert, so fordere ich Tribut von ihm.... Warum? ... Es ist mein Recht von meinen Vorfahren her.
Meine Vorfahren sind:
1. Belinus und Brennus vom Volk der Allobroger; sie eroberten Rom und henkten römische Edle auf dem Forum;
2. Helenas Sohn Konstantin und Maximian, die beide Kaiser von Rom waren.
Und außerdem: Hat dieser Römer etwa Gallien und die Inseln verteidigt, die wir vor kurzem erobert haben?

Von den ersten Worten an bewegt sich Artus von einer die Wahrheit verwischenden Sentenz zur nächsten. Statt «sie fordern Geld von uns» sagt er im folgenden: «Sie überfallen uns». Von der Feststellung: «Er [Caesar] war im Unrecht» geht er zu dem Satz über: «Da er Unrecht tut, darf ich Unrecht tun.» Nach dieser demagogischen *expositio* appelliert er an den Stolz der Zuhörer: «Soll der Bessere von beiden gewinnen!» Und gibt mit dem Hinweis auf seine Ahnen dem Gegner den Rest, denn jetzt steht es für alle ohne Zweifel fest, daß er von Konstantin dem Großen abstammt. Einen letzten giftigen Pfeil beim Abgang: «Und außerdem...» Nun sind die besiegten Könige zum Krieg gegen die Römer entschlossen, denn Rom hat es zugelassen, daß sie von Artus, dem Mann mit der scharfen Axt und dem Kriegshammer, besiegt wurden.

In dieser Brandrede, die jedem Rhetor der klassischen Antike Ehre gemacht hätte – und Artus selbst war ja auch wirklich ein Römer –, ruft der König sowohl seine früheren Kriegsgegner, die bei der Krönung anwesend sind, wie auch seine Verbündeten und Freunde, besonders die jungen Adeligen, zu den Waffen und vereinigt sie unter seinem Oberkommando.

Hoel, der Cousin des Königs, erinnert dann in seiner Rede das Publikum an eine sibyllinische Prophezeiung, der zufolge Rom von drei Männern erobert werden wird: Belinus, Konstantin und Artus. Die sechs Insel-Könige schließen sich jetzt an: Sie besitzen keine Kavallerie, versprechen aber Truppen zu Fuß. Selbst in solchen kleinen Einzelheiten erweist sich Geoffrey wieder einmal als zuverlässig: Von Lancelot, der auf einer Insel aufwuchs, wissen wir, daß er nicht reiten konnte, als er an den Königshof kam. Tausend junge Krieger strömen zu des Königs Fahne, die einen goldenen Drachen zeigt.

Geoffrey überliefert von den Krönungsfeierlichkeiten noch etliche Details, die wir genauer daraufhin betrachten müssen, ob sich Entsprechungen in alten schottischen Zeremonien finden lassen. Wir erfahren zum Beispiel, daß Kay und der Mundschenk Bedevere die königlichen Gäste beim Mahl bedienten. Für Geoffrey sind die zwei von höherem Rang als jener Cador, der in den walisischen *Mabinogion* Artus vor der Schlacht ankleidet. Kay und Bedevere sterben im Verlauf des kontinentalen Feldzugs, aber ihre Ämter haben sich erhalten; noch heute gibt es am englischen Königshof einen Earl Marshal und einen Chief Butler. Geoffrey läßt Kay als *dapifer* (Truchseß, Seneschall) auftreten, als eine Art Herold oder Zeremonienmeister, vergleichbar vielleicht sogar dem High Sennachie von Schottland.

Ein Detail der Feier kann heute seltsam anmuten – daß die Gäste nach dem Mahl aufstehen und sich hinaus aufs Feld zu kriegerisch-sportlichen Spielen begeben. An einem Pfingstsonntag? Aber man muß sich in Erinnerung rufen, daß die besondere Heiligung des Sonntags erst in der Zeit nach dem Tod des Artus durchgesetzt wurde, und zwar von einem Mann aus königlichem Geblüt, nämlich vom heiligen Kolumban. Auch hier dürfen wir also getrost annehmen, daß Geoffrey die Wahrheit sagt.

Während vom heiligen Kolumban berichtet wird, er habe noch eine Generation nach Artus einen dalriadischen König nach altem druidischen Ritus in sein Amt eingesetzt, kann man ähnliches bei Artus' Krönung nicht feststellen. Alle Zeremonien hatten den Se-

4. Die Krönung des König Artus

gen der Kirche. Zuerst wurde Artus mit dem königlichen Ornat bekleidet, und zwar im Stehen: er demonstrierte damit, daß er in die Fußstapfen seiner Vorgänger trat. Dann legte man ihm eine weiße Robe um, weiß zum Zeichen der Unschuld und Reinheit. Wir wissen nicht, ob er einen weiß-roten Herrscherstab in der Hand hatte oder ob man das Schwert Excalibur vor ihm her trug. Als Initiand, erkennbar an dem weißen Gewand eines «Kandidaten», zog Artus in die Kirche ein, Könige, der König von Schottland, der König von Cornwall und zwei Könige von Wales, trugen die Zeichen seiner Würde, vier goldene Schwerter. König Urien war hier ausgeschlossen, auch König Loth erscheint nicht in der Gruppe. Wir erfahren nichts davon, ob siebzehn Stammesoberhäupter sich vorher um einen steinernen Tisch versammelt hatten, um Artus feierlich zu küren, und genausowenig, ob der König auf dem Bear Stone von Castle Forbes gesessen hat oder auch auf dem Stone of Scone. Geoffrey erwähnt nichts davon, daß Artus einen Eid auf einem Stein geschworen habe, etwa von der Art des schwarzen Steins von Iona zu Kolumbans Zeit.

Geoffrey erzählt nichts von einer Formel, in der das Geburtsrecht offiziell festgestellt wird, aber es scheint doch sicher, daß der Majordomus Kay Hüter der genealogischen Traditionen des Hauses war. Artus trug eine Diadem-Krone, mögen auch die mittelalterlichen Illustratoren ihn mit einer Krone darstellen, welche eine Mauer, vielleicht mit fünf Türmen (einen Turm für jede eroberte Stadt), nachbildete.

Die Königin Guinevere wurde von Erzbischöfen und anderen hohen Prälaten geleitet. Sie wurde mit Lorbeer bekränzt, was ohne Zweifel zum Ausdruck bringen sollte, daß sie nicht nur als Gemahlin, sondern auch nach eigenem Recht, nämlich als siegreiche Anführerin im Krieg, von königlichen Rang sei. Daß eine Frau ein Heer führte, war bei den Briten nicht ungewöhnlich. Die Tatsache, daß sie ohne weiteres zur Vize-Regentin ernannt wird, läßt vermuten, daß sie auch ein Stammesoberhaupt war.

Wenn sie wirklich im Norden Britanniens das Häuptlingsamt bekleidet hat, dann sind gewiß in ihrem Krönungszug auch die Vertreter ihres Clans geschritten. Geoffrey macht klar, daß sie besondere Insignien ihrer königlichen Würde trug. Leider nennt oder beschreibt er diese Zeichen nicht – die französischen Autoren tun das sehr wohl, wenn sie auch nicht wissen, was diese Dinge bedeuten. Immerhin: Lancelot wenigstens wußte es und erkannte an ihnen die Königin.

Vier Königinnen geleiten Guinevere in ihre Krönungskirche, die dem heiligen Julius geweiht ist, jede von ihnen trägt auf der Hand eine weiße Taube. Diese Vögel sind ihre Ehrenzeichen, so wie die goldenen Schwerter die Würde des Artus bedeuten.

Die französischen Schriftsteller haben die Vorstellung verbreitet, Guinevere sei ein «Sexsymbol» ihrer Zeit gewesen, die Königin der höfischen Liebe – eine Modeerscheinung, die im zwölften Jahrhundert voll im Schwange war –, oder daß sie eine irdische Verkörperung des Sternzeichens Jungfrau sei. Zum Glück hat sich Geoffrey nie von solchem Unsinn anstecken lassen. Und es wäre Geoffrey nie und nimmer eingefallen, aus jener Krönungsszene etwa zu schließen, daß Guinevere den Tauben der Venus in irgendeiner Weise verbunden gewesen wäre.

Das Werk des Geoffrey von Monmouth ist voll von britischen Königinnen, die wirklich regieren. Manche von ihnen sind uns auch aus anderen Quellen bekannt, über die meisten aber wissen wir sonst nichts. Es ist Geoffrey, dem wir die Bekanntschaft mit Cordelia verdanken und mit Gwendoloena und mit Marcia, er pries auch Helena, die er mit Matilda, der Tochter von Heinrich I., identifizierte. An keiner Stelle maßt Geoffrey sich an, die Königin Guinevere zu kritisieren oder gar zu beschimpfen. Er beschränkt sich darauf festzustellen, daß ihre zweite Ehe mit Modred ohne den kirchlichen Segen blieb.

Die vier weißen Tauben machen ganz wunderbaren Sinn, und es ist ein Glück, daß Geoffrey dieses Detail in seinem Bericht nicht ausgelassen hat. Er hat es nicht erfunden. Die Tauben erinnern an die Wiederbegegnung von Guinevere und Lancelot, als dieser mit fünfzehn Jahren von der Gralsburg an den Hof des Artus kam, um sein Gelübde, für die Königin selbst das Leben einzusetzen, zu erneuern. Die beiden wurden zusammen auf der Gralsburg erzogen. Die Turteltaube aber ist das Zeichen des Grals, und zwar schon lange vor der Zeit, da eine systematisierte Heraldik sich durchsetzte. Gawains rot-weißes Pferd trug ein Brandzeichen mit der Turteltaube. Nur besonders ausgesuchte Edelfräulein wurden auf der Gralsburg erzogen, sagt Wolfram von Eschenbach, und sie wurden später an Männer aus königlichem oder doch hochadeligem Geschlecht verheiratet.

Geoffreys Worten, so knapp sie auch sind, verdanken wir doch eine Vorstellung vom Leben des König Artus. Wir erfahren aus seinem Werk die Namen der engsten Verbündeten und Vertrauten des Herrschers wie auch den seines schlimmsten Feinds. Das Gebiet seiner Macht beginnt sich abzuzeichnen, es wird auch langsam klar, welch bedeutsames Ereignis seine Krönung war. Die Personen, die bei den Feiern zugegen waren und die dem König ihren Beistand zusicherten, lebten an Orten, die heute noch existieren. Was von ihnen berichtet wird, paßt in den Rahmen dessen, was wir sonst über die Geschichte jener frühen Zeit wissen, es paßt auch zu den Sitten der Menschen damals und zu ihren Verhaltensweisen.

Geoffrey selbst wußte offenbar nichts von jenem Ding, das der Übersetzer seines Werks, Wace, «die Tafelrunde» nannte. Er löst nicht das Rätsel um Lancelot – natürlich nicht, denn Chrétien hat die Figur, die wir unter diesem Namen kennen, noch nicht auf seine nichtsahnenden mittelalterlichen Zeitgenossen losgelassen. Geoffrey sagt kein Wort über die Entführung oder die Entführungen der Königin Guinevere, und er macht einen Bogen um das Problem der – vermeintlichen – zweiten Ehe der Königin (mit Modred). Als einziger unter den Autoren des Mittelalters hat Geoffrey sich mit verdammenden Urteilen über Modred zurückgehalten – immerhin erlaubt er sich doch, ihn einen «Verschwörer» zu nennen. Es war dies wohl eine Sache, die er nicht verstehen konnte. Bei Artus' Verwundung fühlte er tiefen Schmerz: Geoffrey glaubte fest an Merlins Prophezeiung, daß Gott dereinst, wenn die Gestirne ihren ganzen Zorn über die Menschen ausgössen, Britannien wieder einen Artus senden werde.

Mit Bedauern verlassen wir nun Geoffrey von Monmouth, der nach verschollenem Wissen suchte, dessen Blick fast immer ungetrübt war von Leidenschaft, der als ein Denker und Forscher der Welt gegenübertrat, der sich an bösartigem Klatsch nicht beteiligen, der allein der Wahrheit dienen und Mythos und Fiktion vermeiden wollte. Geoffrey von Monmouth war der einzige Schriftsteller des Mittelalters, der König Artus die Treue hielt, er war der erste, der auf diesen Herrscher zeigte und verkündete, daß Artus und kein anderer es war, der das Schwert zur Verteidigung des Landes ergriff, der Britannien den Völkern, die dort seit altersher lebten, bewahrte, daß Artus es war, der Modred erschlug.

ZWEITER TEIL
Die Entführung der Königin Guinevere

1. Die Romane

Die Faszination, die von König Artus und seiner Gemahlin Guinevere ausging, erfaßte in der Mitte des zwölften Jahrhunderts die literarisch Interessierten in ganz Nordwesteuropa; der Stoff zog die fähigsten Autoren jener Zeit in seinen Bann. In diesem Fall taten es einmal die Dichter dem Historiker nach: Geoffrey von Monmouth hatte mit seinem Geschichtswerk große Literatur geschaffen, und es war eine Sorte Literatur, die nach Fortsetzungen geradezu schrie. Es begann eine fieberhafte Jagd nach altem Material aus diesem Stoffkreis, und die Anstrengungen wurden immer intensiver, je mehr böse Zungen sich einmischten.

Die lange Passage über den König Artus in Geoffreys *Historia* provozierte hektische Betriebsamkeit. Autoren besserten an Geoffreys Text herum, paßten ihn eigenen Bedürfnissen an, suchten nach Beweismaterial, erweiterten ihn. Der erste unter ihnen war Wace, der um das Jahr 1100 von den Kanalinseln an den Hof Heinrichs II. gekommen war. Sein höfischer *Roman de Brut*, eine Geschichte der Briten, die angeblich von dem Römer Brutus abstammten, entstand um 1155. Sein Werk ist die beste unter den anglonormannischen Bearbeitungen von Geoffreys Text. Es ist auf altfranzösisch geschrieben (der Sprache der Plantagenet-Herrscher, die damals Britannien regierten) und kann durchaus als literarische Arbeit von Rang gelten.

Nach Wace trat der düstere Layamon auf den Plan, ein angelsächsischer Mönch aus Worcestershire. Dieser Autor fügte (um 1190) eigenes Material hinzu und kam so auf einen Umfang, der etwa doppelt so groß war wie der des *Roman de Brut*. Layamon zeichnete König Artus als finster-strenge Vaterfigur. Wace stammte von der Kanalinsel Jersey, die Heimat des Layamon war Westengland, und zwar die Gegend am Unterlauf des Severn. Wahrscheinlich war es dieser Mönch, der spätere Autoren aus Wales zu dem Glauben verleitete, dort sei das Herrschaftsgebiet des König Artus zu suchen;

1. Die Romane

denn auf ihn gehen irreführende geographische Angaben wie «Gloucester» und «Worcester» zurück.

Weder Wace noch Layamon, die beide durchaus fähige Übersetzer bzw. Bearbeiter waren, erwähnt etwas von einer Entführung der Königin Guinevere. Und auch bei Geoffrey findet sich keine Nachricht davon, daß die Königin geraubt, an einen fernen Ort verschleppt und dort als Geisel oder als Kriegsgefangene festgehalten worden sei. Auf einen ersten Blick hin muß diese Wissenslücke, besonders bei Geoffrey, als sehr sonderbar erscheinen. Roger Sherman Loomis, der renommierte Mythenforscher von der Universität Columbia, war ganz sicher, daß es schon vor 1136 einen Bericht über diese Entführung gegeben habe. Wenn das wahr ist, dann ist es tatsächlich schwer zu glauben, daß Geoffrey, der die Arbeit an seiner *Historia* 1136 abschloß, nie etwas davon gehört oder gelesen haben soll.

Ich denke, wir sollten ruhig die Möglichkeit, daß Geoffrey von der Entführung gewußt hat, einmal gelten lassen. Wenn er dennoch nichts davon erwähnt, so hat dies aber seinen Grund vielleicht in Geoffreys Charakter, darin, daß ihm als Mann wie auch als Schriftsteller diese Angelegenheit zuwider war. Im Gegensatz zu dem misogynen Layamon bewunderte der Magister in Oxford jene kühnen Herrscherinnen, die in Britannien einst regiert hatten.

Bekanntlich war es Geoffrey, dem Shakespeare die Figur der kämpferischen Königin «Cordeilla» verdankte, der Tochter von König Lear (Leir). Diese Cordelia richtete die Herrschaft ihres Vaters wieder auf. Nach seinem Tod wurde sie seine Nachfolgerin und regierte fünf Jahre in Frieden. Und Geoffrey führte seinen Lesern noch eine andere bis dahin unbekannte Königin vor, nämlich Marcia von Britannien, die nach dem Tod ihres Mannes die Herrschaft übernahm und ein Gesetzeswerk, die *Lex Marciana*, verfaßte, das so gut war, daß König Alfred persönlich eine Übersetzung davon anfertigte.

Natürlich erwies Geoffrey auch der am meisten verehrten und gerühmten unter den antiken Herrscherinnen, der Königin Helena, auch Augusta und Venerabilissima genannt, seine Reverenz. Sie gewann unsterblichen Ruhm, als sie in Jerusalem das Wahre Kreuz Christi fand und über dem Grab des Herrn die erste prächtige Grabeskirche errichten ließ. Diese Kirche wurde dann im zwölften Jahrhundert auf Kosten des französischen Königshauses umgestaltet und in Anwesenheit des Herrschers eingeweiht. Man kann das auch als Indiz für die wachsende Popularität des König Artus deuten, denn er war ja angeblich ein Nachkomme der heiligen Helena.

Auch die *Mabinogion*, jene Erzählungen, die dem walisischen Volk heilig sind, verherrlichen im dreizehnten Jahrhundert die Herrscherin. Die junge Prinzessin, die später Königin und Mutter Konstantins des Großen (von dem König Artus abstammt) werden sollte, wuchs in Britannien bei ihrem Vater Coel, dem «Alten König Cole», auf. Dieser wollte sie zu seiner Nachfolgerin machen, aber sie heiratete und zog mit ihrem Mann in den Nahen Osten. Wenn Konstantinopel vor ihrem Tod erbaut wurde, könnte sie mit der «Kaiserin von Konstantinopel» identisch sein, die in den Perceval-Romanen erwähnt wird. Und der Name *Helena* erscheint auch häufig in den verschiedenen Bearbeitungen des Lancelot-Stoffs: die Mutter und die Frau des Helden heißen beide Helena (Elen oder Elaine, je nachdem, in welcher Sprache die Autoren schreiben).

Und noch eine britische Königin tritt in Geoffreys Werk auf, die er, so scheint es, aus dem Dunkel der Geschichte heraufgeholt hat: Guendoloena, Enkelin des Brutus, die fünfzehn Jahre lang allein regierte und dann die Herrschaft ihrem Sohn übergab.

Wenn ein großer Historiker wie Geoffrey ein solches Interesse an Frauengestalten auf dem Thron zeigt und über diese Königinnen, die sonst ganz unbekannt sind, derart genau Bescheid weiß, ist dann der Gedanke, er könnte die traurige Geschichte von der Entführung der Königin Guinevere einfach unterdrückt haben, wirklich so abwegig? Er teilt in knapper Form mit, daß die Königin während Artus' Abwesenheit die Regentschaft übernehmen sollte, und zwar gemeinsam mit Modred. Er sagt nicht, aus welchem Grund Modred zum Mitregenten bestimmt wird. Dessen älterer Bruder Gawain begleitete natürlich Artus auf den Kontinent, ebenso der Vater der beiden, König Loth. Geoffrey erwähnt weiter, Guinevere habe Modred geheiratet, sie seien aber nicht von einem Priester getraut worden. Wenn das alles wahr ist, so ist die Königin daran schuld, daß es zur letzten und fürchterlichen Schlacht bei Camlan zwischen Artus und Modred kam. Nachdem Artus schwer verwundet wurde, so Geoffrey, zog sich die Königin in ein Kloster zurück, wo sie später starb. Das Ende der Schlacht wartete sie in «Caerleon» ab, in der «Stadt der Legion», die, wie wir jetzt wissen, mit Carlisle identisch ist. Vorher hielt sie sich in der Stadt auf, die Geoffrey «York» nennt, die wir aber als Edinburgh bzw. als das Schloß Holyrood erkannt haben.

Hat Geoffrey sich dafür entschieden, Schweigen zu bewahren? Fand er, daß die ganze Sache nicht zu alledem paßte, was er sonst über britische Königinnen wußte? Oder spürte er, daß diese Geschichte, so wie sie sich darstellte, ein Geheimnis barg? Genau dies, so scheint es, war der Fall.

Wace war eine derart skrupulöse Rücksichtnahme auf die Ehre britischer Herrscherinnen alter Zeit fremd. Er arbeitete für König Heinrich II. von England, der König Artus fürchtete, und so griff er denn kühn in Geoffreys Text ein und ergänzte ihn. «Guinevere war unfruchtbar, ganz ohne Zweifel», fügte er boshaft hinzu. Layamon machte in seiner Bearbeitung dunkle Andeutungen, König Artus habe seine Gemahlin mit eigener Hand getötet. Und er verflucht ihren Namen und ihr Andenken. Guinevere scheint bei den mittelalterlichen Autoren ähnlich starke Gefühle des Hasses provoziert zu haben wie später bei den Dichtern der viktorianischen Epoche.

Vielleicht sollte man die Autoren nach ihrem Herzen beurteilen, danach, was sie aufnehmen und was sie weglassen. Geoffrey von Monmouth war so großmütig, daß er die Geschichte der Guinevere in der Schwebe des Zweifels ließ – oder vielleicht hat er selbst auch gar nie an der Integrität der Königin gezweifelt. Aber Geoffreys Stunde hat geschlagen, über seinem Haupt sammeln sich, dunklen Wolken gleich, Verdächtigungen, er könne die Herkunft seiner Informationen nicht nachweisen. Nach ihm kommen nun die Scharen französischsprachiger Autoren zum Zuge, die mit Lust über Guinevere herfallen – allerdings sind ihre Vorwürfe auf Behauptungen gegründet, denen jede Wahrscheinlichkeit abgeht. Je wilder ihre Attacken wurden, desto mehr Zauber, Geheimnis, verführerische Macht dichteten sie der Königin an. Und schließlich verschwand so die *wirkliche* Königin Guinevere fast ganz aus ihren Romanen.

Die ersten französischen Artus-Romane tauchten um das Jahr 1150 herum auf, nur vierzehn Jahre nach Geoffreys *Historia*, was einiges über die Popularität dieses Geschichtswerks aussagt.

Die Bezeichnung «Roman» für diese Verserzählungen von «romantischer» Liebe bedeutet ursprünglich nur, daß es sich um Werke handelt, die in der *lingua romana*, der romanischen Vulgärsprache, geschrieben sind. Die französischen Dichter verspürten keine Gewissensnöte, die sie zu besonders zarter Rücksichtnahme im Umgang mit einer britischen Königin, die schon lange tot war, gezwungen hätten. Vielmehr betrachteten sie diese Frau mit den Augen ihrer eigenen Zeit und unterstellten ihr die laxeren Moralbegriffe der «höfischen» Epoche. Sie beurteilten sie danach, ob sie imstande war, auf das Niveau der höfischen Lebensart hinabzusteigen und das «Spiel der Liebe», so wie sie selber es verstanden, richtig, nämlich nach den Regeln der «Courtoisie», so zu spielen, daß der betörte «Ritter» in seinem Liebeswahn weder zu wirklicher Raserei getrieben noch tödlich beleidigt wurde. Zeitgleich mit erzählender Literatur dieser Art entstand die lyrische Kunst der Troubadoure, der Minnesänger, eine Mode, die über Jahrhunderte hinweg im Schwange blieb und die, wie man vermutet, eng verbunden ist mit anderen Phänomenen der Epoche: dem Aufschwung der Marienverehrung – gefördert vom Geld vornehmer Damen, welche der Jungfrau zu ihrer die gotischen Kathedralen beherrschenden Stellung verhalfen –, der höfisch-galanten und zugleich ehebrecherischen Liebe – ob sie denn wirklich so galant war, steht dahin –, dem Rittertum mit all seinen Implikationen. Dies alles gedeiht am Beginn des Hochmittelalters zu einer prächtigen Blüte.

Was Geoffrey betrifft, so hatte er den Blick über die Jahrhunderte hinweg auf die verschollene Zeit der arthurischen Epoche gerichtet, hatte dort nach Wissen geforscht, hatte das eine oder andere unsichere Bruchstück bei Gildas gefunden oder in der Kompilation des Nennius, den genealogischen Aufzeichnungen (Ms. Harley), walisischen Quellen und in Schriften römischer Herkunft, die ihm eben greifbar waren. Aus Prinzip verzichtete er darauf, sich über Dinge zu äußern, die ihm unverständlich geblieben waren. Und er sagte auch nichts über Ereignisse, deren Hergang er nicht in Erfahrung hatte bringen können, sondern zeichnete nur auf, was ihm nach gründlicher Prüfung berichtenswert erschien.

Ganz anders verfuhren die Verfasser der Romane. Sie eigneten sich ungeniert Geoffreys altes Material an, modernisierten und aktualisierten es und schufen so unglaubhaft komplizierte Gebilde voller Spannungen und Widersprüche zwischen der Gesellschaft und Figuren des alten Britannien einerseits und einer idealisierten und ganz irrealen Ritterwelt andererseits, einer Welt höfischer Galanterie, aber auch stupid schwerterrasselnder Kriegshelden und sexbesessener Männer und Frauen. Und in dieser anachronistischen Welt, die sich jene Autoren zusammengedichtet hatten, geschieht nun die Entführung (oder geschehen die Entführungen) der Königin Guinevere.

Die französischen Autoren verwendeten ihre eigenen, besonderen Begriffe. Krieg wird als «Versammlung» von Rittern dargestellt, der Zweikampf um Leben und Tod heißt «Tjost» oder sogar «Runde Tafel». Wenn man ins Feld zieht, so sagt man: «sie greifen zum Blatt und nicht zur Blüte» – ein Ausdruck, der zweifellos von der nordischen Sitte herkommt, daß die Anführer in der Schlacht Zwei-

1. Die Romane

ge tragen, damit sie im Getümmel für jedermann kenntlich sind. Die Königin Guinevere wird in den französischen Texten mit Adjektiven wie «freundlich» und «höfisch» abgefertigt. Recht, Politik, Sitten, kurz: die blutige, harte Wirklichkeit der arthurischen Zeit, spielen keine Rolle, und schlimmer noch: die Autoren haben gar keine Ahnung davon.

Zu allem Übel werden in den Romanen Eigennamen und Begriffe nach freiem Belieben der Autoren entstellt und altfranzösischen Klangvorstellungen und Sprachgewohnheiten angepaßt. *Arturus* wird *Artus* oder *Artur*, *Gawain* wird *Gauvain*. Und plötzlich, wie in voller Rüstung dem Haupt des Zeus entsprungen, steht da einer, der *Lancelot* heißt.

Die Lektüre der anglo-normannischen und der kontinentaleuropäischen altfranzösischen Romane erfordert vom Leser Vertrautheit mit der jeweiligen Mentalität, Ausdrucksweise und Muttersprache jedes einzelnen Autors, die dauernde Rückbesinnung auf Zeit und Epoche der Handlung, geographische Studien, ferner müssen die Texte immer wieder ins Lateinische und in die verschiedenen keltischen Sprachen zurückübersetzt werden, damit klar wird, von wem oder wovon eigentlich die Rede ist, und es muß ein ständiger Dialog mit dem Text geführt werden – und genau dies ist der Beruf und die Domäne des Literaturwissenschaftlers. Nur so können vielleicht die wahren oder wenigstens wahrscheinlichen Fakten, die den einzelnen Geschehnissen zugrunde liegen, zutage gefördert und einer seriösen Prüfung und Beurteilung zugänglich gemacht werden.

Glücklicherweise gibt es zwei Kriterien, die helfen können, die Königin Guinevere, wie sie in den altfranzösischen Romanen gezeichnet wird, richtig einzuordnen. Zuallererst müssen wir das traditionelle Bild einer ganz gewöhnlichen Frau, deren Funktion am Hof des König Artus im wesentlichen darin besteht, den Helden den Becher zu reichen oder die Kleiderkammer zu verwalten, auslöschen. Man hat diese Vorstellungen am Beispiel zweier Zeitgenossinnen der Guinevere, nämlich Wealtheows, der Gemahlin des Königs Hrothgar im *Beowulf*, und Kriemhilds aus dem *Nibelungenlied* gebildet. Da König Artus ein Zeitgenosse sowohl Beowulfs wie auch des ostgotischen Königs Theoderich (der in dem deutschen Epos Dietrich heißt) war, ist der Vergleich zwischen den verschiedenen Frauengestalten an sich durchaus erlaubt.

Bei ihrer Krönung trug Guinevere Zweige, was eher an einen Plantagenet-Herrscher denken läßt. Geoffrey gab aber damit zu verstehen, daß sie eine Kriegerkönigin war, wie man sie von alters her in Britannien kannte. Sie ähnelte also eher Brünhilde: eine Frau, die bereit und willens war, Truppen in den Kampf zu führen. Geoffrey macht auch klar, daß sie wirklich und in aller Form gekrönt wurde.

Die französischen Autoren stimmen in einem Punkt mit Geoffrey überein, darin nämlich, daß die Königin überaus hohes Ansehen genoß, ja, daß sie ihren Zeitgenossen als heilig galt, weil ihr Haupt und Gesicht mit Chrisam gesalbt war und weil sie gültig gekrönt worden war. Dieses erste Kriterium stellt sie in eine Reihe mit so kühnen britischen Kriegerköniginnen wie Cartismandua (um 55 n. Chr.) und Boudicca vom Volk der Iceni (um 61 n. Chr.). Die Königin Guinevere ähnelt auch anderen berühmten Fürstinnen, etwa Shakespeares Imogen, der Tochter des Königs Caratacus (Arviragus), von dem vielleicht die Burg des Aurelius Ambrosius in Edinburgh ihren Namen hatte. Dieser Caratacus war ein außergewöhnlich mutiger Mann und wurde im kaiserlichen Rom sehr bewundert.

Aber die Taten der Königin Boudicca übertreffen doch alles andere. Sie war gewissermaßen eine erste und eigentliche *Queen Victoria*, denn so lautet übersetzt ihr Name – das Wort «boudi» bedeutet «siegreich» –, der auf ihren militärischen Triumph über Rom verweist. Ihren Namen verkündet mit Respekt der römische Historiker Tacitus, der von ihrem Sieg im Krieg mit Rom berichtet: wie sie auf ihrem Kampfwagen durch die Reihen ihrer Krieger fuhr, wie sie ihre geschändeten Töchter dem britischen Heer vorführte, so daß alle mit eigenen Augen ansehen konnten, wie es jenen ergangen war, wie sie vor den Kriegern ihren Leib entblößte, um die Striemen von römischen Peitschenhieben zu zeigen. An diesem Tag, so verkündete sie mit Stolz, würden die Britinnen sterben oder siegen – die Männer könnten tun, wie es ihnen beliebte (Tacitus, *Annales*, XIV, 32–35).

Königin Boudicca endete durch Selbstmord, ein Abgang und letzter Ausweg, der in jener Zeit als höchst ehrenvoll galt, wie Saxo Grammaticus in seiner *Dänischen Geschichte* bezeugt. Wenn einem Kämpfer oder einer Kämpferin extrem große Schande drohte, und eine solche Schande wäre es etwa gewesen, als Kriegsgefangener einen scheußlichen Tod zu sterben, so durfte er oder sie dem Leben selbst ein Ende machen. Auf solche Weise entkam denn die Königin Boudicca dem Schicksal, nackt und in Ketten durch die Straßen Roms geschleppt zu werden.

Abb. 1: Winlogee und Mardoc. Relief über dem Nordportal des Doms von Modena mit einer Szene aus dem Stoffkreis um König Artus. Frühes 12. Jahrhundert. Nach R. S. Loomis/L. H. Loomis: *Arthurian Legends in Medieval Art.* New York 1938.

Vielleicht hatte der römische Dichter Martial diese Königin im Sinn oder auch die blonden Locken der reizenden Imogen, Gladys Claudia genannt, als er die Provinz Britannien rühmte. Die Berge, Flüsse, die Heiligtümer und die schönen Frauen dieser Inseln seien unvergleichlich. Alle aber sind einhellig der Meinung, daß die Königin Guinevere die Schönste und Edelste unter den Schönen gewesen sei. Wie verlief ihr Leben?

Einige Wissenschaftler haben in jüngerer Zeit einer Reliefdarstellung über dem Nordportal des Doms von Modena große Bedeutung beigemessen. Man sieht dort eine Szene aus dem Stoffkreis um König Artus. In einer Ecke ist eine Frau abgebildet, deren Name mit «Winlogee» angegeben wird, die hilflos flehend auf den Knien liegt. Man hat spekuliert, daß diese Figur, die um 1120 geschaffen wurde, die entführte Guinevere darstellen könnte. Keineswegs – bei der Frau, die da in Erwartung eines schrecklichen Geschicks zittert und bebt, handelt es sich vielmehr um eine Figur, die aus kornischen Geschichten bekannt ist, nämlich um eine gewisse Guinloie. Kein einziger Text bezeugt, daß Guinevere gezittert und gefleht habe. Sie ging unter, das ist wahr, aber mit ungebrochenem Stolz und schweigend.

Wenn der Dichter Martial in seiner Liste auch die großen Verbindungswege in Wales erwähnt hätte, so wäre daran zu erkennen gewesen, welch hohe Achtung britische Herrscherinnen genossen: diese Straßen hießen «Fford Elen» oder «Sarn Helen», zu Ehren der

Mutter Konstantins, die den Kaiser Maximus im walisischen Segontium (heute Carnarvon) kennenlernte. Der Vorfahre von König Artus ließ die Straßen zu Ehren seiner britischen Braut bauen. Und sie war nicht die einzige Königin, der man in alter Zeit auf solche Weise Reverenz erwies, auch Orte wurden nach Frauen benannt, so nach Brigantia vom Volk der Briganten aus York, nach Cambria Formosa von Wales, der Tochter des Belinus (um 373 v. Chr.), nach Königin Mebd von Connaught, Königin Skatha von Skye, Königin Macha von Irland, Königin Taillte von Teltown in Irland, schließlich nach Etin, Fola und Banba, den drei irischen Königinnen.

In diesem Zusammenhang muß auch die spätere Königin der Angeln in Bamborough genannt werden, von der berichtet wird, sie habe nicht lange nach Artus' Tod die Ruinen der Stadt Carlisle besichtigt. Königin Ethelfleda, die kriegerische Tochter von König Alfred, baute Chester, die andere «Stadt der Legion», wieder auf und eroberte das nahe Derby. Aber sie verbot ihren Leuten, sie mit «Königin» oder «Herrin» anzusprechen – sie wollte «König» oder «kaiserlicher Herr» genannt werden. Aus dem gleichen Holz wie alle diese stolzen Herrscherinnen war die Königin Guinevere geschnitzt.

Ein zweites Kriterium für die Beurteilung der geheimnisvollen Geschichte der Königin Guinevere gewinnen wir aus der vergleichenden Betrachtung anderer Frauen von königlichem Rang in jenen «Zeiten des Unheils». (Für den heiligen Caesarius von Arles, einen Zeitgenossen, war die arthurische Epoche so sehr von Katastrophen und Unheil geprägt, daß er als einer der ersten überhaupt dem Thema der Höllenfahrt ein Buch widmete. Er formulierte darin die in der katholischen Kirche bis heute gültige Lehre von der Hölle.) Es besteht in der Tatsache, daß die Erinnerung an die Krönung und an die Hochzeit von Artus und Guinevere all die Jahrhunderte danach überdauert hat.

König Ataulf und seine Braut Galla Placidia, deren Namen die Geschichte ebenfalls bewahrt hat, waren zur selben Zeit weit berühmter, und sie heirateten in der großen und alten römischen Stadt Narbonne in Südfrankreich. Diese Stadt war später in mittelalterlicher Zeit ein Zentrum der epischen Dichtkunst. Aber was erfahren wir über die Hochzeit jener beiden? Immerhin dies, daß Ataulf seiner Braut einen ganzen Korb voll kostbarer Edelsteine, die er bei der Plünderung Roms erbeutet hatte, mitbrachte. Von ihr dagegen wissen wir fast gar nichts – nur ihr Grabmal und andere Bauten in Ravenna und Rom erinnern an sie.

1. Die Romane

Das Andenken an Königin Guinevere bewahren dagegen die keltischen Barden. Oder, um genau zu sein: Sie berichten von nicht weniger als drei Gemahlinnen des Artus (so kompliziert ist dieser Fall), die alle Guinevere heißen! Weiter hatten diese Barden normalerweise die Stammbäume der zwanzig alten Familien von Wales im Gedächtnis, fünf davon waren von königlichem Adel. Die verbündeten Fürsten des Nordens, die Artus zum *dux bellorum* wählten, waren die Vertreter dieser Stämme. Mit seiner Heirat verband sich Theoderich der Große eng mit den Franken, den Westgoten, den Vandalen und den Burgundern. Königin Guinevere brachte die Tafelrunde als Mitgift in die Ehe. Was immer diese Tafelrunde gewesen sein mag, es steht jedenfalls fest, daß es etwas war, das *zu ihrem Grundbesitz gehörte*. Weder Artus noch Lancelot besaßen, so scheint es, eigenes Land. Der Königin aber gehörten zwei riesige Gebiete in Britannien.

Auf dem europäischen Festland konnten entführte Königinnen sich fremder Gewalt entziehen, wenn es ihnen gelang, sich in den sicheren Schutz der Kirche zu flüchten. Schon damals besaßen berühmte Männer der Kirche wie etwa der heilige Remigius von Reims oder der heilige Germanus von Auxerre große weltliche Macht in der Christenheit. Germanus rettete den jungen Mann, der später als heiliger Patrick in die Geschichte eingehen sollte, aus der Gefangenschaft und schickte ihn zur Erziehung nach Rom. Im Asyl der Kirche konnten auch Radegunde von Thüringen und die Frau des Chlodwig, Königin Chlothilde von Gallien (bald danach Frankreich), die entführt und zur Ehe gezwungen worden waren, ungefährdet leben. Henri Pourrat erzählt in *Saints de France* mit bewegenden Worten vom traurigen Schicksal dieser Frauen.

Andere große Frauengestalten aus dieser Zeit, zum Beispiel die heilige Geneviève aus Paris und die heilige Brigitte von Irland, fürchteten die Ehe so sehr, daß sie verzweifelte Anstrengungen unternahmen, in der Kirche Asyl zu finden, was ihnen schließlich gelang.

Die frühen keltischen Heiligen in Britannien taten alles, was ihnen nur möglich war, um junge Frauen zu beschützen: es kam häufig vor, daß die Ehemänner ihre Frauen töteten, sobald diese schwanger wurden – die Gründe für dieses Verhalten bleiben rätselhaft. Noch im fünfzehnten Jahrhundert kam es oft vor, daß ein Ehemann seine schwangere Frau auf den Rücken eines Pferdes band und in den Tod jagte. Im Mittelpunkt einer anderen traurigen Geschichte steht die Tochter von König Loth, ein Mädchen, das (in einer der Versionen) Thameta heißt. Sie wurde entführt und gebar, wenn der Bericht die Wahrheit sagt, den heiligen Kentigern, den Schutzpatron von Schottland. Die einzelnen Varianten sind sich uneinig darüber, auf welche Weise man nach der Geburt die junge Mutter ums Leben brachte.

Wir sehen aus alledem: Entführungen kamen zur Zeit der Königin Guinevere häufig vor, aber die Verschleppung *einer gekrönten Königin von Britannien* ist doch ein einzigartiger Fall.

Je länger wir über die Sache nachdenken und je mehr Indizien wir sammeln, desto interessanter wird diese Entführung einer britischen Königin der Völkerwanderungszeit. Der Widerhall dieser wahnsinnigen und brutalen Tat muß durch die Jahrhunderte hindurch vernehmbar gewesen sein.

Die Grausamkeiten sind gut dokumentiert. Die Biographien der Heiligen berichten von schrecklichen Leiden, die Frauen von ihren Ehemännern erdulden mußten, von Folter und Mord an jungen adeligen Damen ist die Rede. Auch einige Werke der Romanliteratur, die gern in blutigen Exzessen schwelgen, bestätigen solche Darstellungen. Einer dieser Romane ist der von einem anonymen Verfasser stammende *Perlesvaus* aus Glastonbury. Eine Übersetzung ins Englische von Sebastian Evans ist unter dem Titel *The High History of the Holy Grail* erschienen.

In diesem Buch ergeht sich der Autor in einer überlangen Schilderung eines Falles von Eifersucht: Ein rasender Ehemann zieht seine junge Frau nackt aus, schleppt sie in den Wald zu einem See, wo er sie mit Ruten und Zweigen, die er von den Bäumen abreißt, schlägt. Das Wasser färbt sich rot von ihrem Blut. Gawain versucht, das Mädchen zu befreien, aber er kann den tobenden Ehemann nicht aufhalten; dieser fingiert einen Angriff auf Gawain und tötet dabei die Frau. Gawain möchte ihr ein christliches Begräbnis zuteil werden lassen, aber ihr Mann wirft die Leiche den wilden Tieren des Waldes vor. Der Autor, ein Mönch des Klosters Glastonbury, berichtet uns auch davon, wie junge Mädchen, obwohl sie adelig sind, von ihrem Lehrer regelrecht ausgepeitscht werden. Und er beschreibt die Szene, wie Königin Guinevere auf ihrem Thron sitzt und man ihr das Haupt ihres geliebten Sohns Lohot in den Schoß wirft.

Die Romane sprechen so häufig von den Söhnen der Guinevere, daß es Zeit wird, endlich einmal Layamons Behauptung, die Königin sei unfruchtbar gewesen, deutlich zu widersprechen. Kunde von

1. Die Romane

Artus' Sohn Llacheu geben schon die Geschichte «Der Traum von Rhonaby» in den *Mabinogion* und die walisischen *Triaden*. In dem französischen Versroman *Erec und Enide* von Chrétien de Troyes (V. 1732) wird ein Sohn namens Lohous erwähnt. Im *Perlesvaus* und im *Alliterative Morte Arthure* wird er von Kay getötet, ebendies berichtet auch der deutsche *Lanzelet*. In einer anderen Geschichte aus den *Mabinogion*, nämlich in der von «Gereint, dem Sohn Erbins», heißt der Sohn des Artus Amhor – man vermutet, daß er zu Ehren seines Großonkels Aurelius Ambrosius so genannt wurde. Sharon Turner spricht in *History of the Anglo-Saxons* noch von einem dritten Sohn, gibt aber keine Quelle an. Lady Charlotte Guest widmet in den Anmerkungen zu ihrer bahnbrechenden Übersetzung der *Mabinogion* dieser Frage einige Aufmerksamkeit.

Der Verfasser des *Perlesvaus* ist ein durchaus begabter Schriftsteller, hat aber leider einen krankhaften Hang zu blutrünstigen Szenen. Dieser Neigung folgend, teilt er nun mit, daß die Schwester des Helden von ihrem Ehemann geköpft werden sollte, sobald die Ehe vollzogen war.

In der von Gewalttaten geprägten Welt dieses Autors gibt es vier herausragende, heldische Frauenfiguren, deren Ehre und Mut absolut unangreifbar sind: 1. Königin Guinevere, 2. die Prinzessin Jandree von der Gralsburg (das ist dieselbe Person wie in der p-keltischen Tradition, nur heißt sie dort Cundrie), 3. die namenlose Chatellaine von der Burg der Bärte, die verstümmelte Krieger gefangenhält, und 4. die (Halb-?)Schwester des König Artus, die Hohe Witwe von Camelot, Herrin über fünfzehn Burgen und Mutter von Perceval (Perlesvaus).

Die Königin Guinevere wird immer vertrauter, wie sie da vor den vier Königinnen, die sie begleiten, schreitet oder wie sie die Berichte von den Abenteuern der arthurischen Helden sammelt, um sie den Archiven einzuverleiben. All die Zeit bis hin zu Malory am Ende des Mittelalters bleiben auch die anderen Königinnen ständig in irgendeiner Weise präsent. Da gibt es, sagt Malory, eine Königin Morgan vom Land Gorre. Es gibt eine Königin von Nordwales, Gwynedd. Es gibt die Königin, die Artus' Mutter ist, und diese tritt in Gesellschaft ihrer Töchter, ebenfalls Königinnen, auf. Weiter gibt es vier oder fünf Königinnen, die den schwer verwundeten König Artus zur Gralsburg begleiten. Nach keltischer Sitte dürfen es nicht irgendwelche fremde Frauen sein, es sind vielmehr nahe Blutsverwandte, die bei ihm sind, als er seine Reise nach Westen, in den Tod, antritt.

Klar in der geheimnisvollen Geschichte der Königin Guinevere ist jedenfalls dies, daß sie aus königlichem Geschlecht stammte, denn eine anerkannte Regel im alten Britannien besagte, daß niemand von königlichem Blut einen andern Menschen zu königlicher Würde emporheben könne, wenn nicht jener andere diesen königlichen Adel von Geburt besäße.

Jene *Triade*, welche verkündet, daß es drei Gemahlinnen des König Artus namens Guinevere gebe, hat viel Spekulation und einigen Spott ausgelöst. Die erste Gwenhwyvar, sagt die *Triade*, war eine Tochter des Gwythyr ap Greidol, der Vater der zweiten hieß Gwyrd Gwent, der Vater der dritten Gogyvran Gawr. Mit diesen drei Vätern sind drei Möglichkeiten gegeben, wo wir die Territorien der Guinevere vermuten können.

Es scheint denkbar, daß diese kryptische *Triade* von drei räumlich voneinander getrennten Gebieten in Britannien spricht, wo andere Autoren drei in der Zeit getrennte Phasen im Leben der Guinevere beschreiben, Abschnitte, die durch Geburt, Ehe und Tod gekennzeichnet sind. Vielleicht gab es einst drei Gedichte über die Königin in diesen Lebensabschnitten. Im *Prosa-Lancelot* finden sich ein oder zwei Details aus ihrer Kindheit, die Waliser Caradoc und Layamon berichten Ereignisse aus der Zeit ihrer Ehe, und der deutsche *Lanzelet* liefert einigermaßen deutliche Fingerzeige auf die Art ihres Todes. Die drei Gebiete in Britannien, auf welche jene *Triade* uns verweist, sind «Cornwall», «Gwent» in Wales und das unbekannte «Gorre».

Wenn wir nun zuerst «Cornwall» näher betrachten, so drängt sich der Verdacht auf, daß wir es hier wieder einmal mit einer falschen Übersetzung zu tun haben. Die lateinischen Ortsnamen Damnonia, Domnonia und Dumnonia auf römischen Landkarten bezeichneten drei verschiedene Gebiete unter römischer Herrschaft: Es gibt ein «Cornwall» in Schottland, eines in Südengland und eines in der Bretagne.

Die Gründe dafür, daß wir als Geburtsort der Königin Guinevere am ehesten «Cornwall» in Schottland vermuten dürfen, sind diese:

1. Guinevere heiratete in «York», das sowohl bei Geoffrey von Monmouth wie auch in den walisischen *Mabinogion* («Peredur») regelmäßig für das wohl richtige Holyrood in Edinburgh steht.
2. «Cornwall» galt als einer der «drei Throne» des alten Britannien, es muß sich also um eine wirkliche Königsburg, eine königliche

Residenz handeln, wie es Holyrood ist oder das nahe Stirling oder auch Linlithgow.
3. Layamon zufolge brachte Guinevere als Teil ihrer Mitgift «die Tafelrunde» in die Ehe mit Artus, sie lag also wahrscheinlich auf dem Herrschaftsgebiet des Königs. Das spricht für die schottischen Lowlands, denn diese gehörten zu Artus' Königreich Strathclyde.
4. Die Königin Guinevere scheint Ausländerin gewesen zu sein oder doch aus einem fremden Volk zu stammen, dem der Pikten etwa. Darauf weist nicht allein ihr unaussprechlicher Name hin, auch Benehmen, Geschmack und Sitten wirken fremdartig.
5. Guinevere war eine auffallend kriegerische Frau, ja, sie führte tatsächlich das Kommando über Kampftruppen; dieser Charakterzug ließe sich sehr gut damit erklären, daß sie Oberhaupt eines der Stämme des Nordens war.

Der zweite Ort, von dem die *Triade* spricht, ist Gwent, anscheinend – jedenfalls nach Auskunft der Karten von Wales aus dem neunten Jahrhundert – die Gegend an den Flüssen Usk und Severn im Landesinnern. Viele Autoren sind der Ansicht, dort habe die Krönung des Königs und die Entführung der Guinevere stattgefunden, dort lebte Layamon, als er schrieb, die Königin sei unfruchtbar gewesen. Vieles von dem Material, das Layomon und Caradoc in ihren Büchern verwenden, auch etliches von den Stoffen der *Mabinogion*, stammt aus diesem Raum oder seiner Umgebung.

Was nun drittens das rätselhafte Land Gorre angeht – das auch weiterhin rätselhaft bleibt –, so suggerieren die Quellen uns den Gedanken an ein weit entferntes Territorium, vielleicht eines, das einst den Vorfahren der Guinevere gehört hat, das aber in jüngerer Zeit von Artus' Todfeind erobert worden war. Der König nahm es ihm wieder ab. Später verwahrte er dort seinen Schatz und verlegte dorthin den Sitz des Grals. Ebenfalls dort ließ die Königin eine Grabstätte für sich und ihren Gemahl erbauen. Hier ähnelt ihr Verhalten dem ihrer Zeitgenossin, der römischen Prinzessin Galla Placidia. Die Volksüberlieferung heute behauptet, Guinevere liege in Angus, nördlich der schottischen Lowlands, begraben. Es ist möglich, daß man später ihre sterblichen Überreste aus Gründen der Sicherheit in den Norden gebracht hat. Lancelot ließ die Toten seiner Familie öfters von einem Ort zum andern überführen. Man kann aus der Tatsache, daß die Gebeine toter Herrscher immer wieder an neue Orte gebracht wurden, ersehen, wie unsicher die Verhältnisse damals waren. Und wir können daraus schließen, daß König Artus hin und wieder dem Feind hinhaltende Gefechte lieferte, bisweilen auch den Druck verstärkte, um sich weiter und weiter in den Norden Britanniens zurückzuziehen.

Die Szene auf der Gralsburg, als König Artus zu seiner Gemahlin kam, die tot in ihrem Sarg lag, in «Gorre» neben dem Haupt ihres Sohns Lohot zur letzten Ruhe gebettet, ist uns sehr realistisch geschildert worden. König Artus sprach ein Gebet und schenkte den Priestern die Gewänder der Königin, ihren Schmuck und ihre ganze irdische Habe. Davon, daß der Vater der Guinevere oder andere Verwandte an den Trauerfeierlichkeiten teilgenommen hätten, wird nichts erwähnt.

Trotzdem, und weil die Königin Guinevere in den genealogischen Aufzeichnungen aus Cornwall in England oder in denen aus Gwent in Wales nicht vorkommt, müssen wir doch feststellen, daß die Angaben über den dritten Vater am ehesten ernst zu nehmen sind. Er ist der große, schwarze Riese oder der dritte böse Rabe, das Rabenungeheuer aus dem fremden Land Gorre. (Und ebendieses Gorre hat Malory auch zur Heimat der bösen Königin Morgan gemacht, der Frau von Artus' Feind, des Königs Urien von Gorre.)

Voller Haß verhöhnen alte Verse die Königin Guinevere:

Gwenhwyvar, Tochter des Riesen Gogyvran,
klein war sie böse, größer geworden, noch schlimmer.

Sowohl Robert Graves wie auch Sir John Rhys hatten geglaubt, der Name *Guinevere* – in der walisischen Form, wie sie in dem Zitat oben erscheint – zeige an, daß seine Trägerin kein normales menschliches Wesen sei, sondern eine heidnische Gottheit, die «Weiße Göttin». Die sonderbare Namensform, die Geoffrey überliefert, muß – Roger Sherman Loomis, der das Gegenteil behauptet, zum Trotz – als die älteste Version gelten. Geoffrey hatte keine Ahnung, wie der Name korrekt zu buchstabieren war, aber «Guanhumara» oder ähnlich muß die ursprüngliche Form gelautet haben. Geoffrey probierte alle möglichen Varianten aus, traf auf lateinisch aber nie ganz exakt das Richtige. Schon daraus ist klar ersichtlich, daß der Name eben nicht lateinisch war, daß die landessprachliche Form älter war als die lateinische.

Wenn Guinevere, wie es nun der Fall zu sein scheint, irgendwo in piktischem Siedlungsgebiet geboren ist, in einer Gegend, die auf lateinisch «Cornwall» hieß, dann muß ihr Name mündlich überliefert worden sein. Es gab bei den Pikten keinerlei schriftliche Aufzeichnungen – daher wohl Geoffreys Schwierigkeiten mit der Orthographie des Namens.

Die exzessive Grausamkeit der Königin weist auf ihre Herkunft aus archaisch primitiven und barbarischen Verhältnissen hin. Wenn sie auch eine Zeitlang eine christliche Erziehung genossen hat, so wurde dadurch ihrem Wesen nur wenig von seiner Härte genommen. Ihre Entschlossenheit, ihre Fähigkeit, immer das Heft in der Hand zu behalten, ihre Unerschrockenheit sprechen für die Annahme, daß sie eine starke und kühne Führerin ihres Stammes war und weite Gebiete als ihr Territorium allein und ohne fremde Einmischung regierte.

Königin Guineveres Hobby war das Sammeln menschlicher Schädel, die einst ihren Todfeinden gehört hatten. Sie ließ die Köpfe einbalsamieren und trug sie bisweilen umher und betrachtete sie. Der *Prosa-Lancelot*, ein durchaus seriöser Text, hat diese Information für wert befunden, auf die Nachwelt zu kommen – die freilich diesem Detail wenig Aufmerksamkeit geschenkt hat.

Wenn man den Namen der Königin ins Walisische überträgt, so nimmt er die Bedeutung «Weiße Göttin» oder ähnlich an. Das ist freilich nichts Neues. Schon die französischen Autoren des Mittelalters waren durchaus in der Lage, derartige bedeutungsvolle Etymologien herzustellen: *Gvan* (weiß) + *Weüre* (*vipera* > *guivre* = Schlange, Drache). Aber wenn sie sich die Königin Guinevere als Drachenkönigin mit goldenem Haupt und goldener Krone dachten, so war das keine harmlose Vorstellung. Und wenn sie ihrem erlesenen Publikum eine Königin Britanniens präsentierten, welche, gekleidet wie die französische *Wouvre Blanche*, die Wälder Galliens unsicher machte, so hatten sie immer auch im Sinn, daß es sich dabei zugleich um jenen bösen Drachen handelte, dem der Erzengel Michael, Streiter der katholischen Kirche, das Haupt abgeschlagen hatte. (Man sollte auch nicht vergessen, daß die Jungfrau von Orleans *puella Gallica* genannt wurde, «das Mädchen aus den Wäldern im Osten Galliens» also, und daß dieser Name sie das Leben kostete.) Indem also die Autoren jenes Sammelwerks, das *Prosa-Lancelot* genannt wird, die Figur der Guinevere in ein Netz solcher mythischer Entsprechungen und Identifikationen einspannen, schufen sie ganz neue, nun wirklich empörende Geschichten, in deren Mittelpunkt eine «zweite», eine böse Guinevere steht.

Bevor wir uns mit den Berichten der Romane von der Entführung der britischen Königin Guinevere befassen, müssen wir noch etwas näher auf jene Identifikation mit mythischen Figuren oder gespensterartigen weißen Gottheiten eingehen. Zu viele Wissenschaftler haben diesen Unsinn ernst genommen und jeden Versuch, ein realistisches Bild von einer historischen Guinevere zu zeichnen, abgelehnt. So nimmt zum Beispiel Jessie L. Weston – deren bahnbrechende Leistungen im übrigen hier nicht geleugnet werden sollen – in ihrem *Lancelot* an, daß die Entführung der Guinevere keine Grundlage in der historischen Wirklichkeit habe und ein bloßer Mythos sei. Für diese Wissenschaftlerin war die Entführungsgeschichte eine Doublette des griechischen Proserpina-Mythos, der Geschichte von der Verschleppung Proserpinas durch Pluto (J. L. Weston, *Lancelot*, London 1901, S. 118, s. auch Anm. 2.). Roger Sherman Loomis stimmte ihr 1927 zu.

Spätere Forscher, die sich mit den irischen Feenmärchen befaßten, haben nicht versäumt, die Entführungsgeschichte für die blasse Kopie einer sehr hübschen irischen Märchenerzählung auszugeben, die den Titel «Die Werbung um Etain» trägt (in *Ancient Irish Tales*). Der erste Ehemann von Etain, der Gott Mider – seine römische Entsprechung ist Pluto, Gott der Unterwelt –, erhebt Anspruch auf seine Braut und nimmt sie ihrem zweiten, wirklichen und irdischen Ehemann weg. Es ist das bekannte Motiv vom dämonischen Liebhaber, ein Motiv, das sich überall in der Weltliteratur findet, so etwa in den Geschichten um Don Juan.

Wenn wir aber nun die morphologische Struktur dieser alten Entführungsmythen näher betrachten, so stellen wir fest, daß die Geschichte der Guinevere sich wesentlich von ihnen unterscheidet. Weston und Loomis waren ein wenig voreilig, als sie kurzerhand Artus in die Unterwelt beförderten. Die Entführung der Guinevere muß als historisches Ereignis betrachtet werden, sie hat mit dem Mythos nichts zu tun.

Es gibt mindestens fünf gute Gründe, warum der Fall der Guinevere nicht in das Muster paßt, das den antiken und den irischen und überhaupt allen mythischen Erzählungen dieser Art zugrunde liegt:

1. Königin Guinevere wird nicht aus dem Haus, in dem sie ihre Kindheit verbracht hat, entführt.
2. Sie wird nicht ihrer Mutter entrissen (die Mutter der Guinevere wird überhaupt nirgends erwähnt).
3. Sie ist kein junges Mädchen.
4. Sie wird nicht – jedenfalls in den meisten Versionen der Geschichte – von ihrem Ehemann befreit.

1. Die Romane

5. Sie wird nicht in die düstere Unterwelt verschleppt, sondern in eine Burg, wo ihr Befreier sie öfters besucht, und zwar bei hellem Tageslicht.

Die folgende Übersicht zeigt noch deutlicher die Unterschiede zwischen der Guinevere-Geschichte und den verschiedenen Erzählungen mythischen Charakters.

Klassische Entführungsmythen

Heimat	Mutter	Heldin	Entführer	Befreier
Griechenland	Leda	Helena von Troja	Paris	Menelaos/ Ehemann
Phönizien	Telephassa	Europa	Zeus	Kadmos/ Bruder
Thrakien	———	Eurydike	Hades	Zeus
Sizilien	Demeter	Persephone	Hades	Helios
		Kore	———	Jupiter
Rom	Ceres	Proserpina	Pluto	Dionysos/ Ehemann
Kreta	Pasiphae	Ariadne	Theseus	———
Kreta	Pasiphae	Phaedra	Theseus	———

Man muß nur einen flüchtigen Blick in M. Terentius Varros *Res rusticae* werfen, wo die römischen religiösen Vorschriften und Bräuche beschrieben sind, um zu bemerken, weshalb Guineveres Mutter in der Geschichte nicht vorkommt. Es gibt keine Mutter der Guinevere und keine besondere Beziehung zur Erde oder gar zur Mutter- und Erdgottheit Ceres. Noch weniger könnte Guinevere in irgendeinem religiösen Kult eine Rolle gespielt haben, der mit der Entstehung der griechischen oder römischen Zivilisation zu tun hatte.

Die Königin Britanniens war ein Kind ohne Mutter, ihre Erziehung war mit Bedacht einer fremden Person, *nutritor* genannt, übertragen worden, vielleicht der «Dame vom See». Nur einmal, im *Prosa-Lancelot*, erfahren wir etwas von ihrer Kindheit, ein kurioses Detail, ansonsten bleibt die Jugendgeschichte dieser großen Herrscherin im Dunkeln. Es wird mitgeteilt, Guinevere habe, genauso wie Lancelot, gewußt, wie man ungefährdet zur Gralsburg gelangte: Es gab eine ganz bestimmte Stelle an der Küste, von der aus man über die tückischen Wasser des Meeres sicher und schnell in den

Hafen gelangte. Dieses interessante Detail paßt recht gut zu der Annahme, daß jene verborgene Festung in gefährlichen und stürmischen Gewässern lag. Da der Zugang dank der natürlichen Gegebenheiten so gut gesichert war, bot sie ideale Bedingungen, um als Aufenthaltsort für Kinder so vornehmer Herkunft, wie Lancelot und Guinevere es waren, zu dienen.

Nur in einem der Berichte, nämlich in dem des Caradoc, wird behauptet, daß ihr Ehemann die Königin befreit habe, und diese Erzählung ist lügenhaft und/oder mythologisch.

Es sind nicht mehr als vier Werke, die Kunde von der Entführung oder von Entführungen der Königin Guinevere geben: *Vita Gildae, Lancelot ou le chevalier de la charette, Lanzelet* und der *Prosa-Lancelot*. Das erste dieser Bücher ist eine Lebensbeschreibung des heiligen Gildas, beim zweiten handelt es sich um den berühmten altfranzösischen Roman vom *Karrenritter,* und die beiden letzten sind bedeutende Lancelot-Romane.

Die *Vita Gildae,* wahrscheinlich schon um 1130 verfaßt, ist ein lateinisches Werk über das Leben des heiligen Gildas und stammt von einem gewissen Caradoc von Llancarfan. Geoffrey kannte diesen Mann; er nahm an, dieser arbeite an einer Fortsetzung der *Geschichte der Könige Britanniens*. Hier irrte Geoffrey – tatsächlich schrieb Caradoc nur die Biographie des Gildas. Der Text scheint in der Abtei Glastonbury entstanden zu sein, und zwar zu dem Zweck, diese Klostergründung, die auch fremde Pilger anziehen sollte, bekannt zu machen. Wir haben damit bereits zwei Gründe angedeutet, die Zweifel an der Glaubwürdigkeit des Berichts wecken. Caradoc zeichnet die Entführung der Guinevere in lebhaften Bildern, aber doch nur im Vorbeigehen, sein eigentliches Interesse liegt anderswo. Was er über die Königin tatsächlich sagt, ist unwahr, ja verleumderisch. Das Bild von König Artus, das seine Darstellung impliziert, ist noch übler.

Lancelot oder der Karrenritter entstand um das Jahr 1177, sein Autor ist der wohl berühmteste unter den Verfassern altfranzösischer Romane des Mittelalters. Er hieß Chrétien de Troyes – möglicherweise deutet dieser Name «Christian» an, daß der Dichter ein getaufter Jude war, er selber gibt sich aber den Titel «li Gois» (= vermutlich *gentilis,* «Edelmann»). Man vermutet, er habe in der Champagne gearbeitet und sei ein Schützling der Eleonore von Aquitanien gewesen. Wenn das wahr ist, dann bekam er sein Geld dafür, daß er König Artus zum Gespött machte.

Was er erzählt, wirkt halb ernst, halb fabulös, es ist, als ob er bisweilen der Märchendichterei überdrüssig geworden wäre oder als ob er hin und wieder Urlaub von seiner Welt, wie sie eben war, genommen hätte. Da er aber der am meisten bewunderte französische Autor seiner Zeit war, muß man ihn doch als ebenbürtigen Konkurrenten Geoffreys von Monmouth zulassen. Bemerkenswert in seinem ansonsten recht wirren Bericht ist die geradezu gespenstische Sicherheit, mit der er das Gelände, landschaftliche Besonderheiten und Orte beschreibt. Wie es möglich war, daß er die Orte der Handlung so genau kannte, ist genau der Kern des Problems. Leider gehörte Chrétien zu den Autoren, die sich, auf besonderen Wunsch ihrer hochadeligen Gönner hin, in erster Linie für den Handlungsverlauf interessieren und für die prächtige Ausstattung und das Prestige ihrer hochadeligen Helden. Er teilt dem Leser niemals mit, woher er weiß, was er weiß.

Glücklicherweise gibt es nun noch einen weit umfangreicheren und besser ausgearbeiteten Bericht über die Ereignisse der Entführung, einen Bericht, den sein Autor mit einem größeren Aufwand an Zeit und Gelehrsamkeit verfaßt hat und in dem Handlungsverlauf, Resultat und Nebenumstände mit noch mehr Gewissenhaftigkeit geschildert werden. Die Rede ist vom deutschen Lancelot-Roman, dem *Lanzelet*, verfaßt oder eher: *übersetzt* (der altfranzösische Originaltext ist nicht erhalten) um das Jahr 1194 von Ulrich von Zatzikhoven. Da dieser Text erstklassiges Material enthält, und zwar sehr detailliert, kann er nicht allein die Informationen, die Chrétien bietet, ergänzen und vermehren, sondern auch unser Wissen vertiefen. Der Autor offenbart zwar keine besondere Vertrautheit mit dem Gelände, aber er hat es, anders als viele Autoren, unterlassen, alte Ortsnamen zu kaschieren oder zu verändern.

Der vierte Bericht stammt aus dem enzyklopädischen Kompendium altfranzösischer Romanliteratur, dem *Prosa-Lancelot*. Das Sammelwerk ist zwischen 1220 und 1230 entstanden und markiert den Übergang vom Vers zur Prosa in der altfranzösischen Dichtung. Dieses Buch ist eine der größten Leistungen des französischen Mittelalters. Viele Autoren scheinen an der Arbeit beteiligt gewesen zu sein, was aus zahlreichen Qualitätsschwankungen und Brüchen im Text ersichtlich wird.

Der erste Abschnitt des Buchs, die «Kindheit des Lancelot», erzählt sehr schön von der Erziehung des Prinzen. Man fragt sich, ob nicht dieses Kapitel vielleicht von der Königin Guinevere selbst verfaßt worden sein könnte oder von der Dame vom See; in diesem

Fall müßte dem französischen Text eine Originalfassung auf altbritisch zugrunde liegen. Die Theorie und Praxis der Jugenderziehung, die in dem Buch sichtbar werden, beschämen auch die fortschrittlichsten Pädagogen unserer Tage.

Weitere Informationen über Lancelot und Guinevere entnehmen wir den Werken der Marie de France und einiger anonymer Autoren, so etwa dem *Didot-Perceval* und dem *Perlesvaus*, zwei Romanen, in deren Mittelpunkt Leben und Abenteuer von Artus' Neffen Perceval stehen.

Die Entführung der Königin Guinevere ist in der Forschung bereits eingehend behandelt worden, und zwar von einem bedeutenden Artus-Experten. Kenneth G. T. Webster arbeitete bis zu seinem Tod an einem Buch mit dem Titel *Guinevere: A Study of Her Abductions*. Er konnte das Werk nicht zu Ende bringen, seine Arbeit wurde von Roger Sherman Loomis fortgeführt, der auch das Vorwort schrieb. (Auf viele der mittelalterlichen Texte, die Loomis und Webster untersucht haben, gehen wir hier nicht näher ein, da sie sich nicht mit der Königin Guinevere, sondern mit anderen Heldinnen, etwa Guendoloena, Guinloie und Guimer, befassen.)

Geoffrey von Monmouth scheint gewußt zu haben, daß Guinevere keine «höfische» Dame, sondern eine der streitbaren Krieger-Königinnen des alten Britannien war. Die Geheimnisse, die sie umgeben, im besonderen das Geheimnis ihrer Herrschaft über riesige Ländereien und das ihrer «Heirat» mit Modred, sind nach all den Jahrhunderten, die seither vergangen sind, noch immer nicht enträtselt. Und die ganze mysteriöse Geschichte verlangt erst recht nach einer Erklärung, wenn man sie in ihrem Zusammenhang mit der gleichfalls rätselhaften Figur des Lancelot betrachtet.

Könnte man nicht behaupten, daß Königin Guinevere Brünhilde ähnele und daß deren treuer Gefährte Gunther Züge des Lancelot aufweise? Sicher ist, daß die Figur der Brünhilde nicht aus Island stammt; möglicherweise handelt es sich vielmehr um eine britische Heldin der Völkerwanderungszeit. Und liegt nicht der Gedanke nahe, daß die sieghafte Kriegerin Guinevere, die sich triumphal mit Lorbeer und Palmzweigen schmückt, etwas mit jener Boudicca zu tun haben könnte, die in den Selbstmord getrieben wurde? War sie rötlich blond wie Boudicca und groß und kräftig gebaut, ihr Teint ähnlich frisch und rosig?

Die mächtige Frau, das Haupt ihres Sohns im Schoß, oder wie sie in ihrem Sarg liegt, sein Haupt an ihrer Seite oder in ihren Armen –

diese Bilder rühren das Herz an. Dies war die Königin, welcher der unvergleichliche Lancelot seinen Dienst und seine Verehrung widmete. Der Tod der tapferen Königin bedeutete einen großen Verlust. Als Artus in den Krieg zog, überließ er sie seinen und ihren Feinden. Vielleicht starb die Königin einen ähnlichen Tod wie ihr Gemahl und wie die meisten Helden.

Wenn wir nun die Lektüre zweier altfranzösischer (und einiger anderer) Texte beginnen, so werden wir mit der vielleicht wichtigsten Entdeckung konfrontiert werden, die in all den Jahren angestrengten Studiums der arthurischen Texte gemacht wurde: Die ursprünglichen altbritannischen Eigennamen sind übersetzt worden. Es ist deswegen eine vergebliche Mühe, jenen neuen arthurischen Helden, den, so scheint es, Chrétien de Troyes, in die Literatur eingeführt hat, bei Geoffrey von Monmouth zu suchen; denn bei dem Wort bzw. dem Namen *Lancelot* handelt es sich um eine Übersetzung. Dieser Held war nicht der Liebhaber der Königin Guinevere, sondern ihr treuer Gefolgsmann und ihr Racheengel.

2. Die Version der Geschichte aus Glastonbury

Die Leser des zwölften Jahrhunderts müssen entsetzt gewesen sein, als sie von der Entführung und der Vergewaltigung der Königin Guinevere in Glastonbury erfuhren. Die Geschichte ist die:

Der heilige Gildas suchte einmal, nachdem ihn auf seiner einsamen Insel Seeräuber von den Orkneys überfallen hatten, Zuflucht in Glastonbury. Betrübt scharte er seine Diener um sich, nahm seine Habe und machte sich auf die Reise. Dort im «Sommerland» [«in aestiva regione»] herrschte ein König namens Meluas. Glastonbury heißt heute Glastonia, id est «Urbs vitrea», das bedeutet «Glasstadt».

Das Kloster wurde von dem Tyrannen Arthur und einer unermeßlich großen Kriegerschar belagert, weil «seine Frau Guinevere» von dem oben genannten bösen König vergewaltigt und verschleppt worden war. Man hatte sie an diesen sicheren Ort gebracht, weil er wegen seiner Befestigungen, auch durch den Fluß und den Sumpf geschützt, nahezu uneinnehmbar war, und hielt sie dort fest.

Nun erfuhr der König [Artus], der seine Gemahlin schon ein Jahr lang gesucht hatte, daß man sie dort gefangen hielt. Er rückte mit seinem ganzen Heer an, das aus sämtlichen waffenfähigen Männern von Devon und Cornwall bestand. Eine Schlacht zwischen den Todfeinden stand bevor.

Der Abt von Glastonbury, der diese Entwicklung der Dinge beobachtet hatte, ging zusammen mit Gildas dem Weisen durch die feindlichen Linien

156   *Zweiter Teil: Die Entführung der Königin Guinevere*

zu König Meluas und riet ihm, die Gefangene freiwillig herauszugeben. Und so tat man denn, was man schon vorher hätte tun sollen, und lieferte sie aus in Frieden und Freundlichkeit. Nachher trafen die zwei Könige im Gotteshaus, das der heiligen Maria geweiht ist, zusammen und schworen dort, dem Abt von Glastonbury gehorsam zu sein.

In der folgenden Zeit suchte man oft Rat beim heiligen Gildas, und zwar an einem Ort am Flußufer nahe bei Glastonbury, wo der Heilige die Kirche der heiligen Maria von Glastonbury erbaut hatte.

Glastonbury wird auch «Inisgutrim» genannt – aus «Inis», was soviel wie «Insel» bedeutet, und dem Wort «gutrim», das «Glas» heißt. Nach der Vertreibung der Briten und der Besiedelung durch die Angeln bürgerte sich der Name «Glastingberi» und davon abgeleitet die Form «Glastiberia» ein, und das bedeutet «Glas-Siedlung».

Dieser Bericht aus dem zwölften Jahrhundert ist in zwei alten Handschriften überliefert, und beide strotzen vor Fehlern und Irrtümern. Der heilige Gildas lebte *nicht* in Glastonbury in Somerset, sondern in Dumbarton am Clyde, in Irland und in der Bretagne. Dort in Frankreich starb er, nachdem er die Abtei Rhuis gegründet hatte. *Somerset* bedeutet nicht «Sommerland», sondern «Land der Kymrer» oder «Waliser». Und selbst «Urbs vitrea» bedeutet nicht «Glasstadt», sondern verweist wahrscheinlich eher auf eine Stadt, in der Textilfarben aus Indigo hergestellt wurden.

Was von der Verschleppung der Gemahlin des Artus berichtet wird, ist fast schon lächerlich. Artus ist nie mit einem Heer in Südengland einmarschiert, und ebensowenig sind im sechsten Jahrhundert westsächsische Völkerschaften bis dorthin vorgedrungen. Nirgendwo sonst wird Artus ein «Tyrann» genannt. Ganz gewiß war Artus kein Mann, der ein ganzes Jahr lang gezögert hätte, ein solches Verbrechen an seiner Gemahlin zu bestrafen, oder der milde lächelnd das Verhalten der Mönche von Glastonbury als Lausbubenstreich abgetan und verziehen hätte. Und überhaupt: Das Kloster Glastonbury wurde erst zweihundert Jahre nach dem Tod des Königs gegründet! Gildas behauptet nirgends, Artus hätte Krieger aus Devon und Cornwall befehligt, er sagt bloß, daß in dem Jahrzehnt nach dem Niedergang von Artus' Reich ein König namens Konstantin Herrscher in «Domnonia», in Devon und Cornwall also, gewesen sei.

Das Detail, daß der ungenannte Abt und der heilige Gildas zwischen den Schlachtreihen durchspaziert seien, wurde wahrscheinlich aus einem Bericht über die britannischen Taten eines anderen Heiligen, nämlich des heiligen Germanus von Auxerre, übernommen. Die Phantasie- oder «Volks»-Etymologien machen das ganze

2. Die Version der Geschichte aus Glastonbury

Machwerk vollends unglaubwürdig. Was soll man mit einem solchen Text anfangen?

Man versteht heute, weshalb nur zwei Abschriften dieses Texts – Burney 310 und Regis 13 – angefertigt und aufbewahrt wurden. In der letzteren (auch «Royal Manuscript» genannt) findet sich die lateinische Randbemerkung: «Auctore ut fertur Caradoco Lancarvanensi», also: «Der Autor, so sagt man, sei Caradoc von Llancarvan.» Damit wird dieser Text gewissermaßen als ein Findelkind vor Geoffreys Haustür niedergelegt und der Anschein erweckt, der große Historiker übernehme die Verantwortung dafür; der Text möchte gerne vom Ruhm Geoffreys und von der Autorität seiner geheimnisumwitterten Quelle profitieren. Und der Bericht beanspruchte Autorität. Je weniger Abschriften es gab und je sorgfältiger sie gehütet wurden, desto besser. Und am besten wäre es gewesen, den Text überhaupt niemandem zugänglich zu machen und einfach zu behaupten, er sei über jeden Zweifel erhaben. Kein Mensch hat je ein Wort von alledem ernst genommen. Der Text ist eine Fälschung durch und durch und lächerlich dazu.

Er wurde ganz gewiß nicht von Caradoc verfaßt, oder jedenfalls nicht, solange dieser Autor zurechnungsfähig und bei Sinnen war. Ganz am Ende seiner *Historia* sagt Geoffrey, Caradoc von Llancarvan werde seine Geschichte der Briten fortsetzen. Nach allem, was wir wissen, ist das nicht geschehen. Möglicherweise war Caradoc zu der Zeit, als der Bericht von der Entführung nach Glastonbury entstand, bereits tot, und sein Name wurde ganz einfach hinzugefügt, um dem Machwerk einen Schein von Glaubwürdigkeit zu verleihen.

Geoffrey hat von einer Entführung der Königin Guinevere nichts erwähnt, und zwar aus verschiedenen Gründen, die bereits genannt wurden: weil er die großen weiblichen Herrschergestalten bewunderte, weil er spürte, daß hier ein Geheimnis verborgen lag, weil allerlei ganz schreckliche Verleumdungen umgingen, vor allem aber deswegen, weil Geoffrey sofort jenen Unrat witterte, dessen Geruch auch uns nach so vielen Jahrhunderten noch in die Nase steigt. Schließlich war Geoffrey ein ausgebildeter Wissenschaftler, der den akademischen Titel eines Magister erworben hatte, und zwar, so müssen wir annehmen, an der Universität von Paris, da die einzige Universität im Westen, die sonst noch in Frage kommen könnte, die von Oxford, erst nach der Fertigstellung der *Historia* gegründet wurde. Geoffrey und Caradoc scheinen aber beide Augustiner-Chorherrn, Ordensbrüder also, gewesen zu sein.

In der ganzen arthurischen Forschung bis heute ist nie jemand jenem schwindlerischen Machwerk, das offenbar im zwölften Jahrhundert in der Benediktinerabtei Glastonbury entstanden ist, wirklich auf den Leim gegangen. Man ist sich darüber einig, daß die Absicht der Schrift einfach die ist, Artus und Glastonbury zusammenzubringen. Ob die Geschichte die Wahrheit sagte oder nicht, wer wußte das schon, und wen interessierte das? Die Pilger jedenfalls nicht, die sich heute wie damals in Massen einfinden, um dem König Artus in Glastonbury Reverenz zu erweisen.

In der Benediktinerabtei Glastonbury veranstaltete man später einen noch größeren Schwindel: Im zwölften Jahrhundert «fand» man nämlich dort tief in der Erde das Grab von König Artus und Königin Guinevere. Man führte drei völlig inkompetente Leute hin, welche die Echtheit bezeugten. Und man schickte eine Botschaft in das nahe Malmesbury, ebenfalls eine benediktinische Gründung, und lud den größten Historiker des zwölften Jahrhunderts zur Besichtigung ein. Man forderte ihn auf, seine *Historia* so zu ändern, daß sie den «neuen Entdeckungen» gerecht wurde. Dieser Historiker war William von Malmesbury.

Um uns in diesem Dickicht von falschen Aussagen und manipulierten Augenzeugenberichten zurechtzufinden, müssen wir nun zum heiligen Gildas zurückkehren. Schließlich taucht ja die Entführungsgeschichte zum erstenmal in der älteren *Vita Gildae* auf, in jener Lebensbeschreibung, welche die Mönche von Glastonbury wahrscheinlich mit Bedacht unter Verschluß bei sich behielten. Glücklicherweise aber gibt es noch eine zweite und ausführlichere Version. Diese zweite *Vita* stammt aus ebendem Kloster in der Bretagne, das der heilige Gildas selbst gegründet hat. Ihr Zeugnis kann schwerlich angezweifelt werden.

Diese glaubwürdige Biographie des heiligen Gildas, die sogenannte *Alia Vita Gildae*, die *Andere Lebensbeschreibung*, erwähnt den König Artus nicht und ebensowenig das Kloster Glastonbury und die Königin Guinevere. Sie berichtet vom Leben des Gildas, er sei in oder bei Glasgow am Clyde geboren und vom heiligen Illtud (der, wie wir wissen, ein Cousin des König Artus war und unter seinem Kommando gekämpft hat) erzogen worden. Wir wissen, daß Gildas um das Jahr 500 geboren wurde – als sein Geburtsdatum gab er das Datum der Schlacht am Berg Badon an, der ihm, wie wir nach seinen Worten annehmen müssen, vertraut war. Seine berühmte *Epistel*, in der er die fünf britischen Könige an den Pranger stellt, schrieb er um das Jahr 540. König Artus starb 542. Gildas ging 565

2. Die Version der Geschichte aus Glastonbury

nach Irland und starb im Jahr 570 in dem Kloster Rhuis unweit der Stadt Vannes in der Bretagne, das er selbst gegründet hatte. Seine Leiche ließ man, wie es damals Sitte war, ins Meer hinaus treiben – offenbar wurden zu jener Zeit die sterblichen Überreste großer Männer nicht begraben. Die Gebeine des Heiligen wurden später wiederaufgefunden und auf verschiedene Kultstätten verteilt. Diese Knochen wurden sehr kostbare Reliquien.

Der walisische Historiker Lloyd äußert sich verächtlich über die ältere *Vita Gildae*, die, so stellt er fest, im Kloster Glastonbury entstanden und der lebhaften Einbildungskraft der Mönche dort zu verdanken ist. König Artus war niemals auch nur in der Nähe des Klosters, jedenfalls nicht im Rahmen irgendeiner militärischen Aktion. Es ist natürlich nicht völlig auszuschließen – aber das ist nicht mehr als ein bloße Möglichkeit –, daß er einmal eine Wallfahrt zu den Heiligtümern dort unternommen haben könnte – vorausgesetzt freilich, daß es solche Heiligtümer zu jener Zeit in Glastonbury gab und daß man den Ort schon damals «Jerusalem» nannte.

Der heilige Gildas war zweifellos zu seiner Zeit und lange danach ein hochberühmter Mann. Er ist der einzige bedeutende Historiker Britanniens in arthurischer Zeit und unter den Autoren der einzige, der möglicherweise aus eigener Erfahrung berichtet. Und er ist ein großer Schriftsteller; sein Zeugnis verdient somit, sorgfältig studiert zu werden. Man nannte ihn «den Schotten» (Albanicus, Albanius), «den Mann aus Dumbarton» (Badonicus), «den Waliser» (Cambrius), «den Iren» (Hibernicus, Hibernius), «den traurigen Historiker» (Historicus), «den Weisen» (Sapiens). Seine Sentenzen sind bis heute berühmt: «Aber das Schlimmste wird erst die Zukunft bringen...» «Wenn das Schiff untergeht, laß schwimmen, was da schwimmen kann!» «Der Weise erkennt die Wahrheit, wo immer sie auch aufschimmern mag.» «Die Pikten und die Schotten», so bemerkt er einmal mit Sarkasmus, «kommen heraus an die Frühlingssonne wie die Würmer aus ihren Löchern.» So spricht der Heilige über Artus' Feinde! Zwar erwähnt er Artus selbst nirgends, aber er ist ein großer Verehrer des Onkels von Artus, des Ambrosius Aurelianus, jenes Mannes also, den Geoffrey von Monmouth Aurelius Ambrosius nennt.

Dem heiligen Gildas wurde ein großes Wunderzeichen zuteil. Nachdem die heilige Helena, die Mutter Konstantins des Großen, jene Felsenhöhle gefunden hatte, in die man Christi Leichnam gelegt hatte, suchte sich auch Gildas eine solche Höhle, um dort seine letzten Jahre in Buße und im Gebet zu verbringen. Mit eigener Hand grub er sich in mühseliger Arbeit ein Loch in einen Felsen und schuf sich so eine Klause. Da schenkte ihm der Herr durch ein Wunder Fenster aus Glas und eine Quelle zu seiner Bequemlichkeit.

Gildas ist weit davon entfernt, Praktiken des frühen britannischen Christentums, wie sie aus Glastonbury berichtet werden, mit Nachsicht zu beurteilen, er verdammt sie vielmehr: «Die Briten stellen sich gegen die ganze übrige Welt und haben eine Abneigung gegen die römischen Bräuche, nicht allein was die Messe betrifft, sondern sogar bei der Tonsur; sie suchen Schutz im Schatten des Judentums.» Für die Briten bedeutete die Tonsur, daß man lediglich den vorderen Teil des Kopfs kahlschor, die Haare hinten ließ man lang. Die Bemerkung des Gildas über die drei Religionen – Heidentum, Christentum und Judentum – erinnert uns an den Symbolismus der Perceval-Texte und an die drei Kästchen im *Kaufmann von Venedig:* Gold, Blei und Silber.

Obwohl die Geschichte von Glastonbury einigermaßen gut bekannt ist, findet sich doch nirgends ein Hinweis darauf, daß die Königin Guinevere dorthin entführt worden wäre. Was wir beim Studium der Geschichte dieser Abtei erfahren, ist, daß es eine schnell anwachsende Tradition gibt, welche die Heiligkeit des Orts betont, und zwar mit dem Ziel, Pilger in das sonst wenig attraktive Landstädtchen, das abseits der großen Verkehrswege in den Sümpfen verborgen liegt, zu locken. Die Landstraße, die von der Küste nach Glastonbury führt, verläuft in unzähligen Windungen und scharfen Kurven, weswegen die Reise überaus zeitraubend ist, obwohl die Entfernung in der Luftlinie kaum mehr als 80 Kilometer beträgt. Die Straße überquert zahllose Entwässerungsgräben. In der Entfernung zeigt sich eine sonderbare Erhebung in der Landschaft, der Glastonbury Tor. Auf der Spitze dieses Sporns finden sich die Ruinen einer mittelalterlichen Kapelle. Kühe grasen hier – die oberen Ausläufer der kleinen Stadt heißen auch so, nämlich Bove Town, «Kuhstadt» also, und außerdem: «Berg Avalon». In der Ebene zu Füßen des Hügels liegen die Ruinen der alten Abtei von Glastonbury, die einst der größte Klosterbau der Welt gewesen sein soll. Das Kloster hatte 1539 unter Heinrich VIII. zu leiden, der sich von der katholischen Kirche in Rom losgesagt und die englische Staatskirche gegründet hatte. Die Zahl der Wallfahrten hierher hat sich seit der Zeit nicht vermindert, sondern ist stetig angewachsen.

In Glastonbury erzählt man den Besuchern, irgendwo in den grünen Wassern des Flüßchens Brue liege noch immer das Schwert Excalibur, das einst König Artus selbst hineingeworfen habe. Und,

2. Die Version der Geschichte aus Glastonbury

so wird versichert, der König sei in Cornwall, etliche hundert Kilometer südlich von Glastonbury, gestorben. Der ehrfurchtsvolle Ton, in dem dies alles vorgetragen wird, läßt die Frage, wie der Schwerverwundete es wohl geschafft hat, von dem Dörfchen Glastonbury nach Cornwall zu marschieren, gar nicht erst aufkommen. Man behauptet auch, daß die Barke mit den vier Königinnen ihn nach Glastonbury gebracht habe, denn das Land sei damals von Wasser bedeckt gewesen, das könne man aus der Tatsache schließen, daß Glastonbury auch «Insel Avalon» genannt worden sei. Und *wer* nannte Glastonbury «Insel Avalon»? Nun ja, Glastonbury selber, versteht sich.

Es gab und gibt in Glastonbury ein großes Wunder, das sich mindestens einmal in jedem Jahr von neuem ereignet. Es hat mit einem Dornbaum zu tun, der ein oder zweimal im Jahr blüht und an den heiligen Joseph von Arimathia erinnert, jenen Mann, der Christus vom Kreuz abnahm und der später von Jerusalem auszog, die Briten zum Christentum zu bekehren. Heute steht der Baum *(Cratageus oxycanthia praecox)* in den Ruinen der Abtei.

Die Urheber der Geschichte vom Dornstrauch sind jene Mönche, die nach dem Tod des William von Malmesbury dessen *Historia* von Glastonbury überarbeiteten. Das Werk erzählt, daß der heilige Philipp, der Apostel von Gallien, Joseph von Arimathia nach Glastonbury geschickt habe, das Evangelium zu verkünden. Als dieser in «Ynis witcin» (eine weitere Lesart von «Glasinsel») ankam, steckte er seinen Stab in die Erde, und der trieb Wurzeln aus. Jedes Jahr «am alten Weihnachtsfest» und im Mai (möglicherweise ein und dasselbe Datum) blühe der Baum. Dieser «Weißdorn» hatte zwei Stämme.

Reverend R. Warner, F.A.S., einer aus der großen Schar der Historiker, die sich mit der Geschichte von Glastonbury befaßten, schrieb im Jahr 1826, daß der Strom der Pilger jahrhundertelang niemals versiegt sei. Glastonbury ist ein heiliger Ort. Heutzutage machen ihm nur das nahegelegene Stonehenge und vielleicht die heilige Insel Iona vor der Küste von Schottland Konkurrenz.

Viele Glaubensgemeinschaften haben dort heute Niederlassungen und versammeln ihre Anhänger aus aller Welt. Sie vermögen zu erklären, inwiefern der heilige Dornbaum von Glastonbury die Geburt Christi symbolisiert. Sie können uns auch an den heiligen Brunnen führen, «Kelchbrunnen» genannt, wo Joseph von Arimathia den Heiligen Gral vergrub, der allerdings nie wiederaufgefunden worden ist. (Während des Zweiten Weltkriegs sandte Adolf Hitler eine Gruppe von Archäologen in das besetzte Frankreich, die dort nach dem Gral suchen sollten.)

Die Leute von Glastonbury erzählen auch, daß Cadbury Castle, eine alte Festungsanlage auf einem Hügel knapp 20 Kilometer entfernt, Camelot sei. Und man erfährt, die Ruinen des Klosters Glastonbury seien in Wirklichkeit Überreste der alten Hauptkirche von Britannien und hier seien Joseph von Arimathia, die heilige Brigitte von Irland, der heilige Patrick von Irland, der heilige Gildas aus der Bretagne, König Artus und Königin Guinevere bestattet. Möglicherweise wird dem Besucher William von Malmesbury als Quelle dieser Erkenntnisse genannt.

Wenn Sie nach Glastonbury kommen, so werden die dortigen Koryphäen der Geschichtswissenschaft Ihnen erzählen, daß das Volk der Briten von den alten Phöniziern abstamme, die in Wales Zinngruben betrieben, und von den Juden, dem erwählten Volk par excellence. Das britische Christentum sei uralt, orientalisch geprägt und älter als das römisch überformte Christentum. Wie in anderen Religionen Vorderasiens spiele die Astrologie darin eine bedeutende Rolle. In jüngerer Zeit hat sich die inzwischen verstorbene Katherine E. Maltwood als Expertin für den Tierkreis von Glastonbury besonders hervorgetan, in dem sie irdische Bilder ihre Bahnen ziehen sah: König Artus ist der Schütze, Königin Guinevere die Jungfrau, Perceval ist dem Zeichen der Fische zugeordnet, Gawain ist Widder, Lancelot Löwe. In verschiedene Teiche und Tümpel von Glastonbury, so wird behauptet, scheinen Sterne genau zur Sommer- und Wintersonnenwende und zur Tagundnachtgleiche im Frühling und im Herbst. Die Theorien oder Visionen vom Tierkreis überkamen Frau Maltwood, als sie Luftaufnahmen betrachtete, die von der US-Air Force während des Zweiten Weltkriegs gemacht wurden und die im Museum von Taunton unweit von Glastonbury ausgestellt sind.

Die Geschichte kennt dieses Phänomen Glastonbury und den unaufhörlichen Prozeß der Anreicherung mit Tradition, des Fortwucherns von Heiligkeit und Weihe. Die seriöse Geschichtswissenschaft kann die Anfänge des Orts genau bestimmen: ein Dorf am See, das sich über der sumpfigen Umgebung erhob. Das erste Kloster dort wurde von dem westsächsischen König Ini um das Jahr 708 herum gegründet, lange nach König Artus' Zeit. Hier ein Bericht aus einem alten Buch, *A Short History of the English People:*

Ini führte während seiner langen Regierungszeit von 688 bis 726 ständig Krieg [gegen die Briten]... Die Westsachsen brachten so jene ganze Region unter ihre Herrschaft, die heute Somerset heißt, die Grafschaft der Sumer-

2. Die Version der Geschichte aus Glastonbury 163

soetas, wo der Tor wie eine Insel aus dem ständig überfluteten, öden Marschland emporragte, das sich nach Westen hin bis zum Kanal [dem Bristol-Kanal] erstreckte. Am Fuß dieser Erhebung, an der Stelle einer alten britischen Siedlung, errichtete Ini das berühmte Kloster Glastonbury. Der englische Name der Gründung leitet sich wahrscheinlich von der englischen Familie der Glaestings her... aber der Ort war schon seit langer Zeit Ziel von Pilgern gewesen, und die Tradition, die besagte, er sei die Ruhestätte eines zweiten heiligen Patrick, zog viele fahrende Scholaren aus Irland hierher. Die ersten Bewohner von Inis Klostergründung fanden angeblich «eine alte Kirche» vor, «die nicht von Menschenhand erbaut war», und sie errichteten neben diesem Relikt aus römischer Zeit ihr Klostergebäude aus Stein. Die geistliche Herrschaft in der eroberten Region übertrug Ini Ealdhelm, dem berühmtesten Gelehrten seiner Zeit. Dieser wurde zum ersten Bischof des Bistums von Sherbone ernannt, in dem der König die Gebiete der früheren Diözese Winchester und die neuen Teile seines Reichs zusammenfaßte.

Hier liegen nun die Schwierigkeiten offen da, mit denen der Historiker, der sich mit Glastonbury befaßt, zu kämpfen hat; der Gegensatz zwischen dem, was man sieht, und dem, was man nicht sieht, der zwischen Tatsachen und bloßen Meinungen tritt zutage. Die ganze Gründung des Königs Ini wurde um 940 von den Dänen zerstört, die Glastonbury bei einem Überfall dem Erdboden gleich machten.

Glastonbury gelangte um 940 in den Besitz der Kirche, als der heilige Dunstan dort Abt unter der Regel der Benediktiner wurde. Er liegt in Glastonbury bestattet, und sein Grab zog Jahrhunderte hindurch Pilger an. Es wird behauptet, dort lägen auch viele sächsische Könige begraben, unter ihnen Edmund I. (946), Edgar und Edmund Ironside. Im zehnten Jahrhundert dann fand eine Vermischung statt zwischen den Mönchen klassisch benediktinischer Prägung und den Cluniazensern und Zisterziensern vom Kontinent. Historiker aus dem Benediktinerorden, der bedeutendste unter ihnen William im nahen Malmesbury, schrieben Heiligenviten und eine Menge Geschichtswerke über Glastonbury. Allerdings sind nur wenige Spuren aus dieser Periode erhalten geblieben, denn die Abtei brannte 1184 bis auf die Grundmauern nieder. In dieser Zeit war das Kloster lange ein Problem für den königlichen Historiker William von Malmesbury und seinen Herrn, den König Heinrich II., gewesen.

Als William seine Geschichte von Glastonbury schrieb – die Arbeit wurde um 1125 abgeschlossen –, setzte er die Gründung in das Jahr 708 und nicht früher. Er erwähnte mit keinem Wort König Artus, den heiligen Patrick, die heilige Brigitte, den heiligen Gildas oder die Königin Guinevere. Im Jahr 1135 ließ sich William, nach einem Besuch in Glastonbury, dazu überreden, die Anfänge ein Stück weit zurückzuverlegen und das Jahr 472 als Gründungsdatum anzunehmen. In diesem Jahr ließ er nun den heiligen Gildas und auch den König Artus in Glastonbury auftreten, aber vom Grab des Königs sagte er auch jetzt nichts. Zwischen 1240 und 1250 schrieben dann die Mönche von Glastonbury die *Historia* des William von Malmesbury um und fügten die Geschichte vom Apostel Philipp ein, der im Jahr 63 Joseph von Arimathia nach Britannien gesandt habe. Schließlich verlegten sie gar das Gründungsdatum auf das Jahr 30 zurück und behaupteten, Jesus Christus selber habe die erste Kirche, jene «vetusta eglesia» gestiftet. Die Päpste hätten von 166 bis 430 immer wieder Missionare ausgeschickt. Der heilige Patrick sei im Jahr 430 in Glastonbury gestorben. Nach dieser Fassung nun war endlich auch König Artus dort begraben und mit ihm die Königin Guinevere. Glastonbury sei, so wurde festgestellt, die Mutterkirche von Britannien.

Im Lauf der Jahrhunderte vergrößerte sich der Strom der Pilger ständig. Jenseits des Kanals nahmen sich die Bretonen ein Beispiel an den Brüdern von Glastonbury und behaupteten, der heilige Petrus und Jesus hätten einst die Bretagne bereist. In Glastonbury besteht man zu allem übrigen noch darauf, das Kloster sei auf einem Felsen (Petrus) erbaut und deswegen vor Erdbeben sicher.

Die Geschichte der Beziehungen zwischen Glastonbury und den Königen Heinrich II., Edward I. und Edward III. könnte Stoff für viele Bände liefern, aber in unserem Zusammenhang hier mag es genügen, lediglich darauf hinzuweisen, daß Heinrich II. den Mönchen befahl, den König Artus zu exhumieren, und daß sie gehorchten. Es wurden drei scheinbar unverdächtige Zeugen hingeschickt, die das Ereignis für die Nachwelt festhielten. König Edward I. stattete 1275 der Abtei, die mit der finanziellen Hilfe Heinrichs II. wiederaufgebaut worden war, einen Besuch ab, der in der Literatur viel Beachtung fand. König Edward III. sandte 1331 ein mit übersinnlichen Fähigkeiten begabtes Medium dorthin, das die Grabstätte des Joseph von Arimathia ausfindig machen sollte. Wir können heute nur darüber rätseln, welche neuen Erkenntnisse wohl den Anstoß zu dieser Aktion gaben, die erfolglos blieb.

«Man empfindet es als Sakrileg und scheut sich deshalb», schrieb der walisische Historiker R. F. Treharne in *The Glastonbury Legends*, «fromme Überzeugungen anzutasten.... Es ist gewiß ein

2. Die Version der Geschichte aus Glastonbury

Abb. 2: Das Kreuz von Glastonbury nach einer Zeichnung von William Camden (1607).

schmerzlicher Verlust, aber wir müssen die Vorstellung, es existiere irgendein historisch beweisbarer Zusammenhang zwischen Artus und Glastonbury, aufgeben.»

Die Berichte der drei Augenzeugen, die bei der von Heinrich II. initiierten «Auffindung» des Grabs anwesend waren, in dem angeblich die Gebeine des Artus und Guineveres lagen, existieren immerhin. Diese Zeugen wurden freilich vom Abt des Klosters, Henri de Sully, hinters Licht geführt. Offenbar wurde die Ausgrabungsstelle von einem Vorhang verdeckt, so daß die Zeugen eben *nicht* sehen konnten, was dort vor sich ging. Es muß ziemlich dunkel gewesen sein, als man den drei Vornehmen vom Hof Heinrichs II. jenes Kreuz aus Blei zeigte, das man in dem Grab gefunden hatte, denn jeder von ihnen sah etwas anderes.

Sie sahen, daß man ein Kreuz aus Blei aus dem Grab herausholte. Sie konnten nicht wissen, wo genau es eigentlich herkam, aber man versicherte ihnen, es habe unter der Grabplatte gelegen. Freilich: bei dem Grab handelte es sich um einen Block aus Eichenholz, der ausgehöhlt worden war. Und überhaupt klingt es doch recht merkwürdig, daß ein Kreuz ausgerechnet dort gelegen haben soll.

Der erste Augenzeugenbericht stammt von dem berühmten Autor Gerald von Wales, Giraldus Cambrensis, und er ist heute leicht zugänglich im Anhang 3 der englischen Ausgabe seines *Itinerarium (Journey through Wales)*. Sein *Liber de principis instructione* wurde bald nach der Öffnung des Grabes, die 1191 stattfand, geschrieben. Gerald beginnt mit der Bemerkung, Artus sei ein berühmter Gönner des Klosters Glastonbury gewesen, was eigentlich schon genügt, um zu zeigen, daß der Autor vor Anachronismen nicht zurückschreckt. Gerald sah das Bleikreuz, und darauf stand, so berichtet er, geschrieben: «Hier auf der Insel Avalon liegt der berühmte König Arthur begraben zusammen mit [Königin] Guinevere, seiner zweiten Frau.» Der Autor ergeht sich daraufhin in weitläufigen volksetymologischen Überlegungen und schließt mit der Feststellung, daß *Avalon* soviel bedeute wie «Apfelinsel».

Der zweite Zeuge, Ralph von Coggeshall, vermerkt in seinem Werk *Chronicum Angelicanum*, die Inschrift habe gelautet: «Hier ist das Grab des berühmten König Arthur, bestattet auf der Insel Avalon.»

Der dritte Zeuge, ein Mann namens Adam von Domerham, Verfasser einer Geschichte von Glastonbury, brachte das ganze in lateinische Verse, die in etwa besagen, daß in dem Grab Artus liege, die Blüte aller Könige, der Stolz des Reiches, und neben ihm seine zweite Frau, die ebenfalls das Himmelreich verdient habe.

Es ist höchst interessant, den genauen lateinischen Text, den Gerald von Wales las, näher zu betrachten. Es zeigt sich dabei, daß er etwas anderes las als die zwei letzten Augenzeugen, die das Kreuz in Glastonbury besichtigt haben, bevor es, um das Jahr 1700 herum, für alle Zeiten verschwand. Gerald überliefert die lateinische Inschrift so:

HIC JACET SEPULTUS INCLITUS REX ARTURUS CUM WENNEVARIA UXORE SUA SECUNDA IN INSULA AVALLONIS.

Der englische Gelehrte John Leland, Kaplan Heinrichs VIII. und von 1533 an königlicher Antiquar, sah das Kreuz in Glastonbury um 1542. Es war, sagt er, etwa ein Fuß lang.

Die letzte Person, die von dem Kreuz berichtete, war William Camden (1551–1623), Historiker im Dienst von Königin Elisa-

2. Die Version der Geschichte aus Glastonbury

beth I.; von ihm stammt die Skizze, die oben wiedergegeben ist. In seiner *Britannia* aus dem Jahr 1607 zitiert er die Inschrift so:

HIC JACET SEPULTUS INCLITUS REX ARTURUS IN INSULA AVALONIA.

Die Schrift, die hier verwendet wird, ist eine «verderbte Unzialschrift», ein Abkömmling jener Majuskelschrift mit oft übergroßen Lettern, die vor dem zehnten Jahrhundert meist in Bibelhandschriften Verwendung fand. In anderen Worten: Es ist *nicht* die Schrift, die man von Grabsteinfunden aus dem sechsten Jahrhundert her kennt. Und das Latein ist ziemlich sonderbar: «Hier liegt begraben der berühmte König Arthur auf der Insel Avalonia.» Gerald von Wales hat in seiner Version Geoffrey von Monmouth korrekt zitiert, dieser hatte gesagt: «die Insel von Avallo». Allerdings hatte Geoffrey, anders als Gerald, nichts davon gesagt, daß eine Cousine namens Morgan Artus auf jene Insel von Avallo gebracht habe.

Man kann heute nur Spekulationen darüber anstellen, welche Rolle Glastonbury bei alledem wirklich spielte – für die Pilger jedenfalls stand fest, daß dies der richtige Ort war, den König Artus zu verehren. Ebenso fest steht aber: Als der zweite Patrick, der des neunten Jahrhunderts, der in irischen Aufzeichnungen als «der Abt von Irland» bezeichnet wird, nach Glastonbury floh und dort bestattet wurde, nutzte man bald die günstige Gelegenheit, nun zu behaupten, und man tut es bis heute, bei dem Toten handle es sich um den hochverehrten heiligen Patrick aus dem *fünften* Jahrhundert.

Interessant ist auch die Tatsache, daß Marie de France die berühmte Fegefeuer-Geschichte des zweiten heiligen Patrick übersetzt hat. Man fragt sich bei dieser Gelegenheit wieder einmal, ob sie nicht doch Äbtissin in Shaftesbury, ganz in der Nähe von Glastonbury, gewesen ist.

Wenn man dieses konfuse Durcheinander von Fakten und Irrtümern – das vielleicht mit Absicht angerichtet wurde (dieser Vorwurf wurde auch tatsächlich von Historikern erhoben) – als solches erkennt, tut man gut daran, einmal einen Blick auf eine Landkarte von Südengland im zwölften Jahrhundert zu werfen. Die Niederlassungen der Benediktiner – Glastonbury, Malmesbury, Shaftesbury und Amesbury – liegen hier alle ganz nah beieinander. Und jede davon ist – ganz zu Unrecht, aber doch immer wieder – mit irgendwelchen arthurischen Legenden in Beziehung gebracht worden, die Artus und die Großen seines Hofs dort in der Gegend agieren lassen.

Man hat ihn oft und zu Unrecht in den Diözesen, denen jene Klöster unterstanden – Salisbury, Winchester und Bath –, sein Wesen treiben lassen. Und auch in den Benediktinerabteien von Westminster (London) und Gloucester am Severn ist er angeblich gewesen. Und J. Armitage Robinson, der Bischof von Wells war, gilt als der bedeutendste aller Experten für die Geschichte von Glastonbury.

Dieser Masse von Aussagen und «Beweisen», die von Benediktinern geliefert werden – der größte unter ihnen, trotz seines Hangs zu exzessiver Grausamkeit, ist der Autor des *Perlesvaus* –, stellt sich einsam und allein Geoffrey von Monmouth entgegen, Kanoniker im Augustinerstift Saint George in Oxford, später zum Bischof von Saint Asaph in Nordwales ernannt, und mit ihm sein väterlicher Freund Walter, Archidiakon und Rektor des College of Saint George.

Die Augustiner waren davon überzeugt, daß Wissen dort entstehe, wo der Glaube an der Vernunft gemessen werde. Und sie lehrten, man könne durch Intuition zur Wahrheit gelangen. Wissen könne durch die Kraft des Willens erworben werden, man müsse es nur stark genug wünschen. Sie meinten, Erleuchtung komme aus dem Verstehen.

Nichts von alledem, was Geoffrey entdeckt hatte, führte ihn zu dem Schluß, Königin Guinevere sei nach Glastonbury gebracht, dort vergewaltigt und ein Jahr lang gefangengehalten worden.

Edmond Faral vertrat 1929 in Frankreich die These, die lügenhafte Tradition von Glastonbury verdanke sich einzig und allein dem Verlangen, die Popularität Geoffreys von Monmouth zu untergraben. Es ist durchaus möglich, daß die Mönche von Glastonbury eine Kampagne begannen, um Geoffrey in Mißkredit zu bringen. Oder daß der Tod Heinrichs II. im Jahr 1189, bevor die Benediktiner sich im Schweiß ihres Angesichts fünf Meter tief in die Erde hineingruben und einen Riesenschädel und riesenhafte Knochen zutage förderten, jene Verwirrung auslöste, die dann dazu führte, daß man das, was man da ausgegraben hatte, für die Gebeine des König Artus ausgab. König Heinrich hatte beabsichtigt, Glastonbury wiederaufzubauen. Die Entdeckung des Leichnams von König Artus, so war zu erwarten, würde noch mehr zahlungskräftige Touristen anlokken und außerdem alle Gerüchte, die davon sprachen, Artus werde wiederkommen und seinen Thron in Besitz nehmen, zum Verstummen bringen. König Heinrich II. hatte allen Grund, beunruhigt zu sein, sein tragisches Ende stand unmittelbar bevor. Er sagte, er habe die Artus-Geschichte von walisischen Barden an seinem Hof gehört

2. Die Version der Geschichte aus Glastonbury 169

und die Sache habe ihn interessiert. Es ist aber auch möglich, daß seine Mutter, Königin Maud, die angeblich von der Figur des Artus fasziniert war, ihm davon erzählt hat.

Auf den ersten Blick erscheint die ältere Vita des heiligen Gildas, speziell die Geschichte von der Entführung, wie sie dort erzählt wird, als Fälschung. Und vieles davon ist tatsächlich unwahr. Es gibt auch manches, was mehr mythologischen Charakter hat, vor allem deswegen, weil hier der Ehemann des Opfers zugleich der Befreier ist. Trotz alledem enthält aber dieser erste Bericht von einer Entführung, die, wie wir noch sehen werden, wirklich stattgefunden hat, gewisse Details, die neugierig machen, und er wirft einige Fragen auf.

Die Rede davon, daß Königin Guinevere geraubt und an einen weithin berühmten heiligen Ort verschleppt worden sei, entstand zu Anfang des zwölften Jahrhunderts. Dieser Ort kann unmöglich eine christliche Kultstätte gewesen sein, denn keine christliche Institution hätte eine Entführung billigen können, am wenigsten die Entführung einer regierenden Königin. Der Autor der *Vita Gildae*, des Berichts über die Entführung nach Glastonbury, wußte genau, daß sie eine Königin war, und er gibt ihr den richtigen Titel «regina». Der Mann, der sie entführte, wird «König» genannt. Nirgends wird je etwas von einem König der Briten in Glastonbury erwähnt, das Kloster gilt vielmehr überall als ein «teutonisches Heiligtum», weil es von König Ini gegründet wurde.

Was wir also wissen, ist dies: Der heilige Ort, wo Königin Guinevere gefangengehalten wurde, war keine christliche Kultstätte, und er war nicht Glastonbury. Es muß sich folglich um ein heidnisches Heiligtum handeln, das im Machtbereich eines mit Artus verfeindeten Königs lag. Dies wird von der Wortwahl des Texts bestätigt, der jenen Feind des Artus einen *rebellis* nennt.

Dieses Wort im Zusammenhang mit dem Titel *König* weist auf jenen «rebellischen» König hin, den Artus, dem *Prosa-Lancelot* zufolge, in seinen ersten zwölf Schlachten niederkämpfte. Der König, der im *Lanzelet* die Königin Guinevere entführt, heißt Valerin, was sich leicht in den Namen Urien (denn *Urien*, lateinisch und in Großbuchstaben geschrieben, erscheint in der Form VRIANUS) übersetzen läßt; Gorre, die Herrschaft dieses Königs, ist noch nicht genau lokalisiert, sie muß aber irgendwo vor der Westküste Nordbritanniens liegen.

In der Struktur der *Vita Gildae* gibt es etwas, das sich der mytho-

2. Die Version der Geschichte aus Glastonbury

logischen Deutung entzieht – eine der Figuren bringt etwas Neues in die Geschichte hinein, nämlich die Figur des «Vermittlers», des heiligen Gildas selbst. Wir wissen, und zwar aus der zweiten Vita dieses Heiligen, daß er seine mittleren Jahre in Irland verbrachte, nicht in Glastonbury. Es erhebt sich nun die Frage: Gibt es in der ersten *Vita Gildae* noch weitere Hinweise, die auf Irland deuten?

Der Name des Königs, der Königin Guinevere entführte, klingt wie ein irischer Name, und der Autor der Vita, angeblich «Caradoc», hatte damit genau dieselben Probleme wie Geoffrey von Monmouth mit den Namen, die mit *Gilla* (wie in «Diener der Jungfrau Maria») begannen. Die erste Silbe des Namens ist das im Irischen geläufige Wort *mál*, das «Prinz», «Fürst» bedeutet. Das Wort ist oft auf Grabsteinen überliefert, und zwar als Genitiv, *magli*, «des Prinzen». Die Form *Meluas*, die in der *Vita Gildae* erscheint, ist die kornische Variante desselben Namens. (Auf walisisch lautet er *Melwas*, bei Malory heißt der Mann Sir Melias de Lile, also Sir Meluas von der Insel.) Die *Vita Gildae* scheint ein wesentliches Stück jener kornischen Tradition zu sein, die das irische Eremitenkloster auf dem Felsen von Tintagel als König Artus' Geburtsort ausgibt. In Wirklichkeit gab es in so früher Zeit noch gar keinen Ort dieses Namens; selbst 1066, als Wilhelm der Eroberer Cornwall in Besitz nahm, war da noch kein Tintagel.

Die Insel, auf die man König Artus nach seiner Verwundung brachte, hieß «Apfelinsel». Gerald von Wales spricht in seinem Bericht an den König davon, daß Glastonbury auch «Apfelinsel» genannt werde, weil es vor langer Zeit dort Apfelbäume gegeben habe. In seinem letzten Werk, der *Vita Merlini*, sagt Geoffrey von Monmouth, der sterbende König sei auf einem Schiff zur Glückseligen Insel gebracht worden, in ein Land des Sommers, auch «Apfelinsel» genannt. Aber das war nicht Glastonbury, denn es ist von einer Insel im Meer die Rede. Die Reise dahin war offenbar gefährlich, denn man heuerte einen Lotsen an, einen erfahrenen Seemann namens Barinthus. Morgen nahm Artus dort in Empfang – das berichtet auch Gerald, nur nennt er sie Morgan. Geoffrey sagt: «Insula pomorum que Fortunata vocatur» (V. 908), also: «die Apfelinsel, welche Die Glückselige [das meint: mit «Glücksgütern» gesegnete] genannt wird». Auch in diesem Punkt entspricht Glastonbury nicht der Beschreibung: Was Fruchtbarkeit der Böden und klimatische Bedingungen angeht, kann man die Gegend von Glastonbury schwerlich als besonders «gesegnet» ansehen, es ist eher das Gegenteil der Fall – es gibt zuwenig Niederschläge.

Schließlich fehlt der ganzen Geschichte von der Entführung nach Glastonbury etwas ganz Wichtiges, nämlich ein Ende. So wie der Bericht sich darstellt, erscheint er als typisches Produkt mündlicher Überlieferung, so, als hätte der Autor nur einen Teil der Erzählung mitbekommen oder als hätte es sehr lange gedauert, bis er endlich einen Abnehmer fand, einen Abt, der bereit war, ihn für die Niederschrift zu bezahlen, und als hätte er in dieser Zeit den Schluß vergessen. Oder vielleicht hat ihn das weitere Schicksal der Königin Guinevere ganz einfach nicht interessiert. Wenn die Geschichte in irgendeiner Weise für wahr gehalten werden soll, so braucht sie einen Abschluß, und das bedeutet: Irgend jemand muß sterben. Unter den zwei Kandidaten, die hier in Frage kommen, ist Meluas der wahrscheinlichere. Ist aber Meluas am Leben geblieben, so mußte ganz gewiß Guinevere sterben. Denn was König Artus betrifft, so kann niemand behaupten, er sei ein schwächlicher, halbherziger Charakter gewesen.

In einer matriarchalen Gesellschaft ist die Königin der Inbegriff von Schönheit und Weiblichkeit. In der Welt der Guinevere mußte alle Frauenschönheit sich an ihr messen lassen, und dieser Vergleich fiel immer zugunsten der Herrscherin aus. Wer eine solche Frau gewaltsam entführte, hatte sein Leben verwirkt.

Die Geschichte von der Exhumierung des König Artus spricht die Königin von mindestens einem ehrenrührigen Vorwurf frei: Wenn die Mönche die Wahrheit gesagt haben, so kann nicht sie es gewesen sein, die Modred heiratete. Sie war schon tot und begraben, als Artus seinen Feldzug auf dem Kontinent begann.

William von Malmesbury erwähnt, er habe in Glastonbury eine alte Handschrift über König Artus gesehen. Sie trug den Titel *Gesta incliti regis Arturi* (Die Taten des berühmten König Arthur) und enthielt etliches über Joseph von Arimathia. Möglicherweise stammt die Behauptung, Artus sei hier begraben worden, aus diesem verschollenen Werk; darauf könnte die Formulierung der Inschrift auf dem Kreuz hindeuten. Auf diesem Kreuz, das angeblich im Grab des Königs gefunden wurde, hätte eigentlich stehen sollen: «Hic iacet sepulcrum incliti regis Arturi...» («Hier liegt das Grab des berühmten König Arthur»). Das Kreuz mußte wohl in großer Eile gemacht werden, und es gab niemanden, der die Arbeit des Graveurs kontrollierte.

Wenn der Ursprung der Entführungsgeschichte in der Version von Glastonbury nicht in einem heute verschollenen Werk über Artus liegt und auch nicht in Erzählungen, die von walisischen Barden oder irischen Klosterschülern aus der Umgebung des Abts Patrick von Irland mündlich tradiert wurden, so könnte die Quelle vielleicht König Artus selber sein – wenn es denn wirklich wahr wäre, daß er das Kloster einmal besucht hat. Wenn Glastonbury in früher Zeit ein Zentrum des christlichen Glaubens war und wenn es schon damals «Jerusalem» genannt wurde, so hätten wir den Schlüssel zum Verständnis jener Tradition gefunden, die von einer Reise des Artus nach «Jerusalem» spricht.

Das gesamte Mittelalter hindurch hat Glastonbury König Artus für sich reklamiert. Die Entdeckung seiner Gebeine wurde als Beweis für die Rechtmäßigkeit dieses Anspruchs angeführt, und man hielt einer feindlichen Welt zum Trotz eisern an der Geschichte fest. Ein englischer König Artus zog die Pilger magisch an, und erst recht faszinierte er die Dichter. Die «Hymne von Glastonbury» wurde von William Blake geschrieben und trägt den Titel «Jerusalem»:

> Und schritten diese Füße einst
>   Auf Englands grünen Bergeshöhn?
> Hat man das wahre Gotteslamm
>   Auf Englands heitren Triften weiden sehn?
>
> Und hat die Gnade Gottes einst ihr Licht
>   Auf unsere umwölkten Hügel ausgegossen?
> Ward hier Jerusalem erbaut,
>   Von Satans Werken ringsum eingeschlossen?
>
> Bringt meinen goldnen Bogen her,
>   Und reicht der Sehnsucht Pfeile mir sodann!
> Bringt meinen Speer! Oh, Wolken, tut euch auf!
>   Schirrt meinen Feuerwagen an!
>
> Mein Geist wird nicht im Kampf ermüden,
>   Noch soll die Schwerthand mir erschlaffen,
> Bis endlich wir die Stadt Jerusalem
>   Auf Englands grünen Auen neu geschaffen.

3. Die Entführung der Königin

Um zu den möglicherweise historischen Ursprüngen der Entführungsgeschichte zu gelangen, müssen wir uns noch einmal und gründlicher mit dem ältesten – und zugleich problematischsten – altfranzösischen Bericht von diesen Ereignissen befassen, der sich im *Lancelot* des Chrétien de Troyes findet. Der Titel des Werks ist höchst sonderbar: *Lancelot oder Der Karrenritter.* Irgend etwas, so scheint es, stimmt hier nicht.

Dieser seltsame Titel paßt zu den Gewohnheiten der (Prosa-)Romanciers und ihrer reimenden Vorgänger, wie Chrétien einer war, die sich bei der Wahl eines Titels für ein Werk ihrer Phantasie vollkommen frei fühlten. Dieser *Lancelot* sollte aber besser einen Titel wie *Die Suche nach der Königin Guinevere* tragen. Die Königin, so stellt uns Chrétien die Sache dar, wollte «ihren Ritter» Lancelot demütigen und verlangte deshalb von ihm, auf einen ganz ordinären Karren zu steigen und sich von einem bösen Zwerg mitten in eine Stadt fahren zu lassen. Dem liegt eine reichlich verrückte Auffassung der Dinge zugrunde: Warum hätte denn die Königin wünschen sollen, genau den Mann gedemütigt zu sehen, der sich bemühte, sie zu befreien?

Die Geschichte beginnt in Camelot, dem romantischsten von Artus' Schlössern. Daß ein solches Verbrechen ausgerechnet dort verübt worden sein soll, klingt ziemlich unwahrscheinlich, aber es wird ein präzises Datum angegeben: Es ist vierzig Tage nach Ostern, und es findet gerade ein Fest statt.

Ein Spielverderber tritt auf, ein Unbekannter, der eine Herausforderung überbringt. Wir vermuten spontan, daß dieser Mann der Erzfeind von Artus sein muß, König Urien von Gorre. Er beansprucht Königin Guinevere für sich – das ist eine formelle Kriegserklärung. Gibt es eine Vorgeschichte? Vielleicht sind Guinevere und ihr Land einst König Urien versprochen worden.

Königin Guinevere soll an der Spitze eines Trupps Bewaffneter aus der Burg hinausreiten, begleitet von Kay, der als ihr Kämpfer in den Ring treten soll. König Artus läßt sie ziehen – es ist also, so schließen wir, *ihr* Kampf. Das österliche Fest ist abrupt beendet, die Bewohner der Burg weinen um Guinevere, als ob sie bereits tot wäre.

Die Königin reitet kühn mit Kay hinaus, nach kurzer Zeit kommt dessen Pferd blutend und ohne Reiter zurück. Man erfährt, daß auch die Königin gefangengenommen worden ist. Gawain verfolgt den Feind, dabei begegnet er einem unbekannten Ritter, staubbedeckt und außer sich. Er hat sein Pferd bei der Verfolgungsjagd nach der gefangenen Königin zuschanden geritten, ebenso ergeht es einem zweiten Pferd, das er sich von Gawain leiht. Weil er kein besseres Transportmittel findet, besteigt der Held einen Karren, der von einem bösen Zwerg gezogen wird.

3. Die Entführung der Königin

Chrétien fand dies alles nicht im geringsten lächerlich, es wird im Gegenteil jetzt erst recht ernst: wegen seines Verhaltens hier oder wegen eines früheren Verbrechens ist der geheimnisvolle Held offenbar zum Tod verurteilt worden – durch Erhängen, Ertränken, Verbrennen oder Schinden.

Der vernünftige Leser wird sich nicht noch weiter in das tückische Dickicht einer solchen Märchenerzählung vorwagen, ohne die Frage zu stellen, die der Autor so kunstvoll zu umgehen sucht: Worin besteht denn eigentlich das Verbrechen des namenlosen Retters? Er scheint sich, so schließen wir aus der Eile, mit der er zur Rettung der Königin herangaloppierte, nicht am Hof aufgehalten zu haben, als sie zum Kampf gefordert wurde. Sein Verbrechen muß damit zu tun haben, daß er als Herr auf Camelot und Gastgeber König Artus' für die Sicherheit der Königin verantwortlich war. Daß die Königin gewaltsam weggeschleppt wurde, war eine untilgbare Schande für ihn, die ernste Konsequenzen nach sich ziehen sollte: Ihm war für alle Zeit der Weg zum Gral versperrt.

Chrétiens zweiter Ritter also muß der ganz neue Held sein: Lancelot.

Aber Chrétien führt uns einen glücklosen Lancelot vor, einen erbärmlichen jungen Mann, ja einen Bösewicht, der einen Ehebruch mit der Königin begangen hat, und das, als sie hilflos in Gefangenschaft war! Wir können aber schwerlich glauben, daß die ganze Sache nichts weiter als eine Sex-Affäre gewesen sein soll und daß das Schicksal eines Volks sich auf diese Weise entschied. Chrétien läßt Lancelot und die Königin miteinander frivol schmutzige Spiele treiben, konstruiert eine Bettgeschichte, die eine Nacht lang währt – am Morgen danach werden dann die blutigen Laken gezeigt. Es war vielleicht ordinär, aber die französischen Autoren waren begeistert: «Ein echter Ehebruch!» Wenn man nur eine britische Königin durch den Schmutz ziehen konnte, war alles in Ordnung.

Diese Version der Ereignisse im fernen Britannien gilt nur bei den französischen Autoren als wahr, bei Caradoc von Llancarfan und Ulrich von Zatzikhoven sieht die Sache anders aus.

So konfrontiert Chrétien die französischen und überhaupt alle unkritischen Leser mit lauter Unstimmigkeiten, er macht Lancelot und die Königin verächtlich und stellt sie als moralisch unzurechnungsfähig dar, in einer Lage, in der sie den Tod vor Augen haben und ihr Land in höchster Gefahr ist. Diese Unterstellungen sind frivol und absurd.

Nichtsdestoweniger fährt Chrétien mit diesem Unsinn fort, wenn er nun berichtet, wie der unbekannte Ritter in seinem Karren, der von dem Zwerg gezogen wird, bei der Burg am Wasser mit Gawain zusammentrifft. Es ist eine recht ansehnliche Burg, und sie wird dem Leser sogar beschrieben, was selten vorkommt. Hier beraten nun die beiden Ritter und beschließen folgende Strategie: Lancelot will den gefährlicheren Landweg zu der Inselfestung nehmen, wo man die Königin in Haft hält, Gawain fährt mit dem Schiff dorthin.

Nach Gawains Abreise besteht der unbekannte Ritter einen fürchterlichen Kampf an einer Furt und geht siegreich daraus hervor (Lancelot gewinnt alle seine Kämpfe). Wir wissen natürlich noch nicht sicher, daß dieser Ritter Lancelot ist, und wir kennen auch die Festung am Wasser noch nicht, aber wir haben doch mehr und mehr das Gefühl, als ob wir dort schon einmal gewesen wären.

So überrascht es uns denn nicht, wenn wir erfahren, daß die Königin genau dort gefangengehalten wird, wohin man früher einmal auch König Artus bringen wollte (wenn es nämlich wahr ist, daß er damals am Berg Badon in Gefangenschaft geriet – allerdings wurde er vorzeitig befreit): in Irland.

Schon Caradoc lieferte in seiner Entführungsgeschichte Hinweise, die auf Irland deuten, bei Chrétien nun finden sich noch viele weitere Indizien dafür.

Hier müssen wir einhalten. In seinen Vorlesungen in Oxford, veröffentlicht unter dem Titel *Chrétien de Troyes and Scotland*, hat der große Artus-Forscher L. G. Ritchie 1952 zum erstenmal von einem revolutionären Fund berichtet: von der Entdeckung schottischer Elemente in den Romanen von Chrétien, und zwar in *Erec et Enide* (ca. 1170), in *Yvain* (ca. 1175) und im Gralroman *Conte del Graal* (ca. 1185). Wir können nun diese Liste um den *Lancelot* (ca. 1170) erweitern.

Ritchie nimmt folgende Zuordnungen vor, die so einleuchtend sind, daß man sich fragt, weshalb man das nicht schon vorher gesehen hat:

Isle de Voirre = die Insel Gorre, auf der es keine Schlangen gibt, das ist *eine ganz bestimmte Region in Irland*. Aus der Geschichte über die Entführung werden wir erfahren, weshalb es von einem bestimmten Zeitpunkt an keine Schlangen mehr auf irischem Boden gab.

Escalados = Carse of Falkirk (zwischen Edinburgh und Stirling)
Cotouatre = Scot's Water, das ist der Firth of Forth

3. Die Entführung der Königin

Cardeol oder *Carduel* = Carlisle, eine Kette von Befestigungsanlagen am Wasser, nämlich am Solway Firth
Estregales = das Äußere Galles, Alt-Wales = die Gegend um Dumbarton
Uriien = Evrain (= Valerin) = König Urien von Gorre
Galvoie = Galloway, Rhinns of Galloway

Die Quelle, aus der Chrétien de Troyes seine Stoffe hat, ist keine geringere als die verschollene Geschichte des alten Schottland, sagt Ritchie. Die Namen in den Erzählungen sind alle altbritisch-keltischer Herkunft. Die Personennamen wurden von Chrétien ins Altfranzösische übersetzt, kommen aber aus keltischen Sprachen:
1. Artu, Artus = Arthur
2. Guenièvre = Guanhumara = Guinevere
3. Bademagu = Bademagus = der Magier oder Druide namens Bade
4. Maelwas = Meluas = Meleagant = Prinz Soundso
5. Lancelot (?)
6. Kay
7. Yders
8. Yvain = Owein

Die Geographie ist ebenfalls keltisch: Britannien, Cornwall, Irland, Gorre, Logres und London.

Chrétien, so stellte Ritchie fest, hatte Zugang zu sonst verschlossenen Informationen über die Geschichte Schottlands im zwölften Jahrhundert und in arthurischer Zeit. Er spricht über wirkliche politische Ereignisse in Strathclyde, Carlisle und Dumbarton, im Herrschaftsgebiet von König Artus also. Er kennt auch genau und detailliert die Verhältnisse in Schottland während der Regierungszeit Davids I. Wahrscheinlich bekam er seine Informationen von den Augustiner-Chorherren in Jedburgh oder in Melrose, Holyrood oder Cambuskenneth bei Stirling. Geoffrey von Monmouth hatte Zugang zu denselben oder ähnlichen, heute verschollenen Quellen, und er gehörte dem Augustinerorden an.

Chrétien gibt zu, er habe eine Handschrift aus der Abtei Beauvais mitgenommen. Die Mönche von Beauvais aber hatten König David I. von Schottland Berater geschickt, als dieser die Klöster seines Landes reformierte. Chrétien erwähnt den heiligen Kentigern von Schottland, er spricht über König Artus und seine Gemahlin und über genau die historischen Ereignisse und Zusammenhänge, die auch Geoffrey von Monmouth, Kanoniker im Augustinerstift in Oxford, in seiner *Geschichte der Könige Britanniens* behandelt hat-

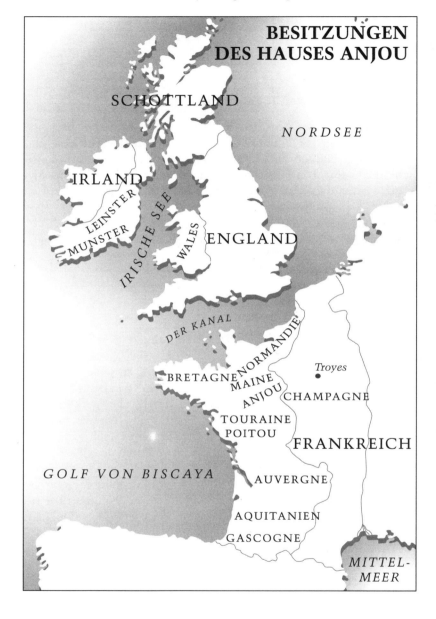

3. Die Entführung der Königin

te. Und Chrétien schrieb nur etwa fünfzig Jahre nach der Klosterreform Davids I., und diese Reform hatte genau jene Klöster betroffen, in denen, so muß man vernünftigerweise annehmen, die besten Aufzeichnungen über Ereignisse der arthurischen Epoche aufbewahrt wurden.

Warum aber fabriziert Chrétien in seinem *Lancelot* ein derart übles und wirres Lügengebilde, eine Geschichte, in der ohne rechten Zusammenhang und scheinbar willkürlich lauter grobe Schnitzer aneinandergereiht sind? König Artus wird, wie schon bei Caradoc, als Schwächling dargestellt, die Königin Guinevere wird als Ehebrecherin beschimpft und entehrt. Und Lancelot erscheint als ein widerlicher Dummkopf. Warum?

Die besonderen Umstände, unter denen der *Lancelot*-Roman konzipiert und geschrieben wurde, sind bekannt oder können ziemlich genau erschlossen werden. Das Werk entstand im Auftrag der Gräfin Marie de Champagne, die dem Autor erstens den Stoff der Erzählung vorgab und zweitens auch die Richtung der Interpretation und die Form der Dichtung bestimmte. Sie bestellte offenbar eine Geschichte, in der die Dame gesteigerten Genuß darin findet, daß sie ihren Ritter ganz und gar ihrer Willkür unterwirft, ihn demütigt und erniedrigt, eine Geschichte, in welcher der Schmerz als das eigentliche Wesen der höfischen Liebe erscheint. Aber wer war diese Dame mit so eigenartigen Neigungen, wer war Marie de Champagne?

Die Gräfin Marie war die Tochter der Königin von Frankreich, die später Königin von England werden sollte, der unglücklichen Eleonore von Aquitanien (1122–1204). Diese Frau heiratet 1137 König Ludwig VII., begleitete ihn auf dem zweiten Kreuzzug 1146 bis 1149 ins Heilige Land und gebar ihm zwei Töchter (Marie und Alix). Im Jahr 1152 wurde sie, wie die Franzosen sagen, von König Ludwig «verstoßen». Die Ehe wurde annulliert, weil die Königin keinen männlichen Erben geboren hatte.

Eleonore heiratete dann Heinrich Plantagenet, Herzog der Normandie, Graf von Anjou und bald danach auch König von England. Nach seiner Heirat war Heinrich II. im Besitz von Gebieten, die etwa ein Drittel des heutigen Frankreich ausmachen; sieben Provinzen brachte seine Frau Eleonore mit in die Ehe, zwei hatte er von seiner Mutter, zwei von seinem Vater geerbt.

Nach der Ermordung des Erzbischofs Thomas Becket im Jahr 1170 zog die Königin Eleonore sich nach Frankreich zurück, wo sie in mehreren großen Städten ihrer Herrschaft höfische Residenzen errichtete. Ihre französischen Töchter heirateten und machten Troyes, Bar-sur-Aube und Blois an der Loire zu höfischen Zentren. Jede von ihnen war bemüht, möglichst berühmte Dichter an ihren Hof zu binden. Die Gräfin der Champagne siegte in diesem Wettstreit, denn sie gewann Chrétien de Troyes.

Der Ehemann von Königin Eleonore, die ungeliebt und unbeachtet ihr Dasein in Poitiers fristete, gab derweil den Befehl, das Grab des Artus in Glastonbury freizulegen, und eroberte Irland (1171/72). Die beide Ereignisse bewirkten, daß in den folgenden Jahren weitere arthurische Texte in Auftrag gegeben wurden, die interessierte Leser fanden.

Königin Eleonore unterstützte nach Kräften ihre zwei Söhne aus der englischen Ehe, die ihr nach dem Tod des ältesten, des Prinzen Heinrich, geblieben waren – nicht zuletzt deswegen, weil diese gegen ihren Vater, den König, rebellierten. Diese aufsässigen Söhne waren Richard Löwenherz und Johann Ohneland.

König Richard teilte die Leidenschaft seiner Mutter für Romane von höfischer Liebe und versuchte sich selbst auch als Minnesänger. Während des dritten Kreuzzugs im Heiligen Land verlor er einmal einen seiner besten Artusromane beim Kartenspielen. Der Forester von Cumbria, der Region also, in der Carlisle liegt, verspielte die Handschrift eines anderen sehr berühmten Romans, den wir heute nur mehr aus der Übersetzung ins Deutsche kennen, des *Lanzelet*.

Gaston Paris, der Doyen der französischen Artus-Forscher und Mediävisten, hat einmal behauptet, Chrétien habe wahrscheinlich ein hohes Hofamt in der Champagne bekleidet. Vielleicht aber war er nur ein einfacher Mönch. Wie auch immer – in jedem Fall hatte er seiner Gönnerin zu gehorchen. Am Hof der Marie de Champagne war die unspektakuläre eheliche Liebe verpönt, Unzucht und Ehebruch galten als schick.

Die Gräfin bewies einigen Sachverstand, als sie sich für Chrétien entschied, der sich bereits als literarischer Spezialist für Vergewaltigung, Mord, Entführung, Folter und Menschenfresserei hervorgetan hatte. Er war ein Könner seines Fachs und verstand deswegen sofort, was Marie von ihm wollte: ein Märchen. Und das war genau das Richtige für ihn, so schien es jedenfalls zuerst.

Da er sich im Märchengenre bewegte, konnte sich Chrétien von der lästigen Pflicht, den Handlungsverlauf in irgendeiner Weise logisch oder psychologisch stimmig zu gestalten, entbunden fühlen.

3. Die Entführung der Königin 181

Chrétiens Geschichte erklärt nirgends, warum König Artus es zuläßt, daß die Königin aus der Burg Camelot hinausreitet. Wir erfahren nicht, weshalb die Königin Guinevere ihrem Ritter Gawain mit Höflichkeit begegnet, während sie den unbekannten Ritter verächtlich behandelt – um anschließend mit ihm ins Bett zu gehen. Uns bleibt unverständlich, weshalb sie den unbekannten Ritter, den sie endlich als Lancelot vorstellt, all den verschiedenen Prüfungen unterzieht. Woher wußte sie, daß er ihr folgen würde? Warum ließ sie zu, daß man ihn einkerkerte, nachdem er sie befreit hatte? Wie erkannte sie ihn beim Turnier trotz seiner Vermummung? Warum versuchte sie nicht, ihn aus dem Kerker zu befreien? Wie konnte er sofort wissen, daß sie gefangengenommen worden war? Warum trauerte der Hof so sehr um sie? Warum wählte sie ausgerechnet den Versager Kay zu ihrem Begleiter? Warum waren alle davon überzeugt, daß sie nicht lebend wiederkehren werde? Was hat es mit dem Karren und dem Zwerg auf sich? Warum glaubten die Leute in der Stadt, Lancelot, denn es handelt sich um Lancelot, solle hingerichtet werden?

Woher wußte Lancelot, als er die Verfolgung aufnahm, welche Richtung er einschlagen mußte? Seine Reiseroute ist aber nicht einfach irgendwie erfunden, es gibt sie wirklich. Man hat sich gefragt, ob vielleicht die Gräfin Chrétien genaue Anweisungen dafür gegeben hat. Oder war Lancelot Schotte? Wir können noch heute seinen Weg auf einer schottischen Landkarte nachzeichnen.

In der Märchenerzählung des Chrétien wird etwas sichtbar, was keineswegs Märchencharakter hat: Sie enthält eine korrekte Darstellung der Geographie Schottlands. Trotzdem bleibt das Ganze doch märchenhaft insofern, als Chrétien sich nicht im mindesten um logische Verbindungsglieder jeglicher Art kümmert und einfach eine Abfolge von Episoden herstellt, die von dem Jungmädchentraum regiert wird, möglichst schnell erwachsen zu werden und einen Prinzen zu heiraten. Das Werk enthält auch allerlei Belehrungen für diese Mädchen, es zählt auf, was sie alles vermeiden müssen, solange sie noch nicht reif dafür sind. So hatte denn Chrétien schnell die rechte Mischung beisammen aus Sex mit perversen Unterströmungen und romantischer Liebe. Er mußte lediglich noch zwei Figuren dazuerfinden, denn das Märchen folgt streng stereotypen Regeln und arbeitet grundsätzlich mit sieben Charakteren.

Chrétien fügte also zu den fünf anderen Figuren noch die des Lancelot und der Prinzessin Jandree hinzu – und mußte bald feststellen, daß er sich damit in eine Sackgasse manövriert hatte. Offenbar konnte er das Märchen nicht zu einem rechten Ende bringen. Sein Held war ein Prinz, wie er im Buch steht, aber es war Chrétien unmöglich, ihm den gebührenden Platz mitten auf der Bühne auch wirklich zu überlassen. Dieser Prinz kann nämlich die weibliche Hauptperson nicht heiraten, weil ja diese die Frau von König Artus ist. Ein schwerer Rückschlag. Und die andere Möglichkeit, die dem Dichter bleibt, ist noch schlechter: Wenn es denn ein richtiges Märchen sein soll, muß Lancelot die Prinzessin Jandree heiraten. In dieser Lage ließ Chrétien einfach seinen *Lancelot* Fragment bleiben – ein schlechtes Geschäft für die Gräfin, die wahrscheinlich im voraus bezahlt hatte und ihre Ware nicht bekam.

Nach alledem stehen wir jetzt wieder bei dem älteren Bericht des Caradoc von Llancarvan und fragen: Wer war am Ende tot?

Ein Fortsetzer brachte Chrétiens Geschichte zu Ende, ein Flickwerk also. Zum guten Schluß eines jeden Märchens muß das junge Mädchen den Prinzen kriegen. Sogar Frösche und Ungeheuer können Prinzen werden. Ein Märchen muß gut ausgehen, aber wie soll man ein Happy End für eine Entführungs- und Vergewaltigungsgeschichte finden? Wir fragen immer noch: Wer war am Ende tot?

In den Märchen, die den Regeln dieser Gattung folgen, gibt es normalerweise sieben Charaktere, so stellt Vladimir J. A. Propp in seinem Werk über die Morphologie des Märchens fest. Diese sieben Figuren finden sich auch im *Lancelot*: 1. der Held, Lancelot, 2. eine Geber-Figur, die Dame vom See, 3. der Gegenspieler, Fürst Meleagant, 4. der Nebenheld, Gawain, 5. der König, Artus, 6. die Königin, Guinevere und 7. die Prinzessin, Jandree. Die ziemlich großen Abweichungen zeigen an, wie schwierig es für Chrétien war, den Stoff ins charakteristische Märchenformat zu pressen. Die Dame vom See, die Lancelot einen Zauberring schenkt, mit dessen Hilfe er die Gefahren überwinden, die von der Gattung geforderten Taten vollbringen kann, bleibt hinter den Kulissen. Die Figur des Königs ist doppelt besetzt; es kommt ein zweiter König vor, dieser heißt Bademagus und ist Gouverneur der Inselfestung, in der die Königin gefangen gehalten wird. Er ist ein Zauberer (oder ein heidnischer Priester) und fungiert als Vermittler zwischen den Parteien. Im Bericht des Caradoc spielte der heilige Gildas die Rolle des Vermittlers. Daß der zweite König als Friedensstifter wirkt, ganz uncharakteristisch für König Artus, läßt vermuten, daß Artus gerade abwesend oder überhaupt abwesend war. Immerhin, in Chrétiens Version fungiert doch, wie dies auch sonst üblich ist, der erste König als derjenige, der den Helden hinaussendet. Die Prinzessin der Inselfestung, in der

3. Die Entführung der Königin

später Lancelot eingekerkert wird, bleibt bei Chrétien ohne Namen, aus den Perceval-Geschichten wissen wir aber, daß sie Jandree heißt. Lancelot heiratet die Tochter des Gralskönigs; sie heißt Helena, denn alle Lancelot-Figuren heiraten Frauen namens Helena, und zwar durch die Generationen hindurch. Es scheint also, daß sie eine Dynastie bilden. Schließlich wird die Figur des Königs, die bereits doppelt besetzt ist, mit Artus und mit Bademagus, gar verdreifacht: Wir erfahren, daß Bademagus nur der Vertreter des Königs Urien von Gorre ist und daß die Inselfestung im Land Gorre steht.

So freundlich und ehrenwert der heidnische Priester Bademagus auch immer sein mag, so bleibt er doch eben ein heidnischer Priester, und sein Land ist heidnisch. Aus dieser Tatsache, die der Geschichte zugrunde liegt, erklärt es sich, weshalb Artus und die Kommandeure seiner Truppen, Lancelot und Gawain, gegen dieses Land Krieg führen. Die Perceval-Texte bestätigen es: Es gab eine heilige Burg auf einer Insel, eine Kultstätte im Meer. Diese war einst im Besitz von Christen, aber während Artus' Regierungszeit fielen die Bewohner der Insel vom Glauben ab. Deswegen mußte sie von den Christen zurückerobert werden. Die Königin Guinevere behauptete, in irgendeiner Weise von dort herzustammen.

Ein heidnischer Priester, der einige Ähnlichkeit mit Bademagus hat, scheint nach dem Tod des König Artus ganz im Norden von Schottland, in der alten piktischen Hauptstadt Inverness am Loch Ness, gewirkt zu haben. Der heilige Kolumban trat diesem Mann vor 584 entgegen. Der Heilige, berühmt wegen seiner ebenso kräftigen wie schönen irischen Tenorstimme, lehrte einmal in stockdunkler Nacht die Heiden das Fürchten, als er sich vor der Halle des Königs Brude aufstellte und aus voller Brust einen Psalm aus dem Alten Testament sang. Er machte jenen Priester Broichan, der auch bisweilen als «Zauberer» bezeichnet wird, sterbenskrank und zwang ihn, das Königreich der Pikten aus seinen Krallen freizugeben.

Chrétiens *Lancelot* scheint auf den ersten Blick als historische Quelle wertlos. Das Werk folgt in seiner Struktur jenen Formgesetzen des Märchens, die der russische Wissenschaftler Propp in einer Untersuchung, die mehr als hundert solcher Märchen analysierte, aufgedeckt hat. Die Geschichte Chrétiens beginnt mit einer Untat (in der Strukturformel X genannt), die dazu führt, daß eine Leerstelle, ein Defizit in der Gesellschaft entsteht: Königin Guinevere wird verschleppt.

Die Konsequenz davon ist, daß der Held hinauszieht (Y). Der Held beschließt, die Sache wieder in Ordnung zu bringen (W). In seiner Not kommt ihm eine Geber-Figur zu Hilfe und schenkt ihm einen magischen Talisman – Lancelots Ring (Z). Er unternimmt eine Reise (R) – seine Route wird in Kapitel 5 genauer betrachtet werden. Ein Kampf findet statt (L). Der Held ist siegreich. Chrétien läßt seinen Helden mehrmals in Kämpfen siegen, es zeigt sich aber, daß es sich dabei nur um Stationen eines Feldzugs handelt. Ein solcher Sieg (S) des Helden löscht die Untat aus.

Der Autor fährt dann mit seiner Geschichte fort, indem er die Handlung gewissermaßen umkehrt: «Die Rückkehr des Helden» ($\downarrow$). Wenn er ein schlauer Autor ist, schreibt er eine «Jagd auf den Helden» (J), die damit endet, daß der Held gefangengenommen wird; genau das tut Chrétien. Da Lancelot den Geiselnehmer Meleagant beim erstenmal, als sich die beiden im Zweikampf gegenüberstanden, nicht getötet hat, wird er nun von Meleagant auf der Inselfestung eingekerkert und wird erst befreit, als sein Tod nahe bevorsteht. Seine Retterin ist die Schwester des Meleagant, die Prinzessin (Jandree), die in ihn verliebt ist.

Lancelots Reintegration in die Gesellschaft wird dadurch bewerkstelligt, daß eine Figur ohne Namen erscheint (o). Den Helden erwartet jetzt noch eine höchst gefährliche Aufgabe (A). Lancelot muß noch einmal gegen seinen schlimmsten Feind, den Bösewicht Meleagant, kämpfen, und er muß ihn diesmal töten. Am Ende sollte eigentlich die Hochzeit (H) stehen, und der Held Lancelot sollte das Land der Prinzessin in Besitz nehmen.

Die Universalformel des Märchens ist somit hier leicht wiederzuerkennen:

$$X-Y-W-Z-R-L-S-\downarrow-J-o-A-H$$

Nachdem Propp seine Untersuchung des Märchens abgeschlossen und seine Strukturformeln aufgestellt hatte, schloß er die Bemerkung an, daß das Märchen und der mittelalterliche Roman gemeinsamen Ursprungs seien. Die beiden Formen hätten sich überall und über Jahrhunderte hinweg im wesentlichen parallel zueinander weiterentwickelt. Er unternahm aber nicht den Versuch, zu der gemeinsamen Quelle dieser Formen vorzudringen.

Wir können heute annehmen, daß der Roman wie auch das Märchen seine Wurzeln in der Völkerwanderungszeit hat. Bisweilen findet man in diesen Geschichten Mythologisches aus der Antike oder biblische Stoffe eingemischt, so auch im *Lancelot*. Immer

3. Die Entführung der Königin

wenn eine Heldin von ihrem Ehemann befreit wird und besonders dann, wenn sie als Erdgottheit erscheint, die von ihrem Ehemann aus der Gewalt des Gottes der Unterwelt Pluto befreit wird, haben wir es mit mythologischen Mustern und Bildern zu tun.

Ein Beispiel für biblische Einflüsse bei Chrétien finden wir in der englischen Übersetzung der *Arthurian Romances* von W. W. Comfort. Der Herausgeber, der Bibelgelehrte D. D. R. Owen, der sich mit dem Problem der Höllenfahrt befaßt hat, stellte die These auf, die Reise des Lancelot zur Inselfestung basiere auf dem sogenannten Nikodemus-Evangelium. Derartige Einflüsse auf Chrétien stehen außer Zweifel. Die kirchliche Lehre von der Hölle gewann im zwölften Jahrhundert feste Gestalt, und sie war Schriftstellern, Wissenschaftlern und Mönchen wie Chrétien ständig präsent.

Wenn Chrétien, als er Lancelot zeichnete, an die Figur Christi, der als Rächer in der Hölle wütete, dachte, so hatte er vielleicht dabei noch etwas anderes im Sinn. Der *Prosa-Lancelot* wird später den Helden so genau beschreiben, daß er sofort wiedererkennbar ist. Andere spätere Autoren geben die unverwechselbare Sprechweise des Lancelot genau wieder, so daß man seinen Stil exakt dieser Person zuordnen kann. Ein Held mußte immer auch ein glänzender Redner sein und wurde in der Redekunst unterrichtet, wie alte Quellen beispielsweise aus Irland belegen.

Lancelot hat an König Artus' Hof einen sehr hohen Rang inne. Er sitzt oft zur Rechten des Königs und auf gleichem Niveau. Chrétien betont mehrmals, wie edel dieser Lancelot sei, ein Mann aus königlichem Geschlecht. Niemand im ganzen Reich ist so vornehm, niemand so tapfer. Es ist nach alledem nicht überraschend, wenn wir feststellen, daß Lancelot in die Nähe Christi gerückt wird. Er ist wie Karl der Große und Roland ein *miles Christi*, ein Krieger Christi. Wir bekommen eine Vorstellung von seinem Rang in der arthurischen Welt, wenn wir uns daran erinnern, daß immer wieder schöne Erbinnen großer Reichtümer den Versuch unternahmen, sich von ihm schwängern zu lassen. Und einer seiner Söhne wird Galahad sein, Träger höchster Heilsmacht.

Die Geschichte des Lancelot auf der Inselfestung hätte eigentlich mit einer Hochzeit enden sollen, aber Chrétien läßt den Ausgang im dunkeln, weil, so vermuten wir, das richtige Ende den Prinzipien, nach denen er seine Erzählung konstruiert hat, widerspricht. Um zu erfahren, was das nun für ein Ende ist, das Chrétien verschweigt, müssen wir uns an den deutschen *Lanzelet* wenden, an die Übersetzung eines alten britischen Texts, der aus Carlisle stammte.

An diesem Punkt der Untersuchung müssen wir feststellen, daß Chrétien einiges gutzumachen hat, wenn wir ihn für den begabtesten französischen Schriftsteller des zwölften Jahrhunderts halten sollen. Als er sich zum willfährigen Befehlsempfänger der Gräfin Marie machte, ließ er es an Selbstachtung, aber auch an Achtung seiner Quelle gegenüber fehlen. Königin Guinevere war im Gegensatz zu den Anhängerinnen der höfischen Liebe eben keine liebeskranke Ehefrau, die nach möglichst kitzligen Sensationen gierte.

Wir wenden uns hier einer besonders lehrreichen Abhandlung über das Märchen zu, die von Michel Butor stammt, einem der bedeutendsten avantgardistischen Autoren Frankreichs. Das Märchen wird niedergeschrieben, sagt Butor – und dies ist nun sehr genau auf Chrétien zu beziehen –, wenn die mündliche Überlieferung den Schriftsteller zu Hilfe ruft, damit er die Erzählung vor dem Vergessenwerden bewahre. Das Märchen ist eine Erzählung für Kinder oder für kindische Frauen wie die Gräfin Marie, für Menschen, deren eingeschränktes Fassungsvermögen nur einen sehr kleinen Ausschnitt der Wirklichkeit aufzunehmen vermag. Die märchenhafte Darstellung des Lebens steht in direktem und «flagranten Widerspruch» zur realen Welt von Männern und Frauen.

Das Märchen webt einen Vorhang aus Geheimnis und Wunder und Unwirklichem, der sich zwischen dem Leser und der wirklichen Welt niedersenkt. Der Leser wünscht sich, es möge gut ausgehen – die Welt der Erwachsenen ist nichts für ihn. Er möchte geborgen und vor dem wirklichen Leben in Sicherheit sein. Die extrem künstlichen Figuren des Märchens, lauter wandelnde Superlative, üben eine magische Anziehungskraft auf den Leser aus, die Mädchen sind sämtlich die allerschönsten, die Könige die allerköniglichsten.

Vor allem aber: das Märchen entspricht keiner Wirklichkeit. Auch bei Chrétien entspricht die Erzählung nicht den Verhältnissen, die man realistischerweise in einer Situation wie der, in der die verschleppte und gefangene Königin Guinevere sich befindet, erwarten müßte. Sie ihrerseits, denn sie ist eine Krieger-Königin, entspricht nicht der Vorstellung der «vertikalen Ungleichheit», die Michel Butor im Märchen findet. Das regierende Prinzip, sagt er, ist das der Umkehrung: «Die Frauen erfahren sich als unterlegen, und diese Unterlegenheit ist, im Gegensatz zu anderen Defiziten, definitiv.» Das Märchen des Chrétien wurde somit geschaffen, die Gräfin der Champagne für die Mängel in ihrem Leben und wahrscheinlich auch für die Mängel ihres Ehemanns zu entschädigen.

3. Die Entführung der Königin

Chrétien selbst kompensierte sein Domestikentum, indem er all jene Realien und Symbole einflocht, die uns heute so unpassend erscheinen, weil sie im Widerspruch zur manifesten und latenten Bedeutung des Texts stehen. Da gibt es einen Leichenzug und eine Totenbahre. Da ist der Spiegel, der immer ein Zeichen für den Tod ist; wenn man seinen eigenen Tod darin sehen will, muß man nur zweimal hintereinander hineinschauen. Wenn Gawain, Lancelot und die Königin übers Wasser fahren, so symbolisiert dies die Reise in jene Welt im Westen, aus der, so betont Chrétien mehrmals, niemand wiederkehrt. In diesem Text kommt alle Klarheit von jenseits des Grabes, von der anderen Seite des Spiegels. Als der Herold des Königs den Helden zum erstenmal erblickt – dieser ist allerdings unkenntlich –, bekreuzigt er sich und flüstert: «Dort kommt er.» Lancelot bricht schier das Herz, als er den Kamm bei der Quelle findet. Warum? Wir brauchen hier kein Lexikon der Symbole, denn diese sind universal verständlich über Zeit und Raum hinweg. Aber was hat es mit dem Karren auf sich? Dieses Detail der Geschichte bleibt problematisch.

Dem Leser von Chrétiens *Lancelot* wird bei der Lektüre nicht recht wohl. Da ist zuallererst einmal eine höchst ungute Spannung zu verspüren, die sich daraus ergibt, daß in diesem Text ein Stoff der Völkerwanderungszeit ohne Regel und Konsequenz modernisiert wurde. Zwischen den Leser und jene Epoche, die da geschildert wird, schiebt sich immer wieder das zwölfte Jahrhundert. Die arthurische Zeit wird modernisiert in dem Sinn, daß sie in ein Traumbild des zwölften Jahrhunderts eingepaßt wird, in einen Traum von schimmernden Rüstungen, romantischer Liebe mit ein bißchen Pornographie und von einem gleichzeitig zärtlich-galanten und ganz scheußlichen Rittertum. Das Ritterliche ist lediglich eine Maske, hinter der sich die häßliche, ungezähmte Brutalität verbirgt. Lancelot streckt Jandree den abgehauenen Kopf ihres Feindes hin, und zum Dank verspricht sie mit wohlgesetzten Worten, ihm in seiner Not zu beizustehen.

Der Leser sieht sich hilflos irgendwo zwischen offenem Heidentum und einem bläßlichen Christentum, zwischen einem freundlichen heidnischen Priester, der vergeblich seinen Sohn vor dem Tod zu retten versucht, und dem kämpferischen Ritter Lancelot, der angeblich christusgleich ins Reich der Hölle hinabsteigt. Und am schlimmsten ist der Kontrast zwischen der heroischen Erscheinung der britischen Kriegerkönigin, so wie sie in Wirklichkeit war, einer Frau, die unerschrocken dem Verhängnis entgegensah, und ihrem

Zerrbild, jener allzu reifen Dame, die einen knackigen jungen Mann in ihr Bett lockt. Die Indifferenz des Märchens gegenüber moralischen Dingen ist nur allzu bekannt. In ein und demselben gleichgültigen Ton kann der Erzähler mitteilen: «Dann schnitten sie ihr den Kopf ab» und: «Dann gingen sie zum Essen». Es ist eine Es-war-einmal-Welt, ein Nirgends-und-niemals-Land der Unmoral, fern von allem Gut und Böse. Wir verstehen jetzt, weshalb Chrétien die Geschichte nicht zu Ende geschrieben hat. Darin wenigstens war er ehrlich.

Chrétiens einführende Erklärungen zu den näheren Umständen der Entführung der Königin (V. 1–250) sind nicht ausreichend, aber durchaus treffend. Der fremde Ritter erhebt Anspruch auf die Person der Königin und fordert den König auf, sie in Begleitung eines Trupps von Kriegern hinauszusenden. Seine Absicht ist, ihr aufzulauern und ihr an einem Ort seiner Wahl den Kampf aufzuzwingen. Wenn sie bei diesem überraschenden Angriff in der Waldlichtung unterliegt, wird er sie gefangennehmen. König Artus ahnt Böses, aber er vertraut doch die Königin dem Kay an, der sich dazu bereit erklärt, ja verlangt hat, Guinevere zu begleiten. Der ganze Hof trauert um sie, als ob sie bereits tot wäre.

Ein Stück weit reiten auch noch König Artus und Gawain mit hinaus, dann reitet Gawain allein weiter, bis er den Karrenritter trifft. Den beiden kommt dann Kays Pferd entgegen, das mit leerem Sattel zu seinem Stall zurückkehrt. Die Leute der Königin sind besiegt worden, sie ist die Gefangene des fremden Herausforderers, dem sie wahrscheinlich ihr Ehrenwort gegeben hat. Wenn ihre Partei gesiegt hätte, so wäre der Gegner verpflichtet gewesen, alle Gefangenen aus Artus' Reich freizulassen. Die Leiden, die sie in seinem Land erdulden müssen, sind schrecklich.

Mit ein wenig Anstrengung sollte es nun gelingen, dieses Gefecht in die Reihe jener etwa zwölf militärischen Unternehmungen einzuordnen, die bei Nennius und Geoffrey von Monmouth beschrieben und aufgelistet sind.

Es scheint so, als könnte diese Episode Teil von Artus' Inselkrieg sein, in dem die Königin mit ihren Truppen sich dem Kommando des Königs unterstellt hatte. König Artus bleibt im Hauptquartier, das weniger als eine Tagesreise von Camelot entfernt ist. Die Burg Camelot liegt in der Nähe von Carlisle, aber nicht im Landesinnern, sondern unmittelbar am Wasser.

Jahrhunderte später hat Sir Thomas Malory, der möglicherweise

3. Die Entführung der Königin

ein erfahrener Militär war und Dinge wußte, von denen Chrétien nur träumen konnte, die Überlieferung früherer Berichte korrigiert und die Initiative Königin Guinevere zugeschrieben (*Le Morte d'Arthur*, 19. Buch). Malory zufolge ritt die Königin im Monat Mai an der Spitze eines Trupps von zehn ihrer Männer in den Wald: Sir Kay, der Seneschall, Agravain, Brandiles, Sagramore, Dodinas, Ozanna, Ladinas, Persant, Ironside und Pelleas. Alle diese Männer wurden verwundet und gerieten zusammen mit der Königin in Gefangenschaft.

Die Männer der Königin waren in Grün gekleidet, *genauso wie Lancelot und Gawain in Chrétiens Bericht*. Schottische Krieger pflegten grüne Blätter an ihren Lanzen und auf den Helmen zu tragen, wenn sie an Pfingsten in den Kampf zogen, sagt John Prebble in seiner Geschichte von Schottland. Wir erinnern uns bei der Gelegenheit daran, daß Königin Guinevere bei ihrer Krönung in Carlisle mit Lorbeer geschmückt war.

Malory deutete die ganze Aktion mehr in einem militärischen Sinn, als er annahm, die Königin habe sich freiwillig als Geisel zur Verfügung gestellt, um das Leben der zehn Männer zu retten. Der Geiselnehmer war derselbe wie in Chrétiens Version, er erschien nun in der Schreibung «Meliagraunce», die den Sprechgewohnheiten des fünfzehnten Jahrhunderts oder dem Akzent Malorys besser entsprach als die Variante «Meleagant», die Chrétiens Diktion wiedergab. (Das gesprochene Wort hat immer den Vorrang vor dem geschriebenen.) Von Anfang an weiß Malory, daß Meliagraunce der Sohn des Bademagus ist, dem König Urien die Herrschaft über die Inselfestung anvertraut hat.

Bei Caradoc von Llancarfan ist Meluas (Meleagant) ein Vergewaltiger. Bei Malory sind ebenfalls sexuelle Motive im Spiel, aber es wird doch auch deutlich, daß es vielleicht noch um etwas anderes geht als um bloße Triebbefriedigung. Die rätselhafte Geschichte der Brünhilde kommt uns hier wieder in den Sinn. Sie wurde von Siegfried überwältigt, der im Auftrag des Königs Gunther handelte. Mit ihrer Jungfernschaft verlor Brünhilde zugleich ihre heldische Kraft und ihren unabhängigen, souveränen Status, das heißt konkret: ihren Besitz. Die stolze Herrscherin und Kriegerfürstin wurde zu einer von Eifersucht verzehrten Xanthippe, die sich mit Kriemhilde um den Vortritt am Kirchenportal zankte. In anderen Worten: Gunther überwältigte mit Hilfe Siegfrieds Brünhilde, um ihr den königlichen Rang und das Königreich zu rauben. Genau dasselbe scheint bei Königin Guinevere der Fall gewesen zu sein.

König Artus ließ es zu, daß seine Gemahlin an der Spitze eines Trupps Bewaffneter hinauszog, weil sie als Krieger-Königin souverän war, eine Herrscherin eigenen Rechts, die über sich und über die Belange ihres Herrschaftsgebiets frei verfügen konnte. Aufgrund eines fremden und unbekannten Gesetzes verlor Königin Guinevere ihr Erbe an Meliagraunce (alias Meluas alias Meleagant).

Sir Thomas Malorys Werk steht dem *Prosa-Lancelot* sehr nahe, dessen Autoren wahrscheinlich als erste die Bedeutung jener Ereignisse für den Rechtsstatus und das Leben der Königin Guinevere erkannt hatten. Auch sie sind der Meinung, daß Camelot im Norden von Britannien nahe bei Carlisle liege und daß Artus sich gerade dort aufgehalten habe, als der Streit um das angestammte Erbe der Königin Guinevere begann. König Artus befand sich damals mitten im Krieg gegen drei mächtige Könige des Nordens: König Galehaut von Sorelois (Sutherland?), König Bademagus von Gorre und König Loth von Lothian. Obwohl Lancelot als loyaler Verbündeter auf der Seite des Artus kämpfte, war er doch bereits zu dieser Zeit als Erbe zweier dieser Territorien im Norden vorgesehen, nämlich Gorre und Sorelois. Als er auszog, die Königin zu befreien, wollte Lancelot zugleich das Land Gorre in seinen Besitz bringen. Gawain unternahm den Kriegszug nicht allein der Königin zuliebe, sondern auch um seinen Bruder Agravaine, den zweiten Sohn des König Loth, zu befreien. Die politischen Verhältnisse sind also verwickelt und konfliktträchtig.

Obwohl dies nie explizit gemacht wird, ist doch, wenn man dem Bericht des *Prosa-Lancelot* folgt, die Lage der Königin Guinevere so, daß sie auch zu Artus' Feinden aus dem Norden in einem Verhältnis der Loyalität steht, und diese Bindungen sind so stark, daß wir annehmen müssen, sie sei von Geburt eine Königin eines jener Stämme des Nordens. Mehr als einmal begegnen wir der Königin, wie sie zusammen mit Lancelot nördlich der Linie Dumbarton-Firth of Forth unterwegs ist, auf der Reise in die nordpiktischen Königreiche. Wenn sie sich dort aufhält, erscheint sie als oberste Herrin all dieser Reiche einschließlich der Out-Inseln und Sutherlands. Erst nach dem Tod von Fürst Galehaut wagt es König Bademagus, in einer Botschaft an den Hof von König Artus die Auslieferung der Königin zu verlangen. In gewisser Weise ist jetzt die ganze Geschichte fertig umrissen, sie bleibt freilich kompliziert.

Das Bild, das von Meleagant gezeichnet wird, bleibt durch alle Berichte hindurch ziemlich konsistent: daß er der Vergewaltiger und Frauenräuber war, scheint so allgemein bekannt zu sein, daß es

3. Die Entführung der Königin

keiner weiteren Erklärung bedarf. In Chrétiens Darstellung wird Meleagants Verhalten von einem übermächtigen oder perversen Sexualtrieb bestimmt. Den mittelalterlichen Klerikern und Intellektuellen ist sonderbarerweise der Gedanke, daß es auch noch andere menschliche Leidenschaften als bloß die sexuellen geben könnte, ziemlich fremd, und sie neigen deswegen dazu, den Leuten, über die sie schreiben, immer fleischliche Gelüste zu unterstellen; sie scheinen in aller Seelenruhe der Meinung gewesen zu sein, daß der Mensch eben in der Regel lasterhaft sei.

Im deutschen *Parzival* wendet sich der Autor, Wolfram von Eschenbach, gegen Meleagant, den er Meljacanz, Sohn des Königs Poydiconjunz von Gors, nennt (Buch 3 und 7). Der Knabe Parzival, der noch nie zuvor einen Ritter gesehen hat, begegnet eines Tages im Wald dem Meljacanz, der gerade eine reiche Erbin namens Imane verschleppt. Er trage, schimpft Wolfram, die Krone der Verruchtheit, denn er habe niemals die Liebe einer Frau gewonnen, es sei denn mit Gewalt. So haben wir denn außer den Heiligen Gildas und Kolumban wenigstens einen mittelalterlichen Zeugen, der den Frauenraub als Verbrechen mißbilligt. Abgesehen davon aber, sagt Wolfram, sei Meljacanz sonst ein tapferer und mannhafter Kämpfer. Wolfram sah darin keinen Widerspruch.

Kann ein Mann «so recht männlich» und gleichzeitig ein Vergewaltiger sein? Was ist der Hintergrund der verbrecherischen Handlungsweise des Meleagant? Könnte es sein, daß Chrétien und die anderen auf eine ihnen fremde Kultur mit völlig anderen Moralvorstellungen gestoßen sind und daß sie deswegen zu falschen Schlüssen gelangten?

In seinem Buch *The Welsh People* zeigt der Artus-Forscher Sir John Rhys, daß Beziehungen zwischen den Menschen in alter Zeit ganz anders geregelt waren, als wir es heute gewohnt sind. Im alten Irland beispielsweise war es häufig die Frau, die bei der Anbahnung von Liebes- und Ehebeziehungen die Initiative ergriff. Diese Sitte kann man in irischen Erzählungen wie der von *Dermat und Grania* beobachten. Andere Beispiele dafür finden sich in den *Old Celtic Romances*, die P. W. Joyce übersetzt hat.

Es scheint so, als sei es bei den piktischen Völkern im alten Schottland der Brauch gewesen, daß die Krone in weiblicher Linie vererbt wurde, also die Häuptlingswürde immer auf die Tochter überging. Diese konnte dann nach freiem Belieben das Herrscheramt auf einen Gatten ihrer Wahl übertragen. Die Könige der Pikten waren meist Söhne aus vornehmen nichtpiktischen Familien. Es sieht so aus, als habe der Ehemann nach dem Vollzug der Ehe mit einer Häuptlingstochter den Rang eines Prinzgemahls erhalten. Im Licht dieser Erkenntnisse wird das Verhältnis der Königin Guinevere zu verschiedenen Bewerbern – König Urien, Meleagant und dann Modred – eher verständlich und auch die traurige Geschichte der Brünhilde und ihrer zwei Ehemänner Gunther und Siegfried. Möglicherweise wird so auch erklärbar, was von «Morgan le Fay», der Königin Morgan also, berichtet wird, daß sie nämlich zwei Söhne von verschiedenen Vätern gehabt habe. Das Wort *Prinz*, das in dem Namen Meluas oder Meleagant steckt, verweist darauf, daß dieser Mann der Prinzgemahl der Häuptlingserbin Imane war, vielleicht auch der geschändeten Guinevere.

Chrétiens Verwirrung und im besonderen der Vorwurf des Ehebruchs resultiert möglicherweise daraus, daß er nicht erkannte, daß der Norden Britanniens, besonders die Rhinns of Galloway, aber auch das ganze nördliche Schottland jenseits des Forth früher piktisch war. Der verzweifelte Versuch Meleagants, einen Thron zu usurpieren, wurde von Chrétien als Ausdruck eines übermächtigen oder krankhaft entarteten Sexualtriebs mißverstanden.

Sir John Rhys zeigt, daß auch andere Völker, und dies lange vor Chrétien de Troyes, unfähig waren, die archaische Kultur im fernen Norden Britanniens zu verstehen:

Die Griechen und Römer... konnten sich die Beziehungen zwischen den Geschlechtern bei den Völkern jener Rasse nicht anders denn als Ausdruck der Zügellosigkeit und eines Hangs zur Promiskuität erklären... Cassius Dio (LXXXVI, 16)... stellt uns eine piktische Dame vor... über die piktischen Moralvorstellungen sagt sie... sie finde die piktischen Sitten besser... Die piktische Damen gingen ganz offen Beziehungen mit den tüchtigsten Kriegern des Stammes ein... Die piktische Erbfolge kann nicht zu allen Zeiten auf den äußersten Norden beschränkt gewesen sein, denn in der alten Literatur findet man eine Fülle von Helden, deren Namen von den Namen ihrer Mütter abgeleitet sind. (*The Welsh People*, S. 14)

Somit hatte Lancelot, der, wie er sagt, ein Königssohn war, kein Erbe zu erwarten, er mußte sich seinen Besitz selbst erkämpfen. Dasselbe gilt für Meleagant.

Königin Guinevere wird also zu einer Insel im Meer gebracht. So steht es auf dem Stein geschrieben, wird uns versichert. Es ist eine alte, berühmte, sorgfältig bewahrte Geschichte, die einst jeder kannte.

Alle Berichte von der Entführung reden in irgendeiner Weise von einer «Glasinsel», sie besteht aus Glas, sieht aus und glitzert wie

Glas, und/oder ein Kristallberg befindet sich dort. Es ist eine glückselige Trauminsel, wo der wunderschöne Monat Mai das ganze Jahr hindurch andauert. Das Eingangstor ist ein massiver Diamant, schreibt der geniale Geoffrey von Monmouth, der in seinen alten Tagen gern in Symbolen spricht. Es sind dort eine Menge goldener Sterne zu sehen, und es wuchern im ganzen Land Blumen und tropische Bäume. Es ist das Land Voirre oder Gorre, das Land des ewigen Sommers, *wo es keine Schlangen gibt*. Es liegt ein Sumpf davor, davor wiederum ein Fluß und ringsum das Meer. Das muß man unbedingt gesehen haben, bevor man von dieser Welt abtritt. Die Burg heißt Burg des Todes.

Gorre wird von einem König regiert, der ein Feind des König Artus ist. Er heißt Urien, und sein Vizekönig ist der «magus», also der Zauberer, Bademagus. Dieser bedauernswerte Magier hat einen Sohn, der wild entschlossen ist, sich selbst zugrunde zu richten, was auch immer sein Vater tun würde, um dies zu verhindern. Dieser Sohn ist Meleagant, ein Prinz. Bademagus spielt die Rolle des Vermittlers, bei Ulrich von Zatzikhoven heißt er «Mabuz der Zauberer» oder «Der weise Malduz» oder auch einfach «Der Weise». Es ist nur ein kleiner Schritt bis zu Gildas dem Weisen aus der Handschrift von Glastonbury. Die Verbindung mit Irland erweist sich wieder einmal als solid.

In irgendeiner Weise gehört auch die Königin Morgan hierher; ob sie nun mit der Dame vom See oder mit der Sibylle des Ulrich identisch ist oder nicht – sie ist jedenfalls irgendwie mit Lancelot und mit Guinevere verbunden.

Wir wissen noch immer nicht, wer am Ende tot ist, aber wir kommen der Sache näher.

4. Lancelots Fahrt

Es sind bereits mehrere Versuche unternommen worden, Chrétiens Erzählung auf irgendein Schema zurückzuführen und so etwas verständlicher zu machen. Mario Roques, der den Text 1967 neu herausgegeben hat, unterteilte ihn in neununddreißig Episoden, aber schon früher hatte Gaston Paris festgestellt, je länger man sich um Schematisierungen dieser Art bemühe, desto weniger Sinn ergebe das Ganze. All die Ereignisse, Begegnungen und Abenteuer verstricken sich zu einem wahrhaft chaotischen Gebilde, aus dem unmöglich eine logische Struktur zu abstrahieren ist. Es ist deswegen ein anderer, ganz neuer Ansatz nötig: Statt weiterhin die verschiedenen Begegnungen mit Personen und die Aufgaben, die der Held bewältigen muß, zu registrieren und zu deuten, werden wir Lancelots Reise auf einer Landkarte nachzeichnen, in der Hoffnung, daß sich so vielleicht Richtung und Zweck des Geschehens aufdecken lassen.

Es gibt auf dem Weg nur zehn Stationen:

1. Entführung der Königin: königliche Burg, Carlisle
2. Zwerg und Karren: Wunderbare Burg
3. Gefährliche Furt: in der Nähe der Wunderbaren Burg
4. Burg der Damsel, ein Stück flußaufwärts: königliche Burg
5. Quelle und *Perron*: ein heiliger Ort
6. Altes Kloster und Friedhof: Grablege der Königsfamilie
7. Stein-Passage: Hadrianswall
8. Schlacht: Carlisle
9. Herausforderung bei der Fähre: in der Nähe der Wunderbaren Burg
10. Schwertbrücke: Land der Gälen

Schon auf den ersten Blick wird deutlich, daß die Reise, die Lancelot unternimmt, eine Art «Umritt» ist, auf dem der Held ein Königreich in Besitz nimmt; er zieht von einer Burg zur andern, als ob er sein Reich oder das Reich eines anderen umrundete. Das erstere ist wahrscheinlicher. Mit Ausnahme von Gawain, der sich aber schon früh, bei der Gefährlichen Furt, von Lancelot trennt, sind es lauter namenlose Personen, die den Helden begleiten. Sogar die Könige, bei denen er einkehrt, bleiben ungenannt. Die Könige in alter Zeit unternahmen gewöhnlich nach ihrer Thronbesteigung einen Ritt um die Grenzen ihres Reiches, der rituellen Charakter hatte; so achtete man streng darauf, auf diesem Weg immer nach rechts und nie nach links abzubiegen. Wir haben damit endlich einen ersten wirklichen Hinweis auf die Identität Lancelots gefunden: Es sieht so aus, als sei er vor kurzem König geworden. Und Chrétien, der sonst geradezu schamlos mit großen Namen und Titeln um sich wirft, hat es offenbar vor Ehrfurcht vor der Größe Lancelots die Sprache verschlagen. Dabei geht Chrétien fast ausschließlich mit gekrönten Häuptern um.

Ein anderer Nordland-Reisender, Dr. Samuel Johnson, hatte bisweilen Anwandlungen, die ihn zu recht kritischen Äußerungen über «die Unzuverlässigkeit der Vulgärsprachen» veranlaßten. Chrétiens Französisch ist nicht mehr als passabel, die Sprache seiner Quelle kennen wir nicht. Und die Sache wird noch schwieriger

4. Lancelots Fahrt

dadurch, daß Chrétien sich gar nicht wirklich für Lancelot interessiert und für den Karren oder die Kutsche oder was es sonst für ein Fahrzeug sein mag, das der Held besteigt, angeblich um sich selbst zu erniedrigen.

Für Chrétiens Zwecke ist die Ausgangssituation ganz gleichgültig, und er unternimmt keinerlei Anstrengungen, die militärische Lage, die sich daraus ergibt, darzustellen. Die Fakten sind diese: Jemand überbringt Artus eine Kriegserklärung, als dieser in Carlisle, oder genauer: in Camelot, das unweit davon am Wasser liegt, einen Hoftag abhält. Im weiteren Verlauf der Ereignisse gerät Königin Guinevere in Gefangenschaft. Gawain und Artus reiten hinterher. Unterwegs stößt Lancelot zu den beiden; er beeilt sich so sehr, an den Treffpunkt zu gelangen, daß er zwei Pferde zuschanden reitet, und das an einem einzigen Nachmittag. Lokalhistoriker haben gezeigt, daß es in der Gegend von Carlisle in alter Zeit einen solchen Treffpunkt gab, und zwar an der Küste zwischen Carlisle und Gretna Green bei einem mächtigen Granitblock, der Clachmabenstone (eigentlich: Clachmabenstane) genannt wird. Den Stein gibt es immer noch, und es scheint so, wenn man Richtung und Entfernung in Betracht zieht, daß dieser Ort der Treffpunkt gewesen sein könnte. Sobald Lancelot eingetroffen ist – und das bedeutet: sobald er das Kommando übernommen hat –, kann König Artus die Angelegenheit ihm überlassen und sich anderen Geschäften widmen; er kehrt nach Carlisle zurück.

König Artus hatte seine militärische Laufbahn als römischer *dux* begonnen und wurde dann zum *imperator*, zum Oberbefehlshaber, befördert. Er trug somit den auffälligen scharlachroten Umhang, der das Zeichen dieses Rangs war; und tatsächlich: der Mantel des König Artus wurde von jeher zu den Dreizehn Schätzen Britanniens gezählt. Wenn er ihn trug, in seiner Funktion als militärischer Führer also, agierte er oft mit einer so atemberaubenden Beweglichkeit, daß es so scheinen konnte, als wäre er unsichtbar. Dem Oberbefehlshaber unterstanden, wie in diesem speziellen Fall sichtbar, zwei Generale, die aus der Oberklasse jener Gesellschaft stammten, Gawain und Lancelot. Ihnen übertrug der Oberkommandierende, wenn es ihm, wie hier, opportun schien, die Leitung bestimmter militärischer Aktionen.

Chrétien interessierte sich auch nicht im mindesten für Lancelots überbeanspruchte Pferde oder dafür, welches Tempo er anschlug. Er erwähnt aber wohl später im Text einmal einen König, der sich in Begleitung seines Sohns und einiger Höflinge auf einer Wiese Bewegung verschafft. Der König und seine Begleiter reiten edle spanische und irische Pferde, die sehr wertvoll sind. Aber Lancelot muß auf einem ganz normalen Gebrauchspferd geritten sein, das von den Wildpferden jener waldigen Gegend abstammte. Es waren kleinwüchsige Tiere, nur 1,30 Meter hoch (heutzutage reitet man Pferde mit einem Stockmaß von etwa 1,50 Meter), wie wir aus einem Skelettfund, den man vor mehr als hundert Jahren in Yorkshire gemacht hat, wissen – neben dem Pferd fand man damals Wagenräder. Lancelots Pferd war gewiß keines jener Kutschpferde, die es in späteren Zeiten gab, etwa in der Art des berühmt flinken Clydesdale, sondern eher ein Ahne der störrischen Galloways, Tiere, die für lange Ritte auf Waldwegen geeignet sind und eine leicht ausschreitende Gangart, mehr ein flottes Gehen als ein Traben, bevorzugen. Es ist leicht einzusehen, daß ein solches Pferd bald zu lahmen beginnt, wenn man es über längere Strecken hinweg in den Galopp zwingt. Diese Rasse bewältigt in der ihr angemessenen Gangart etwa acht Kilometer pro Stunde, pro Tag vielleicht fünfundvierzig oder fünfzig Kilometer unter günstigen Bedingungen.

Die Ereignisse finden im Mai statt, das Wetter ist gut, und es gibt gutes Futter für die Pferde. Die Entfernungen in dem Land, in dem Lancelot reist, erscheinen nicht übermäßig groß, wenn man das Tempo und die Ausdauer seines Reittieres zugrunde legt:

Carlisle-Glasgow: 150 km
Carlisle-Edinburgh: 150 km
Carlisle-Stranraer (Anlegestelle der Fähre): 130 (?) km
Edinburgh-Hawick: 80 km
Edinburgh-Stirling: 55 km
Edinburgh-Dumfries: 115 km
Edinburgh-Jedburgh: 75 km

Um genau zu sein: Es ist Ende Mai. Im alten Irland wurde am ersten Mai das berühmte Beltane-Fest mit Freudenfeuer und Pferderennen gefeiert. Im alten Gallien und vielleicht auch in anderen keltischen Ländern beging man an diesem Tag das Neujahrsfest. Der zehnte des Monats ist doppelt geheiligt, weil an diesem Tag ein heliakischer Aufgang der Plejaden zu beobachten ist; heute ist das Ereignis nur noch insofern bedeutungsvoll, als es den Beginn des Sommers und des langen Tageslichts in jenen Breiten ankündigt. Es ist wahr, daß Lancelot vielleicht einer alten Pilgerstraße folgte, als er zur anderen Küste zog. Das Bild des Helden, der hoch zu Roß dahinzieht, hat in den Legenden überall in Europa von alters her große

4. Lancelots Fahrt   197

symbolische Bedeutung, aber Lancelots Reise hat ganz prosaisch-praktische und militärische Gründe. Sein Ritt durch das Reich dient auch dem Zweck, Krieger zu rekrutieren, denn es steht eine Schlacht bei Carlisle bevor. Und wir wissen, daß König Artus dort einen seiner zwölf legendären Siege erfocht und daß die Schlacht mehrere Tage währte. Lancelots Fahrt hat also nichts Mythisches an sich. Er hat vielmehr mehrere Aufgaben zu erledigen, die Artus ihm übertragen hat: Er soll neue Leute für die Armee rekrutieren, den Aufenthaltsort der Königin und der anderen Gefangenen ermitteln und die Befreiungsaktion vorbereiten und durchführen.

Lancelot muß an diesem ersten Nachmittag der Verzweiflung nahe gewesen sein. Nachdem seine Pferde unbrauchbar geworden waren, geriet er an den Zwerg und den Karren. Und hier fängt nun Chrétien gewissermaßen selber zu lahmen an: Er verschweigt, was für ein Gefährt dieser «Karren» war, wie viele Räder er hatte, was er geladen hatte und warum Lancelot die Demütigung auf sich nahm oder auf sich nehmen mußte.

Der Zwerg zog keinen Kriegswagen, nicht jenes zweirädrige *essedum*, in dem die keltischen Krieger dahinfuhren. Und es war auch nicht das Gefährt des «britischen Königs Arviragus, des Wagenlenkers... der niederstürzte von seinem Schlachtenthron». Es war nicht ein vierrädriger Karren von der Art, die Stuart Piggot beschreibt, ein Wagen also, auf dem man einst gefallene Krieger zur Begräbnisstätte fuhr, oder ein Wagen wie der, auf dem man die Königin fortschaffte in einer Welt, in der die Frauen eines besiegten Volks zur Kriegsbeute gerechnet wurden. Und ganz gewiß zog der Zwerg nicht eine vierrädrige Bronzekutsche, jenes mythische Gefährt, in dem der Sonnengott zu reisen pflegte.

Was Chrétien sagt, ist, daß das Vehikel, in dem Lancelot fuhr, *damals das einzige seiner Art in der Stadt* war, während es in Frankreich «heute», zur Zeit des Dichters also im zwölften Jahrhundert, Tausende davon gebe. Das Gefährt diente vermutlich zum Transport von Mist in der Landwirtschaft, aber auch als Pranger und Schinderkarren. Man fragt sich hier, ob nicht in Chrétiens Quelle das eigentliche Wort für einen solchen Mist- und Schandkarren, nämlich das französische *tombereau* (engl. *tumbrel*), gestanden hat. In diesem Fall würde sich das Bild drastisch ändern. Dieses Wort bezeichnet nämlich auch eine Kriegsmaschine, die bei Belagerungen verwendet wurde. Es ist also möglich, daß Chrétien in seiner Quelle *tombereau* vorfand und dabei an einen zweirädrigen Bauernkarren dachte, während das Wort in Wirklichkeit einen «Trebu-

4. Lancelots Fahrt

chet», eine Schleudermaschine bezeichnete, mit der man Mauern und Gebäude zum Einsturz bringen konnte.

Eine solche Maschine ähnelte einem Kran; an einem Ende des Auslegerarms hing eine eiserne Kugel, diese konnte frei vor und zurück pendeln. Die Maschine wurde von einem Mann bedient, dem Zwerg, der seinen Platz vorne hatte und einen Hebel spannte, der, wenn man ihn freigab, die Kugel an dem Seil nach vorn gegen die Mauer, die zerschmettert werden sollte, schleuderte. Die Maschine funktionierte nach einem einfachen Prinzip: die schleudernde Bewegung des einen Hebelarms resultierte aus einer schnellen Abwärtsbewegung des mit einem Gewicht beschwerten Gegenarms. Dieses Gewicht wurde mit Hilfe einer Winde und Seilen aus Roßhaar emporgehievt; sobald man es fallen ließ, schleuderte der Hebel die Kugel nach vorn auf das Objekt, das man zerstören wollte. Zu König Artus' Zeit war das Geschoß möglicherweise ein Stein, aber wir neigen doch eher zu der Annahme, daß eine Eisenkugel verwendet wurde. Es gab (und gibt) in Falkirk, etwa in der Mitte zwischen Edinburgh und Stirling gelegen, eisenverarbeitende Industrie. In dieser Gegend soll Percevals berühmtes Schwert geschmiedet worden sein, möglicherweise stammt auch das Schwert Excalibur von dort her.

Es erhebt sich jetzt die Frage, welche Methoden König Artus bei Belagerungsunternehmen anwandte. Nennius weiß davon zu berichten. In dieser Kompilation findet sich ein seltsamer Satz: «Artur Latine translatum sonat ‹ursum horribilem›, vel ‹malleum ferreum›, quo confringuntur molae leonum...» Das ergibt dann guten Sinn, wenn wir es im Licht dessen betrachten, was wir über Lancelots Schleudermaschine gesagt haben: «Der Name *Artur* klingt wie das keltische Wort für ‹zottiger Bär› [das *arth* lautet] oder wie ‹Eisenhammer›, mit dem die Mauern der Meere zertrümmert wurden.» Hier wird statt «molae leonum» die Lesart *moles llion* angenommen. Das walisische Wort *llion* («der Wellen») wurde mit *leonum* («der Löwen»), das überhaupt keinen Sinn ergibt, verwechselt. Mit *moles llion* versuchte der Übersetzer vielleicht eine etymologische Deutung des Namens *Carlisle*. Für ihn bedeutete *Carlisle* «Burg der Wellen» und *Camelot* «Burg des Hammerers»: *Caer + llion, Caer + Mallet*. Unser Wort *demolieren* ist von dem lateinischen *moles*, «Bauwerk», abgeleitet. Wir wissen, daß König Artus Carlisle, das von sechs Meter hohen Mauern umgeben war, erobert hat. Er muß dabei eine Bresche in diese Mauern geschlagen haben. Wenn nun die Königin in eine benachbarte Burg, die bei der Anlegestelle einer

Fähre lag, gebracht wurde, so ist es leicht möglich, daß Lancelot die Belagerungsmaschine dorthin brachte. Wir wissen, daß König Artus nicht der Mann war, der es einfach hinnahm, daß jemand seine Gemahlin verschleppte. Und bestimmt erwartete er nicht, daß Lancelot und Gawain ihren Auftrag, die Königin zurückzuholen, ohne die geeignete Ausrüstung durchführen konnten.

Ein moderner Stabsoffizier hätte vielleicht genau dasselbe getan wie Lancelot: er hätte sich kurz entschlossen auf den Führersitz einer Belagerungsmaschine geschwungen und diese vor die Burg des Feindes, die nicht weit entfernt war, ziehen lassen. Er wäre also elegant in den «Karren» des Zwergs gesprungen und hätte mit Verachtung die Drohungen des «Proleten», der da wütend mit seinem Birkenstöckchen herumfuchtelte, ignoriert. W. W. Comfort, der englische Übersetzer des *Lancelot*, dachte, der Zwerg lenkte einen Ochsenkarren, und gab ihm deswegen einen Stachelstock in die Hand. Der Text sagt aber nichts von einem solchen Stachelstecken, sondern er sagt, der Zwerg habe eine Birkenrute, französisch *verge* (lat. *virga*) getragen, und die bedeutet eine gefährlichere Drohung; denn es handelt sich dabei um das Amtszeichen eines *lictor*, eines subalternen Beamten, der einem römischen Offizier als dessen Büttel beigegeben ist. Der Zwerg – aber davon hatte Chrétien keine Ahnung – war also ein königlicher Beamter, und er war Gawains Bruder.

Aber Lancelot hatte nichts von ihm zu befürchten. Was für ein Fahrzeug es immer gewesen sein mag, Lancelot kümmerte sich nicht um den Fahrer. Der Leser kann es ihm nicht so leicht nachtun – er weiß schließlich, welche Leiden der arme Tristan von dem Zwerg auf der Burg Tintagel zu erdulden hatte. Außer diesem Zwerg, der Frocin heißt, gibt es noch einen zweiten, und zwar in der Inselfestung, wo man die Königin gefangen hält. Dieser «Zwerg» – so werden feindliche oder piktische Prinzen oft beschrieben – scheint irgendein untergeordnetes Amt dort innezuhaben.

Tatsächlich nähert sich nun Lancelot der Burg, die manche mit Tintagel in Cornwall identifiziert haben. Da die Königin sich dort aufhielt und weil König Artus ja nicht wissen konnte, daß sie schon am folgenden Tag fortgebracht werden würde, ist es sinnvoll anzunehmen, daß man die Belagerungsmaschine eilig dorthin schaffte. Wenn dies aber geschah, dann kann ebendies der Grund dafür gewesen sein, daß man die Königin schon am nächsten Morgen an einen anderen Ort verlegte. König Artus, der ja selbst aus einer vornehmen römischen Familie stammte, muß mit römischem Belagerungsgerät vertraut gewesen sein, mit dem «Skorpion» etwa, einem kleinen Katapult, und mit der *ballista*, die riesige Steinbrocken in einem Winkel von 45 Grad abschoß.

Wir können als sicher annehmen, daß König Artus der Königin eine Streitmacht nachschickte und daß diese Truppen von Gawain, der gegenüber Lancelot der Rangältere war, befehligt wurden. Gawain scheint die Lage sofort richtig erfaßt zu haben; er übernahm in diesem besonderen Fall die Vorhut, das war die Reiterei, gefolgt von der Masse des Heers, leichtbewaffneten Fußtruppen. Er konnte deswegen Lancelot ein Pferd zur Verfügung stellen, ein Reservepferd. Im späteren Verlauf der Ereignisse befand er sich dann weit vor Lancelot. Dieser war vermutlich Artillerieoffizier und auch für Nachhut und Troß verantwortlich. In dieser Weise organisierten die Römer ihre Märsche: die Bagage bildete das Ende des Zugs; dieser Truppenteil hatte die Kolonne gegen Verfolger zu sichern und sich, wenn die Einheit angegriffen wurde, zum Kampf zu stellen. Da die Krieger erst um die Tagesmitte aufgebrochen waren, konnten sie, wenn man römische Marschleistungen zugrunde legt, bis zum Abend kaum mehr als dreizehn bis höchstens vierundzwanzig Kilometer zurückgelegt haben. Jeder Soldat trug seine Ausrüstung an einem gegabelten Stock auf der linken Schulter: Decke, Proviant und verschiedene Utensilien, auch einen Kochtopf.

Lancelot und Gawain gelangten zu einer Burg am Meer und übernachteten dort zum erstenmal, und sie treffen dort die erste aus einer Reihe von «Fräulein», hochadelige Damen im heiratsfähigen Alter, welche die beiden im weiteren Verlauf der Ereignisse begleiten und ihnen mit Rat und Tat beistehen werden. Es handelt sich um eine königliche Burg, die in späteren Werken Chrétiens oft beschrieben wird, zum Beispiel im *Perceval*, im *Roman vom Gral*, und die sich auch in den meisten anderen arthurischen Texten wiederfinden läßt. Bisweilen wird sie Tintagel genannt, so im *Tristan* des Béroul. Im deutschen Parzival-Roman lebt hier die Mutter von König Artus mit ihren Enkelinnen.

Diese Burg heißt auch *Schastel marveile*, die «Wunderbare Burg». Ritchie identifizierte sie mit Caerlaverock; es handelt sich demnach um den Geburtsort von König Artus. Dort lebten eine Zeitlang vier Königinnen: Artus' Mutter (die bei Wolfram von Eschenbach Arnive heißt), Gawains Mutter Sangive und Gawains Schwestern Cundrie und Itonje.

Etliche der Autoren vertun sich hier mit dem Namen. Manche nennen die Burg *Roche Sabins* (sie verwechseln den Severn mit dem

Solway) oder, dafür entscheidet sich schließlich Chrétien, *Roche de Champguin*, «Felsen im weißen Feld», das entspricht dem irischen *Mag Find*.

Die Lage der Burg ist ziemlich genau angegeben. Vor der Anlage erstreckt sich eine weite Wasserfläche, und jenseits dieses Wassers liegt Irland. Auf der anderen Seite ist sie durch einen Fluß geschützt, der nur unter großer Gefahr zu durchqueren ist; es ist dies der Nith mit seinen Treibsand-Ufern. Der Übergang bei der Gefährlichen Furt ist ein Ort, wo man gewöhnlich viele Leute trifft. Hier muß Isolde im Gottesgericht beweisen, daß sie die Wahrheit gesagt hat, und hier wird Lancelot vor einem großen Publikum einen Zweikampf bestehen. Offenbar sind die Leute von überallher neugierig darauf, den jungen Lancelot zu sehen.

Wir wissen, daß die Anlegestelle der Fähre nicht weit davon liegen kann, denn Gawain, der sich für den Wasserweg entschieden hat, trennt sich hier von Lancelot. Gawain hatte einst diesen Fluß zu Pferd in einem mächtigen Satz übersprungen, als seine anspruchsvolle Geliebte Orgeluse, die «Stolze», von ihm verlangte, ihr auf dem jenseitigen Ufer einen Blütenzweig zu pflücken. Lancelot wird den schwierigeren Weg wählen, den Landweg, der über die schreckliche Schwertbrücke führt. Die erste Burg liegt in einer weißen Ebene, die sich zum Solway Firth hin erstreckt. Der Fluß auf der anderen Seite ist der Nith. Die beiden Wasser dehnen sich hier weit zu einem See aus. Die dritten Seite des Burgareals, das etwa 2,5 Quadratkilometer umfaßt, ist durch Festungsbauten gesichert. Man betrat die Burg von Osten her, von der Seite, auf der Carlisle liegt. Die Anlegestelle der Fähre übers Meer liegt am Solway. Die Küste auf der anderen Seite und vielleicht sogar der römische Hafen Port Carlisle sind von der Burg aus zu sehen.

Diese Burg wird auch «Wunderburg» genannt, weil hier das Wunderbett steht, das sowohl Gawain wie Lancelot gut bekannt ist. Beide haben die Prüfung, die dieses Bett bereithält, schon bestanden: Auf den Schlafenden fährt dort aus dem Deckengebälk eine brennende Lanze nieder. Lancelot erhob sich nach dem Attentat aus dem Bett und warf die Waffe, die ihn nur leicht verwundet hatte, einfach fort, ohne sie eines weiteren Blicks zu würdigen. Mit ähnlich kühler Verachtung ließ er die Schmähungen des Fräuleins über sich ergehen. Am Morgen trennte sich Gawain von Lancelot, um per Schiff zur Inselfestung zu reisen. Lancelot blieb in der Gegend der «Ports of Galloway», jener Küstenregion im Westen, die im Schutz der Wunderbaren Burg liegt.

4. Lancelots Fahrt

Lancelots nächstes Abenteuer ist der Kampf an der Gefährlichen Furt. Dort fällt er in die Hände einer weiteren hochadeligen jungen Dame – diese will ihn heiraten – und wird von ihr überredet, sie zu einer anderen Burg, ein Stück flußaufwärts gelegen, zu begleiten. Für diese Annahme sprechen zwei gute Gründe: Erstens erwähnt Béroul einen König von Dumfries, der ein Feind der Schotten war; es gibt somit guten Sinn, wenn Lancelot ihn als militärischen Verbündeten zu gewinnen suchte. Zweitens wird seine Burg als *dunn* beschrieben, es handelt sich also um Dumfries, eine bedeutende königliche Residenz, die unweit von Caerlaverock und an einem Fluß liegt. Lancelot setzt nun seinen Weg nicht über den Fluß hinüber nach Westen fort, sondern reitet nach Norden. Er verbringt eine Nacht, in der er standhaft den Verführungskünsten der Fräulein widersteht und dann auch noch von Männern mit Schwertern, Äxten, Kreuzen und Hämmern angegriffen wird. Wieder handelt es sich um eine Burg des Königs, denn jene Waffen sind königliche Symbole.

Im weiteren Verlauf seiner Reise gemeinsam mit dem edlen Fräulein und dessen Vater kommt Lancelot an einen offenbar geweihten Ort. Lancelot ist ganz aufgewühlt, als er den Kamm der Königin erkennt, der dort am Rand der Quelle liegt. Die steinerne Fassung dieser Quelle wird mit dem altfranzösischen Wort *perron* bezeichnet. Die genaue Bedeutung des Worts ist nicht ganz klar; es begegnet dem Leser einmal in einer Szene von *Gawain und der Grüne Ritter*, die in einem heidnischen Tempel spielt. Der englische Übersetzer des Textes ist einigermaßen ratlos und deutet es als «harter Fels». Lancelot steckt Strähnen aus dem goldenen Haar der Königin ein und trägt sie über seinem Herzen.

Der Kamm ist bei den Pikten als Symbol den Stammesköniginnen zugeordnet. Mit diesem Symbol ist auch die Bedeutung «Schiff» oder «Schiffsreise» verknüpft. Es scheint, als habe die Königin damit eine Nachricht für Lancelot hinterlassen. Dieser wendet sich nun nach Norden; der Grund für diese Entscheidung wird dem Leser nicht mitgeteilt. Die nächste Station seines Wegs liegt einige Kilometer von Stirling entfernt.

Als Lancelot nun zu einem alten Kloster gelangt, tut er dort etwas, was uns noch heute sofort vertraut ist: Er legt Kränze auf den Gräbern nieder. Er besucht also die Gräber seiner Vorfahren und gefallener Krieger und erweist ihnen Ehre. Glücklicherweise teilt der *Prosa-Lancelot* uns die genaueren Einzelheiten dieses Besuchs mit. Einige Autoren des Mittelalters glaubten, wie wir heute aus ihren Angaben schließen können, das alte Kloster liege in der Nähe der Burg von Stirling, und zwar, um genau zu sein, auf dem Schlachtfeld von Bannockburn.

Die alten Klöster von Schottland sind mittelalterlichen Ursprungs: Jedburgh (gegr. 1118), Kelso (gegr. 1128), Holyrood (gegr. 1128), Melrose (gegr. 1126), Cambuskenneth (gegr. 1147). Und trotzdem weisen gewisse Details in den Beschreibungen von Lancelots Besuch, der vor 542 stattgefunden haben muß, darauf hin, daß es sich bei dem alten Kloster um Saint Ninians handeln muß, genau südlich der Festung Stirling und auf dem der ganzen Nation ehrwürdigen Boden der Schlacht von Bannockburn (1314). Heutzutage verbindet niemand in Saint Ninians den Ort mit König Artus. Und doch ist es eine Tatsache, daß zu Füßen des Burgfelsens von Stirling alte Schanzanlagen zu sehen sind, die den Namen «King Arthur's Knot» tragen. Stirling war Lancelots Herrschersitz und von höchstem strategischen Wert in jedem Krieg. Damals wie heute thronte die Burg auf dem grauen Felsen hoch über jener Gegend, die seit ältester Zeit immer wieder das Schlachtfeld war, auf dem sich Schottlands Schicksal entschied.

Lancelot kam also hierher zum «Alten Kloster» des heiligen Ninian, des Nationalheiligen der keltischen Völker (um 397 nach W. F. Skene). Dieser Missionar, der Verbindungen zur gallischen Kirche hatte und in Rom erzogen worden war, erbaute eine Kirche, die «vom Volk Candida Casa [Weißes Haus] genannt wurde», und zwar in der Zeit nach dem Tod des von Ninian sehr verehrten heiligen Martin von Tours. Ninian wollte die Pikten des Südens, also die von Galloway, zum christlichen Glauben bekehren und hoffte damit ihren blutigen Überfällen auf die britisch besiedelten Gebiete von Strathclyde ein Ende zu setzen.

Reste der Candida Casa wurden bei Whithorn ganz im Süden von Galloway entdeckt, auf einer Landspitze, von der aus man jenseits der Irischen See die Isle of Man sehen kann. Im Jahr 447 gründete der heilige Patrick dort das Bistum Man, angeblich das älteste von Britannien. Papst Gregor IV. errichtete es 838 neu und nannte es «Bistum der Inseln im Westen».

Sweetheart Abbey, in der Gegend gelegen, in der König Artus vielleicht seine Kindheit und Jugend verbracht hat (denn das Kloster liegt gegenüber von Caerlaverock auf dem anderen Ufer des Nith, vielleicht ist auch die Gefährliche Furt dort in der Nähe zu suchen), wird zum erstenmal 1373 erwähnt. Candida Casa kann nicht das Kloster sein, das Lancelot besuchte, denn es wurde das «Große Monasterium» genannt. Saint Ninians wird auch anderswo in der arthurischen Literatur erwähnt; der Ort lag und liegt an einer Römerstraße, die von Süden nach Stirling und zur Burg von Stirling führt. Es ist heute ein kleiner Friedhof, der von einer runden Mauer umgeben ist, einer *runden*, genau wie die *Lancelot*-Texte sagen.

Lancelot kehrte also in einer alten Abtei neben einem Friedhof mit vierunddreißig Gräbern ein und erwies den Toten seine Verehrung. Der Ort, so fügt der *Prosa-Lancelot* hinzu, lag in der Nähe des «Gefährlichen Forsts» und einer kochendheißen Quelle, die von zwei Löwen bewacht wurde. Der Löwe ist bekanntlich heute das Wappentier von Schottland, die schottische Flagge zeigt einen roten Löwen auf gelbem Feld. Jetzt, da er erwachsen und zu Ehren gekommen ist, wird Lancelot seine königliche Herkunft und die Geschichte seines Hauses offenbart. Die Szene ähnelt der Zeremonie, in der das Geburtsrecht eines Thronanwärters formell festgestellt wird. Galles (Wales) sei, so erfährt Lancelot, nach seinem Großvater Galaad (Galahad) benannt, und dieser sei der Sohn des Joseph von Arimathia gewesen. Sein eigener Name sei Galahad, wird Lancelot erklärt. Er kannte also bis zu diesem Zeitpunkt seinen wirklichen Namen nicht.

Vor den Zeiten von Lancelots Großvater hieß das Land entweder Hofelise oder Hostelisse. (Das ist sehr seltsam, man fragt sich, ob dieser Name vielleicht als *hof* + selig = «Heiliger Hügel» zu verstehen ist.)

Die Namen von Königen waren für die zwei folgenden Generationen tabu, sagt Sir James Frazer im *Goldenen Zweig*. Wir können jetzt verstehen, weshalb Lancelots Name vor ihm verborgen gehalten wurde.

Es ist einigermaßen überraschend für uns, wenn wir hier erfahren, daß Lancelot vom heiligen Joseph von Arimathia abstammt – was ja doch im Widerspruch zur Legende von Glastonbury steht, denn dort wird der Heilige für Glastonbury reklamiert. In den sechzehnbändigen *Lives of the British Saints* von Reverend Sabine Baring-Gould aber findet sich dies: Die Legenden über den heiligen Joseph von Arimathia «sind vollkommen wertlos [und] verdienen keine weitere Beachtung». Dieser Heilige, der Christi Leichnam vom Kreuz abnahm, soll im ersten Jahrhundert in Britannien gelebt und den Gral auf die Insel gebracht haben. Sein Fest wird am 17. März gefeiert.

Einen Joseph von Arimathia, der angeblich Mitglied des Hohen Rats war, kennen alle vier Evangelisten. Lancelots Besuch auf dem Friedhof findet am Fest der Himmelfahrt Christi oder kurz danach statt. Lancelot wird aufgefordert, den Deckel vom Grab seines Großvaters Galahad, der unter dem Namen Lancelot I. regierte, wegzuheben. Der Held schafft dies tatsächlich mit Leichtigkeit. Er konnte dann ohne weiteres den Leichnam seines Vorfahren aus dem Sarg nehmen und fortschaffen.

Wir erfahren nicht, wohin er diesen Leichnam überführte, aber wir können aus den Angaben über seine weitere Reise schließen, daß er ihn entweder in die Gegend von Carlisle oder zu der Inselfestung schaffte, in der Königin Guinevere gefangen lag. Die bloße Tatsache aber, daß er die Gebeine seines Großvaters an einen anderen Ort brachte, ist aufschlußreich und zeigt, daß die Dinge sich zum Schlimmen hin entwickelt haben. Wenn der Norden König Artus verlorenging, die Gegend um den Firth of Forth (der damals «Friesisches Meer» genannt wurde), so waren die Gräber bedroht, und die Gebeine der Vorfahren mußten an einen sicheren Platz verlegt werden. Da wir heute wissen, daß die keltischen Völker vor dem Ansturm kriegerischer Eroberer aus dem Osten immer weiter nach Westen zurückweichen mußten, vermuten wir, daß Lancelot den Leichnam auf eine Insel im Westen schaffte. Wenn dem so ist, verstehen wir auch, weshalb in den arthurischen Texten nirgends genaue Angaben darüber erscheinen, wo dieser Ort liegt. Und um die Suche vollends schwierig zu machen, hat man nicht einmal erwähnt, daß die Reise dorthin übers Meer führte. Der Hinweis der Mythologen, Lancelot habe, wie andere mythische Reiter auch, über Land *und Meer* dahinreiten können, hilft wenig weiter.

Aber es gibt noch mehr Erstaunliches bei Lancelots Aufenthalt im alten Kloster zu bemerken; der Text macht noch einige höchst interessante Zeitangaben. Der junge Held steigt hinab in die Krypta, in die «Gefährliche Halle», wo er das Grab des Joseph von Arimathia findet, umgeben von Flammen, die so hoch wie Lanzenschäfte emporlodern. Lancelot schrickt zurück – da tönt aus der Tiefe eine Stimme, die ihm verkündet, er sei nicht dazu berufen, den «Gefährlichen Zeiten» ein Ende zu setzen.

Lancelot antwortet: «Quel deuil et quel dommage!» Welch ein Schmerz, ach, diese Schande! Ist er denn nicht rein geblieben? Nein.

Nur der Erwählte wird diese Flammen auslöschen, und zwar durch seine bloße Anwesenheit.

Es seien von nun an noch dreißig Jahre bis dahin, sagt die prophetische Stimme. Lancelot werde nicht auf dem «Gefährlichen Sitz» Platz nehmen dürfen. Die Stimme verrät leider nichts Genaueres über diesen Sitz an der Tafelrunde.

4. Lancelots Fahrt

Aber die Zeit ist nahe: Vom Todesjahr Christi an, so erfahren wir, dauert es 454 Jahre, dann erscheint der Erwählte. Lancelot hat noch 30 Jahre seines Lebens vor sich bis zu jenem Tag (von Galahads Geburt an sind es noch 15). Es wird keine Jahreszahl angegeben, aber wir können sie leicht selbst errechnen: 33 (wenn wir einmal annehmen, dies sei das Jahr der Kreuzigung Christi) + 454 + 30 = 517 (ein Datum, das in die Lebenszeit von König Artus fällt). Der junge Lancelot ist schwer erschüttert bei dem Gedanken, daß er nie den Gral erlangen wird.

Wir erfahren nichts davon, daß er bei dieser Zeremonie Leute aus seinem Clan dazu aufruft, an seiner Seite zu kämpfen, ja, wir erfahren nicht einmal, daß da überhaupt Gefolgsleute sind. Sicher ist aber, daß er den Ort verläßt und kurze Zeit später eine Schlacht schlägt. Der König von Dumfries und seine Tochter, die bei jener Szene anwesend waren, trennen sich von ihm. Die Zeremonie hatte etwa um drei Uhr nachmittags begonnen.

Bevor er bei der «Stein-Passage» im Süden anlangt – gemeint ist, so muß man annehmen, der Hadrianswall –, trifft Lancelot einen Ritter, der ihm Rat gibt und dessen zwei junge Söhne er als Krieger rekrutiert. Die Stein-Passage erweist sich als ein römisches Kastell mit Palisaden, dessen Besatzung Lancelot den Durchgang zu verwehren versucht. Es ist anzunehmen, daß Lancelot auf dem kürzesten Weg von Falkirk nach Carlisle reiste. Die Route führte ihn durch den Kershope Forest, eine Region, in der es selbst nach Auskunft moderner Landkarten mindestens drei Orte gibt, die ganz unzweideutig «King Arthur's Camp» heißen. Dies war der Bereitstellungsraum für die militärischen Unternehmungen des Königs, hier versorgte er sein Heer mit Proviant: riesige Rinderherden weideten in den tiefen Schluchten der Gegend, etwa in jener zwischen Moffat und Peebles, die noch heute «Devil's Beef Tub», «des Teufels Pökelfaß», heißt.

Jenseits der *Passage de Pierres*, des Hadrianswalls also, hat Lancelot noch ein letztes Abenteuer mit einem feindlichen Ritter zu überstehen. Dann kämpft er in einer Schlacht, vermutlich der von Carlisle oder einem Gefecht, das im Zusammenhang mit den militärischen Auseinandersetzungen dort steht. Er kämpft, sagt Chrétien, auf der Seite von Logres. Von König Artus ist hier nicht die Rede, der König wird aber schließlich auf der Inselfestung mit Lancelot zusammentreffen.

Das letzte Abenteuer des Helden gibt uns nun endlich die Information, nach der wir die ganze Zeit gesucht haben: Der Weg zur

Inselfestung führt übers Wasser. Lancelot wird von einem Krieger herausgefordert, der wild wie ein Stier ist. Dieser scheint den Helden zu verhöhnen, wenn er anbietet, ihn «nach Westen» überzusetzen. Er meint damit wohl, er werde ihn töten oder in das «Land ohne Wiederkehr», denn so wird das Land Gorre genannt, befördern.

Der abgeschlagene Kopf, den nach altem Recht das Häßliche Fräulein als Wiedergutmachung für sich beanspruchen darf, ist seiner. Dieses Fräulein ist die Tochter des Königs von Gorre. Schrecklich und wenig damenhaft anzusehen, kommt sie in die Burg geritten, vor der das Duell ausgetragen wird. Sie reitet, wie gewöhnlich, ein fahl-gelbes Maultier. Sie ist eine laute und rauhe Person mit struppigen Augenbrauen und einem dicken Steiß, ein dunkler Typ, in ihrer wilden Häßlichkeit aber doch nicht ohne perversen Reiz. Sie muß gerade mit der Fähre angekommen sein, und sie ist die letzte in der Reihe der häßlichen Königstöchter, die Lancelot zum Ehemann haben wollen. Und sie ist sogar bereit, eine Gegenleistung zu erbringen: Sie verspricht dem Helden, ihm später einmal das Leben zu retten.

In der Beschreibung dieses Kampfs wird Lancelot mit dem Falken verglichen, der die Lerche tötet. Das ist deswegen seltsam, weil die Burg, in deren Nähe die Szene spielt, wahrscheinlich *Caerlaverock* ist, und dieser Name bedeutet «Lerchenburg». Lancelot gibt dem Gegner eine zweite Chance, sein Leben zu retten, besiegt ihn noch einmal und überreicht dann Jandree den abgeschnittenen Kopf, den sie verlangt hat. Sie wirft diesen in eine Schlangengrube. (Wenn der Bannfluch des heiligen Patrick sich gegen jene Schlangen richtete, die in Gruben gehalten wurden, so hat er offenbar in Caerlaverock keine Wirkung erzielt.)

Lancelot ist also jetzt bis an die Stelle gelangt, wo er übersetzen müßte. Chrétien aber bleibt stumm – kein Wort darüber, daß der Held übers Meer gefahren wäre; ohne weitere Umstände befindet er sich ganz plötzlich im Land Gorre und nähert sich der schrecklichen Schwertbrücke. Auf der Klinge muß er zur anderen Seite hinüber, und dort wartet der Herausforderer. Der letzte und entscheidende Kampf jedoch wird erst vor König Artus ausgetragen werden.

Lancelot kommt am späten Nachmittag des folgenden Tages bei der Schwertbrücke an. Chrétien wollte den Eindruck erwecken, die gesamte Fahrt des Helden habe genau eine Woche gedauert, nämlich sechs Tage für die Reise über Land und den, der übrigbleibt, für die Seereise.

Was hat Lancelot bis jetzt, bevor er seine größte Tat vollbringt, geleistet? Als das Unglück geschehen war, kam er sofort in höchster Eile herbei, ohne, wie üblich, wenn Alarm gegeben wurde, erst zwölf Stunden verstreichen zu lassen. Wir nehmen an, daß er das Kommando über die Nachhut übernahm. Wir wissen, daß er auf dem Karren mit dem bösen, mürrischen Zwerg fuhr. Er blieb völlig kühl, sogar bei der Szene im Gefährlichen Bett, als er einfach aufstand, ohne von der leichte Wunde, die er erhalten hatte, Notiz zu nehmen.

An der Gefährlichen Furt hielt er sich ebenfalls vorbildlich, diesmal vor zahlreichen Leuten, die gekommen waren, ihn zu sehen. Nach diesem Treffen begleitete er die zweite Königstochter zu ihrer heimatlichen Burg. Vielleicht hat er dort ihr Land in Besitz genommen und vorher seine Männlichkeit unter Beweis gestellt.

Der Held eilte weiter zum Abenteuer an der Quelle, wo der mysteriöse *perron* steht – eine steinerne Markierung irgendeiner Art, eine Brunneneinfassung (so Chrétien), ein Trittstein, der dem Reiter das Aufsteigen erleichtert (so Marie de France) oder der Schlußstein eines Gewölbes (wie in *Gawain und der Grüne Ritter*)? Lancelot erwies sich hier als sehr begabter Spurenleser. Er war es, der die Botschaft der Königin entziffert.

Im alten Kloster und im Friedhof aber mußte der Held eine Niederlage, seine einzige, hinnehmen: Er erfuhr, daß er niemals auf dem Gefährlichen Sitz an der Tafelrunde sitzen und daß er nicht zum Gral gelangen würde. Bei Chrétien war, zu diesem Zeitpunkt jedenfalls, noch nirgends die Tafelrunde oder der Gral erwähnt worden, aber es gibt einen Text aus arthurischer Zeit, der vom Gral und in Andeutungen vom Weg zur Gralsburg spricht. Nachdem sein Geburtsrecht (sein Recht auf den Thron?) festgestellt war, tat Lancelot etwas, das die Menschen schon in ältester Zeit getan haben: Steine schleppen. Dem Aeneas der antiken Literatur vergleichbar, bewies er Pietät und ehrte die Toten. Er stellte damit die Bedürfnisse des Augenblicks hintan und brachte der Vergangenheit und der Zukunft ein Opfer dar – dies gilt als edel.

Er schaffte sich ohne Schwierigkeiten Bahn durch die *Passage de Pierres*, besiegte die Wachtposten und, so nehmen wir an, führte seine Truppen in die Schlacht bei Carlisle. In seinem letzten Abenteuer erschlug er den Ritter, der ihn «nach Westen übersetzen» wollte, und schenkte dessen Kopf einem der Häßlichen Fräulein. Sie ist die Schwester des Meleagant und wird das sinkende Schiff rechtzeitig verlassen. Aber bereits jetzt möchte sie sich mit Lancelot verbünden, am liebsten, indem sie ihn heiratet. Sobald sie verheiratet ist, wird sie sich, wenn man ihren Anhängern glaubt, in eine wahre Traumfrau verwandeln. Die Balladen erzählen uns, daß sie ihre Künste auch schon an König Artus versucht hatte.

Dann fuhr Lancelot nach Westen übers Meer und gelangte dahin, von wo, wie man sagt, noch nie jemand lebend wiedergekehrt war. Es entsteht ein großes Gedränge von Menschen, als er erscheint, Jungfrauen fasten, um sich für ihn zu reinigen. Er hat sich auf der Schwertbrücke böse verletzt, aber er verzieht keine Miene und verbirgt seine Schmerzen. Seine blutenden Wunden sind derart schlimm, daß König Bademagus ihm einen Monat Ruhe zugesteht, um sich auszukurieren. Lancelot weist dieses Angebot entschlossen zurück – gleich am nächsten Tag will er gegen Meleagant kämpfen. Soll er denn all die Leute, die von weither gekommen sind, und die hübschen Mädchen, die solche Entbehrungen auf sich genommen haben, um mit schlanker Taille vor ihm zu erscheinen, enttäuschen?

Gerade der Hinweis auf diese Menschenmassen, die sich, und zwar nicht nur einmal, ansammeln, wenn der Held irgendwo erscheint, aber stimmt uns einigermaßen mißtrauisch, was die Person Lancelots und seine Mission betrifft. Schließlich ist er kein Wunderheiler. Warum also die vielen Leute? Und woher wissen sie überhaupt, daß er kommt? Nun, so fragen wir dagegen, wer könnte wohl *bei uns* ein ähnlich brennendes Interesse wecken? Welche Personen beschäftigen unsere nimmermüde Neugier so sehr, daß wir bis ins kleinste über ihr Leben informiert sein möchten? Wer ist es, den jeder gern einmal leibhaftig sehen will?

Die Lösung liegt, so scheint es, auf der Hand: Lancelot muß ein sehr hochgestellter Mann sein, einer von königlichem Rang.

König Bademagus verbeugt sich tief vor ihm, er empfängt ihn mit wahrer Demut. Über alles, was der König besitzt, soll Lancelot frei verfügen dürfen, alle Höflichkeit wird aufgeboten. Und dabei ist dieser König der Vater von Lancelots Feind – und der Lohn, der dem Sieger in diesem Kampf winkt, ist hoch, vielleicht gar ein Königreich. Die erste Burg, die Lancelot besuchte und wo er im Gefährlichen Bett nur knapp dem Tod entrann, war die von König Artus' Mutter. In dieser Prüfung bewies er, daß er wirklich derjenige war, der er zu sein behauptete – nicht Lancelot, versteht sich, sondern ein Freund und Abgesandter des Königs. Drahtzieher der Entführung sind König Urien von Gorre und seine Gemahlin, die Königin Morgan le Fay, «die Fee» also. Nun hat aber die «Feenkönigin»

Lancelot auf einer Insel im Meer erzogen. Warum sollte ausgerechnet sie Gawain, Yvain und Lancelot mit ihrem Haß verfolgen? Oder haßt sie vielleicht gar nicht Lancelot, sondern jemand anderen?

Irgendeine komplizierte Geschichte muß an dem Haß der Königin Morgan schuld sein. Es gibt zwei, vielleicht drei Dinge, die den keltischen Völkern zu allen Zeiten wirklichen Schrecken einjagten: der Gedanke, daß der Himmel niederstürzen könnte, der Donner und die Geburt von Zwillingen. Vor letzterem hatten sich die Frauen zu fürchten; denn da man annahm, daß nur das zuerst geborene Zwillingskind vom irdischen Vater, das andere aber vom Teufel stammte, war das Leben der Mütter von Zwillingen verwirkt. Nun wissen wir, daß es zwei Söhne von König Urien gab, die beide Yvain hießen. Wir wissen auch, daß Lancelots Mutter kurz nach seiner Geburt ums Leben kam, als sie am Ufer eines Sees entlangrannte, ihr Kind in den Armen. Weiter wird berichtet, daß man diesen Säugling, oder jedenfalls einen Säugling, in den See warf. Das Kind wurde von einer Königin, der Dame vom See, herausgefischt und gerettet. Sie war eine Fee oder auch – wenn es wahr ist, was die Iren über die Könige der alten Zeit sagen – eine Priesterin, sicher aber eine Königstochter. Diese Dame oder Königin vom See, bei der Lancelot aufwuchs, beschützt den Helden auf seiner Reise. Dasselbe tut Königin Guinevere: Die Haare von ihrem Haupt heilten offenbar Lancelot (und diese Wirkung ging von Guinevere aus). Der Ring, den er von der Dame vom See erhalten hatte, half ihm, wie wir annehmen müssen, klaren Kopf zu bewahren. Den hat er dringend nötig, denn er ist allerlei Täuschungsversuchen ausgesetzt.

Die Leute, mit denen Lancelot auf seinem Weg zusammentrifft, sind Könige oder Königskinder. Jener König, dem er im Wald begegnet, trägt seinen Ornat, einen roten Mantel mit Pelzbesatz, Sattel und Zaumzeug sind aus Gold. Er muß seinen Sohn mit Gewalt festhalten und binden lassen, damit dieser nicht Lancelot folgt und in seinem Dienst etwa zu Tode kommt. Im alten Kloster übernimmt der Abt selbst die Aufgabe, Lancelot herumzuführen, und der Abt einer solchen Institution ist ein Mann von höchstem Adel. Sogar die Zwerge erweisen sich als königliche Beamte. Diese Personen stehen als Zeugen am Weg des großen Mannes, der schließlich auch mit seinem Namen vorgestellt wird, zuerst vom Abt, dann von Königin Guinevere: Galahad/Lancelot. Nach ihm und seinen Vorfahren sind die Länder Wales/Galloway und Gallien benannt.

Chrétiens Erzählung klingt wie ein Bericht in der ersten Person, als ob Lancelot selber seine Erlebnisse vortrüge, wie er es ja wirklich zu tun pflegte, wenn seine Pflichten bei Hof es ihm erlaubten. Ein Spezialist könnte wahrscheinlich genau die historisch wirklichen Erfahrungen Lancelots von seinen traumhaften Schreckensvisionen – denn er scheint die Vorstellungskraft des wahren Künstlers besessen zu haben – unterscheiden.

Da gibt es diese ganz besonderen Momente, die von unmittelbarer Erfahrung zeugen: der Edelmann im Sattel seines stämmigen, grauen Jagdpferds, der Geruch und das Bild frischen Heus beim alten Kloster; die Arzneien (Theriak und zermahlene Perlen); der goldene Ring, den der Held ansieht; der Sarg, umgeben von lodernden Flammen; der Schreckenskarren bzw. die Belagerungsmaschine. Wir erfahren auch Einzelheiten, die nur von Lancelot selbst stammen können: daß er nicht schwimmen konnte, daß er sich ärgerte, wenn man ihn duzte, daß es ihm widerwärtig war, seinen besiegten Gegner zu köpfen.

Wenn Lancelot das zweite Zwillingskind einer Königin war, so war das Leben seiner Mutter verwirkt, denn sie hatte ja, wie man annahm, ein Kind des Teufels geboren. Wenn er der Sohn von Morgan le Fay war, so konnte diese ihn, weil sie um ihr Leben fürchten mußte, nicht als ihren Sohn anerkennen. Als der Mutter des Lohengrin eine solche Zwillingsgeburt zustieß, nahm man ihr die Kinder weg, um sie im See zu ertränken. Sie hatte ihnen aber goldene Kettchen umgelegt. Die Geschichte erzählt, daß die Kleinen, in Schwäne verwandelt, am Leben blieben und daß man sie später an ihren Halskettchen erkannte. Sie sollen die Ahnherren des niederländischen Königshauses gewesen sein. Hatte vielleicht Morgan le Fay Lancelot den goldenen Ring ebenfalls als Erkennungszeichen mitgegeben? Oder war Lancelot der Erstgeborene und Modred der Zweite? Manchen Quellen zufolge ließ man Modred in einer schwimmenden Wiege ins Meer hinaus treiben, er soll dann an einer Küste angeschwemmt worden sein – sein Schicksal war so dem des Scyld ähnlich, dem Ahnherrn des königlichen Geschlechts, dem Beowulf entstammte. Bei der Aufklärung dieses Problems wird sich im folgenden ein Text als nützlich erweisen, der während der Zeit der Kreuzzüge für eine vornehme Dame namens Baruch auf Zypern geschrieben wurde und glücklicherweise erhalten geblieben ist, der *Sone de Nansai*.

Wenn wir Geschichten erzählen, so formen wir dabei immer die Wirklichkeit um, und am stärksten formen wir sie dann um, wenn wir unsere eigene Geschichte erzählen. Wenn etwas extrem schwer zu ertragen ist, dann machen wir ein Märchen daraus; und wenn wir

Dinge nicht verstehen können, weil sie zu kompliziert sind, dann müssen sie eben mysteriös bleiben. So erging es Chrétien.

Weiter muß man bedenken, daß Chrétien keine Wörterbücher und Grammatiken zur Verfügung hatte und daß ihm deswegen die Lektüre seiner Quelle erst recht Schwierigkeiten bereiten mußte. Und er hatte zudem nicht die geringste Neigung, sich mit mathematischen, technischen und militärischen Dingen auseinanderzusetzen. Was ihn aber beeindruckte, ja entzückte, war alles das, was nur irgendwie mit Geld und Reichtum zu tun hatte: Edelsteine, teure Gewänder, Zelter für die Damen, Pelze, luxuriöse orientalische Textilien, Lebensmittel, die Speisenfolge beim Essen, festliche Bankette mitsamt den Tischtüchern und Sitzkissen und Kaminfeuern und Dienern und Daunendecken, nicht zu vergessen edle Reitpferde. Besonders gern redete er von Sex und Liebe – in dieser Reihenfolge. Er war ganz wild auf sportlich-ritterliche Wettkämpfe im Freien, dazu eine Menge Fahnen und überhaupt viel Tumult. Feierliche und zeremonielle Handlungen gleich welcher Art, wenn nur recht viele Leute sich auf den Straßen drängten, bereiteten ihm großen Genuß. Er informierte umfassend über kriegerische Taten, die man zum Spaß und zur Unterhaltung trieb, aber am Ende gab es Tote, und das Blut floß reichlich. Er wußte auch alles über den verführerischen Reiz der schneeweißen Hemdchen, in denen sich junge Mädchen präsentierten. Vielleicht besaß Chrétien selbst einen scharlachroten Mantel, zumindest aber wußte er genau, wohin man sich wenden mußte, wenn man einen von der besten Qualität kaufen wollte. Er wußte auch, daß die besten Helme in Poitiers hergestellt wurden und daß die Herrschaft des Hauses Anjou von Dombes bis nach Pamplona an der spanischen Grenze reichte.

Chrétien de Troyes war vielleicht nicht der Autor, den Lancelot sich ausgesucht hätte, wenn er seinen Biographen hätte wählen können.

5. *König Lancelot*

Wir haben jetzt endlich den Punkt erreicht, wo Chrétiens übermächtige und vielgepriesene Lancelot-Erzählung einer davon unabhängigen Bearbeitung desselben Stoffs gegenübergestellt wird, nämlich der des Ulrich von Zatzikhoven, der etwa hundert Jahre später schrieb – hundert Jahre, in denen die Artus-Begeisterung anhielt und die Suche nach Material fortgesetzt wurde. Wir können uns keineswegs rühmen, die ersten zu sein, die den Weg des großen Lancelot aus dem Dunkel seiner Anfänge bis zum Beginn seiner Fahrt zu erhellen oder seine Fahrt zu analysieren und die wirkliche Route nachzuzeichnen versucht haben.

Wenn Ulrich die Orte nennt, die Lancelot eroberte, so können wir seine Angaben heute mit Hilfe ganz hervorragender Landkarten nachprüfen. Wenn er von dem Ort redet, an dem der Held seinen Namen erfährt, so können wir die Information in eine bereits bekannte Umgebung einordnen – wir wissen dann, daß Lancelot sich im Kloster Saint Ninians in Stirling befindet, in unmittelbarer Nähe des alten Schlachtfelds, ganz nahe bei der Burg von Stirling, die, mitten in der Grafschaft thronend, ein wichtiges strategisches Ziel darstellt. Wenn er im Verlauf seiner Heldenfahrt Königstöchter für sich gewinnt, so werden wir erfahren, ob er zuerst deren Väter tötet oder nicht und mit welchen Methoden er Territorien in seinen Besitz bringt. Hat er das Königreich, das die Dame vom See ihm zugedacht hatte, tatsächlich erobert? Hat er das verlorene Reich seines Vaters zurückerobern können? Oder blieben König Artus die Grenzgebiete von Northumberland für immer verloren? Oder ist das Land *Logres*, in dem Lancelot, wie er selbst sagt, geboren ist, woanders zu suchen?

Begleitet von begeisterten Kriegern aus der Gegend, von *allen Landsleuten*, heißt es, die seinem Kampf zugesehen hatten, zog Lancelot zu der Burg, in der Königin Guinevere gefangen ist. Seine Anhänger wünschten ihm Ruhm und Ehre und Reichtum, als ob sein Streben auf dieser Fahrt sich in erster Linie auf solche Ziele richtete und als ob sie gemeinsam mit ihm danach strebten. Nur eine Tagesreise trennte sie von der Festung in Gorre, die vermutlich in höchstens vierundzwanzig Stunden von der Küste im Süden von Galloway aus zu erreichen war. Lancelot hatte nun das schreckliche Gottesgericht zu bestehen, das Chrétien «Schwertbrücke» nennt.

Diese Brücke war ein sehr sonderbares Ding. Erkenntnisse der Sprachwissenschaft legen die Annahme nahe, daß die Technik des Brückenbaus eine Zeitlang verloren war, nachdem die Römer und ihr religiöses Oberhaupt, das den Titel *pontifex*, «Brückenbauer», trug, Britannien verlassen hatten. Eine Brücke bei Pontefract, so schließt man aus dem Namen des Orts – *ad pontem fractum* («bei der zusammengebrochenen Brücke»)–, wurde jahrhundertelang nicht repariert, ebenso eine andere bei Gateshead und noch eine bei Ends-of-the-Road. Die Brücken bei den gefährlichen Furten an Medway, Darent, Tyne, Aire, Lea und Severn wurden nicht wiederaufgebaut bis in die Zeit nach der normannischen Eroberung. Nur wenige Städtenamen in Britannien sind mit dem Suffix *-bridge* (Brücke) gebildet, aber viele enden mit *-ford* (Furt). Isaac Taylor stellte fest:

Es ist bemerkenswert, daß das walisische Wort für «Brücke», *pont*, aus dem Lateinischen abgeleitet ist und wahrscheinlich von (christlichen) Mönchen eingeführt wurde, die große Brückenbauer waren. Nichtsdestoweniger hat man die Meinung vertreten, die Kunst des Brückenbaus sei in sehr früher Zeit den keltischen Völkern bekannt gewesen, sei aber dann in Vergessenheit geraten.

Die Leser Chrétiens und viele Illustratoren waren gutwillig genug, seinen Bericht von der Überschreitung der famosen «Schwertbrükke» widerstandslos hinzunehmen, mit dem Ergebnis, daß die Erzählung von Lancelot schließlich ihren Platz mitten unter den überall beliebten Märchen von Feen und Ungeheuern zugewiesen bekam und als bloßes Phantasieprodukt galt.

Zwei schimmernde Schwertklingen, starr und so lang wie zwei Lanzenschäfte, behauptet Chrétien, bildeten eine Brücke über einen wahren Höllenfluß, reißend, kalt, schrecklich, bodenlos tief. Wer da hineinfiel, war verloren, er ertrank und wurde ins Meer hinaus gespült. Die glänzenden, blankpolierten Klingen waren diesseits und jenseits in Baumstämme hineingetrieben worden. Die Konstruktion war so stabil, daß die Brücke sich auch unter einer sehr schweren Last nicht bog. Die Schneiden waren schärfer als Sichelklingen.

Die zwei Krieger, die Lancelot zur Brücke hinauf begleiteten, redeten auf Lancelot ein, er solle ja nicht versuchen hinüberzugehen. Mit gewissem Recht kann man behaupten, daß dies die einzigen vernünftigen Worte der ganzen Szene sind.

Genau genommen, fährt Chrétien fort (der seine Leser gern ganz und gar verzagt und eingeschüchtert sehen möchte), sind es sogar *drei* schreckliche Gefahren: die Brücke selber, das Wasser und zwei Löwen, die drüben angekettet sind und jeden, der etwa hinübergelangen sollte, anfallen.

Selbst wenn wir annehmen, Chrétien habe einen alten Bericht modernisiert und den Wünschen und Vorlieben seiner Gönnerin Marie de Champagne angepaßt, fragen wir uns hier doch, wie es möglich sein sollte, daß diesem Bericht etwas Reales zugrunde liegt. Ganz gewiß sind doch Königin Guinevere und ihre Entführer nicht auf diesen Schwertklingen hinübergegangen, und noch weniger konnten sie auf diesem Weg ihre Pferde, ihre Ausrüstung und ihr Gepäck ans andere Ufer schaffen. Ganz gewiß ernährten sich die Leute, die dort drüben wohnten, samt ihrem Vieh und den zwei

Löwen – wenn es wirklich Löwen waren –, nicht ausschließlich von Fisch, Baumrinde, Gras und Wasser. Im Mittelalter wurden manche Felsenburgen und Klöster mit Lebensmitteln versorgt, indem man Körbe oder auch Schlitten mit Seilen auf einer Rampe, die in den Fels geschnitten war, hinaufzog – so etwa am Mont Saint Michel. Es ist aber doch wohl kaum möglich, auf einer schmalen Metallklinge Lasten mit Hilfe einfacher Flaschenzüge zu transportieren, die an Baumstämmen festgemacht sind! Sogar Chrétien selber betont ja mehrmals, daß die «Brücke» nichts taugte, daß sie schlecht konstruiert und daß es sehr schwierig, ja nahezu unmöglich war, sie zu dem ganz prosaischen Zweck, dem eine Brücke normalerweise eben dient, zu benutzen.

Eine andere Erklärung drängt sich auf: daß Chrétien hier bewußt eine spleenige Idee aufgegriffen hat, weil er sie vergnüglich fand, und auch den Illustratoren seiner Zeit hat sie offensichtlich gefallen. Die Franzosen neigen dazu, so scheint es, alles Britische komisch zu finden. Wenn der Dichter seinen Lancelot über Schwertklingen schreiten läßt, so ist die Idee durchaus geeignet, beim Publikum eine gewisse kindliche Heiterkeit zu erregen und es zu amüsieren. Als der Held die Brücke überquert, sagt Chrétien, zerschneidet er sich Hände, Knie und Füße. Und drüben angekommen, stellt er fest, daß es gar keine Löwen dort gibt!

Das Wort, das diese Schwertbrücke bezeichnet, lautet «pontespee». Ist es vielleicht so, daß in der Quelle, die Chrétien benutzte, das Wort «pont» stand, das einen Prahm oder jenen flachen Kahn bezeichnet, der im heutigen Englisch *punt* heißt? Wenn er eine französische Quelle benutzte, hätte er wahrscheinlich das Wort *bac* (aus lat.: *baccarium*) dort gefunden, das «Fähre» bedeutet, ein flaches Boot oder Floß, auf dem man Menschen und Fahrzeuge über ein schmales Gewässer, über einen Flußlauf etwa, befördert. Sogar jemand, der wie Chrétien keine Beziehung zur Seefahrt hatte, hätte die Textstelle verstanden.

Was aber, wenn Chrétien noch nie einen *punt* gesehen hatte, ein Fahrzeug, das, ebenso wie seine Bezeichnung, hauptsächlich in Britannien verbreitet ist? Bei Sir Thomas Malory wird ebendieses Wasser auf einem «pounte» überquert.

Menschen und Waren wurden vielleicht in der Regel auf einem flachen, schmalen Boot über den Wasserarm gebracht; da eine bedeutende Festung mit allem Nötigen zu versorgen war, dürfte es sich um ein ziemlich großes und schweres Fahrzeug gehandelt haben. Wenn nun Lancelot gezwungen war, ohne fremde Hilfe diesen

5. König Lancelot

Lastkahn ans Ziel zu bringen, so konnte er sich dabei allerdings sehr leicht Hände und Füße zerschinden, zumal es der große Mann ganz gewiß nicht gewöhnt war, als sein eigener Fährmann sich und sein Streitroß über einen Meeresarm zu bringen.

Vielleicht stakte Lancelot seinen britischen Prahm mit einer langen Stange, es ist aber auch denkbar, daß er sich, in diesem Kahn stehend, an einer Kette, die übers Wasser gespannt war, vorwärtszog. Im letzteren Fall hätte er, um gegen die unglaublich starken Strömungen anzukommen, die in den Buchten und Meerengen im Westen von Britannien oft zu beobachten sind, all jene übermenschliche Körperkraft nötig gehabt, die der *Prosa-Lancelot* dem Helden zuschreibt.

Chrétien hatte seinen literarischen Erfolg zweifellos nicht zuletzt seiner Schwertbrücke zu verdanken. Aber jetzt meldet sich doch die Stimme der Vernunft und erhebt Protest.

Auch ein mittelalterlicher Illustrator hat daraus einigen Profit gezogen, wie die Kunsthistoriker späterer Zeiten herausgefunden haben. Eine bestimmte Abschrift des *Prosa-Lancelot*, entstanden um 1310, enthält farbige Bilder, welche die wichtigsten Szenen darstellen: die Fahrt auf dem Karren, die Rettung der Königin Guinevere vor dem Feuer, der Held, der den Deckel vom Sarg seines Großvaters Galahad hebt, und schließlich der Gang über die Chrétiensche Schwertbrücke. Die Handschrift gehörte früher Yates Thompson, sie ist heute im Besitz der Pierpont Morgan Library in New York.[*]

Das Bild in dieser Handschrift des *Prosa-Lancelot*, das die Schwertbrücke darstellt, ist in lebhaften Farben gehalten. Der Künstler hat sich für eine Komposition aus mehreren Szenen entschieden. Ein saphirblauer Turm teilt das Bild in zwei Hälften. Auf den leuchtend roten Zinnen stehen König Bademagus von Gorre und seine Gefangene, Königin Guinevere. Die beiden scheinen etwas zu rufen, ansonsten aber wirken sie ganz ruhig in den Anblick des Ritters vertieft. Der König von Gorre trägt ein rotes Gewand, auf seiner roten Krone ragen drei Büschel mit Blättern empor. Die zier-

---

[*] Das bedeutendste Werk über mittelalterliche Illustrationen in arthurischen Handschriften ist *Arthurian Legends in Medieval Art* von Roger Sherman Loomis und seiner Frau Laura Hibbard Loomis. Vgl. dort die Abbildungen Nr. 250 ff. und den Kommentar dazu S. 98 ff. Vgl. auch Margaret R. Scherers *About the Round Table*, Metropolitan Museum of Art, S. 54 f. und passim. Scherer nennt Chrétiens Löwen «imaginär» und «Zauberei». Reproduktionen von dreien dieser Bilder, darunter das des Lancelot auf der Schwertbrücke, bei Elizabeth Jenkins, *The Mystery of King Arthur*, gegenüber Textseite 81.

Abb. 3: Die Schwertbrücke aus einer Handschrift des *Prosa-Lancelot,* um 1310. Nach Elizabeth Jenkins: *The Mystery of King Arthur.* London 1975.

liche Königin hat ein ähnliches Kleid an, aber in zartem Rosa. Sie trägt ihr langes blondes Haar offen, was sehr schön aussieht; frei und anmutig wirkt auch ihre ganze Haltung. Bei dem Turm, etwas zurückgesetzt, ist vor einem dunkleren, blauen Hintergrund die blonde Königin Jandree von Gorre zu sehen, gekleidet in ein rotes Gewand, darüber ein leuchtend grüner Umhang; ihre Krone ist ähnlich wie die des Königs mit Blättern geziert. Ihr Gefolge sind drei junge Mädchen; alle grüßen Meleagant.

Mit einem Schild bewaffnet, bekleidet mit einem Kilt und Kniestrümpfen, kommt dieser Unhold gerade um die Ecke der Burg, um seinem Herausforderer Lancelot die Stirn zu bieten. Auf der linken Bildhälfte sehen wir vor einem fleckig braunen Himmel Lancelot (im Mittelgrund), der auf allen Vieren über ein Breitschwert kriecht. Der Knauf der Waffe liegt auf dem burgnahen Ufer, die Spitze zeigt also von der Insel weg. Der gemalte Lancelot hat – anders als der, den Chrétien beschrieben hatte – vergessen, seinen Kettenpanzer abzulegen.

Die wogenden Wasser unterhalb von Lancelot sind unverkennbar smaragdgrün, so wie auf einem bestimmten Seestück von Turner, darin stark akzentuiert schwarze Wellenkämme von der Art, wie vielleicht van Gogh sie gemalt hätte. Die zwei orientalisch anmutenden Bäume sind bloße Ornamente: ihre hellen Stämme erreichen kaum die Höhe der Dienerfigur, welche an einer Leine die zwei Löwen führt. Meleagant und die Löwen nehmen den Vordergrund ein.

Eines dieser Tiere ist fahlgelb, das andere dunkelbraun. Sie ähneln, wie Loomis ganz richtig bemerkt, trotz ihrer kurzen Mähnen und Quastenschwänze eher jungen Hündchen als Löwen. Jemand, der nicht wüßte, daß es Löwen sein sollen, könnte sie für wohlerzogene englische Hunde halten – und zwar nicht vom kämpferisch-wilden Typ, eher eine Kreuzung aus einer recht braven Bulldogge und einem Hühnerhund. Der Mann, der die Leine hält, hat keinerlei Vorkehrungen getroffen, um sich vor ihnen zu schützen, er trägt auch keine Waffe. Aber wie auch immer – zu der Zeit, da Lancelot am Tor ankommt, sind sie ohnehin in ihre Käfige oder Zwinger zurückgekehrt.

Nach alledem fällt es uns leichter anzunehmen, daß auch Yvains bester Freund und Beschützer in einem früheren Roman Chrétiens ein Hund war, als zu glauben, daß es im alten Britannien gezähmte Löwen gab. Isabeau, eine französische Königin des fünfzehnten Jahrhunderts, hielt tatsächlich Löwen in ihrer Menagerie. Sie nahm sie auf Reisen mit, aber die Tiere waren nicht abgerichtet, weder gingen sie bei Fuß, noch ließen sie sich an der Leine führen.

Die Aufrichtigkeit des mittelalterlichen Künstlers beeindruckt uns zwar, das hindert uns aber nicht, festzustellen, daß er keine Ahnung hatte, wie die Landschaft auf der Seite, die der Burg gegenüberlag, aussah, welches Profil und welchen Charakter sie hatte, ob die Gegend bewohnt oder wild war. Das muß hier angemerkt werden, weil ein jüngerer Text, nämlich der *Sone de Nansai* aus dem dreizehnten Jahrhundert, von der Tatsache Zeugnis gibt, daß auf der Landseite der Burg gegenüber etwas von monumentaler Bedeutung zu finden ist. Der mittelalterliche Illustrator weiß oder nimmt an, daß die Szene im Sommer spielt; er stellt deswegen das Feld bei der Burg nicht als grünes Ackerland dar, sondern malt dürre, schüttere Grasbüschel, die einem steinigen Untergrund entsprossen zu sein scheinen. Das mittelalterliche Schloß, ganz in Rot und Blau gehalten, ist als Festung der englisch-französischen Königsfamilie in jener ritterlichen und wappentragenden Epoche kenntlich gemacht – ein offenbarer Anachronismus.

Chrétien hatte zwar anfangs auf einen zweiten Weg zur Inselfestung hingewiesen, den dazu gehörenden Handlungsstrang aber nicht ausgeführt. Erst später erinnert er sich daran, daß Gawain sich für die Route über eine andere und fast ebenso berühmte Brücke, den «pont evage», die «Wasserbrücke» also, entschieden hatte. Der Autor hatte beim Leser den Eindruck erweckt, dieser Übergang befinde sich in der Nähe der Burg, auf der die Königin wartete. Und der Leser war durchaus geneigt, an eine solche Alternative zum Weg über die Schwertbrücke zu glauben: diese Alternative war die Schiffspassage, und nicht, wie Chrétien verstanden hatte, eine Brücke – zumal ja diese Brücke angeblich *unter* Wasser lag und also kaum ihren Zweck erfüllen konnte.

In ihren Anmerkungen zu Websters Übersetzung des *Lanzelet* haben Loomis und Webster die Theorie aufgestellt, diese Wasserbrücke sei tatsächlich eine Unterwasserbrücke gewesen und es habe sich dabei um einen *crannog*, eine Dammstraße auf Pfählen, gehandelt, der zu einer künstlichen Insel in einem See geführt habe. Sie nahmen an, die Dame vom See habe in einem Binnensee und nicht auf einer Insel im Meer (das auf lateinisch durchaus als *lacus* bezeichnet werden kann) gelebt. Möglich sei auch, daß eine hölzerne Brücke gemeint war, die bisweilen sichtbar, bisweilen – aufgrund eines Zaubers – unsichtbar gewesen sei. Der *Prosa-Lancelot* spricht vom *pont perdu*, von der «verschollenen» oder «verlorenen» Brükke. Der Autor des *Lanzelet*, der ganz auf das Wunderhafte fixiert ist, nimmt an, die «Wasserbrücke» stehe beim Schloß des Zauberers. Chrétien freilich überschreitet hier nur ein einziges Mal die Grenzen des Realistisch-Natürlichen: Sein Lancelot konsultiert auf der Schwertbrücke den Zauberring, um herauszufinden, ob dort drüben immer noch die Löwen lauern.

Der heutige Leser wird vielleicht am ehesten zu dem Schluß neigen, daß die Burg im Meer, die, Malory zufolge, König Urien von Gorre dem König Bademagus und seinem Sohn Meleagant anvertraut hat und die, auch das teilt Malory mit, ein «pounte» hatte, einen zweiten Eingang, nämlich eine Hinterpforte an der Seeseite, besessen haben muß. Solche Tore standen oft am Ende eines langen, tiefen Einschnitts zwischen den Felsen, der einen natürlichen Hafen bildete, wo ein flaches Boot bei ruhiger See anlegen und wo man ohne Gefahr an Land gehen und Fracht löschen konnte. Vom Wasser führten schmale, steinerne Stufen zu einer Brücke hinauf – aber nicht zu einer «Wasserbrücke», einem «pont evage» also, sondern zu einer *Zugbrücke*, einem «pont *levage*».

Gawains Unternehmen endete damit, daß der Held von der «Wasserbrücke» hinabstürzte. Wäre er in voller Rüstung ins Meer gefallen, so hätte er leicht ertrinken können. Er blieb aber glücklicherweise in dem engen Schacht stecken und konnte, wie Chrétien erzählt, von Leuten mit langen Stangen und Enterhaken wieder befreit werden. Gawains Landungsunternehmen war weit weniger Erfolg beschieden als dem des Lancelot.

5. König Lancelot

Hat sich also Chrétien wieder einmal geirrt? Die Möglichkeit besteht, daß er bei der Lektüre seiner Quelle öfters Probleme mit dem bestimmten Artikel hatte, besonders dort, wo das altfranzösische *li* vor Substantiven, die mit Vokal beginnen, zu *l'* elidiert wird und wo dann etwa der Zweifel entstehen kann, ob *l'evage* oder *levage* zu lesen ist. Mehr Sinn macht aber doch wohl *pont levage*, also «Hebebrücke» oder «Zugbrücke».

Jetzt, da es so aussieht, als hätten wir Chrétien in diesem einen Fall bei einem Irrtum ertappt, erinnern wir uns, daß dieser Dichter auch den französischen Namen des Helden in die Welt gesetzt hat: Lancelot. Jessie L. Weston, die Jahre damit verbracht hatte, dieser Person nachzuforschen, nannte Lancelot schließlich einen Niemand – ein unbekanntes Wesen, eine erfundene, eine bloße Romanfigur. Sie fand keine Spur von diesem Lancelot, bevor Chrétien ihn 1177 «erschuf».

Die Figur des Lancelot, sagt Weston, sei eine späte Zutat zum arthurischen Stoff, und der Held wurde erfunden, weil eine Rolle in einer konventionellen Dreiecksgeschichte zu besetzen war. Weston wollte sich auch nicht Theorien von Loomis und Webster anschließen, die entdeckt hatten, daß in Lancelot etwas von der uralten irischen Sonnengottheit fortlebe. Sie lehnte es ab, ihn mit Lleu Llaw Gyffes, dem Sonnengott der walisischen *Mabinogion*, zu identifizieren. Das einzige aus seiner Biographie, das in allen Quellen konstant bleibt, ist, so stellt Weston fest, die Tatsache, daß seine Mutter eine Königin war und daß er als ganz kleines Kind in die Obhut einer Wasserfee kam. Aber hier übertreibt Weston: Im *Prosa-Lancelot* ist von einer Fee keine Rede.

Weston fand Chrétiens Erzählung von der «sündigen Liebe» im großen und ganzen ungenießbar, eine ärmliche Liebesgeschichte, unzusammenhängend und wirr erzählt. Mit der für sie typischen Entschiedenheit, hinter der freilich ein gewaltiges Maß an Wissen und gelehrter Erfahrung stand, widersprach Weston, vielleicht voreilig, auch einer alten Ansicht französischer Wissenschaftler über den korrekten Gebrauch des bestimmten Artikels. Der Comte J.-C.-H. de La Villemarqué, einer der ersten Philologen, die sich mit arthurischen Stoffen befaßten, und ein früher Übersetzer der *Mabinogion*, wies 1841/42 darauf hin, daß Chrétien sich möglicherweise geirrt habe. Villemarqué vertrat die Theorie, der Dichter habe Lancelots Namen falsch geschrieben, und daraus sei es zu erklären, daß es nie jemandem gelungen war, diesen Helden oder seinen Namen in historischen Quellen wiederzufinden. Korrekterweise, wenn man nämlich den bestimmten Artikel *l'* weglasse, laute der Name *Ancelot*.

Dieser Name, so glaubte Villemarqué, leite sich von der lateinisch-biblischen *ancilla Dei*, der «Magd des Herrn», ab; dieser Ausdruck bezeichnet sonst die Jungfrau Maria. Er hatte damit nur zum Teil recht. Der Träger eines solchen Namens, der doch auf eine dienende, untergeordnete Funktion verweist, hätte nicht am gleichen Tisch mit König Artus sitzen können, und es ist auch nicht vorstellbar, daß eine solche Person an einem Ort nur fünf Tagereisen von Carlisle entfernt gekrönt worden wäre. Wir können deswegen Lancelot nicht als einen *ancillus Dei* auffassen und ihn auch nicht mit der Jungfrau Maria gleichsetzen. Dennoch stimmen wir mit Villemarqué darin überein, daß Lancelots wahrer Name mit *A* und nicht mit *L* beginnt.

Da Gawain und andere von Geoffrey und von William von Malmesbury bezeugt werden, da die Könige Loth und Urien und ihre Geschlechter wirklich existiert haben, da auch Perceval und/oder Peredur/Parzival in vielen Quellen als historische Personen erwähnt sind, halten wir es für unwahrscheinlich, daß einzig und allein Lancelot eine bloß erfundene Figur sein soll. Dies geht aus Chrétiens Text hervor, in den Wissen aus besonders gut informierten Quellen eingeflossen ist und der, wie wir jetzt sehen werden, dem grellen Licht der modernen Wissenschaft standhalten wird. Die Theorie von Loomis und Webster, in Lancelot verkörpere sich der alte keltische Sonnengott, macht diese Figur zu sehr zu einer einzigartigen Ausnahmeerscheinung. Und sie leugnet zugleich die Historizität aller anderen Figuren jener Epoche – aber genau in diese Richtung zielte ja die gesamte ältere Forschung.

Indes ist es bis heute nicht gelungen, Geoffreys Bild von den drei Brüdern, die bei der Krönung des König Artus anwesend waren, in seiner Gültigkeit zu entwerten, und noch weniger Zweifel kann es speziell hinsichtlich der Person geben, die an Rang und Würde alle übrigen Festgäste überragte: König Anguselus von Albania. Er war der Vornehmste von allen und König Artus ebenbürtig. Warum? Weil er allein ein wirklich großer Herrscher war. Seine kühnen Worte und seine Erklärung, er werde am Feldzug des Artus auf dem Kontinent teilnehmen, sind uns noch lebhaft in Erinnerung.

Wir müssen jetzt noch einmal seinen Namen genauer betrachten. Bei Geoffrey von Monmouth steht die lateinische Form *Anguselus*. Aber Chrétien schreibt altfranzösisch. Wenn nun der Name *Anguselus* aus dem Lateinischen ins Altfranzösische übernommen wor-

5. König Lancelot

den wäre, und genau das, vermuten wir, war der Fall, so wäre nach den üblichen Lautgesetzen die Mittelsilbe ausgefallen, es wäre also die in schwacher, unbetonter Position stehende Silbe *gu* geschwunden. Übriggeblieben wäre somit: *An + sel + o* (*-o* ist die normale Maskulin-Endung im Französischen, oft auch *-ot* geschrieben). Das derart synkopierte französische Wort würde dann auf der Endsilbe betont: *An-sel-ó*.

Der Name *Ancelot* läßt sich also als ganz normale, d.h. nach den einschlägigen Lautgesetzen regelmäßige Ableitung von *Anguselus* verstehen – wir können die Einzelheiten dazu in M. K. Popes Buch *From Latin to Modern French* nachschlagen. In den Kapiteln über die Palatalisierung velar gebildeter Konsonanten und über den Schwund von Lautgruppen werden als Beispielwörter etwa *vigilare*, *regina*, *regula*, *margula*, *nigrum*, *fragrare* und *legere* aufgeführt (alles Fälle, in denen beim Übergang vom Lateinischen ins Französische die Mittelsilbe schwindet).

Der *Prosa-Lancelot* macht außerdem klar, daß wir es mit einer Linie von Königen zu tun haben, die den Namen *Anguselus* (oder eine davon abgeleitete Variante) tragen: Der junge Lancelot ist der Sohn oder Enkel eines gleichnamigen Königs.

Die sorgfältige Lektüre des *Lanzelet* wird bestätigen, daß Geoffrey von Monmouth das, was er über drei der Krönungsgäste erzählt, nicht erfunden hat, daß er vielmehr treu und gewissenhaft berichtet. Einer von den dreien ist Anguselus; dieser scheint die hohe Würde eines *Rí Alban* innegehabt zu haben, die den Kennern späterer Epochen der schottischen Geschichte unter dem Titel eines «Hohen Königs von Albion» (Albion = Schottland) wohl vertraut ist. Ein solcher *Ard-righ Albaínn* scheint Lancelot gewesen zu sein, und vor ihm hat wohl sein Großvater Galahad, der in den Artusromanen als König von *Galles* erscheint und ebenfalls Lancelot hieß, diesen Titel geführt. Der arthurische Held Lancelot war der Sohn eines gewissen König Ban oder Briadan. Der *Lanzelet* nennt noch zwei andere Zeitgenossen des Artus, die auch unter den Krönungsgästen aufgeführt sind, nämlich den Herrn Mauron und König Gilimar. Der letztere ist stumm und residiert auf einem Berg, einem *dunn* also, drei Tagereisen von Artus' Hof in Carlisle entfernt.

Es erscheint uns leicht möglich, daß Chrétien absichtlich, um sein vornehmes Publikum zu erheitern, die Zugbrücke in eine Wasserbrücke verwandelte, um dann Gawain in eine Felsspalte plumpsen zu lassen – wir wissen ja, daß er hohen Herrschaften immer gern zu Willen war. Wir haben bereits gesehen, daß er es im Fall der anderen, der Schwert-Brücke, die bei ihm den höchst gefährlichen Zugang zur Hölle bildete, mit der Übersetzung nicht allzu genau nahm. Vielleicht hat er sich dabei noch gar ins Fäustchen gelacht, als er sich elegant von *levage* zu *evage*, von *punt* zu *pont* und von *espiet* (Stake) zu *espee* hinüberhangelte.

Nicht glaubhaft ist dagegen, daß er den Eigennamen eines königlichen Herrn verfälscht haben soll. Chrétien sagte und meinte vielmehr, der Name Lancelots laute «*Der* Ancelot». Das lateinische *Anguselus* entspricht, wie wir gesehen haben, dem altfranzösischen *Ancelot*, und es ist mit dem heutigen schottischen Ortsnamen *Angus* identisch. Was ist aber damit gemeint, wenn eine Person «Der Angus» genannt wird?

Bis zum heutigen Tag bezeichnet «The Angus» in Schottland das Oberhaupt eines Clans. Somit dürfen wir schließen, daß Lancelot Thronerbe war und daß er sich in seinem angestammten Land aufhielt.

Der deutsche *Lanzelet* beginnt mit einem weiteren anrührenden Bericht von der Geburt des Helden, vom Tod seines Vaters und von seiner Kindheit auf einer Insel im Meer – er wächst unter Leuten auf, die Ulrich von Zatzikhoven, schlecht übersetzend, «Meerwesen» und «Meerjungfrauen» nennt. Die Dame vom See oder vom Meer erzieht den Jungen, und sie bereitet ihn darauf vor, eines Tages das Königreich «Beforet» zu erobern – dann werde er seinen Namen erfahren. Wieder scheint es so zu sein, daß er als Kind Galahad, als Erwachsener Lancelot genannt wird. Die ganze Erziehung des jungen Helden ist in dieser Darstellung auf eine ganz bestimmte hochpolitische Mission hin ausgerichtet, eine Aufgabe, die er möglichst bald erfüllen muß. Die individuellen Details, die eine Figur erst so recht menschlich erscheinen lassen, fehlen hier – im Gegensatz zum *Prosa-Lancelot*, wo die Dame den Knaben zärtlich Fitzroy (Königssohn – auch dies deutet auf Schottland) nennt und ihn jeden Tag mit roten Rosen bekränzt.

Lancelots Vater war dem *Prosa-Lancelot* zufolge ein gewisser Ban de Benoïc. Der Ort, auf den der Herkunftsname verweist, ist nicht zu ermitteln, im *Lanzelet* erscheint er in der Variante «Genewis». Das Königreich, das Lancelot erobern soll, heißt «Das Weiße Land», auf lateinisch entspricht dem der Name *Albion*, das ist *Scotia*, Schottland, und auch «Norgalles». Dieser Name wiederum scheint soviel wie «Nord-Galles» zu bedeuten, das Land also, das an König

5. König Lancelot

Artus' Königreich «Galles», südlich davon in Strathclyde gelegen, angrenzt.

Diese Geographie steht im Widerspruch zu der alten Theorie, die F. Lot in seiner 1918 erschienen Arbeit über den *Prosa-Lancelot* entwickelt hat und von deren irrigen Annahmen sich in jüngerer Zeit auch der französische Gelehrte L.-F. Flutre leiten ließ, als er sein Verzeichnis der arthurischen Eigennamen zusammenstellte. Beide Wissenschaftler glaubten, Benoïc, wo Lancelot geboren wurde, sei im heutigen Nordwales zu suchen. Ihre Überzeugung leitete sich aus der Vorsilbe *gwyn-* in *Gwynedd* (Nordwales) her, die «weiß» bedeutet. Aber in *Albion* steckt ebenfalls das Wort «weiß», nämlich das lateinische *alba*. Und es ist eine Tatsache, daß Lancelot niemals als Waliser bezeichnet wird, und die walisischen Barden haben ihn nie als einen ihrer Landsleute für sich reklamiert. Sein älterer Name Anguselus/Lancelot kommt aus Schottland und ist uns von Geoffrey von Monmouth und von Autoren, die altfranzösisch schrieben, überliefert. Mit «Benoïc» ist wohl eher Berwick an der Ostküste von Britannien gemeint.

Mit dem *Lanzelet* ist uns noch eine weitere Quelle gegeben, die es uns ermöglicht, den Lebensweg des Helden zu verfolgen und seinen Abenteuern, darunter auch das der Entführung von Königin Guinevere, nachzuspüren. Obwohl Ulrichs Theorien bisweilen noch phantastischer sind als die Chrétiens, schafft auch er es nicht, die Person des Lancelot auf einen völlig substanzlosen Schemen aus Schall und Rauch zu reduzieren. In seiner Version beginnt Lancelots Serie von Eroberungen an einem Ort, der in Westschottland zu liegen scheint. Die Herrschaft, um die es geht, liegt am Meer und heißt Morois, Moreiz, das ist Murray. Es wird angedeutet, daß der erwachsene Lancelot von Westen übers Meer nach Britannien zurückgekehrt ist.

Der Aufstieg des jungen Helden geht sehr schnell vor sich – die nächste Station ist die Burg eines gewissen «Patrick vom Hügel», die er kühn erobert. Es wird dabei einiges an Heldentum von ihm verlangt: Er muß zuerst einen Riesen besiegen, dann zwei «Löwen», schließlich noch den Onkel der Thronerbin oder Stammesführerin, die in der Burg wohnt. Dieser Ort heißt Limors. Bei seiner Identifizierung hat man viel Phantasie aufgewendet – man fragt sich aber, ob dies wirklich nötig ist, da die Ähnlichkeit von «Limors» und *Lammermuirs* oder *Lammermoors* doch in die Augen springt. Hier ist Lancelot schon beinahe daheim in seinem Geburtsort, der wahrscheinlich zwischen Bass Rock ganz im Osten des Firth of Forth und

Berwick liegt. Wenn diese Annahme zutrifft, so ist er dorthin zurückgekehrt, wo die lokale Überlieferung ihn immer vermutet hat, ganz nahe bei dem Felsen, auf dem später die mittelalterliche Festung Bamborough erbaut wurde.

Auch Chrétien wußte von diesem Ort, und in seiner Orthographie «Limors» und «Lymors» ist der Name leicht wiederzuerkennen. Wir sehen nun, nachdem wir die Aussagen der verschiedenen Texte zusammengetragen haben, daß Lancelot sich hier ein Territorium gewissermaßen herausgeschnitten hat, das als Viereck mit den Eckpunkten Edinburgh, Tantallon, Berwick und Melrose zu beschreiben ist. Sein Feldzug ist aber mit diesen blitzartigen Überraschungsschlägen noch nicht beendet: der Held wird von seinem Geburtsort Berwick – er selbst nennt ihn Logres – noch weiter nach Norden vorstoßen, in das Gebiet um Bannockburn.

Sein drittes Eroberungsunternehmen verläuft anfangs kläglich; er hat sich allzu viel zugemutet und landet im Gefängnis. Von dort aus kann er in einiger Entfernung das geheimnisumwitterte Beforet sehen, die wichtigste und letzte seiner Eroberungen. In Ulrichs Text ist gespannte Erregung zu spüren: das Ziel liegt jetzt direkt vor Lancelots Augen. Der Held ist schon fast dort angelangt, wo er endlich, in jener großartigen Szene im alten Kloster, die uns Chrétien geschildert hat, seinen Namen entdecken soll.

Hier läßt uns Ulrich im Stich. Zwar gibt er nicht weniger als acht topographische Anhaltspunkte und macht damit dem Leser klar, daß die Geschichte in ein entscheidendes Stadium getreten ist, aber er selber scheint die Bedeutung dieser Passage nicht zu begreifen, er gerät in die eingefahrenen Geleise literarischer Konvention und gelangt nach dem Gesetz des geringsten Widerstands zum Motivkreis der Höllenfahrt. Die vorletzte Burg, die er erobert, heißt nun plötzlich «Burg des toten Ritters». Der Fluß ist «Der Kal», Fluß der *Qual* – es läuft also darauf hinaus, daß Lancelot jetzt die drei Flüsse der Hölle (nicht die Schwertbrücke) überqueren muß.

Die Schilderung der Gefangenschaft des Helden in einem unterirdischen Kerker ist zu Recht ein gefundenes Fressen für die Mythologen; in Finsternis taucht da der strahlende, rote Sonnengott hinab, ähnlich wie bei Dante schreitet da einer durch das Reich der Unterwelt, in dem Hades, Pluto und Persephone daheim sind. Und dennoch haben wir Grund, Ulrich dankbar zu sein, denn er hat manche Lücke in Chrétiens Schilderung ausgefüllt und uns mit seinen geographischen Angaben in die Region geführt, in die Lancelot wirklich gehört: in das Land zwischen Dumfries und Stirling.

5. König Lancelot

Wenn Ulrich seinen Helden wirklich für immer ins Reich der Hölle hätte verbannen wollen, so hätte er all die folgenden Hinweise auf topographische Besonderheiten streichen müssen: die breite Landstraße, die wunderschöne Aussicht, die Ebene, flach «wie eine Mauer», also flach wie das Plateau oben auf einer Mauer, das Schloß in prächtigen Farben. Er hätte auch besser unerwähnt gelassen, daß die Burg, in der Lancelot sich aufhält, dem feigen Sohn von Morgan le Fay gehört, den er im Zweikampf besiegt. Aus dieser Episode und aus den Informationen, die wir einem anderen Text entnehmen können, geht hervor, daß Lancelot sich in Lothian befindet; er war von East Lothian nach Midlothian gereist und dann weiter nach Westen in die Gegend von Edinburgh.

Wir haben oben darauf hingewiesen, daß Lancelot von seinem Gefängnis das Land überblicken kann. Er sieht eine Bande von zwanzig Unholden, die in den Dörfern sengen und rauben. Sie kommen von der Zauberburg «Dodone». Dies ist der Ort, von dem Lancelot seine ganze Jugend hindurch geträumt hat und wo seine mühselige Reise enden wird.

Von seiner Gefängniszelle aus übersieht er das ihm verheißene Land Beforet und die Festung Dodone, die er wieder in Besitz nehmen soll: dies ist die Mission, auf welche die Dame vom See ihn vorbereitet hat. Das Ziel, auf das hin sein ganzes Leben ausgerichtet war, liegt in Sichtweite vor ihm da. Von neuer Energie durchdrungen, schafft es Lancelot, sich zu befreien, er dringt auf die Räuber ein und tötet einen von ihnen. Dieser fällt nieder *auf den Sand am Ufer*. Für uns, die Leser, ist das ein großer Moment – Ulrich hat uns damit verraten, wo Lancelot sich befindet: nicht in der Hölle, sondern in Edinburgh.

Der Sitz des Herrschers steht tatsächlich nicht weit von einem sandigen Ufer, dem des Firth of Forth nämlich. Es schlängelt sich dort ein Fluß durch die Landschaft, der Almond – Ulrich nennt ihn freilich anders. Daß es sich um eine Residenz von Bedeutung handelt, steht ohne Zweifel fest. Und ebensowenig zweifelhaft ist es, daß dieses Bauwerk entsprechend eindrucksvoll aussieht, verschwenderisch mit Ornamenten verziert, wunderbar und prächtig. Zu Füßen der Burg erstreckt sich weit eine Ebene, eine Landschaft, die in der ganzen Welt berühmt ist. Hier wird Lancelot gekrönt werden, die unsichere Existenz des verschollenen und verkannten Kindes hat ein Ende: Er ist heimgekommen.

Ulrich hätte es beinahe geschafft, uns so zu irritieren, daß wir von der Fährte abkamen, als er von dem Fluß sprach, der sich dort durchs Land schlängelt. Wir wissen nämlich, daß der Fluß dort in der Region um Edinburgh Almond heißt. Ulrich jedoch nennt ihn «Der Kal» und glaubt, das sei einer der Höllenflüsse. Es gibt aber in Schottland keinen Wasserlauf, der so heißt. Wir müssen noch einmal von vorne beginnen.

Es erweist sich als notwendig, zu diesem Problem die Spezialisten für Ortsnamen zu konsultieren. Wir erfahren von ihnen, daß Flußnamen überall in Westeuropa sehr oft eines der keltischen Wörter für «Fluß» als Bildungselement enthalten, so etwa das Wort *dwr*. Genau dies, so sehen wir, ist hier der Fall: das deutsche *der* erklärt sich aus dem walisischen *dwr*. Und der zweite Bestandteil des Namens, *Kal*, entpuppt sich als das walisische Wort *cal*, «gewunden». Wir finden bei Ulrich *Cal* (gewunden) + *Der* (Fluß), und das ergibt *Calder* (und nicht *Der Cal*). Es gibt heute noch zwei Orte, die diesen Namen tragen, nämlich südwestlich der Stadt Edinburgh, und beide liegen am sandigen Ufer des Almond, der in nordöstlicher Richtung nach Edinburgh hinein und weiter in den Firth of Forth fließt. Die Gegend war zu Lancelots Zeit und in vielen folgenden Jahrhunderten Schauplatz blutiger Schlachten.

Lancelot zog wahrscheinlich von der Mündung des Flusses Glein (Aber Gullane), der uns aus dem Bericht des Nennius bekannt ist, am Südufer des Firth of Forth entlang nach Westen und sicherte das eroberte East Lothian, indem er nun auch Midlothian unter seine Herrschaft brachte: Er schlug einen Bogen um dieses Territorium, um dann von Westen her einzudringen. Sein Weg führte ihn durch Calder und am Ufer des Almond entlang. Chrétiens Namen für Edinburgh (Tenebroc und Teneboc) erscheinen hier nicht, aber die Beschreibung des Orts hoch über der weiten Ebene ruft doch eine Szene aus einem anderen Roman Chrétiens, nämlich die vom Turnier des Erec, in Erinnerung: «desoz Teneboc an la plainge» – «auf der Ebene unterhalb von Edinburgh» (*Erec*, V. 2083). Jahre später wird Lancelot (Geoffreys Anguselus, alias König Angus von Schottland) als Gast bei der Hochzeit von Erec und Enide anwesend sein, begleitet von seinen zwei Söhnen namens Cadret und Coi. Von der Höhe der alten, «schön angemalten» (wohl ein Übersetzungsfehler – «pictum» oder ähnlich in der Vorlage meinte wohl «piktisch») Burg konnte Lancelot das weite Feld dort unten überblicken, wenn dort blutige Kämpfe oder Turniere ausgetragen wurden.

Südlich des Forth standen in alten Zeiten 90 Prozent der insgesamt fünfzehnhundert Festungsanlagen Schottlands. Sie wurden «Keirs» genannt, so erfahren wir von William J. Watson, dessen *Hi-*

5. König Lancelot

story of Celtic Place-Names of Scotland (erschienen 1926) mit vollem Recht eine Bibel der arthurischen Forschung genannt werden darf. Die kleinen Befestigungsanlagen krönten die Gipfel Hunderter von Hügeln und Erhebungen am Rand einer ovalen Ebene, alle mit einem Palisadenwall umgeben. Es liegt nach allem, was wir wissen, nahe anzunehmen, daß Lancelot diese Ebene durchquert hat und schließlich ans Südufer des breiten Flusses Forth gelangte. Er hatte alle die Festungen unterworfen, die an seinem Weg zum Firth of Forth lagen, zum «magnum flumen Forthi», den die Angeln später «Scottewattre» nannten, und zwar schon in arthurischer Zeit, denn dieser Name wird auch in den Artusromanen verwendet.

Der Geograph O. G. S. Crawford verzeichnet in seinem Werk *Topography of Roman Scotland North of the Antonine Wall* auf einer Karte die wahrscheinlich antike Route von der Küste bei Berwick nach Norden in die Gegend von Edinburgh. Dort brach Lancelot zu dem großen militärischen Unternehmen auf, in dem seine Mission sich erfüllen sollte.

Von dem römischen Kastell Cramond kommend, hätte Lancelot den Antoninus-Wall bei Camelon, einer Grenzfestung zwischen den Stationen 13 und 14 in der Nähe von Falkirk gelegen, überquert und wäre dann nach Nordwesten Richtung West Plean geritten, um zur königlichen Burg Stirling zu gelangen – diese nämlich meint Ulrich von Zatzikhoven, wenn er von «Dodone» spricht. Beim Versuch, diesen Namen zu deuten, haben manche Forscher die griechische Mythologie bemüht und sind bis zum fernen Zeus-Orakel in Dodona vorgedrungen. Aber das ist natürlich nicht der Ort, den Lancelot suchte. Wenn er die einzige Straße nahm, die nach Nordschottland führte, die «Große Straße in den Norden», wie sie in antiker Zeit hieß, so kam Lancelot an einem steinernen Bauwerk im römischen Stil vorbei, das später «Arthur's O'on» genannt wurde.

Lancelot stieg dann, sagt Ulrich, in ein großes, weites Tal hinab. Wenn Crawford recht hat, muß Lancelot hier den blutgetränkten Boden von Stirlingshire betreten haben, jenen Streifen Land, der sich in Nord-Süd-Richtung erstreckt und der Schauplatz vieler Schlachten war.

Im Westen erheben sich die Hügel von Bannockburn (aus *bannauc* = Hügel), zu ihren Füßen, etwa auf Meereshöhe, liegt fruchtbares Tiefland mit lehmigen Böden und Torfmooren. Am Mündungsstrom des Forth steht majestätisch in fast siebzig Meter Höhe auf grauen Klippen Stirling. Der Ort ist per Schiff zu errei-

DER „SCHLACHTENKORRIDOR" VON BANNOCKBURN

(Nach Ordnance Survey Sheets Nr. 57, 58, 64, und 65 sowie Karten und Planskizzen von W. Douglas Simpson und O. G. S. Crawford.)

chen, liegt aber doch ziemlich weit im Landesinneren und ist somit vor überraschenden Angriffen von See her einigermaßen sicher. Der Ort ist durch die natürlichen Gegebenheiten extrem gut geschützt, schon in vorgeschichtlicher und römischer Zeit wurden daher dort Festungsanlagen errichtet. Diese zu Lancelots Zeiten praktisch uneinnehmbare Burg thront in strategisch beherrschender Stellung dort, wo das Tal des Forth sich bis auf etwa anderthalb Kilometer verengt. Zwei Straßen führen aus Stirling hinaus: Die eine nach Westen zum Loch Lomond und von dort in südlicher Richtung in die Gegend von Dumbarton am Clyde, heute ein Vorort von Glasgow; die zweite Straße führte durch die Fords of Frew (die Furten, die heute meines Wissens nicht mehr existieren, galten zu Lancelots Zeit als großes Naturwunder) über den Forth, dann gabelte sie

5. König Lancelot

sich: In nordöstlicher Richtung gelangte man weiter nach Angus, Scone und Aberdeen, die andere Abzweigung nach Nordwesten führte zum Loch Ness und nach Inverness, der Hauptstadt der Pikten im Norden. Die zuerst genannte Verbindung existiert noch, und zwar in Gestalt einer Militärstraße. Die Burg Stirling auf ihren grauen Klippen ist bis heute eine Garnison geblieben.

Die alte Furt von Kildean, auf Gälisch «der Übergang bei der Klamm» genannt, entspricht einer bildhaften Beschreibung im *Prosa-Lancelot*. Der Pfad führt hinunter in eine enge Talschlucht, durch eine Furt gelangt man dann über den Forth und von dort weiter in die scheinbar ganz menschenleeren Gebiete des Nordens.

Die Beschreibung dieses Flußübergang ist weit älter als der *Lanzelet* und sein Bericht von der Eroberung der Festung «Dodone». Als Lancelot und Prinz Galehaut sich einst zu König Artus' Unwillen aufmachten und zu den Out-Inseln und/oder nach Sutherland zogen, stiegen sie, von einer Burg kommend, genau diesen steilen Pfad hinab und gingen am Ufer entlang, bis sie zu einer ganz wunderbaren Furt kamen, durch die sie über den Fluß und in Sicherheit gelangten (möglicherweise auf die Äußeren Hebriden).

Wer also die Burg Stirling in seinen Besitz brachte, so sagen die Geographen, hielt den Schlüssel zur Herrschaft über Schottland in der Hand.

Das «West-Kastell» in Stirling, auch unter dem Namen «King's Knot» bekannt, ist noch gut erhalten. «Knot» leitet sich von dem gälischen Wort *gnoc* her, das einen Erdhügel oder speziell einen Befestigungswall bezeichnet. Von der heutigen Burganlage auf dem Felsen blickt man auf diese Schanze hinab und über das Vale of Menteith hin zu der Stelle, wo sich einst die Fords of Frew befanden.

Noch im fünfzehnten Jahrhundert weiß William von Worcester über König Artus dies zu berichten: «custodiebat le round-table in Castro de Styrling, aliter, Snowdon west castell» («König Artus war der Hüter der Runden Tafel in der Burg Stirling, die auch das Westkastell Snowdon genannt wird»).

Diese königliche Burg Snowdon (Sinaudone, Senaudon, Isneldone, Dodone, Sinadone) wird nur an einigen wenigen Stellen in mittelalterlichen Handschriften erwähnt. Loomis und Webster haben den Fall diskutiert und sind zu dem Ergebnis gekommen, daß damit Segontium am Fuß der einsamen Snowdon Mountains in Nordwales gemeint sein müsse – eine recht unwahrscheinliche Vermutung. Als Name einer Festung erscheint «Snowdon» in vier arthurischen Texten, darunter Bérouls *Tristan* und Ulrichs *Lanzelet*.

Ulrich berichtet, König Artus und sein Hof seien nach «Dodone», nach «Snowdon» also, gekommen, um an den Feierlichkeiten anläßlich der Krönung Lancelots teilzunehmen, die auf dieser Burg stattfanden. Während Chrétien im *Yvain* für den Ritt von Carlisle zum Firth of Forth drei Tage ansetzt, dauert bei Ulrich die Reise von Carlisle bis zu der Stelle, die wir als die Grenze von Stirlingshire identifiziert haben, vier Tage, und der Held braucht dann noch einmal einen Tag, um durch das Tiefland zur Burg selber zu gelangen. Die beiden Angaben über den Weg zur Residenz der Könige des Nordens liegen nicht weit auseinander.

Der *Prosa-Lancelot* bestärkt uns noch weiter in unserer Ansicht, wenn er Lancelots Gemahlin dort Sebile nennt; sie ist, so muß man annehmen, die Thronerbin dort. Ihr Name bei Ulrich aber ist ein Anagramm von «Sebile», nämlich *Yblis*. Auf der Burg Stirling schuf Lancelot die berühmten Wandgemälde, die seine Abenteuer erzählen – ob er aber tatsächlich etwas «gemalt» hat oder ob die Quelle vielmehr bloß das Adjektiv «piktisch» verwendet hat, bleibt zweifelhaft. Sein Reich heißt Norgalles oder Terre Blanche oder Albania, und das alles meint nicht jene Region, die man *heute* Nordwales nennt. König Artus' Reich mit dem Zentrum Carlisle bzw. Camelot an der Küste liegt südlich von Norgalles und heißt Galles. Weiter bestätigt der *Prosa-Lancelot* noch einmal, daß König Artus Lancelot auf der Burg Snowdon einen Besuch abstattete, und zwar nachdem der König aus Gallien zurückgekehrt war. Wir können damit auch den Zeitpunkt dieses Besuchs näher bestimmen.

Wir wissen nun, daß Lancelot nach Artus' erstem Feldzug auf den Kontinent in Snowdon den Thron bestieg, und in dieser Zeit wurde die Königin Guinevere entführt.

Wir erfahren aus dem *Prosa-Lancelot* noch einmal, daß König Artus Lancelots «Gemälde» sehr bewunderte. Der Illuminator einer Handschrift (Ms. fr. 112, vol. 3, fol. 193, Archives Nationales de France, Paris, entstanden um 1470) führt uns den König, der die Bilder besichtigt, vor Augen: In einen Umhang aus Samt mit Hermelinbesatz an Saum und Kragen gekleidet, eine goldene Krone auf dem Haupt, die rechte Hand in einer Geste der Bewunderung erhoben, steht König Artus in einem Saal von Lancelots Burg. Er betrachtet fasziniert eines von Lancelots Wandgemälden auf einer Außenmauer mit einem unterteilten Fenster im romanischen Stil. Genaugenommen sind es eigentlich zwei Gemälde untereinander, die eine Reihe von Szenen in einer Komposition vereinigen. In der oberen Szenenfolge sieht man Lancelot, wie er von seinem Erzieher

5. König Lancelot 233

Abb. 4: König Artus bewundert Lancelots Gemälde. Aus einer Handschrift des *Prosa-Lancelot,* um 1470. Nach Margaret Scherer: *About the Round Table.* New York 1945.

Abschied nimmt (mit diesem hatte er als Knabe einmal eine Auseinandersetzung wegen eines Hundes), in der zweiten Szene ist dargestellt, wie Lancelot der Königin Guinevere seine Huldigung darbringt, in der dritten die Königin in Gesellschaft zweier Damen, die offensichtlich weit weniger vornehm sind. Auf dem Bild darunter sieht man den Helden, der eine Schar von Kriegern im wilden Gefecht anführt; die Kämpfer sind beritten und schwingen Breitschwerter. Der Anführer der feindlichen Truppen ist ein Mann von riesenhafter Statur. Auf der Erde liegen Gefallene. Die Perspektive der Buchillustration ist klug durchdacht: König Artus steht seitlich von dem Wandgemälde, das diagonal zum Vordergrund steht. Der Fußboden besteht aus quadratischen Fliesen, deren Muster sich in der Ecke des Raums verliert. Die zweite Wand dieses unmöblierten Zimmers oder Saals ist holzgetäfelt, ebenso die sehr elegante Decke. Durch das von Streben unterteilte Fenster sieht man Hügelkuppen in der Ferne.

Der unbekannte Künstler stellte Königin Guinevere als eine Frau dar, die deutlich älter ist als Lancelot. Das ist zweifellos auch ganz richtig so: Wir wissen, daß sie zwölf Jahre alt war, als Gawain in König Artus' Armee eintrat – die beiden waren gleich alt. Als Lancelot an den Hof kam, hatte Gawain schon etliche Jahre im Dienst des Königs gestanden und war ein Mann in reiferen Jahren. Dem *Prosa-Lancelot* zufolge war Königin Guinevere zu der Zeit, als König Artus seinen offiziellen Besuch bei Lancelot machte – und zwar, wie wir gesehen haben, auf der Burg Stirling –, schon fünfzig, aber immer noch eine schöne Frau. Wenn Lancelot damals auf der Höhe seiner Macht stand, muß er mindestens zehn bis zwanzig Jahre jünger gewesen sein als die Königin.

Alle Berichte stimmen darin überein, daß Lancelot Königin Guinevere überlebte. Er besuchte ihr Grab in Avalon. Das ist allerdings so ziemlich das einzige, worin die verschiedenen Quellen über die letzten Jahre des Helden sich einig sind.

6. Meleagants Tod

Die Geschichte von der Entführung der Königin Guinevere hat die Figur des Lancelot in den Mittelpunkt des Interesses gerückt, einen Mann, in dessen Charakter zuerst und vor allem seine unbedingte Treue König Artus, Königin Guinevere und dem Reich gegenüber hervorsticht. Mit der verblüffenden Kühnheit, die in allen seinen Taten zu bemerken ist, verschaffte er sich Zugang zur arthurischen Welt, nachdem er seine Kindheit «im See» verbracht hatte. Er erscheint als gewaltiger Haudegen, der aber auch die Qualitäten eines Feldherrn besitzt, er ist der Befreier von Gefangenen, ein Liebling von Frauen, die große Territorien besitzen, ein Kämpfer für Recht und Gesetz. Sein feuriges Wesen unterscheidet ihn von den anderen Männern um König Artus. Lancelot war ein Mann, der vor Energie und Tatkraft sprühte, agil, schnell entschlossen, wagemutig, brillant auch als Redner. Die Menschen liebten ihn. Die Dichter zeichnen ihn uneinheitlich: als Krieger in weißer Rüstung auf einem weißem Pferd oder als blutdürstigen Falken, als roten Löwen im Schein der untergehenden Sonne oder als Leoparden, den gnadenlosen Würger.

Wie der Glanz der roten Sonne wurde Lancelots Ruhm während der langen Gefangenschaft des Helden verdüstert, als er Hunger litt, Kraft und Mut verlor, dahinsiechte an Leib und Seele und Geist. Wie andere hohe Herrschaften ließ er sich von Zeit zu Zeit zur Ader, wir wissen nicht genau, zu welchem Zweck, aber doch jedenfalls im Rahmen irgendeiner Heilbehandlung. Lancelot ging immer neue Liebesbeziehungen ein, mit etlichen Frauen war er sogar verheiratet – und zwar mit allen gleichzeitig, so scheint es –, von etlichen ließ er sich bemuttern, von etlichen heftig umwerben, bis er schließlich mit der Tochter des Gralskönigs einen berühmten Sohn zeugte.

Lancelots Wildheit im Kampf kam fast jener Raserei gleich, in welche die irischen Krieger uralter Zeit während der Schlacht verfielen. Seine Hiebe waren so fürchterlich, daß die Männer sich bekreuzigten, wenn er auf dem Schlachtfeld erschien. Es kam vor, daß er seinen Gegner packte und emporhob, oft sprang er auch vom Pferd auf seine Widersacher hinab und zermalmte Helme und Schädel. Unbeirrbar fanden seine Hiebe ihr Ziel. Er geriet oft in einen solchen Blutrausch, daß ihm niemand mehr Einhalt gebieten konnte. Ehrgefühl und Willenskraft waren derart stark, daß er Schmerzen überhaupt nicht wahrnahm. Seine Person galt als heilig – und das gibt eine Vorstellung davon, wie vornehm seine Familie und wie hoch sein Rang in der Welt gewesen sein muß.

Wenn wir alle die verschiedenen Taten des Lancelot zusammen betrachten und analysieren, so zeigt sich, daß sie sämtlich in irgendeiner Weise mit dem Dienst für König Artus oder Königin Guinevere oder für die Tafelrunde zu tun haben. Lancelot war schon sehr früh in diesen Kreis berufen worden. Wenn die Tafelrunde sich versammelte, saß er zur Rechten des König Artus und mit ihm auf gleichem Niveau. Er war folglich allen übrigen an Prestige, Rang und Adel überlegen. Lancelot nahm königliche Pflichten und Rechte wahr. Er trat beispielsweise zu Gerichtskämpfen an, in denen sich Recht und Unrecht erweisen sollte. Er schlichtete Streitigkeiten um Land und Herrschaft. Er begrub die Toten und erwies den Gräbern Ehre. Er befehligte Heere und führte einen Krieg nach dem anderen. Er wurde in Stirling gekrönt.

In seinen *Studies in Medieval Literature* kam Roger Sherman Loomis zu dem Ergebnis, daß eine genetische Beziehung zwischen Lancelot und dem irischen Adel, insbesondere zum irischen König Lugh Loinnbheimionach bestanden haben muß. Beide Männer, so argumentierte er, wurden von Königinnen erzogen und von «Meerleuten» (= «Wassermännern») unterichtet – wir freilich würden diese Personen schlicht und einfach «Seeleute» nennen. Beide Figuren bleiben ihre ganze Kindheit hindurch namenlos: Lancelot wird «Fitzroy», «Königssohn», genannt. Beide dürfen, als sie am Hof erscheinen, sogleich auf einem besonderen Sitz Platz nehmen, auf einem Stein, der einzig einem Erwählten vorbehalten ist, beiden wird königlicher Rang zugestanden, beide werden ihrer Schönheit, Haltung, Stärke und Kühnheit wegen sehr bewundert. Beide scheinen keine Furcht zu kennen, beide sind unempfindlich gegen Schmerzen.

Jeder dieser zwei Figuren ist eine ganz bestimmte Tat aufgegeben: Beide müssen einen mächtigen Stein oder eine Steinplatte heben zum Zeichen, daß sie erwählt sind und daß es ihnen gelingen wird, Gefangene zu befreien. Beide gehen eine heimliche Verbindung mit einer Frau ein und zeugen einen hochberühmten Sohn. Beiden ist in besonderer Weise die Farbe Rot zugeordnet: ein roter Löwe, eine rote Rüstung, ein rotes Wappenzeichen. Der eine von den zweien war König von Irland, der andere, Lancelot, war der Enkel eines Königs von Irland.

Alles das beweist, daß auch Lancelot König wurde und daß er wahrscheinlich auf derselben Insel im Meer und von Leuten aus demselben Volk von Seefahrern aufgezogen wurde. Die königlichen Prinzen im alten Britannien wuchsen so in sicherer Weltabgeschiedenheit irgendwo zwischen Irland und der Hauptinsel Cornwall/England/Wales/Schottland auf.

Der zweite Teil von Chrétiens *Lancelot* handelt von den drei Kämpfen des Helden gegen Meleagant, den Entführer der Königin. Hier entwickelt nun Chrétien jene Kunst der Psychologisierung, die ihm so viel Bewunderung eingetragen hat. Das Kommando auf der Burg, in die Lancelot eingedrungen ist, führt, wie wir wissen, der Vizekönig Bademagus. Er regiert die Insel im Namen eines höheren Herrn, des Königs Urien, mit dem er verwandt ist. Fürst Galehaut von den Out-Inseln hielt so große Stücke auf Bademagus, daß er ihn zu seinem Nachlaßverwalter ernannte und ihm die Regentschaft über sein Reich für die Zeit des Interregnums nach seinem Tod übertrug. Die Integrität und der Adel des Bademagus stehen bei

6. Meleagants Tod

Chrétien außer Frage. Dieser wahrhaft noble Herrscher empfängt Lancelot, als dieser verwundet von der «Schwertbrücke» kommt, er begrüßt ihn mit allem schuldigen Respekt, versorgt seine Wunden, schenkt ihm ein Pferd und beklagt ausgiebig und mit lautem Ach und Weh die anstehenden Kämpfe.

Es erregt natürlich großes Interesse, wenn hier ein derart nobler Charakter einem so halsstarrigen, unbesonnenen und ganz unbelehrbaren Sohn zur Seite gestellt wird. Der Vater, jeder Zoll ein Edelmann, hat die Kontrolle über seinen geliebten Sohn verloren. Dieser gewalttätige, cholerische Meleagant stürzt sich mit Eifer ins Verderben. In seiner kompromißlosen Sturheit sieht er nur zwei mögliche Lösungen, den Konflikt zu beenden: Sieg oder Tod. Vergeblich warnt ihn König Bademagus, er ermahnt ihn, appelliert an das Gute in seinem Charakter und greift schließlich gar zu einem Mittel, das seinen Sohn beschämen muß. Es hilft alles nichts. Da es niemandem vor ihm jemals gelungen ist, die «Schwertbrücke» zu überschreiten, hat sich Lancelot als größter Held Britanniens erwiesen und ist somit auch Meleagant überlegen. König Bademagus hatte sofort erkannt, daß sein geliebter Sohn dem Tod geweiht ist.

Nachdem Bademagus glaubwürdig versichert hat, daß niemand die Königin angetastet hat und daß er ihre Sicherheit auch weiterhin garantieren könne, läßt sich Lancelot widerstrebend dazu überreden, den Kampf auf den folgenden Tag zu verschieben. Die weiblichen Gefangenen waren wohl bei Lancelots Ankunft anwesend; sie hatten sich selbst drei Tage Fasten auferlegt, damit er den Sieg gewinnen möge – ein interessantes Detail zum Thema «Psychologie der Frau».

Meleagant erweist sich als ein würdiger Gegner. Beide Kämpfer sind jung, schön, ehrgeizig und wissen ihre Waffen mit Eleganz zu führen. Von einem Fenster im Turm aus, einem Logenplatz gewissermaßen, um den die Königin selber gebeten hatte, blickt Guinevere auf den Ort des Geschehens hinab, ein viereckiges, eng umschlossenes Feld oder einen Hof der Burg. Während dieses ersten Kampfes hört Lancelot ein Edelfräulein seinen Namen rufen. Das ist ein bedeutungsvolles Detail, denn es hilft uns, dieses Abenteuer zeitlich einzuordnen: Dem Fräulein vom «Mädchenland» (Caerlaverock) war eingeschärft worden, es solle seinen Namen erst verraten, wenn er sein großes Werk zu Ende gebracht habe, wenn also Dodone erobert sei. Als Bademagus bei der Begrüßung Lancelots so sehr hohe Achtung für den Fremden an den Tag legte, tat er demnach nur, was er einem Souverän schuldete, der ebenso vornehm war wie sein eigener Herr, König Urien.

Königin Guinevere macht diesem ersten Duell ein Ende, nachdem König Bademagus sie inständig darum gebeten hat. Obwohl der Waffenstillstand bereits in Kraft ist, schlägt Meleagant seinem Gegner eine Wunde.

Zusammen mit den anderen Gefangenen aus König Artus' Reich wird jetzt die Königin frei und darf Gorre verlassen, nachdem Lancelot gelobt hat, nach Jahresfrist noch einmal gegen Meleagant anzutreten. Chrétien nutzt die Gelegenheit, eine schmutzige Geschichte über die Königin und Lancelot zu erzählen; angeblich gehen die beiden miteinander ins Bett – als Beweis wird ein blutiges Laken vorgezeigt. Hier hat sich eine undeutliche Erinnerung an die alten piktischen Bräuche beim Vollzug der Ehe erhalten – sichtbar wird gewissermaßen der Schatten der Brünhilde –, und zwar in eine Zeit hinein, da der eigentliche und ursprüngliche Sinn der Sache längst vergessen war. Der *Lanzelet* führt anstelle dieser Szene einen anderen Keuschheitstest ein, in dem ein Umhang, den allein die Reinste von allen, und das ist Lancelots Gemahlin Yblis (Sybilla, Sebile), tragen kann, eine wichtige Rolle spielt. In beiden Versionen der Erzählung kommt Guinevere sehr schlecht weg, und Chrétien macht in scherzhaftem Ton aus der persönlichen Schuld der Königin gar noch eine allgemein weibliche (V. 4760 ff.).

Aber Lancelot tritt dennoch weiter für Königin Guineveres Ehre ein, und hier sagt der Bericht wahrscheinlich sogar die Wahrheit; denn die Geschichte spielte sich ja zu einer Zeit ab, da man jene erbitterte klerikale Frauenfeindlichkeit, die für die Intellektuellen des Hochmittelalters typisch war, noch nicht kannte. Lancelot findet sich zu einem zweiten Gerichtskampf ein, aber noch einmal tritt König Bademagus im entscheidenden Moment dazwischen und rettet seinen uneinsichtigen Sohn.

Es wird nun die Schilderung eines Turniers, eigentlich: einer Schlacht, eingeschoben. Lancelot wird unter all den anderen Rittern, die so zahlreich sind, daß die Erde unter ihren Tritten bebt, als der Edelste und Höchste erkannt. Chrétien sagt, der Herold habe sich bekreuzigt, als er sah, um wen es sich handelte. Und er verkündete dann, dieser da sei der Kämpfer, der allen jungen Männern zum Maßstab dienen solle. Lancelot ist also gewissermaßen das Maximum auf der Wertskala. An dieser Stelle, um Vers 5640 herum, übernimmt Chrétiens Fortsetzer Godefroi de Leigni die Erzählung.

6. Meleagants Tod

Zwerge, die nicht als Abgesandte des Königs Urien von Gorre zu erkennen sind, lauern Lancelot auf, und er gerät in Gefangenschaft bei Meleagant. Hier bekommen wir nun genauere Angaben über das namenlose Schloß, in dem Königin Guinevere gefangengehalten wurde. Während die Burgen des Artus in den Romanen sonst oft mit Namen genannt werden, bleibt diese eine mit den seltsamen Brükken und ihrer besonderen Lage aus irgendeinem geheimnisvollen Grund unbenannt; es ist, als ob ihre Identität mit Absicht verhüllt würde. Warum?

Auch hier scheint es, als liege die Burg wirklich im Land Gorre, und zwar auf einer Insel oder einem Inselchen, wie es schon in der frühesten Erzählung von der Entführung, also in der Version aus Glastonbury, behauptet wurde. Diese Insel ist durch einen Meeresarm vom Festland getrennt. Aus einem Steinbruch dort, der direkt an der Küste lag, ließ Meleagant Steine holen und über den Meeresarm transportieren. Er wollte einen runden Turm bauen, einen piktischen «Broch». Nach siebenundfünfzig Tagen war das Bauwerk, das nur ein einziges Fenster dicht unter dem Dach hatte, fertig. In diesem Turm auf der Insel ließ er Lancelot einmauern. Solch ein runder Turm, auf einer Insel und in der Nähe einer kleinen alten Befestigungsanlage mit zwei Zugängen gelegen, ein Turm, von dem aus man einen schmalen Meeresarm überblickte, und dazu ein rechteckiges, umschlossenes Turnierfeld könnten noch heute auf Luftaufnahmen zu erkennen und zu identifizieren sein.

Lancelot sollte langsam verhungern; seine schmale Ration Brot und schmutziges Wasser mußte er durch die Luke unter dem Dach zu sich heraufziehen. Nach einiger Zeit beginnt die Schwester Meleagants, die sich in einiger Entfernung der Gefängnisinsel auf der Stammburg des Königs Bademagus aufhält, zu ahnen, was mit Lancelot passiert ist. Es ist dies das Häßliche Fräulein, dem zuliebe Lancelot einst einen Gegner enthauptet hatte, die Dame, die jenes Maultier mit dem eigentümlichen geschwinden Gang reitet. Einen Monat lang zieht sie umher, bis sie Lancelot endlich findet. Hier unterläuft dem Autor ein Fehler, er sagt nämlich, der Turm liege einsam an einem schmalen Meeresarm, in einer *unbewohnten* Gegend. Das Fräulein findet eine Spitzhacke, und mit diesem Werkzeug kann sich Lancelot aus seinem Gefängnis befreien. Seine verliebte Retterin kümmert sich um ihn und pflegt ihn gesund.

Der dritte Kampf – vor Zeugen, denn hier fällt die Entscheidung – wird auf einem Feld unweit dieses oder eines anderen Turms, der nicht auf der Insel steht, ausgetragen. Die Gegend liegt «auf dieser

Seite von Irland» und ist sehr schön, nur in Irland selber ist das Gras so grün wie dort (V. 7000 ff.). Ein riesiger Feigenbaum breitet seine Äste über den Zuschauern aus. Eine Quelle ergießt ihr Wasser in goldene und silberne Rinnen. Offensichtlich spricht der Autor von einem luxuriösen Lustgarten. Ein Tal erstreckt sich bis in die Wälder. König Artus saß an einem Platz, der freie Sicht auf die wunderschöne Landschaft bot. Der Baum war nicht einfach zufällig dort gewachsen, sondern er war dort mit ästhetischem Bedacht gepflanzt worden, und zwar zu Abels Zeiten, so dachte man, also kurz nachdem dessen Eltern aus dem Paradies vertrieben worden waren.

Die Anspielung auf das Paradies ist nicht schlecht gewählt. Die einzelnen Angaben, die wir hier bekommen, liefern uns zum erstenmal ein Bild von der Küste jener Insel gegenüber, von einer Landschaft, über die der mittelalterliche Illustrator der berühmten *Lancelot*-Handschrift offensichtlich gar keine Informationen hatte.

Wir wissen nun, daß Lancelot auf seinem Weg zur «Schwertbrükke» durch einen Wald und in ein Tal gelangt sein muß. Weiter wissen wir, daß der Ort, an dem ein Jahr nach der Befreiung der Königin durch Lancelot der Gerichtskampf stattfand, ein kultisch bedeutsamer Ort war, wo man viele Kostbarkeiten und ehrwürdige Altertümer hütete. Ja, es scheint, als bewahre dort Artus seinen königlichen Schatz auf – und es gibt mindestens einen mittelalterlichen Zeugen, der ebendies sagen gehört hat. Dort tötet Lancelot den Meleagant: er schlägt ihm zuerst den rechten Arm ab, dann zerschneidet er ihm den Mund, schlägt ihm drei Zähne aus und enthauptet ihn schließlich.

Der *Prosa-Lancelot* fügt noch einige interessante Details hinzu: Lancelot wartet mit der Enthauptung des Meleagant, bis Königin Guinevere ihm ein Zeichen gibt; von ihr also kommt der Befehl. Der abgeschlagene Kopf fällt nach hinten, von Lancelot weg, auf den Boden. Die Königin ist die beleidigte Partei, und darum kommt es ihr zu, das grausame Urteil zu fällen. Der entscheidende Zweikampf dauert drei Stunden und endet gegen Mittag, als dem Meleagant, und das ist charakteristisch für die Pikten, die Kräfte schwinden. Wir wissen jetzt, daß er ein piktischer Fürst ist. Es war vereinbart worden, daß die Königin nach Gorre zurückkehren müsse, falls Lancelot sie nicht auslösen könne; genau dieser Fall war eingetreten, da der Held ja eingekerkert war. Folglich können wir sicher sein, daß der letzte Kampf in Gorre stattfand. Nachdem Lancelot die Königin zum erstenmal befreit hatte, war sie mit ihren Leuten, insgesamt vierzig Personen, nach «Kamalot» in der Gegend von Carlisle gezo-

6. Meleagants Tod

gen. Aus der Tatsache, daß die Zahl der befreiten Gefangenen doch relativ niedrig war, können wir schließen, daß die Festung auf der Insel – im Gegensatz zu den normannisch-französischen Burgen aus viel späterer mittelalterlicher Zeit, etwa Cardigan, Tintagel oder Conway – eine eher kleine Anlage gewesen sein muß. Der *Prosa-Lancelot* bestärkt uns ferner in unserer Überzeugung, daß Lancelot zu diesem Zeitpunkt bereits ein bedeutender Herrscher war, denn er wird im Altfranzösischen mit «Sire» oder mit «Monseigneur» angesprochen, Titel, die dem König von Frankreich zustehen.

Das Häßliche Fräulein heißt hier Jandree, und auch sie hat ein Königreich zu erwarten, denn sie, nicht Meleagant, ist Thronerbin. *Jandree* ist lediglich eine Variante von *Cundrie,* wie der Name bei Wolfram lautet, die Verschiebung des Anfangskonsonanten ist ein durchaus regelmäßiges Phänomen beim Übergang vom Gälischen ins Manx. Die velaren Konsonanten *c* oder *g* erscheinen im Manx als *j*, zu beobachten etwa am Beispiel der Namen *Cronk Guckley* (Ginsterhügel) – *Balla Juckley* (Ginsterhof).

Das Verhalten von Jandree beweist, daß sie eine ebenso fähige wie vornehme Person ist. Nachdem sie Lancelot aus seinem Turm befreit hat, rudert sie ihn höchstpersönlich zur Küste hinüber. Dieses Detail bestätigt unsere Vermutung, daß Gawain versucht hatte, durch das Hintertor, das auf der Seeseite lag, in die Burg zu gelangen. Es gab eben schlicht keine Brücke oder Schwertbrücke über den Meeresarm, sondern nur ein *punt,* ein Fahrzeug, das von einem einzelnen Fräulein unmöglich zu lenken war. Und wir erfahren noch etwas Interessantes, nämlich daß Lancelot nach seiner Befreiung Jandree zum sichersten Ort, den es an der Küste gab, bringen mußte, und das war, wie sich herausstellt, eben jenes Dumbarton, das wir aus Geoffreys Bericht kennen, hier *Galefort,* «Burg der Waliser», genannt. Der Turm, in dem Lancelot gefangenlag, muß irgendwo in der Nähe des Firth of Clyde gestanden haben, nicht weit von heimatlichen Gewässern des Helden also.

Wir wenden uns noch einmal dem *Prosa-Lancelot* zu, um diese Folgerungen zu überprüfen. Es wird jetzt klar, was es mit den Herrschaftsgebieten, die in arthurischer Zeit so extrem wenig stabil zu sein scheinen, auf sich hat: Die Out-Inseln sind die Hebriden, nicht die Scilly-Inseln vor der Spitze von Cornwall. Hier hatte F. Lot Lyonesse vermutet – richtig ist aber, daß damit Lothian gemeint ist. In jüngster Zeit schloß sich Geoffrey Ashe den abenteuerlichen Vermutungen dieses Gelehrten an, obwohl der Sprachwissenschaftler

William J. Watson längst bewiesen hatte, daß sie irrig sind. Der Name Norgalles bezeichnet die Rhinns (die Vorgebirge) of Galloway und Lancelots Reich im Norden. König Artus residierte in Carlisle und nicht im walisischen Cardigan, wie Loomis annahm. Dieses «Cardigan» im heutigen Wales hieß bis ins zwölfte Jahrhundert hinein Aber Teivi – das «Caradigan» des König Artus erscheint wiederholt im *Prosa-Lancelot* als wichtigster Hafen für den Verkehr mit Irland, und es wird gesagt, es liege in einer Region, die Irland benachbart sei.

Auch Loomis' Vorstellungen über Galore (Gorre) sind irrig. In *Wales and the Arthurian Legend* argumentierte er – soweit ganz zu Recht – dafür, daß dieser Name soviel bedeute wie «Gadhelic shore», also «Küste von Alt-Wales». Die Küste von *Alt*-Wales ist aber nicht dort zu suchen, wo das, was wir *heute* Wales nennen, liegt, also nicht etwa weit im Süden bei der Halbinsel Gower oder am Mündungslauf des Severn zwischen Wales und England.

In seiner *History of the Celtic Place-Names of Scotland* bewies William W. Watson, daß die «gadhelische» Küste die Küste von Galloway in Südschottland ist, südlich des Firth of Clyde. Und diese Annahme wird von einer alten Quelle bestätigt: Jocelyns *Vita Kentigerni* stellt fest, das Land, aus dem die Pikten herstammten, heiße Galloway, auf Lateinisch *Galweithia*. Lady Charlotte Guest bestätigt dies in den Anmerkungen zu ihrer Übersetzung der *Mabinogion* (s. «Gelli Wic», S. 103).

Hier erhebt sich die Frage nach König Artus' wichtigsten Häfen. Wo bestieg Lancelot das Schiff, als er von Galloway nach Gorre und zu der Insel reiste, wo die Königin gefangengehalten wurde? Watson fand eine ausgezeichnete Lösung, die von Erkenntnissen der Sprachwissenschaft gestützt wird. Er betrachtete eine der alten *Triaden*, und zwar die, die von den drei Thronen im alten Britannien spricht; diese sind: 1. Gelliwig in Cornwall, 2. Caerleon (wir sind oben zu der Überzeugung gelangt, daß damit Carlisle gemeint ist), wo Artus gekrönt wurde, 3. Penrhyn Rhionydd «im Norden»; König Artus war der «Herr über Penrionyd im Norden». «Ganz ohne Zweifel», sagt Watson, bezeichnet dieser Name die Rhinns of Galloway, und speziell die Halbinsel westlich des Loch Ryan. «Rhionydd» meint einen Ort, der dem König gehört, den «Hafen des Königs». Und niemand anderer als Artus war der «ryon» oder «rhion», der Herr über die Halbinsel und den Hafen. Die Stadt Stranraer ist noch heute der wichtigste Anlegeplatz für Schiffe von und nach Irland, hat also genau die Bedeutung, die der *Prosa-Lan-*

6. Meleagants Tod

celot «Caradigan» zuspricht. «Celli Wig» ist ein weiterer Name für Galloway.

Auch bei gründlichsten Nachforschungen könnte man wohl kaum im Westen von Britannien einen Platz für einen Hafen finden, der besser versteckt und geschützt liegt als der Loch Ryan. Er ist von der Irischen See her nicht zu sehen, weil ein langgestreckter «rhinn», ein Vorgebirge, ihn verdeckt, und er ist lang und schmal und bietet so kleineren Schiffen bei stürmischem Wetter Schutz. Außerdem liegt die Bucht in unmittelbarer Nähe von Dumbarton und des Firth of Clyde, nahe beim Mull of Kyntyre und bei Arran; nicht weit entfernt ist auch die Landspitze im Osten von Islay, die bis heute nach König Artus' Sohn Lohot benannt ist: McArthur's Head. An der Küste von Glasgow bis zum Loch Ryan steht eine Reihe von alten Burgen: Kennedy, Culzean (wo General Eisenhower während des Zweiten Weltkriegs Zuflucht und Wohnung fand), Robert Louis Stevensons Ballantrae und noch andere bei den Heads of Ayr.

Wenn man das Vorgebirge umschifft, gelangt man in den Solway Firth und weiter in das alte Camelot und nach Carlisle. Der Loch Ryan ist bis heute ein Hafen von einiger Bedeutung dort im Norden, und er ist selbst bei Nebel leicht zu finden: Ailsa Crag steht als Orientierungsmarke weithin sichtbar da, ob man von Ballantrae her kommt oder von Ayr.

Das Problem der wichtigsten Residenzen des König Artus ist dank der neuen Namensverzeichnisse von L. F. Flutre und G. D. West nicht mehr allzu schwierig. Derartige Übersichten verschaffen der modernen Wissenschaft einen beachtlichen Vorteil gegenüber den heldenhaften Bemühungen der mittelalterlichen Kleriker, die zwischen 1136 und 1300 in ihren Romanen König Artus an die richtigen Orte zu stellen versuchten.

Die Menschen im Mittelalter reagierten mit Empörung, wenn jemand die Existenz des großen König Artus leugnete oder ihn in seiner Bedeutung herabsetzte, ja, es hat wirkliche Volksaufstände deswegen gegeben. Schon damals weigerten sich viele zu glauben, diese Figur sei ein bloßes Mythen- und Märchengespinst. Die besten Köpfe in Westeuropa, zuerst und vor allem Geoffrey von Monmouth, setzten alles daran, König Artus einen Platz in der realen Welt und in der Reihe der großen Herrscher zu verschaffen.

Dreizehn arthurische Residenzen von einiger Bedeutung finden sich in den verschiedenen Romanen aus ganz Europa erwähnt, die im dreizehnten Jahrhundert mit dem Übergang in die Prosa mehr und mehr an Umfang zunehmen und immer neue und genauer ausgearbeitete Berichte von den Taten des Königs liefern:

1. Caerleon, Carlion (plus 8 weitere Varianten) .... 35 Texte
2. Caradigan (plus 4 Varianten) .... 12 Texte
3. Carrehoi, Carreor, ein Ort .... 1 Text
4. Quarrois, Roais, eine Festung .... 1 Text
5. Carduel, Cardoeil, Quaraduel, Charduel .... 70+ Texte
6. Camaalot (plus 18 z. T. weit abweichende Varianten) . 15 Texte
7. Montagu(t), ein verbündetes Herzogtum .... 8 Texte
8. Sinaudone, Isneldone, Dodone .... 6+ Texte
9. Dina(s)daron (eine Festung, dort Aaronskirche: Caerleon oder Carlisle) .... 3 Texte
10. Londres (London) .... 6 Texte
11. Orquenie .... 1 Text
12. Pouret (Pomfret?) .... 1 Text
13. Tintagel, Nantael, Cintagel (Watson hält für wahrscheinlich: Dunn Dagel) .... 3 Texte

Diese Übersicht zeigt, daß für die große Mehrheit der Autoren ohne jeden Zweifel die Grenzstadt Carlisle die wichtigste Residenz von König Artus ist. Carlisle scheint auch in Geoffreys Darstellung der Dreh- und Angelpunkt des Geschehens zu sein. Der Ort wird häufig in den Romanen erwähnt und ist oft Treffpunkt arthurischer Helden; es ist der Ort, an dem sieben Straßen zusammenlaufen. Die Stadt ist das beherrschende Zentrum für drei Regionen: die Ebene von Carlisle, das Tiefland des Eden River, das Hochland von Cumbria. Von dort führen Straßen nach 1. Dumbarton und Glasgow im Nordwesten, 2. Edinburgh und Stirling im Norden, 3. Newcastle über Haltwhistle im Osten, 4. im Tal des Eden Richtung York im Südwesten, 5. nach Cumbria und in den Lake District im Westen, 6. Penrith und Chester im Süden, 7. nach Galloway und zu den Irland-Häfen im Westen. Carlisle bietet somit Zugang nach Northumbria, Yorkshire und Lancastria und ist doch von diesen Regionen getrennt und so militärisch gut zu verteidigen. Es gab westlich der Stadt keine Brücken, und sie ist auf zwei Seiten durch Flußläufe geschützt, den des Eden und den des Caldew. In alter Zeit erstreckten sich im Norden weite Sumpfgebiete.

Carlisle ist die wichtigste Residenz, die Hauptstadt des König Artus: sie wird in nicht weniger als 70 Quellen genannt, dazu sind noch 35 weitere zu rechnen, die sie, wie Geoffrey von Monmouth, unter dem Namen «Caerleon» kennen. «Caradigan» ist offenbar der königliche Hafen am Loch Ryan. Der Name «Camelot» (in all seinen verschiedenen Schreibungen) bereitet etwas mehr Schwierigkeiten. Der Autor des *Perlesvaus,* der in der Abtei Glastonbury entstand, teilt mit, daß es *zwei* Burgen dieses Namens gab: eine in der Nähe von Carlisle, die andere im Norden auf einer Klippe nach Westen – im zweiten Fall haben wir es mit einem anderen Namen für «Arthur's Knot» bei Stirling oder für eine der anderen Festungen des Königs dort zu tun. Tintagel, die Burg, auf der Artus geboren wurde, ist mit Caerlaverock am Solway Firth identisch – offenbar kannte niemand mehr den ursprünglichen piktischen Namen der Burg, deswegen auch die auffällig große Unsicherheit der Autoren in der Orthographie.

Glücklicherweise gibt es in der königlichen Burg von Carlisle einen ganz besonderen Gegenstand, der sich konkret beschreiben läßt, nämlich den sogenannten «Stein der Ehre», auf französisch *perron* genannt. Die Burg von Carlisle hieß deswegen auch *Château del Perron.* Verschiedene Helden nahmen auf diesem Stein Platz und ließen sich von ihm prüfen, so etwa Lancelot und Wigalois. Marie de France zufolge war es kein Stein mit einer schiefrigen, geschichteten Struktur, sondern Marmor, und er stand in der Burg, die Artus' Herrschersitz war, nahe bei dem Land der Schotten und Pikten.

Als das stolze Fräulein der Marie de France an den Hof kam, um ihren Geliebten Lanval abzuholen, stellte sie sich auf den Stein. In den Perceval-Romanen wird natürlich dieser Gegenstand ausführlicher behandelt werden. Die Könige im alten Schottland, so kann man lesen, stellten sich auf den «Stone of Scone», aber der war aus rotem Sandstein. Er war einst Teil der Mauer um die Burg Dunstaffnage und wurde später unter großen Ehren nach Scone im Reich des «High King of Alban» gebracht, in das kultische Zentrum des piktischen Volkes.

Chrétiens *Lancelot* ist eine in sich abgeschlossene Geschichte, die aber freilich nur eine Episode im Leben des Helden erzählt. Der Dichter konzentrierte sich bei der Arbeit auf die Erzählstrategie, den Handlungsverlauf, auf die schicksalhaft dramatischen Momente, auf die Zuspitzung des unerbittlichen Kampfes zweier Männer, auf das Heroische jenseits der «normalen» Lebenswirklichkeit. Chrétien brauchte sich bei alledem nicht um die Vorfahren seiner Figuren zu kümmern, noch weniger mußten ihn die einzelnen Eroberungen, die Lancelot in Albania machte, interessieren. Genaue geographische Angaben erscheinen seltener als in seinen anderen Romanen, denen doch leicht anzumerken ist, daß der Autor mit der Geschichte und der Geographie Schottlands vertraut ist. So spricht er dort ganz unverdeckt von schottischen Herrschern der Zeit 1107 bis 1185. Seine Heldin Laudine de Landunc ist, wie ihr Name lehrt, offenbar eine Königin von Lothian (lat. = *Laudonia*), und sie trägt Züge einer wirklichen, historischen Königin namens Sibylla. Ulrich nennt sie Yblis und macht sie zu Lancelots Gemahlin. Wenn man es auf den Punkt bringt, so muß man sagen, daß Chrétiens *Lancelot* sich liest wie ein isoliertes Kapitel aus einem größeren Werk, ein Kapitel, das speziell den Kämpfen zwischen Lancelot und Meleagant gewidmet ist und das alles übrige diesem Interesse unterordnet.

Trotz alledem aber kann der Leser Chrétiens gar nicht anders, als sich ständig zu fragen, ob man denn nicht diese Kämpfe mit Meleagant in irgendeinen historisch-realen Kontext stellen kann. An welchem Punkt in Lancelots Leben und in seiner Karriere fanden sie statt? Wir erinnern uns, daß Lancelot ganz plötzlich aus dem «See» seiner Kindheit und seiner Jugendjahre «auftauchte» – freilich war das wohl nicht wirklich ein Binnensee: Er hatte als Knabe nie reiten gelernt, weil es dort, wo er aufwuchs, keine Pferde gab und weil seine Erzieher *Seeleute* waren und nicht, versteht sich, «Wassermänner».

Seine Mission, für die er ausgebildet wurde, war es, drei Königreiche zu erobern, vor allem aber die Burg Dodone, Stirling also. Er sollte Yblis (oder Sebile oder Sibylla), die mächtigste aller Thronerbinnen, heiraten und würde anschließend seinen Namen erfahren. Ein Fräulein sollte ihm seinen und den Namen seines Großvaters und einer ganzen Dynastie von Königen verraten: Galahad und Lancelot. Auf Latein lautet der Name Anguselus – genau so, wie er bei dem vielgeschmähten Geoffrey von Monmouth zu finden ist.

Diese Erklärung der Lage wird so in drei verschiedenen Romanen gegeben: in Chrétiens *Lancelot*, in Ulrichs *Lanzelet* und im *Prosa-Lancelot*. Da die Genealogie des Lancelot, die immer wieder auch in den *Perceval*-Romanen erscheint, in ganz Britannien von einer besonderen Aura der Heiligkeit umgeben ist, werden wir später, wenn wir uns mit Perceval, dem letzten der Gralskönige, befassen, noch einmal Gelegenheit haben, sie genauer zu studieren.

In seinen jungen Jahren besiegte Lancelot zwei Könige, die Brüder waren und Onkel des Helden. Der eine, «Patrick von der Burg auf dem Hügel», ist, wie wir aus Ulrichs Beschreibung ersehen können,

6. Meleagants Tod

kein anderer als König Loth von Lothian auf Traprain Law. Nach Geoffreys Bericht waren die königlichen Brüder bei der Krönung des Artus anwesend. Der Held besiegte König Loth bei einem Turnier, sagt Ulrich, tötete ihn aber nicht. Später kämpfte er auch mit dem zweiten Bruder, der bei Ulrich Valerin heißt. Hinter diesem Namen verbirgt sich höchstwahrscheinlich König Urien von Gorre. Sie trafen in Carlisle aufeinander; dort unterwarf sich König Urien und versprach Wohlverhalten. Lancelot kämpfte später noch einmal, bei einer unbekannten Burg im Land Gorre, mit diesem König Urien und erschlug ihn. Um seinen Anspruch auf schottische Territorien durchzusetzen, muß Lancelot den Vater von Yblis besiegen, einen Herrscher, der angeblich Iweret heißt.

Die Vermutung liegt nahe, daß Lancelot, obwohl sein Vater und sein Großvater Könige waren, nach piktischem Recht von der Thronfolge ausgeschlossen wurde. Diese Hypothese paßt zu alledem, was wir aus den Quellen wissen, führt aber unweigerlich zu dem Schluß, daß jener König Anguselus, der König Artus auf seinem römischen Feldzug begleitete, ja, der vor allen anderen für diesen Feldzug votierte, mit dem Lancelot der französischen Romane identisch ist. Die kontinentalen Autoren wissen nichts darüber zu berichten, was später aus Lancelot wurde und wie er starb. Wenn Geoffrey von Monmouth wirklich wußte, was er zu wissen behauptet hat, so muß er das seltene Privileg genossen haben, in intimste Geheimnisse der alten schottischen Geschichte eingeweiht zu werden.

König Urien von Gorre, sagt Ulrich von Zatzikhoven, sei eines Tages am Hof des König Artus in Carlisle erschienen, um eine formelle Klage vorzutragen und einen Rechtsstreit mit ernstesten Konsequenzen in Gang zu setzen. Er behauptete, ihm sei Königin Guinevere im Kindesalter zur Frau versprochen worden. Lancelot bewies ihm daraufhin in einem Gerichtskampf, daß er gelogen hatte. König Urien mußte sein Ehrenwort geben, daß er seinen Anspruch nicht aufrechterhalten wolle. Es ist nicht auszuschließen, daß er diesem Versprechen tatsächlich treu blieb, aber der Verdacht liegt doch nahe, daß König Bademagus, der Neffe des Urien, und Meleagant im Auftrag und im Interesse ihres Herrn die Sache weiterverfolgten.

Somit hatte Lancelot, als er Meleagant zum drittenmal besiegte, lediglich eine vorgeschobene Figur beseitigt und stand nun wieder seinem eigentlichen Feind gegenüber. Die anderen Berichte rücken seine Abenteuer ins rechte Licht. Obwohl Ulrich über die meisten Informationen verfügt, behandelt er die ganze Geschichte im Märchenton, als ob er es mit bloßen Phantastereien zu tun hätte.

Nachdem er etliche Abenteuer eingeschoben hat, greift Ulrich schließlich doch noch die Geschichte von Lancelot und der Entführung der Königin Guinevere auf. Ort der Handlung ist die Burg des Königs Urien; die Gegend heißt bei Ulrich *Das verwarrene tan*, wohl abgeleitet von dem Namen Tanroc – so heißt die Festung, die König Artus Urien überlassen hat. Der englische Übersetzer Ulrichs gibt, um die Dinge noch interessanter zu machen, «Das verwarrene tan» mit «Tanglewood», «Wirrwald», wieder. Die Lage ist jetzt die: Königin Guinevere ist entführt worden, zum zweitenmal, wie wir annehmen, und wird in König Uriens befestigtem Lager Tanroc oder «Verworrener Tann» oder «Wirrwald» gefangen gehalten. Diese Burg wird als Gebäude aus Holz, umgeben von einem Dornwall und spitzen Pfählen, Palisaden also, beschrieben – das klingt durchaus wahr: Genau so waren in arthurischer Zeit üblicherweise militärische Anlagen befestigt, daher die Bezeichnung «Peel Castle», «Pfahlburg». Solche Palisadenwälle kannte man auch im Wilden Westen Amerikas und in Rußland.

König Urien hat die Königin entführt, weil er ihr Land an sich bringen will; sie gilt als unsagbar reich. Verschiedene Autoren bestätigen dies, im *Merlin* wird zudem behauptet, sie habe die «Tafelrunde» mit in die Ehe gebracht. Keiner weiß, was die Tafelrunde oder die Runde Tafel eigentlich ist oder war und wo sie zu suchen ist.

Lohot, der Sohn von Königin Guinevere, eilt aufgeregt herbei, um seiner Mutter zu helfen. Wir wissen von ihm nur, daß sein Haupt in ihrem Grab bestattet wurde.

Ulrichs *Lanzelet* führt uns nun vollends ins Märchenland. Die Burg des König Urien entpuppt sich als ein Dornröschenschloß, ein Ort außerhalb von Raum und Zeit, wo alles in tiefem Schlummer liegt, eingehegt vom Dornwall der armen, unglücklichen Brünhilde. Ein Zauber liegt über der Burg. Ein bloßes Märchen, gewiß – aber der Stoff stammt nun einmal aus derselben Quelle her, aus der auch Chrétien und Caradoc ihre Informationen hatten, und deswegen dürfen wir die Geschichte nicht links liegen lassen, sondern müssen sie sorgfältig analysieren.

Bei Königin Guinevere sind dreißig junge Mädchen. König Artus, Lancelot, Lohot und Gawain ziehen heran, um die Burg zu erstürmen. Der Krieg ist lang und blutig. Lohot stirbt. Während der gan-

6. Meleagants Tod

zen Zeit schläft Königin Guinevere den Schlaf der... ja was für einen Schlaf?

Solange der Krieg andauert, schläft die Königin, ohne aufzuwachen, im Burghof. Sie ist umgeben von Schlangen, die sie bewachen und niemanden zu ihr lassen. Tristan ist auch dort; er und Gawain sind in einem der letzten Gefechte in Gefangenschaft geraten.

Trotzdem: König Artus siegt. Er stürmt auf den Burghof...

Die Königin erwacht? Sie erhebt sich und läßt sich auf eine Diskussion darüber ein, ob es recht war, Tristan und Gawain als Geiseln zu nehmen?

Wir könnten zuerst aus alledem schließen, daß die Burg des König Urien nicht wie die des Bademagus, in der die Königin nach Chrétien ihre erste Gefangenschaft zubrachte, am Meer lag. Der *Lanzelet*, so sehen wir nun, folgt dem Bericht Chrétiens, fährt aber, wo dieser verstummt, fort und gibt uns das wahre Ende der ganzen Affäre.

Wir haben es hier mit einer Variante zum Dornröschen-Motiv «Die schlafende Schöne» zu tun. Es ist eine bewegende Vorstellung, daß jene Königin Guinevere, der es bestimmt war, in einer Schlangengrube an einem Vipernbiß in den Finger, so scheint es, zu sterben, als eine der ganz großen Heldinnen ins Gedächtnis der Menschen einging.

Angefeindet von den mittelalterlichen Klerikern, für die das Weibliche ein Hort von Unzucht und Laster war, blieb die Figur der altbritischen Königin Jahrhunderte hindurch jenen Dichtern gegenwärtig, die im Märchen mehr Wahrheit und Realitätsnähe zu finden wußten als in allen Aufzeichnungen anderer Art. Charles Perrault führt in seiner Bearbeitung des Stoffs, «La Belle au bois dormant», erschienen 1696 in Holland, und zwar in einer Sammlung von Erzählungen, die *Contes de la Mère Oye* (Geschichten von der Mutter Gans) hieß, die Geschichte der großen Königin zu einem würdigen Ende. Das Märchen darf natürlich unter keinen Umständen zugeben, daß die schöne, edle Heldin sterben muß. In den Erzählungen der Muttergottheit, «Gans» genannt, d.h. in den Erzählungen der Mutter Isis aus dem alten Ägypten, entrinnt die Prinzessin immer allen Gefahren, als ob sie unsterblich wäre.

Das Märchen hat den Anspruch, daß es *wahre* Geschehnisse aus längstvergangener Zeit berichtet. Königin Guinevere ist die liebenswerte Weiße Königin, die den Edelsten aller Edlen zum Mann hat, nämlich König Artus. Die Gegenfigur zur Königin ist die Böse Stiefmutter, die Alte Schwarze Königin, Morgan le Fay. Daß diese gleichzeitig König Artus' geliebte Schwester ist, spielt keine Rolle. Sie herrscht auf der Inselfestung; dort begegnet sie in *Gawain und der Grüne Ritter* ihrem Sohn Gawain. Sie haßt ihn, denn er war als Zwillingskind zur Welt gekommen und hatte sie also in mehrfacher Weise in Lebensgefahr gebracht.

In dieser Erzählung wird König Artus zum Jungen König, der mit der Prinzessin verheiratet ist. Er wird herbeieilen und sie retten – genauso wie in Caradocs Erzählung, die ja ebenfalls ein Märchen ist. Der zweite Held ist Lancelot vom See, der aber nach einer Reihe von Abenteuern ausfällt. Der Alte König ist König Urien von Gorre. Königin Guineveres Sohn heißt in Perraults Fassung «Jour», «Tag». Er wird getötet. In der Version der «Mutter Gans» oder Göttin Diana hat die Königin auch noch eine Tochter mit Namen «Aurore», «Morgenröte».

Der Vater der Königin Guinevere war ein Ungeheuer aus dem Land Gorre – genau dies behaupten auch die walisischen *Triaden*. Und dasselbe findet sich in der Geschichte von Mutter Gans. Das Motiv für die Heirat mit der Schlafenden Schönen ist ebenfalls gleich: Sie besitzt sehr viel Land.

König Uriens Burg heißt Wirrwald und ist von Palisaden und einem Dornwall umgeben. Der Zwerg ist ein Diener finsterer Mächte. Königin Guinevere schläft wie Dornröschen und wird vom König geweckt.

Aber leider: Im *wirklichen Leben* wurde Königin Guinevere in eine Schlangengrube geworfen. Sie starb an einem Vipernbiß, das wissen wir nun. Darum gab es, wie Caradoc sagt, noch eine zweite Gemahlin des König Artus.

Dem Märchen ist die wirkliche Welt verhaßt. Es will um jeden Preis ein Happy End und behauptet deswegen, die Schlafende Schöne habe sich lediglich den Finger geritzt und sei in tiefen Schlaf gefallen, aber tot sei sie nicht. Ulrich sagt dasselbe. Das Märchen teilt mit, auch alle jungen Damen seien am Leben geblieben und hätten nur tief geschlafen. So vergingen hundert Jahre (nur ein Jahr bei Caradoc). Die Burg Tanroc (die König Artus Urien zu Lehen gegeben hatte) hatte ursprünglich dem monströsen Schrecklichen König, dem Vater der Guinevere, gehört; die Königin hatte sie mit in die Ehe gebracht.

Als der Märchenprinz in die Burg eindrang, betrat er das stille

6. Meleagants Tod

Reich des Todes. Niemand anders als die Alte Königin hatte die Schlangengrube angelegt und mit Vipern und anderen Giftschlangen bevölkert. Nach der Logik des Märchens muß die Böse bestraft werden, und also begeht sie schließlich Selbstmord, indem sie sich in jene Grube stürzt. Wir aber wissen, daß die Schwester des Artus in der wirklichen Welt eben jene hochangesehene, edle Königin war, die ihn auf ihre Burg in Avalon brachte. Dieses Avalon gilt es im folgenden zu finden, denn dort wurde, wie wir glauben, Königin Guinevere erzogen und vielleicht auch geboren.

Wir sind an den Punkt gelangt, wo wir die spärlichen Informationen über König Urien von Gorre, eine der wichtigsten Figuren des Dramas, zusammenfassen sollten. In unseren Quellen geht etwas Seltsames vor: die Perspektive des Erzählens verschiebt sich. Der Standpunkt, von dem aus der Erzähler auf seinen Stoff blickt, verrät bisweilen eine diskriminierende, feindliche Einstellung, und zwar nicht nur Königin Guinevere, sondern auch König Artus gegenüber. Folglich müssen einige der Versionen, mit denen wir es zu tun hatten, von Autoren stammen, die ihren Gegenstand aus der Perspektive des Königs Urien betrachteten.

Geoffrey von Monmouth wußte von diesem König, daß er über «Moray», wahrscheinlich Murray, also Westschottland, herrschte, «im Land der Schotten», und das heißt: in den Küstenregionen, die von irischen Einwanderern besiedelt waren. Geoffrey ist also keineswegs mit Loomis und Ashe der Ansicht, Urien stamme aus Wales, und er vermutet ihn ebensowenig auf einer Insel südlich von Cornwall. Freilich erwähnt Geoffrey nichts von einem Land «Gorre», wir können aber aus zahlreichen Details, die nach Irland weisen, schließen, daß dieses Land irgendwo im näheren Umkreis Irlands liegen muß. Und doch hat offenbar der Bannfluch des heiligen Patrick gegen Schlangen – wenn wir annehmen, daß dieser Fluch die Möglichkeit tödlicher Schlangenbisse ausschloß – das geheimnisvolle Land Gorre noch nicht erreicht.

Geoffrey setzte König Urien nicht auf die Liste der Heerführer, die Artus auf seinem letzten Feldzug begleiteten. Das ist kein Zufall. König Urien wird auch im Zusammenhang mit der Schlacht gegen die «Römer» auf dem Kontinent, angeblich bei Autun, nicht erwähnt. Er war aber sicher einer der Könige, die Artus unterworfen hatte. Wenn er dennoch nicht als Teilnehmer am Feldzug genannt wird, so bedeutet dies, daß er bereits tot war, als König Artus in Begleitung von Angusel (Lancelot), Gawain, König Loth von Lothian, König Aschil, König Hoel (von Nordwales), Cador, Guerin und Boso in den Krieg zog.

König Uriens Name erscheint auch nicht in der Liste der auf dem Kontinent Gefallenen (*Historia*, 10. Buch): Kay, Bedevere, Holdin, Lodegan, Cursalem und Galluc. Und Geoffrey berichtet (im 11. Buch), daß nach dem Tod von Gawain und Angusel (beide starben bei Kämpfen in Britannien) der älteste Sohn oder einer der älteren Söhne des Urien – er hieß ebenfalls Urien und (auf französisch) Yvain – auf den Thron des Königs Angusel von Schottland gelangt sei. Dieser Mann könnte jener Yvain (Owein) gewesen sein, der 560 im Kampf gegen die Angeln von Bernicia fiel, wie die *Chronik der Angelsachsen* in den Aufzeichnungen zur Regierung des Königs Ida von Bernicia mitteilt.

Der Bericht des Geoffrey von Monmouth harmoniert gut mit dem, was die Dichter auf dem Kontinent zu erzählen wissen. Auch sie behaupten ja, König Urien sei erschlagen worden, nämlich von Lancelot, bevor König Artus Britannien verließ. Dieser berühmte König Urien war ein Herrscher, den eine besondere Aura der Heiligkeit umgab, denn er war ein Nachkomme des heiligen Joseph von Arimathia.

Unser arthurischer König Urien von Gorre darf nicht mit seinem Namensvetter, König Urien (oder Urian, daneben sind noch dreizehn andere orthographische Varianten seines Namens überliefert) Rheged verwechselt werden. Dieser regierte von Carlisle aus das Reich des König Artus, und zwar zwischen 572 und 592, also dreißig bis fünfzig Jahre nach Artus' Tod. Er hatte drei Söhne, die Owain, Pasgent und Elphin hießen. Zum Reich dieses Königs gehörte nicht allein Cumberland, sondern auch ein Teil der Region, die wir heute Wales nennen, nämlich Carmarthen. Er war wahrscheinlich der Herr der Burg Carreg-Cennan. Die Ruinen dieser Festung stehen auf einem Felskegel hundert Meter über dem Fluß Cennan in Carmarthen. Es gibt dort unterirdische Gänge, die fünfzig Meter weit durch den Fels getrieben sind, Durchbrüche im Gestein dienen als Fenster.

Unser König Urien von Gorre, also der, den Lancelot getötet haben soll, hatte ohne Zweifel eine Schar von Schreibern in seinem Dienst. Vieles von dem arthurischen Quellenmaterial verrät Artusfeindliche Tendenzen. Wir wissen, daß Marie de France ihren «Lai» (kurzes Gedicht der erzählenden Gattung) *Yonec* als Fortsetzung der Geschichten von Chrétien, Caradoc und Ulrich von Zatzikhoven konzipierte. Woher aber hätte Marie de France wissen können, wie

6. Meleagants Tod

es König Urien weiter erging, wenn ihr nicht «irische» Quellen aus Gorre zur Verfügung gestanden hätten?

Eine Fortsetzung der Geschichte von Königin Guineveres Entführung und Tod über Ulrichs Finale hinaus bietet der Lai *Yonec* (das ist der Name des jungen Yvain/Urien) von Marie de France. Man vermutet, daß das Stück für den Hof Heinrichs II. geschrieben wurde. Hier erzählt Marie, daß König Urien von Gorre einen unehelichen Sohn gehabt habe, der ebenfalls Urien hieß oder auch Yvain der Bastard. Als dieser erwachsen geworden war, rächte er seinen Vater. Die Erzählung stammt offensichtlich von einer Seite her, die König Artus und Lancelot feindlich gesinnt ist. Uns interessieren an dem Text vor allem die geographischen Angaben zum Land Gorre und im besonderen zu jener kleinen Insel, auf der Königin Guinevere bei ihrer ersten Gefangenschaft eingekerkert war und in deren Nähe König Artus dem Entscheidungskampf zwischen Lancelot und Meleagant zusah.

Nach diesem Duell und nach Artus' Abreise auf den Kontinent verschwindet Lancelot aus sämtlichen Berichten. Das ist nicht leicht zu fassen. Es gab einst Annalen, in denen Lancelots Taten verzeichnet waren, so versichert der *Prosa-Lancelot*. Diese wurden in Carlisle geführt und aufbewahrt, und sie befanden sich nach der fürchterlichen Schlacht bei Camlan und Artus' Abgang von der Bühne noch dort. Wer immer der war, der diese Aufzeichnungen damals in die Hand bekam – er vernichtete den Schluß der «Vita des Lancelot», oder er verhinderte, daß dieser Schluß geschrieben wurde. Man könnte mutmaßen, daß der neue König Urien, der Lancelots Nachfolger wurde, die Dokumente mit nach Schottland nahm. Was passiert denn normalerweise, wenn der Feind eines Herrschers dessen Nachfolge antritt? Es liegt auch der Verdacht nahe, daß Chrétien und Geoffrey von Monmouth im zwölften Jahrhundert Teile dieser verschollenen Annalen einsehen konnten. Und auch bei Ulrich findet sich Material, das aus Carlisle stammen muß. Alle drei Autoren müssen Zugang zu Informationen aus den Annalen gehabt haben, denn sie betrachten die Ereignisse aus einer für Lancelot günstigen Perspektive, und sie erzählen, als ob sie ihre Kenntnisse aus einem Bericht des Helden selbst geschöpft hätten.

Ganz anders Marie de France; sie steht auf der Seite des Königs Urien und erzählt aus seiner Perspektive bzw. aus der seines Hauses. Ihr Held am Ende der Geschichte ist Yonec, der illegitime Sohn des Urien. Die Wissenschaft hat immer angenommen – ohne irgendeinen Beweis dafür zu haben –, daß Marie ihren Stoff einer bretonischen Quelle verdankte, die sie ins Französische übersetzte. Das Zeugnis des *Yonec* spricht eher gegen diese Annahme. Selbst wenn ihre direkte Vorlage bretonisch gewesen sein sollte, so war der ursprüngliche Text, von dem diese Vorlage abstammte, doch nicht in einer britannischen Mundart des Keltischen verfaßt, sondern in einer goidelischen, nämlich der irischen.

Kein einziger Autor aber hat sich je auf die Seite des Meleagant geschlagen. Vielleicht sollten wir ihm unser Mitleid nicht verweigern, jung und heißblütig und bedrängt von allen Seiten, wie er war. Kein Autor beschrieb seinen Tod so, wie ein Nahestehender ihn empfinden mußte. Wir sollten im Untergang des Meleagant, der schwächer und schwächer wird im sengenden Sonnenlicht, ein Symbol sehen für den Untergang eines ganzen Volkes, das heute verschwunden ist: der Pikten.

Der letzte piktische Herrscher, von dem wir wissen, starb 939, vierhundert Jahre nach Meleagants Tod. Er fiel im Kampf gegen die Normannen, die von Frankreich zur Eroberung Britanniens ausgezogen waren. Der Name, den dieser letzte Fürst der Pikten trug, war mit einiger Wahrscheinlichkeit auch der wahre Name Meleagants: Eoghann.

DRITTER TEIL
Die Gralskönige

1. Perceval und andere Heilige

Solange die Autoren des zwölften Jahrhunderts sich darauf beschränkten, Geoffreys revolutionär neue Erkenntnisse zu verbreiten, wobei sie freilich Britannien mit seinen verschiedenen Regionen als ein einziges Königreich darstellten, war ihren Reden kaum je ein Zweifel anzumerken. Sie ließen schwierige Detailprobleme ungelöst, etwa das der Lokalisierung arthurischer Schlachtfelder oder der Krönungsstadt. Noch Jahrhunderte später haben jene Ortsangaben die Gelehrten unserer Zeit so sehr verunsichert, daß die Keckeren unter ihnen es vorzogen, sich als Skeptiker zu geben, statt sich zu ihrer Unwissenheit zu bekennen. So häufte man denn lieber kühn Anwürfe und Verdächtigungen aller Art auf König Artus und die arthurische Literatur, bis schließlich die ganze Materie als bloß phantastische Fiktion galt.

Das schwierigste aller Probleme aber gibt uns der «Heilige Gral» auf, denn anders als im Fall der Schlachten des Artus und seiner Krönungsstadt besitzen wir hier eben keine Quellen, die beredt Auskunft geben. Kein zweites Thema hat für die Leser mittelalterlicher Literatur, und das seit nun achthundert Jahren, eine solche Herausforderung bedeutet wie dieses. Die alten, immer neuen Fragen der Religion lassen niemanden gleichgültig.

Wer waren die Gralskönige? Welche Funktion hatten sie? In welcher Verfassung waren sie? Warum waren sie todkrank? Was hat es mit der eiternden Wunde des Gralskönigs auf sich? Wo war ihr Reich? Was für eine Art von Reich war das überhaupt? Hat eine Gralsburg jemals wirklich existiert? Wenn ja, wo? Was für ein Ding war der Gral? Muß man die Suche nach der Wahrheit an diesem Punkt aufgeben, soll man einfach die Bücher zuklappen, die Sache auf sich beruhen lassen und sie als bloße Erfindung ansehen – ein walisischer, ein irischer, ein altgriechischer Mythos?

Es ist ganz erstaunlich, welche Mühe und Arbeit sich die großen Bewunderer des König Artus im zwölften Jahrhundert, und diese

Männer sind unsere wichtigsten Zeugen, mit ihren dunklen Berichten gemacht haben. Sie durchforschten umfangreiche Werke, sie entlockten ihren uralten Quellen allerlei vielsagend Unbestimmtes. Krieger von Artus' Hof, die sich als die wahrhaft härtesten Kämpfer erwiesen hatten, Männer von ebenso heiligmäßiger wie edler Herkunft, so sagen diese Autoren, schafften es einmal oder sogar zweimal, zur Gralsburg zu gelangen. Nur wenigen Auserwählten war dies Glück beschieden. Nach schweren Prüfungen *verirrten* sich diese jungen Edlen dorthin, vom *Zufall* geleitet.

Voller Ehrfurcht berichten die Dichter des zwölften Jahrhunderts davon, wie einmal König Artus selbst eine solche Pilgerfahrt nach der Gralsburg unternahm und wie sich dabei ergab, daß diese Burg nicht weit von Camelot oder seinen anderen Residenzen lag.

Bekanntlich versuchte auch Lancelot vom See den Gral zu gewinnen, ohne Erfolg. Der Grund für sein Scheitern, so reimten sich die Romanautoren, sämtlich Kleriker, die Sache zusammen, war, daß er nicht zölibatär lebte – wenn er nicht gar ein Ehebrecher war. In ihren Darstellungen erscheint Lancelot immer als Prototyp eines stolzen, maskulinen, weltlich gesinnten Königs. Die Dame vom See, die ihn auf einer Insel aufgezogen hatte, bestimmte ihm seine Lebensaufgabe: Er sollte das Wüste Land erobern, das sie, wie wir bereits erfahren haben, einst selbst regiert hatte. Ein französischer Autor des zwölften Jahrhunderts bestätigt Ulrichs Bericht: Lancelot wurde, unter Artus' Oberherrschaft, König von Lothian. Durch Heirat mit regierenden Erbinnen verschaffte er sich die Herrschaft über ihre Territorien.

Der große Held der älteren Generation, der vor Lancelot für Artus das Schwert Excalibur führte und der den König auf dem kontinentalen Feldzug begleitete, Gawain also, hatte ebenfalls die Fahrt nach dem Gral unternommen. In allen Berichten darüber, mit Ausnahme der *Krone* von Heinrich von dem Türlin, wird behauptet, er sei erfolglos geblieben.

Gawain und Lancelot, die von König Artus ausgeschickt wurden, den Gral zu suchen, waren beide Prinzen und Söhne von regierenden Königen. Gawain erscheint auch deswegen für die Gralsfahrt prädestiniert, weil er von einem Mann erzogen wurde, der später Abt oder Papst geworden sein soll, von einem gewissen Sulpicius. Freilich gab es in Wirklichkeit weder im fünften noch im sechsten Jahrhundert einen Papst dieses Namens. Es muß sich um einen hohen Geistlichen gehandelt haben, dessen Berühmtheit nicht über Britannien hinausreichte.

1. Perceval und andere Heilige

Auch im Fall des jungen Perceval scheint es König Artus gewesen zu sein, der den Helden auf die Gralssuche schickte. Die Boten, die den Kontakt zu dem jungen Mann aufnahmen, sprachen ihn an, als er allein im Wald unterwegs war; später bekam er dann seinen Auftrag. Erst dieser jüngste unter den Kriegern, ein Cousin des Gawain, konnte die Fahrt nach dem Gral mit Erfolg beenden. Er blieb auf der Gralsburg und wurde wahrscheinlich zum Nachfolger des verwundeten Königs gekrönt. Es sieht nach alledem so aus, als könnten wir uns den Problemen um den geheimnisumwitterten Gral am leichtesten nähern, wenn wir uns mit diesem Helden Perceval befassen.

Im letzten Viertel des zwölften Jahrhunderts und darüber hinaus, insgesamt ein Zeitraum von etwa vierzig Jahren, erschienen zehn größere Werke, die das Perceval-Thema zum Gegenstand hatten und schließlich erschöpften, bis es später Malory, freilich nur in einigen Teilen, neu belebte. Die Berichte der ersten Welle, also die des zwölften Jahrhunderts, handeln von Percevals Anfängen und lassen dann eine doppelte Reihe von Abenteuern folgen. Die meisten Autoren neigen dazu, das Thema irgendwo mittendrin fallen zu lassen – ganz offenbar wird ihnen die Sache zu heiß. Perceval war, darin sind sich alle Autoren einig, der jüngste von mehreren Brüdern und gehörte zu der Generation nach der des König Artus. Die Geschichte vom Gral wird noch eine Generation weiter fortgesetzt bis zum Tod des Galahad, des heiligen Sohns von König Lancelot, und bis zu Percevals Sohn, dem Schwanenritter Lohengrin.

Es scheint keinen direkteren Weg in die wirkliche, aber verschollene Welt des König Artus zu geben als den, den der Gral uns eröffnet. Sogar der Herrscher dämpft seine Schritte, wenn er sich nähert, den Gral zu sehen. Das Erlebnis überwältigt ihn, ähnlich wie Perceval bringt er kein Wort heraus, noch weniger kann er vernehmbar aussprechen, was hier passiert ist.

Ein besonderes Mysterium liegt über dem Ort, der Artus und seinen Zeitgenossen als absolut heilig gilt. Vom profanen Bezirk gelangte man offenbar durch geheimnisvolle Gänge, wie sie auch von anderen alten Heiligtümern und Orakelstätten her bekannt sind, zum Sanktum. Verdichtet und unwirklich lief dort *heilige* Zeit ab, oder besser: die Zeit kippte um in die Vertikale, öffnete sich in die Tiefe.

Das innere Heiligtum war von Licht erfüllt, gleißend weiße Objekte vor grau-undeutlichem Hintergrund – blendendes Feuer vor dunklem Stein, so sagt Chrétien. Es gab weibliche Wesen, unsagbar schön und jung, vertraute Symbole, Gestalten in schimmernd weißen Gewändern zogen vorbei, feierliche Zeremonien, Totenstille. Hörner erschallten, wohl um Augenblicke von besonderer Feierlichkeit anzukündigen, von den vier Ecken der Burg – in späteren, christlichen Zeiten, wurden sie, so scheint es, durch Glocken ersetzt. Dann lief die eigentliche Weihehandlung ab: Der Gral erschien, umgeben von blendendem, weißem Licht.

Sogar die Natur mischt sich ein: ein plötzlicher Wirbelsturm fällt über Gawain her, als er den heilige Bezirk verläßt und am gegenüberliegenden Ufer entlangreitet. In ähnlicher Weise wird Lancelot mit schwerem Geschütz beschossen – vielleicht war er ebenfalls hier.

Perceval aber schafft es dank irgendwelchen besonderen Künsten, sich hier festzusetzen, Wind und Wasser zu beruhigen, die unbekannten Bedingungen zu erfüllen: er läßt die Gleichung aufgehen, macht die Prophezeiung wahr. Es ist deswegen unbedingt nötig, alles festzuhalten, was wir aus glaubwürdigen Quellen über diesen Prinzen Perceval, den Jüngsten seiner Generation, dessen Name den französischen Autoren aus den Silben Per-ce-val zusammengesetzt schien, erfahren können.

Wie schon die Geschichte Lancelots stammt auch die Percevals von Chrétien de Troyes. Sein Versroman, dessen Stoff er einer Quelle entnahm, die der Graf von Flandern ihm geliehen hatte, trägt den Titel *Conte del graal* (Erzählung vom Gral), der Untertitel lautet *Perceval*. Chrétien und drei Fortsetzer schufen zwischen 1174 und 1200 ein gewaltiges, unvollendetes Werk von insgesamt 65 000 Versen. Es kostete also keine geringe Mühe, jene Abfolge von Ereignissen zusammenzustellen, die für alle Zukunft das oft kopierte Formschema aller Lebensbeschreibungen Percevals abgab:

1. Kindheit im Wüsten Wald.
2. Aufbruch zu König Artus' Hof und frühe Abenteuer.
3. Erziehung auf den Burgen verschiedener Onkel.
4. Er gewinnt seine Frau und deren Burg.
5. Erster Besuch auf der Gralsburg; er erfährt eine Zurückweisung.
6. Er kehrt verwirrt zu Artus' Hof zurück. Letzte Abenteuer. Er kehrt noch ein letztes Mal heim zur Burg seiner Mutter im Wüsten Wald.
7. Er wird zum Gral berufen.

Spätere Autoren änderten bisweilen etwas in der Reihenfolge dieser sieben Teile oder arbeiten die eine oder andere Episode auf Kosten der übrigen heraus, aber im Prinzip folgen doch alle Berichte diesem vorgegebenen Muster eines chronologischen Lebenslaufs, der zugleich einen Entwicklungsprozeß darstellt.

Dieser wahrhaft große Stoff von dem tapferen jungen Krieger, der langsam weise wird und schließlich zu einer solchen Heiligkeit gelangt, daß er auf geheimnisvolle Weise aus dem ewigen Kreislauf weltlicher Kämpfe und Eroberungen entrückt wird, erscheint im Fortgang der Jahrhunderte auch in der Literatur anderer Völker, und zwar in verschiedenen Gattungen. Das Thema wurde in Historiendichtungen und in Versromanen bearbeitet, auch in Bildungsromanen und in höfischen Märchenerzählungen, und es ist in der Folklore fast aller europäischen Länder weit verbreitet. Wenn wir die Fakten aus dem Leben des Helden zusammentragen wollen, die dieser altvertrauten Geschichte zugrunde liegen, welche von einem Jahrhundert zum nächsten, von einer Kultur, von einer Sprache in die andere tradiert und ausgeschmückt wurde, bleibt uns keine andere Möglichkeit, als uns an die ältesten Versionen zu wenden.

Jede der Bearbeitungen des Themas enthält in irgendeiner Weise etwas zu den immer gleichen Fragen nach Percevals Ende und Schicksal. Angeblich blieb er für immer auf der Gralsburg, und zwar aus freiem Willen. Oder fügte man ihm einen körperlichen Schaden zu, verstümmelte man ihn *absichtlich* und machte es ihm so unmöglich, den Ort jemals wieder zu verlassen? Der Leser wird im Ungewissen gelassen.

Auf Chrétien und seine Fortsetzer folgten innerhalb von zwanzig Jahren weitere Autoren, welche die bedeutendsten Werke des Perceval-Stoffkreises schufen:

1. Robert de Borons *Joseph von Arimathia* (um 1190, um 1215 überarbeitet)
2. Das Werk eines anonymen französischen Autors, das unter dem Namen *Didot-Perceval* bekannt ist, geschrieben zwischen 1190 und 1215.
3. Der *Perlesvaus*, ein französischer Prosaroman, zwischen 1191 und 1212 in Glastonbury geschrieben (auch *Perceval li Gallois* oder *Le Haut Livre du Gral* genannt).
4. Der deutsche *Parzival* von Wolfram von Eschenbach, ebenfalls zwischen 1198 und 1212 entstanden. Wolfram vermutet irrtümlich die Familie des Helden in der alten französischen Provinz Poitou, die zum Heiratsgut der Eleonore von Aquitanien gehört hatte und so in den Besitz König Heinrichs II. von England gelangt war. Der Dichter verwechselte wohl das Adjektiv «pik-

tisch» mit der lateinischen Bezeichnung für Poitou, *Pictones* (ein Volk in Gallien) oder *Pictavensis* (das französische *Poitevain*, ein Bewohner von Poitou). Er verstand auch das Wort *moor*, «Moor», im Sinn von «Mohr», «Maure» also.

5. *Sir Perceval of Galles*, eine englische Versbearbeitung, die in einer Abschrift aus dem fünfzehnten Jahrhundert, angefertigt von einem Mönch namens Robert de Thornton aus Yorkshire, überliefert ist.

6. Der «Peredur», ein *Mabinogi*, eine walisische Prosa-Erzählung also, die in der Sammlung von walisischen Geschichten namens *Mabinogion* enthalten ist. Wann diese Texte entstanden sind, ist unsicher und umstritten.

Außerdem ist in diesem Zusammenhang noch der *Prosa-Lancelot* zu nennen; zwei der insgesamt fünf Bücher enthalten Material zu unserem Thema. Allerdings war zu der Zeit, da diese Kompilation entstand, die Figur des Perceval bereits weitgehend verdrängt und durch Lancelots Sohn Galahad ersetzt worden. Bei jenen zwei Büchern handelt es sich um die *Estoire del Saint Graal* (ursprünglich *Grand Saint Graal* genannt, geschrieben um 1204) und um die *Queste del Saint Graal* (um 1220 entstanden).

Das letzte bedeutende Werk zu diesem Stoffkreis – das letzte vor Malory, versteht sich – ist der *Sone de Nansai*, ein überlanger altfranzösischer Versroman. Hier hat eine historische Person namens Sone den Platz des Perceval eingenommen. Erstaunlicherweise aber hat der Autor, ein überaus gewissenhafter Realist, in seinem Werk die Geographie der Gralsburg bewahrt, seine Fassung ist hierin einzigartig präzis und von unschätzbarem Wert.

Die Perceval-Texte und diejenigen, welche die Tradition in die folgende Generation des Galahad und Lohengrin weiterführen, stellen die «Queste», die suchende oder irrende Fahrt nach dem Heiligen Gral, in den Mittelpunkt ihrer Geschichten. Da es König Artus in eigener Person war, der seine besten Leute auf diese Fahrt sandte, Männer, die ihm auch verwandtschaftlich nahestanden, kann man durchaus behaupten, daß hier das Arthurische und das Christliche zusammenfallen. Es scheint vernünftig, das Christentum aller dieser Leute als gegeben anzunehmen, statt sich auf Diskussionen darüber einzulassen, ob es nicht vielmehr bloß ein häretisches Christentum war, wie etwa der heilige Augustinus, der von Rom zur Bekehrung der Angelsachsen nach Britannien geschickt worden war, es vielleicht formuliert hätte.

1. Perceval und andere Heilige

Die Autoren des zwölften Jahrhunderts waren von den religiösen Praktiken auf der Gralsburg im höchsten Grad fasziniert und gleichzeitig extrem verunsichert. Die Zeremonie dort wurde schließlich von ihnen gutgeheißen, so etwa von Robert de Boron, der sich um 1190 von dem Schock, den Chrétiens erste Erwähnung «eines Graals» ausgelöst hatte, erholte – man akzeptierte diese Bräuche schon allein deswegen, weil König Artus sie sanktioniert und daran teilgenommen hatte. Dieser König gilt ja heute und galt all die Jahrhunderte lang als einer, und zwar als der edelste der drei großen christlichen Helden: König Artus von Britannien, der fränkische Kaiser Karl der Große, schließlich Herzog Gottfried von Bouillon, der den Ersten Kreuzzug zur triumphalen Eroberung Jerusalems 1099 führte.

Die frühesten Zeugnisse des Christentums in Britannien reichen bis auf das Jahr 120 zurück, als Kaiser Hadrian seinen Schutzwall gegen die Schotten und Pikten errrichtete, andere nennen das Jahr 167, als König Lucius zum Christentum übertrat – sicher scheint aber jedenfalls, daß in Artus' Zeit der Glaube in voller Blüte stand. Der heilige Gildas, dessen Zeugnis wir ziemlich genaue Hinweise auf Artus' Lebenszeit (ca. 475–542) entnehmen konnten, war ein brillanter christlicher Autor. Wenn es wahr ist, daß der heilige Patrick im Jahr 493 starb, dann war auch er ein Zeitgenosse des Königs. Von mächtiger Wirkung war damals das «Große Kloster», das der heilige Ninian um das Jahr 400 in Galloway erbaut hatte, und zwar an der Stelle, die der Nordspitze der Isle of Man, dem Point of Ayre jenseits des Solway Firth, gegenüberliegt. Dieser heilige Ninian von Schottland, «Bischof der britischen Völker», war ein christlicher Missionar, der angeblich in Rom studiert hat. Seine erste steinerne Kirche erbaute er auf dem Gebiet der *Niduari*, der Süd-Pikten, wohl kurz vor dem Jahr 400. Er entfaltete seine Missionstätigkeit im Süden von Schottland, lange bevor der heilige Kolumban im Norden das Christentum predigte. Er bekehrte die Pikten und versuchte Frieden zwischen diesen Stämmen und denen der Briten und Gälen zu stiften. Die wichtigste Gründung des heiligen Ninian wurde das «Weiße Haus» (Candida Casa) genannt und lag auf der Insel Whithorn, an oder nahe der Hauptverbindung zwischen König Artus' Residenz Carlisle und den Seehäfen der Gälen im Westen von Galloway. Auf dieser Route reiste, so scheint es, Lancelot, als er den Entführer der Königin Guinevere verfolgte. Wir werden noch sehen, daß auch König Artus der heiligen Stätte Reverenz erwies.

Um das Jahr 400 herum erregte Britannien das Mißfallen der Orthodoxie auf dem Kontinent. Ein berühmter Brite, der bis heute unter dem Namen Pelagius bekannt ist, in Wirklichkeit aber vielleicht Morgan hieß, verbreitete dort und anderswo Lehren, die als häretisch angesehen wurden. Bedas *Historia ecclesiastica* (II,2) zufolge grassierte die Irrlehre dieses Pelagius bereits um 429 überall in Britannien; die Briten, so stellt Beda fest «hingen ihren eigenen, besonderen Traditionen an, die sich von denen aller anderen Kirchen unterschieden». Autoritäten wie Orosius und Prosper von Aquitanien griffen Pelagius und seinen irischen Gesinnungsgenossen Celestius scharf an, schimpften jenen einen armseligen Schreiberling, eine tückische Schlange, eine kriechende Viper, einen «seegrünen Britonen».

König Artus lebte ganz offensichtlich in einer aufregenden Zeit, in der intellektuelle Kämpfe über weite Entfernungen hinweg ausgetragen wurden. Um 429–430 und noch einmal 448–449 wurden die Heiligen Germanus und Lupus von Gallien nach Britannien entsandt, um die Häresie auszurotten. Um 432/433 kehrte der heilige Patrick, ein Protégé des heiligen Germanus, von Rom und Gallien nach Irland zurück und wirkte dort etwa vierzig Jahre.

In Gallien nahmen die großen Bischöfe des fünften Jahrhunderts, die Heiligen Mamertus von Vienne, Germanus von Auxerre, Remigius von Reims, Perpetuus von Tours und Lupus von Troyes, den Titel *defensor civitatis* an, «Verteidiger des Staates» also, denn sie waren nicht allein Hüter des christlichen Glaubens, sondern zugleich die Vertreter der römischen Verwaltung. Der heilige Lupus, der Britannien im fünften Jahrhundert bereiste, war gar, so jedenfalls sah es Sidonius Appollinaris, «der erste unter den Bischöfen der ganzen Welt». Das Bistum des heiligen Ninian, das Galloway und Strathclyde umfaßte, war in ähnlicher Weise eine zugleich weltliche wie geistliche Herrschaft mit einem stark römisch geprägten Kirchenvolk, wie die latinisierten keltischen Namen auf den Grabsteinen, die man dort in den Ruinen gefunden hat, bezeugen. Die zweite Kirche des Heiligen bei Stirling in der Tiefebene von Bannockburn gilt als eine der ältesten in Schottland.

Es wird erzählt, der heilige Germanus habe bei seinem Aufenthalt in Britannien einmal ein Heer angeführt, das an einem Ostersonntag in ein Gefecht mit Sachsen, Schotten und Pikten verwickelt wurde. Der Heilige hatte an diesem Tag seinen Kriegern die Taufe gespendet und ihnen den Schlachtruf «Halleluja» gegeben. Das Geschrei der Christen hallte derart furchterregend von den Hügeln

1. Perceval und andere Heilige

wider, daß die Feinde in Panik die Flucht ergriffen – vermutlich war es die alte keltische Vorstellung, der Himmel könnte herabstürzen, die diesen Leuten solche Angst einjagte. Möglicherweise hat der heilige Germanus selber jene Kirche auf der Insel Peel vor der Westküste der Isle of Man gestiftet, von der heute nur noch Ruinen sichtbar sind und die seinen Namen trägt, denn bis zum achten Jahrhundert wurden keltische Kirchen immer nach ihrem Gründer benannt. Die Insel trägt den Namen des heiligen Patrick.

Ohne Frage sind diese Heiligen und Bischöfe die bedeutendsten Figuren der arthurischen Zeit, mehr Männer der Tat als des Worts, die bis heute unvergessen sind. Obwohl es generell wenig verläßliche Daten für das fünfte und sechste Jahrhundert gibt, fällt es doch nicht schwer, etliche Zeitgenossen des Artus auszumachen: Boethius, die Heiligen Benedikt von Nursia, Germanus von Auxerre, Briccius, Remigius, Medardus, Eleutherius, Caesarius von Arles, Brachion. Ebensowenig Zweifel gibt es in Bezug auf Artus' Pendant in Gallien, König Chlodwig, und dessen Gemahlin, die heilige Chlothilde, die am 3. Juni 545 starb.

Die Biographien und Lebensdaten von anderen Zeitgenossen des Artus bleiben undeutlich. Ihre Namen sind, ähnlich wie der des Artus, der Guinevere, Lancelots und Percevals, in vielen Sprachen und in vielen Varianten überliefert, woraus abzulesen ist, wie weit verbreitet ihr Ruhm und wie groß die Achtung gewesen sein muß, die man diesen Personen entgegenbrachte. Typisch sind die Fälle des heiligen Patrick und der heiligen Brigitte. Die heilige Geneviève von Paris (ca. 422–512), der St. Germanus einen Besuch abstattete, war ebenfalls eine Zeitgenossin von Artus. Die Figur dieser heiligen Jungfrau, die Paris vor den Hunnen rettete, steht im Jardin du Luxembourg in Paris als erste, noch vor denen der Königinnen von Frankreich. Gewiß war es eine Zeit böser Heimsuchungen, wie Caesarius von Arles feststellte, aber – vielleicht ebendeswegen – doch auch eine Epoche großer Heiliger. Und aus dieser Epoche stammten die heiligen Bücher, die von Perceval und vom Gral berichteten. Während die Nöte des arthurischen Zeitalters uns heute kaum mehr berühren, sind uns doch die Personen, die ihnen entgegentraten, vertraut geblieben.

Viele jener berühmten Heiligen könnten dem Kriegerkönig Artus persönlich begegnet sein: Brigitte von Irland (ca. 450-ca. 525), Briocus (gest. 576 während einer Pestepidemie), Cadoc (gest. 570), ein Freund der Heiligen David und Dubricius, denen Artus wohlgesonnen war und die vielleicht im Jahr 601 bzw. 612 starben, der heilige Eleutherius (ca. 456-ca. 531), der heilige Iltutus (Illtud, gest. ca. 540), der gelehrte Neffe des heiligen Germanus, der heilige Kentigern (527–612), Patron von Schottland, der heilige Padarn, die heilige Radegundis (519–587), der heilige Remigius (ca. 457–530), der heilige Samson (bezeugt ca. 555–557), der heilige Servanus (gest. 540), schließlich der heilige Teilo, ein Cousin des heiligen David.

Wenn Artus um 475 geboren ist und Gawain wenige Jahre später, und diese Annahmen sind durchaus realistisch, dann lebten diese Männer ziemlich genau in der Zeit, da Frömmigkeit, Gelehrsamkeit und besonders die Theologie in Britannien einen gewaltigen Aufschwung nahmen. In *The Age of Arthur* brachte John Morris den König in Zusammenhang mit den Heiligen Padarn, Cadoc, Gildas und Illtud.

Die Herrscher und die Mönche des zwölften Jahrhunderts, die ohne Zweifel überaus fromme Menschen waren, hatten dennoch keine Skrupel, die Leichname ebenjener Großen – Artus, Guinevere, Brigitte, Patrick, Kolumban, Dubricius – eilig aus ihren Gräbern zu reißen.

Der Leichnam des heiligen Kentigern, der das Werk des heiligen Ninian fortgesetzt hatte, liegt heute in der Kathedrale von Glasgow bestattet. Der Bischofssitz von Saint Asaph's in Flintshire, Wales, auf den später Geoffrey von Monmouth berufen werden sollte, ging auf eine Kirchengründung dieses Heiligen zurück. Biographien all der genannten Personen finden sich in *Lives of the British Saints* und/oder in *Lives of the Cambro-British Saints*. Im frühen zwölften Jahrhundert entstanden auch Biographien der Heiligen Cadoc, Padarn und Carantoc; freilich sind diese Werke weit weniger berühmt als die Viten des heiligen Kolumban und des Gildas.

Die elitäre Abgeschlossenheit dieser Gesellschaft von britischen oder walisisch-britischen Heiligen wurde durchbrochen, als Papst Gregor (540–604) den heiligen Augustinus nach Britannien sandte. R. H. Hodgkin befaßt sich in seiner *History of the Anglo-Saxons* ausführlich mit der frühen keltischen Kirche. Vermutlich hatten sich die einheimischen Oberhäupter der noch wenig entwickelten Gemeinden «geweigert, etwas zur Verbreitung des Christentums unter den Angelsachsen zu tun». Sie sollen, wird behauptet, «eine Politik der Abgrenzung» verfolgt haben, was wohl glaubhaft ist, zumal ja damals kriegerische Auseinandersetzungen zwischen britischen und piktischen Ureinwohnern auf der einen Seite und den irischen und angelsächsischen Eindringlingen auf der anderen nicht

1. Perceval und andere Heilige

selten waren. In diesen Wirren, verursacht durch Wanderungs- und Umsiedlungsbewegungen der verschiedenen Völkerschaften, schuf sich Artus kraftvoll freie Bahn. Die Kämpfe um Lebensraum und das daraus resultierende Chaos unter den Stämmen dauerte volle dreihundert Jahre, vom vierten bis zum sechsten Jahrhundert.

Das ungeheure Prestige, das jene Heiligen der alten Zeit genießen, hat mehrere Gründe. Da ist zum einen die Tatsache, daß viele von ihnen den vornehmsten Schichten der Gesellschaft angehörten. Die heilige Brigitte, die das Leichentuch des heiligen Patrick webte, stammte aus dem Geschlecht der Könige von Leinster. Der heilige Cadoc, dessen Sentenzen berühmt sind, gründete das Kloster Llancarvan, das sich in Artus' Zeit zu einem hochangesehenen Zentrum der weltlichen Wissenschaften entwickelte. Es wäre in keiner Weise abwegig, wenn man vermuten wollte, jenes «kleine Buch», dem Geoffrey von Monmouth seine Informationen über König Artus verdankte, habe vielleicht einst in der Bibliothek von Llancarvan gestanden oder sei in dieser berühmten Stätte der Gelehrsamkeit geschrieben worden.

Der heilige Kolumban, auch Columcille, was «Geliebter Colum» bedeutet, genannt, war ein irischer Prinz aus königlichem Geblüt. Möglicherweise hieß er auch Colum Cille, «Taube der Kirche». Sein ursprünglicher gälischer Name war Crimthann oder Cremthann, was nach Meinung einiger «Fuchs» bedeutet. Einige behaupten, sein Name laute, ins Griechische übersetzt, Peritera oder gar, auf hebräisch, «Iona». Wieder andere sagen, Iona sei der Name der Insel, auf der sich der Heilige niederließ, aber diese Form verdankt sich einem Lesefehler: die ursprüngliche Form, die Kolumbans Biograph Adamnan überliefert, lautet «Iova». Der heilige Kolumban hatte bereits Lehranstalten in Derry und in Durrow gegründet, ehe er schließlich seine berühmte Schule auf der heiligen Insel Iona vor Schottland errichtete, wo achtundvierzig schottische, vier irische und sieben norwegische Könige erzogen wurden und später ihre letzte Ruhestätte fanden. Der Heilige fertigte selbst dreihundert Bibelhandschriften an, so wird berichtet, und er kopierte außerdem das *Book of Durrow* und das *Book of Kells*.

Der heilige Kolumban muß einige Ähnlichkeit mit König Artus besessen haben, er war ein Mann von ungeheurer Ausstrahlung. Berühmt sind seine bemerkenswert kraftvolle Singstimme und seine glühend-poetischen Gebete für Irland. Seine Stimme soll dreitausend Schritt weit getragen haben. Der piktische König Brude in Inverness und sein Anhang waren verblüfft – und die Druidenpriester entsetzt –, als der Heilige vor ihrer hölzernen Halle aus voller Brust den vierundvierzigsten Psalm anstimmte. Adamnan, der Nachfolger und Biograph des Kolumban, erzählt in seiner berühmten Vita, wie die Mönche, welche die neue Gründung auf Iona besiedeln sollten, von Irland übers Meer ruderten. Der *Perlesvaus* aus Glastonbury spricht in ganz ähnlicher Weise von Perceval, der ebenfalls sein Fahrzeug ganz allein durch die Inselwelt der Irischen See ruderte und segelte.

Diese frühe christliche Kultur in Britannien scheint den niedrigeren Rängen des Klerus nicht die Verpflichtung zum Zölibat abverlangt zu haben. Viele der Heiligen haben offenbar Kinder in die Welt gesetzt und Dynastien gegründet – ebendies tat vielleicht auch Perceval, bevor er sein hohes Amt auf der Gralsburg antrat. Aus Frankreich sind Fälle bekannt, wo Heilige erst nach der Bischofsweihe ihre Frauen verstießen. Viele dieser Leute wandten sich im reifen Alter der Wissenschaft zu und zogen junge Gelehrte an sich, die fähig schienen, ihr Werk fortzusetzen. Die arthurischen Schriften sprechen oft von Büchern, die an König Artus' Hof verfaßt worden sein sollen, wenn auch außer Merlin kein Geschichtsschreiber mit Namen genannt wird.

Die Berichte von Lancelots Abenteuern wurden, behauptet der *Prosa-Lancelot*, neben anderen Schriften in einem Archiv aufbewahrt, das unter der Leitung von König Guinevere stand. Die Existenz solcher Aufzeichnungen, wenn auch nicht ihr Aufbewahrungsort, muß, ähnlich wie die der sagenhaften Schätze, die nach dem Zeugnis mittelalterlicher Autoren in Artus' wichtigster Burg aufgehäuft waren, weithin bekannt gewesen sein. Das Material wurde vermutlich unmittelbar nach der Schlacht bei Camlan oder in den darauffolgenden Wirren vernichtet. Die Dokumente jedoch, die überlebten, blieben wahrscheinlich, wie wir bereits früher vermutet haben, in der Region Strathclyde. Noch lange Zeit nach Artus' Tod bot diese Gegend den größten Schutz. Ein Jahrhundert später besichtigte Königin Bebba von Northumbria, die Gemahlin von König Ida, dort die Ruinen historischer Bauten.

Die meisten der frühen britischen Heiligen zogen sich von der Welt zurück, wenn sie das Alter nahen fühlten, und wurden Eremiten. Nach ihrem Tod wurden die Leichname solcher Heiliger oft auf Betten gelegt und diese auf kleinen Fahrzeugen den Wellen des Meeres überlassen. So verfuhr man mit den sterblichen Überresten von Percevals Schwester. Wenn der Leichnam irgendwo angeschwemmt wurde, stieß man ihn wieder ins Wasser hinaus. In einigen Fällen

1. Perceval und andere Heilige

aber, in denen die Gebeine besonders hoch geschätzter Toter später wieder zum Vorschein kamen, so etwa die des heiligen Martin oder des Gildas, teilte man sie unter vielen christlichen Gemeinden auf, die sie als ehrwürdige und heilsmächtige Reliquien bewahrten. Vielleicht verfuhr man auch im Fall des König Artus so: Ein kleiner Ort an der Landstraße nördlich von Carlisle trägt bis heute den Namen Arthuret, das meint *Arthur's Head*, «Arthurs Haupt».

Allerdings ist die Annahme, daß weder Artus noch Perceval noch Galahad in Britannien ihr Ende fanden, nicht so ohne weiteres von der Hand zu weisen. Den Romanen zufolge wurden nur Gawain und Lancelot in britischer Erde bestattet.

In jenen Tagen wurde von großen Persönlichkeiten oft behauptet, sie hätten die Wallfahrt nach Jerusalem unternommen: die Kaiserin Helena Augusta, König oder *imperator* Artus und auch sein Verwandter David, der Nationalheilige von Wales. Perceval-Texte aus dem zwölften Jahrhundert versichern, daß Galahad wie auch Perceval im Heiligen Land gestorben seien, an einem Ort, dessen Name meistens in der Form «Sarras» erscheint und wahrscheinlich Nazareth meint. In diesem Zusammenhang erinnern wir uns an eine Stelle im ersten Kapitel von Sir Walter Scotts *The Talisman*, wo er bemerkt, die Christen im Heiligen Land würden «Nazarener» genannt. Nur Bors, der Gefährte der beiden Helden, soll am Leben geblieben und nach Britannien heimgekehrt sein. Vom vierten Jahrhundert an unternehmen tatsächlich häufig Leute gallisch- oder britisch-römischer Herkunft jene Pilgerreise, in der Hoffnung, daß ihnen zum Lohn dafür in der Todesstunde die göttliche Barmherzigkeit zuteil würde. Die Lehre von der Hölle und vom Fegefeuer, die später offizielle Doktrin der Kirche werden sollte, wurde in Artus' Epoche erstmals formuliert und entwickelt. Die besondere Aufmerksamkeit der Menschen damals galt dem Leben *nach* dem Tod. Der heilige Hieronymus (ca. 347–419) in Bethlehem schrieb, die berühmtesten Männer seiner Zeit lebten, wie er selber auch, im Heiligen Land.

Auf der zu Artus' Zeit üblichen Route reisten zahlreiche Pilger nach Jerusalem. Man bestieg in Berwick (genauer: in einem der Häfen, die Berwick heißen) an der Ostküste von Nordbritannien ein Schiff – der Hafen Berwick wird in den französischen Romanen oft erwähnt – oder auch in einem der Häfen von Galloway, die ebenfalls häufig in diesem Zusammenhang genannt werden. Man fuhr übers Meer in die Bretagne; von dort führte der Weg über Tours und Lyon ans Mittelmeer, entweder nach Marseille oder in die altehrwürdige römische Stadt Narbonne. Die Reisenden setzten dann nach Karthago in Nordafrika über, ein bedeutender Pilgerhafen in der christlichen Welt. Hier bestieg man ein Schiff nach Alexandria, anschließend wanderte man durch den Sinai nach Jaffa und besuchte die christlichen Kirchen in den Städten, die am Weg lagen.

Die größte Attraktion für die Menschen des Westens war ohne Zweifel die «Goldene Stadt» Jerusalem. Illuminierte Handschriften zeigen goldene Mauern, die in vielen Stufen hinter mächtigen Wallanlagen aufsteigen. Die Stadt, so sagen die Kunsthistoriker unserer Zeit, habe damals einen einzigartig prächtigen Anblick geboten, in ihrer ganzen Schönheit prangte die Kuppel über dem Heiligen Grab und die Grabeskirche. Kaiser Konstantin und Kaiserin Helena hatten gewollt, daß nichts auf Erden an Glanz und goldener Pracht dem Heiligen Jerusalem gleichkäme. Die Leuchter und Lüster dort waren unbeschreiblich schön, sie vergossen ein lauter gleißendes Licht. In der Grabeskirche aber, sagt Emile Mâle, bewahrte man den Kelch vom Letzten Abendmahl auf, einen Kelch aus Onyx, den «Heiligen Gral».

Von Jerusalem reisten die frommen Pilger weiter nach Bethlehem, wo sie durch eine polygonal geschnittene Öffnung im Boden hinabschauten auf die Krippe des Jesuskinds, die dort ausgestellt war. Sie konnten dort auch das Grab des König David besichtigen. Von Bethlehem ging es in nördlicher Richtung nach Samaria, Galiläa, Jericho, zum Jordan, nach Nazareth und zum Berg Tabor (nach dem, so behaupten manche, der «Tor» in Glastonbury benannt ist).

Die Pilger waren fasziniert von den glitzernden Mosaiken – eine «Anbetung der Heiligen Drei Könige» an der Fassade der Kirche in Bethlehem, eine «Visitatio» der Jungfrau in Nazareth. Mit einiger Wahrscheinlichkeit besuchten die Pilger die Geburtsgrotte in Bethlehem, die Taufkirche am Jordan, den Kalvarienberg, sie sahen die Darstellung der heiligen Frauen am Grab Christi, die «Himmelfahrt» auf dem Ölberg, die «Ausgießung des Heiligen Geistes» auf dem Berg Zion. Diese die Heilsgeschichte vergegenwärtigende Kunst, vor allem die von Jerusalem, hatte einen bedeutenden Einfluß auf die Ikonographie nicht allein Frankreichs, wo, im Gegensatz etwa zu Britannien, durchaus auch schriftliche Quellen aus arthurischer Zeit erhalten geblieben sind, sondern der Kirchen des Westens überhaupt.

Derartiges Hintergrundwissen, das Historiker ganz verschiedener Spezialgebiete beisteuern, ist deswegen von großem Nutzen, weil es eine Atmosphäre schafft, in der wir vielleicht mit mehr Einfühlungsvermögen und Verständnis an die Lektüre der Perceval-Geschichte herangehen können. Viele Gelehrte haben Robert de Boron beschuldigt, er habe seine Quellen verfälscht und Chrétiens ursprüngliche Darstellung ins Christliche umgefärbt. Aber das, so scheint es, macht die Sache unnötig kompliziert.

Ist es vorstellbar, daß die symbolträchtigen Gegenstände, die auf der Gralsburg eine Rolle spielen – der Kelch oder «Gral», Schwert, Lanze, Servierplatte – heidnischen Ursprungs sind? Ein gebildeter Mann in arthurischer Zeit – und Perceval hatte, wie man aus seinem Verhalten sieht, doch jedenfalls eine gewisse Bildung erfahren – hätte, sogar als Laie, der er war, sofort erkannt, daß das Gefäß, aus dem Christus beim Letzten Abendmahl trank, oder auch eine Nachbildung dieses Kelchs, eine Reliquie von unschätzbarem Wert und unermeßlicher Heiligkeit war; ebenso ein Kelch, der Christi Blut oder den Wein, der im Sakrament der Kommunion als Christi Blut genossen wurde, enthalten hatte. Perceval hätte auch gewußt, daß ein Schwert das Kreuz bedeutete, daß eine Lanze Christi Seite durchbohrt hatte und daß die verruchte Salome das Haupt von Johannes dem Täufer auf einer Platte zur Schau gestellt hatte.

Jeder unserer Autoren des zwölften und dreizehnten Jahrhunderts hat es sich ohne Zweifel genau überlegt, mancher hat sich wohl auch von gelehrten und frommen Mitbrüdern daheim und aus anderen Ländern belehren und beraten lassen, bevor er seine Entscheidung darüber fällte, was der «graal» oder der Heilige Gral eigentlich war. Manche sprachen von einem Trinkgefäß oder Kelch, andere von einer Platte, einer Monstranz oder von einem funkelnden Edelstein. Alle waren sich aber darin einig, daß er von gleißendem Licht umgeben war, daß es eine geheime Zeremonie auf dem Gralsschloß gab, in der sowohl Männer wie Frauen auftraten, und daß diese Zeremonie in Anwesenheit des gelähmten, verwundeten Gralskönigs stattfand.

2. Heilige Genealogien

Angesichts der Zerstörungswut, der alle arthurischen Zeugnisse schon unmittelbar nach der Niederlage des Königs in der letzten Schlacht bei Camlan ausgesetzt waren, ist es ein wahres Wunder, daß überhaupt schriftliches Material erhalten geblieben ist. Die Tatsache, daß genealogische Aufzeichnungen über König Artus, Lancelot und Perceval überlebten, bezeugt, daß man diesen Schriften eine besondere Heiligkeit und Bedeutung für das Wohl aller künftigen Herrscher Britanniens zusprach. In Artus' Zeit waren solche Dokumente oder auch das mündlich überlieferte Zeugnis der Abstammung von großem Wert; möglicherweise mußten Artus, Lancelot und Perceval diese Genealogien sogar laut aufsagen können, um ihren Anspruch auf die Krone zu untermauern. Wer in der alten Gesellschaft zu höheren Ehren in Wissenschaft und Religion aufsteigen wollte, mußte seine Abstammung von neun Generationen freier Männer beweisen.

König Artus verschwand, so wie die Dinge lagen, vom Angesicht der Erde, er hinterließ Erinnerungen und nur einige wenige materielle Dinge, die sorgfältig verborgen worden waren. Als König hatte er kein eigenes Territorium, kein Land, das ihm persönlich gehörte, besessen. In alter Zeit war man der Ansicht, der König solle landlos bleiben, damit er den Versuchungen der Gier nicht ausgesetzt sei. Als König Artus verwundet wurde, so sagt ein späterer schottischer Geschichtsschreiber, war er gerade nach Schottland unterwegs, um dort Lancelot zu bestatten. Es ist so gut wie sicher, daß keiner von den Großen des Reichs den König überlebte; das wäre dem Gefühl für Recht und Sitte jener Zeit zuwider gewesen.

Soweit wir wissen, tauchte später nur ein einziges Mal eine vereinzelte Spur von König Artus auf, und zwar im zwölften Jahrhundert in Jerusalem. In dieser Stadt, nach der Eroberung von 1099 durch Gottfried von Bouillon und Tankred als Kreuzfahrerbastion wiederaufgebaut, übergab König Richard Löwenherz einem gewissen Tankred das Schwert Excalibur, das einst Artus gehört hatte, als Geschenk und zum Lohn für große Tapferkeit. Bei diesem Tankred handelte es sich nicht um den Eroberer von Jerusalem, sondern wahrscheinlich um den Volkshelden Tankred von Lecce, König von Sizilien. Dieser Mann starb nur fünf Jahre vor König Richard. Als Richard in Gefangenschaft geriet, wurden die Schatzkammern Britanniens rigoros geplündert in dem verzweifelten Bemühen, genug Gold und Edelsteine zusammenzutragen, um den Herrscher freizukaufen. In der Masse von Kostbarkeiten, die man damals anhäufte, verschwanden wahrscheinlich die letzten Kleinodien aus Artus' Schatz.

Die Geschichte, nach der Bedevere oder jemand anders Excalibur im Wasser oder im Meer versenkte, ist sicher apokryph. Keiner von König Artus' Höflingen hätte den Herrscher überleben wollen, erst recht kein Mitglied der Tafelrunde. Daß die Dame vom See gekommen sei und Artus fortgebracht habe und daß sie auch das

2. Heilige Genealogien

Schwert ins sichere Avalon mitgenommen habe, ist dagegen nicht nur in sich stimmig, sondern paßt auch gut zu den Sitten der alten Zeit.

Mit dem Tod des König Artus war das Reich führerlos geworden, und das Andenken des Herrschers wurde nun einer religiös-politischen Revision unterzogen. Die Synode von Whitby im Jahr 664 besiegelte die Trennung Schottlands von Irland und teilte damit das keltische Reich von neuem. Die neuen Heiligen in Irland setzten, zusammen mit Kolumban, das Werk des heiligen Patrick fort und vernichteten nach Kräften alle Zeugnisse der alten Zeit.

Als Geoffrey von Monmouth um 1136 seine *Historia* dem König Stephan widmete, begab er sich zwischen die Fronten eines Konflikts, der bald darauf in den Kriegen zwischen England und Schottland manifest wurde. In der blutigen Epoche unter Heinrich II., Edward I., Edward II. bis hin zu Edward III. wurde der Name des König Artus und besonders auch der des Merlin zu einer höchst gefährlichen Waffe des politischen Kampfes. In seinem prophetischen Buch ließ Geoffrey den Merlin in einer flammenden Rede an Vortigern unter anderem folgendes ankündigen:

> Schottland wird sich im Zorn erheben, durstig nach Blut, und alle Männer zu seinem Löwenbanner rufen... Ein neuer Kriegsherr wird in Schottland berufen und mit der Löwenkrone gekrönt werden... London wird den schneidenden Nordwind spüren und zwanzigtausend Tote beklagen... Die drei britischen Inseln werden die Wut des brüllenden Löwen spüren, feist von Menschenblut... Der Löwe wird die Waage halten und seine Hand über Schottland ausstrecken... Der Wagen des Mondes wird den Zodiac in Unordnung bringen... Die Planeten werden ihr Angesicht von den Menschen abwenden, die den Zorn der Gestirne auf sich gezogen haben.

Es ist fast unmöglich, bei solchen düsteren Ankündigungen neuer Löwen nicht an William Wallace und Robert the Bruce zu denken. Aber der *alte* Löwe der arthurischen Zeit, auch er satt von Blut, war Lancelot:

> Dann wird der Mond im Nordwesten aufgehen
> in einer Wolke, schwarz wie ein Krähenschnabel,
> dann wird der Löwe losgelassen werden, der kühnste und beste,
> den Britannien je gesehen hat in Arthurs Tagen.

Wie einst Lancelot, so errang auch William Wallace einen eindrucksvollen Sieg bei Stirling Bridge. Wie einst Lancelot, so erschien auch Robert the Bruce gewissermaßen aus dem Nichts, als er 1307 von seiner Insel im Westen kam, und wurde sofort als Führer der Schotten akzeptiert. Und wie einst Lancelot schlug Robert seine

Feinde bei Bannockburn – die blutigsten Kämpfe tobten damals um die Kirche des heiligen Ninian, wo, wie wir annehmen, Lancelot das Grab seines Großvaters entdeckt hatte.

Als aber die Mönche von Glastonbury König Artus für sich reklamierten und behaupteten, hier habe Lancelot das Grab von Königin Guinevere besucht und hierher sei sie entführt worden, ließ Schottland seine Ansprüche auf Artus und Lancelot fahren. Und in ähnlicher Weise verzichtete Schottland auf Excalibur und erkaufte seine Freiheit von Richard Löwenherz.

Schottland entfernte sich mehr und mehr von Britannien und wandte sich Frankreich zu. Seine Männer kämpften im Hundertjährigen Krieg auf der Seite der Franzosen, die Gefallenen wurden in der Kathedrale von Orléans bestattet, die der heiligen Johanna geweiht ist. Aber, und das ist einigermaßen merkwürdig, es waren französische Normannen und in besonderer Weise Geoffrey von Monmouth, die König Artus und Lancelot zu neuem Leben erweckten und sie dorthin brachten, wohin sie gehören: nicht nach Glastonbury, sondern in die Grenzregion von Edinburgh, Dumbarton, Stirling und Loch Lomond. Und der Vulkankegel in Edinburgh trägt bis heute, wie es der König gewünscht hatte, Artus' Namen – bei den Kelten aber glaubt man, die Toten wohnten auf den Berggipfeln der Gegend, wo auch im Leben ihre Heimat gewesen war.

Die Renaissance schloß in ihre Verachtung des barbarisch «gotischen» Mittelalters auch die Person des Artus und besonders Lancelots ein. Die Forscher und Lehrer dieser Zeit wüteten gegen das zwölfte Jahrhundert, das die beiden Könige der Vorzeit wiederentdeckt hatte. Der berühmte englische Altertumswissenschaftler, Universitätslehrer und Diplomat Roger Ascham verachtete die Geschichten um Lancelot von Herzen; sie handelten, sagte er, im wesentlichen von öffentlichem Totschlag und «frecher Hurerei». Mord und Unzucht in der Literatur durften nicht länger geduldet werden. Auf dem Kontinent verdammte François de La Noue, ein prominenter Calvinist, das Buch über Lancelot aus denselben Gründen. Denis de Rougemont, ein protestantischer Theologe aus Genf, dessen Buch *L'Amour et l'Occident* in englischer Sprache von T. S. Eliot herausgegeben wurde, hat gar die Dreiecks- oder Ehebruchsmythen der arthurischen Literatur für die hohe Scheidungsrate in der westlichen Welt verantwortlich gemacht.

Die Tatsachen aber vermitteln ein anderes Bild: Die arthurische Literatur ist ein Lobgesang auf die alte keltische Kirche, und Lancelots Ehebruch ist nicht mehr als eine leere Vermutung.

2. Heilige Genealogien

Trotz alledem wurden die Genealogien von Lancelot, König Artus und Perceval als ein wertvolles Gut bewahrt und vor der Zerstörung gerettet. Sie werden nicht allein «königlich», sondern «heilig» genannt. Die walisischen Aufzeichnungen stimmen diesem Urteil zu, wenn sie feststellen, es gebe drei geweihte, heilige Familien in Britannien: die von Cunedda, Brychan und Caw. Zur ersten gehört König Artus, zur zweiten die Tudors, auch der dritten ist König Artus verbunden, außerdem gehört ihr Geraint aus den *Mabinogion* an. Perceval ist ein Vorfahre des Gottfried von Bouillon, jenes belgischen Fürsten also, der 1099 Jerusalem eroberte.

Der heilige Stammbaum des König Artus, des Herrschers von Britannien, kann bis auf den vorzeitlichen Ahnen Brute zurückverfolgt werden, der einst das Land in Besitz nahm. Von König Artus stammen, wie viele genealogische Quellen bestätigen, zwei königliche Linien ab, die der Herrscher von Wales und von Schottland. Die zwei Reiche wurden schließlich unter Artus' Nachkommen Jakob I., König von Großbritannien, vereinigt. Das Geburtsrecht der Tudors und Stuarts auf den Thron wurde in sorgfältigen Studien untersucht und bestätigt, und es ist auch offiziell anerkannt.

Was nun die arthurische Literatur des zwölften Jahrhunderts betrifft, so setzte diese ihren Stolz in zwei andere königliche und heilige Genealogien, die des Lancelot und des Perceval. Diese Geschlechter stellten, wie das von Artus bis zu Jakob I., eine lückenlose Reihe von Herrschern, die ihre Untertanen «mit Lauterkeit nach königlichem Recht» regierten. Es zeigt sich, daß es sogar den mittelalterlichen Autoren der altfranzösischen Romane noch ohne weiteres einleuchtete, wie wichtig es war, gewisse heilige Genealogien treu zu bewahren und den Lesern mitzuteilen. Die Autoren und Archivare überblickten die Linien der drei Söhne des Brute, die nach dem Tod ihres Vaters dessen Reich in drei Länder aufgeteilt hatten: Logria (England), Cambria (Wales) und Albania (Schottland). König Artus fügte alledem noch einen Teil von Irland hinzu, den er erobert hatte, und herrschte, so nahm man jedenfalls an, über ein vereintes Britannien. In den bedeutenderen Romanen gehört zu seinem Reich auch Logres (in französischer Schreibung), und zwar mindestens das Land zwischen Carlisle und York, vielleicht sogar bis nach Chester im Süden. Schon seit uralten Zeiten, bezeugt Nennius, und ungeachtet aller Wechselhaftigkeit, die kriegerische Zeiten mit sich brachten, war Britannien dreigeteilt – Logria, Cambria und Albania –, außerdem gibt es die drei Inseln Inisgueith (Isle of Wight), Eubonia oder Manau (Isle of Man) und, jenseits der piktischen Territorien, Ork (Orkneys). Die zweite dieser Inseln, die Isle of Man, lag nach allgemeiner Überzeugung «im Nabel des Meers». Als König Artus starb, im sechsten Jahrhundert also, war Britannien in weiten Teilen christianisiert, und so gelangten denn genealogische Aufzeichnungen wie jene drei in die Obhut der Kirche – zumal ja viele große Männer der Kirche, so etwa der heilige Kentigern von Schottland, vornehme Gefolgsleute des Königs oder deren Söhne waren. Der Vater des heiligen Kentigern soll der Ritter von der Tafelrunde Yvain (oder Owain) gewesen sein, der Held, der bei Chrétien auch der Löwenritter heißt. Chrétien fand wahrscheinlich in seiner Quelle die Information, daß Yvain aus Lothian (Lyonesse) stammte, und daraus machte er seinen «Löwen» (lion), an den sich eine Geschichte knüpfen ließ. Owains Stammbaum in der korrekten Form, den Lady Charlotte Guest in ihrer Ausgabe des *Roten Buchs von Hergest* bietet, läßt uns die drei Brüder wiederfinden, die bei Artus' und Guineveres Krönung anwesend waren:

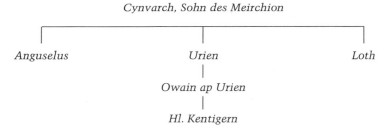

Die walisischen Genealogien der Heiligen von Britannien (Bonedd y Seint Ynys Prydain) stellen die Herkunft des heiligen Kentigern so dar:

   Kyndern Garthwys (Kentigern), *Sohn des*
         ↙
  Ywein (Owain), *Sohn des*
      ↙
  Urien (Urbgen), *Sohn des*
      ↙
  Cynfarch, Sohn des
    ↙
  Meirchiawngul, Sohn des
     ↙
  Gwrst Ledlum, Sohn des
    ↙
  Cenau, Sohn des
   ↙
  Coel (König Cole)

2. Heilige Genealogien

Der heilige Kentigern, der auch der heilige Mungo genannt wird, war unter seinem walisisch-kymrischen Namen *Kindyern* bekannt, der «Oberster Häuptling» bedeutet, auf walisisch wird er also «Fürst» genannt. *Mungo* bedeutet, wie wir bereits gesehen haben, wahrscheinlich «geliebt».

J. R. R. Tolkien machte darauf aufmerksam, daß Owain, dem walisischen Barden Taliesin zufolge, den König der Angeln, Ida von Bernicia, tötete – der Tod des Königs wird in der *Chronik der Angelsachsen* auf das Jahr 560 datiert. Nach Nennius (auch diesen Hinweis verdanken wir Tolkien) führte Owains Vater Urien Krieg gegen Idas Sohn Theoderich. König Urien starb entweder 572 – denn König Redderch (Rydderch) Hael gelangte 573 auf den Thron von Rheged – oder 592. König Ridderch Hael herrschte nach der Schlacht von Arthuret (Ardderyd = «Arthurs Haupt») 573 im erweiterten britischen Reich Strathclyde. Rheged, das ist Cumbria, verschmolz mit dem größeren Reich Strathclyde, das sich von Carlisle im Süden bis nach Dumbarton im Norden und zum Ufer des Clyde hin erstreckte, zu einer einzigen Herrschaft.

Somit gibt der Stammbaum, der freilich nur ein Fragment ist, Zeugnis von der historischen Existenz des Königs Urien und von der politischen Lage nach Artus' Tod. In *Life of Saint Mungo* (Kentigern), einer Broschüre, erhältlich in der Kathedrale von Glasgow, stellt Alexander Gits, S. J., fest:

Gegen Anfang des sechsten Jahrhunderts war Schottland südlich des Clyde und des Forth noch von britischen Stämmen besiedelt, die sich in einer losen Konföderation, bekannt unter dem Namen «Königreich von Alclyde», d. i. Strathclyde, zusammengeschlossen hatten. Ihr militärischer Führer (*Guledig* genannt) Artus war in einer Reihe von Schlachten zwischen dem Hadrianswall und dem Antoninus so erfolgreich, daß dem Ansturm der Sachsen für einige Zeit Einhalt geboten wurde.

Wenn man der vorherrschenden Tendenz der Wissenschaft unserer Zeit folgt, die Artus als eine bloße Legende ansieht, walisischen oder irischen Märchen entsprungen, so muß man auch, wie der Historiker P. Hume Brown 1911 feststellte, den Nationalheiligen von Schottland für eine legendäre und keine historische Gestalt halten. Wenn es den Nordbriten, so sagen die Gelehrten Myles Dillon und Nora Chadwick, nach Artus' Tod gelungen wäre, ein vereinigtes Reich im Norden Britanniens zu schaffen und am Leben zu erhalten, so hätten sie dem Druck der Pikten von Norden und dem der Angelsachsen von Bernicia, d. i. Northumberland, im Süden widerstehen können. So wie die Dinge standen, wurde Ostschottland im siebten Jahrhundert von den Angeln überrannt, die sich freilich nicht lange halten konnten.

Unglücklicherweise sind die offiziellen Aufzeichnungen über König Artus' Herrschaft verloren. So müssen wir uns denn an die Romane halten, und diesen entnehmen wir die Information, daß jener König Urien, der bei der Krönungsfeier des Artus anwesend war, von Lancelot getötet wurde, und zwar bevor der König zu seinem Feldzug auf dem Kontinent aufbrach, denn andernfalls hätte er an dem Krieg teilnehmen müssen: Kein Feldherr hätte seinem schlimmsten Feind den Rücken zugewandt, um einem anderen Feind gegenüberzutreten. Dillon und Chadwick vermuteten, jene Aufzeichnungen und die späteren aus der Regierungszeit von König Urien Rheged seien in irgendeinem Scriptorium im Norden aufbewahrt worden, etwa in Carlisle. Erhalten geblieben sind nur die Festungsanlagen dieser Könige – im alten Carlisle (das ist nicht die heutige Stadt Carlisle, diese ist mittelalterlichen Ursprungs), Dumbarton am Clyde, Stirling am Forth, Aberlady, Dunpelder (Traprain Law). Die alte Militärstraße quer durch Schottland gibt es noch heute: Sie führt von Dumbarton genau nach Norden ans Südufer des Loch Lomond und weiter, der heutigen A811 folgend, südlich an den alten Fords of Frew vorbei nach Stirling im Osten. Die Verlängerung dieser Linie im Osten ist der Mündungstrichter des Forth, der die Region Glasgow-Edinburgh vom schottischen Hochland trennt. Es dürfte schwierig sein, zwei imposantere Szenerien als die jener beiden gewaltigen Burganlagen von Dumbarton und Stirling zu finden, die majestätisch auf hohen Gipfeln emporragen. Sie sind, im Westen bzw. im Osten am Meer gelegen, die mächtigen Grenzbastionen jener Linie.

Man kann vernünftigerweise nicht erwarten, König Artus im Zusammenhang mit Glasgow erwähnt zu finden, da die Stadt ihre Bedeutung als religiöses Zentrum erst zwei Generationen nach Artus' Tod erlangt hat. Sehr wohl muß man aber erwarten, daß in den Quellen eine Verbindung zwischen dem König und Dumbarton/ Loch Lomond sowie Stirling hergestellt wird – und Geoffrey hat ihn ja auch wirklich an beiden Orten auftreten lassen. Wir haben gesehen, daß die Autoren der französischen Romane sich den König mit Vorliebe in Carlisle vorstellen. Die Ruinen der Burg im heutigen Carlisle stammen von einer Anlage her, die im Jahr 1092 von William Rufus errichtet wurde. Marc Alexander spricht davon in *Legendary Castles of the Border* (eine Broschüre, Cumbria, ohne Datum), und er erwähnt dort im Zusammenhang mit Artus auch

2. Heilige Genealogien

einen Turm in Sewingshields in Northumbria, der nicht erhalten ist.

Der Historiker H. Munro Chadwick zeichnet ein klares Bild von Britannien in arthurischer Zeit. Für ihn war die Epoche von König Artus und seinen Nachfolgern (500–650) eine «Heldenzeit», geprägt vom dauernden Kampf der verschiedenen Staaten. Damals kämpften einige Fürsten, «Gwallawg» genannt, nämlich jener König, den wir als Urien kennen, und seine Nachfolger und Verwandten, gegen die Northumbrier und wurden schließlich besiegt (572–593). Diese britischen Fürsten residierten in Dumbarton, hoch auf dem roten Vulkanfelsen über dem Clyde gelegen, wo sich Geoffreys Darstellung zufolge Artus oft aufhielt. Der heilige Kolumban verkündete später dem König Rodercus im selben Dumbarton, er werde friedlich daheim sterben. Dieser «Rex Rederech» – wenn er mit dem König, der in der Schlacht von Arthuret (573) fiel, identisch ist – aber ist kein anderer als der «Erec» aus Chrétiens Roman *Erec et Enide*.

Als einigermaßen stabile Staatengebilde in arthurischer Zeit wären Rheged (Strathclyde), Dalriada und das Piktenland nördlich des Antoninuswalls zu nennen. Regionen eines sich verschiebenden Machtgefüges waren damals Lothian (Mittelschottland), East Lothian (von Berwick bis Edinburgh) und Northumbria an der Grenze von «Logria». Es sind dies genau die Regionen, die, wie wir im *Lanzelet* gesehen haben, Lancelot wiedereroberte.

Es muß gute Gründe dafür geben, daß die Genealogie des Lancelot mit solchem Stolz im *Prosa-Lancelot* bewahrt wurde. Gewiß, dieser Held steht eben im Mittelpunkt des Buchs. Und ohne Zweifel hat er Territorien in Schottland erobert, ist also eine bedeutende Herrschergestalt. Aber das ist noch nicht alles, denn auch die Genealogie von Perceval wurde mit Ehrfurcht und Sorgfalt überliefert. Könnte es sein, daß den Berichten über Lancelot und Perceval die Geschichte eines Kriegs um Land und einer Rachefehde zugrunde liegt? Sind die Helden Protagonisten zweier kriegführender Staaten?

Es gab einmal einen König namens Claudas, sagt die französische Erzählung – sein Land wird nicht direkt genannt, sondern nur als «la terre deserte» oder «waste londes» umschrieben. Dieser König Claudas begann einen Krieg mit Lancelots Vater, der Ban von «Benoïc» hieß.

Nun, da wir Lancelot einigermaßen sicher in Schottland wissen, dürfen wir vielleicht zusätzlich auch noch das Zeugnis eines schottischen Versromans mit dem Titel *Lancelot du Lak* aufs Tapet bringen; dort heißt der Vater des Helden «Bane... König von Albanak» (V. 202). Somit wurde Lancelot, wie wir bereits vermutet hatten, wahrscheinlich in Berwick geboren, an der Grenze der Gegend, die schon damals oder bald danach Northumbria war. Es scheint nach alledem naheliegend, daß er seinen Feldzug zur Rückeroberung des Landes in East Lothian, seiner engen Heimat, begann, nachdem ein erster Sieg ihm die nötige Ausrüstung verschafft und wichtige Unterstützung erschlossen hatte. Wir nehmen deswegen an, seinem Namen im Zusammenhang mit Bamborough zu begegnen, der Burg, die auf französisch «Joyeuse Garde» heißt. Er wäre als Kind von daheim fortgeschickt worden, wie es nach dem Zeugnis des Adamnan bei den Pikten Sitte war, die ihre Kinder auf Islay oder einer der anderen sicheren Inseln im Westen erziehen ließen. Wenn es wahr ist, daß es Lancelots Mission war, die Herrschaft seines Vaters zurückzuerobern, so muß er «Snowdon», also Stirling, das die französischen Autoren unter dem Namen «Das Wüste Land» kannten, in seinen Besitz gebracht haben, und zwar weniger als zwanzig Jahre nach dem Tod des Vaters.

Natürlich gingen den fleißigen Kompilatoren jenseits des Kanals die Ideen für alternative Versionen der Geschichte nicht aus. So spannen sie in dem *Prosa-Lancelot*-Zyklus des Pseudo-Map ein Garn, das Lancelot zu einem Normannen machte. Natürlich war in Wirklichkeit Lancelot bereits seit etlichen Jahrhunderten tot, als normannische Wikinger einen Fuß in die Normandie setzten. Für diese Autoren, die weder Furcht noch Zweifel kannten, wurde Benoïc zu Saumur, das «Wüste Land» wurde Berry – eine der fruchtbarsten Gegenden im fruchtbaren Frankreich! Und die Dame vom See wurde zur Äbtissin von Fontevrault bei Chinon, einer königliche Gründung und Begräbnisstätte. König Ban wurde so König Heinrich II., der in Fontevrault bestattet liegt, und Lancelot wurde zu William Marshal, Earl of Pembroke (gest. 1219). Ein weiterer kühner Gedankensprung machte die Dame vom See zur Königin Eleonore, und ihr geliebter Sohn Richard I. übernahm die Rolle des König Claudas. Auch Artus aus der Bretagne fand in dem ganzen Gespinst noch irgendwie Platz. J. Neale Carman hat diese Verwirrungen in *A Study of the Pseudo-Map Cycle of Arthurian Romance* analysiert.

Die Genealogie des Lancelot – sie erscheint ihm in einer Vision *(La Queste del Saint Graal)* – führt die Familie auf einen apokryphen Heiligen namens Joseph von Arimathia zurück, und darin liegt ein weiteres Problem. Nach dem Nikodemus-Evangelium und dem *Prosa-Lancelot* sowie anderen arthurischen Schriften nahm ein vornehmer Jude namens Joseph von Arimathia den Leichnam Christi vom Kreuz ab und bestattete ihn. Dieser Mann wurde später in Jerusalem eingekerkert, konnte aber entkommen und reiste nach Britannien. Als Missionar der ersten Stunde und Jünger Christi bekehrte er Könige und weniger prominente Einheimische zum Christentum. Im Heiligen Land hatten Joseph und sein Sohn Josephes bereits zwei Könige, nämlich Evelac und Seraphe, für den Glauben gewonnen; diese nannten sich von da an Mordrains und Nasciens. Von Nasciens' Sohn Celidoine (Caledonianus?) stammte die Linie der neun vorzeitlichen Könige Schottlands ab. Damit nun hat sich Celidoine («der Kaledonier»), der erste König von Schottland, einen festen Platz in der arthurischen Sagenwelt verschafft, eine bemerkenswerte Leistung. Aber das ist noch nicht alles: Lange vor Merlins Zeit kannte er die Namen der Planeten und die Bahnen der Gestirne. Nach ihm regierten diese acht Herrscher:

1. Warpus
2. Chrestiens
3. Alain li Gros
4. Helyas
5. Jonaans (der nach Wales übersiedelte)
6. Lancelot I. (der die Tochter des Königs von Irland heiratete)
7. Ban von Benoïc
8. Lancelot II. (der mit der Tochter des Fischerkönigs einen Sohn zeugte)

Wir haben damit einen ganzen Satz neuer Figuren – der letzten davon ist es bestimmt, auf die Suche nach dem Heiligen Gral zu auszuziehen.

Wir können das in den *Lost Books of the Bible and the Forgotten Books of Eden* bestätigt finden. Das *Dictionary of the Bible* von William Smith teilt mit, daß Joseph von Arimathia, bei Markus und Lukas erwähnt, wahrscheinlich Mitglied des Hohen Rats war; er und Nikodemus nahmen den Leichnam Christi vom Kreuz und bestatteten ihn. Reverend Sabine Baring-Gould allerdings nennt in *Lives of the British Saints* «die Legenden ... vollkommen wertlos» und fügt hinzu: «sie verdienen keine weitere Beachtung.»

Die einschlägigen Perceval-Texte sind nicht dieser Ansicht. Es gab einen Fischerkönig namens Brons, der auf den irischen Inseln lebte. Er war der Vater von Alain li Gros, dieser war der Lancelot-

Genealogie zufolge ein Urenkel des Celidoine. Alains Sohn war Perceval, der «le Gallois» genannt wird, und das meint «der Mann aus *Galles*» in Ostschottland und nicht aus der Region, die heute Wales genannt wird. Es war Perceval, nicht Galahad, so sagt der *Didot-Perceval*, der die Fahrt nach dem Gral unternahm, der den «Gefährlichen Zeiten» ein Ende setzte und den verwundeten König Brons erlöste; dieser wurde dann von Engeln in den Himmel entrückt. Nach diesen glorreichen Ereignissen zog sich Merlin von der Welt zurück. In diesen Beschreibungen liegt ein erster Hinweis darauf verborgen, daß die kriegführenden Parteien hinter Lancelot und Perceval jene zwei Herrscherhäuser sind, deren Genealogien in den Romanen des zwölften und dreizehnten Jahrhunderts in einzigartiger Weise ausgearbeitet sind.

Einen zweiten Stammbaum des Lancelot liefert uns der *Grand Saint Graal* bzw. *The History of the Holy Grail;* was diese «rolette von Celidone» mitteilt, stimmt im Wesentlichen mit der ersten Genealogie überein:

1. Narpus
2. Nasciens
3. Elyan «the grete»
4. Ysayes
5. Jonaanz
6. Lawnceloz
7. Bans
8. Lawncelot, «der ein Sünder war, wie ein Hund»
9. Galath, «wie eine Flut» (er gewann den Gral)

Dieser Text kennt auch einen Mann namens Bron(s), der nach Joseph von Arimathia der zweite Gralshüter war und der zwölf Söhne hatte, der jüngste von ihnen ein gewisser «Alein». Kapitel 55 des *Grand Saint Graal* gibt eine Übersicht über die Abfolge der Gralskönige:

Joseph von Arimathia
Josephes, sein Sohn
Alein
Josue
Aminadappe
Catheloys
Mangel (oder Manaal)
Lanbar

2. Heilige Genealogien

Pellean
Pelles, dessen Tochter Pelle (?) dem Lancelot einen Sohn gebar
Galahad

Jene zwei Bücher des *Prosa-Lancelot* schafften es im frühen dreizehnten Jahrhundert, Perceval durch Galahad zu ersetzen, Percevals Linie aus der Liste der heiligsten Geschlechter zu tilgen und Lancelots Sohn als den Edelsten und Vollkommenen unter allen Genossen an König Artus' Tafelrunde zu etablieren. Percevals Tante, die Königin des «Wüsten Landes», erklärt einmal, daß es drei bedeutende Gemeinschaften gegeben habe: 1. die Tischgesellschaft Christi, 2. die vom Gral, die Joseph von Arimathia in Britannien begründet hatte, 3. die Gesellschaft an Merlins Runder Tafel, also die des König Artus und seiner Genossen; bei dieser Gemeinschaft handelte es sich um einen geheimen Kriegerorden.

Zwar finden sich in der arthurischen Literatur insgesamt fünf Galahads, aber nur drei haben mit dem Gral zu tun. Der erste ist ein Sohn des Joseph von Arimathia. Der zweite ist mit Lancelot identisch: «Galahad» ist sein Taufname, «Lancelot» sein Herrschername. Der dritte ist Lancelots «vollkommen guter» Sohn, geboren von der Tochter des Fischerkönigs, die vielleicht Pelle oder aber Elaine hieß; dieser Galahad ist der neunte unter den Nachkommen des ersten Königs von Schottland. Der Name *Galahad* stammt aus der Bibel; er bezeichnet dort drei verschiedene Personen und einen Ort.

Die erste Erzählung von Perceval, *Conte del graal*, die Chrétien, wie üblich, unvollendet ließ und die gegen Ende des zwölften Jahrhunderts entstand, teilt mit, daß nach dem Tod von Percevals Vater dessen einziges überlebendes Kind im Wüsten Wald, fünf Tagereisen von Artus' Hof in Carlisle entfernt, von der Mutter erzogen wurde. Perceval zog auf Abenteuer aus, tötete König Clamadex und heiratete die Prinzessin Blanchefleur, die unter den Verfolgungen dieses Königs gelitten hatte. Burg und Land dieser Dame heißen Beau-Repaire. Vorher hatte der Held den Roten Ritter getötet, der an Artus' Hof in Carlisle goldene Becher gestohlen hatte. Der Handlungsstrang von Percevals Gralsabenteuern wird durch die Erzählung von Gawains Abenteuern abgeschnitten, der ebenfalls unterwegs ist, den Gral zu suchen.

Ein englischer Text, das sogenannte Thornton-Manuskript des *Sir Perceval of Galles*, bietet eine Version, die manches klärt und richtigstellt – es ist, als hätte der Verfasser ganz gezielt Chrétien korrigieren wollen. Sir Percyvelle the Galayse (oder «de Galays») war der jüngste von mehreren Söhnen. Genau wie in Lancelots Fall tragen auch hier mehrere Helden, die freilich zum selben Herrschergeschlecht gehören, ein und denselben Namen. König Artus' Schwester, die Mutter von Sir Percyvelle, hieß, so erfahren wir nun, nicht Blanchefleur, sondern Achefleur.

Percyvelle heiratet Lufamour, deren Burg keine andere als Caerlaverlock ist, auch «Maiden Castle», «Mädchenburg», genannt (ein Mißverständnis: das ursprüngliche *maidan* meint eigentlich «Versammlungsplatz»), ihre Herrschaft ist «Maydene-lande». Ihr Feind war ein «sowdane» oder «Sarazene», das heißt: ein keulenschwingender Piktenkrieger. (Solche wilden Krieger, die mit Keulen bewaffnet sind, fungieren als Schildhalter etlicher schottischer Wappen). Dieser Mann hieß Golrotherame. Auch in dieser Version der Geschichte hatte Perceval zuvor den Roten Ritter getötet, und zwar aus demselben Grund: fünf goldene Becher. Auch hier wird Perceval Herrscher über Lufamours Land. Dann reist er heim, um seine Mutter zu besuchen; am Ende der Geschichte stirbt er im Heiligen Land.

Es gibt hier zwar keinen zweiten, parallelen Erzählstrang, der Gawain gewidmet ist, aber der Leser erfährt doch, daß Gawain und Perceval Cousins, und zwar die Söhne von Schwestern, sind. König Artus hatte demnach mindestens zwei Schwestern, die beide mit Königen verheiratet waren, nämlich mit Loth und Percyvelle. Der letztere scheint einst König über das Wüste Land gewesen zu sein – allerdings wird genau genommen immer nur von den Frauen, von der verwitweten Mutter Percevals und von dessen Tante, gesagt, sie seien einst Königinnen gewesen oder hätten die Herrschaft über das Wüste Land verloren. Eine Königin wie diese beiden begleitete Malory zufolge König Artus nach der Schicksalsschlacht bei Camlan auf die Insel Avalon.

Bei genauer Betrachtung des jüngeren Perceval können wir wieder einige Hinweise entdecken, welche die Chronologie von Artus' Herrschaft, so wie sie sich aus Geoffreys Darstellung ergibt, bestätigen. Die Abenteuer des Helden, der Britannien aus seiner «Verzauberung» erlöst, scheinen einen zeitlichen Rahmen von grob sieben Jahren auszufüllen. Als Perceval zum erstenmal an den Hof seines königlichen Onkels kommt, hat dieser soeben die Eroberung der Inseln im Westen abgeschlossen. Etwa sieben Jahre danach wird Perceval zum Gralskönig – d.h. zum Hüter des Grals, falls, wie es scheint, diese beiden Ämter identisch sind – berufen. Damit ist die «Queste» der Tafelrunde beendet. Der dreizehnte Sitz an der Tafel

2. Heilige Genealogien

wird jetzt wieder besetzt. Und jetzt ist auch die Zeit gekommen, da König Artus zu seinem Feldzug auf dem Kontinent aufbricht.

Der *Perlesvaus* aus Glastonbury erweist sich nun als unschätzbar wertvolle Quelle, denn in Branche 1 des Buchs liefert der Autor gewissenhaft weitere Fakten zur Genealogie Percevals (hier Perlesvax genannt). Percevals Vorfahre in väterlicher Linie war ein gewisser Nichodemus *von den Tälern von Camelot*. Ihm gehörten fünfzehn Burgen, die bedeutendste unter ihnen war das berühmte Camelot selbst. Das weite, fruchtbare Gebiet dieser Herrschaft hieß, nach der Residenz des Herrschers, «das Tal» oder «die Täler von Camelot». Die Burg stand auf einer Klippe am Eingang zu diesen Tälern. Der nächste Erbe war Gais li Gros vom Kreuz des Eremiten, und dessen Sohn war Alain li Gros, der unter den Vorfahren Lancelots aufgeführt wird. Alain li Gros heiratete Yglais, eine Nichte des Joseph von Arimathia. Um diese Zeit war der Familienbesitz verloren bis auf die Stammburg Camelot. Die überaus vornehme Braut von Alain li Gros hatte drei mächtige Brüder: 1. der Fischerkönig von der Gralsburg, 2. König Pelles, auch der Eremitenkönig genannt, dessen Sohn seine Mutter erschlug, 3. der König von Chastel Mortel. Die Herkunft eines Vaters und eines Sohnes, die beide Perceval heißen, stellt für den Leser ein Rätsel dar, und zwar eines, das nicht leicht zu lösen ist. In der einen Erzählung ist Perceval König Artus' Neffe. In einer anderen erscheint er als Neffe des Joseph von Arimathia – und dies ungeachtet der Tatsache, daß die beiden Figuren doch durch mehrere hundert Jahre voneinander getrennt sind.

Percevals Geschichte setzt zu einer Zeit ein, da ein einst großes Geschlecht von Königen im Niedergang begriffen ist. Aber die Verbindungen, die der Held auf der Mutterseite seiner Verwandtschaft besitzt, sind sogar noch glänzender: durch Artus und durch Joseph von Arimathia wird ihm der Zugang zu einer geheimen Bruderschaft und zu einer sehr hohen Position auf der Gralsburg eröffnet. Percevals Schwester in dem Text heißt Dindrane.

Sir Thomas Malory war der Meinung, König Artus habe mindestens zwei Schwestern gehabt. Die eine hieß Margawse, sie heiratete König Loth und gebar diesem vier Söhne, der älteste davon war Gawain. Diese Frau, oder aber eine andere Schwester, so insinuiert Malory, gebar auch dem König Artus Modred. Eine weitere Schwester des Artus hieß Morgan (Morgana, Anna) und heiratete den König Urien von Gorre, dessen Söhne ebenfalls Urien genannt wurden. Marie de France wußte, daß sie Cousins von Gawain waren.

Wolfram von Eschenbach gab seinem Parzival – dessen Name der englischen Orthographie von *Percyvelle* entspricht – die komplizierteste aller Genealogien mit. Im wesentlichen finden sich wenig Abweichungen, immerhin sind hier doch zwei Gralskönige (Frimutel und Titurel) unter den Vorfahren mütterlicherseits zu finden, und die Mutter hat zwei Brüder, deren einer der Gralskönig Anfortas ist. Auf der Vaterseite hat Parzival einen Urahnen mit König Artus gemeinsam, und er ist mit Gawain, Cundrie und Gareth verwandt. Seine Frau heißt Condwiramurs – auch die Orthographie dieses Namens steht der englischen Form nahe –, und der Held hat bei Wolfram einen Halbbruder und zwei Söhne, der eine der beiden ist Lohengrin.

Einer von Chrétiens Fortsetzern läßt einmal Perceval – genau wie Lancelot – seinen Geburtsort nennen: «Dort in Sinadon (Snowdon) bin ich geboren.» So haben wir denn auch hier wieder einen Namen, und zwar denselben Namen, für den Herrschersitz des Wüsten Landes; dieser Name aber bezeichnet die Burg Stirling.

3. Percevals Verwandte

Den Mittelgrund der berühmten Geschichte des Perceval bevölkern zahlreiche sehr farbig gemalte Verwandte des Helden, dieser selbst ist lediglich als dunkle, undeutliche Silhouette zu erkennen. Nicht zufrieden damit, Percevals Geschichte getreulich weiterzugeben, haschten die mittelalterlichen Erzähler nach allen möglichen exotischen Details, um sie dann vollends ins phantastisch Märchenhafte zu wenden. So ist zum Beispiel Percevals Feind in seiner Heimat ein «Herr der Moore», woraus Wolfram in der deutschen Version die Idee ableitet, der Bruder des Helden sei ein *Mohr*. Oder: Perceval und seine Mutter, die dem Morden im Wüsten Land entkommen sind, halten sich in der «foret soutaine» verborgen, also im «tiefer gelegenen Wald». Der deutsche Text gibt dieser schlichten Ortsangabe einen exotischen Dreh und deutet das Adjektiv kurzerhand als Namen eines nichtexistenten arabischen Landes, nämlich «Soltane». Percevals brutal anmutende Wesenszüge, die aus den Verhältnissen seines Zeitalters durchaus erklärbar sind, werden nicht offen und ehrlich als Merkmale archaischer «Wildheit» interpretiert, sondern der jugendlichen Dummheit eines liebenswert tölpelhaften Buben zugeschrieben.

3. Percevals Verwandte

In der 15. Branche des *Perlesvaus* beweist Perceval in aller Grausamkeit, daß er zu Recht als *roter* Held stilisiert wird: Er entwaffnet den räuberischen Feind seiner Mutter, den Herrn der Moore, und tötet ihn schließlich, indem er ihn in einem Faß, das mit dem Blut seiner elf Vasallen gefüllt ist, ertränkt. In der 18. Branche fällt Percevals Onkel, der König von Chastel Mortel, nachdem er die Gralsburg zurückerobert hat, vom wahren Glauben ab und wendet sich wieder seiner alten Religion zu – worin diese auch immer bestehen mag. Perceval eilt herbei, um die Schätze des Grals zu retten und die Einwohner des Landes wieder zum Christentum zu bekehren. Als der alte König hört, daß sein fürchterlich grausamer Neffe naht, stürzt er sich in sein Schwert und springt von der Burgmauer ins Meer, das an jener Stelle wild bewegt und sehr tief ist.

All der Schrecken, der von solchen Bildern ausgeht, kann uns doch nicht davon ablenken, daß sich Percevals blonder und schon recht alter Vater weiterhin den Blicken entzieht. Die deutsche Version nennt ihn einen «Anschevin» – eine bloße Nettigkeit Heinrich II. gegenüber. Der walisische *Peredur* sagt, er sei ein Graf aus dem Norden gewesen, und zwar von «Efrawg», also York: Auch hier ist wieder einmal das vertrautere York mit dem ferneren Stirling verwechselt worden. Die französischen Texte halten übereinstimmend Alain li Gros für den Vater Percevals.

Die Tatsache, daß Percevals Mutter – eine ebenso stimmgewaltige wie vornehme Dame – über Beziehungen zu hohen und höchsten Kreisen verfügte, bewegte die meisten frühen Autoren dazu, sie in einen verwandtschaftlichen Zusammenhang der folgenden Art einzuordnen:

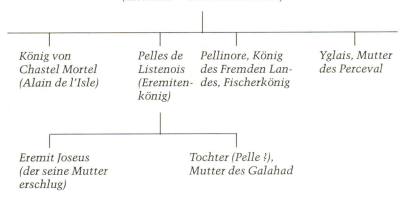

Obwohl sie vom Thron vertrieben ist, wird Percevals Mutter doch weiterhin respektvoll die «Hohe Witwe» oder «verwitwete Herrin von Camelot» genannt. Sie und der einzige von ihren Söhnen, der am Leben geblieben ist, haben dort in einem Wald, der zu ihrem Eigengut gehört, Zuflucht gefunden. Die französischen Texte geben Perceval einen Bruder namens Agloval, der König von Escavalon sein soll. Wenn wir die Deutungen, die sich Perceval als einen analphabetischen Tarzan frisch vom Baum vorstellen, beiseite lassen, so erzählt die Geschichte dann von einer Begegnung des Helden mit Kriegern in voller Rüstung, die im Auftrag des König Artus unterwegs sind. Ob sie eigens deswegen gekommen sind, um Perceval jetzt, da er das waffenfähige Alter erreicht hat, zum König zu rufen, oder nicht, steht dahin – sie reiten die Straße durch das Reich von Percevals Eltern entlang wie andere Leute auch. Aus dieser Szene und verschiedenen weiteren Hinweisen gewinnen wir allmählich ein Bild von den realen geographischen Verhältnissen und gelangen zu folgenden vorläufigen Schlüssen:

1. Der Wüste Wald (Chrétien V. 75, 296, 390, 2953) liegt in der Nähe eines Passes oder Hohlwegs, einer Stelle, wo der Weg sich verengt, und zwar in den Bergen unweit der Residenz der verwitweteten Dame. Diese Engstelle heißt «li destroit de Valdone» oder «li destroit desnaudone». «Dodone», das Königreich, das Lancelot erobert, findet sich hier an prominenter Stelle wieder. Dieses Reich und Percevals Täler von Dodone sind ein und dasselbe, und dort ist der Held, wie er selber bezeugt, geboren: «in Snowdon».
R. L. Ritchie, der in *Chrétien de Troyes and Scotland* zum erstenmal in der arthurischen Forschung einen wirklichen Schritt nach vorn tat, indem er Caerlaverock identifizierte, glaubte, Percevals Reich liege in Westschottland, vielleicht im Tal des Doon in Galloway zwischen Ayr und Dumfries. Roger Sherman Loomis dagegen behauptete gegen alle Vernunft, Perceval sei auf den öden Felsen des Mount Snowdon in Wales geboren. Aber die Territorien der Hohen Witwe bildeten eine der bedeutendsten und reichsten Herrschaften jener Zeit, und die überaus prächtige Burg, in der Lancelot gekrönt wurde, gehörte zu ihrem Besitz.
2. König Artus' Burg in Carlisle liegt fünf Tagereisen von Snowdon entfernt, also etwa 240 km.
3. Es wird gesagt, unweit von Snowdon lägen fruchtbare Täler, und es gebe dort noch fünfzehn andere Besitzungen, darunter die des Herrn der Moore. Es gibt weite Moor- oder Feuchtgebiete in der

3. Percevals Verwandte

Nähe von Snowdon. Die Burg steht an einem sehr breiten Mündungsstrom oder Meeresarm.
4. Percevals Schwert wurde in «Cotovatre» geschmiedet, was nach allgemeiner Überzeugung auf «Scots' Water», also auf den Firth of Forth, verweist. Der Schmied hieß Trebuchet. Es gab und gibt bis heute eine bedeutende Stahlindustrie in der Region, in Carron.
5. Percevals Reich grenzt an Galloway mit seinen Irland-Häfen im Westen.
6. Snowdon ist die Hauptstadt der Täler von Camelot und/oder der Name der Burg.

So könnte also das Territorium des Herrn der Moore sehr gut in der Ebene südlich des Forth mit ihren fruchtbaren Lehmböden gelegen haben, die von der alten Römerstraße aus dem Süden durchschnitten wurde. Diese Straße führte über Bannockburn zum Felsen von Stirling und weiter über den Forth, und zwar an einer Stelle, wo sich, wie der *Prosa-Lancelot* bestätigt, der Weg von der Höhe hinab so sehr verengte, daß nur jeweils ein einzelner Mann passieren konnte. Es war dies die einzige Stelle, an der man den Forth überqueren konnte, die berühmten Fords of Frew. Der französische Text nennt diese Passage «die Engstelle von Snowdon». Von hier führte die Römerstraße weit in den Norden hinauf. Da es die einzige Straße war, die das Vale of Menteith durchschnitt, und die einzige Straße nördlich von Artus' Reich überhaupt, muß man vernünftigerweise erwarten, daß sie irgendwo in den Quellen erwähnt wird. Und zudem wurden die Fords of Frew, die Chrétien die «Schluchten von Dodone» nennt, ja doch von alters her unter die «Wunder» von Schottland gezählt. Chrétiens detaillierte und präzise Ortsbeschreibung scheint Ritchies Annahme zu bestätigen, daß dem französischen Autor sehr spezielle Informationen über Schottland zugänglich gewesen sein müssen.

7. Percevals Verwandte auf der Mutterseite kamen von den Inseln in der Irischen See, und dort war auch seine Braut daheim, vor deren Burg «Beau Repaire» er kämpfte. (Das Reich, das auf französisch «Beau Repaire» heißt, erscheint im deutschen Text unter den Namen «Brobarz» und «Pelrapaire».)
8. Eine der Burgen des Artus bei Carlisle stand nicht im Landesinneren, sondern, so Chrétien, am Meer, genauer: am Solway Firth. Eine derartige Burg kommt auch im *Peredur* vor, sie trägt dort den walisischen Namen *Caer Llion*, etwa «Burg der Meereswel-

len». Auf dieses «Caerleon» bei Carlisle ist wohl alles das zu beziehen, was Geoffrey von Monmouth über Caerleon berichtet.
9. Schließlich besitzen wir noch ein Stückchen Information, das uns Aufschluß über das Wüste Land gibt. In jenem Teil des *Prosa-Lancelot*, der unter dem Namen «Queste» bekannt ist, strandet Perceval auf einer Insel und verfällt in Halluzinationen. Ein vornehmes Fräulein, das auf jener Insel im Exil lebt und aus dem Wüsten Land stammt, stattet dem Helden einen Besuch ab. Die Dame erwähnt im Gespräch einmal, daß durch ihr Heimatland ein breiter Strom namens «l'eau Marçoise» fließe; sie verwendet nicht den lateinischen Namen *Forth*, sondern sagt «Mooswasser». In Schottland bezeichnet man aber als *Moss*, «Moos», bis heute ganz speziell die Torfmoore zu beiden Seiten des Forth. Wir können somit aus den Worten des Fräuleins schließen, daß Perceval seine Kindheit in dem Gebiet südlich des Forth verbracht hat, in jener Region eines ausgedehnten Herrschaftsgebiets, für die ein Name wie «tiefer gelegener Forst» oder «Wald im Unterland» durchaus passend gewesen wäre.

Als der Held aus dem Wüsten Land seiner Mutter, von der Burg Snowdon, der Gegend am Firth of Forth und den Tälern von Camelot hinauszog in die Welt, schlug er einen Weg ein, den wir heute im einzelnen verfolgen können. Er ritt zuerst auf der Römerstraße vom Firth of Forth nach Carlisle im Süden, eine Reise von fünf Tagen. König Artus ist der erste von vielen «Onkeln», bei denen der junge Mann einkehrt. Er empfängt Perceval freundlich, er gewährt ihm Rat und Hilfe und schickt ihn schließlich auf den Weg. Da das eigentliche Ziel von Percevals Reise ganz offenbar die Gralsburg ist, wo er, sobald er für würdig befunden wird, in den Gralsdienst treten soll, liegt es nahe anzunehmen, daß König Artus, der Herr der Tafelrunde, ein bedeutendes Mitglied, wenn nicht das Oberhaupt der geheimen Bruderschaft vom Gral war. Um was für eine Gemeinschaft es sich dabei handelt und wie sie funktionierte, kann nur das Studium der verschiedenen Perceval-Texte lehren, besonders jener Texte, deren Glaubwürdigkeit auch noch von anderen arthurischen Schriften gestützt wird.

Von Caer Llion oder Carlisle, Artus' Burg am Meer, zog Perceval an einem sehr breiten Wasser mit vielen Flußmündungen entlang, am Solway Firth also, durch eine Ebene, nämlich die am Unterlauf des Eden. Er kehrte schließlich auf der Burg eines zweiten väterlichen Freundes ein, seines Lehrers Gorneman de Gorhaut. Dieser vornehme «Onkel» lehrt Perceval das Waffenhandwerk, er macht ihn zum vollwertigen, ausgebildeten Krieger. Er «nimmt ihn in den ritterlichen Orden auf», sagen die mittelalterlichen Autoren, die den Vorgang im Licht ihrer eigenen Zeit betrachten. Diese Abfolge väterlicher Gönner ist das bedeutendste typische Merkmal in Percevals Geschichte und unterscheidet diese ganz deutlich etwa von der des Gawain, die als Serie vieler militärischer Erfolge erscheint, oder der Lancelots, der in blitzartigen Eroberungszügen Territorien in seinen Besitz bringt. Perceval besucht die Burgen seiner Gönner, es sieht so aus, als stelle er sich vor und mache sein Geburtsrecht geltend, als verlange er Entschädigung und Anerkennung von diesen «Onkeln», d.h. Seitenverwandten.

Nach britischem Recht, so wird behauptet, waren an allen ernsten Rechtsangelegenheiten neben den direkt Betroffenen immer auch die Verwandten bis ins neunte Glied hinein beteiligt; um einen derart ernsten Fall hätte es sich zweifellos gehandelt, wenn ein Sohn den Mord an seinem Vater zu rächen hatte oder wenn es um den Besitz einer Herrschaft, wie es Camelot war, ging. Diejenigen, die dem Kläger am nächsten standen, waren mehr als andere dazu verpflichtet, den Schaden wiedergutzumachen. Percevals Besuche wirken so, als ob er erstens Entschädigung für persönliche und politische Verluste einfordern wollte und zweitens die Anerkennung seines Geburtsrechts, das ihn zum legitimen Anwärter auf den Titel und die Herrschaft des Gralskönigs machte. Und der junge Perceval macht klar, daß es ihm an wilder Entschlossenheit und Kraft nicht fehlt, seine Bestimmung zu erfüllen: die eines zornigen Rächers.

Trotz der Ordnung und Logik, die sonst bei Chrétien herrscht, macht sich doch hier derselbe Mangel bemerkbar wie schon im *Lancelot*: Es fehlen genaue Ortsangaben, und zwar zwischen der zweiten und dritten Burg. Perceval erscheint unvermittelt in Beau-Repaire, das in einem anderen Königreich liegt. Die Hauptstadt der Blanchefleur scheint dem Verderben nahe: Die Felder liegen brach, die Häuser sind zerstört, Mönche und Nonnen haben ihre Klöster verlassen. Das arme Fräulein wird von einem keulenschwingenden Riesen belagert, einem Unhold von den Inseln. Nach Chrétien wird die Ehe mit Blanchefleur nicht sofort vollzogen, andere Quellen freilich meinen, der Held habe dort Söhne gezeugt. Wie auch immer, in jedem Fall wurde doch sein Anspruch auf spätere Heiligkeit nicht davon berührt, denn er konnte ja nötigenfalls auf der Gralsburg seine Ehefrau einfach verstoßen, wie es das frühe Christentum zuließ.

Die interessanteste Tatsache, und es wird mehrmals darauf hingewiesen, ist diese: Die Gralsburg liegt weniger als eine Tagesreise von Beau-Repaire oder Pelrapeire und von *Maydene*-Land entfernt, ja, manchmal kann man in diesem «Mädchenland» sogar die Glocken von der Gralsburg schlagen hören. Wahrscheinlich ist also dieses «Mädchenland» nicht mit Caerlaverock identisch, sondern liegt östlich von der Gralsburg, denn, da in Britannien meist Westwinde wehen, ist es eher glaubhaft, daß der Glockenton im Osten hörbar ist. Zweitens deutet der Name Beau-Repaire auf ein Frauenkloster hin, auf eine geistliche Gründung, in die junge Mädchen sich von der Welt zurückzogen. Die englische Übersetzung «Mädchenland» verstärkt diesen Verdacht. Drittens stiftete die fromme Blanchefleur später die Aaronskapelle in Carlisle, das hier «Dinasdaron», «Stadt Aarons», genannt wird.

Wir sehen nun, daß die Kirchen von Julius und Aaron, von denen Geoffrey spricht, wahrscheinlich in Carlisle standen. Es scheint so, als hätte die neue Heldin Blanchefleur wie andere vornehme Damen jener Zeit, etwa die Heiligen Brigitte, Radegunde und Clothilde, in einem Kloster Zuflucht gefunden.

Viertens wissen wir, daß die Gralsburg im «Fremden Land» liegt, woraus wir schließen können, daß die Menschen dort eine andere Sprache sprechen und von einem anderen Herrscher regiert werden, der nicht oder nicht zu allen Zeiten Artus untertan war. Der *Didot-Perceval* fügt hinzu, dieses Reich sei das der Inseln im Westen, die jenseits des Meeres vor der Küste von Irland lägen.

Der «Onkel», den Perceval in den meisten Versionen zweimal besucht – so wie er auch zweimal auf der Gralsburg einkehrt –, ist der Eremitenkönig. Beim ersten Besuch beteuert der Held in der Regel seine Unschuld. Der zweite Besuch findet unmittelbar vor der Thronbesteigung des Helden auf der Gralsburg und vor seinem Rückzug von der Welt statt. Bei dieser Gelegenheit erteilt der Eremitenkönig, der im *Parzival* Trevrizent heißt, Perceval Unterricht in Dingen der Religion, beantwortet kritische Fragen und erzählt seinem Schüler vom Gral. Niemand kann sich dem Gralsreich nähern, wenn er nicht berufen ist, wenn nicht der Himmel seine guten Taten kennt und ihn bei seinem besonderen und heiligen Namen ruft. Der Augenblick, da Perceval seinen Namen erfährt, ist somit ein Höhepunkt in jeder Erzählung.

Da es offensichtlich König Artus war, der zuerst Perceval rief – dieser bricht der englischen Version zufolge beim Anblick des Königs in Tränen aus – und der ihn wahrscheinlich auch als Anwärter

3. Percevals Verwandte

auf die Gralsherrschaft nominierte, scheint es uns interessant, das zweite Zusammentreffen dieser Männer zu beobachten. Der Held ist in die Nähe der Burg seines Onkels an der Küste bei Carlisle zurückgekehrt. Es hat geschneit, und ein in Träumereien versunkener Perceval steht da und blickt nieder auf das rote Blut im Schnee, das ein schwarzer Vogel dort vergossen hat.

Die Szene ist hochberühmt, und mit Recht, denn Rot, Weiß und Schwarz sind die drei heiligen Farben der Religion. Wir erfahren so, daß die Opferung des Perceval nahe bevorsteht. Nur sein Cousin Gawain kann Perceval ins Leben zurückholen und ihn ohne Schaden aus seiner Versunkenheit reißen.

Nun ist König Artus, wie er ausdrücklich feststellt, von Carlisle aufgebrochen, um seinen Neffen auf dieser verschneiten Ebene zu treffen, und er kehrt noch am Abend desselben Tages zurück. Warum sonst sollte er sich diese Mühe machen, wenn nicht zu dem Zweck, sich von den Fortschritten des Helden auf dem Weg zur Heiligkeit zu überzeugen?

Die Autoren der meisten Perceval-Erzählungen machen die Identität des Helden noch durch eine andere, ähnliche und verwandte Geschichte deutlich: Da ist eine kreisrunde Wiese – die für seine Welt steht –, mittendurch fließt ein Wasser (der Forth); über das Wasser springen Schafe und wechseln dabei die Farbe, die weißen (die Christen) werden schwarz (Pikten) und umgekehrt die schwarzen weiß. Und wir wissen ja, daß der Forth die Grenze zwischen Lothian und dem Piktenland des Nordens bildete.

Solche Details wie das Beharren auf dem Symbolismus von Schwarz und Weiß oder auch der eindeutige Gebrauch von Begriffen wie «Templer» oder «Tempelritter» haben dazu geführt, daß man Perceval und die Tafelrunde mit diesem Ritterorden der Kreuzzugszeit im zwölften Jahrhundert in Verbindung brachte und mit dem Beau-séant, ihrer silberweiß-zobelschwarzen Fahne. Der Orden der Tempelritter wurde um 1118 unter der Regel des heiligen Benedikt gegründet. Die Mitglieder trugen über der Rüstung weiße Mäntel, dienende Brüder trugen schwarze Tracht. Wie es der heilige Bernhard gewünscht hatte, wurde auf diese Mäntel das rote Zeichen des Kreuzes genäht. Der Orden hatte sein Hauptquartier im oder beim Salomonstempel in Jerusalem. Ohne Zweifel hatten diese Krieger eine besondere Vorliebe für Perceval und seine Geschichte.

Der *Perlesvaus* nennt insgesamt fünfzehn Lehrer, Gönner, väterliche Freunde oder «Onkel» Percevals, und diese Zahl ist gewiß signifikant. Der erste ist Joseph von Arimathia, der Großonkel des

Helden. Es folgen der Fischerkönig auf der Gralsburg, der Eremitenkönig, der König von Chastel Mortel und die elf Brüder von Percevals Vater Alain li Gros (allerdings sind alle zwölf bei der Geburt des Helden bereits tot). Sir Perceval fügt der Liste dieser fünfzehn noch König Artus hinzu. Die anderen französischen und deutschen Versionen bestätigen den Eremitenkönig, bei Chrétien gibt es außerdem noch einen alten König, den Großvater Bron, den Siechen König. Der walisische *Peredur* kennt den Siechen oder Lahmen König und den Gralskönig, der *Prosa-Lancelot* nur den ersteren. Der *Sir Perceval* weist darauf hin, daß auch König Loth ein Onkel des Perceval war, und somit waren Lancelot und Gawain seine Vettern.

Der *Didot-Perceval* schließlich gibt seinem Helden zwei ebenso mächtige wie gütige Lehrer zur Seite: Merlin und den Großvater Bron. Von Merlin erfuhr Perceval, wie man zur Gralsburg gelangte. Merlin war aus Northumberland gekommen, sagt der Text, und *er war wie ein Schnitter gekleidet und hatte eine Sichel umgehängt.* Er prophezeite dem Perceval, seine Suche nach dem Gral werde in Jahresfrist an ihr Ende gelangen und seine Abenteuer würden von seinem, Merlins, «Meister» Blayse aufgeschrieben werden. Dieser werde schließlich in den Dienst des neuen Gralskönigs treten. Indem die Autoren den Helden mit dem Schrecklichen Schnitter zusammentreffen lassen, warnen sie ihre Leser; diese sollen wissen, daß Perceval *der Tod bestimmt ist,* d.h. der Tod bei lebendigem Leib, denn Perceval wird auf der Gralsburg der Welt entsagen. Wenn das bedeutet, daß er selbst ein kastrierter oder Siecher König werden wird, und zwar in jener Zeremonie ritueller Verstümmelung, welche, so Robert Graves in *The White Goddess,* die Könige der Vorzeit über sich ergehen lassen mußten, dann war die Begegnung mit Merlin doppelt schrecklich und zweifach ominös.

In einigen Versionen sind die düsteren Warnungen noch deutlicher, wenn nämlich Perceval in der fürchterlichen Schachspiel-Burg einkehrt. Dort zwingt ein schrecklicher Ritus, der, wie es scheint, aus dem alten Ägypten in die irische und arthurische Literatur gelangt ist, den Helden, mit dem Tod Schach zu spielen und dabei sein Leben einzusetzen. In *The Wandering of the Soul* berichtet Alexandre Piankoff, daß das ägyptische Damespiel, bei dem ein Brett mit dreißig Feldern benutzt wurde, als ein Spiel um die Seele des Menschen gedeutet wurde – ein Motiv, das man überall auf der Welt findet. Er führt als Beispiele unter anderen die bekannten irischen Erzählungen «Die Werbung um Etain» und «Dairmaid und Grainne» an sowie die arthurische Geschichte von Tristan und Isolde – dort war es König Marke, der spielte und verlor. Nachdem Perceval dreimal hintereinander besiegt worden ist, wirft er die Spielfiguren samt Brett ins Wasser und versucht das böse Omen zu entwerten. Ein drittes Ereignis von böser Vorbedeutung begegnet dem Helden im Zusammenhang mit einer seiner Prüfungen, als er nach dem Haupt eines weißen Hirschs sucht. In einer anderen seltsamen Episode muß er gegen den Schwarzen Ritter vom Grab kämpfen. Die walisische Version konfrontiert ihn mit dem gräßlichen Schwarzen Wurm vom Hügel. Das Untier wohnt bei einem Begräbnisplatz, der «Wall der Leiden» heißt. Der Grundgedanke bei alledem scheint zu sein, daß der Held während einer langen Periode zermürbender Abenteuer und Prüfungen unbedingte Tapferkeit beweisen, seine Fehler ablegen und Verdienste erwerben muß, daß er dann versuchen muß, Buße für alle seine Missetaten auf Erden zu tun, um endlich, nachdem er Recht und Ordnung in etlichen weltlichen Reichen nach Kräften wiederhergestellt hat, vielleicht Verzeihung zu erlangen und sich ausschließlich dem Dienst Gottes zu weihen.

Ein ganz neues, überraschendes Bild von den Frauen der arthurischen Epoche gewinnt endlich der Leser, der die Mühe auf sich nimmt, die Verwandtschaftsverhältnisse in den verschiedenen Versionen der Perceval-Geschichte zu vergleichen. Viele unter den Personen, die dem Helden Rat und Unterricht geben, und gerade die, die ihn am strengsten kritisieren, sind Frauen. Chrétien stellt uns als erste dieser gelehrten Damen eine Cousine Percevals vor. Dieses Fräulein heißt in Wolframs *Parzival* Sigune und tritt in drei Szenen auf. Ein zweites gebildetes Fräulein, das aber nicht allein den Helden, sondern die ganze Gralsgesellschaft, welche sich anläßlich der Thronbesteigung Percevals versammelt hat, scharf tadelt und belehrt, ist Gawains kluge Schwester Cundrie. Sie scheint Merlins Wissen geerbt zu haben, denn bei ihrem letzten Auftritt hält sie eine Rede, in deren Verlauf sie eine Übersicht über die Planeten gibt. Im *Perlesvaus* von Glastonbury rügt Dandrane (oder Dindrane), die Schwester des Helden, diesen in ähnlicher Weise, wie es Sigune tat. Allerdings ist es hier mehr ihre als seine geistige Entwicklung, die den Autor interessiert. Dieselbe Schwester, jetzt namenlos, erscheint im *Didot-Perceval* als ebenso heilige wie gelehrte Person. Im walisischen *Peredur* wird sie anders gezeichnet – sie verflucht Perceval – und als hübsches Mädchen mit kastanienbraunem Haar beschrieben (rötlich-braunes Haar galt als besonders schön). Die «Queste» im *Prosa-Lancelot* erzählt eine traurige Geschichte von diesem Mädchen, das ebenfalls sein Leben opfern mußte.

Als Perceval seiner Cousine zum erstenmal begegnet – so jedenfalls in Chrétiens Darstellung –, kommt der Held gerade von seinem ersten Besuch auf der Gralsburg. Er erfährt nun von ihr, was er bis jetzt nicht gewußt hat, daß er nämlich die Prüfung nicht bestanden hat. Diese Cousine spricht einige für sein Leben bedeutsame Punkte an:

1. Er ist überstürzt von Camelot abgereist, seine Mutter ist an dem Trennungsschmerz gestorben.
2. Er hat in seiner Dummheit versäumt, auf der Gralsburg Fragen zu stellen, als man ihm erlaubte, an der Zeremonie dort teilzunehmen und die Kultgegenstände, die man in einer Prozession vorübertrug, zu sehen.
3. Als seine Cousine ihn fragt, ob er wisse, wer der Fischerkönig sei, antwortet er gedankenlos, das sei der Mann, den er am Abend vorher gesehen habe; er habe zusammen mit einem anderen Mann in einem Boot gesessen und habe geangelt.

Entsetzt über ein solches Maß an Ignoranz, erklärt das Fräulein seinem Cousin Perceval, wer dieser Mann war: der Sieche König, der schrecklich an einer alten Wunde leidet und seine Beine nicht bewegen kann. Und dieser Fischerkönig hatte dem unwürdigen Perceval die Gnade erwiesen, ihn bei sich aufzunehmen. Hatte denn der dumme Perceval nicht die heiligen Dinge gesehen, die Lanze, den Gral, die Kerzen, die silberne Platte? Was hatte es denn wohl mit denen auf sich? Er habe sie schon gesehen, sagt er darauf, aber gefragt habe er nicht. Zornig beschimpft sie ihn.

4. Und plötzlich weiß Perceval seinen Namen und wer er wirklich ist. Bevor er seine Cousine verläßt, erfährt er noch, wo sein Schwert geschmiedet wurde und wo es nötigenfalls repariert werden kann: in der Nähe seiner Heimatburg Camelot.

Die entsprechende Szene im *Parzival*, dort heißt das Fräulein Sigune, findet im Wald von Brizlan oder Broceliande statt, den man Jahrhunderte hindurch unbeirrt in der Bretagne gesucht hat. Er liegt aber, und zwar auch Wolfram zufolge, nicht weiter als zwei Tagereisen vom Mündungslauf des Forth entfernt an der Landstraße nach Carlisle. Der Wald Broceliande muß somit irgendwo im hügeligen Süden der Borders liegen und ist wahrscheinlich mit dem heutigen Ettrick Forest oder dem Kershope Forest identisch. Das Wort *Broceliande* ist nicht eigentlich französischer Herkunft, es handelt sich dabei eher um eine unbeholfene Übersetzung aus dem Keltischen, wo eine Zusammensetzung aus *bro* (Land) und *llan* (Tempel) vorgelegen haben könnte, etwa «Land des Tempels». (Der englische Text *Of Arthour and of Merlin* [EETS, 1973] erkennt den walisischen Ursprung des Namens und sagt «Brocklond».) Südlich von der Stelle, an der sich Perceval aufhält, also dort, wo er am folgenden Tag hingelangen wird, erstreckt sich der Kershope Forest, wo die Geographen bis heute auf ihren Karten Lager und Sammelplätze von Artus' Truppen vermerken. Sie befanden sich nur wenige Kilometer nördlich des Hadrianswalls.

Die schöne rothaarige Sigune Wolframs verrät gleich am Anfang ihrer Bekanntschaft dem Helden seinen Namen. Das Verhältnis der beiden ist zu diesem Zeitpunkt, da er noch nicht auf der Gralsburg, ja noch nicht einmal am Artushof war, noch ungetrübt. Bei der zweiten Begegnung erklärt sie ihm, woher sein Schwert stammt und wo er es, wenn es zerspringt, reparieren kann. Er kommt gerade von der Gralsburg und wird von Sigune heftig gescholten: Er hat die blutige Lanze gesehen, den Gral, die Mädchen mit den Blütenkränzen, die Kerzen, einen großen Saal mit hundert Ruhebetten – und doch, es ist einfach unglaublich, hat er keine einzige Frage gestellt! Das Bitterste an der ganzen Sache ist aber, daß man, wie Perceval nun erfährt, die Burg nur durch Zufall finden kann. Und alles spricht dafür, daß ihm ein solcher Zufall nie wieder begegnen wird.

Parzival begegnet seiner Cousine noch ein drittesmal. Diese hat sich von der Welt in eine winzige Einsiedlerklause zurückgezogen und haucht bald danach in strenger Abgeschiedenheit ihr Leben aus. Noch in ihrer Todesstunde versucht sie Parzival zu helfen. Gawains Schwester Cundrie, die das gemächlich ausschreitende Maultier reitet, bringt Sigune einmal pro Woche das Essen. Sie war erst vor kurzem bei der Klause – möglicherweise kann Parzival sie noch einholen. Der Held reitet ihr in aller Eile nach, verliert aber ihre Spur. Der Verdacht erhebt sich, daß Cundrie ebenjene Gralsbotin sein könnte, die dem kühnen Lancelot bei seiner Verfolgungsjagd nach Königin Guinervere und ihrem Entführer den Weg wies.

Gawains Schwester Cundrie, wie sie bei Wolfram gezeichnet wird, ist eine Tochter des König Loth und die Schwester eines häßlichen Zwergs namens Malcreatiure. Und dieser war der Mann, der einst Lancelots Karren chauffierte – nicht irgendein Fabelwesen, sondern eine wirkliche Person. Wolfram beschreibt das Häßliche

Fräulein, das den Beinamen «die Hexe» trägt, so: blaues Seidengewand, Hut mit Pfauenfedern, Haar und Augenbrauen schwarz und in Zöpfe geflochten, behaartes Gesicht, Boxernase, mächtige Zähne und Ohren. Ihre langen Fingernägel gleichen Raubtierklauen, sie schwingt eine mit Edelsteinen besetzte Geißel, in eleganter Haltung sitzt sie auf ihrem Maultier, ein Bein vor sich auf den Hals des Tiers gelegt. Nachdem sie König Artus heftig gescholten hat, zieht sie mit einigem rhetorischen Aufwand über Parzival her und verflucht «sein hübsches Gesicht und seine schönen Schenkel». Bevor sie schließlich in Tränen ausbricht, hat sie ihn davon überzeugt, daß er nun endlich handeln muß, sie hat ihn über seine Herkunft aufgeklärt und ihm seine Zukunft und die des arthurischen Reichs vorausgesagt.

Keine Figur in der ganzen Artusliteratur kann es mit dieser sonderbaren Cundrie aufnehmen, was Gelehrsamkeit, Stilgefühl und Vornehmheit betrifft. Sie und Sigune sind einander genau entgegengesetzt: jene aggressiv, furchtlos, eine weltlich gesinnte Adelige, diese eine Nonne, die der Welt entsagt hat. Nachdem Parzival zum Gral berufen ist, muß der ganze Hof noch einmal eine letzte große Rede der Cundrie über sich ergehen lassen.

Neben dem *Perlesvaus* kennen noch vier weitere Texte die Figur von Percevals Schwester, allerdings behandelt sie keiner in solcher Ausführlichkeit, und nur der *Perlesvaus* nennt sie Dandrane. Wäre der Verfasser der «Queste» ein Autor unserer Tage, so hätte er sie vielleicht das «Fräulein vom Seidenzelt» oder die «Verführerin von der öden Insel» genannt.

Als Perceval auf seinem Weg Dandrane zum erstenmal begegnete und sie heim nach Camelot begleitete, herrschte eine Stimmung der Sympathie und des Vertrauens zwischen beiden. Während Percevals Abwesenheit hatte Gawain ein Jahr lang die Verantwortung für die Sicherheit von dessen Mutter und ihrer Tochter übernommen – nun aber ist Perceval heimgekehrt, um den Herrn der Moore zu töten. Auf dem Weg macht die Schwester beim «Gefährlichen Friedhof» Station; dort gibt es eine hochheilige Reliquie: ein Splitter vom Kreuz Christi aus der Grabeskirche in Jerusalem. Dandrane redet auf ihren Bruder ein und sagt ihm, daß er alle Energie darauf verwenden müsse, die Gralsburg zu finden, und zwar deswegen, weil der König von Chastel Mortel gegen den Gral Krieg führe und weil König Pelles der Welt entsagt habe und Einsiedler geworden sei. Solange der König von Chastel Mortel die Gralsburg besetzt hielt, blieben die verschiedenen heiligen Objekte in sicheren Verstecken;

die Gralsgesellschaft war zu dieser Zeit offenbar in alle Winde zerstreut. Als Perceval im weiteren Verlauf der Reise aus dem Waldgebiet herauskommt, hält er im Schatten eines Baums an und bewundert den prächtigen Anblick, der sich ihm in einiger Entfernung bietet: Camelot, umspült vom Wasser des Flusses. Seiner Mutter zuliebe verrichtet er ein Gebet in der Kapelle mit den vier Marmorsäulen, die zwischen dem Wald und der Burg steht; dort liegt Joseph von Arimathia begraben. Hier hatte Lancelot seinen Namen erfahren, hier hatte man ihm prophezeit, daß es ihm nicht beschieden sei, die Herrschaft des Grals zu erlangen.

Perceval zieht weiter und trifft seine Schwester auf der Landstraße vor Stirling, drei Jahre nachdem er von Camelot in die Welt hinaus gezogen ist. Seine Mutter ist inzwischen gestorben; ihr Tod trägt Perceval bittere Vorwürfe ein.

Die Schwester führt den Helden zur Einsiedelei ihres Onkels – aber leider hat der Autor hier die Verwandtschaftsverhältnisse durcheinandergebracht. Immerhin gibt er doch die Überlieferung weiter, derzufolge Joseph von Arimathia einst den Gral besaß, dieser aber sei das Gefäß, in dem das Blut des gekreuzigten Christus aufgefangen wurde. Der Eremitenonkel behauptet, Christus selbst habe das Kommen des Gralshüters Perceval prophezeit, dieser werde, nach langem Suchen und Irren, versteht sich, endlich den Gral finden. Der zur Zeit amtierende Fischerkönig ist Percevals Großvater Bron, sagt der Einsiedler, und er kann erst dann geheilt werden, wenn er die Herrschaft seinem Enkel übergeben hat. Der Eremit schärft Perceval ein, er müsse sich unbedingt vor Mord und Sünde hüten, denn sein Geschlecht sei von der göttlichen Liebe dazu auserwählt, Gottes Fleisch und Blut zu besitzen. Die Schwester ist sehr stolz auf Perceval und glücklich über ihre Begegnung mit ihm. Sie weint, als er sie nach einigen Stunden verläßt. Vier Jahre später wird er zurückkehren, um ihr Grab zu besuchen.

In der *Queste del Saint Graal* legt Percevals Schwester dar, daß drei jungen Helden, nämlich Bors, Perceval und Galahad, Anspruch auf die Gralsherrschaft haben. Dieser Text, die reichhaltigste und jüngste aller Gralserzählungen, scheint jener gelehrten Theorie der Transsubstantiation anzuhängen, die 1215 auf dem Vierten Lateran-konzil verkündet wurde und derzufolge Brot und Wein in der Wandlung «der Substanz nach» göttlich wurden. Im Verlauf ihrer Belehrung redet die Schwester auch von den Ursprüngen der zwei Königreiche, die das «Wüste Land» genannt werden. Dort wuchs kein Getreide, die Bäume trugen keine Früchte, in den Flüssen gab es keine Fische. Schuld daran war ein schrecklicher Krieg zwischen einem heidnischen König und christlichen Missionaren aus dem Heiligen Land, den Vorfahren von Perceval und Galahad. Das Fräulein bestätigt uns auch noch einmal, daß die Gralsburg auf einer Insel vor Irland liegt.

Percevals Schwester stirbt im Wüsten Land, und zwar auf einer Burg, wo eine junge Dame am Aussatz erkrankt ist. Jede Jungfrau, die des Wegs kommt, wird gezwungen eine Schale voll Blut als Arznei für jene Dame zu spenden; das Blut einer Königstochter oder einer Königin aber besitzt die Macht, die Kranke mit Gewißheit ganz gesund zu machen. Percevals Schwester stellt sich freiwillig zur Verfügung. Bevor man ihr die Ader öffnet, macht sie ihr Testament. Sie möchte nach ihrem Tod in ein Schiff gelegt werden, das sie in die heilige Stadt Sarras bringt. Dort im Heiligen Land wird sie einst neben Perceval und Galahad ruhen. Mit ihren letzten Worten spornt sie Perceval und seine Gefährten an, die Suche nach der Gralsburg fortzusetzen.

Mehr Autorität als Percevals Schwester besitzt wohl nur noch seine Tante, denn ihr ist es gegeben, die Theologie genauer zu erläutern, die den drei Gemeinschaften zugrunde liegt: Christus und seine Apostel, Joseph von Arimathia und die Gralsgesellschaft, König Artus und die Tafelrunde. Die letzte dieser drei Gemeinschaften sollte nach dem Willen Merlins ein Abbild der Erde und der Bahnen der Gestirne sein.

In Geoffreys großartigem lateinischen Gedicht *Vita Merlini* (Leben des Merlin) erscheint Merlin als Astronom und als prophetischer Dichter. Er läßt sich im Wald ein Observatorium mit siebzig Türen und Fenstern einrichten (V. 555 ff.) und leitet aus den Bewegungen der Sterne und Planeten die Prophezeiung ab, daß Dumbarton zerstört und nicht wiederaufgebaut und daß Schottland fallen werde. Merlin sah auch voraus, daß Carlisle nach Artus' Fortgang verwaist und ohne Hüter bleiben werde (V. 614). Geoffrey hat sein Gedicht um das Jahr 1150 verfaßt, also siebzig Jahre bevor die französische *Queste* entstand.

Jene gelehrten Frauen aus Percevals Verwandtschaft gehörten offensichtlich zur Gralsgemeinschaft, es ist nur noch nicht klar, in welcher Weise oder in welchen Funktionen. Tatsache ist, daß schon zu Zeiten des heiligen Augustinus von Hippo (354–430) weise und seherisch begabte Frauen als Gefährtinnen christlicher Theologen hochgeachtet und verehrt wurden.

4. Wegweiser zur Gralsburg

Nicht Camelot, sondern die Gralsburg ist der wichtigste Ort in König Artus' Reich. Dort soll der König einst bestattet werden, dort läßt Königin Guinevere auf eigene Kosten ein prächtiges Grabmal für ihn errichten. Und wir wissen, daß Artus nach seiner schweren Verwundung in der Schlacht bei Camlan mit königlichen Ehren auf die Gralsburg gebracht wurde.

Auf dieser Festung residiert auch Merlin in seiner Funktion als offiziell bestellter Geschichtsschreiber des Reichs und in seiner Rolle als «Schrecklicher Sensenmann».

Während des Rückfalls ins Heidentum unter der Herrschaft des Königs Urien und seines Administrators, des Zauberers oder Druiden Bademagus, war das Stück Land, auf dem später Artus und seine Gemahlin die Gralsburg errichten sollten, zwischen verschiedenen Parteien heftig umstritten und umkämpft. Es muß für sie alle ein Ort von großer Heiligkeit gewesen sein.

Bis heute haben die meisten Autoren behauptet, der Gral, das Gralskönigtum und die Gralsburg seien eine heidnische Legende. Meinungsführer dieser Schule sind etwa Jessie L. Weston, Dorothy Kempe und Alfred Nutt. In jüngster Zeit hat sich Richard Cavendish mit *King Arthur of the Grail* als Anhänger solcher Theorien profiliert. Dort wird gesagt, der Gral habe seine Wurzeln in zahlreichen verschiedenen Religionen: Christentum, keltisches Heidentum, antike Mysterienreligionen, byzantinische, persische, jüdische und islamische Traditionen, außerdem christlich-häretische wie die der Gnosis und der Katharer. Die Texte, in die alle diese Traditionen eingingen, werden als «Fragmente eines einst kohärenten heidnischen Mythos, der aber von mittelalterlichen Geschichtenerzählern verpfuscht wurde», begriffen. Das Schlimmste aber sei, meint Cavendish, daß der Gralsheld ganz ohne die Hilfe der Kirche zum Königtum gelange. Der Held wird nicht von kirchlichen Würdenträgern beraten, sondern «sein Lehrer ist ein Eremit, ein Außenseiter ohne offizielle Legitimation», und der unterrichtet ihn in seiner Klause in der Wildnis, fern von der Kirche.

Aber es gab in Britannien keine zentral organisierte, von Rom überwachte Kirche und daher keinen einzig wahren Glauben, der ohne weiteres für alle verbindlich gewesen wäre. Es ist zwar richtig, daß Perceval die Krone hauptsächlich seinem Geburtsrecht ver-

300 Dritter Teil: Die Gralskönige

dankte, aber das beweist nur, daß damals das Priestertum zumindest teilweise noch erblich war. Die Gralsburg war damals wie heute nicht bloß eine Legende, sondern ein wirklicher Ort. Und die letzten Gralskönige Perceval und Galahad waren Menschen von Fleisch und Blut.

Die Untersuchung, die sich mit dem wirklichen Perceval befaßt, hat in ihrem Verlauf den Leser an den Ort geführt, wo die Fahrt nach dem Heiligen Gral begann, nämlich in Snowdon, und das ist, wie gezeigt wurde, Stirling am Unterlauf des Forth. Der Held reiste dann weiter nach Süden zur wichtigsten Residenz von König Artus in Carlisle. Seine Frau oder Verlobte wohnt eine Station vor dem Ziel der Reise an einem Ort, wo manchmal die Glocken der Gralsburg hörbar sind. Zwischen Carlisle und der Gralsburg, so ist anzunehmen, wohnen verschiedene Lehrer und Verwandte Percevals. In diesem Raum zwischen jenen Punkten reisen Perceval, seine Schwester, seine Cousine und seine Feinde umher und auch die anderen Gralssucher: Lancelot und Gawain, denen kein Erfolg beschieden ist, aber auch Galahad, Lancelots Sohn, der sein Ziel erreicht. König Artus unternimmt ebenfalls diese Reise von Carlisle zur Gralsburg.

In einer einführenden Rede verweist der anonyme Autor des berühmten *Grand Saint Graal*, der um 1200 entstanden ist, uns auf das Jahr 717. Dies ist enorm wichtig. Niemand kann behaupten, der anonyme Kleriker habe seine Gralserzählung einfach erfunden. Die Existenz des Werks, auf das er sich bezieht, wird von zwei sehr bedeutenden Geistlichen jener Epoche bezeugt: Helinand de Froidmont (um 1170–1230) und Vincent de Beauvais (um 1190–1264). Beide galten nicht nur als ganz und gar integre Geistliche, sondern waren auch Historiker und Chronisten von Rang, und diese Männer versichern, daß die Berichte über den Gral aus vormittelalterlicher Zeit auf sie gekommen seien; sie nennen in diesem Zusammenhang das Jahr 717 (s. Anhang).

In seiner *Chronik des Helinandus* teilt der Mönch aus Froidmont mit, der Gral sei jener Teller, von dem Christus beim Letzten Abendmahl aß. Der *Grand Saint Graal* beginnt mit diesem indirekten Verweis auf Vincent de Beauvais und Helinand de Froidmont. Wir erinnern uns bei dieser Gelegenheit, daß Chrétien seine *Lancelot*-Quelle in Beauvais gefunden hatte, in dem Kloster, das Kleriker nach Schottland entsandt hatte, um David I. bei seinen Bemühungen um die Kirchenreform zu unterstützen.

Der anonyme Autor des *Grand Saint Graal*, der im Englischen auch unter dem Titel *Quest for the Book of the Holy Grail* be-

4. Wegweiser zur Gralsburg

kannt ist, beginnt sein Werk mit der Schilderung einer Vision, in der ihm Ereignisse des Jahres 717 erschienen. Er sah, wie Christus einem Mönch in «Weiß-Britannien» (Albion, Schottland) ein wunderschönes Buch schenkte, das Er, Christus höchstselbst, geschrieben hatte. Es war ein kleines Buch, so klein, daß es genau in die Fläche einer Hand paßte. Dieses Werk bestand aus vier Teilen: 1. Genealogie, 2. Über den Gral, 3. Über die künftigen Schrecken, 4. Über die Wunder, die da anbrechen werden. Da der Mönch an den Worten Christi zweifelte, verlor oder verlegte er das kleine heilige Buch. In seiner Vision hatte jedoch der anonyme Verfasser des *Grand Saint Graal* auch erfahren, wo das Buch damals hingeraten war, und konnte es wiederbeschaffen. Und dann hatte er sich mit glühendem Eifer an die Arbeit gemacht und ein eigenes Werk verfaßt, in dem die Geheimnisse jenes göttlichen Buchs enthüllt wurden.

Kurioserweise entspricht die «Queste», die der Autor unternimmt, genau der «Suche», der «Irrfahrt» Percevals. Wir haben es offenbar mit irgendeiner Art von ritueller Suche zu tun, die ein Kandidat für die Herrschaft auf der Gralsburg, bevor er abgewiesen oder akzeptiert werden kann, hinter sich bringen muß.

Wir spüren bei der Lektüre des *Grand Saint Graal* eine ständig wachsende Spannung – es ist, als spräche hier ein künftiger Gralskönig zu uns. Er beginnt seine Fahrt dort, von wo auch Perceval aufbrach, in der Ebene des schottischen Tieflands («es plains de walescog»), und zieht weiter zur Kreuzung der sieben Straßen bei Carlisle.

Und wir sind wirklich und ohne jeden Zweifel in Carlisle, wie die nun folgende Passage über den heiligen Stein *(perron)* beweist. Es gab dort einen heiligen «Amboß»-Stein, aus dem der junge Artus das Schwert herausziehen mußte, bevor man ihn als militärischen Führer der Stämme anerkannte. Wir besitzen noch ein anderes Zeugnis über diesen Stein, und zwar von Marie de France. Danach diente er als Trittstein: auf diese Stufe oder Rampe stieg man, wenn man nach Avalon reiste. Eine dritte Erwähnung findet sich im *Wigalois*: dort heißt er «Sitz des Schreckens» oder auch «Sitz der Ehre». Lancelot hatte darauf Platz genommen. In der Nähe gab es eine steinerne Gedenksäule, unweit davon lag der «Wald der drei Steine» *(perrons)*. In dieser Gegend, am Solway Firth, stand auch König Artus' Camelot. Der Ort besaß einen Hafen für die Überfahrt nach Irland – vielleicht war dieser mit der römischen Gründung im heutigen Port Carlisle identisch.

Hier treffen wir wieder auf Lancelot, der Königin Guinevere nachjagt, denn Perceval und der fromme Autor des *Grand Saint Graal*, so argwöhnen wir, folgen ein und derselben Route zur Gralsburg. Am Weg liegen zwei heilige Brunnen oder Quellen, Orte des Gedenkens und der Ehrfurcht. Bei dem einen gibt es eine berühmte Kiefer; der Baum steht, wie wir wissen, nach den Bräuchen uralter Zeit als Denkmal für einen toten Helden.

Die letzten zwei Stationen der Fahrt sind uns gleichfalls vertraut. Bei der einen handelt es sich um einen Konvent, der offenbar neben einer großen Wiese erbaut wurde. Die Anlage steht nicht weit von einem Fluß am Ufer des «Sees der Königin». Wenn man nun unbeirrt weitersucht – in dem Bewußtsein, daß Britannien ja keineswegs eine unermeßlich große Landmasse, sondern ein eher kleines Gebiet ist, dessen Geographie in alten wie in modernen Karten präzise verzeichnet ist, und von der Überzeugung getrieben, daß in diesen ähnlichen Texten einfach zu viele genaue Angaben erscheinen, als daß man sie als zufällig oder phantastisch außer acht lassen dürfte –, dann kann man durchaus bei dem Bemühen, jene vorletzte Station zu lokalisieren, noch einen Schritt vorwärts gelangen. Wie wir bereits oben bei der Behandlung von Texten des Perceval-Stoffes vermutet haben, lebte die Braut des jungen Perceval wohl, wie viele andere Edelfräulein in alter Zeit, in einem Frauenkonvent. Der französische Text nannte den Ort Beau-Repaire, die englische Version «Mädchenland». Die fromme Stiftung, mit der wir es hier zu tun haben – nicht zu verwechseln mit jener anderen in Caerlaverock, wo König Artus' Mutter wohnte –, stand bei einer großen Wiese. Die Autoren weisen mit Nachdruck auf diese landschaftliche Besonderheit hin.

Nun wurden große Wiesen in arthurischer Zeit wie auch das ganze Mittelalter hindurch außer für landwirtschaftliche Zwecke in zweierlei Weise genutzt: sie dienten als Schlachtfelder und als Turnierplätze, wo man bei festlichen Gelegenheiten Kampfspiele austrug. Man könnte vermuten, daß der Ort von Blancefleurs Damenstift heute mit einiger Wahrscheinlichkeit auf dem Gelände oder unweit eines Flugplatzes zu finden sein müßte, da man für die Anlage von Start- und Landebahnen unweigerlich eben ein ausgedehntes Wiesengelände wählt. Es müßten sich dort Reste eines alten Klosterbaus finden lassen. Und die Wiese, die wir suchen, muß in der Nähe eines Flusses liegen.

Die Perceval-Texte stellen öfters fest, daß die Gralsburg am Ufer eines «Sees» stehe, der nach Alain, dem Vater eines der beiden

Percevals, benannt ist: «Alains Wasser». Das Damenstift lag am «See der Königin», und diese Königin war wohl die vornehme Tante des jungen Perceval, die einstige Königin des Wüsten Landes und eine jener hohen Damen, die den verwundeten König Artus nach der Schlacht bei Camlan auf die Insel Avalon brachten.

Es ergibt sich die Folgerung, daß «Mädchenland» das Besitztum der Königin des Wüsten Landes war, nachdem sie sich in dieses Kloster zurückgezogen hatte. Solange sie als regierende Königin eine weltliche Herrschaft innehatte, residierte sie in Snowdon. Deswegen nahm sie Lancelot als kleines Kind zu sich und erzog ihn – wenn sie nämlich mit der Dame vom See identisch ist –, damit er eines Tages Snowdon, das Wüste Land, zurückerobere. Es ist ganz natürlich, wenn Perceval zu ihrem Konvent kam, um ihr beizustehen. Die Grenzen von König Artus' Welt verengen sich mehr und mehr, sein Reich nimmt zusehends Menschenmaß an und verliert den Charakter einer phantastisch abgehobenen, märchenhaft fernen Gegenwelt, in die mittelalterliche Literaten den König verbannten. (Man kann die fortschreitende Verschlechterung der Perceval-Legende durch die mittelalterliche Zeit bis in die *Mabinogion* hinein anhand solcher Details zurückverfolgen. Für den Verfasser des *Peredur* war es der Gipfel des Heldentums, wenn der erwachsene Perceval die Frauen, die ihn erzogen hatten, angeblich «Hexen», ermordete.)

Da Perceval das Land seiner Verlobten von einem fremden Usurpator befreite, muß man schließlich auch noch die Frage stellen, ob nicht zu dem Kloster bei der Wiese, in der Nähe des Flusses, am Seeufer eine Burganlage gleichen Namens gehört haben muß. Man müßte dann nach einem Territorium suchen, das etwa den Grafschaften des mittelalterlichen und modernen Britannien ähnelt. Diese Herrschaft von einiger Größe müßte direkt an die der Gralsburg grenzen. Und es ist doch wohl weiter auch anzunehmen, daß es in so alten und ehrwürdigen Orten Bischöfe gab und vielleicht noch heute gibt.

Nachdem Lancelot sich entschlossen hatte, die Tochter des Gralskönigs zu heiraten – oder doch zumindest mit ihr zusammenzuleben – und sie nicht (einem ersten Impuls, als er das Mädchen unvermutet mitten in der Nacht in seinem Schlafzimmer vorfand, folgend) zu töten, blieb er etliche Jahre bei ihr. Sie wohnten auf einer Insel namens «Isle de Joie», «Freudeninsel». Als Lancelot aus diesem Urlaub wieder zum Dienst gerufen wurde, war sein Sohn Galahad fünfzehn Jahre alt, also waffenfähig und alt genug, die Fahrt nach dem Gral, die seinen Vater nicht ans Ziel geführt hatte, zu unternehmen. Lancelot bemerkt einmal, daß er von jener Insel aus die Küste von Logres (England) sehen konnte. Er erblickte, so schließen wir, die felsige Westküste von England, deren mächtige Vorgebirge und Klippen noch in einer Entfernung von vierzig, fünfzig Kilometern sichtbar sind.

Diese Fülle von Hinweisen aus alten Quellen läßt eine wirkliche und immer vertrauter werdende Geographie vor uns entstehen. Dabei sind die unschätzbaren zusätzlichen Informationen, die der Text *Sone de Nansai* liefert, Details, die den Punkt, an dem die Gralsburg stand, exakt auf der Landkarte bezeichnen, noch gar nicht berücksichtigt. Es festigt sich die Überzeugung, daß hier eine Politik der Geheimhaltung gewisser Einzelheiten betrieben wurde, und zwar mit solchem Erfolg, daß niemand außer den Mitgliedern der Gralsgesellschaft in der Lage war, den Weg zu jener heiligen Burg genau anzugeben. Dieses Tabu wurde wahrscheinlich deswegen eingeführt, weil König Artus' Schatzhaus dort stand.

Da neben Perceval und Lancelot auch Königin Guinevere, wie der *Prosa-Lancelot* sagt, den Weg zur Burg der Dame vom See kannte – man erreichte sie, indem man durch seichtes Wasser watete, aber eben nur, wenn man den richtigen Weg wußte –, liegt die Vermutung nahe, daß die Gemahlin des Königs auf der Gralsburg oder im «Mädchenland» erzogen wurde. Diese Hypothese findet Unterstützung von einer Seite, von der man dies nicht erwartet hätte: Aus dem *Parzival* Wolframs von Eschenbach erfahren wir, daß das Wappenzeichen der Gralsgesellschaft die Turteltaube war. Geoffrey von Monmouth aber hatte, wie wir wissen, berichtet, daß bei der Krönung der Königin Guinevere als ihr besonderes Zeichen vier Turteltauben vorangetragen wurden.

Im Neunten Buch des *Parzival* (V. 649,1 ff.) teilt Wolfram etliche erstaunliche Erkenntnisse über Sitten und Gebräuche der Gralsgesellschaft mit. Es sei ein Geheimorden, sagt er, dem sowohl Männer wie Frauen angehören. Einzelne Männer dieser Gesellschaft, die sorgfältig erzogen und für das Herrscheramt ausgebildet sind, werden als Könige in Länder geschickt, deren Thron verwaist ist. Drei Beispiele dafür aus der arthurischen Literatur kommen einem hier in den Sinn: Artus selbst, Lancelot und der jüngere Perceval. Warum aber haben diese neuen Herren, alle drei von mehr oder minder unsicherer Herkunft, sich nie als Abgesandte ihres Ordens zu erkennen gegeben? Weil, sagt Wolfram, die männlichen Mitglieder immer im geheimen ausgesandt wurden und niemals verraten durften, woher sie kamen, ja gar nicht in der Lage waren, ihre Namen und ihre Herkunft auszuplaudern. Man könnte auf die Idee kommen, Wolfram spreche im Delirium oder mache irgendwelche verwirrten Ausflüchte, wäre da nicht eine andere, unabhängige Quelle, die seine Darstellung stützt.

In ihrem Gedicht *Lanval* (Launfal) bestätigt Marie de France Wolframs Behauptung, derzufolge die Mädchen der Gralsgesellschaft ganz offen mit dem Auftrag hinauszögen, dem Gral Kinder zu gebären. Lancelot war ein Kind, das, wie der *Prosa-Lancelot* so anrührend erzählt, Pflegern und Pflegerinnen übergeben wurde, die es unter ihre Fittiche nahmen und in einem warmen Klima aufzogen, es unterrichteten und ausbildeten und geistig und physisch auf das Königtum vorbereiteten. Genauso und im selben Alter wie Galahad, nämlich mit fünfzehn, betrat König Artus sozusagen aus dem Nichts die politische Bühne, voller Selbstvertrauen zog er ohne jede Anstrengung das flammende Schwert aus dem Steinamboß. Als aber der Knabe Perceval aus seinem Wald gerufen wurde, war das System dem Zusammenbruch nahe. Seine lange Geschichte mit all den verschiedenen ständig wechselnden Lehrern und Gönnern zeigt, daß es sich hier um einen Notfall handelte.

Als einmal König Artus in Carlisle hofhielt – an einem Pfingstfest im Mai, sagt Marie de France, und man beratschlagte über verschiedene Unternehmungen –, erschien ein wunderschönes Mädchen von der Insel Avalon. Das Fräulein warb um den Helden Lanval, sie forderte ihn auf, zu ihr auf den *perron* zu steigen, und machte sich dann auf ihrem Pferd («Roß des Meeres», *Schiff*) davon in Richtung Avalon. Ähnlich ist der Fall der Tochter des Gralskönigs, die wahrscheinlich Pelle hieß (nicht Helena, Ellen oder Elen, denn *ellan* heißt auf Manx «Insel»): Diese ließ sich von Lancelot schwängern und gebar Galahad. Diese Sitte, die jungen Frauen zum Kinderkriegen in die Welt hinauszuschicken, bietet vielleicht auch eine Erklärung dafür, weshalb so oft von zwei oder gar drei Guineveren berichtet wird – ein Mißverständnis, das König Artus manchen ungerechtfertigten Tadel von seiten einiger Autoren eingetragen hat. Vielleicht läßt sich dadurch auch das Gerücht aufklären, demzufolge Modred Artus' Sohn gewesen sein soll – einige behaupten, seine Mutter sei Artus' Schwester und König Loths Frau Morgan gewesen oder auch die Frau des König Urien von Gorre. Percevals Cousinen, seine Schwester und seine Tante waren wahrscheinlich Gralsjungfrauen, ebenso jene Damen, die Lancelot an verschiedenen Stationen seiner Heldenfahrt neue Waffen brachten.

Nach dem Bericht des Mönchs, der in einer Vision Ereignisse des Jahres 717 sah und daraufhin von Albania (Albion) zur Gralsburg aufbrach, um das Buch Christi vom Heiligen Gral zu suchen, dauerte die Reise – die Überfahrt mit dem Schiff nicht gerechnet – länger als vier Tage. Er verließ sein heimisches Kloster und gelangte schließlich zu einer Kapelle, die auf dem Felskegel einer Insel stand. Er war auf der Gralsburg angekommen! Dort auf dem Hochaltar fand er das verschollene Buch Christi, und dort empfing er einen Brief, in dem der «Große Meister» ihm mitteilte, daß seine Fahrt am Ziel sei. An diese Vorgeschichte schließt der Mönch sein eigentliches Werk, den *Grand Saint Graal*, an, das erfreulicherweise noch weitere Informationen über die Gralsburg enthält.

Diese steht im Fremden Land, so haben wir geschlossen, im «land of Foreygne», wie der englische Text sagt. Sie wurde von Alain, dem neuen Gralshüter, einem der Vorfahren Percevals, erbaut. Da der Vater des letzten Perceval bereits tot ist, als dieser seine Fahrt nach dem Gral antritt, müssen wir annehmen, daß zu jener Zeit ein Interregnum angebrochen ist, eine Periode, in welcher der Thron des Königs, vielleicht der «Schreckliche Sitz» oder «Gefährliche Sitz» oder «Sitz der Ehre» genannt, vakant war. Der letzte Perceval, der letzte seines Herrschergeschlechts, wird schließlich auf diesem Gefährlichen Sitz Platz nehmen.

Sowohl der *Joseph von Arimathia* des Robert de Boron als auch der *Prosa-Lancelot* glaubt, der ursprüngliche Aufbewahrungsort des Grals sei Galafort gewesen, also Dumbarton Rock, wo nach Geoffrey von Monmouth König Artus seinen verwundeten Verwandten und Bundesgenossen gesundpflegte. In jener Zeit war der Gralshüter ein Mann namens Joseph – Robert de Boron nennt ihn Brons. Der Gral wurde, um ihn vor Angriffen räuberischer Seefahrer zu schützen, von dort fort und in das unzugängliche Fremde Land gebracht. Dort hatte man eine neue Kapelle und eine neue Burg erbaut. Es ist nach alledem anzunehmen, daß die neue Burg bequem mit dem Schiff zu erreichen war, und zwar durch den Forth of Clyde an Arran vorbei, nach Süden an der Küste von Ayrshire entlang zum Hafen im Loch Ryan und von dort hinaus in die Irische See.

Der Name der neuen Gralsfestung wird gewöhnlich mit *Corbenie* oder *Corbenic* wiedergegeben. Hier wurde nun der Heilige Gral aufbewahrt, der bisweilen, wenn er nämlich der Gralsgesellschaft Nahrung spendete, auch das «Heilige Gefäß» genannt wird. Bei solchen Gelegenheiten – wenn es denn wahr ist, daß er ein solches Gefäß war – stand er auf einem silbernen Tisch. Wenn der Gral im Raum stand, hörte man den Flügelschlag von Vögeln. Dann verschwand er. Manchmal verschwand auch die ganze Burg. Über die Jahrhunderte hinweg gaben diese Sonderbarkeiten den Gelehrten derart schwierige Rätsel auf, daß sie darauf verzichteten, nach einer Lösung zu suchen, und resigniert all die Perceval-Geschichten in ein – meistens irisches – Nie-und-Nimmer-Land verwiesen.

In seiner Vision vom Jahr 717 erfährt der Mönch:

> So ließ er denn in jenen Tagen
> eine Burg am Wasser bauen,
> die war mächtig und wunderbar anzusehen,
> mit etlichen schönen Wohngebäuden,
> und viele prächtige Häuser wurden errichtet,
> ganz prächtig und herrlich, das konnte jeder sehen.
> ...
> Und auf dem Altar an jener Stätte
> fanden sie Buchstaben, rot geschrieben,
> ...
> daß diese Burg Corbenie heißen sollte,
> und diese Schrift war chaldäisch...
> (*Grand Saint Graal*, Bd. 2, V. 55, S. 331)

Die neue Insel ist, wie hier mitgeteilt wird, so groß, daß sie etlichen Häusern und einem Herrscherpalast Platz bietet, außerdem einer Kapelle. Die ganze Anlage ist nicht irgendein Truggebilde, sondern für jedermann, der davorsteht, ohne weiteres sichtbar. Was die genaue Form des Namens betrifft, so ist die Variante *Corbenic* ebensogut möglich wie *Cornebic, Corbenie, Torbenic, Cambenic, Lambenic, Bellic, Corbierc* oder *Corbiere*.

Die beste Ableitung von *Corbenic* scheint die zu sein, die Watson in seiner Geschichte der keltischen Ortsnamen im Jahr 1926 vorgeschlagen hat (S. 366). Er war zwar der Ansicht, daß man hinsichtlich der ersten Silbe durchaus im Zweifel sein könne, hielt aber doch *caer* (Burg) für wahrscheinlicher als *coire* (Kessel), *carr* (Felsnase) oder *carn* (Hügel, Hügelgrab). Der Ortsname hat jedenfalls nichts mit dem Chaldäischen zu tun, sondern gehört zur großen Zahl von keltischen Namen mit dieser Anfangssilbe, die fast immer etwas mit Wasser zu tun haben oder mit Orten am Wasser. Die zweite Silbe ist wahrscheinlich von *benn* (Horn) abgeleitet, so Watson, oder von einem Kompositum wie *beannach* («gehörnt», im weiteren Sinn: «mit etwas versehen, das wie ein Horn aussieht»). Diese Etymologie zieht freilich eine besondere Konsequenz nach sich, wenn man nun in Britannien den Ort der alten Gralsburg zu lokalisieren sucht, denn der Name «Burg in einer Bucht mit einem

‹Horn›» enthält ein zusätzliches Kriterium, das jener Ort erfüllen muß.

Ein Schlüsselwort, an dem sich der Leser orientieren kann und das den gralsuchenden Helden die Gewißheit gibt, daß sie sich auf dem rechten Weg befinden, ist das Wort «gefährlich» *(perilleux, perilous).* Es bezeichnet etliche Orte, an denen schlimme Dinge zu erwarten sind:

1. Ein Gefährlicher Friedhof, manchmal auch Ascalons Friedhof genannt, eine unterirdische Burg des Teufels, die bisweilen mit Glastonbury identifiziert wurde; aus dieser Burg holte Gawain «Satans Hure».
2. Eine Gefährliche Brücke oder «Schwertbrücke», manchmal auch Pontparles bei Glastonbury genannt.
3. Eine Gefährliche Kapelle, die «chapelle Morgain»; hierher kommen Gawain, Eliducs Mädchen (*Yonec* und *Eliduc* von Marie de France) und Yvains Lunette (Chrétiens *Yvain*).
4. Eine Gefährliche Burg, Malory nennt sie «Avilion» (Avalon); dort rettet Nimue den König Artus.
5. Eine Gefährliche Quelle, die wild kocht und von Löwen bewacht wird; Galahad kann sie zur Ruhe bringen (nahe bei Merlins *Perron,* wo das Grab von König Lancelot I. heilkräftiges Blut spendet; dieses wird von zwei Löwen bewacht, die Lancelot vom See schließlich erschlägt).
6. Der Gefährliche Wald (Malory, 9. Buch, 16. Kap.).
7. Die Gefährliche Furt oder der Gefährliche Sprung am Solway; so im *Didot-Perceval* und *Parzival,* wo Gawain über eine Schlucht springen muß, um einen (Stechpalmen-?) Zweig zu holen.
8. Die Gefährlichen Tore vor Höhlen in Hügeln, so in *Yonec, Guingamor* und in den Tannhäuser-Geschichten.
9. Der Gefährliche Hafen auf der Insel, wo die neue Gralsburg erbaut wurde; dorthin reist Evalac(h) im *Grand Saint Graal.*
10. Der Gefährliche Fluß *(Guingamor).*
11. Der Gefährliche Sitz, auf dem im Jahr 454 Lancelots Sohn Galahad Platz nehmen soll.

(Bei Chrétien gibt es außerdem einen gefährlichen Berg, «Mont Doloreus» genannt – gemeint ist, wie man glaubt, die alte Abtei Melrose in Schottland.)

Einige der oben genannten Orte stehen mit der Gralsburg in Verbindung und liegen in deren unmittelbarer Nähe: die Brücke (Nr. 2), die Kapelle (Nr. 3), die Burg (Nr. 4), der Sitz (Nr. 11) und der Hafen

(Nr. 9). Bei zweien scheint es sich um ein und denselben Ort oder doch um eng zusammengehörende Stätten zu handeln: der Friedhof (Nr. 1) und das unterirdische Gelaß im Hügel (Nr. 8). Bei Carlisle gibt es mehrere Flüsse, auch die Gralsburg liegt an einem Fluß und ebenso der Konvent. Der Gefährliche Wald, die Quelle, die Furt bzw. Schlucht finden sich alle auf dem Festland, und zwar nördlich und westlich von Carlisle. Caerlaverock, unter dem Namen «Roche de Champguin» (*Perceval*, V. 8478), ist eine Station auf Gawains Gralsfahrt. Es gehört König Artus' Mutter, die dreimal verheiratet war und einst eine Gralsjungfrau gewesen sein muß, denn auf ihrer Burg steht das Wunderbett, in dem sich Gawain und Lancelot als Helden bewähren (*Perceval*, V. 8005, 8409, 8737). Diese gefährlichen Orte bringen den Leser auf den Gedanken, daß die Straße zwischen dem Konvent und der Gralsburg an einem alten unterirdischen Begräbnisplatz ähnlich dem in West Kennet, Wiltshire, oder dem von Silbury Hill vorbeiführen könnte oder auch an einem von all den Dolmengräbern in Britannien, die den Namen «König Arthurs Grab» tragen.

Ein weiteres Problem, das eng mit dem der Gralsburg zusammenhängt, ist das des Titels, den der Gralskönig trägt. Auf altfranzösisch wird er immer «Riche» genannt, also «adelig», aber auch «Fischer». Diese Bezeichnung hat natürlich die Mythologen alter und neuer Zeit geradezu entzückt, die hier Spuren des Poseidon samt Dreizack, Pferden, Sintflut und Arche, Türmen und einem Anhang von Meeres- und Fischgöttern witterten. Und darüber hinaus beschwört der Ausdruck auch irische Geschichten herauf von König Lear, Manannan mac Llyr, von Schwänen und Seepferden und von Lohengrin. Der Reiz, der von der Gralsliteratur ausging, ist angesichts dieser Fülle von untergründigen poetischen Motiven nur allzu verständlich.

In der darüberliegenden Schicht aber gibt es das irdische Leben und Königreiche, deren Völker von der Figur eines wahrhaft großen Fischerkönigs unendlich fasziniert waren. Zwei unserer Autoren, die in Zeit und Raum weit voneinander getrennt lebten, nämlich Marie de France und der Kleriker Branque, der auf Zypern den Text des *Sone de Nansai* übersetzte, überliefern uns eine weitere und ganz konkrete Information über den Fischerkönig: Dieser lebte, so versichern sie, in einem Hafen Britanniens, dessen Schiffe die reichsten Fischgründe des Reichs befuhren. Dort lag, heißt es, eine Flotte von dreihundert Fahrzeugen, die von der gehörnten Bucht bei der Gralsburg auf Fischfang ausliefen.

Wenn wir diese Information berücksichtigen, so kommen wir zu der Vermutung, daß die Gralsburg Irland gegenüber auf der Westseite einer Insel liegen muß. Von der Umgebung eines Klosters aus konnte man das Festland sehen, das der heilige Kolumban, der in Lancelots Tagen diese Gewässer befuhr, so treffend «Alba mit den buschigen Brauen» nannte. Der Konvent der Königin des Wüsten Landes muß demnach auf der Ostseite jener Insel liegen. «Alains See» oder der «See der Königin» muß folglich das sein, was wir heute die *Irische See* nennen. Wenn sich König Artus, Lancelot, Gawain und Perceval in Port Carlisle einschifften oder aber die Rhinns of Galloway durchquerten, um am Loch Ryan ein Schiff zu besteigen, so fuhren sie von dort zu einem Hafen auf der Ostseite ebenjener Insel.

Hier auf der Gralsburg sollte geschehen, was das Buch Christi vorausgesagt hatte: Es kamen Zeiten des Schreckens herauf, und es brachen große Wunder an. Was die Geheimnisse der Gralszeremonie betrifft, so können wir heute nur hoffen, wenigstens einen schwache Ahnung davon zu gewinnen.

5. Die Gralszeremonie

Nun, am entscheidenden Punkt unserer Reise zum Gral, da Perceval sich der Burg naht, müssen wir uns besonders in acht nehmen. Wird Chrétien auch hier wieder eine «Schwertbrücke» aus seinem Hut zaubern?

Nein, wir haben Glück. Hier sind die zwei zuverlässigsten Handschriften seines *Perceval* (B. N. Ms. fr. 794 und Mons 1866, V. 2977 ff bzw. V. 3047 ff.) stimmig. Sie bieten gemeinsam die folgende Darstellung der Ereignisse:

Perceval ritt außen an der Grenze des Gralsbezirks entlang, bis ein Fluß ihm Einhalt gebot. Er fand keine Möglichkeit hinüberzugelangen, keine Fähre, keine Brücke, keine Furt. Er stand wie gelähmt da. Da sah er zwei Männer in einem Boot, einer von ihnen fischte Gründlinge mit Leine und Haken. Perceval grüßte die beiden.

Die Männer sagten Perceval, es gebe hier kein Boot, das mehr als fünf Personen fasse, und folglich keines, mit dem er sein Pferd über den Fluß bringen könne. Sie rieten ihm dann, der schmalen Paßstraße durch die Felsen flußaufwärts bis zum Anfang des Tals zu folgen. Dort käme er übers Wasser und könne dann auf dem anderen Ufer zurückreiten.

5. Die Gralszeremonie 311

Perceval ritt also den Weg bergaufwärts, wie sie vorgeschlagen hatten. Bald gelangte er auf den Gipfel eines Bergkegels. Aber Perceval konnte von diesem Gipfel aus nichts sehen, ganz plötzlich war das Tal unter ihm verschwunden. Um ihn herum gab es nur Himmel und kahle Erde.

Perceval folgte dennoch weiter dem Rat der Männer und begann den Abstieg von dem steilen Paß (auf der Nordseite?). Er entdeckte bald unter sich eine Burg. Sie war nicht vollständig hinter Bäumen und dem steilen Abhang verborgen. Bald konnte der Held ihren eckigen Bergfried sehen und einen weiteren großen Turm, flankiert von zwei Seitentürmchen. Es war die Burg des Heiligen Gral.

Vor dem Tor gab es eine Zugbrücke. (Chrétien hat also hier bereits vergessen, daß er früher «Schwertbrücke» übersetzt hatte! Karl Bartsch und Leo Wiese weisen in *Crestomathie* ganz richtig darauf hin, daß «pont torneiz» eine «Drehbrücke», eine Zugbrücke also, bezeichnet. Lancelot mußte bei früherer Gelegenheit die Tücken dieser Konstruktion mit eigener Kraft meistern.)

Der Weg lag offen vor Perceval da: Jemand drehte an der Kurbel und ließ die Brücke hinunter. Ohne Schwierigkeiten gelangte der Held nun in die Burg.

Hier bekommen wir nun zum erstenmal detaillierte Informationen über die Landschaft der jenseitigen Küste: Tal, Fluß, steile Paßstraße, ein kegliger Berg, der die Umgebung überragt. Als König Artus dem ersten Kampf zwischen Lancelot und Meleagant zusah, saß er auf einem erhöhten Platz, so daß er von oben in die Burganlage hineinschauen konnte. Von seinem Sitz auf diesem Gipfel hatte er auch eine wunderschöne Aussicht. Leider war Perceval ein Mann von ganz anderem Schlag und fand keinen Gefallen an Seestücken.

Chrétien de Troyes, so scheint es, stellte keinen Zusammenhang her zwischen der Burg mitten im Meer, in der Meleagant die entführte Königin Guinevere festhielt, und der Burg vom Heiligen Gral, die Lancelot, Gawain, Perceval und Galahad suchten. Die letztere ist mit Corbenic und Avalon identisch.

Uns dagegen erscheint es bereits jetzt, da wir eben erst angefangen haben, die verschiedenen Berichte zu vergleichen, klar, daß es sich um ein und dieselbe Burg handeln muß. Wir sind zu einer kleinen Insel in gefährlichen Gewässern vor Irland gelangt. Diese Insel liegt westlich einer größeren Insel und ist von einem Bergkegel aus zu übersehen. An der Seite des Bergs fließt ein Fluß, der ins Meer zwischen den zwei Inseln mündet. Das würde erklären, weshalb es dort so tückische Wirbel und Strömungen gibt. Irgendwo in der Nähe liegt eine Fischereiflotte von dreihundert Schiffen vor Anker. Es handelt sich offenbar ausschließlich um kleinere Fahrzeuge – wir brauchen deswegen nicht nach einem extrem tiefen Hafenbecken zu suchen, wie es etwa Liverpool heute bietet. Es ist indes wahr, daß Gawain in *Gawain und der Grüne Ritter* in die Gegend von Liverpool hinabsteigt und uns gleich danach auf einer Insel im Meer begegnet.

Als Gawain im *Perlesvaus* (5) sich der Gralsburg näherte, wählte er eine andere Route als Perceval. Sein Weg führte ihn durch den Gefährlichen Friedhof, und von dort gelangte er direkt an den schmalen Abstieg zur Gralsburg. Während Perceval nur über eine einzige Brücke ritt, lagen auf Gawains Weg, wenn der Bericht hier nicht etwas hinzugedichtet hat, drei, die über drei verschiedene Wasserläufe führten: die «Nadelbrücke», die «Eisbrücke» und «die Brücke mit den Marmorsäulen». Als später in derselben Erzählung Perceval jenen höchst realen Gefährlichen Friedhof durchquerte, hörte er eine Stimme, die den Tod des Fischerkönigs ankündigte und dem Helden den Gralsthron verhieß.

Gawain und Perceval bekamen diesen Siechen König oder Fischerkönig zu Gesicht, aber nur Perceval gelangte *bei Anbruch der Dämmerung* zu dessen Burg. Er unterhielt sich mit dem Siechen König in einem Saal, in dem sich, sagt Chrétien, vierhundert Männer auf einmal vor der Feuerstelle wärmen konnten. Gawain muß ziemlich verwirrt gewesen sein, denn die vier Säulen, die er sah, gehörten nicht zu der Brücke, sondern zu der Feuerstelle des Königs, und sie waren, um Gawains Glaubwürdigkeit noch weiter zu unterhöhlen, nicht aus Marmor, sondern aus Messing. Der Sieche König wurde von vier Dienern auf einem Bett oder einer Sänfte in den Saal getragen. Die verschiedenen Berichte sagen übereinstimmend, der Fischerkönig sei reich in Purpur und Zobel gekleidet gewesen und er habe nicht aufrecht sitzen oder sich fortbewegen können. Bei Chrétien schenkt er Perceval ein reich mit Edelsteinen verziertes Schwert, das in der Gegend des Firth of Forth für den jungen Mann geschmiedet worden war.

Es folgt dann in Chrétiens Text diese Zeremonie, die sich vor der Feuerstelle bzw. im Saal abspielt:

1. Eine schimmernde Lanze, aus deren Spitze ein Tropfen Blut quillt und die ein Diener in der Mitte des Schafts gefaßt hält, wird hereingetragen.

5. Die Gralszeremonie 313

2. Zwei Diener bringen goldene Leuchter, auf jedem brennen mindestens zehn Kerzen.
3. Ein auffallend schönes, elegantes, edles Fräulein, begleitet von Dienern, trägt in den Händen «einen Gral».
4. Ein Fräulein bringt ein silbernes Tablett.

Das Licht, das von dem Gral ausging, war so blendend hell, daß der Schein der Kerzen verblaßte, als wäre Sonne oder Mond aufgegangen. Jene vier Dinge sind die berühmten vier heiligen Schätze der Gralsburg.

Der Gral selbst bestand aus «reinstem und völlig unvermischtem Gold», stellt Chrétien fest. Er war überall mit wertvollen und sehr seltenen Edelsteinen besetzt. Kein Kunstwerk auf der Welt war mit dem blendend schönen Gral vergleichbar. Der Zug bewegte sich in völliger Stille durch die Räume der Burg, kein Wort wurde gesprochen.

Auf Tischen, die mit strahlend weißen Tüchern gedeckt waren, servierte man Perceval ein prächtiges Mahl, danach einen Nachttrunk, verschiedene Delikatessen und Süßigkeiten. Schließlich begleitete man ihn zu seiner Schlafkammer und brachte ihn zu Bett. Als er am nächsten Morgen erwachte, fand er sich allein in einer verlassenen Burg. Er ritt über die Zugbrücke – da wurde diese so jäh aufgezogen, daß er beinahe sein Pferd verloren hätte. Er sah keinen einzigen Menschen dort, ehe er im Wald auf seine erboste Cousine stieß. Von ihr erfuhr er, wo er gewesen war und wen er da gesehen hatte, bei welcher Zeremonie er da mit stumpfen Sinnen Zeuge gewesen war und in welcher Weise er angeblich dort versagt hatte: Er hatte den Fehler begangen, nicht zu fragen, was es mit dem Gral auf sich hatte. Er entschuldigte sich, aber das half ihm nichts.

Die meisten Leser arthurischer Literatur haben sofort erkannt, daß es sich bei den folgenden vier Gegenständen um heilige Kultobjekte handelt, die untrennbar mit der Gralszeremonie verbunden sind: ein Gral, der wahrscheinlich ein Trinkgefäß war, dazu eine Lanze, ein Schwert und eine Platte, und daß diese Vierzahl in Beziehung zu den vielen anderen bekannten Viererkonstellationen steht, so etwa der beim Tarot oder bei anderen Kartenspielen: Kreuz, Pik, Herz, Karo. Kenner der irischen Mythologie jedoch haben die meisten jener Leser verblüfft verstummen lassen, als sie erklärten, man habe es hier mit den heidnischen Symbolen uralter irischer Ahnengestalten zu tun, der sogenannten *Tuatha de Danaan*, der «edlen Kinder der Gottheit Dana: Taras Schicksalsstein, das Schwert, der

Speer und schließlich der Gral als «Kessel des Überflusses». Der italienische Gelehrte Leonardo Olschki vertrat die Ansicht, diese Gralszeremonie könne kein christlicher Ritus sein, da mit keinem Wort das Kreuz, Geistliche, Segenshandlungen, die Kirche oder die kirchliche Liturgie erwähnt würden. Seiner Meinung nach besaß die Zeremonie eher gnostischen als christlichen Charakter, und ihr Ursprung sei eher im Mittelalter und bei den Katharern zu suchen als in der Antike oder der Vorzeit.

Zwar ist es durchaus wahr, daß jene neue Blütezeit der Gralsliteratur, deren Beginn etwa auf das Jahr 1174 zu datieren ist, als Chrétiens Gralsroman entstand, in eine Periode regen Interesses für das Christentum des Ostens fiel, aber dieses besondere Interesse war doch im wesentlichen eine Folgeerscheinung des Zweiten Kreuzzugs, zu dem der heilige Bernhard nach dem Fall von Edessa 1144 aufgerufen hatte. Es gibt hier nichts, was gnostische Einflüsse in Britannien beweist. Andererseits aber ist es leicht möglich, daß es im antiken britischen Christentum Praktiken gegeben hat, die uns heute fremdartig und bizarr anmuten. Im übrigen ist es auch gar nicht wahr, daß in den Gralstexten die Kirche nicht vorkäme, wie Olschki behauptet. Alle Versionen erwähnen die Beichte beim Einsiedler vor der Berufung zum Gral und die Gralskapelle, in der die Kultobjekte aufbewahrt werden. Es ist auch nicht wahr, daß nichts Liturgisches erkennbar würde, denn die Idee, der Gral besitze heilende Kräfte und speise die gläubigen Scharen, verweist auf das Leben Christi, aufs Letzte Abendmahl und auf das Sakrament der Eucharistie. Über solche speziellen Details hinaus aber vertreten die Texte, wie der französische Theologe Etienne Gilson in seiner Interpretation meint, gar die Ansicht, im Gral manifestiere sich die Gnade des Heiligen Geistes: Der Gralskelch ist der Geist der Liebe, der die Seelen der Christen speist. Am Beispiel dieser zwei Gelehrten unserer Zeit kann man lernen, wie leicht es ist, von wenigen dürftigen Grundannahmen zu diametral entgegengesetzten Schlußfolgerungen zu gelangen. Viele halten den «Kelch von Antiochia» (er wurde 1910 bei Ausgrabungsarbeiten in einem Garten in Antiochia entdeckt), der sich heute im Metropolitan Museum of Art in New York befindet, für den Gral. Es ist dies ein ovaler Silberpokal, 19 cm hoch und 16,5 cm im Durchmesser, mit einem silbernen Fuß und einem Korpus aus vergoldeten Silber, die innere Wandung ist aus Silber. Es wird behauptet, der Kelch sei zwischen den Jahren 361 und 363 vergraben worden – das würde bedeuten, daß es sich nicht um den Gral handeln kann. Zudem stehen die plastisch gearbeite-

5. Die Gralszeremonie

Abb. 5: Der Kelch von Antiochien. 1910 in der Nähe von Antiochien von einem syrischen Arbeiter ausgegraben. Metropolitan Museum of Art, New York.

ten Applikationen auf diesem Kelch in keiner Beziehung zur arthurischen Bilderwelt. (Vgl. zur Frage der Datierung die zusammenfassende Darstellung in «The Holy Grail» von Michael Glenny, Colin Simpson und Feffrey Schaire, *Art & Antiques*, Mai 1985, S. 41–48).

Die Zeiten, da man so leichthin den heidnischen Charakter des Grals behauptet hat, sind vorbei. Heutzutage stoßen solche Theorien sehr schnell auf entschiedenen Widerstand bei Kunsthistorikern wie Ronald Sheridan und Anne Ross, die in ihrem Buch *Gargoylesa and Grotesques: Paganism in the Medieval Church* etliche konkrete Beispiele für heidnische Riten und heidnisches Gedankengut anführen. Ein solches Beispiel ist der Grüne Mann, der mit einer Krone aus Blättern und Laubwerk dargestellt wurde. Andere Bildwerke sind extrem obszön, so etwa die der alten Hexe, die in der Michaelskirche in Oxford, in Kilpeck, Herfordshire, und in vielen irischen Kirchen zu sehen sind. Dasselbe wie dem Grünen Ritter in *Gawain und der Grüne Ritter*, wo die Gralszeremonie nicht erwähnt wird, ist der «alten Hexe» passiert: Sie, die schön wird, wenn der König sie heiratet, so Sheridan und Ross (S. 31, 64, 66 etc.), ist wahrscheinlich in Wirklichkeit Morgan le Fay, die alte Gottheit; ähnliches gilt auch für Chaucers «Erzählung des Weibs von Bath». Diese Göttin ist gewiß keine andere als König Artus' edle Schwester, die einst eine Königin war. Mittelalterliche Schreiber von Mirabilien-Handschriften wußten ganz genau um dieses heidnische Erbe, und darum war für manche von ihnen König Artus mit dem Gott Sucellos identisch, dessen Attribute Hammer, Schale und Hund sind. Einige populäre mittelalterliche Autoren wie Gervasius von Tilbury und Walter Map, die sich in der Mythologie sehr gut auskannten, brachten König Artus gern mit so unterhaltsamen Motiven wie Zwergen, Riesen, Höhlen in Sizilien und mit den fernen Antipoden in Verbindung. Ihre Werke waren mit Absicht komisch; diese Autoren wollten den Nimbus des Artus politisch unschädlich machen, indem sie den König zu einer lächerlichen Märchengestalt degradierten. Wenn die Kritik unserer Zeit solche Mythologisierungen in der Literatur des Mittelalters findet, so findet sie Spuren, die mittelalterliche Autoren boshaft gelegt haben, Leute, die heidnisches Gedankengut lebendig erhielten und es mit ihrem besonderen Sinn für verschrobenen Humor und Ironie verbreiteten.

Gawains erster Besuch auf der Gralsburg im *Perlesvaus* (5, 6) erinnert an Lancelots Ankunft in Gorre, wo Chrétien den Helden eine «Schwertbrücke» überqueren ließ. Gawains erste Brücke ist eine «Nadelbrücke» — der englische Übersetzer des Buchs, Sebastian Evans, der *anguille* statt *aguille* liest, nennt sie fälschlich eine «Aalbrücke». Die zweite Brücke ist aus Eis, was zeigt, daß der mittelalterliche Autor von seiner Quelle einigermaßen verwirrt worden sein muß, ehe er sich dazu durchrang, das ganze als Schilderung eines Abstiegs ins endlose Reich des Eises, die unterirdische Hölle des Mittelalters, aufzufassen.

In der Burg trifft Gawain einen gewissen Joseus, der von Joseph von Arimathia abstammt, und erfährt, daß dieser Joseus nach einem Streit über irgendwelche Besitztümer seine Mutter erschlagen hat. Dieses Detail taucht immer wieder auf, wenn es gilt, den Leser

5. Die Gralszeremonie

darauf aufmerksam zu machen, daß ein Held auf der Gralsburg angekommen ist. Sone de Nansai gegenüber wird behauptet, Joseus habe seine Mutter deswegen getötet, weil sie ins Heidentum zurückgefallen sei – eine Begründung, die wahrscheinlicher klingt. Auch Gawain sieht, ähnlich wie Lancelot in Gorre, einen Löwen, der am Tor angekettet ist. Obwohl Gawain dem Fischerkönig eine Reliquie von unschätzbarem Wert überreicht hat, das Schwert, mit dem Johannes der Täufer enthauptet wurde, muß er doch hören, daß er den Gral nicht erlangen kann. Man sagt ihm kurz und bündig, daß er die Burg verlassen soll. Auf der Heimreise verschlägt ihn ein Sturm auf die gegenüberliegende Seite des Flusses, oder er wählt absichtlich die andere Route. Solche Details sind überaus wertvoll, weil sie uns helfen, die Landschaft um die Gralsburg konkret vorstellbar zu machen, und weil sie uns davon überzeugen, daß es *reale* Orte sind, die in jenen erstaunlichen Texten aus der Ferne aufscheinen.

In Wolframs deutscher Version gelangt der Held, nachdem er einen ganzen Tag lang geritten ist, von Pelrapeire zur Gralsburg (5. Buch). Der letzte Abschnitt seiner Reise führte ihn durch unwegsames Land, über gefallene Baumstämme hinweg und durch jenes Sumpfgebiet, das schon Chrétien erwähnte: es lag in Gorre, direkt vor der Burg von Bademagus und Meleagant, in der Königin Guinevere gefangen war. Parzival kam gegen Abend nicht an einen Fluß – so wie Chrétiens Perceval –, sondern ans Ufer eines «Sees». Die Ursache dieser Meinungsverschiedenheit könnte sehr leicht wieder einmal in einer lateinischen Vorlage liegen, denn das Wort *lacus* in poetischem und literarischem Gebrauch bedeutet «See», «Teich», «Tümpel», «Fluß», «Quelle», «Strom». Ähnlich verhält es sich mit dem lateinischen Wort *stagnum*, das in dem altfranzösischen Namen «Alains stagne» enthalten ist und das ganz allgemein «Gewässer» bezeichnet, ohne etwa zwischen «Teich», «Tümpel», «Sumpf», «Marsch», «Meer» zu differenzieren.

Parzival reitet näher zum Ufer hin und spricht die Fischer an, deren Boot dort ankert. Der eine von den Männern ist von königlichem Adel, denn er trägt Pfauenfedern auf dem Hut. Es gibt, erfährt der Leser, im Umkreis von zwanzig Meilen keine menschliche Behausung – so auch schon Chrétien. Die Anweisungen, die Parzival erhält, sind diese: Er soll sich am Ende des Felsens nach rechts wenden, den (kegligen) Berg hinaufreiten bis zum Burggraben, dann soll er bitten, man möge die Zugbrücke hinunterlassen. Wolfram erklärt nicht, wie es zugeht, daß da auf der Spitze des Bergs ein Graben ist, aber vielleicht hat er sich die Landschaft nicht so genau vorgestellt wie Chrétien, dem er bisweilen doch am Zeug flicken möchte.

Wolframs Burg bietet denselben orientalischen Luxus auf wie die Chrétiens, bloß hängen bei ihm hundert Leuchter im Saal, und es gibt hundert Ruhebetten, und darauf liegen hundert Decken. Es gibt drei Feuerstellen, nicht aus Messing, sondern aus Gawains Marmor. Mächtige Feuer brannten, um den Siechen König zu wärmen. Wegen seiner Krankheit trug dieser Pelzgewänder.

Die Zeremonie unterscheidet sich darin, daß nun von der Lanze Blut strömt. Die Anwesenden weinen laut bei ihrem Anblick. Ein Knappe trägt die Lanze im Laufschritt vorbei. Dann treten zwei mit Blumen bekränzte Edelfräulein herein und bringen Kerzen. Hinter ihnen schreiten Damen mit Tischgestellen. Dann tragen acht Damen eine Tischplatte her, die aus einem Edelstein geschnitten wurde. Sechs andere bringen Besteck. Schließlich tritt, begleitet von Damen mit Duftlampen und Kerzen, die jungfräuliche Königin auf. Sie hält in den Händen «wunderhafte Fülle» (*wunsch* sagt Wolfram), den Gral. Dasselbe Mahl wie bei Chrétien wird dann auf weißen Tischtüchern serviert, mit dem Unterschied, daß es nun der Gral ist, der Köstlichkeiten im Überfluß spendet. Parzival empfängt das mit Edelsteinen besetzte Schwert, zieht sich zurück in seine Schlafkammer und wird dort mit den bereits bekannten Süßigkeiten und Schlaftrünken traktiert. Auch bei Wolfram wird der Fischerkönig in einem Sessel getragen. Nach dem Aufwachen findet Parzival die Burg verlassen, und als er hinausreitet, klappt die Brücke ganz plötzlich hoch und wirft beinahe sein Pferd ab. – Wir sehen, daß Wolfram die Geschichte etwas ausgeschmückt hat, aber im Prinzip mit Chrétien einig ist.

Auf seinem Weg trifft Parzival dann Sigune und erfährt, daß man die Burg nur per Zufall finden kann, daß sie Munsalvaesche, also «Berg» oder «Land des Heils», genannt wird, nicht Corbenic, und daß er selbst Parzival heißt. Er hat die Prüfung, wie wir wissen, nicht bestanden.

Viereinhalb Jahre später kommt der Held wieder in die Gegend und erfährt von seinem Onkel, dem Einsiedler, daß der Gral ein Stein ist, in den die Namen jener Männer und Jungfrauen eingraviert sind, die schon als Kinder in den Dienst auf der Gralsburg getreten sind; sie wurden berufen und verließen dann ihre Familien, um fortan dem Gral zu dienen. Als Erwachsene sind sie dann Mitglieder einer edlen Bruderschaft, deren Wesen allen Außenstehenden verborgen ist. Bis Parzival endlich Herr des Grals werden kann,

5. Die Gralszeremonie

muß der Sieche König unsagbare Todesqualen leiden, und Parzival kann ihn erst dann erlösen, wenn er selber die Lösung des Rätsels findet und die richtigen Fragen stellt. Bis zu Parzivals Wiederkunft erhält der Anblick des Grals den Siechen König am Leben – der Held aber erscheint zu der Zeit, da eine ganz bestimmte Konstellation von Mars und Jupiter herrscht.

Cundries Rede im 15. Buch liefert ein astrologisches Schema:

Die sieben Planeten im Parzival

Planet	Tag	Baum	Buchstabe	Tierkreis-zeichen	Held	Gottheit
Sonne	Sonntag	Birke	B(eithe)	Fische	Perceval	Quirinus Wischnu Oannes Attis/ Adonis
Mond	Montag	Weide	S(ail)	Krebs	Morgan	Diana Matrona Demeter
Mars	Dienstag	Stechpalme	T(inne)	Widder	Gawain	Cuchulain Amon-Ra Marduk Ares Tiu
Merkur	Mittwoch	Esche	N(ion)	Zwillinge	Gwydion	Wodan/ Wotan Odin Nabu
Jupiter	Donnerstag	Eiche	D(uir)	Löwe	Lancelot	Thor Baal Helios Schamasch
Venus	Freitag	Apfel	Q(ert)	Jungfrau	Guinevere	Freia Isis Eva
Saturn	Sonnabend	Erle	F(earn)	Schütze	Artus Bran	Iao Cronos Chiron Allfadur

Parzival sieht nach fünfjähriger Trennung seine Frau wieder, außerdem seine zwei Söhne und seinen Bruder. Der Text nennt als genaue Zeitangaben den Karfreitag und Ostersonntag. Wolfram empfindet die Gralszeremonie bei Parzivals Thronbesteigung – gleichzeitig wird auch der Halbbruder des Helden getauft! – als etwas ganz und gar Christliches. Er sagt mit Stolz, er habe unter Benutzung einer provenzalischen Quelle Chrétiens Version, die von Fortsetzern minderen Ranges zu Ende gebracht worden war, verbessert. So sehr die Tugenden und die ganze Persönlichkeit Wolframs zu rühmen sind, seine Gottesliebe, seine Frauenverehrung, seine Begeisterung für das Rittertum seiner Zeit, sein freundliches Wesen und sein gutes Herz, so sind das leider doch keine Vorzüge, die uns auf unserer Suche nach verschollenem Wissen von König Artus und vom Gral sehr viel weiterbringen.

Einen weiteren, kurzen Blick auf die Gralsburg gestattet uns die «Queste» aus dem *Prosa-Lancelot*. Der Gralssucher Lancelot kommt in einem Boot dorthin; die Reise hat einen Monat gedauert. Es ist Mitternacht, als er in den Windschatten einer großen Burg gelangt, die – genau so wie in Chrétiens *Lancelot* – zwei Zugänge hat: einen auf der Landseite, der von zwei Löwen bewacht wird, und einen am Meer, den man mit kleineren Fahrzeugen wie dem, das der Fischerkönig benutzt, direkt anfahren kann. Lancelot macht sein Boot fest und geht um die Insel herum zum Hauptportal, gelangt ohne Schaden an den Löwen vorbei und über Stufen und eine Straße zum Bergfried und zum Hauptgebäude der Burg, schließlich in den Saal. Es ist die Burg Corbenic, die so prächtig ist, daß vor ihrem Glanz die Strahlen der Sonne verblassen, und sie liegt ganz im Westen von Britannien, dort, wo die Sonne untergeht. Nachdem sein Versuch, den Gral zu erringen, auch hier gescheitert ist, liegt der edle Lancelot lange Zeit dem Tode nah darnieder.

Den bei weitem größten Ehrgeiz und Aufwand an literarischer und theologischer Gelehrsamkeit sowie an Phantasie verrät jenes Werk, das ein anonymer Benediktinermönch schrieb und das den Titel *Perlesvaus* oder *Le Haut Livre du Graal* trägt. Er schrieb es in der Abtei Glastonbury um die Zeit, als der ehrenwerte Herr Abt Henry de Sully jene Leichen exhumieren ließ, von denen die Mönche behaupteten, es seien die sterblichen Überreste von Artus und Guinevere. Bevor Geoffrey von Monmouth seine *Historia* schrieb, die König Artus mit Nachdruck in die Gegend von Dumbarton und des Loch Lomond, nach Schottland also, verwies, hatte William von Malmesbury in *De antiquitate Glastoniensis ecclesiae* (1129–1134) behauptet – oder man hat ihm in seinen Text so hineingepfuscht, daß es aussah, als behaupte er es –, Artus sei ein englischer König

5. Die Gralszeremonie

gewesen und Avalon sei mit Glastonbury identisch. Im Jahr 1160 bestätigte die *Vita Gildae*, die in Britannien verfaßt wurde, diese Thesen, indem sie, wie wir bereits gesehen haben, Glastonbury zum Schauplatz der Entführungsgeschichte der Guinevere machte und noch einmal verkündete, Glastonbury sei ganz gewiß Avalon.

Angeblich hat man 1191 die Gebeine von Artus und Guinevere in der Erde unter der Marienkapelle von Glastonbury entdeckt, die zusammen mit dem Kloster 1184 niedergebrannt und 1186 wiederaufgebaut worden war. Dieses Faktum ist deswegen von sehr großer Bedeutung, weil man im Zug der Arbeiten des Jahres 1186 *das alte hölzerne Dach, das den Flammen zum Opfer gefallen war, durch eines aus Blei ersetzte*. Nach der Exhumierungszeremonie vor geladenen Zeugen brachte man die Gebeine in die Hauptkirche. Gut vierhundert Jahre später wurde der gesamte Klosterkomplex auf Befehl König Heinrichs VIII. zerstört. Damit waren alle Beweise für immer verloren.

Heute glaubt niemand im Ernst, daß die Mönche wirklich die Gebeine des König Artus oder die seiner Gemahlin gefunden haben. Der Autor des *Perlesvaus* war der Meinung, die Königin sei zuerst in Avalon bestattet worden, aber das beweist nicht, daß Avalon mit Glastonbury identisch ist oder war. Während die Gebeine des heiligen Kolumban in einem Reliquiar aufbewahrt wurden, das man vor den schottischen Truppen, als sie in die Schlacht von Bannockburn zogen, hertrug, gab es niemals, so sagt eine walisische *Triade*, eine letzte Ruhestätte des Artus, welcher Art auch immer.

Aber Artus fuhr nach Avalon, um seine Wunden behandeln zu lassen, und Königin Guinevere lag dort einst bestattet.

Der Verfasser des *Perlesvaus* hat als erster unter allen Autoren die Ereignisse in historischer Perspektive betrachtet und die ganze Geschichte als die der Christianisierung der Inseln im Westen gedeutet. Damals, so sagt er, beherrschen drei Glaubensrichtungen die Welt, die um Anhänger und um die Macht kämpften – eine Konstellation wie die, an welche Shakespeare mit seinen drei Kästchen erinnert, zwischen denen die Bewerber um Portias Gunst wählen müssen: Gold steht für das Neue Testament, für das Christentum, Silber für das Judentum und den Alten Bund, Blei bedeutet die Ungläubigen, die «Sarazenen» (*Perlesvaus* V. 2170–2173). Der König von Chastel Mortel, der böse Heide in Percevals Familie, fiel vom wahren Glauben ab, eroberte in einem Krieg gegen den Fischerkönig die Gralsburg und gab ihr wieder ihren alten Namen aus heidnischer Zeit: «Burg, die sich dreht».

Der Autor des *Perlesvaus* arrangiert dieselben Elemente, die auch alle anderen Autoren in ihren Quellen vorfanden, neu. Da im Zusammenhang mit der Burg von einem «Horn» oder von einem «Elefantenhorn» die Rede ist, nennt er die jetzt heidnische Insel «Insel der Oliphante». Gemeint sind Signalhörner, die aus Stoßzähnen von Elefanten gemacht wurden – das berühmteste ist jenes, das der sterbende Roland bei Roncevalles blies. Die Mauern der «Burg, die sich dreht» waren hoch und umgeben von wildbewegten Wassern. Die ganze Burg, nicht allein die Brücke, war «drehbar», sie wirbelte im Kreis herum und bot dem Angreifer immer die Seite, auf der es keine Tore gab. Sie ähnelte darin der Burg des Curoi mac Daire, des irischen Sturmgotts, in Munster.

Trotzdem, Perceval überwindet alle Hindernisse, besiegt kühn den Drachenkrieger – tut es also Beowulf nach – und greift dann den kupfernen Stier an, der auf dem Altar im Tempel steht. Er gelangt durch die Gefährlichen Tore und erschlägt fünfzehnhundert Feinde, dreizehnhundert bekehrt er. Sein böser Onkel begeht Selbstmord. Nun bringt Perceval die heiligen christlichen Reliquien an ihren rechten Ort im Heiligtum zurück. Es ist dies eine Interpretation, die viel Sinn macht.

Der *Perlesvaus* bestätigt Ulrichs Darstellung, was den Tod des Lohot und den seiner Mutter, Königin Guinevere, angeht. Das Sterben beider wird in Zusammenhang mit Artus' zahlreichen Kriegen gegen «Briens von den Inseln» gebracht. Ulrich nennt diesen Feind, der zweimal den Waffenstillstand bricht und die Königin entführt, weil sie, wie er sagt, ihm versprochen worden sei, mit seinem richtigen Namen: König Urien von Gorre. Die Nachricht vom Tod der Königin erreicht König Artus auf der Gralsburg, und dort nimmt er formell ihre Krone in Besitz. Wir erfahren nun, daß er die Königin als Oberbefehlshaberin seiner Truppen in Carlisle zurückgelassen hatte, als er nach dem Tod seines Sohn Lohot eine Pilgerfahrt zur Gralsburg antrat.

Wiederum der Autor des *Perlesvaus* (V. 7567 ff.) berichtet, daß Lancelot nach Avalon geritten sei, um das Grab der Königin zu besuchen, in dem auch das Haupt des Lohot bestattet lag. Aber die Mönche von Glastonbury, die doch behaupten, sie hätten den Leichnam der Guinevere ausgegraben und dieser sei so wunderbar gut erhalten gewesen, daß man ihr goldenes Haar, bevor es an der Luft zerfiel, gesehen habe, erwähnen mit keinem Wort einen einzelnen Schädel eines Mannes! Und sie sagen auch nichts davon, daß Guinevere *auf einer Insel* bestattet wurde, an einem Ort, der auf

5. Die Gralszeremonie

allen Seiten von Wasser umgeben war. Der *Perlesvaus* erzählt nicht, daß Lancelot einmal oder mehrmals mit dem Schiff übersetzen mußte, um zum Grab der Königin zu gelangen. Der Autor hat also offensichtlich in seiner Beschreibung die Gralsburg arthurischer Zeit in die Landschaft um Glastonbury versetzt. Der *Perlesvaus* führt uns in eine Insellandschaft, die wie Glastonbury mit seiner Kelchquelle, seinen Milchviehweiden und seinen Apfelbäumen aussehen soll. Wenn man Lancelots Weg, so wie der Autor ihn schildert, betrachtet, so bekommt man den Eindruck, die Kapelle, in der Guinevere begraben wurde, liege auf dem Gipfel des *Tor* in Glastonbury und nicht vielmehr in der Marienkapelle zu Füßen dieser Anhöhe.

Lancelot, so wird gesagt, sei einen Berg hinaufgestiegen, der so steil war, daß der Held nicht bis zum Gipfel reiten konnte. Es gibt aber im Umkreis von gut vierzig Kilometer um Glastonbury nur jenen einen Berg oder Hügel: einsam ragt der *Tor* aus dem Marschland der Gegend empor. Der *Perlesvaus* erwähnt mit keinem Wort, daß Lancelot samt seinem Pferd über ein Wasser fuhr.

Dann unterläuft dem Autor aus Glastonbury ein kapitaler Fehler, der seine Schilderung dieser Episode überhaupt unglaubwürdig macht: Lancelot, behauptet er, sah das Bleidach. Unglücklicherweise aber gehörte dieses Bleidach zu der normannischen Kapelle, die erst 1186 erbaut wurde.

Um das Desaster, das er mit diesem Fehler angerichtet hat, vollständig zu machen, läßt der Autor dann Lancelot in das angeblich nahe Carlisle zur Burg mit dem *Perron* reiten, das in Wirklichkeit doch viele Hundert Kilometer entfernt liegt. Schließlich aber bekommt er die Sache wieder in den Griff und kehrt zur Darstellung seiner Quelle zurück, wenn er sich nun dem Gegenstand der Gralsburg zuwendet.

Diese ist, sagt er, sowohl mit Avalon als auch mit Corbenic identisch. Sie ist von Wasser umgeben, ja von glitzernden Meereswellen, bewegt ist dieses Wasser und blau und sehr tief. Sie hat außerdem noch mindestens drei andere Namen, die alle sehr treffend auf verschiedene Funktionen der Burg verweisen: Eden, Burg der Freude, Burg der Seelen.

König Artus schenkte der Gralsburg die goldene Krone der Königin und betete und trauerte dort am Grab dieser heldischen Kriegerfürstin.

In der Rede, die Artus in der «Queste» *(Prosa-Lancelot)* vor seinen Rittern hält, nachdem diese sich feierlich zur Fahrt nach dem Gral verpflichtet haben, spricht der König von dem Schmerz über den Verlust, den er nun, da die Helden hinausziehen, erleidet. Wichtig ist die Rede aber vor allem deswegen, weil sie – man mag das begrüßen oder nicht – ohne jeden Zweifel deutlich macht, daß er der christliche König Britanniens ist.

Nachdem seine Ausbildung beendet ist, wird Perceval ebenfalls ein britannischer König, und zwar in der Gralsburg alias Corbenic alias Avalon. Eine der wichtigsten unter seinen ersten Amtshandlungen gilt den verehrten Gebeinen seiner Vorfahren: sie werden an einen anderen Ort, fern von den immer weiter vordringenden Eroberern, gebracht. Lancelot hat das gleiche bereits früher getan. König Artus' Leichnam, das scheint gewiß, wurde nie gefunden und wird nie gefunden werden.

Die Perceval-Erzählungen haben uns gelehrt, daß die Gralsburg das religiöse Zentrum von König Artus' Reich war und ein geheimer Ort. Bevor sie endgültig christlich wurde, war sie eine heidnische Kultstätte von großer Bedeutung.

Wir haben auch ziemlich konkrete Hinweise sammeln können, denen zu entnehmen ist, wo diese ehrwürdige Stätte zu suchen ist.

In den Perceval-Geschichten gibt es häufig Zeitangaben, die darauf verweisen, daß König Artus bereits aufgebrochen ist, um seinen Feldzug auf dem Kontinent zu führen, und die somit vermuten lassen, daß wir uns der Endphase seiner Regierung nähern.

Perceval hält die Stellung auf der Gralsburg, während Lancelot, König Loth, Gawain und alle übrigen mit Artus in den Krieg auf dem europäischen Festland ziehen. Dort in Avalon leitet Perceval die religiösen Zeremonien und er ist für die Gräber der Königsfamilie und für jene königliche Institution verantwortlich, die den Nachwuchs heranzieht. Lancelot hat König Urien von Gorre erschlagen und Gawain den König Bademagus, Percevals Vorgänger. Eine Königin oder mehrere Königinnen residieren unweit der Gralsburg.

Bevor König Artus in den Krieg zog, hatte er seiner toten Gemahlin Guinevere in Avalon Lebewohl gesagt. Auch Lancelot stattete seiner einstigen Herrin einen letzten Besuch ab. Die Behauptung des *Perlesvaus*, daß Lancelot über dem Grab der Königin *in Glastonbury* jenes Bleidach gesehen habe, das doch aus dem zwölften Jahrhundert stammt, führt offensichtlich irre.

Wir wissen, daß Königin Guinevere bereits tot war, bevor König Artus aus Britannien abreiste. Die Geschichte von dem angeblichen

5. Die Gralszeremonie

Verrat Modreds kann mit Guinevere nichts zu tun haben. Wir müssen in diesem Zusammenhang die Informationen, die wir über die Schlacht bei Camlan besitzen, genau untersuchen. Die späten Erzählungen, etwa die von Sir Thomas Malory, sind, was dieses Ereignis betrifft, nicht korrekt, so schön sie auch immer sein mögen.

Aus historischer Sicht kann man sagen, daß Avalon nach dem Tod von König Artus und der Auflösung seines Reiches, die im Moment seiner Verwundung begann, seine Bedeutung als religiöses Zentrum nicht mehr lange behalten sollte. Auch die Gralsburg sollte bald verschwinden.

Der heilige Kolumban und Rom beerbten jenes frühe Christentum. Wahrscheinlich trat Iona bald danach an die Stelle Avalons. Der Clyde wurde bis weit über Dumbarton Rock hinaus schiffbar gemacht, und Glasgow übernahm zuletzt die Rolle als religiöser Mittelpunkt des Nordens.

Heute wird die These vertreten, daß die keltische christliche Kirche der arthurischen Zeit eine Mysterienreligion war, (s. Joscelyn Godwin, *Mystery Religions in the Ancient World*, London 1981, S. 91), und zwar insofern, als ihr Gottesdienst, ihr *ministerium*, den Charakter eines Geheimkults hatte.

Verschiedene Figuren der arthurischen Welt, König Artus selbst, Lancelot, Gawain und natürlich Perceval, erweisen dem Heiligtum der Gralsburg Verehrung. Besonders bemerkenswert ist der Besuch Percevals am Abend des Karfreitag, als das *sanctum sanctorum* fast ganz in Dunkel gehüllt ist. Perceval ist überwältigt von der Feierlichkeit der Szene, er ist geblendet von dem gleißenden Licht, das sich in Blitzen über ihn ergießt. Staunend blickt er die goldenen Leuchter an (die jenen Kandelabern gleichen, die einst in den unvorstellbar prächtigen Palästen römischer Kaiser standen und heute noch in Museen zu bewundern sind). Ein solches Lichtobjekt, wie es der Gral war, könnte, was seine Größe, Schönheit, Kostbarkeit und sein Raffinement betrifft, römischen Kunstwerken ähnlich gewesen sein. Der Text legt uns die Vorstellung eines glitzernden, mit Edelsteinen verzierten goldenen Trinkgefäßes nahe, etwa von der Größe des Kessels aus Gundestrup in Nordjütland, Dänemark. (S. Anne Ross, *Pagan Celtic Britain*, Abb. 190.) Auf diesem Kessel ist ein Mann dargestellt, der seinen Feind ertränkt – genau das tat auch Perceval. Ross merkt an, daß die Symbole auf dem Kessel an Kunstwerke piktischen Ursprungs erinnerten. Der Gral könnte aber auch ähnlich wie jene mit falschen Juwelen und allerlei Gravuren verzierten Messinglampen ausgesehen haben, die man heute auf dem

Basar in Istanbul verkauft – freilich aus massivem Gold. Auch diese Glitzer-Objekte werfen ja hübsche bunte Lichtblitze durch den Raum. Aber unter den Beleuchtungskörpern im Haushalt eines Königs, wie es Artus war, fanden sich auch Laternen aus Horn, Leuchter, die an Ketten aus purem Gold aufgehängt waren, mit Blättchen aus Horn und Glas besetzt, sogar Diamanten wurden verwendet – Objekte, die sehr wohl in der Lage waren, blendend weiße Blitze durch den Raum zu schleudern und es modernen Licht-Zaubereien gleichzutun.

Nach dem *ministerium* wird Perceval derart mit Süßigkeiten und gewissen Tränken traktiert, daß er am nächsten Morgen mit einer Gedächtnislücke aufwacht. Unerklärlicherweise findet er nicht mehr die geringste Spur von dem Heiligtum, nichts, was an das weihevolle Geschehen erinnert. Noch Wochen später kann er nicht deutlich rekonstruieren, was an jener heiligen Stätte passiert ist.

An dem Ostermorgen, an dem Perceval, ganz in Rot gekleidet, zum Gralskönig erhoben wird, verkündet erneut blendendes Licht die frohe Botschaft von der Auferstehung Christi und von der Genesung des alten Gralskönigs, dessen Würde auf Perceval übergegangen ist. Die Theologie, die den Texten zugrunde liegt, ist ganz korrekt: Auch Perceval braucht die Flügel des Wissens, um sich zum Himmel emporzuschwingen.

Die besondere Bedeutung des Lichts in der keltischen Kirche gibt uns immer noch Rätsel auf, und ebensowenig restlos aufgeklärt sind auch nach wie vor Artus' Bravourstücke: Wie ging es zu, als er das Schwert aus dem Stein zog, als er das königliche Feuer entzündete – erzeugte er durch Schlagen oder Reiben einen Funken? Die Verwendung von Glas oder Bergkristall stellt uns vor ein weiteres Rätsel. Wir erinnern uns in diesem Zusammenhang an die Bezeichnung *Caer Wydr*, «Glasburg», für die Gralsburg. Und die kryptischen Worte des Taliesin kommen uns in den Sinn, im Ozean liege ein allerheiligstes Ding, ein tiefes Kristallgefäß. Und Geoffreys noch mysteriösere Rede von dem heiligen Heiligtum im Ozean, dessen Tor ein harter Diamant sei, ein unzerstörbarer «Adamas», der Edelstein des Sonnenlichts – der Diamant aber, fügt Harold Bayley hinzu, ist das Fundament, auf dem das Kreuz des Lichts steht.

VIERTER TEIL
Der letzte Akt

1. Die Schlacht bei Camlan

Die Schlacht bei Camlan hat sich in die Erinnerung der Menschen so tief eingeprägt, daß der Eigenname im Walisischen zu einem stehenden Ausdruck geworden ist, der ganz allgemein ein «Gemetzel» oder «Blutbad» bezeichnen kann. Die Waliser behaupten, sie habe an einem Donnerstag stattgefunden. Modred teilte seine Armee in sechs Bataillone, Artus bildete neun. Nur sieben Männer überlebten, einige dank ihrer Kraft, andere dank ihrer Schnelligkeit oder dank der Schnelligkeit ihrer Reittiere, einer dank seiner Heiligkeit.

Man hat immer die Frage gestellt, wer für dieses Blutvergießen verantwortlich war. Zumeist wurden Königin Guinevere und Modred als Hauptschuldige genannt.

Die Lokaltradition hat auch etwas über jene Schlacht zu sagen – freilich hat ihr nie jemand geglaubt. In der Gegend des Hadrianwalls erzählen die Leute, Artus sei dort bei Camlan gestorben und sein Leichnam sei auf einer unweit gelegenen Burg in der Krypta aufgebahrt gewesen, bis man ihn fortbrachte.

Es gibt noch andere ungelöste Fragen. Wo liegt oder lag jenes Schlachtfeld wirklich? Was bedeutet *Camlan* (außer «gekrümmte Umfriedung»)? Wo waren Lancelot und Gawain an dem Tag, wie ist es zu erklären, daß sie fatalerweise nicht an der Schlacht teilnahmen? Wo landete Artus, als er vom Kontinent nach Britannien zurückkehrte? An der Ostküste oder an der Westküste? Wohin zog er von dort?

Wir wissen, daß das Schlachtfeld drei Tagesmärsche vom Ort der Landung entfernt lag. Auch wenn Artus aus der Bretagne oder aus Nordeuropa anreiste, kann er im Westen der Insel gelandet sein. Wir wissen, daß niemand aus seinem Gefolge, keiner von den Elitekämpfern der Tafelrunde den König überlebte. Nach dem Ehrenkodex der Krieger jener frühen Zeit mußten sie ihm in den Tod vorangehen. Alles andere wäre undenkbar gewesen. Wir wissen auch, daß Geoffrey von Monmouth hier nicht zuverlässig ist: Bei dem Fluß, den er für die Aube hält, handelt es sich in Wirklichkeit wohl eher um die Elbe. Immerhin überliefert er doch den Namen des Orts, an dem die Schlacht geschlagen wurde, und das Datum richtig.

Keine der Quellen berichtet etwas über den letzten Sommer, den Artus in Britannien verbrachte, also über die Zeit zwischen der Festkrönung im Frühling und dem Treffen im August, ehe man den Krieg auf dem Kontinent eröffnete. Geoffrey von Monmouth glaubt den König während dieser Zeit mit den Vorbereitungen für einen ziemlich unwahrscheinlichen Vorstoß ins Land der Allobroger beschäftigt, die, jedenfalls zu der Zeit, da Julius Caesar sie besiegte, ihre Siedlungsgebiete zwischen Rhône und Isère hatten, also weit im Südosten von Gallien. Was speziell die französischen Romanciers betrifft, so hatten diese nicht die geringste Ahnung von den wirklichen Ereignissen jener Periode und ergingen sich, wie auch Sir Thomas Malory, der vielleicht inzwischen verschollene Texte dieser Autoren eifrig studiert hat, in unwahrscheinlichen Mutmaßungen über mögliche Untergangs-Szenarien. Die letzten bedeutenden Ereignisse zwischen Pfingstsonntag und jenem letzten August waren vielleicht die, von denen die Romane am Schluß berichten: Damals, so erzählen sie, erhob sich König Urien von Gorre, Herrscher über Westschottland und die Inseln, gegen König Artus.

Dieser plötzliche Umschwung in den Beziehungen, der Abfall eines bedeutenden Herrschers von König Artus, führte zu zwei katastrophalen Ereignissen, oder aber war die Reaktion auf diese Katastrophen. Diese Ereignisse und die Abreise einiger Helden der Tafelrunde, die sich auf die Suche nach dem Gral begeben, verkünden den nahen Untergang des arthurischen Reichs.

Erstens verloren König Artus und Königin Guinevere ihren Sohn Lohot: Man brachte ihnen sein abgeschlagenes Haupt. Es stellte sich nun die Frage der Nachfolge. Es kann kein Zweifel darüber bestehen, daß ein Problem von solcher Tragweite unbedingt gelöst werden mußte, ehe der König aus Britannien abreiste.

Zweitens wurde Königin Guinevere von König Urien besiegt und erneut gefangengenommen, nachdem zuvor Bademagus, ein Vasall des Königs, sie freigelassen und dem unbesiegbaren Lancelot ausgeliefert hatte. Auf diese zweite Gefangennahme folgte, wie der *Lanzelet* berichtet, eine Befreiungsaktion vor einer mit Palisaden umgebenen Festung, einer «Pfahlburg», englisch: *peel castle*. Möglicherweise gehören diese Militäraktion und Percevals Rückeroberung der Gralsburg in einen gemeinsamen Zusammenhang. Jener heldenhaf-

1. Die Schlacht bei Camlan

te Befreiungsversuch jedoch erreichte sein wichtigstes Ziel nicht: die Königin konnte nicht gerettet werden, oder sie blieb doch nach ihrer Befreiung nicht lange am Leben. Die volkstümlichen Versionen der Geschichte sträuben sich, ihren Tod zu akzeptieren – Kriegerköniginnen und auch kriegerische Jungfrauen wie Jeanne d'Arc finden in ihren Gräbern nicht so leicht zur Ruhe. Das Gerücht sagt, König Lancelots Nachfolger habe die Königin heimlich entführt und nach Angus gebracht, wo sie bis zu ihrem Ende einsam im Kerker dahinschmachtete. Moderne Reiseführer warnen Touristinnen davor, auf ihr Grab zu treten; es liege ein Fluch darauf, der unfruchtbar mache. Auch von ihr läßt sich somit sagen, daß alles Gute, was sie an sich hatte, mit ihr begraben wurde.

Es ist leicht begreiflich, wenn König Artus, wie der *Perlesvaus* erzählt, angesichts solcher Heimsuchungen eine Wallfahrt zur Gralsburg antrat. Er stiftete dem Schatz des Heiligtums Guineveres goldene Krone und betete für ihre Seele und die seines ermordeten Sohnes, dessen Haupt im Sarg der Königin lag. Auch König Lancelot erwies der edlen Toten seine Verehrung, wie es sich für den wichtigsten Verbündeten und Vasallen des König Artus gehörte – er war zum König von Albania gekrönt worden –, und weinte an ihrem Grab.

Als an König Artus' Hof die Entscheidung über den Feldzug auf dem Kontinent fiel, ergriff im Rat zuerst jener König von Albania (Schottland), der bei Geoffrey Anguselus heißt, das Wort. Seine Unterstützungsrede erscheint nicht in den Romanen, wohl aber in Geoffreys *Historia* – allerdings gibt dieser Text sicher nicht das wieder, was König Lancelot oder was König Anguselus in dieser Situation gesagt hätte, selbst wenn die beiden nicht ein und dieselbe Person wären. Mit anderen Worten: In der Rede des Königs von Schottland, des hochverehrten Rí Alban, so wie Geoffrey sie uns überliefert, klingt einiges falsch.

Der oberste Vasall des Artus beginnt mit der Versicherung, er sei von Herzen froh über den Krieg: «tanta leticia animo meo.» Er dürste nach dem Blut der Römer und Germanen (d.h. der Sachsen): «romani & germani». *Ach, wann endlich*, ruft er aus, *wird jener ersehnte Tag anbrechen* [da ich das Blut der Feinde trinken darf]: «O si illam lucem videbo?» *Dann werden mir meine Wunden süß sein:* «quam dulcia erunt vulnera.» *Sogar der Heldentod, den ich dort sterben werde, wird mir süß sein:* «Illa etiam mors dulcis erit.» Er sei guter Hoffnung, schließt er, daß man siegen werde, und deswegen verpflichte er sich, zweitausend Reiter zu stellen.

König Artus war gewillt, sich zusammen mit dem Rí Alban als höchstem seiner Generäle und wichtigstem Verbündeten in einen Krieg auf dem Kontinent zu stürzen. Gewiß, wenn einem derart wichtigen Mann bei dem Feldzug etwas zustoßen sollte, dann hätte Artus eine Rede wie jene bitter nötig bei dem Versuch, in Schottland die Sache zu erklären und sich zu rechtfertigen. Man erinnert sich, in welche Schwierigkeiten Karl der Große geriet, als er den Tod des jungen Roland dessen Verlobter Aude erklären mußte. Klar ist aber, daß ein Krieger und ein tapferer Mann niemals und in keinem Fall eine solche Rede hätte halten können. So blutrünstige Phrasen denken sich Gelehrte und andere Stubenhocker aus, die mit der Welt des Militärs wenig vertraut sind. Wenn man solche Worte, die gar noch den Heldentod herbeiwünschen, liest, kann einen leicht der Verdacht beschleichen, daß König Anguselus/Lancelot nicht mehr lang zu leben hat. Er wird Albania wahrscheinlich niemals wiedersehen.

Ungeachtet der Tatsache, daß Sir Thomas Malorys Erzählung vom Tod der Guinevere, Sir Gawains und Sir Lancelots in den letzten Kapiteln des *Morte d'Arthur* ein brillantes, großartiges, anrührendes Stück Literatur ist, ein wahrhaft herzbewegender Text, der seinesgleichen in der mittelalterlichen Prosaliteratur sucht, muß doch die Geschichte von Königin Guineveres Ehebruch, auf lange Sicht jedenfalls, als ein kläglicher Versuch erscheinen, das Problem des verlorenenen Wissens zu lösen. Die großen Lebensleistungen bedeutender Könige und Königinnen erwachsen eben nicht, das lehrt die Geschichte, aus beklagenswerten persönlichen Defiziten wie etwa einer unkontrollierten Sexualität. Solche Verdächtigungen entspringen vielmehr der Lebenserfahrung von Autoren, die aus großer sowohl geographischer wie kultureller Entfernung und Jahrhunderte später die Ereignisse beurteilen. Sie verraten Mangel an Vertrautheit mit den besonderen Verhältnissen in Britannien, Ressentiments gegenüber britischen Herrschergestalten, Unkenntnis, was das Kriegerethos alter Zeiten generell und speziell in Britannien betrifft. So existiert denn außer Malorys gut gemeinter und romantisch anrührender Geschichte, die uns einiges über die von Trauer und Enttäuschung beherrschte Grundhaltung des Autors Frauen gegenüber verrät, kein Bericht über den Tod oder den Abgang des vielgeliebten Lancelot.

Wie konnte der junge Held auf dem Gipfel seines Ruhms so einfach verschwinden? Wie konnte er treulos fahnenflüchtig werden in dem Moment, da er am dringendsten gebraucht wurde? Wie konnte er sich in der Blüte seiner Jahre, ohne irgendeine Spur zu hinterlassen, in Nichts auflösen?

Der König, der als erster seine Bereitschaft erklärte, an der Seite des König Artus in den Krieg zu ziehen, der das größte Truppenkontingent stellte, der in der Schlacht einen der beiden Flügel kommandierte, war Lancelot, König Anguselus von Schottland. Der *Lanzelet* berichtet davon, wie dieser junge Mann durch eigene Tüchtigkeit zu höchsten Würden aufstieg und wie er König Artus im Kampf gegen König Urien von Dalriada beistand, jenen Mann, der einen legitimen und einen illegitimen Sohn namens Urien hatte.

Der eine unter den Königen, der Geoffrey zufolge Artus keine Hilfstruppen zuführte und der nicht an dem Feldzug auf dem Kontinent teilnahm, war ebendieser König Urien. Geoffrey nennt acht militärische Führer in der Reihenfolge ihres Rangs:

1. Anguselus, König von Albania, Kommandeur des linken Flügels (die walisische Übersetzung nennt Anguselus «Aron, Sohn des Kynvarch» und stellt nirgends eine Verbindung zu Lancelot her; aber Lancelot ist eben kein *walisischer* Held, sein Name im Walisischen lautet «Lawnslot», und das entspricht der englischen Lautung)
2. Cador, Herzog («dux») von Cornubia, also von Cornwall
3. «Aschill, rex dacorum», König der Dacier, der Dänen in Britannien
4. «Loth, rex norgueigensium», Loth, König der Leute des Nordens
5. «Hoelus, dux armoricum», Hoel, Herzog der Bretonen
6. Kay
7. Bedevere
8. «Gualguainus, nepos regis», Gawain, der Neffe des Königs

Mit Ausnahme des Königs Urien und seiner zwei Söhne enthält die Liste der Kommandeure die Namen aller jener Männer von königlichem Rang, die bei König Artus' Festkrönung an Pfingsten anwesend waren.

Geoffrey fügt noch eine interessante Information hinzu: Die sechs Herrscher von Inseln konnten lediglich Fußtruppen stellen – der Gebrauch von Pferden im Krieg war dort noch unbekannt. Dies bestätigt, was Chrétien in seinem *Lancelot* berichtet hatte, daß nämlich der junge Held nie reiten gelernt hatte, als er zum erstenmal aufs britische Festland kam. Perceval, der bei Stirling aufwuchs, war dagegen sehr wohl schon in jungen Jahren in dieser Kunst geübt. Eine irische Geschichte – sie ist in der Sammlung von

Lady Augusta Gregory enthalten – erzählt, König Artus habe das Pferd in Irland eingeführt.

Geoffreys Rekonstruktion des kontinentalen Feldzugs erscheint als der Versuch eines typischen Buchgelehrten, sich einen derartigen Krieg vorzustellen. Geoffrey wollte nicht allein bloße Fakten darstellen, sondern ein Prosa-Epos in fünf Teilen schreiben; der vierte Abschnitt war ganz dem Krieg gegen die Römer gewidmet. So bewundernswert die poetischen Qualitäten dieses Texts auch sind – auf die Geographie Europas, die er darbietet, muß man doch mit einigem Mißfallen blicken.

Zum Sammelplatz an der französischen Küste soll, so behauptet Geoffrey, der König die Mündung eines Flusses namens «Barbe» bestimmt haben: «ad portum barbe fluuii» und «in portu barbe fluuii» («zum» bzw. «im Hafen des Flusses Barbe») heißt es. In seiner Übersetzung von Geoffreys Text schlägt Sebastian Evans Barfleur bei Cherbourg auf der Halbinsel Cotentin vor, ungeachtet der Tatsache, daß der Gebrauch normannischer Ortsnamen ein Anachronismus gewesen wäre, und obwohl es dort einen Fluß namens Barbe nicht gibt. Geoffrey stürzt sich dann tollkühn in die Schilderung einer Heldentat des Artus am Mont-Saint-Michel, wo der König einen Riesen erschlägt. Der Autor verwechselt hier das französische Wort für «Felsen» *(tombe)* mit dem englischen Wort für «Grab» *(tomb)*. Dann ziehen die britannischen Truppen eine ganz unmögliche Strecke weit in die burgundische Stadt Autun – Geoffrey insistiert auf Langres und Chinon. Aber Artus' angeblicher Sieg bei Autun ist bloß geborgt – eigentlich gehört er in die Reihe der schnellen militärischen Erfolge, die König Chlodwig zwischen 486 und 511 errang und nach deren Vorbild nun Geoffrey seinen Feldzug gestaltete. Ein Verweis seiner Vorlage auf einen «Weißen Fluß» führte Geoffrey vielleicht auf die Aube bei Atun; man fragt sich auch hier wieder, ob er nicht besser daran getan hätte, sich für die Elbe, ebenfalls ein «Weißer Fluß», zu entscheiden und den König in jenem Gebiet um Hamburg/Cuxhaven landen zu lassen, das damals von den Vandalen beansprucht wurde.

Geoffrey und seine Übersetzer bzw. Bearbeiter irrten sich noch einmal gründlich bei der Rekonstruktion der Heimkehr des König Artus nach Britannien. Sie ließen ihn am unwahrscheinlichsten aller Orte an Land gehen, nämlich im Hafen von Dover bei dem alten römischen Leuchtturm. Die Tatsache, daß hier einst die antiken römischen Kaiser zuerst britannischen Boden betraten, hat wohl Geoffrey zu dieser Annahme verleitet; sie ist nichtsdestoweniger irrig: Der Hafen von Dover befand sich bereits seit etwa 450 in sächsischer Hand, seit einer Zeit also, da Artus noch nicht einmal geboren war. Und selbst das nahe Pevensey war schon 491 an die Sachsen gefallen. Wo also landete Artus wirklich?

Bei seiner Abreise auf den Kontinent habe der König, so wird fälschlich behauptet, Modred und Königin Guinevere die Regentschaft übertragen und sei später nach Britannien zurückgekehrt, um den Kampf um die Herrschaft mit Modred auszufechten. Richtig ist immerhin, daß Modred in König Artus' Reich festen Fuß gefaßt hatte und in Carlisle regierte; sein wichtigster Flottenstützpunkt war am Loch Ryan (beim heutigen Stranraer). Archäologen haben dort Schiffe aus antiker Zeit gefunden, und zwar überaus elegante Fahrzeuge; es steht fest, daß es sich dabei weder um römische noch um Wikingerschiffe handelt.

Wir wissen, daß der König zwei Schlachten gegen Modred schlug: eine am Hafen, als er zu landen versuchte, und eine zweite bei Camlan, drei Tagereisen vom Hafen entfernt.

Geoffrey von Monmouth nannte das erste Gefecht das «in rutupi portu», was auf Richborough oder Dover verweist, und das zweite das «ad fluuium camblan», am Fluß Camblan – der Name wird normalerweise «Camlan» geschrieben. Alte prophetische Verse aus Schottland verbreiten im Einklang mit Geoffrey die Kunde, König Artus habe über den ganzen «schönen Süden» geherrscht, und zwar «von Dunbartone bis nach Dover». Wir können also Geoffrey vernünftigerweise keinen Vorwurf machen.

Modred erwartete König Artus in dessen eigenem Reich, entweder in Stranaer, im königlichen Hafen also, oder in Carlisle, d. h.: in *Port Carlisle* und beim *Château del Perron*. Wir haben bereits gesehen, daß König Artus zwei Festungen in Carlisle besaß, von denen eine am Solway Firth lag.

Die meisten Beobachter haben Geoffreys Schluß und besonders seine Erklärung für jene zwei Schlachten, die das Schicksal des Reiches entscheiden sollten, als unglaubwürdig abgelehnt. Manche Autoren waren entzückt vom «Verrat» des Modred, andere haben sich am «Verrat und Ehebruch» der armen Königin Guinevere geweidet, die doch zu jener Zeit längst tot war. Wieder andere wollten den Vorwurf des Verrats, zumindest was Modred betrifft, nicht hinnehmen. Unterstellungen dieser Sorte lösen stets ein unendliches Hin und Her von Anklagen und Gegenanklagen jeglicher Art aus, wenn all die minderen Autoren der folgenden Jahrhunderte sich des Stoffs bemächtigen. Diejenigen, die von Königen überhaupt wenig hielten, machten Artus verächtlich, und diejenigen, die den Frauen nichts Gutes zutrauten, kühlten ihr Mütchen an der toten Königin. Die Betrachtungsweise, die Geoffrey eingeführt hatte und nach der Modred ein Tyrann und Verräter war, der den Thron seines Onkels usurpiert hatte, stieß auf die Kritik von Vertretern einer Tradition, die vom vierzehnten bis zum Ende des sechzehnten Jahrhunderts fortdauerte. Diese Leute waren die Geschichtsschreiber Schottlands, unter ihnen John von Fordun, der (um 1385) eine Chronik der Schotten verfaßte, und John Major, der 1527 in Aberdeen eine Schottische Geschichte veröffentlichte. In ihren Werken verfechten sie kühn die Behauptung, sie hätten das Problem von Artus und Modred gelöst. Es ist auch wirklich höchste Zeit, daß endlich Vertreter Schottlands zu Wort kommen.

Ganz allgemein gesprochen und der Geringschätzung zum Trotz, mit der man in Schottland und anderswo auf diese vorwissenschaftlichen Geschichtsschreiber blickt, behaupten diese Leute doch nichts Geringeres, als daß König Loth und sein Sohn Modred schottische Nationalhelden und keine Verräter gewesen seien. Weiter vertreten sie die These, daß Artus, als er Modred die Regentschaft für die Zeit seiner Abwesenheit übertrug, diesen zugleich zu seinem Thronerben erklärte. König Loth war, sagen sie, ein König der Schotten oder der Pikten – also nicht König der Norweger oder der Orkney-Inseln, wie im neunzehnten Jahrhundert immer angenommen wurde. Er sei mit der Schwester des Aurelius verheiratet und ein Feind der Briten gewesen.

Im Krieg zwischen König Artus und Modred standen Briten und Pikten einander gegenüber, da der König den Pikten Modred zu seinem Erben gemacht hatte, diese Entscheidung öffentlich verkündet und dann zurückgenommen hatte. *The Alliterative Morte Arthure* scheint in manchen seiner Aussagen ebenfalls die Theorie zu vertreten, daß Modred, die Pikten und Lancelot bei Camlan gegen König Artus kämpften. Mit der Behauptung, daß Königin Guinevere eiligst in ein Kloster floh, oder mit trickreichen Verteidigungsreden wie der des viktorianischen Dichters William Morris, der dabei von der These ausging, daß Frauen ja bekanntlich Wesen ohne jede Moral seien, braucht sich der Leser gar nicht erst auseinanderzusetzen. Ebensowenig ernst zu nehmen ist die ungeheuerliche und beleidigende Vermutung, Lancelot habe in jenem Krieg an Modreds Seite gekämpft oder er habe Gawain erschlagen.

Gawain und Anguselus, König von Albania, fielen tragischerweise in der ersten Schlacht, als Modred Artus' Landung zu verhindern suchte. Unter schrecklichen Verlusten gelang es schließlich dem König, die Truppen Modreds in die Flucht zu schlagen und das Landungsunternehmen erfolgreich zu beenden.

Warum ließ sich König Artus im folgenden dazu verleiten, Modred drei Tage später in offener Feldschlacht gegenüberzutreten? Die schottischen Chronisten wissen auch darauf eine Antwort: Weil Modred dem König in den Weg trat, als dieser den Leichnam des erschlagenen Königs von Albania in dessen Land geleiten wollte.

Da König Lancelot, der auf Lateinisch Anguselus hieß, in Stirling gekrönt worden war, jener Burg, die bekanntlich der Schlüssel zur Herrschaft über Schottland war, muß die Schlacht bei Camlan zwischen Stirling und Carlisle bzw. dem Loch Ryan stattgefunden haben, und zwar drei Tagreisen von diesem oder jenem Hafen entfernt.

Nun, da wir die Vorgeschichte der Schlacht bei Camlan kennen, sehen wir, daß Geoffrey mit gutem Grund jene Rede seinem Anguselus in den Mund gelegt hat: Der König von Albania hatte nicht mehr lang zu leben.

Karl der Große ließ Rolands Leichnam in eine Hirschhaut einnähen und geleitete sie mit allen Ehren nach Toulouse. König Heinrich IV. legte den Leichnam von König Richard II. in einen Bleisarg, der das Gesicht sichtbar ließ, und stellte den Toten überall in England zur Schau, wie die französischen Gesandten, die es selbst gesehen hatten, berichteten. Wenn Gawain wirklich bei einem Hafen bestattet wurde, das Gesicht dem Feind zugewandt, so liegt er gewiß nicht an der Küste von Dover, sondern in Carlisle oder am Loch Ryan. Am Loch Ryan gibt es tatsächlich ein Hügelgrab aus alter Zeit.

Die Totenfeier für Lancelot/Anguselus fand ohne Zweifel erst nach der Schlacht in der alten Abtei unweit von Stirling statt, an dem Ort, wo Lancelot einst seinen Namen erfahren hatte.

Der wirkliche Sieger der Auseinandersetzung, der also, an den die Beute des Krieges fiel, war einer der Söhne des alten König Urien von Gorre. Jene Chronik von England, die unter dem Titel *Brut* bekannt ist (MS Rawlinson, B. 171), berichtet, daß beide Leichname, der des Gawain und der des Lancelot/Anguselus, nach dem Blutbad von Camlan in Schottland bestattet worden seien.

Die *Annales Cambriae* (Harley 3859) aus dem zehnten Jahrhundert enthalten eine höchst bedeutsame Aussage zur Schlacht von Camlan, die Geoffrey von Monmouth zwei Jahrhunderte später auf das Jahr 542 datierte:

537. Gueith Camlann, in qua Arthur et Medraut corruerunt, et mortalitas in Brittania et in Hibernia fuit.
537. Die Schlacht von Camlan, in der Arthur und Modred fielen, und es war ein Sterben in Britannien und in Irland.

P. K. Johnstone argumentierte, daß das hier genannte Datum um mindestens zwei Jahre korrigiert werden müsse, und zwar näher zu Geoffreys 542 hin. Die *mortalitas*, das «Sterben», von dem die Quelle spricht, meint nämlich jene Pestepidemie, die 539 ausbrach. O. G. S. Crawford hat die verschiedenen Theorien der neueren Zeit in einem Beitrag zusammenfassend gewürdigt und ist zu diesen Schlußfolgerungen gelangt:

1. Artus war der Nachfolger des Aurelius Ambrosius, der um die Zeit von 445 bis 467 auf der Höhe seiner Macht stand (so Geoffrey von Monmouth).
2. Der Historiker Roger von Wendover bestätigt diese Annahme.
3. Die zwölf Schlachten des Artus sind in die Periode 467–516 zu datieren, und der König lebte danach noch einundzwanzig Jahre.
4. Artus starb nach 537.

In seinem bedeutenden Aufsatz «Arthur and His Battles» kam Crawford zu dem Schluß, daß König Artus tatsächlich in der Schlacht bei Camlan starb. Daß auch Modred dort fiel, ist nie in Frage gestellt worden. Crawford wies darauf hin, daß es einen Ort namens Camlan nicht gebe, daß es allerdings durchaus möglich sei, diesen Namen als Ableitung aus dem Keltischen zu erklären, und zwar als Kompositum aus *camb(o)* (= gebogen, krumm) und *landa* (= Einfriedung). Wahrscheinlich war es indes ein lateinischer, kein keltischer Name. Wenn dies aber wahr ist, so muß die ursprüngliche Form «Camboglanna» gelautet haben – und einen Ort *dieses* Namens gibt es sehr wohl, sogar einen recht prominenten und einen mit heute noch sichtbaren Zeugnissen aus antiker Zeit.

Crawford vermutete auch, daß Fragmente der *Annales Cambriae*, die Geoffrey bei der Abfassung seiner *Historia* zu Rate zog, aus einer schottischen Abschrift des Texts stammten – genau dies hatten auch wir in diesem Buch immer unterstellt. Vielleicht wurde die Kopie im Glasgow des heiligen Kentigern angefertigt oder in der alten Abtei Melrose, in Carlisle oder in Ninians Whithorn im Süden von Galloway. Wahrscheinlich ist es dem Einfluß der Familie von König Urien und seinen Nachkommen zu verdanken, daß die Aufzeichnungen mit solcher Sorgfalt unverfälscht bewahrt wurden; dieses Geschlecht, das am meisten vom Tod des Artus und des

1. Die Schlacht bei Camlan

Anguselus profitierte, hatte aus Gründen des Prestiges ein Interesse an den Annalen. Wie wir bereits gesehen haben, gingen Ritchies Gedanken in dieselbe Richtung, als er sich fragte, wie Chrétien de Troyes im fernen Frankreich an derart detaillierte Informationen über Personen und Orte in Schottland herankommen konnte, wenn nicht mit Hilfe jener kirchlicher Würdenträger, die just damals, als die Kirche eine offizielle Neubewertung von Leben und Werk des heiligen Kentigern vornahm, in den entsprechenden Gremien saßen.

F. T. Wainwright hat darauf aufmerksam gemacht, daß es unter den Pikten, die einen Mann aus der Herrscherfamilie von Gwynedd zu ihrem neuen König wählten, sehr wohl gebildete Leute gab. Diese haben vielleicht für die Nachwelt die Ereignisse der für ihr Volk katastrophalen Schlacht bei Camlan festgehalten. Der König von Nordwales, jener Maelgwn Gwynedd unseligen Angedenkens, dessen Missetaten Gildas geißelte, soll die Schlacht überlebt haben und später einer Pestepidemie zum Opfer gefallen sein. Er starb 547 oder 549 auf Anglesey. Sein Sohn Brude mac Maelchon wurde unter dem Namen Bridei König der Nord-Pikten in Inverness, wo er von ca. 554 bis 584 regierte. Auch dieses Geschlecht konnte also aus der Schlacht von Camlan Vorteil ziehen.

Wenn auch die Gegend östlich der Burg Tintagel in Cornwall, England, durchaus zu Recht Anspruch auf uralte historische Würde erhebt – in besonderem Maß gilt dies für die bäuerlichen Siedlungen am Fluß Camel – und wenn auch mittelalterliche Kleriker, sei es privat, sei es auf Dienstreisen, aus Respekt und Ehrfurcht dem König Artus gegenüber gern diesen Landstrich besuchten und wie moderne Touristen besichtigten, so stützt doch ganz allgemein das Material, das sich bei Chrétien de Troyes und im *Lanzelet* findet, von anderen kontinentalen Romanen gar nicht zu reden, die Schlußfolgerung, zu der moderne Wissenschaftler wie Crawford und Johnstone gelangt sind, daß nämlich die letzte Schlacht des König Artus in unmittelbarer Nähe des Hadrianswalls geschlagen wurde.

Die große Verteidigungslinie, die unter dem Namen Hadrianswall bekannt ist, wurde nach 122 errichtet und später, bis ins vierte Jahrhundert hinein, immer wieder instandgesetzt und als Teil einer offensiv orientierten militärischen Infrastruktur erhalten. Die Anlage bestand aus einem Steinwall, der an manchen Stellen fast dreieinhalb Meter hoch und etwa hundertzwanzig Kilometer lang war. Sie erstreckte sich quer durch Britannien von Wallsend im Osten mitten durch das Gebiet der heutigen Stadt Carlisle bis zu der Stelle am Solway Firth, wo einst die Festung von Bowness stand. Auf beiden Seiten des Walls findet man Wassergräben und Schanzhügel oder steile Erdaufschüttungen. Zu dieser Kette von Verteidigungsbauten gehörten Postentürme, Meilenkastelle, Tempel, Städte, Nachschubdepots, Unterkünfte für die Mannschaften und luxuriös ausgestattete Offizierswohnungen, Brücken und drei besonders große Festungen, nämlich, von Ost nach West, Chesters, Housesteads und Birdoswald. Die beiden zuerst genannten sind vollständig freigelegt und können besichtigt werden.

König Artus' letzte Schlacht muß bei der am weitesten westlich gelegenen der drei großen Anlagen geschlagen worden sein, bei dem Ort, der heute Birdoswald heißt. Auf Straßenkarten, so etwa auf der von «Carlisle and the Solway», die bei John Bartholomew and Sons, Ltd., Edinburgh, erschienen ist (National map series, Nr. 38), findet sich neben dem Namen Birdoswald der Hinweis: «RÖMISCHES KASTELL CAMBOGLANNA».

Im Jahr 1979 konnte dieses Kastell, das damals nicht vollständig freigelegt war, von jedermann besichtigt werden, der dem Bauern, dem das Gelände gehörte, das verlangte Eintrittsgeld bezahlte.

Das Kastell Camboglanna steht in dem hochgelegenen Hügelland, das vom Chamot Hill, sechzehn Kilometer entfernt im Nordwesten, überragt wird. Dieser Berg und zwei andere benachbarte Gipfel sind in der Karte unter dem Namen «Arthur's Seat» eingetragen. Die Gegend im heutigen Kershope Forest wurde von Artus als Bereitstellungsraum für militärische Operationen genutzt. Sie war 1979 Sperrgebiet. Auf der A7, der B6357 und der B6318 (von der Kreuzung M6/A7 bei Carlisle) gelangt man sehr nahe zu jenem Gebiet. Mit dem Auto sind es von Carlisle aus etwa dreißig Kilometer bis dorthin.

Wenn man das Gelände von Camboglanna und Umgebung sieht, wird einem sofort klar, daß es wirklich hier bei dem stark befestigten römischen Kastell gewesen sein muß, wo Modred den König zum Kampf stellte. Die Festung sperrte Artus den Zugang in die Region Edinburgh/Stirling und lag auch auf dem Weg von Carlisle zu den wichtigsten Stützpunkten des Königs im Umkreis des Chamot Hill, des höchsten Gipfels der Gegend.

Der Tod des Königs und so vieler Mächtiger hat sich tief ins Gedächtnis dieser Region um die Ruinen der Burg Sewingshields (einst ein Turm am Hadrianswall, nur ein kleines Stück östlich von Camboglanna gelegen) eingegraben. Folklore und Lokalgeschichte bezeugen, daß es diese Burg war, in deren Krypta Artus' Leichnam aufgebahrt wurde. Neben ihm lagen Schwert, Gurt und Horn.

Ein Schäfer aus der Gegend soll einst in das Grab hinabgefallen sein, und dort soll der geliebte König Artus vor seinen Augen erwacht sein. Diese Szene oder dieses Motiv ist in der arthurischen Tradition so weit verbreitet, daß man die Möglichkeit nicht ausschließen kann, der Geschichte liege ein wirkliches Ereignis zugrunde und die Kunde davon sei über die Generation hinweg immer weitergetragen worden.

2. Die Burgen des König Artus

Nun, da wir gemeinsam mit O. G. S. Crawford zu dem Schluß gekommen sind, daß Camboglanna im Westen am Hadrianswall jenes «schlimme Camlan» gewesen sein muß, wo Artus' schreckliche letzte Schlacht stattfand, sehen wir die Gegend vor uns, in der wahrscheinlich das Leben des Königs endete. Und Camlan liegt wirklich im Border Country zwischen England und Schottland, ebendort, wo manche Historiker und Sir Walter Scott den König immer vermutet hatten.

Unsere Aufgabe jetzt wird es sein, noch einmal die dreizehn arthurischen Stätten, die in den verschiedenen Werken des Hochmittelalters immer wieder genannt werden, genauer zu betrachten. Wir werden die Aussagen und Erkenntnisse, die uns in diesem Stadium der Untersuchung bereits vorliegen, zusammenfassend bewerten und uns dann ein Urteil darüber bilden, wo diese einzelnen Orte wohl zu suchen sind.

Wir haben oben König Artus' Reich als das Gebiet zwischen den folgenden vier Eckpunkten definiert: Dumbarton (NW), Carlisle (SW), Stirling (NO), Berwick (SO). Diese Orte haben noch heute zentrale Funktionen, ausgenommen höchstens der Seehafen Berwick, wo wahrscheinlich Lancelot geboren ist und der in den schottisch-englischen Kriegen der nacharthurischen Zeit weitgehend zerstört wurde.

Die erste heilige Stätte, die mit König Artus eng verbunden ist, scheint mit dem heutigen Holyrood in Edinburgh identisch oder doch diesem Ort benachbart zu sein: ein Kriegerdenkmal, das Artus' Vorgänger Aurelius Ambrosius für die Gefallenen der Kriege in der Zeit vor Artus' Geburt hier errichtet hatte. Dieser Bau stand wahrscheinlich ganz in der Nähe jenes anderen Kriegerdenkmals auf dem Calton (oder Caledonian) Hill, das die Bürger des neuzeitlichen Edinburgh zu Ehren späterer Kriegsopfer aufstellten. Der Gipfel, der zuerst «Berg des Ambrosius» hieß (diesen Namen verwendet Nennius), wurde später, und zwar, so ist zu anzunehmen, noch zu Artus' Lebzeiten, «Arthurs Sitz» genannt. Und es spricht auch nichts gegen die Annahme, daß der arthurische Name für Edinburgh, nämlich Teneboc, Tenebroc, von ebendiesem Vulkankegel abgeleitet sein könnte: *Ätna (Attuna)* + *broch* (Wehrturm).

Wenn man vom Calton Hill nach Osten blickt, sieht man die alten Befestigungsanlagen Berwick Law und Traprain Law, die sich, auf sanften Anhöhen gelegen, vor dem nahen Horizont abzeichnen. Traprain Law gehörte einst König Loth und befindet sich noch heute im Besitz einer der bedeutendsten Familien Schottlands. Im Norden ragt über der Wasserfläche des Firth of Forth der Burgfelsen von Stirling auf. Und wenn man mit den Augen der «Royal Mile» dort unten in der Stadt Edinburgh folgt, gelangt man schließlich zum Burgberg von Edinburgh. Schließlich aber kann der Betrachter auch noch dem Rat Sir Walter Scotts folgen und den Blick über Holyrood hinweg auf die Salisbury Crags richten; er kann dort die Nase und das schwach angedeutete Profil des König Artus selber erkennen.

Die Landstraße von Edinburgh nach Süden führt unvermittelt in die steilen Täler hinein, die auf dem Weg zu den Sammelplätzen von Artus' Truppen unweit des Kastells Camboglanna liegen. Dies ist die bergige Region, immer wieder Schauplatz von blutigen Schlachten, die Border Country heißt, Grenzland zwischen englischem und schottischem Gebiet. Die kahlen Gipfel hier, die man mit Nadelwald wiederaufzuforsten versucht, gehören zu den sogenannten Tweed River Uplands. Dieses «gewaltige, rote Heidekraut-Land», wie Kipling es nannte, brachte zu allen Zeiten große Dichter hervor. Kein Wunder also, daß König Artus in einer Literatur fortlebt, die sich rasend schnell von Schottland über große Teile der Welt ausbreitete – ein Kapillareffekt besonderer Art.

Dieses Hochland war die Heimat des berühmten Taliesin mit den weißen Brauen, des Aneirin aus *Gododdin*, des wundermächtigen Sehers Merlin, des Thomas the Rhymer. Hier hielt sich auch Sir Walter Scott am liebsten auf, dessen Verse einem in den Sinn kommen, sooft in mittelalterlichen Texten über König Artus, Lancelot, Perceval, Gawain und Merlin diese Gegend erwähnt wird:

2. König Artus' Burgen

Und fünfzehn Jahre gingen ins Land,
Jedes hat Arthur Plagen gesandt:
Auf zwölf blutigen Feldern den Sieg errungen,
Die Sachsen zur Unterwerfung gezwungen,
Rython, den mächtigen Riesen, erschlagen,
Die Freiheit in die Bretagne getragen,
Den Pikten Gillamore mit dem Schwert
Und den römischen Lucius Demut gelehrt;
Und weit in der Welt scholl die Kunde
Von den ruhmreichen Taten der Tafelrunde.
...
Es schien in dieser bösen Stunde, als wollte das Schicksal
gar zu jäh ein Ende machen in Camlan
und das Verbrechen des düsteren Modred ungesühnt lassen.
Schon lagen da niedergestreckt
zwanzig von der Tafelrunde, Blüte der Ritterschaft,
und hauchten ihr Leben aus.
(25)(*The Bridal of Triermain*, II)

Ein Ort nach dem andern erinnert uns an die Verse von Dichtern und an deren Erklärung für den Ruhm, der diesen Stätten anhaftet:

Verschmähten doch Britanniens Geistesriesen
Es nicht, in Verse diese Mären neu zu gießen.
In Spensers Feenträumen glühn sie auf mit Macht,
Sie paarten sich mit Miltons himmlischen Gesichten,
Und Dryden hat es gar vollbracht,
Die Tafelrunde wiederaufzurichten.
(Marmion, canto 1)

Die Städte dieser Region sind uralt. Peebles hat seinen Namen von den römischen Offizierszelten, die wegen ihrer leuchtenden Farben auf lateinisch *papiliones*, «Schmetterlinge» hießen. Der «Wald von Caledon», wo Artus Bäume fällen ließ, um den Feind einzukesseln, war damals ein Dickicht mit Birken und Haselnußgesträuch. In diesem Wald trieb es auch den einsamen Geist des Merlin um. Thomas the Rhymer sagt, Merlin sei nicht auf der Höhe in Drumelzier, wo es Ruinen einer alten Festung gibt, begraben worden, sondern unten im Tal, in Drumelzier Kirk, wo «Tweed und Pausayl zusammenfließen».

Die Klöster dieses Landstrichs sind alte Gründungen, die von König David I. von Schottland lediglich wiederbelebt wurden. Sir Walter Scott verlockte Turner dazu, hierherzukommen und die Landschaft, in der die alte Abtei Melrose stand, zu malen. Der Name des Klosters Dryburgh leitet sich von dem keltischen *Darach Bruach* ab, einst ein «Eichenhain», d. h. ein Druidenheiligtum der vorchristlichen und vorarthurischen Zeit. Von 522 an wohnte dort ein irischer Einsiedler. Von seiner Klause findet sich keine Spur, aber das ist auch gar nicht zu erwarten. Bei den hoch aufragenden rosafarbenen Ruinen der Abtei Melrose, die heute noch zu sehen sind, handelt es sich um Überreste der späteren, mittelalterlichen Bauten.

Nicht überraschend in einer Grenzregion wie der zwischen Hadrians- und Antoninuswall ist die Tatsache, daß die einzigen heute noch sichtbaren – und zwar zumeist nur aus der Luft sichtbaren – Überreste wirklich alter Bauten zu militärischen Anlagen gehörten: Wälle und andere Befestigungsbauten, Wehrtürme, Straßen, Römerlager. An den Routen, auf denen Lancelot, König Artus und Perceval reisten, kann man heute nur noch die leeren Grundstücke früherer Bauwerke sehen, so etwa ein sumpfiges Stück Land und einen überwucherten Schanzhügel an der Stelle, wo einst Caerlaverock stand. Über Lancelots «altem Kloster» erhebt sich die moderne Kirche der alten Pfarrei St. Ninians, sonderbarerweise immer noch von einer kreisrunden mannshohen Mauer umschlossen. Von dem ehemals so berühmten Zentrum der Frömmigkeit und der Bildung in Whithorn zeugen heute nur mehr ein paar Quadersteine. Der riesige Clachmabenstane bei Gretna Green steht noch da und weist auf einen der Versammlungsplätze uralter Zeiten hin. Wenn Lancelot auf der Landstraße von Carlisle nach Dumfries eilte, eine Strecke von etwa fünfundvierzig Kilometern, so muß er ganz in der Nähe dieses Steins, bei dem sich damals die Krieger zu versammeln pflegten, vorbeigekommen sein. Noch während der Kriege des vielgeliebten William Wallace und des Haudegens Robert the Bruce benützte man den Ort als Treffpunkt.

Die Erinnerung an Lancelot, Merlin und an den Krieger Artus ist vielleicht genau das, was jene Aura ausmacht, die moderne Schriftsteller wie Lawrence und Yeats den «Geist eines Orts» nennen. In den Steinen selber scheinen solche poetischen Erinnerungen zu spuken, die das gemeinsame Eigentum von Dichtern aller Zeiten sind. Der Dichter und Seher Thomas von Erceldoune, der wie Lancelot in Berwickshire geboren ist, scheint in seinen geheimnisvollen Versen von dem unbesiegbaren Krieger Lancelot zu sprechen, wenn er sagt:

> Dann wird der Mond im Nordwesten aufgehen,
> in einer Wolke, so schwarz wie ein Krähenschnabel;
> dann wird der Löwe losgelassen werden, der Kühnste und Beste
> von allen, die Britannien je sah in Arthurs Tagen.

Für alle die, die König Artus für eine historische Figur halten, muß es das vordringliche Ziel einer solchen Diskussion über prominente

2. König Artus' Burgen

Örtlichkeiten in den Borders sein, etwas über die Burgen des Königs herauszufinden. Unter diesen nimmt zweifellos Camelot eine unvergleichlich wichtige Stellung ein, nicht nur seiner Berühmtheit wegen, sondern auch weil sie angeblich «ausgemalt» (lat. *pictum*, ursprünglich gemeint war aber «piktisch») war – es soll dort Fresken von Lancelots Hand gegeben haben. Es ist auch wahrscheinlich, daß in der Festung eine Zeitlang die Schätze des Königs aufbewahrt wurden.

Lambert de Saint-Omer, der Verfasser eines recht bekannten enzyklopädischen Werks, der bis zu seinem Tod Kanoniker der Stiftskirche Saint Omer in Frankreich war, erwähnt diese Schätze. Die Existenz dieser Schätze war also vor 1120 auf dem europäischen Festland bekannt bzw. wurde angenommen. In seinem Nachschlagewerk *Liber floridus*, das mehr als zehn Jahre vor Geoffreys *Historia* entstanden ist und sich heute in der Universitätsbibliothek von Gent befindet, berichtet Lambert dies:

Est palatium in Britannia, in terra Pictorum, Arturi militis, arte mirabili et varietate fundatum, in quo factorum bellorumque ejus omnia gesta sculpta videntur.

«Es gibt», sagt Lambert, «in Britannien, im Land der Pikten, einen Palast des Kriegers Artus, einen mannigfach wunderbar kunstvollen Bau, in dem plastische Darstellungen aller seiner großen Eroberungs- und Kriegstaten zu sehen sind.» Die walisischen *Mabinogion* bestätigen, diese Residenz sei «schön mit vielen Räumen». Der *Prosa-Lancelot* weiß außerdem zu berichten, daß Lancelot selbst dort als Künstler wirkte (B. N., MS. fr. 112, vol. 3, fol. 193). Lambert läßt dann in seinem Artikel eine Liste der zwölf Schlachten des Artus folgen, so wie sie in der Nennius-Kompilation überliefert ist. Die dreizehn königlichen Residenzen, die in den Texten nach Lambert und Geoffrey dem König Artus zugeschrieben werden, sind diese:

1. *Caerleon (Carlion)* und 8 orthographische Varianten in 35 Texten plus Geoffrey von Monmouth; Residenz des Artus und Ort der Krönung.
2. *Camaalot (Camaaloth)* in 15 Texten, darunter Chrétiens *Lancelot*, der *Prosa-Lancelot*, Chrétiens *Perceval* und der *Perlesvaus* aus Glastonbury. Die Varianten sind so interessant, daß sie hier einzeln (in alphabetischer Reihenfolge) aufgeführt werden sollen. Die Vielfalt der Schreibungen suggeriert, daß die mittelalterlichen Autoren mit diesem Namen – oder mit diesen Namen – besonders große Schwierigkeiten gehabt haben. Wenn

man die Formen freilich in einer Liste zusammenstellt, wie in den neuen Indices von Flutre und West geschehen, so zeigt sich doch ein bemerkenswert großes Maß an Übereinstimmung. Es scheinen immer Komposita zu sein, in denen das Wort für «Burg» *(caer)* mit dem Eigennamen dieser Burg verbunden wird:

Ca + maaloit	Ca + maloc
maelot	mal(l)ot
mahalot	maloth
mahelot	mellot
mala(h)ot(h)	melot(h)

Außerdem sind noch die folgenden Formen überliefert:

Kamaalot *Quamaalot(h)*
Cramalot *Gamalot*

Camelot ist mit den folgenden Orten in England identifiziert worden (unberücksichtigt bleiben hier die Werke von Lambert und Geoffrey sowie jener Autoren des Hochmittelalters, die ihnen folgen): Colchester, Cadbury und Winchester. John Morris, Wendelin Förster und Roger Sherman Loomis hielten diese Lokalisierungen für korrekt; Loomis freilich ist am Ende zu der Auffassung gelangt, daß der Name überhaupt keinen Ort in Britannien bezeichne *(Arthurian Tradition,* S. 480 f.).

3. *Caradigan,* eine Burg; 12 Texte.
4. *Cardueil, Cardoeil,* Hauptstadt des Königreichs «Galles»; mehr als 70 Texte. (Die Formen *Quaraduel* [Chrétiens *Erec*] und *Charduel* [Bérouls *Tristan* und *Fergus*] werden als lautgesetzlich determinierte Varianten angesehen, da lateinisches *c* im Französischen regelmäßig als *ch* erscheint.)
5. *Carrehoi, Carreor,* eine Residenz; 1 Text *(Prosa-Tristan).*
6. *Quarrois, Roais,* eine Burg; 1 Text *(Erec).*
7. *Dinasdaron,* eine Fluchtburg; 3 Texte.
8. *Londres,* eine Hauptstadt; 6 Texte (darunter der *Prosa-Lancelot,* der – aber vielleicht wurden diese Passagen später hinzugefügt – in schmeichlerischer Weise König Heinrich II. huldigt).
9. *Montagu, Montagut,* Burg und Herzogtum; 8 Texte. Manchmal heißen so Burg und Herzogtum von Artus' Verbündeten: König Loth, König Marc oder König Bademagus. Oder es handelt sich um die Stadt, die fälschlich auch *Chastel aux Pucelles* («Mädchenburg» in *Perceforest)* genannt wird. Normalerweise ist ein Berg gemeint: *Montagu* = «Steiler Berg»; *Mont Doloreus*

2. König Artus' Burgen

= «Berg des Leids», 4 Texte; *Mont Agned* = Geoffreys Edinburgh; *Mont Perilleux*, so im *Perceval*; «Mädchenburg» meint in den 15 Texten Edinburgh. Korrekterweise müßte es «Versammlungsburg» o. ä. heißen.

10. *Orquenie, Orcanie,* Stadt und Residenz; 1 Text *(Perceval).*
11. *Pouret,* eine Burg; 1 Text *(Yder).*
12. *Sinaudone, Senaudone, Isneldone, Dodone,* Residenz und ein bedeutendes Königreich: Stadt der Königin von Galles *(Le Bel inconnu), Gaste Cité* oder Das Wüste Land; Artus' Burg (Bérouls *Tristan);* die Burg, die Lancelot eroberte *(Lanzelet); Gaste Forêt,* Der Wüste Wald *(Perceval);* 11 Texte.
13. *Tintagel, Nantael, Cintagel,* Residenz des König Artus oder des König Marc *(Prosa-Lancelot, Perlesvaus, Prosa-Tristan);* 3 Texte.

Etliche Namen unter den dreizehn können wir ohne weitere Umstände eliminieren:

Nr. 3 und 13 (Caradigan und Tintagel), weil sie sich lediglich dem Bestreben verdanken, die Artus-Geschichte in den Süden Britanniens zu verlegen und anachronistischerweise auch noch in normannisch-französische Burgen des zwölften Jahrhunderts.

Nr. 9 und 10 (Edinburgh und Orquenie), weil es sich nach Aussage der Texte um Burgen handelt, die Vasallen des Artus, etwa Erec und Loth, und nicht dem König selbst gehören. Das Wort *Orquenie* verweist nicht, wie immer angenommen wurde, auf die Orkneys; diese heißen vielmehr *Ynysoedd Erch* – da gibt es keine lautliche Ähnlichkeit.

Nr. 5 und 6 (Carrehoi und Quarrois), weil das verderbte Lesarten sind; gemeint ist ursprünglich nur «königliche Burg» (?).

Nr. 11 (Pouret), weil der Name nur in einem einzigen und späten Text aus Südwales/Cornwall überliefert ist; nichts spricht für seine Echtheit.

Nr. 8 (Londres), weil diese Hauptstadt fälschlich für Edinburgh, Glasgow oder für Artus' Hauptstadt Stirling oder auch für die zweite königliche Hauptstadt Carlisle steht. Was speziell die Verwechslung mit Stirling betrifft, so wurde diese durch den Hinweis auf die Himmelsrichtung «Westen» ausgelöst, der den Autor nach Westminster und zur Kirche Saint Stephen (irre-)führte. In Fall Carlisle war es der Hinweis auf die Heiligen Julius und Aaron.

Nr. 7 (Dinasdaron), weil dieser Name Carlisle bezeichnet und der Beleg daher den mehr als siebzig anderen Texten, die Artus' Hauptstadt nennen, hinzuzufügen ist: *Dinas* = «Burg» + *Aron* = der heilige Märtyrer Aaron. Dort in Carlisle, der sichersten Festung in den Borders, wurde Artus gekrönt.

Loomis glaubte – freilich ohne jeden Beweis –, *Dinasdaron* verweise auf Dinas Bran, das an der Strecke von Chester in die Snowdon Mountains in Nordwales liegt. Aber der walisische Name für Snowdon lautet *Yr Wyddfa*, und Snowdonia heißt *Eryri*. Dinas Bran ist eine winzig kleine Festungsanlage aus zweifellos sehr alter Zeit und liegt auf dem Gipfel eines mächtigen Bergkegels hoch über dem Tal des Dee und der Stadt Llangollen; die Anlage selber und die umgebende Landschaft bieten einen unvergeßlichen Anblick. Der Weg zur Höhe hinauf läßt auch bei geübten Alpinisten Schwindelgefühle aufkommen. Turner ließ die Festung im Hintergrund seines Gemäldes der Abtei Valle Crucis erscheinen.

Die anerkannte Autorität für alle Fragen, die Dinas Bran betreffen, ist C. A. Raleigh Radford, der aber mit keinem Wort irgendeine Verbindung zu König Artus erwähnt, und das ganz mit Recht.

Es ist anzunehmen, daß die Nr. 13 unserer Liste, Tintagel, unsere «Burg im weißen Feld» alias Caerlaverock ist, jene Burg, in der Artus geboren wurde, denn sie gehörte seiner Mutter.

Die elf Texte, die Sinaudone, englisch: Snowdon, erwähnen, meinen damit einen Ort in der Nähe von Camelot, freilich wohl nicht Artus' Camelot selbst. Snowdon ist König Lancelots Burg – früher hatte dort die Hohe Witwe des Wüsten Landes, Percevals Mutter, regiert.

Wir gelangen somit zu den sehr eindrucksvollen Summen:

Carlisle			Camaalot		
1. *Caerleon:*	35 Texte		2. *Camaalot:*	15 Texte	
4. *Cardueil:*	70 Texte		8. *Londres:*	6 Texte	
7. *Dinasdaron:*	3 Texte				
	108 Texte			21 Texte	

Carlisle erscheint eindeutig als König Artus' wichtigste Burg. Wir wissen, daß er in dieser Region zwei nahe beieinanderliegende Festungen besaß; die eine an der Küste hieß «Burg vom Stein (Perron)». *Perron (perhen)* wird eine große Steinpyramide, mindestens sechs Meter hoch, genannt. Eine «Perron-Runde» ist ein Kreis aus

Steinen. Wir wissen auch, daß die oben zusammengestellten Namen tatsächlich Carlisle meinen, weil sich oft noch nähere Bestimmungen wie etwa «beim Land der Schotten und Pikten» finden.

Die schwierigere der beiden Fragen, die nach Camelot, hat die besten unter den englischen Gelehrten beschäftigt, so etwa Howard Maynardier im Jahr 1907 und Vida D. Scudder 1921. Die beiden erforschten das Verhältnis zwischen König Artus und den Dichtern sowie das von Malory und seinen Quellen. Camelot ist, wie wir wissen, lange Zeit für eine bloße Erfindung gehalten worden.

Mehr als viele andere war Tennyson dazu berufen, über diese Burg zu schreiben. Ganz wunderschön sind seine Verse in «Gareth and Lynette» *(Idylls of the King)*:

> Und als sie ihre Füße setzten auf den Plan,
> der sich nach Camelot hin weitet,
> da sahen sie fern den silberneblign Morgen
> seinen Dunst hinbreiten über den edlen Berg,
> der aufragte zwischen Wald und Feld.
> Bisweilen durchstießen da Spitzen, auch niedere Türmchen
> den Nebel, bisweilen erglänzte allein
> das Tor, das große, offen zum Feld in der Tiefe;
> und bald war gänzlich verschwunden die herrliche Stadt.

Und Scott feiert Stirling in «The Lord of the Isles» (6, 19):

> Im Licht stiegen auf die alten Türme von Stirling,
> und als ein silberdurchwirktes Band
> schlängelten sich dort unten des Flusses schimmernde Bögen.
> ...
> Durch Ninians Kirche schien dieser Strahl...

Die Verse von Tennyson sind, obwohl das der Dichter nicht wissen konnte, sehr genau. Auf der Ostseite jenes Burgfelsens, von wo man auf den Forth und die Nordsee hinabschaut, fällt die graue Klippe steil ab zum Forth. Der Fluß schlängelt sich direkt unter der Ostklippe der Burg dahin; wenn man am Rand des Felsens steht, sieht man dort unten die Bögen und Windungen des Forth. Die Brücke, die einst zum Kloster Cambuskenneth hinüberführte, das sich in eine dieser Flußkurven schmiegte, existiert noch, das Kloster ist nicht erhalten geblieben. Von der Klippe aus hätten Lancelot und Königin Guinevere die Barke der Elaine, der Lilien-Jungfrau von Astolat, sehen können, als sie, aufs offene Meer zu, vorübertrieb.

Auf der Westseite, wo der Burgfelsen am steilsten abfällt, erstreckt sich zu dessen Füßen flaches Land, in dem sich als einzige

Anhöhe der alte Schanzhügel von Arthur's Knot heraushebt. Tennyson hat sein Burgtor auf die Ebene hinausschauen lassen – in Wirklichkeit lag aber, wie die ältesten Abbildungen zeigen, der Eingang zur Burg wohl schon immer auf der Ostseite, die dem Meer zugewandt ist. Und im übrigen verlegen auch Tradition und Mythologie Burgeingänge, ebenso wie Kirchenaltäre, immer nach Osten.

Für Tennysons wichtigsten Gewährsmann an jener Stelle, Sir Thomas Malory, war Camelot «vieltürmig», die mittelalterliche Hauptstadt eines Traumlandes. Malory kannte mehr arthurische Literatur und arthurische Traditionen überhaupt als irgendein Autor vor oder nach ihm. Wir dürfen ihn deshalb hier nicht übergehen, bloß weil er selber glaubte, der Stoff seiner tragischen Dichtung wäre im großen und ganzen lediglich fiktiv.

Mit dem Namen *Camelot* scheint Malory oft, aber nicht ausschließlich König Artus' Burg in Carlisle zu bezeichnen, jenes *Château del Perron* am Meer, genauer: am Solway Firth. So hält sich beispielsweise Königin Guinevere in Camelot auf, als Gawain ihr seine Aufwartung macht, um ihr seine Dienste anzutragen. Tristan wird dort in die Tafelrunde aufgenommen. Lancelot erfährt dort, nachdem die Ritter auf Gralssuche ausgezogen sind, tragische Neuigkeiten über Perceval und Galahad. Dieses Camelot paßt genau in das Bild, das *Gawain und der Grüne Ritter* uns vermittelt: dort ist es die Burg, in der Artus zur Weihnachtszeit ganz offiziell hofhält. Zum erstenmal erwähnt wird «Camaalot» in Chrétiens *Lancelot*, und zwar als der Ort eines festlichen Hoftags zu Pfingsten, also wieder an einem hohen christlichen Feiertag. Angesichts dieser drei Zeugen von Rang und Autorität verbietet es sich, Camelot vorschnell als Erfindung oder Fälschung abzutun.

Aber bei Sir Thomas Malory erscheint noch ein zweites, ganz anderes Camelot, eine große Burg, die hoch über einem nahen Fluß liegt, so hoch, daß man aus ihren Fenstern von oben in ein Schiff hineinschauen kann, das auf dem Wasser dahinfährt. Und dieser Blick in die Tiefe begegnet dem Leser des *Morte d'Arthur* nicht nur einmal, sondern bei zwei verschiedenen Gelegenheiten (2. Buch, 19. Kap.; 18. Buch, 20. Kap.): 1. Das Schwert des Balin treibt auf einem schwimmenden Stein (einem Wasserfahrzeug) den Fluß hinab bis nach Camelot. 2. Der Leichnam der Elaine von Astolat (das Sir John Rhys mit Dumbarton identifizierte) wird in eine Totenbarke gelegt (ähnlich wie der von Percevals Schwester nach dem tödlichen Aderlaß), und diese treibt den Fluß hinunter zu dem geliebten Lancelot. Auch hier erscheint Camelot wieder als der Ort, wo

2. König Artus' Burgen

die Königin offiziell residiert. In beiden Fällen hat Malory mit Bedacht Camelot mit der britischen Hauptstadt *seiner eigenen Epoche* identifiziert, mit London also, und den Fluß mit der Themse. Aber hierin folgte er lediglich dem *Prosa-Lancelot*, dessen Lokalisierungen er unverändert, und ohne selber etwas hinzuzutun, übernahm.

Den Lesern des wunderschönen Buchs von Thomas Malory beginnt mehr und mehr die Erkenntnis zu dämmern, daß *Camelot* nicht so sehr einen geographischen Ort meint, der auf der Landkarte ein für allemal zu bezeichnen wäre, als vielmehr etwas wie *den Hof* des Artus, den Ort also, an dem der König gerade residiert. Wenn der König anwesend war, zeigte man dies wahrscheinlich dadurch an, daß man am Turm einen Wimpel aufzog, so wie es noch heute auf Schloß Windsor üblich ist. Es scheint vernünftig, noch einmal einen Blick auf das Wort *Camelot* zu werfen, in der Hoffnung, daß sich hier vielleicht doch noch eine Lösung findet.

Die verschiedenen Varianten des Namens hängen sämtlich an die erste Silbe, die mit dem velaren Konsonanten *K* oder *G* (französisch *K* oder *Ch*) beginnt und auf das Wort für «Burg» *(caer)* verweist, ein weiteres Wort an, das in allen Versionen zweisilbig ist. Dieses zweite Wort beginnt immer mit *m*, gefolgt von einem Vokal, regelmäßig lang und offen vor dem Liquid *l*. Dieses *l* scheint eher *ll* zu sein. Diese Kombination verursacht aber häufig und speziell im Altfranzösischen sogar regelmäßig eine noch stärkere Dehnung des vorangehenden Vokals hin zu einem Diphthong. *M-a-e* und *maha* werden palatalisiert und entwickeln sich aufgrund der Länge des Vokals und der Verschiebung des Artikulationsorts zu *m* + offenem *e* hin. Das Phänomen der Palatalisierung im Altfranzösischen verdankt sich den typischen Sprechgewohnheiten der keltischen Gallier, die das Lateinische übernahmen und umformten. Nach den hier zu beobachtenden Regelmäßigkeiten wird lateinisches *k* im Anlaut zu französischem *ch*, so etwa im Beispiel *Camelot > Chamelot*. Zweitens wird der lateinische Vokal *a* zum Diphthong, so etwa *mal > mael*, und, da der Artikulationsort bei der Aussprache lateinischer Laute immer weiter nach vorn rückt, entsteht *mell* aus *mall*.

Nach dieser Betrachtung der Phonetik des Worts kommen wir zu dem Schluß, daß wir es mit einem Kompositum aus *Caer* und einem lateinischen Wort zu tun haben, das in seiner ursprünglichen Form *malleus* («Hammer») lautet, oder mit einer Ableitung dieses Worts wie *malleator* («Hammerer», «Mann mit dem Hammer») oder *malleatus* («mit einem Hammer bewaffnet»). Die englische Diminutivform des Worts ist *mallet;* das Suffix ist vielleicht mit der dritten Silbe identisch, die wir in dem Wort *Camelot*, Ca + *mallot*, finden. Die Kopisten, die statt der im Lateinisch-Französischen regelmäßigen Maskulin-Endung *ot* (als langes «o» ausgesprochen wie in «Lancelot» und auch in «Camelot») *oc* schrieben, waren wohl Angelsachsen, die den Laut einem in ihrer Muttersprache gewöhnlichen Suffix (z.B. in *mattock*) anglichen.

Das Wort *Camelot* bezeichnete, wie Malory vermutet zu haben scheint, wahrscheinlich jeweils diejenige Burg des Königs, auf der Artus gerade residierte, und nicht einen unveränderlichen geographischen Ort. Es scheint «Burg des Mannes mit dem Hammer» zu bedeuten, und dieser Mann ist kein anderer als Artus, dessen Beiname «malleus ferreus», «Eisenhammer», in der Nennius-Kompilation des zehnten Jahrhunderts und später bezeugt ist. In der Heraldik späterer Zeiten wurde der Klauen-Hammer zum Symbol für einen Herzog *(dux)*: Arturus *dux*.

Hier kommt nun der *Perlesvaus* ins Spiel, der uns ausdrücklich versichert, es gebe zwei Camelots:

Das frühere Camelot, das der Verwitweten Dame gehörte, stand auf einer Landspitze der völlig öden Insel Gales [Wales] nahe am Wasser nach Westen zu *[devers Occident]*. Es gab dort nichts als jene Burg und den [Wüsten] Wald und Wasser rings umher.

Das andere Camelot stand am Eingang zum Königreich Logres, und zwar in einer besiedelten Gegend, und war die wichtigste unter allen Residenzen des König, denn von dort erreichte seine Macht jenen Teil des Landes, der an seine eigenen Besitzungen grenzte. *(Perlesvaus* 10, V. 7280–7287)

Es gab demnach wahrscheinlich zwei Herrschersitze namens Camelot. Der eine war der von Carlisle, der andere war King's Knot unterhalb der Westklippe von Stirling.

Hätte Sir Thomas Malory die Lesart des *Perlesvaus* übernommen, so hätte er seine Ahnung bestätigt gefunden, daß es mehr als einen einzigen Ort mit dem Namen Camelot geben müsse – oder daß eben der Name nicht eine bestimmte Burg an einem bestimmten Ort bezeichne, sondern gewissermaßen «die je zuweilen *aktuelle* Königsburg», die eben, in der Artus sich gerade aufhielt. Indes folgte Sir Thomas Malory bei der Arbeit an seinem *Morte d'Arthur* über lange Perioden hinweg der Darstellung des *Prosa-Lancelot*. Dessen Autoren aber waren bestrebt, ihrem Gönner Heinrich II., König des anschevinischen Reiches, zu schmeicheln, und deswegen konstruierten sie ihre Geschichte so, daß König Artus als getreues Abbild von König Heinrich II. erschien, König Lancelot als Double von William Marshal, Earl of Pembroke, und die Dame vom See als das

2. König Artus' Burgen

der Königin Eleonore von Aquitianien. Wäre Malory dem *Perlesvaus* gefolgt, so hätte er dort die Bestätigung seiner Ahnungen über Camelot gefunden. Dem Leser begegnen in diesem Text sehr viele konkrete Einzelheiten, die einem die Augen öffnen für die wirkliche Welt der arthurischen Epoche.

Da ist zuerst jene ausführliche Passage über die Täler von Camelot. Dort gab es, erklärt der *Perlesvaus*, einst fünfzehn Herrschaften und Burgen. Das weite Tal am Mündungstrichter des Flusses war das Revier des Herrn der Moore oder eigentlich: *der Mosses*. Eine gepflasterte Römerstraße durchschnitt diese Talebene; sie führte in den Norden hinauf, in Richtung des Moray Firth. An der Strecke gab es eine auffällige landschaftliche Besonderheit, nämlich eine Engstelle, einen Paß oder Hohlweg, und diese Stelle mußte jeder passieren, der über den Unterlauf des unregulierten und sumpfigen Forth nach Norden wollte. Südlich davon hatten die Römer den Antoninuswall errichtet; dort lag die römische Festung Camelon.

Der schmale Durchgang hieß auf altfranzösisch «Gaut Destroit», «steiler Engpaß». Durch diese Klamm konnten die Krieger nur einzeln hintereinander hinabreiten zu jener einzigen Furt von Valdone, die wir aus Chrétiens *Perceval* kennen. Der *Perlesvaus* nun ergänzt seine Beschreibung, er erwähnt den Fluß, die Burg, moorige Landschaft, die Straße auf der Höhe, den Paß oder Hohlweg, und er macht klar, daß hier von Osten nach Westen die Demarkationslinie zum Norden hin verlief. Südlich dieser Linie Forth-Clyde siedelten die Pikten von Alba, nördlich davon lagen die sieben Provinzen der Nord-Pikten; das Zentrum ihrer militärischen Macht war Inverness.

Die topographischen Beschreibungen verweisen uns ganz unmißverständlich auf die von Schlachtfeldern übersäte Gegend zwischen Stirling und Camelon, auf den Korridor, in dem sich immer wieder in der Geschichte das Schicksal Schottlands entschied. Heute wie in alter Zeit ist der Durchgang dort bei Stirling zwischen den Höhen der Campsie und Garunnock Hills und dem Firth of Forth von strategischer Bedeutung. Der Nord-Süd-Korridor, in dem viele Schlachten geschlagen wurden – besonders berühmt ist die von Bannockburn 1314 –, ist sechzehn Kilometer lang und sechs Kilometer breit. An seinem nördlichen Ende liegt Camelot, und das ist, wie O. G. S. Crawford gezeigt hat, die Burg Stirling, Schlüssel zur Herrschaft über Schottland.

Die prähistorische Festung stand – ebenso wie die militärischen Anlagen der Neuzeit, die bis heute genutzt werden – auf der natürlichen Bastion der jäh aufragenden Felsen von Stirling, und zwar auf der Westseite, die nach Dumbarton hinüberblickt. Die Burg beherrschte den «Gaut Destroit» der französischen Romane, den einzigen und sehr schmalen Weg, der zum Übergang am Forth führte. Wenn der Forth viel Wasser führte, überflutete er anderthalb Kilometer weit die flachen Ufer. Die Militärstraße nach Westen zum Loch Lomond und nach Dumbarton durchschneidet noch heute die Torfmoore des Vale of Menteith und umgeht den Übergang bei Stirling. Der gälische Name für den Pfad, der in einer engen Klamm zum Ford of Kildean hinabführt, lautete *Bealach-(na)-gaig*.

O. G. S. Crawford verdankte die Erkenntnis, daß König Artus' Burg wahrscheinlich Stirling war, seiner genauen Kenntnis der schottischen Geographie und der Lektüre von Schriften britischer und römischer Historiker und Geographen. Verschiedene französische Romane, besonders Chrétiens *Perceval* und der *Perlesvaus* aus Glastonbury, stützen seine originelle und kühne Theorie.

Wenn man von der Westklippe bei der Burg von Stirling hinabblickt, so kann man deutlich auf dem Wiesenland die Umrisse von «King's Knot» erkennen. Es ist dies ein achteckiger Schanzhügel, der heute eher an eine Gartenanlage erinnert; der Name aber bedeutet ursprünglich «Burghügel», eine Anhöhe also, auf der eine jener Palisadenfestungen stand, die für die arthurische Zeit typisch sind. Diese Festung war Artus' Camelot. Der heutige Name lautet «Knot» («Knoten», auch «Achselstück», «Epaulette»), aber der verdankt sich ohne Zweifel einem Mißverständnis: zugrunde lag das gälische Wort *cnoc*, «Schanzhügel».

Dort in dieser Burg bei Stirling führte König Artus den Vorsitz an der Tafelrunde. Ein Zeugnis aus dem vierzehnten Jahrhundert gab O. G. S. Crawford Gewißheit: Es gab eine «Runde Tafel zu Füßen der Burg» Stirling. William von Worcester (1415–1482?) trug dann noch ein letztes Stück zu dem Puzzle bei: König Artus «custodiebat le round-table in Castro de Styrling, aliter, snowdon west castell» (König Artus «führte den Vorsitz an der Tafelrunde in der Festung Stirling, auch bekannt unter dem Namen Westkastell Snowdon»).

Vielleicht war es genau dieser Hinweis auf ein «Westkastell», der Sir Thomas Malory an «Westminster» denken ließ und der somit schuld daran war, daß Malory in seinem Werk auf London verfiel. Jean Froissart, der sehr gewissenhafte und höchst angesehene Chronist Richards II., sagt im vierzehnten Jahrhundert ziemlich genau dasselbe wie William, wenn er feststellt, daß Stirling bei den Franzosen «Sinaudon» genannt werde.

2. König Artus' Burgen

Eine ganz andere Betrachtungsweise, die ziemlich lange in unserem Jahrhundert die arthurische Forschung beherrschte, wurde von Roger Sherman Loomis eingeführt. Er verfocht vehement seine alte Theorie, derzufolge Snowdon das Römerkastell Segontium in Nordwales war, wobei er konsequent die Tatsache ignorierte, daß Snowdon auf walisisch *Eryri* oder *Yr Wyddfa* heißt. Basil Clarke hat aber mit Recht festgestellt, daß Segontium seiner imposanten Ruinen wegen in besonderem Maß die Einbildungskraft der mittelalterlichen Autoren erregte und nur deswegen in den *Nennius* und die *Mabinogion* Einlaß fand. Die bedeutendsten Artus-Forscher, darunter A. Ewert und E. Brugger, haben Loomis' These immer widersprochen und für Stirling votiert.

Fünf französische Autoren teilten höchst interessante Dinge über das romantische Snowdon mit: Es sei ein bedeutendes Königreich; die Königin von Gales, also von Wales, deren Name La Blonde Esmeree sei, lebe dort; es werde auch *Gaste Cité*, die Wüste Stadt, und das Wüste Land genannt, und daran sei der Verrat eines Schurken namens Mabon *(Le Bel inconnu)* schuld. Der frühe und sehr glaubwürdige *Tristan* des Béroul stellt es als König Artus' Hauptstadt und wichtigste Residenz dar. Chrétien läßt seinen Perceval dort in der Nähe im Wüsten Wald aufwachsen, bei der Burg, auf der eine Schwester des Artus herrscht. Es war dies die stimmgewaltige Verwitwete Herrin von Camelot. Nach Chrétien wurde auch Percevals Schwert hier geschmiedet, bei *Cotouatre*, alias *Scottewattre*, also am Firth of Forth. Ulrich schickte seinen Helden *Lanzelet* auf einen Eroberungszug von Limors (wahrscheinlich jenes Lammermoors, das Scott berühmt gemacht hat) zur Burg Beforet am Calder – gemeint ist, so scheint es, Edinburgh –, dann weiter zu der großen, prächtigen Festung Dodone, die auf einem Felsen in der Nähe des Meeres, aber doch so weit im Landesinnern stand, daß sie vor Seeräubern sicher ist, nur eine Tagereise von Edinburgh entfernt. Auch Valdone und Donone scheinen also mit Stirling identisch zu sein.

Nach Stirling kehrte das Schwert des Balin zurück, auf dem Fluß trieb es zu seinem Ursprungsort hin, zu dem Schmied, der es auf seinem Amboß gearbeitet hatte. Dies ist das eine Camelot, jenes, von dem der *Perlesvaus* sagt, es stehe bei einer «weit vorgeschobenen Landspitze», einer ganz und gar «wilden Insel» im Firth. Der Autor des *Perlesvaus* hatte von jemandem oder aus einem Text erfahren, daß die Landschaft dort höchst eindrucksvoll sei: ein Berg, der einsam in der Ebene aufragt. Und Stirling bietet wirklich dem Betrachter am Antoninuswall einen noch imposanteren Anblick als

selbst die rote Lavamasse des Rock of Clyde über der weiten Wasserfläche des Clyde, wo die Straße von Stirling her am Loch Lomond nach Süden abknickt und bis auf Meereshöhe abfällt.
Chrétien schrieb im *Perceval* (V. 295 ff.):

> Et cil dit: «Sire, ore esgardez
> Cel plus haut bois que vos veez,
> Qui cele montaigne avironne:
> La sont li destroit de Valdone.»

> Und er sagte: «Mein Herr, nun schaut
> auf die höchsten Bäume, die Ihr dort seht,
> die um jenen Berg herum stehen:
> Dort ist der Engpaß von Valdone.»

Und Perceval sagt: «A Sinadon la fu jo nes.» – «In Snowdon bin ich geboren.»

Wenn man alles bedenkt, so kommt man zu dem Schluß, daß König Artus wahrscheinlich die Burg, die sein erstes Schatzhaus war, in der fruchtbaren Ebene am Forth errichten ließ, daß er dort Künstler, Architekten, Gärtner beschäftigte und nicht etwa am alten Vulkan in Edinburgh, das damals vom Wasser des North Loch überschwemmt war, oder in der zerstörten Römerstadt Carlisle. Die Region um Carlisle war jahrhundertelang die am meisten gefährdete Gegend von ganz Britannien, von römischen Legionen durchzogen und von plündernden Pikten. Edinburgh stand ebenfalls in einem Grenzland, dem zwischen Hadrians- und Antoninuswall; im Westen, vom Clyde her – trotz Dumbarton –, verwundbar und den Angriffen von Seeräubern ausgesetzt, die im Firth of Forth kreuzten.

Stirling thronte einsam auf seinem Berg, fünfzehn Kilometer nördlich des Antoninuswalls, unter sich eine Straße durch die Sümpfe, auf der man sehr schnell in die Berge und Hügel des Hochlandes gelangte, wo man weit weg und vor allen Kriegswirren sicher war. So stehen denn der majestätische Felsen von Stirling und Artus' King's Knot einträchtig beisammen bei den Flußschleifen des Forth, von denen man sagt, jede von ihnen sei soviel wert wie eine ganze Grafschaft im Norden.

3. Die Tafelrunde

Die Frage, was «Die Tafelrunde» denn nun eigentlich ist oder war, hat in all der Zeit, seit dieser Ausdruck geprägt wurde, also wahrscheinlich seit Mitte des zwölften Jahrhunderts, die Phantasie und

3. Die Tafelrunde

Neugier der Menschen beschäftigt. Etliche Theorien haben eine Antwort zu geben versucht. Aber niemand scheint je zu der zweiten Frage vorgedrungen zu sein: *Wo* war sie?

Die erste und am weitesten verbreitete Theorie erklärt, die Tafelrunde sei ganz einfach ein Tisch, eine runde Tafel eben, gewesen. An diesen Tisch setzte man sich wie an andere Tische, die wir kennen, zum Essen hin. Die Waliser haben ein Liedchen, «Gorleg yr Halen» genannt, das angeblich gesungen wurde, wenn man das Salzfäßchen vor König Artus hinstellte. Aber wurde diese «Salzhymne» auch dann angestimmt, wenn man das Salzfäßchen zur Tafelrunde brachte? Wahrscheinlich nicht.

Dieser ersten und streng utilitaristischen Theorie zufolge war es ein *runder* Tisch, also einer ohne «Ehrenplätze»: angeblich sollte keiner der Vasallen des Königs sich über die anderen erheben. Aber das ist eine ganz und gar abwegige Annahme, denn Lancelot genoß sehr wohl eine Vorzugsstellung und thronte auf demselben Niveau wie der König über allen anderen.

Wenn wir nun anfangen wollen, die Plätze der Tafelrunde zu zählen, so merken wir sehr schnell, daß niemand, auch die bildenden Künstler des Mittelalters nicht, eine rechte Ahnung davon hatte, wie viele Personen eigentlich an diesem runden Eßtisch saßen. Der *Prosa-Lancelot* behauptet, zweihundertfünfzig Ritter hätten dort bei einem Hoftag des Artus im August Platz genommen. An einer früheren Stelle wird gesagt, jene neunzig Ritter, welche die Königin als Teil ihrer Mitgift dem König Artus zuführte, hätten dort gesessen. Malory schätzt die Zahl der Ritter, die Guinevere dem König für die Tafelrunde bringt, auf hundert. Geoffreys Übersetzer bzw. Bearbeiter Layamon hatte früher berichtet, Artus habe bei einem Schreiner in Cornwall den Tisch bestellt, und an dem sollten nicht weniger als sechzehnhundert Ritter gleichzeitig speisen können.

Nur wenig früher hatte Chrétien de Troyes noch durchaus vernünftige Angaben über die Zahl der Ritter von der Tafelrunde gemacht; er zählte zuerst zehn auf, und tat dann, ohne sich weiter um eine exakte Summe zu bemühen, noch gut zwanzig hinzu. Es scheint klar, daß niemand wirklich genau wußte, wie viele Plätze oder Mitglieder die Tafelrunde hatte. Und es steht fest, daß wir es tatsächlich mit irgendeiner Art von Mitgliedschaft, die formell geregelt war, zu tun haben, denn Lancelot wurde an einem Allerheiligentag in diese «Gesellschaft» oder «Genossenschaft» «berufen», nachdem er eine ernste Probe bestanden und sich als würdig erwiesen hatte. Wace, der den Gegenstand wie auch den Ausdruck «die Tafelrunde» in die Literatur einführte, kümmerte sich nicht um technische oder logistische Details wie Tischfüße und Holz aus Cornwall oder von anderswo, und er riskierte auch keine Schätzung der Zahl von Plätzen oder Mitgliedern. Er nennt sie eine «schöne Gesellschaft», weit und breit berühmt für ihre abenteuerlichen Taten und ihre «gestes» – das sind wiederum abenteuerliche Taten, nur auf französisch, und/oder Erzählungen, die von solchen Taten handeln. Er spricht nirgends im Zusammenhang mit dieser «Tafel» von einem *Tisch aus Holz*.

Die Möglichkeit, daß wir es hier mit Leuten zu tun haben, die als eine Art von Ehrenwache oder Eskorte zum Gefolge des Königs gehören, scheidet, leider, ebenfalls aus. Chrétien nennt uns die vier ersten Mitglieder: Gawain, Erec (der in Edinburgh gekrönt wurde), Lancelot und «Gonemanz de Goort». Der zuletzt Genannte ist bestimmt kein junger Mann im Dienst des Königs, sondern ein älterer Herr und einer der angesehensten Gönner und Onkel Percevals. Er gehört nicht zum Gefolge von Artus, und er erscheint auch fern vom Hof nie als eine Figur, die im Dienst des Königs steht. Außerdem sind die Mitglieder des Gefolges als solche dadurch erkennbar, daß sie «Diener» genannt werden: Das Wort *Gilla* in ihren Namen oder Titeln zeigt an, daß sie ein Amt am Hof des Herrschers innehaben: Henker, Schwertträger, Barde, «Pfeifer», Diener des «Pfeifers», Träger (dieser trug den König übers Wasser), Pferdeführer (dieser führte das Pferd des Königs über schwieriges Gelände) etc. Diese Personen sind unter denen, die bei der Krönung des Königs irgendeine Funktion ausüben, in Geoffreys detaillierter Beschreibung wiedererkennbar. Sie sind alle von viel niedrigerem Rang als Lancelot, Erec, Gawain und Percevals Onkel, die dem vornehmsten Adel angehören.

Die einzigen Autoren des Mittelalters, die eine konsistente Theorie vortragen, sind jene, welche die Gemeinschaft von Artus und seinen Rittern christlich-heilsgeschichtlich interpretieren. Die Königin Morgan auf der Gralsburg, die Schwester von König Artus, vertritt diese Betrachtungsweise, wenn sie von den «drei christlichen Gemeinschaften» spricht: 1. Die Jünger Christi beim Letzten Abendmahl, 2. die Gralsgesellschaft und 3. die Tafelrunde. In jedem dieser Fälle hat man es, versteht sich, mit zwölf Personen zu tun, oder eigentlich mit zwölf plus einer. Sie ergeht sich dann – ebenso wie ihre gebildete Tochter, die eines der Häßlichen Fräulein zu sein scheint – in gelehrten Diskursen über astronomische Dinge. Damit

3. Die Tafelrunde

sind wir bei einem weiteren Gegenstand angelangt, der immer wieder in Zusammenhang mit der «Tafelrunde» gebracht wird.

Der *Merlin* des Robert de Boron teilt mit, es sei Merlin gewesen, der jene Tafel für Uther Pendragon gemacht habe. Dieser besondere Zweig der Tradition wirkt das ganze Mittelalter hindurch fort bis ins sechzehnte Jahrhundert, wo die Chronik von Ihon Hardyng (1543) noch einmal jene Behauptung mit Nachdruck verficht.

Wenn andere Autoren die interessante Information wiederholen, Königin Guinevere habe die Tafelrunde als Teil ihrer Mitgift dem König Artus «mitgebracht», so stellen sie sich diesen Vorgang buchstäblich so vor, daß die Königin selber oder ein Diener sich einen großen, runden Tisch auf den Rücken lädt und zur Hochzeit schleppt. Aber das ist wohl nur eine von mehreren möglichen Interpretationen – es kommt eben darauf an, wie man das Verb «mitbringen» versteht.

Merlin war der Erzieher des Artus, und er führte die Regie in jenem Bravourstück, das dem jungen Helden Gelegenheit gab, seine Tüchtigkeit zu beweisen, indem er das Schwert, das Merlin in den Amboß-Stein (einen Feuerstein) gesteckt hatte, herauszog und Feuer entfachte. Merlin erbaute das «Kriegerdenkmal» des Aurelius Ambrosius aus Steinen, die er in Irland besorgt hatte. Sie gehörten einst zu einem Heiligtum, das unter der Herrschaft eines irischen Königs namens Gillomanus errichtet worden war, so jedenfalls Geoffrey von Monmouth. Eine Artus-Forscherin unserer Tage, Laura Hibbard Loomis, hat herausgefunden, daß *Gillomanus* «Diener der Steine» heißt und daß es sich dabei um den Titel eines heidnischen Priesters handelt. Wenn wir dies in unsere Überlegungen einbeziehen, so werden wir für den Gedanken empfänglich, daß die Tafelrunde, die Merlin für Uther machte oder baute, nicht aus Holz, sondern aus Stein gewesen sein könnte. Und daß sie nicht als Eßtisch diente, sondern weit weniger prosaischen Zwecken. Loomis stellt fest, daß in der arthurischen Literatur bisweilen Motive der Megalithkultur aus der Zeit um 2000 v. Chr. durchschimmern. Es ist Geoffrey wohl kaum ein Vorwurf daraus zu machen, daß er auf den irrigen Schluß verfiel, Merlin habe Stonehenge erbaut, da doch wirklich alte Steinbauten und Stonehenge aus der Tiefe hervorscheinen, wenn man die Taten des Aurelius Ambrosius betrachtet.

Stuart Piggott unterstützte diese Theorie von Relikten uralter Zeit in der arthurischen Literatur, als er überall in der arthurischen Tradition stark ausgeprägte Archaismen konstatierte. Heiligtümer unter freiem Himmel, rituelle Einfriedungen, der Kult mit abgeschlagenen Häuptern, mächtige Hügelbefestigungen wie die am nördlichsten Gipfel der Eildon Hills, jene Schanze, bei der Uther besiegt wurde und die – dies bereits 500 v. Chr.! – eine Fläche von mehr als 16 Hektar umfaßte – alles das deutet auf megalithische Bauten hin. Selbst zu Artus' Zeit scheint der König in der Lage gewesen zu sein, auf ein unglaublich großes Reservoir von ausgebildeten Handwerkern für Stein- und Metallarbeiten zurückzugreifen. In dem alten Schiff, das man bei Stranraer gefunden hat, entdeckte man Kupfernägel – und auf der Gralsburg gab es aufwendig gearbeitete kupferne Säulen. Exemplare jener Kriegstrompeten mit drei nach oben gerichteten Schalltrichtern, die in antiker Zeit verwendet wurden, finden sich in Museen. Schwerter, Kriegswagen mit Speichenrädern, goldene Halsbänder und Kronen, unterirdische Gräber, von Flammen umgeben, dreihundert Schiffe im Hafen der Gralsburg, Silberschätze, Wände mit Grabhöhlungen, in denen man die toten Helden bestattete (man zeigte Lancelot das Gelaß, in dem er einst ruhen sollte) – alle diese Dinge verweisen auf eine Gesellschaft, deren technische Entwicklung weiter fortgeschritten war, als man üblicherweise glaubt.

Diese alte Kultur des König Artus, sagt Stuart Piggott, bewies eine bemerkenswerte Kontinuität, und sie war eine universal keltische Kultur. Wände mit Bestattungshöhlen, wie man sie Lancelot zeigte, sind noch heute in einem Portalgewölbe in der Provence zu besichtigen. Dort sind die Höhlungen sehr klein, weil man darin nicht ganze Leichname, sondern nur die Köpfe bestattete. Die Erzählungen aus Ulster, das Korpus der arthurischen Literatur und Homers *Ilias* führen uns ein und dasselbe Kriegerethos vor Augen, und es gibt sehr viele Übereinstimmungen in den Verhaltensmustern und im Charakter der Figuren. Perceval ähnelt Agamemnon, Lancelot dem Achill, Gawain dem Hektor, und die Ähnlichkeit zwischen Artus und Herkules hat man schon in frühester Zeit bemerkt. Alle waren sie wilde Kämpfer. Alle achteten sie nicht den Schmerz noch den Tod und ehrten doch alle im selben Maß die Toten. Beim ersten Aufblitzen des Signalfeuers oder des Heliographen stürzten sie sich in den Kampf. Einer nach dem anderen erhob seinen Kriegsruf, der auf walisisch «Hubub» heißt und bei den alten Kaledoniern «Slogan». Wie Perceval konnten diese Krieger mit der Schnelligkeit eines Rehs oder eines galoppierenden Pferdes rennen. Der letzte, der am Sammelplatz ankam, wenn der *Slogan* erscholl, wurde öffentlich und unter Schmähungen getötet. Kein Wunder, daß Lancelot seine Pferde zuschanden ritt.

3. Die Tafelrunde

Die Kunsthistoriker bemühen sich oft vergebens bei der Deutung von Zeichen und Symbolen aus alter Zeit, der eigentliche Sinn bleibt den Gelehrten verborgen – man braucht nur an die Carnyx (Kriegstrompete), den Kamm, das «Horn» der Gralsburg (oder die Bucht mit dem «Horn»), das Segelschiff, das goldene Halsband, das Zeichen des Ebers und an die Harfe zu erinnern. Die alte keltische Kunst ist überwältigend und rätselhaft. Die Kelten waren wie die Völker noch früherer Zeiten große Steinbaumeister, auch wenn wir heute vielleicht keine Beweise dafür finden können, weil ihre Steine längst fortgeschleppt und bei Dammbauten verwendet oder gar zertrümmert wurden.

Unsere erste Frage muß nun, so scheint es, zunächst diese sein: Ist es sinnvoll, in der Gegend von Edinburgh und/oder Stirling nach einem *steinernen Bauwerk* zu suchen? Hat man wirklich jahrhundertelang eine falsche Spur verfolgt, wenn man nach runden Eßtischen Ausschau hielt und sonderbar geformte Tischfüße studierte?

Lancelot kam zu einem alten Kloster, einem Steingebäude, und stieg in die Krypta hinab zum Grab seines Großvaters, das von Flammen umgeben war. Der *Perlesvaus* spricht von einer Kapelle und einem Grab, in dem ein Leichnam nebst anderen Reliquien lag. Ein solches Bauwerk würden die Kunsthistoriker heute ein «Martyrion» nennen. In den Jahren 425–450 erbaute Galla Placidia in Italien ein Mausoleum für sich und den Kaiser. In derselben Epoche baute Königin Guinevere ein Mausoleum auf der soeben eroberten Gralsburg für sich und König Artus. In den Jahren zwischen 468 und 483, also um die Zeit von Artus' Geburt und Kindheit, wurde das Martyrion Santo Stefano Rotondo errichtet, und zwar auf einer «tabula», nämlich einem von Säulen getragenen Gebälk *(entablature)* statt auf einer Gewölbe- oder Arkadenkonstruktion. Man beginnt hier Verdacht zu schöpfen gegen Wace, der leichtsinnig in einer ebenso lakonischen wie folgenschweren Bemerkung den problematischen Ausdruck «Tafelrunde» bzw. «Runde Tafel» in die Welt gesetzt hat.

Im Jahr 1720 veröffentlichte Reverend Dr. William Stukeley eine Schrift über ein altes Bauwerk, das er in Stirlingshire entdeckt hatte, und zwar am Ufer des Carron bei Falkirk, wenige Kilometer südlich von Stirling. Der auffällige und sonderbare Steinbau stand an der großen Römerstraße, die von Stirling nach Süden führte. Die Einheimischen nannten das Gebäude «Arthur's O'on», «Arthurs

Ofen». Sie hielten es für einen Ofen, in dem man Brot für eine ganze Armee backen konnte, also für einen riesigen Freiluftherd. Von außen sah das Bauwerk exakt so aus wie ein gewaltiger Bienenkorb aus Stein.

Zum Glück für die Nachwelt setzte sich Dr. Stukeley sofort hin und machte eine genaue Zeichnung. Es war dies derselbe Stukeley, der – erstaunlicherweise als erster – entdeckte, daß die Anlage in Stonehenge nach dem Sonnenaufgang am Mittsommertag ausgerichtet ist, und er war der erste, der eine realistisch frühe Datierung (um 1750 v. Chr.) vorschlug. Auch die Entdeckung der «Avenue» und des «Cursus» in Stonehenge ist ihm zu verdanken. Reproduktionen seiner Zeichnungen sind im Museum von Avebury bei Stonehenge zu sehen und zu kaufen. Von R. J. C. Atkinson vom University College, Cardiff, einer Koryphäe der Archäologie unserer Tage, erfahren wir, daß Stukeley seiner Zeit weit voraus war und daß die megalithische Anlage bei Avebury der Allgemeinheit fast ganz unbekannt war, ehe Stukeley im Jahr 1743 sein Buch mit dem Titel *Abury* veröffentlichte.

Ähnliches gilt für Arthur's O'on. Wäre nicht Stukeley mit seinen Kenntnissen, seinem guten Willen, seiner Begabung und Beharrlichkeit gewesen, so wäre Artur's O'on der Welt verlorengegangen, restlos und für immer. Dreiundzwanzig Jahre nachdem Stukeley seine Zeichnung von dem Bauwerk gemacht hatte, wurde es abgerissen; die Steine karrte man weg und verwendete sie beim Bau eines Damms. Stukeleys unschätzbar wertvolle Schrift, seine Korrespondenz und seine Zeichnung sind alles, was von Arthur's O'on übrig geblieben ist. Der französische Gelehrte Fernand Niel versichert uns, daß Stukeleys Zeichnungen von megalithischen Bauten sämtlich ganz erstaunlich präzis seien, auf den Zentimenter genau. Zwei der Zeichnungen sind in der Zeitschrift *Antiquity* wiedergegeben (48, 1974, S. 283–287); dort ist auch Alain G. Browns Artikel «‹Gothicism, ignorance, and bad taste›: the destruction of Arthur's O'on» zu finden.

Der Bau, der bei den Einheimischen «Arthur's O'on» hieß, wurde von den Gelehrten immer für ein Denkmal irgendeines Kriegs gehalten. Solche Denkmäler entwickelten sich aus der römischen Sitte, Heerzeichen und erbeutete Waffen auf einem Baumstumpf zur Schau zu stellen. In späteren Zeiten wurde dann auch gelegentlich statt des primitiven Baumstumpfs eine Säule aufgestellt. Ein solch improvisiertes Denkmal eines römischen Siegs hieß *tropaeum* – daher unser Wort «Trophäe». Dann trat jedoch eine andere Theorie

3. Die Tafelrunde

Abb. 6: «Arthur's O'on» vor seiner Zerstörung im Jahre 1743, nach der Zeichnung von William Stukeley (1720).

hervor, derzufolge das arthurische Bauwerk ein früher römischer Tempel des Gottes Terminus, des Gottes der Grenzen, gewesen sein soll. Nach dieser Theorie wäre das Gebäude unweit des Antoninuswalls ein Grenzzeichen gewesen und zusammen mit dieser Anlage errichtet worden.

Aber keine dieser Theorien bezieht in ausreichendem Maß den Charakter des architektonisch einigermaßen komplexen Baus in ihre Überlegungen mit ein, obwohl wir aus den Quellen doch recht genau wissen, wie er aussah. Auch bezieht keine der Erklärungen den Hinweis auf die berühmte «Kapelle» mit ein, von der Perceval wußte, daß sie bei der Burg Stirling, wo seine eigene Mutter daheim war, lag. Bei dieser Kapelle hielt der Held an, um ein frommes Gebet zu verrichten und noch einmal die heiligen Reliquien zu betrachten.

Es stellt sich nun die Frage: Welche Art von Gebäude hätte man im fünften Jahrhundert benutzt oder neu errichtet, wenn man eine wertvolle Reliquie unterzubringen hatte? Die Antwort lautet: eine Rotunda, ein *Martyrion*. Das Heilige Land war voll davon.

Arthur's O'on war keineswegs ein improvisiertes Siegesdenkmal, ein *tropaeum*, sondern ein architektonisches Meisterwerk, ein freistehender kreisrunder Bau in der Form eines Bienenkorbs, errichtet aus vierzig Reihen von Quadersteinen, so Stukeley. Diese behauenen Steinblöcke waren ohne Mörtel aufeinandergeschichtet und standen auf einer erhöhten quadratische Bodenplatte aus Stein. Der Untergrund der Bodenplatte scheint ein künstlich aufgeworfener Erdhügel gewesen zu sein. Die Gläubigen betraten das Gebäude durch einen nicht überdachten Portikus aus zwei Steinblöcken – ein kleinerer auf einem größeren –, dieser war genauso breit wie der Eingang. Der Torbogen war eine echte Gewölbekonstruktion mit keilförmig zugehauenen Wölbsteinen. Darüber war ein Symbol eingehauen, das die Figur eines gestuften Bergs zeigte und vielleicht auf den Namen des Stifters oder den des Heiligtums verwies. Auf Stukeleys sehr gewissenhaft gezeichneter Abbildung ist überhaupt nichts auf der glatten Oberfläche des Steins zu sehen.

Die Größe von Bodenplatte und Gebäude kann in etwa aus den Relationen zu der Figur eines Reiters erschlossen werden, die Stukeley mit klugem Bedacht dazugesetzt hat, und zwar links und etwas unterhalb des Heiligtums. Aber auch unabhängig davon könnte man doch aus dem Vergleich mit erhaltenen und besser bekannten Rotunden aus arthurischer Zeit eine Vorstellung von den Maßen gewinnen.

Obwohl «Arthurs Ofen» offensichtlich nach dem Vorbild des berühmten Schatzhauses des Atreus erbaut wurde, diente er doch im fünften Jahrhundert nicht demselben weltlichen Zweck wie dieses. Und es ist auch ganz ausgeschlossen, daß er auf etwas so Profanes wie einen militärischen Erfolg hinwies, da doch eine ganz ähnliche Rotunda in Jerusalem nichts Geringeres als das Grab Christi beherbergte. Einem Bauwerk für eine so weltliche Göttin, wie es Victoria war, hätte man nie und nimmer die bedeutsame Form der Rotunde, eines hochheiligen Martyrions, gegeben. Dieser Kirchentyp war seit den Tagen des Konvertiten Konstantin in Mode, der im Ewigen Rom und im Goldenen Jerusalem zahlreiche christliche Sakralbauten errichtet hatte.

Die Kunsthistoriker haben gezeigt, daß alle Rundbauten der Antike und besonders seit der Zeit, da Konstantin im Heiligen Land seine Grabeskirche gestiftet hatte, im Prinzip ein und demselben Plan folgten. Ein frühes Beispiel für diesen Gebäudetyp ist der *tholos* des Äskulap aus dem vierten Jahrhundert vor Christus, die Reihe setzt sich dann fort mit dem Tempel der Tiburtinischen Sibylla, dem Pantheon in Rom, mit Konstantins Mausoleum der heiligen Konstanza (um 330), dem Lateran-Baptisterium (um 430) und eben mit der Grabeskirche. Die Rotunda und der kreuzförmige Grundriß waren seit etwa 350–380 überall in der Christenheit verbreitet. Wir haben bereits gesehen, daß die ikonographische Tradition, die von dieser prototypischen Kirche ausging, ganz Westeuropa beeinflußte.

Arthur's O'on war zu Lebzeiten des Königs ein rundes, mit einer Kuppel überwölbtes Heiligtum, das, ebenso wie das Vorbild in Jerusalem, ein Grab und Reliquien beherbergte. Oben in der Kuppel war, genauso wie im Pantheon, eine kreisrunde Öffnung, opaion, «Auge», genannt, durch die Licht einfiel. Bei dem Gebäude in Rom war diese Öffnung unbedeckt, die in der Grabeskirche von Jerusalem wurde vielleicht von einer hölzernen Dachkonstruktion überwölbt. Arthus' Kuppel wird von einer «Krone» abgeschlossen, von einer Reihe aus keilförmig zugehauenen Wölbsteinen, die das Opaion einfassen; die Öffnung ist folglich planvoll konstruiert, nicht etwa nachträglich entstanden. Der Durchmesser der Kuppel entspricht normalerweise in solchen Bauten, und so auch in Arthuie Kuppel der konstantinischen Grabkirche hatte einen Durchmesser von gut dreißig Meter, sie näherte sich einer elliptischen Form und besaß eine zentrale Lichtöffnung. Arthus' Sakralbau wurde, soweit man das auf der Zeichnung erkennen kann, oben von einer niedrigen Krone abgeschlossen, das «Auge» blieb unbedeckt. Stukeley zeichnete über dem Portal eine viereckige Öffnung, und zwar, wie Arthur D. Stevens beobachtet hat, in einer Weise, die deutlich macht, daß es sich dabei nicht etwa um eine planvoll angelegte Öffnung handelt, sondern vielmehr an dieser Stelle in späterer Zeit Steine herausgebrochen worden waren. Solche Bauten waren oft von Säulen umgeben, aber auf Stukeleys Zeichnung findet sich nichts, was darauf hindeuten würde.

Es ist nun unbedingt erforderlich, in der arthurischen Literatur nach Spuren jenes Bauwerks namens Arthur's O'on zu suchen, denn sprachwissenschaftliche Erkenntnisse machen deutlich, daß hier der Ursprung dessen liegt, was die Autoren in all den Jahrhunderten seit dem Mittelalter «Tafelrunde» nannten.

Nachdem einmal der Begriff «Tafelrunde» in die Welt gesetzt war, und zwar von Wace, dem Bearbeiter von Geoffreys *Historia*, wagten sich die kühneren Autoren arthurischer Werke sogleich unverzagt in noch tiefere Wasser vor. Niemand verstand oder überlegte sich, was Wace mit dem Ausdruck eigentlich gemeint hatte. Niemand fragte sich, wo Wace ihn gefunden hatte – gewiß nicht bei Geoffrey. Der *Merlin* dachte sich einen Ort, an dem König Artus viermal im

Jahr – an Weihnachten, Ostern, Pfingsten und am Johannistag – offiziell hofhielt oder vermutete, daß dieser Ort die runde Verteidigungsanlage von Camelot war, King's Knot bei Stirling also. *Le Roy Artus* meinte, dort säßen zweihundertfünfzig Krieger, Layamon gar machte ein Möbel daraus, das der Alptraum jedes Schreiners sein müßte. Der *Grand Saint Graal* dachte sich einen Tisch mit einem ominösen dreizehnten Stuhl, dem «Schrecklichen Sitz», und stellte sich diesen Tisch auf der Gralsburg vor, auf Corbenic im Fremden Land. Wolfram von Eschenbach löste die logistischen Probleme so, daß er einfach ein großes Tuch auf einer Wiese auslegen ließ und das Mahl als Picknick servierte, wodurch der Bau einer Tafel ganz unnötig wurde.

Laura Hibbard Loomis deutete an, die Tafelrunde könnte einst in Verbindung zu Christus gestanden haben, da der Tisch, der beim Letzten Abendmahl benutzt wurde, angeblich rund und nicht viereckig war: von der *mensa rotunda Christi* (dem runden Tisch Christi) ist in mittelalterlichen Quellen die Rede. Anders als im Deutschen und im Englischen steht im Lateinischen und in den romanischen Sprachen überhaupt normalerweise das Nomen *vor* dem Adjektiv, daher: *mensa rotunda* und nicht etwa: *rotunda mensa*. Mrs. Loomis hat uns auf eine Idee gebracht, die uns auf den Text von Wace zurückverweist.

Die genaue Formulierung, die Wace gebraucht, ist wichtig; er sagt: «Fist Artus la Roönde Table» (*Brut, V. 9747*) – *Artus machte* (oder *baute*) eine ‹auf eine Tafel gelegte› (tablée), auf einer Tafel ruhende Rotunde, also: eine Rotunda über einer Bodenplatte oder einem Fundament. Nach den Regeln des Altfranzösischen muß man nämlich annehmen, daß *roönde* (lat. *rotunda*) und nicht etwa *table* (das lateinische Wort für «Tisch» ist im übrigen *mensa*) das Nomen ist. Wir wissen, daß *rotunda* auch Vergils Grab genannt wurde, welches die Form einer runden Höhlung hatte. Dem *O'on* des Artus liegt also wahrscheinlich das lateinische Wort *rotonda/rotunda* zugrunde, das bei der Übernahme ins Altfranzösischen und Schottische entstellt wurde.

Glücklicherweise hat der Kunsthistoriker M. J. T. Lewis dieser Frage in seinem Buch *Temples in Roman Britain* Arthur's O'on eine sorgfältige Studie gewidmet und ist zu dem Schluß gelangt, daß es sich um ein Bauwerk gehandelt haben muß, das absolut einzigartig war, und daß es unter all den freistehenden Bauten der ganzen römischen Welt nichts Vergleichbares gab. Die Kuppel soll demnach eine lichte Weite von sieben Meter gehabt haben und etwa dieselbe

3. Die Tafelrunde

Abb. 7: Skulpturfragment vom Rose Hill. Nach J. C. Bruce: *Hand-Book of the Roman Wall.*

Höhe, der Außendurchmesser betrug neun Meter. Diese Werte geben das wieder, was Stukeley und der Altertumsforscher A. Gordon, der 1726 das Gebäude vermessen und gezeichnet haben soll, sahen. In seiner *History of Scotland* (1873) gab John Hill Burton eine Übersicht über den damaligen Stand der Erkenntnisse zu diesem Gegenstand. Der Leser findet die ganz ausgezeichnete resümierende Zusammenfassung von Maitland im Anhang dieses Buches abgedruckt. Was Lewis betrifft, so behauptete dieser mit Gewißheit, im Innern des Baus habe ein mächtiger Steinblock gestanden, entweder der Sockel eines Standbildes oder ein Altarstein. Er datierte mit Stukeley den Bau auf die Jahre 290–293 n.Chr. und hielt die folgende Aussage der Nennius-Kompilation für glaubwürdig:

Carutius ... domum rotundam politis lapidibus super ripam Carun ... fornicem in victoriae memoriam erigens construxit.

Carausius erbaute auf dem Ufer des Carron (südlich von Stirling unweit des Römerlagers Camelon) ein rundes Haus aus behauenen Steinen zum Gedenken seines Siegs.

Soweit ist mittlerweile die Sache gediehen – es bleibt unentschieden, ob Nennius recht hat oder Wace, ob also Carausius Arthur's O'on erbaute oder aber Arthus' Vater mit Hilfe Merlins.

Lewis weist auch auf jene Reliefabbildung hin, die J. C. Bruce in seinem *Handbook to the Roman Wall* unter der Bezeichnung «Skulpturfragment vom Rose Hill, Gilsland bei Rockcliffe, Cumberland», also vom Hadrianswall, aufführt und die einen runden Kuppelbau mit hohem Portal, daneben einen Baum, zeigt. Aber diese Kuppel ist oben geschlossen, außerdem höher und schlanker als Arthur's O'on und hilft uns deswegen bei der Frage nach dem arthurischen Bau, der ja zudem auch noch am *Antoninus*wall stand, nicht weiter. Im übrigen mag das Bauwerk, das Nennius dem Carausius zuschreibt und das am Antoninuswall liegt, durchaus mit Arthur's O'on identisch sein.

Weiter führt Lewis dann auch das Zeugnis des William von Malmesbury in dessen *Gesta Pontificum Anglorum* (3:99, ed. Rolls) an:

... videas mira Romanorum artifitia; ut est in Lugubalia civitate triclinium lapideis fornicibus concameratum, quod nulla umquam tempestatum contumelia, quin etiam appositis ex industria lignis et succensis, valuit labefactari ... scripturaque legitur in fronte triclinii: «Marii Victoriae».

... du kannst wunderbare römische Kunstwerke sehen; so etwa gibt es in der Stadt Carlisle einen Sitz mit Gewölbebögen aus zugehauenen Steinen, den kein Sturm je erschüttern konnte, ja, nicht einmal wenn man mit Fleiß unmittelbar daneben einen Holzhaufen anzündet, schadet ihm das ...: und vorne auf dem Sitz kann man die Schrift lesen: «Zum Gedenken an den Sieg des Marius.»

Diese Bemerkung des William von Malmesbury ist gewiß sehr interessant, steht aber in keinem erkennbaren Zusammenhang mit der Rotunda von Arthur's O'on.

Wenn dieses Bauwerk mit der «Runde»/Rotunde identisch ist, die in irgendeiner Weise von König Arthus' Geheimgesellschaft genutzt wurde, so ist zu erwarten, daß es sich in der arthurischen Literatur erwähnt findet, und zwar als Gotteshaus, als Kapelle, oder doch jedenfalls als heiliger Ort. Kehren wir also zum *Perlesvaus* zurück, wo es eine ganze Reihe von Kapellen gibt, die sich deutlich voneinander unterscheiden lassen.

Kapelle Nr. 1
König Artus begibt sich von Carlisle auf eine Reise und gelangt am Abend des ersten Tags zu einer Kapelle, in der die sterblichen Überreste eines Eremiten liegen. Hier tritt die Muttergottes als Verbündete des Königs in Erscheinung.

Kapelle Nr. 2
Am Abend des zweiten Tags der Reise gelangt Artus zur Kapelle eines heiligen Augustinus. Der Einsiedler dort erkennt ihn als den

König Artus, Sohn des «Uter» oder des «Pandragon». In zwei Tagen hätte Artus sehr leicht in das westlich von Carlisle in Galloway gelegene Whithorn gelangen können, das auf lateinisch «Witerna» heißt. Hat der Autor des *Perlesvaus* vielleicht aus *Ninian*, dem vergessenen schottischen Heiligen der alten Zeit, einen «Augustin» oder «Augustinian» gemacht?

Genau dies scheint, so wie sich die Geschichte im folgenden (Zl. 282–328) weiterentwickelt, der Fall zu sein. Während der Meßfeier erscheint das Jesuskind in eigener Person, es verwandelt sich in den gekreuzigten Christus, dieser verschwindet dann in einer Feuererscheinung. König Artus war aufgefordert worden, das Heiligtum nicht zu betreten; an seinem Platz außerhalb der Kapelle wurde er in gewissem Sinn Zeuge der Ereignisse, ohne doch direkt etwas davon zu sehen. Der König ist, so wird gesagt, vierzig Jahre alt, er regiert seit zehn Jahren; es herrscht Friede im Land.

Diese dramatische und eindrückliche Szene ist aber noch aus einem anderen Grund bedeutsam: Sie ist nicht fiktional, und es handelt sich auch nicht um einen Originalbeitrag des *Perlesvaus*-Autors aus Glastonbury – sie ist vielmehr das Herzstück einer Dichtung des achten Jahrhunderts über den heiligen Ninian, von der Wilhelm Levison in der Zeitschrift *Antiquity* berichtet. Dort ist es die Oblate, welche die Gestalt des Jesuskindes annimmt, dieses verwandelt sich in den Armen des Priesters in den erwachsenen Christus, der dann wieder zum Opferbrot wird.

Im Licht dieser Entdeckung erweisen sich die Kapellen des *Perlesvaus* als authentisch und einer neuen ernstlichen Betrachtung wert. Es hat den Anschein, als befinde sich Artus auf einer Pilgerfahrt und einem «Umritt rechts herum» durch sein Reich.

Kapelle Nr. 3

Unter der Führung von Percevals heiligmäßiger Schwester gelangt König Artus dann zu einer Kapelle, die sich von den anderen dadurch unterscheidet, daß sie klein und auf vier Marmorsäulen erbaut ist (Zl. 467 ff.) und daß sich in ihrem Innern ein Leichnam befindet, und zwar in einem Sarkophag, auf dessen Deckel geschrieben steht, dieser werde sich «vor dem besten Ritter der Welt, wenn er kommt», auftun.

Als er noch ein Kind war, hatte Perceval (er heißt hier Pelles-vax – nach den *vax*, den Tälern, von «Kamaalot», dem Erbe, das man dem Helden geraubt hat) einmal seinen Vater Alain gefragt, wessen

Leichnam denn in jener Kapelle liege. Alain hatte geantwortet, es sei eine sehr alte Kapelle, sie sei schon vor seines eigenen Großvaters Lebzeiten errichtet worden. Daraus ergibt sich ein Entstehungsdatum vor 440, also genau passend zur Lebenszeit des heiligen Ninian. Diese dritte Kapelle hatte ein Dach aus Holz. Sie stand an einer Landstraße mit viel Verkehr: als Artus von dem Fräulein wissen will, ob viele Ritter hier angehalten haben, um zu beten, bejaht sie diese Frage.

Dieselbe Kapelle wird noch einmal beschrieben, als Gawain dort einkehrt (Zl. 1028 ff.). Wir erfahren nun, daß sie in Sichtweite der Festung Camelot liegt, daß es keine Umzäunung oder Umfriedung gibt und daß man, um zum Felsen von Stirling zu gelangen, einen Fluß überqueren muß. Die Szene spielt sich zu einem Zeitpunkt ab, da Perceval bereits sieben Jahre von zu Hause fort ist.

Die Erzählung erreicht ihren Höhepunkt (Zl. 5208 ff.), als der Held zurückkehrt, als er aus der Ferne die große, hohe Burg auf ihrer Klippe erblickt, unter ihr die weiten Schleifen des Flusses, und als er dann zu dieser Kapelle auf den vier Marmorsäulen hinreitet, die zwischen dem Wald und der Burg steht. Und da öffnet sich dann der Sarkophag vor Perceval, und drinnen liegt wunderbarerweise der Leichnam des Joseph von Arimathia.

Wenn man die Karten des antiken Britannien studiert, so stellt man fest, daß diese dritte Kapelle wahrscheinlich an der Römerstraße lag, die von Süden kommend weiter nach Stirling führte, an der Stelle, wo W. Douglas Simpson, Spezialist für die Geschichte von Stirlingshire, die alte Pfarrei und Königskirche des heiligen Ninian lokalisiert hat.

Ein letztes Mal kommt die Rede auf diese Kapelle und den Sarg, den Perceval schließlich, da Artus' Reich in Auflösung begriffen ist, an einen anderen Ort in Sicherheit bringen muß, wenn festgestellt wird, daß es bezeichnenderweise die Verwitwete Herrin von Camelot war, die Schwester des König Artus also, die dieses Kirchlein mit den Marmorsäulen entweder «errichten ließ» (so die Übersetzung von Sebastian Evans) oder «stiftete» (so Nitze und Jenkins) oder – und diese Lesart scheint mir die richtige zu sein – *wiederaufbauen* oder *restaurieren* ließ («estoree»). In jedem Fall geht aus der Stelle hervor, und das ist auch so verstanden worden, daß zu Artus' Zeit tatsächlich Steinbauten errichtet wurden; speziell Kuppelbauten kamen erst im vierten Jahrhundert in Mode – es ist also wenig wahrscheinlich, daß Carausius im dritten Jahrhundert der Bauherr war.

3. Die Tafelrunde

Kapelle Nr. 4

Wir behalten diese Überlegungen im Kopf und wenden uns nun einer vierten Kapelle zu, die «gaste» genannt wird (Zl. 5025 ff.), die «Wüste Kapelle». Auch dieser Bau ist alt und klein. Er steht mitten im umfriedeten Bezirk des «Gefährlichen Friedhofs». Auf dem Altar in der Wüsten Kapelle liegt das Tuch, das einst den toten und den wiederauferstandenen Leib Christi bedeckte. Dieses Leichentuch wurde, so Sebastian Evans' Interpretation der Stelle, nicht in der Grabeskirche in Jerusalem, sondern im «saint monument» (Zl. 5035) aufbewahrt, in unserer vierten Kapelle.

An dieser Stätte des Grauens mußte Percevals fromme Schwester eine Nacht durchwachen, und zwar, so forderte es der Brauch des Orts, allein und ohne einen Beschützer. Inmitten von Schwertergeklirr und geisterhaftem Schlachtenlärm schreitet das Fräulein tapfer an dem riesigen Kreuz vorbei, das über dem Eingang zum heiligen Bezirk aufgerichtet ist. Sie betritt die Anlage, einen Kriegerfriedhof aus der Zeit der ersten Besiedlung des Landes. Der heilige Andreas selbst hat einst diese Begräbnisstätte geweiht.

Nun ist der heilige Andreas der Patron von Schottland, und das läßt uns vermuten, daß die Nachtwache der Dame Teil der Feierlichkeiten anläßlich des Jahrestages seines Martyriums an dem X-förmigen «Andreaskreuz» ist und daß die fromme Handlung zu Ehren der gefallenen Krieger nicht lange nach Allerheiligen stattfindet, denn der Andreastag, Ende November, fällt ungefähr in diese Zeit (Zl. 5072 ff.). Wie auch immer, der Autor des *Perlesvaus* interessiert sich jedenfalls sehr für die Einzelheiten jener einsamen Nachtwache – er ist überwältigt vor Grauen.

Die Schilderung, wie da Percevals Schwester auf dem Heldenfriedhof eine kalte, dunkle Nacht lang ausharrt, greift auch dem modernen Leser ans Herz. Es passieren verschiedene höchst sonderbare Dinge im Verlauf dieser Nacht, die sämtlich dem Leser schrecklich und unerklärbar erscheinen müssen. Vor den Augen der jungen Dame erhebt sich, wie vom Wind emporgehoben, das Altartuch in die Lüfte. Um die Kapelle herum liegt alles in tiefer Finsternis, nur im Innern des Gebäudes ist es hell, obwohl keine Lichter angezündet sind. Offenbar kann das Fräulein manchmal das flatternde Tuch mit den Händen festhalten, aber einmal steigt es auf und schwebt so hoch über dem Haupt der Dame, daß sie es nicht mehr berühren kann. (Dies trägt sich in einem kleinen Gotteshaus zu!) Schließlich läßt sich eine Stimme vernehmen, die aus dem Raum oberhalb der Kirche tönt.

Was liegt näher als die Annahme, daß das Mädchen jene Nachtwache im Innern von Arthur's O'on absolviert, in einer Kapelle ohne Dach, die oben offen ist? Dies könnte erklären, weshalb das kostbare Altartuch sich in die Luft erhob. Es könnte auch erklären, weshalb Licht in den Raum fiel, nämlich vom Mond oder einem hellen Planeten, und auch das Rätsel der Stimme von oben wäre gelöst. Die Stimme sagt den Tod des Fischerkönigs voraus – sie (oder Merlin) weiß also offenbar, daß Perceval und seine fromme Schwester Dandrane zu dessen heiligem Geschlecht gehören und aus Camelot stammen. Dandrane hat nicht weit zu gehen, wenn sie von dieser heiligen Begräbnisstätte nach Hause in die Festung Camelot will.

Als Lancelot dort hingelangt, sieht auch er die Kapelle in dem Weihebezirk stehen, er sieht einen Soldatenfriedhof mit einer Umfriedung eingeschlossen. Der Ort, so wird gesagt, sei überall von Wald umgeben gewesen. Über dem Eingangstor ragte ein mächtiges Kreuz auf. Lancelot sieht eine weite Talfläche, zweifellos das Tal des Carron bei Falkirk. Er weiß, daß Percevals Schwert dort in der Gegend geschmiedet wurde; die Eisenindustrie am Carron war einst eine der bedeutendsten der Welt.

Am folgenden Tag reitet Lancelot von der Wüsten Kapelle, die von einer Dornenhecke umgeben ist – dieser Held ist ein sehr gewissenhafter Beobachter –, weiter und kommt zu einer riesigen antiken «Stadt», so erscheint es ihm jedenfalls, die verlassen daliegt. Wir wissen heute dank den Forschungen des Historikers Simpson über Stirlingshire, daß die Ruinen, die Lancelot seinerzeit für Relikte einer aufgegebenen Stadt hielt, wahrscheinlich eher zu dem rechteckigen Römerlager Camelon gehörten. Wir kennen sogar die genauen Maße dieser Anlage: knapp siebenhundert Meter (West- und Ostseite) mal zweihundertfünfzig Meter (Nord- und Südseite). Das Haupttor im Süden bot direkten Zugang zum Antoninuswall, wobei man vier Gräben und zwei Wälle passieren mußte, so stark war die Festung mit Schanzwerken gesichert. Der Nord- und Ostseite war eine dreifache Linie von Wällen vorgelagert. Es gab noch zwei kleinere Eingänge, und zwar auf der Westseite. Das römische Camelon – allerdings sagt Lancelot nicht, daß es sich um eine römische Anlage handelte – war etwas größer als die Burg Stirling in ihren heutigen Ausmaßen.

Falls es noch irgendwelche Zweifel am Alter und an der Glaubwürdigkeit der arthurischen Romane gegeben haben sollte, so werden

3. Die Tafelrunde

diese durch das, was nun folgt, zerstreut. Lancelot ergötzte sich an dem imposanten Anblick dessen, was seiner Meinung nach einst eine Stadt mit allem, was dazugehört, gewesen war. Auch für ihn gilt, was der englische Historiker Hodgkin ganz allgemein beobachtet hat: Innerhalb einer Generation hatten die meisten Briten die römische Besatzungszeit vergessen. Lancelot, der keine weiteren Nachforschungen anstellt, sieht einen Ort,

> von Menschen leer, und sieht die großen Paläste in Trümmern und aufgegeben und findet die Märkte und Wechselstuben verlassen und sieht die großen Friedhöfe voll von Sarkophagen und die Kirchen verödet. Er reitet die breiten Straßen entlang und findet einen großen Palast, der besser erhalten und weniger heruntergekommen aussieht als die anderen. (V. 2863ff.)

Wir im zwanzigsten Jahrhundert sollten doch endlich den guten Willen aufbringen, diesen Bericht ernst zu nehmen, da wir heute aus den Forschungen zur britischen Geschichte wissen, wie kurz das Gedächtnis der Menschen war und wie sonderbar Lancelot inmitten ungeheurer Ruinen aus der fünfhundert Jahre dauernden Epoche der römischen Herrschaft zumute gewesen sein muß.

Die beiden zuletzt genannten Kapellen Nr. 3 und 4 standen im Korridor von Bannockburn, in einem Gebiet, das jahrhundertelang ein einziges Schlachtfeld gewesen war und folglich ein sehr wahrscheinlicher Standort für einen alten Soldatenfriedhof. Lancelots Camelon, zu seiner Zeit nur mehr ein Trümmerhaufen, hatte einst – kein Mensch weiß oder wußte, wie lange – den Zugang zum schottischen Hochland im Norden kontrolliert. Bei Camelon passierte die große Römerstraße jenen Grenzwall des Antoninus Pius, den die Schotten unter dem Namen «Graham's Dike» kennen. Das Römerlager stand unmittelbar nördlich von Falkirk und war die 14. von 17 Festungen am Wall.

Die Kapelle Nr. 3, die auf den Marmorsäulen, hieß «An Eaglais» – eine von mehreren Kirchen namens Eccles. Der Name erinnert an den von Percevals Mutter, die ja angeblich etwas mit dem Bau des Gotteshauses zu tun hatte: Yglais. Ihre Tochter Dandrane hielt ihre fromme Nachtwache, das scheint einigermaßen sicher erwiesen, in der Rotunda von Arthur's O'on. Ob der König selbst diesen Kuppelbau errichten ließ oder nicht, so brachte er doch jedenfalls dort viele Stunden in feierlicher Andacht zu, und darum wurde später die Kirche eng mit der Gemeinschaft der «Tafelrunde» assoziiert. Arthus' Kuppel, ein herausragendes Beispiel für einen Gebäudetyp, der schon immer auch mit dem christlichen Symbol des Bienenkorbs in

Verbindung gebracht wurde, war eine der ganz großen Architekturleistungen jener alten Zeit.

Wenn es wahr ist, daß während jener Nachtwache durch das Auge in der Kuppel Licht einfiel, dann läßt dies auf genaue Kenntnis der Regelmäßigkeiten schließen, die am Sternenhimmel zu beobachten sind. Wenn das Licht sehr hell war, so kam es vielleicht vom Vollmond, der ins Innere des Gotteshauses schien, wohl kaum von der Venus, die sich nicht hoch genug über den Horizont erhebt. Das Gebäude war zugleich ein Observatorium vom Typ der antiken *cava cortina*, Abbild des zirkumpolaren Himmels, wie er von der Erde aus erscheint. Die Kuppel in der Form eines umgedrehten Kessels ahmte gewissermaßen die Himmelskuppel nach, der Polarstern, um den herum sich die Fixsterne der nördlichen Hemisphäre drehten, genau in der Mitte des Auges. Wenn in der Dunkelheit der Mond aufging, so zog dieser seine Bahn über den Himmel und schien, manchmal genau in der Mitte der Nacht, durch die Lichtöffnung in das Heiligtum. Wir wissen aus Geoffreys *Vita Merlini*, daß der Seher sich ein eigenes Observatorium gewünscht hatte und daß dieser Wunsch erfüllt wurde.

Wahrscheinlich zwölf Ritter saßen beim feierlichen Gottesdienst im Innern dieser Tafelrunde, König Artus als das Haupt der Kriegergemeinschaft hatte den Vorsitz inne. Eine andere Gemeinschaft war die vom Gral, die ein weit höheres Ansehen genoß und deren Geheimnisse noch strenger gehütet wurden. Sie alle erwarteten die Ankunft des Galahad, die, wie sie wußten, das baldige Ende von der Herrschaft des König Artus auf Erden anzeigen würde.

4. Die Insel Avalon

Die Kunde davon, daß der ruhmreiche König Artus schwer verwundet wurde (in der Schlacht bei «Camblan») und daß man ihn dann zur Genesung auf die Insel Avalon brachte, stammt aus der *Historia* Geoffreys von Monmouth. Es waren lediglich einige knappe Worte, die dies meldeten: «inclitus ille rex arturus letaliter uulneratus est qui illuc ad sananda uulnera sua in insulam avallonis euectus.» Die walisische Überlieferung schmückt Geoffreys Bericht aus und korrigiert ihn, wenn sie mitteilt, der König sei «mitten aus der Schlacht» fortgetragen und zur «ynys Avallach» gebracht worden, wo man seine Wunden behandeln wollte. Die Korrektur der Waliser besteht darin, daß sie den Namen der Insel mit «Avallach» statt mit

4. Die Insel Avalon

«Avalon» angeben. Diese Änderung stellt eine Verbindung zwischen Geoffreys Worten und der späteren Gralsliteratur sowie der Figur des Perceval her: Der *Grand Saint Graal* erzählt nämlich recht ausführlich von einem unbekannten König namens Avallach/ Evelake von Sarras (Nazareth?), den Joseph von Arimathia nach langwierigen Bemühungen schließlich zum Christentum bekehrt und auf den Namen *Mordreins*, das bedeutet «Langsam zum Glauben», getauft hatte. Jahre später, nachdem Mordreins (oder Mordrains) nach Britannien ausgewandert war, verlor er im Krieg das Augenlicht. Er betete zu Gott, er möge ihn neun Generationen lang bis zur Ankunft des Galahad am Leben lassen. Nachdem Corbenic erbaut war, lag der Kriegsinvalide in einem Kloster, bis schließlich Perceval und Galahad die Fahrt nach dem Gral erfolgreich beendet hatten. Auf der Burg Corbenic im Land «Foreygne» (im Fremden Land) fand er seine letzte Ruhestätte. Dort wurde – damals – der Gral aufbewahrt; die Burg war die Krönungsstätte der Gralskönige und diente außerdem als Hospital, in dem «schlafende Ritter starben».

Der Sieche oder Versehrte König Mordreins, dessen Leib angeblich neun Generationen lang am Leben blieb, ähnelt dem heiligen Spirido, der auf der griechischen Insel Korfu große Verehrung genießt. Jedes Jahr im August wird sein Leib, von dem man annimmt, er sei im Tod lebendig, aus dem Grab genommen und geküßt. Der Fall des Mordreins ist, wie man sieht, nicht einzigartig. Die Burg Corbenic steht also wahrscheinlich auf der «Insel des Avallach», und aus diesem Personennamen wurde dann der Ortsname «Avalon».

Als Geoffrey von Monmouth seine *Vita Merlini* schrieb, kehrte er zu dem Gegenstand zurück, den er etwa fünfzehn Jahre zuvor in nüchterner Prosa behandelt hatte, um nun eine poetisch ausgeschmückte Darstellung zu liefern. Jetzt ließ er die halb-mythische Figur des keltischen Barden Taliesin, eines gefeierten Dichters, berichten, Artus sei auf die «insula pomorum» (Apfelinsel) gebracht worden; diese werde wegen ihrer üppigen Vegetation, und weil ihre Bewohner sich einer langen Lebensdauer erfreuten, «Fortunata» (die Glückliche, Gesegnete) genannt. Diese Vorzüge werden auch in den mittelalterlichen Enzyklopädien der Insel nachgerühmt. Die Heilerin «Morgan» und ihre neun Schwestern regierten dort, fügt Geoffrey hinzu. Der Lotse von Artus' Schiff war der Barinthus des heiligen Brendan oder aber ein anderer Barinthus, behauptet Taliesin, und Artus starb nicht, sondern lebte weiter dort auf Avalon. Dann übernimmt Merlin das Ruder der Geschichte; er sagt ebenfalls, Artus sei bei Camlan «tödlich» verwundet worden, und behauptet, man habe den König *übers Meer* zu einem Nymphenschloß gebracht, nicht etwa in ein Frauenkloster oder sonst zu einem Ort der realen Welt.

Zum Glück für den modernen Leser arthurischer Literatur haben etliche Gelehrte, namentlich Sir John Rhys, Geoffreys Bestreben durchschaut, mit der schnell wachsenden Legende um König Artus Schritt zu halten bzw., falls dies sein Motiv war, sich von aller Schuld reinzuwaschen. Rhys hat gezeigt, daß es William von Malmesbury war – als Historiker nach dem Urteil der Zeitgenossen Geoffrey durchaus ebenbürtig –, der als erster die fehlerhafte Beziehung zwischen dem walisischen Wort für «Apfelbaum» *(afall)* und *Avalon* herstellte. Dieser große Kirchenmann, der damals bereits der offizielle Geschichtsschreiber der Abtei Glastonbury war, bezog den Namen in dieser Deutung auf Glastonbury. Da er ein Mann von einigem Einfluß war, konnte er seine irrige Meinung in der Welt durchsetzen und wahrscheinlich sogar Geoffrey beeindrucken.

Nachdem die Theorie, Avalon sei mit Glastonbury identisch, als unstimmig abgetan ist, bleibt im wesentlich das übrig, was Geoffrey berichtet hatte: *Avalon* ist ein Name für die Insel des berühmten «lebend toten», d. h. verwundeten Königs. Wenn Geoffrey in einer Quelle noch einen anderen Namen vorfand, der *po + more* oder ähnlich lautete, und wenn er ihn als ein lateinisches Wort auffaßte, so konnte er sehr leicht zu dem Genitiv Plural *pomorum* («der Äpfel») gelangen. Wenn aber das Wort, das er las oder hörte, in Wirklichkeit *deutschen* Ursprungs war, so bedeutete es vielleicht «beim Meer» *(Pomerania, Pommern)*. Die Insel war auch für ihre Gartenbau-Erzeugnisse und ihre staunenswerte Fruchtbarkeit berühmt. Hier scheint Geoffrey durchaus zuzustimmen.

Manche Gelehrte haben argumentiert, man habe Avalon nicht notwendigerweise auf einer Insel zu suchen, da das Wort *Insel* oft verwendet werde, um eine religiöse Stiftung zu bezeichnen, so etwa die Benediktinerabtei Glastonbury, die Isle of Whithorn, die Isle of Ely, die Île de France oder auch die Abtei von Westminster, die «Isle of Thorney» genannt wurde. Andere haben mit großem Aufwand wahrscheinlich zu machen versucht, daß Glastonbury in antiker Zeit tatsächlich eine Insel, wohl von Salzwasser umgeben, gewesen sei. Aber all diese Argumente können nicht überzeugen, weil sie Geoffreys Aussage ignorieren, der König sei auf einem Schiff «hin-

4. Die Insel Avalon

ausgefahren» – *euectus* heißt es im Text –, also übers hohe Meer, nicht bloß über seichte Küstengewässer. Sein Lotse hieß Barinthus, nach dem Lotsen des heiligen Brendan, der einst den frommen Mann und seine Gefährten von Irland mit etlichen Zwischenstationen in ihre Neue Welt brachte. Geoffrey besteht auf einer richtigen Seereise, bei der man außer Sichtweite des Landes und vielleicht in schwierigen Gewässern navigieren oder einen gefährlichen Hafen ansteuern mußte – Fälle, in denen ein Lotse nützlich oder unbedingt nötig ist.

Sir John Rhys hat dankenswerterweise eine Liste von zehn britischen Inseln zusammengestellt, deren jede, wie er behauptete, jenes Avalon gewesen sein könnte. Der Fairneß halber muß man hinzufügen, daß er zu der Zeit, da er diese Übersicht erarbeitete, bereits ins Lager der Mythologen übergewechselt war und glaubte, *Avalon* bezeichne nicht eine einzige, ganz bestimmte Insel, eben die, auf die man den historischen König Artus brachte, damit er dort seine Wunden auskuriere; vielmehr könne es eine beliebige Menge von wirklichen Inseln geben, die alle gleichermaßen mythische Toteninseln seien. In alter Zeit, sagte er, wurden die Toten auf weit entfernten Inseln im Meer bestattet, weil nur so gewährleistet war, daß die Geister nicht zurückkehren und bei den Lebenden «umgehen» konnten. Hier verweigert auch er Geoffrey die Gefolgschaft, der ja doch an zwei Stellen betont, Artus sei nur schwer verwundet, aber nicht tot gewesen, und Taliesin und/oder Merlin von seiner Wiederkunft in sein Reich reden läßt. Der *Didot-Perceval* erzählt, Artus' Untertanen hätten in Carlisle vierzig Jahre darauf gewartet, daß der König zurückkehre, aber vergeblich.

Sir John Rhys nennt die folgenden Inseln:

1. Glastonbury
2. Gower
3. Aberystwyth
4. Gresholm
5. Scilly Isles
6. Bardsey
7. Puffin Island
8. Isle of Man
9. Tory Island
10. Anglesey

Die meisten davon können schnell eliminiert werden. Glastonbury ist keine echte Insel im Meer; die Annahme, daß der Ort etwas mit Avalon zu tun haben könnte, gründet sich auf eine ganz beliebige Vermutung. Ebensowenig ist Aberystwyth eine Insel, außer bei Flut. Gower ist keine Insel, sondern eine Halbinsel in Südwales. Gresholm und Bardsey, die letztere ein berühmter Begräbnisort für

Druidenpriester und -priesterinnen in alter Zeit, sind Felseninselchen und also zu klein und gewiß nicht fruchtbar oder «gesegnet». Dasselbe gilt für Tory Island vor der Nordwestküste von Irland. Die Scilly Isles liegen zu weit ab vom Schauplatz des Geschehens, außerdem handelt es sich dabei um eine Insel*gruppe*, nicht um eine einsame Insel.

Somit kommen nur Man und Anglesey ernstlich in Betracht. Die walisischen *Triaden* machen uns einige Hoffnung, daß wir zu Recht die übrigen Kandidaten ausgeschieden haben, denn sie sagen, daß ursprünglich nur drei Inseln zu Britannien gehörten: Wight, Orkney und Man. Orkney wurde zu einem Archipel, Anglesey wurde erst später zu einer Insel. Wight liegt zu weit ab, um in Frage zu kommen, und ist Autoren und Seeleuten, gleichgültig ob Römer, Briten oder Gallier, wohl vertraut. Es ist deswegen sehr unwahrscheinlich, daß die Insel nicht sogleich wiedererkannt und bei ihrem gängigen Namen, nämlich Vectis (Wight), der über Jahrhunderte hinweg unverändert blieb, genannt worden wäre.

Es wäre ganz widersinnig gewesen, König Artus auf ein ödes Felseneiland zu bringen oder auf eine Insel, die weniger bedeutend und weniger reich war als Man oder Anglesey, da man doch hoffte, er werde an seinem neuen Aufenthaltsort Genesung finden. Wenn man sich klarmacht, daß der verwundete Artus ja doch ein Herrscher von Britannien war, der ärztliche Behandlung und Pflege brauchte, sieht man sofort, daß irgendein ungastlicher Felsen im Meer für ihn nicht in Frage kam. Man und Anglesey verdienen dagegen eine sorgfältige Prüfung.

Anglesey wurde nach der britonischen Eroberung im frühen fünften Jahrhundert von goidelischen (irischen) Einwanderern besiedelt, die schließlich unter die Herrschaft der sehr langlebigen und mächtigen walisischen Dynastie jenes Maelgwn Gwynedd gerieten, der angeblich die Schlacht bei Camlan überlebte und dessen Nachkommen gut siebenhundert Jahre nach seiner Zeit Anglesey regierten, exakt bis zum Jahr 1282. Ein Mann wie König Artus wäre dort freilich als gefährlicher Nebenbuhler erschienen und wohl kaum willkommen gewesen.

Immerhin erfüllt doch Anglesey Geoffreys Kriterium der Fruchtbarkeit: In alten Zeiten wurde die Insel «Môn» und «mam Cymru» genannt, «Kornkammer von Wales». Um vom Festland aus dorthin zu gelangen, hätten Artus und die Königinnen seiner Begleitung kein eigenes Schiff und keinen Lotsen gebraucht, denn schon damals gab es eine Fähre über die schmale Menai-Straße.

4. Die Insel Avalon

Aberffraw, die Hauptstadt, war den *Mabinogion* zufolge Schauplatz glänzender Hoffeste, und die Festung Holyhead konnte sich sehr eindrucksvoller Wallanlagen römischen Ursprungs rühmen. Anglesey wurde im neunten Jahrhundert zu einem bedeutenden kulturellen Zentrum und damit zu einer reichen Quelle des Wissens für all jene, die sich heute mit der Erforschung des «heroischen» Zeitalters befassen, aber ein Hinweis darauf, daß König Artus dort jemals medizinische Behandlung erfahren hätte, hat sich nicht gefunden.

Die große Insel Anglesey liegt flach in seichten Gewässern, es gibt dort keine Berge oder Hochebenen, sie war von jeher wegen ihrer fruchtbaren Böden dicht besiedelt. Sie war schon immer gut bekannt, gewiß auch den Römern; ihre auffällige und unverwechselbare Küstenlinie war den Schiffern, welche die Irische See befuhren, ein vertrauter Anblick und diente ihnen als Orientierungsmerkmal.

Aber das Avalon, das wir suchen, war eine *versteckt* liegende Insel, die sich den Blicken entzog, weit abgelegen, leicht zu verfehlen und schwer zu finden, wie die Gralssucher wußten. Anglesey wurde schon von den Römern kolonisiert und regiert, die diese Insel bei ihrem alten Namen «Mona» nannten. Der Name Anglesey stammt aus nach-arthurischer Zeit, aus der Epoche, da Norweger die Inseln eroberten; er bedeutet in ihrer Sprache «Insel der Angeln». Es ist nie irgendeine Kunde davon aufgetaucht, daß Anglesey in Verbindung mit Artus stünde, was den Zweifel daran, Anglesey könnte mit Avalon identisch sein, noch verstärkt.

Die Beziehungen, die Artus mit Wales verbinden, besitzen nach dem Urteil von Lloyd wenig Substanz. Im Jahr 1927 hat dann noch ein anderer bedeutender Artus-Forscher, nämlich Sir Edmund K. Chambers, der Vorgänger von Sir John Rhys, diesen Gegenstand gründlich untersucht, und zwar in seiner meisterhaften Arbeit *Arthur of Britain*. Er wies auf eine Vielzahl von bloß launigen Erwähnungen des Königs und seiner Zeitgenossen in walisischen Dichtungen komischen Charakters und in der heiteren Folklore hin und ging sodann zu den lateinischen Viten südwalisischer Heiliger über. Dort fand er eine Verbindung, die tatsächlich Substanz hat – allerdings stellt sie keine Beziehung zwischen Artus und dem Herrscherhaus von Nordwales her, das dem König gewiß feindlich gesinnt war und das aus dem Blutvergießen bei Camlan Profit gezogen hatte, sondern zwischen Artus und der *Isle of Man*.

Dorthin soll Artus gereist sein, stellt Chambers fest, und dort soll er einst den Bruder des heiligen Gildas, der bei Dumbarton am Clyde geboren ist, erschlagen haben. Der Heilige erlegte später dem König eine Sühne für den Totschlag an Hueil auf und verzieh ihm dann seine Schuld mit dem Friedenskuß. Aus jener Episode also ergibt sich ein früher Hinweis auf eine Verbindung zwischen Artus und der Isle of Man.

Das *Black Book of Carmarthen*, ein alter walisischer Text, deutet nach Chambers an, daß jenes «Gorre», das wir aus den französischen Romanen, namentlich aus Chrétiens *Lancelot* kennen, nur ein anderer Name für Avalon, das Land der Toten, ist.

Die Annahme von Loomis und Sir John Rhys, Gorre sei mit Gower identisch, ist irrig. Sie gründet sich auf falsche Vorstellungen von der Aussprache französischer Wörter in dichterischer Rede, und zwar nicht allein in der altfranzösischen, sondern in der französischen Dichtung überhaupt, in welcher Epoche auch immer. Rhys und Loomis unterstellten, das französische *Gorre* würde einsilbig «Gor» gesprochen, wie es in normaler Rede durchaus korrekt wäre. Dies verführte die beiden Gelehrten wohl dazu, die Halbinsel Gower in Südwales mit Gorre zu identifizieren.

Nun wird aber das französische Wort *Gorre*, wenn es in einem Werk der Poesie vorkommt, «Gor-rə» gesprochen, und damit schwindet jede Ähnlichkeit mit dem walisischen *Gower*, das in Südwales in der Orthographie als *Gwyr* erscheint. Diese Korrektur läßt zugleich den König Urien und seine Gemahlin Morgan aus dem Süden von Wales verschwinden und befördert sie wieder auf die Inseln im Westen, die mit größerer Wahrscheinlichkeit ihr angestammtes Herrschaftsgebiet sind. Gorre, das möglicherweise mit Avalon identisch oder aber jenes Land ist, zu dem die Insel Avalon gehört, ist vielleicht, wie Rhys spekulierte, auch die Insel Brittia des oströmischen Historikers Prokop: eine Insel hinter dem westlichen Horizont. Wenn das alles wahr ist, muß es dort eine Erhebung oder einen künstlich angelegten Grabhügel gegeben haben, wo man berühmte Tote bestattete, und außerdem ein Spital, in dem die Kranken Genesung zu finden hofften.

Obwohl Geoffrey von Monmouth jene Insel namens Avalon überhaupt erst in die Diskussion einführte und dann später in seiner *Vita Merlini* das Thema noch einmal aufgriff, hat man gerade seinen Beitrag zum Thema doch nie wirklich erschöpfend durchleuchtet und gewürdigt. Die Gelehrten zuckten nur mit den Schultern angesichts seiner Ignoranz, die er, wie man meinte, im Fall einiger Inseln, die an einer früheren Stelle seines Werks genannt wurden, bewiesen hatte. In der Aufzählung der Krönungsgäste des Königs

4. Die Insel Avalon

hatte Geoffrey sechs britische Inseln erwähnt: Irland (Hibernia), Island (Hislandia), Gothland (Gudlandia), die Orkneys (Orcadum), Dänemark (Dacorum, Dacia) und Norwegen (Noruegia). Bei seiner Bearbeitung von Geoffreys *Historia* zwanzig Jahre später war Wace eifrig bemüht, die Fehler – oder vermeintlichen Fehler – dieser Liste eroberter Inseln zu beseitigen. In dieser Absicht ließ er Norwegen und Dänemark einfach weg und fügte, einigermaßen wirr, «Finnland» hinzu.

Im Jahr 1929 traten dann endlich zwei Gelehrte auf, die sich um eine Geoffreys Intentionen angemessene Deutung bemühten, nämlich die Herausgeber der *Historia* Griscom und Jones, und stellten fest, daß der Autor mit «Gothland», «Norwegen» und «Dänemark» höchstwahrscheinlich erstens Schottland gemeint hatte, zweitens jene Gebiete und Inseln von Schottland, die von blonden Norwegern (den Finn-Gall) besiedelt waren, und drittens die Teile von Schottland, namentlich Caithness, Sutherland und Ross, in denen zu Artus' Zeit die dunkleren Dänen (Dubh-Gall) lebten.

Da nun Geoffreys Glaubwürdigkeit in geographischen Dingen zumindest bis zu einem gewissen Grad wiederhergestellt ist, braucht sich der Leser von der ganz strengen Kritik nicht weiter beirren zu lassen, die etwa in Waces Änderungen durchscheint und die Edmond Faral in die Form schneidender Verdammung gekleidet hat (er spricht von «chimärischer Exaktheit» und meint: «Aber wir wissen wohl, was von einem solchen erfundenen Szenarium zu erwarten ist!»), sondern darf sich darauf konzentrieren, Geoffreys Stimme möglichst klar zu vernehmen.

Geoffrey sagt, Avalon sei eine Insel; die französische Stadt Avalon im Department Yonne kommt somit nicht in Frage. Wir müssen in anderer Richtung suchen. Nun können wir auf zwei Aussagen zurückgreifen, die von Geoffrey unabhängig sind, die aber seine Darstellung stützen; sie stammen von sehr glaubwürdigen Zeitgenossen, nämlich von Chrétien de Troyes und Marie de France. In Chrétiens *Erec et Enide* (V. 1901 ff.) nimmt König Artus an den Hochzeitsfeierlichkeiten des jungen Helden in Edinburgh teil, außerdem aber findet sich dort ein

> ... Guingamors ...
> de l'isle d'Avalons fu sire:
> de cestui avons oï dirre
> qu'il fu amis Morgant la fee.

... Guingamors, ...
der Herr war über die Insel Avalon
und von dem wir gehört haben,
daß er der Geliebte von Morgan la Fée war.

Hier bestätigt Chrétien um 1170 Geoffreys Aussage.

In ihrem Werk *Lanval*, entstanden vor 1189, spricht Marie de France von König Artus, der einen Hoftag abhält, und zwar in seiner Burg in Carlisle unweit vom Land «der Schotten und Pikten», die räuberisch in sein Reich einfallen (V. 5ff.). Bei Hof erscheint die schöne, fremde Königin, die den Helden Lanval dazu bringt, zu ihr auf den *perron* zu steigen; von dort entschwinden die beiden nach Avalon, und das sei, fügt Marie hinzu, eine schöne, bezaubernde Insel (V. 640):

Od li s'en vait en Avalun...
En un isle qui mut est beaus...

Mit ihr ging er fort nach Avalon,...
Auf eine Insel, die sehr schön ist.

Ein zweiter Text von Marie de France, der etwas zu unserem Thema beiträgt, ist der, der nach dem Helden Yonec (alias Yvain auf französisch alias Urien auf englisch) benannt ist. Dieser Held ist ein unehelicher Sohn des König Urien von Gorre, jenes Feindes von König Artus, der zweimal die Königin Guinevere entführte. Der Palast des Urien steht, sagt Marie, in «Carwent» am Fluß «Duëlas» (Douglas), und dort tarnt er sich als Vogel, um einer Dame nachzustellen, die ihr Gemahl seit sieben Jahren in einem zugemauerten Gelaß gefangenhält. Zu der Zeit, da das Verhältnis der beiden entdeckt wird (V. 332ff.), ist die Dame schwanger. Der königliche Liebhaber Urien wird von einem Geschoß getroffen, als er aus dem Kammerfenster der Geliebten zwanzig Fuß tief hinabspringt; die Wunde, die er empfangen hat (von Lancelot), wird später zu seinem Tod führen. Er flieht, ihm folgt auf seiner blutigen Spur die verzweifelte Dame. Die Beschreibung der Route und all dessen, was sie auf ihrem Weg sieht, wirkt ganz eindeutig wie eine weitere Variante zu einem vertrauten Thema: Reise zur Burg Corbenic auf Avalon.

Die Dame folgt einer Straße, bis sie zu einem hohlen Hügel kommt. Sie geht hinein und immer geradeaus auf der Straße im Innern des Bergs weiter bis zum Ausgang und gelangt auf eine schöne Wiese (V. 356), an deren Rand in nicht allzu großer Entfernung eine Zitadelle («une cité») steht. Es gibt dort nichts – kein Haus, keinen Palas, keinen Turm –, das nicht wie Silber glänzte, so herr-

4. Die Insel Avalon

lich und prächtig ist diese Anlage. Vor der Stadt, die durch Palisaden geschützt ist, erstreckt sich mooriges und waldiges Land. Auf der gegenüberliegenden Seite, vor dem Bergfried, fließt Wasser um die herrliche Festung. In diese gefährliche, schmale Wasserstraße fahren Schiffe ein; mehr als dreihundert liegen am Kai vertäut. Das Tor an der flußaufwärts, also zum Landesinneren hin, gewandten Seite ist nicht verriegelt. Die Dame tritt ein und eilt zwischen den Häusern hindurch zur Zitadelle hinauf («al chastel», V. 374). Kein Mensch ist zu sehen – dieselbe Erfahrung hatte Perceval gemacht, als er am Morgen auf der Gralsburg erwachte. Es sind auch keine Stimmen zu hören. Sie gelangt auf einem mit Mosaiken gezierten Weg zum Hauptgebäude der Burg, zum Palas («al paleis», V. 377), und in eine vornehm ausgestattete Kammer, in der sie einen schlafenden Ritter findet. Einen zweiten Schlafenden sieht sie, als sie eine dahinterliegende Kammer betritt. In der dritten Kammer endlich findet sie ihren Geliebten, umgeben von königlicher Pracht und Luxus – schneeweißes Linnen, Kerzen und Leuchter, die Tag und Nacht brennen, schließlich Bettpfosten aus schimmerndem Gold, die allein schon soviel wert sind wie eine ganze Stadt.

Alle diese Einzelheiten fanden sich fast genau so auch in Chrétiens Beschreibung von Percevals Ankunft auf der Gralsburg.

Der Liebhaber der Dame, der verwundete König, schenkt ihr einen Talisman, den sie gut aufbewahren soll, denn er ist ein Wahrzeichen, und bittet sie dann, ihn zu verlassen, denn er werde bald sterben. Ihr gemeinsamer Sohn Yonec, Urien der Bastard also (König Urien hatte noch einen zweiten Sohn mit Namen Yonec/Yvain), wird eines Tages, nachdem er den Mord an seinem Vater gerächt hat, König in Caerwent-Douglas werden. Wir folgern aus alledem, daß Lancelot von dem jüngeren Urien getötet wurde. Dessen älterer Bruder wurde, wie Geoffrey berichtet, nach der Schlacht bei Camlan König auf Lancelots Burg Stirling. Marie de France teilt mit (V. 467 ff.), daß der alte König, den wir nun zweifelsfrei als König Urien von Gorre identifizieren, in Carlisle in der (Krönungs-)Kapelle St. Aaron bestattet wurde.

Marie de France erzählt in *Lanval* und *Yonec* dieselbe Geschichte wie Ulrich in seinem *Lanzelet*, aber sie schildert den Kampf zwischen den Feinden Urien und Artus aus der Perspektive des Urien, während Ulrich Artus' Version der Ereignisse bietet. Aus derartig verschiedenen arthurischen Texten tritt uns das Bild der Insel Avalon immer deutlicher vor Augen – die schwierigste Aufgabe jedoch bleibt erst noch zu lösen: Es gilt nun, all jene Einzelheiten aus der

Gralsüberlieferung, aus Chrétiens und Maries Texten in Beziehung zu setzen zur letzten noch verbleibenden Insel auf der Liste von Sir John Rhys, zur Isle of Man.

Während Mona, heute Anglesey, zum Römischen Reich gehörte, blieb die Isle of Man isoliert und wurde nie erobert. Julius Caesar nannte die Insel ebenfalls Mona. Es gibt indessen keine römischen Berichte darüber, und selbst der bloße Name wird in so vielen und so unterschiedlichen Varianten überliefert, daß man glauben könnte, hier würde aus Gründen der Tarnung absichtlich Verwirrung gestiftet. Die Insel heißt Falga, Manna, Manau, Manavia, Monapia, Inis-Manann, Moenig, Dun Scáith, Eubonia. Nennius sagt «Menavia vel Mevania», auch Eubonia – und fügt die kryptische Bemerkung hinzu, die Insel liege «in umbilico maris», im Nabel des Meeres. Und diese Liste all der verschiedenen Namen ist keineswegs vollständig.

Wenn man irgendeinen geographischen Ort als «Nabel» bezeichnet, so etwa Jerusalem, dann wird einem solchen Ort damit eine Würde zugesprochen, die der von Delphi in Griechenland, dem ältesten aller bekannten Orakelheiligtümer der Welt, gleichkommt. Die Vorstellung, man stünde auf der Isle of Man im Nabel des Meeres, so wie man in Jerusalem im Nabel der Erde steht, weist darauf hin, daß die Insel in alter Zeit ein extrem heiliger Ort gewesen sein muß. Diese Vermutung wird noch verstärkt, wenn wir an das Wappenzeichen von Man, das die Fahne der Insel ziert, denken: Es zeigt drei Beine, die von einem Rad umschlossen sind.

Drei Beine machen das aus, was Griechen und Römer *tripus*, «Dreifuß», nannten. Welchem Zweck dieses Gerät speziell in Delphi, im Nabel der Welt, diente und was es genau bedeutete, ist unbekannt. Für die Religionswissenschaftler symbolisiert der Dreifuß heilige Dinge: die Dreifaltigkeit oder Dreiheit überhaupt, die drei Beine der Sonne (Aufgang, Zenith, Niedergang), die drei mittelalterlichen Tageszeiten nach der Prim (Terz, None, Vesper), die drei Schicksalsgöttinnen, den mystischen Ausdruck «drei in einem» («ter unus»). Jene Kennzeichnung als «Nabel» und dieses vertraute heilige Symbol zusammen machen uns, die wir auf der Suche nach dem Ort des uralten und höchst ehrwürdigen Gralsheiligtums sind, gebieterisch darauf aufmerksam, daß es sich lohnen könnte, die Isle of Man in nähere Betrachtung zu ziehen.

Diese Insel, auf Manx Ellan Vannin genannt, ist 572 Quadratkilometer groß und erstreckt sich (wenn man an den Stellen der jeweils größten Ausdehnung mißt) 53 Kilometer lang und 20 Kilometer

4. Die Insel Avalon

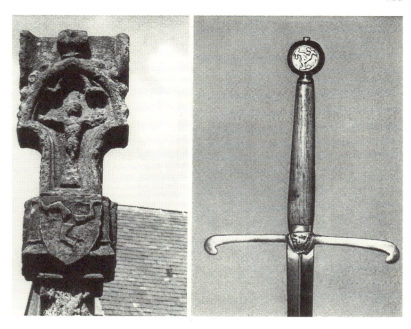

Abb. 8: «The Three Legs of Man». Links das «Pillar Cross» auf dem Friedhof Manghold, etwa 13. Jahrhundert, mit der ersten Darstellung des Wappenzeichens der Isle of Man. Nach R. H. Kinvig: *The Isle of Man*. Liverpool 1975.

breit etwa in Südwest-Nordostrichtung. Eine Straße, die von der wichtigsten Stadt Douglas im Osten nach Peel Castle vor der Westküste führt, wo Reste einer im Mittelalter sehr bedeutenden Festung erhalten sind, durchschneidet die Insel. Die Isle of Man liegt im Norden der Irischen See, ziemlich genau auf der Höhe der Mitte Britanniens. Von verschiedenen Stellen der Insel aus sieht man die Küsten von England, Irland, Schottland und Wales. Hier kommt einem sofort der *Prosa-Lancelot* in den Sinn; dort sagt der Held einmal, er könne von der «Insel der Freude» aus, wo er und die Tochter des Gralskönigs den Galahad erzogen, fünf Länder sehen. Ebendies gilt für Man, und die Einwohner betonen es immer wieder mit Stolz. Das fünfte Land ist natürlich Man selbst. Im Jahr 1979 beging man auf der Insel in Gegenwart des Königs von Norwegen die Tausendjahrfeier der Unabhängigkeit, und zwar am alten Mittsommerfest, ein Tag, der schon früh Johannes dem Täufer geweiht wurde. In diesem Zusammenhang erscheint Gawains Geschenk an den Gralskönig von besonderer Bedeutung: das Schwert, mit dem

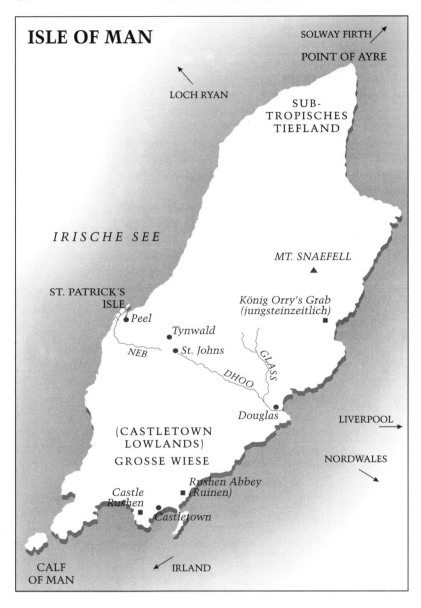

4. Die Insel Avalon

der heilige Johannes enthauptet wurde. Auch die kostbare und geheimnisvolle Servierplatte, die bei der Gralszeremonie herumgetragen wird, kommt einem in den Sinn.

Anders als im Fall von Anglesey, wo Quellenmaterial erhalten geblieben ist – diese Insel wurde im Mittelalter für kurze Zeit von Wikingern beherrscht, bevor sie in den Besitz der Dynastie von Nordwales geriet –, besitzen wir über die Isle of Man keine frühen schriftlichen Aufzeichnungen. Während die historische Zeit im übrigen Britannien mit der Ankunft des Julius Caesar im Jahr 55 v. Chr. anhebt, beginnt sie auf Man erst in den letzten Lebensjahren des König Artus, in jener wenig deutlichen Epoche 450–800, die man die «frühchristliche» nennt. Für die Isle of Man gibt es keine alten Herrscherverzeichnisse, keine Chronologien, keine schriftlichen Quellen aus der Zeit 450–800 welcher Art auch immer. Am Ende dieser Periode fielen dann die Wikinger auf der Insel ein, sie prägten ihr den Stempel ihrer eigenen reichen Kultur auf und wurden zur dominierenden Bevölkerungsgruppe. Ein Dichter alter Zeiten rief aus:

> Scharf ist der Wind heute nacht,
> zerzaust des Ozeans weißes Haar:
> Heute nacht fürchte ich nicht die kühnen Krieger aus Norwegen,
> die in der Irischen See kreuzen.
> (*Selections from Ancient Irish Poetry*, S. 101.)

Man nimmt an, daß die Wikinger im achten Jahrhundert die Burg Peel zerstört haben. Dort soll auch jene erste Kirche der alten Zeit gestanden haben, in der wahrscheinlich der heilige Germanus predigte und die auch der heilige Patrick im Jahr 444 besucht haben soll. Im fünften Jahrhundert muß die kleine Insel ein bedeutendes Zentrum des Glaubens gewesen sein, wenn der Papst den heiligen Germanus dorthin schickte und dieser hohe Würdenträger die Reise von Auxerre in Frankreich bis an einen derart fernen Ort unternahm. Da der Auftrag des Heiligen darin bestand, die pelagianische Häresie auszurotten, und da er dies auch wirklich mit Erfolg tat, müssen wir annehmen, daß die spätere Gralszeremonie – wobei wir unterstellen, daß Peel Island vor der Westküste der Isle of Man Avalon war – als nicht-häretischer und gut christlicher Ritus empfunden wurde.

Die Isle of Man wurde erst 1266 von den Nordländern abgetreten, sie war also zu Geoffreys Lebzeiten norwegisch – daher seine mysteriöse Bezeichnung «Norwegen» für die Insel. Einer der Könige von

Man, nämlich König Urien, nahm an der Krönungsfeier des Artus teil. Auch die Stadt Caerwent-on-Douglas, von der Marie de France spricht, scheint auf der Isle of Man zu liegen, nämlich dort, wo sich heute der Hafen von Douglas befindet, an der Ostküste unterhalb des Zusammenflusses von Dhoo und Glass («Schwarzer» und «Grüner Fluß»).

Ein weiteres in diesem Zusammenhang interessantes Charakteristikum der Isle of Man ist das milde Klima, in dem subtropische Pflanzen unter freiem Himmel gedeihen. Diesem Umstand, aber auch seinen wilden Klippen im Westen und den heiteren Kulturlandschaften mit ihrem Überfluß an Früchten und Blumen, dem Charme und der überwältigenden Schönheit dieses wahrhaft bezaubernden Fleckchens Erde, dem Meer, das dort von einem unglaublichen Blau ist, seinen rosigen und gelben Wolken – alledem verdankt es die Insel, wenn sie heute eines der beliebtesten Urlaubsziele der Briten ist.

Die Isle of Man besitzt genügend Reize, um mit Recht «Insel der Freude», wie Lancelot sagt, zu heißen. Mit seinen glitzernden Wassern, den plötzlichen Stürmen, dem Nebel kann Man noch heute als eine Insel von Magiern und Zauberern erscheinen, bewacht von dem alten irischen Meeresgott Manannan mac Llyr, der oft dieses Eiland mit seinem «Lengel», dem Tarnmantel, verhüllt und dem Blick entzieht: Auch in dieser Beziehung entspricht Man genau dem, was die Gralssucher berichten.

Den Märchen aus Man zufolge muß die Insel schon immer ein Paradies auf Erden gewesen sein: Sie wurde auf Manx auch «Ellen Sheaynt», «Insel des Friedens», genannt. Die Insel war, sagt der Lokalhistoriker R. H. Kinvig, die Heimat der wichtigsten keltischen Gottheiten: des Sonnengotts Lugh, als dessen Abkömmling in vielen mythologischen Deutungen Lancelot betrachtet wurde, des Wind-, Sturm- und Nebelgotts Llyr sowie seines Sohns, des Meeresgottes Manannan. Helden kamen auf die Insel, um dort magische Waffen, hergestellt von geheimnisumwitterten Schmieden in verborgenen Werkstätten, zu gewinnen – und Perceval erhielt, wie wir wissen, sein Schwert, das am Firth of Forth geschmiedet worden war, als Abschiedsgeschenk auf der Gralsburg.

Die irischen Mythen berichten, daß die Götter ihre Jugend auf der friedlichen, schönen Isle of Man verbrachten, fern vom Streit und Krieg der Höfe und Burgen. Dort wuchs somit auch der Sonnengott Lugh auf, der so oft mit Modred identifiziert worden ist. Es scheint nun möglich, daß dort sowohl Lancelot als auch sein Sohn Galahad

4. Die Insel Avalon

erzogen wurde, und zwar von den «Meer-Leuten» der Isle of Man. Für den jungen irischen Helden Cuchulain, dessen Geschichte der Gawains ähnelt, war Man die ruhige Insel «im stürmischen See». Es war dies das Land, das alten irischen Dichtern zufolge in den Wellen versank, das Land, dessen westliche Klippen man bisweilen von Irland aus scheinbar durchsichtig wie Glas aus der dunklen, blauen Tiefe emporsteigen sah.

Lady Augusta Gregory hat viele solche poetischen Geschichten über Man zusammengetragen, über den Glasturm auf einer kleinen Insel, über die Burg an einem Meeresarm, über die Meerjungfrauen, die so gern Äpfel aßen. Nennius, ein Geistesverwandter aus früherer Zeit, erzählte auf Latein die komische Geschichte, wie der heilige Germanus bei einem Besuch auf der Insel ein *Kalb* verspeiste, das aber am nächsten Tag schon wieder höchst lebendig war: Dieses «Kalb» ist das *Calf of Man*, ein Felseneiland in den wildbewegten und gefährlichen Gewässern vor der Südwestspitze der Insel.

Der Isle of Man verdankt die arthurische Literatur wahrscheinlich jene überaus wertvolle Zutat, die ihre *literarische* Besonderheit ausmacht: der unter der Oberfläche wirksame Einfluß genuin irischer Mythologie. Gelehrte wie Roger Sherman Loomis und Charles Squire haben im Lauf der Jahre lange Listen mit Entsprechungen zwischen arthurischen und altirischen Helden zusammengetragen. Auf der Isle of Man treffen der britische Stoff aus Carlisle, aus Whithorn, Glasgow, Melrose und Stirling und uralt ehrwürdige Mythen aus Irland zusammen. Nur wenige Kulturen auf der Welt besitzen eine mythologische Überlieferung, die sich mit der irischen messen kann, sowohl was Originalität und Geist als auch was den schieren Umfang angeht. Wenn der *Perlesvaus* erzählt, wie Artus über die Schulter aufs Meer hinaus sieht und seinen grauen Mantel umhängt, so kann der Leser ziemlich sicher sein, daß dieser Blick über die gefährlichen Wasser westlich von Man schweift und daß es der Tarnmantel des alten Manannan ist, den der König da trägt.

Als der verwundete Artus in seinem prächtigen Palast auf einem wahrhaft königlichem Bett lag, einem Bett wie das des König Urien, des Vaters von Yonec, da stand dieser Palast nicht in Stirling, sondern in Avalon. König Artus hatte also drei wichtige Residenzen: die erste in Camelot, d. h. in Stirling, die zweite in Carlisle, die dritte aber gut versteckt an der Westküste der Isle of Man, der kleinen Insel gegenüber, auf die die Gralsburg stand. Wir wissen, daß der dritte und jüngste Bau erst zu Artus' Lebzeiten errichtet wurde, nachdem Dumbarton zurückerobert und das Reich befriedet und stabilisiert war. Gervasius von Tilbury schilderte Artus in einem königlichen Palast und behauptete, dieser Palast habe auf der dreieckigen, drei*schenkeligen* Insel Sizilien gestanden. Wie der König dorthin gelangte, ist leicht zu erklären. Gervasius war ein bißchen zu sehr gelehrt: An jene britische Insel, deren Emblem der *Dreifuß* war, dachte er gar nicht, sondern verfiel auf die abseitige Idee, seine Quelle spreche von dem berühmteren dreieckigen Sizilien. Ein wenig immerhin versöhnt er uns doch an anderer Stelle: Er betont nämlich, die Wunden, die König Artus in der Schlacht gegen Modred erhalten habe, seien gut geheilt. So vermeidet er es doch wenigstens, Geoffrey zu widersprechen.

Die meisten Spezialisten für Volkskunde und irische Mythologie haben den durchaus legitimen, aber bis jetzt wenig erfolgreichen Versuch unternommen, den Gral von verschiedenen Zaubergefäßen herzuleiten, die das irische Genie früherer Zeiten ersonnen hat, beispielsweise vom goldenen Becher der Wahrheit, den König Cormac suchte, oder von dem Silberpokal, den ein Bauer auf der Isle of Man in einer Höhle entdeckte und der lang in der Kirche von Rushen auf Man aufbewahrt wurde, bevor er schließlich, so jedenfalls wird behauptet, nach London geschickt wurde. In diesen Geschichten gelten natürlich die üblichen Tabus, die während des Aufenthalts in der Bergeshöhle Essen und Trinken verbieten. Eine andere Märchengeschichte von der Insel behauptet, Man sei im Verlauf eines Kriegs zwischen den irischen Riesen und den rothaarigen Riesen aus Schottland erschaffen worden. Man fragt sich, ob sich hier vielleicht in der Volksüberlieferung eine Erinnerung an König Artus' Krieg gegen Dalriada erhalten haben könnte.

Später war die Insel unter dem Namen Ellen Sheaynt, Insel des Friedens, oder als Heilige Insel bekannt. An diesem Ort schien immer die Sonne, die Vögel sangen, süß dufteten Blumen, und das ganze Jahr hindurch blühten Apfelbäume. («The Making of Man» und «The Silver Cup» in: *Manx Fairy Tales*, hrsg. von L. Morrison. Peel, Isle of Man 1929; Zit. S. 18f. Wir sehen hier, daß die Betrachtungsweise der einheimischen Überlieferung weitgehend dieselbe ist wie die der arthurischen Literatur.)

Die Kulturanthropologin Margaret Killip, Verfasserin von *The Folklore of the Isle of Man*, befaßte sich in einer Studie mit den möglichen Beziehungen zwischen den vielen Legenden aus Man über schlafende Riesen und König Artus' Schlaf auf Avalon. Sie spricht an einer Stelle sogar von einer möglichen Beziehung zwischen der Isle of Man und Perceval: «Nach Auffassung des Volkskundlers... Lewis Spence reicht die Geschichte, die auf der Isle of Man gefun-

4. Die Insel Avalon

den wurde, sogar in noch tiefere Schichten hinab, und er fügt jenen Figuren noch die des Siechen Königs aus der Gralslegende hinzu.»
Killip ihrerseits wollte sich freilich der Argumentation von Spence in dieser Frage nicht anschließen und zog die Möglichkeit einer Beziehung zwischen Man und dem Gral gar nicht erst in Betracht. Mit keinem Wort erwähnt sie Lewis Spences andere wissenschaftliche Werke, etwa *Boudicea* oder seine Studie über das Druidentum, geistreich konzipierte Arbeiten von beeindruckender Gelehrsamkeit. Spence, ein Schotte, glaubte, daß König Artus eng mit der Isle of Man verbunden war. Er gelangte auch zu der Überzeugung, daß der König dort, wie einst in Griechenland Kronos, in tiefen Schlaf gefallen sei. Die Insel war seiner Meinung nach schon in uralten Zeiten ein heiliger Ort, und es sei «ganz offensichtlich, daß Artus eine Gottheit vom Typ des Kulturheros war». Daraus wird deutlich, daß auch Spence schließlich sich der Denkschule der Mythologen anschloß, die in den zwanziger Jahren dieses Jahrhunderts von Chambers und Rhys in England und Wales begründet wurde und deren Ideen dann später von Roger Sherman Loomis und Laura Hibbard Loomis in den USA weiterentwickelt wurden.

Da die volkskundliche Forschung über Man wenig schlüssige und im ganzen ziemlich dürftige Resultate erbracht hat und da es ihr nicht gelungen ist, irgendeinen wirklichen Beweis für das Fortleben des König Artus auf der Insel zu liefern, wenden wir uns nun der Geschichtswissenschaft zu in der Hoffnung, daß es dort mehr zu entdecken gibt. Kinvig, Spezialist für die Geschichte von Man, weiß Interessantes über die norwegischen Könige zu berichten, die zwischen 800 und 1266 die Insel regierten. Die *Orkneyingersaga* erzählt, die Wikinger seien regelmäßig zu Beginn des Winters heim auf die Isle of Man gefahren, und zwar seit dem achten Jahrhundert. Ihr bedeutender Herrscher Godred Crovan, der von 1079 bis 1095 regierte und der in der *Chronik von Man und den Sudreys* erwähnt ist, verbrachte seine Kindheit auf der Insel. Er wurde und wird auch «König Orry» genannt, sagt die Geschichtswissenschaft, oder aber, auf gälisch, «König *Gorry*». Es sieht ganz so aus, als ob wir beim Studium der Geschichte von Man zu Fortschritten kommen könnten.

«Gorry» ist der Name, und zwar in der genau passenden Aussprache, nach dem wir immer gesucht haben, seitdem uns «Gorre» in Chrétiens *Lancelot* zum erstenmal begegnete. Wir können deswegen nun schwerlich glauben, daß der eigentliche und ursprüngliche König Gorry jener Godred Crovan sein soll, zumal dann, wenn wir feststellen, daß «König Gorrys Grab» im Osten von Man, nur eine kurze Strecke von der Küste entfernt, eine jungsteinzeitliche Anlage ist. Der «Gorree» oder «Orrye» der Tradition von Man kann nicht gut der König sein, der 1095 starb und der von dem englischen König Harold 1066 bei Stamford Bridge besiegt wurde. Der ursprüngliche König Gorry, nach dem jener spätere Herrscher benannt wurde, muß eine frühe Stammvater- oder Gründerfigur auf Man gewesen sein, denn er wurde in einem jungsteinzeitlichen Grabbau auf der Insel bestattet, wie er in Man selbst wie auch aus Beispielen anderswo in Britannien gut bekannt ist.

Der Ausdruck «das Königreich von Gorry» bzw., auf altfranzösisch, «Gorre» scheint zu einem regelrechten Namen für die Isle of Man, wo das Grab des Gorry immer als prominenter Punkt in der Landschaft gegenwärtig war, geworden zu sein. Es ist auch möglich, daß dieses Königreich außer Man noch weitere Gebiete umfaßte; allerdings war doch die Insel das Herzstück des Reichs und wurde von Douglas aus, wo König Urien residierte, regiert.

Eine weitere bedeutende Stadt in Gorre muß dann Castletown in der Nähe des heutigen Flughafens, der Großen Wiese in alter Zeit, gewesen sein, jene Herrschaft, die Percevals Braut gehörte. Ihr Besitz umfaßte wahrscheinlich auch die Burg Rushen und vielleicht die monastische Gründung, deren mittelalterlicher Nachfolger Rushen Abbey wurde. Dieses Territorium grenzt an ein weiteres, das eine dritte besondere Region auf der Insel bildet, nämlich Land und Burg auf der Insel Peel und deren Umgebung. Die Regierungsgewalt dort hatte König Urien von Gorre seinem Neffen, dem König Bademagus, übertragen.

Gorre scheint also der Name des Reichs von Man zu sein, des Landes, in dem König Artus eine zweite Gralsburg erbaute. Hier in dem soeben erst eroberten Inselreich Gorre errichtete er die Burg Corbenic, nachdem er König Urien besiegt und zur Unterwerfung gezwungen hatte. Urien wurde wortbrüchig und erhob sich gegen Artus: Er entführte die Königin ein zweitesmal. Guinevere kam offenbar dabei ums Leben, wie die kryptischen Worte anzudeuten scheinen, die davon reden, daß die Königin während der Erstürmung der Festung «Wirrwald» tief geschlafen habe. Das Schloß von König Artus lag wohl, von der Gralsburg durch die schmale Meerenge getrennt, auf der Hauptinsel von Man, etwa an der Stelle der heutigen Stadt Peel.

Alle diese Indizienfunde und abgeleiteten Überlegungen ermutigen nun zu einem weiteren gründlichen Studium aller die Isle of

4. Die Insel Avalon

Man betreffenden archäologischen Befunde, die das Manx Museum und der National Trust in einer Veröffentlichung 1973 zusammengetragen haben. Und es findet sich dort etwas ganz Erstaunliches, nämlich eine Bestätigung für den Bericht der Marie de France über das Leben des König Urien von Gorre und über die Geburt von dessen Sohn Yonec (Urien).

Eines der Zeugnisse aus alter Zeit auf Man ist das sogenannte Riesengrab. Es handelt sich dabei um einen bronzezeitlichen Bestattungshügel, der an zentraler Stelle bei Saint John's Church liegt, an der Ost-West-Verbindung von Douglas nach Peel. Dieses Riesengrab befindet sich unmittelbar nördlich der berühmten Versammlungs- und Rechtsstätte Tynwald Hill und ist nicht weit von der Burg und Insel Peel entfernt. Als Maries Heldin verzweifelt ihrem verwundeten Geliebten nacheilte, kam sie aus König Uriens Festung Caerwent – das ist wahrscheinlich das heutige Douglas auf der Ostseite der Isle of Man. Dann ging sie durch einen Tunnel. Dieser Tunnel war das Riesengrab von Saint John's Church. Bei diesem handelt es sich um «die innere Grabkammer eines Bestattungshügels aus der frühen Bronzezeit. Es haben sich über lange Zeit hinweg Wegspuren immer tiefer eingegraben; die Straße führte durch den Hügel. Um 1500 v. Chr.» (*The Ancient and Historic Monuments of the Isle of Man*. Douglas 1973.) Es ist schon erstaunlich, wie hier das Gedicht der Marie de France, ein Werk, das von einer unbekannten Dame vor 1189 in anglo-normannischer Sprache verfaßt wurde, nun in unserer Zeit ganz plötzlich konkrete Gestalt annimmt. Sie sagte, Yonecs Mutter sei auf einer Landstraße dahingerannt, die direkt durch einen Begräbnishügel führte («une hoge... cele hoge», V. 346f., 355) und weiter zu einer ummauerten Stadt und zu einer Burg mit Palisaden davor, einem «Peel Castle» («Pfahlburg») also. Sie sagte auch, die arme Dame sei auf ihrem Weg durch die Zitadelle des Artus gekommen, und die sei ganz und gar silbern und ganz großartig in ihrer verschwenderischen Pracht gewesen.

Eine solche Entdeckung erfüllt den Leser altfranzösischer arthurischer Texte mit ganz neuem Respekt: Sie sind nicht lediglich Ausgeburten der Phantasie, sondern vielleicht die einzigen schriftlichen Quellen zur Geschichte abgelegener und wenig bekannter Regionen Britanniens wie der Isle of Man. Und wenn wir nun wieder zu R. H. Kinvigs *History of the Isle of Man* zurückkehren, so erfahren wir, daß König Godred II. dort von 1153 bis 1187 regierte, genau zu der Zeit, da Marie de France ihre Werke schrieb und als die besten

Artusromane in Auftrag gegeben, verfaßt und überall in Europa rezipiert wurden. Kinvigs Karte (Abb. 24 in seinem Buch) zeigt, daß zu jener Zeit, nach einem kostspieligen Militärunternehmen in Ulster und einer verlorenen Seeschlacht bei Colonsay (1156), der König der Isle of Man gezwungen war, König Heinrich II. von England um Schutz zu bitten. Nun ist bekannt, daß König Heinrich II. freigebig britisches Land jedem normannischen Abenteurer anbot, der es haben wollte. Etliche normannische Autoren, Spezialisten für arthurische Stoffe, unter ihnen Wace und Marie de France, waren ganz direkt von der Gunst und der Freigebigkeit des Königs und seiner Gemahlin Eleonore abhängig. Waren sie vielleicht auch bei der Wahl und der Behandlung ihres Gegenstandes von den Anregungen oder Wünschen solcher Mäzene abhängig?

König Godred II. hatte einen Schwiegersohn namens Jean de Courci, berichtet Kinvig. Dieser Mann stand bei König Heinrich II. in besonderer Gunst. Es handelt sich um jenen Jean, der an der blutigen Eroberung von Ulster teilnahm. Wer die altfranzösische Literatur des Mittelalters kennt, wird hier sehr schnell merken, daß er sich auf vertrautem Terrain bewegt. Und er beginnt auch zu ahnen, daß wir uns einer wichtigen Entdeckung nähern.

Wir konsultieren nun den *Atlas of Irish History*, der uns bestätigt, daß ein normannisch-französischer Adeliger names Jean de Courci 1176/77 mit einer kleinen Streitmacht in Ulster einfiel, dort einen irischen Kleinkönig besiegte und das Land bis zum Fluß Bann (?) in Besitz nahm. Er sollte die Herrschaft in Irland siebenundzwanzig Jahre lang behalten. Der berühmte Chronist Gerald von Wales, der die Ereignisse der Zeitgeschichte für König Heinrich II. festhielt, kam natürlich nicht darum herum, in seinem Buch über die Eroberung Irlands von einem solchen Bravourstück seines ebenso berühmten wie erfolgreichen Zeitgenossen zu berichten.

Ein gewisser «Iohan de Courcy», so teilt Gerald von Wales mit, habe eine düstere Prophezeiung des heiligen Kolumban und eine weitere von Merlin wahrgemacht, als er glorreich in Ulster einfiel: Am Strand von Irland sei er bis zu den Knien in irischem Blut gewatet. Und dieser zu Glanz und Ehren aufgestiegene Abenteurer *ließ all seine militärischen Leistungen, seine «Heldentaten», in einer auf irisch geschriebenen Chronik verewigen!* Iohan oder Jean de Courci heiratete später die Tochter des Königs der Isle of Man, die Tochter von König Godred II. (Vgl. *Expugnatio Hiberniae*, hrsg. von F. J. Furnival, und *English Conquest of Ireland*, EETS, Nr. 107, S. 114 ff.)

Jene Chronik seiner Kriegstaten, die Iohan de Courci in Auftrag gab, ist erhalten geblieben, und zwar in Gestalt des altfranzösischen Romans, den wir unter dem Namen *Sone de Nansai* kennen. Wir werden im folgenden erleben, wie ein Stück arthurischer Literatur heimkehrt auf die Isle of Man.

5. Neue Erkenntnisse: Percevals Thronbesteigung

Der Text *Sone de Nansai* offenbart nicht allein neue Erkenntnisse über die Gralszeremonie, sondern enthält außerdem etwa ein Dutzend genauere Hinweise auf die geographische Lage der Gralsburg. Und wir finden dort eine ganze Szene, die in der übrigen arthurischen Literatur gar nicht erscheint: einen Augenzeugenbericht von Percevals Hochzeit und Thronerhebung auf der Gralsburg.

Dieser altfranzösische Text ist ein kompliziertes und schwer durchschaubares Gebilde. Man hat immer angenommen, er sei der Welt erst in der Neuzeit bekannt geworden, und zwar durch die Edition des deutschen Gelehrten Moritz Goldschmidt unter dem Titel *Sone von Nausay*. So wurde denn der Text – sämtliche 31 321 Verse – ganz fraglos für authentisch und arthurisch gehalten. Wir können heute mit einiger Sicherheit sagen, daß diese Annahme falsch war.

Der *Sone de Nansai* ist kein arthurischer Text, sondern ein fast durchgehend unwahres Machwerk. Er enthält zumeist bloße Flunkereien aus dem Mittelalter – genauer: aus dem zwölften Jahrhundert, jener Epoche, die den König Artus für sich entdeckte –, nicht wirkliches Quellenmaterial spätantiken Ursprungs. Nur zu einem sehr kleinen Teil ist der Text authentisch und arthurisch.

Eine genaue Prüfung des sehr unfranzösischen und für einen französischen Helden recht seltsamen Namens Sone, der in Wirklichkeit eben kein französischer Name ist, führt auf eine erste Spur, die anzeigt, daß hier etwas faul ist. Es scheint sich bei der Form *Sone* um die altfranzösische Annäherung an ein Äquivalent von «Johann» zu handeln, das, wenn es irisch-goidelischen Ursprungs gewesen wäre, *Sean* geschrieben, allerdings durchaus ähnlich wie «Sone» gesprochen worden wäre. Wenn der Held tatsächlich ein Franzose war (er war in Frankreich geboren und galt deshalb als Franzose), müßte sein Name doch wohl eher *Jean* oder ähnlich lauten.

Dieser Held namens «Sone» zog als junger Mann hinaus, heiratete die Tochter des Königs von Man und eroberte ein Territorium im

Norden von Irland. Angeblich, so jedenfalls behauptet der Text, geschah das alles in Artus' Zeit.

Nun wissen wir aber ganz genau, daß es in Wirklichkeit König Artus selber war, der einen Teil von Irland und die Isle of Man, wo er den Bruder des heiligen Gildas tötete, eroberte. Die Festung und der Hafen auf der Ostseite der Insel liegen am Mündungsstrom des «Douglas» – möglicherweise hat dort bei der heutigen Stadt Douglas eine der zwölf Schlachten des Königs stattgefunden.

Hat vielleicht in späterer Zeit, im Mittelalter, jemand die Isle of Man und einen Teil von Ulster erobert? War es vielleicht ein französischer Adeliger namens Jean, der dies tat? Ein Blick auf die irische Geschichte lehrt, daß genau dies der Fall war. Der adelige Eroberer war Franzose, er hieß Jean und war eine sehr prominente Persönlichkeit des zwölften Jahrhunderts, bekannt sowohl in England als auch in Frankreich. Und er hatte wirklich die Tochter des Königs von Man zur Frau.

Der französische Eroberer von Man und Irland im zwölften Jahrhundert war ein Mann namens Jean de Courci, ein französischer Adeliger. Er war, wie wir aus englischen und irischen Quellen erfahren, ein Vertrauter und Protégé Heinrichs II. von England. Und er hatte sowohl auf der Isle of Man wie auch am Hof des englischen Königs Zugang zu arthurischen Handschriften.

Eines Tages kaufte sich dieser König Jean de Courci, berstend vor Eitelkeit, auf Man oder in Irland einen Hofdichter, der ihm ein langes, lobhudelndes, pseudo-arthurisches Werk schreiben sollte, das in gebührender Breite seine ruhmreichen Taten pries. Dieser Text wurde, dies ist bedeutsam, in gälischer Sprache verfaßt.

Jean de Courci hatte sich also, wie wir heute wissen, umgesehen in der Welt und war zu der Überzeugung gelangt, er sei im selben Maß wie Perceval und Lancelot würdig, sich ordentlich feiern und preisen zu lassen. Er sei, teilte er seinem Lohnschreiber mit, auf der Isle of Man in die Fußstapfen dieser beiden Helden getreten. Dort war einst Guinevere eingekerkert gewesen, wahrscheinlich sogar zweimal. Yonec war dort geboren, und zwar nach dem Tod des Urien. Auch Jean de Courci hatte mit königlichem Pomp die Tochter eines Königs von Man zur Frau genommen. Warum sollte er sich also nicht auch noch zum Gralskönig krönen lassen? Das gälische Originalmanuskript jenes epischen Lobgesangs ist seit dem zwölften Jahrhundert verschollen.

Bei dem Text, der unter dem Titel *Sone de Nansai* bekannt und der nur in einer einzigen Handschrift überliefert ist, handelt es

5. Neue Erkenntnisse: Percevals Thronbesteigung

sich, wie der altfranzösische Übersetzer selber sagt, um die Übertragung eines Werks in irischer Sprache, jenes Werks, das der König Jean de Courci etwa hundert Jahre früher in Auftrag gegeben hatte. Die Selbstglorifizierung des Königs Jean de Courci hat offenbar die Leser herzlich wenig interessiert, so muß man glauben – jedenfalls ist offenbar nie jemandem die unfreiwillige Komik der Sache aufgefallen. Es scheint fast, als hätten die Gelehrten immer nur die erste Hälfte des Werks gelesen – der Text mit seiner höchst eigenwilligen Orthographie und unvertrauten Ausdrucksweise ist sonderbar und oft schwer zu verstehen. Wenn sie etwas beharrlicher gewesen wären, so hätten sie bemerkt, daß es sehr gute Gründe gibt, weshalb ein französischer Adeliger des zwölften Jahrhunderts sich unmöglich zum König von Artus' Gralsburg krönen lassen konnte.

Mitten drin in dieser albernen Erzählung stolpert der Leser unversehens in eine ganz andere Zeit. Es ist dies nicht die Welt des Jean de Courci und seiner öden Abenteuer, sondern die versunkene Welt des König Artus. Und das ist keine bloße Vermutung, sondern ein Schluß, der sich zwangsläufig aus dem Text ergibt: Es finden sich ganze Passagen, die einfach nicht zu jenem Jean de Courci im zwölften Jahrhundert «passen». Es ist alter Text, er handelt von Orten, die es zu Jeans Zeit längst nicht mehr gab. Bei jener feierlichen Thronbesteigung auf der Gralsburg, von der wir lesen, handelt es sich mit Sicherheit *nicht* um die Krönungsfeier des Jean de Courci. Dieser Mann kann die Burg nicht gesehen haben, weil sie zu seinen Lebzeiten längst nicht mehr existierte, und noch weniger konnte er sich dort krönen lassen.

Perceval, nicht etwa Jean de Courci siebenhundert Jahre später, war der letzte der Gralskönige. Die gesamte Anlage der Gralsburg wurde um das Jahr 800 restlos zerstört. Es gab keine Gralsgesellschaft im zwölften Jahrhundert, weil zu dieser Zeit das Christentum römischer Prägung schon seit Jahrhunderten herrschend war. Weder Sone de Nansai noch Jean de Courci wurde je zum Gralskönig erhoben.

Wir haben es hier mit einem verschollenen Text aus arthurischer Zeit zu tun, der abgeschrieben und in den Bericht über die Abenteuer des Jean de Courci eingefügt wurde. Dieser ist lediglich ein illegitimer Stellvertreter von Perceval, und Percevals Krönungsfeier wurde einem wirklichen, aber viel späteren Ereignis, nämlich der Eroberung Irlands durch Jean de Courci, sozusagen aufgepfropft. Der französische Adelige wollte also auf den Schultern Percevals, des letzten Königs von Artus' Gralsburg und der Gralsbruderschaft, zur Unsterblichkeit reiten.

In der überlieferten altfranzösischen Fassung stellt sich der *Sone de Nansai* als eine überlange Biographie des französischen Helden Sone, des Eroberers von Irland, dar. Der Held leitet eine erfolgreiche militärische Expedition von der Isle of Man nach Irland – eine fade Episode in einer faden Karriere –, und diese Tat befördert ihn und seine Familie zu hohen Ehren. Dieser Sone muß dem Leser als vulgäre Kopie und als glanzloser Nachfolger des strahlend schönen und starken Lancelot erscheinen.

Der spätere altfranzösische Übersetzer/Autor hat den Helden gerächt, indem er mit immer größerer Leidenschaft der Geographie der auf irisch oder Manx geschriebenen Vorlage seine ganz besondere Aufmerksamkeit zuteil werden ließ. Einer solchen Passion für alles Geographische begegnet man wahrhaft selten in der mittelalterlichen Literatur; sie macht den Text zu einer echten Fundgrube an Informationen. Das Studium von Landkarten Frankreichs beweist, wie gewissenhaft er alles überprüfte, wie genau er Zeiten und Entfernungen zwischen den einzelnen Schlössern in Burgund, wo Sone aufwuchs, aufeinander abstimmte. Akkuratesse in geographischen Dingen muß dem Bearbeiter sehr wichtig gewesen sein, denn er nennt uns genau Burgen, Routen samt Reisedauer, Übernachtungsquartiere, Denkwürdigkeiten und adelige Herrschaften auf dem ganzen Weg von Irland nach Jerusalem. Die Chronologie machte ihm weniger Kopfzerbrechen, was angesichts der besonderen Verhältnisse in diesem Fall nicht verwundert: Wir haben es hier mit einem Autor des späten dreizehnten Jahrhunderts zu tun, der die Taten, besonders die Kriegstaten, eines Adeligen des zwölften Jahrhunderts beschrieb, und zwar eines Mannes, als dessen ferne Vorfahren dieselben Schwanenritter galten, von denen auch der berühmte Gottfried von Bouillon abstammte; dieser aber hatte 1099 Jerusalem erobert und den Ersten Kreuzzug angeführt, den einzigen aller Kreuzzüge, der erfolgreich war.

Dem Übersetzer muß klar gewesen sein, daß die Krönung des Sone auf der Gralsburg ein Anachronismus war, aber der Bericht über diese Feier ist, wenn man nur von der Person des Gefeierten absieht, dennoch authentisch und wird in allem Wesentlichen von anderen arthurischen Texten, nämlich denen des Chrétien de Troyes und der Marie de France, bestätigt. Vielleicht hat der Übersetzer sogar erkannt, daß dies nicht Sones Krönung war, sondern irgendeiner Figur von König Artus' Hof, wahrscheinlich Percevals. Wie

5. Neue Erkenntnisse: Percevals Thronbesteigung

auch immer: Die zusammenhängenden Passagen mit altem Material beweisen jedenfalls, daß der Autor des Texts einer alten Quelle folgte, allerdings keineswegs durchgehend. Der *Sone de Nansai* ist deswegen von unschätzbarem Wert.

Ein Anhang in Prosa verrät uns: Ich, «die edle Frau Burggräfin Baruch auf Zypern, befahl meinem Kleriker dieses Werk.» Und dieser Kleriker und Sekretär der Dame sagt:

Ich, der Kleriker Branque, begann dieses Werk im Alter von einhundertundfünf Jahren, nachdem ich meiner Herrin vierzig Jahre gedient hatte. Hier ist die Genealogie unseres Gegenstands [dessen, wovon unser Roman handelt].

Der Text wurde während der Herrschaft des Hauses von Lusignan auf Zypern übersetzt, die von 1192 bis 1489 währte; der Name dieses Herrschergeschlechts wird allerdings nicht im Text genannt. Es hatte Zypern von König Richard I. von England bekommen.

Branque läßt dann eine erste Genealogie von Sones Familie folgen, so wie er sie seinem irischen Text entnimmt:

Sone reiste nach England, Schottland und Irland, und in Irland heiratete er die Königin; diese [seine erste] Frau gebar ihm einen Sohn. Dieses Kind sollte später König von Sizilien und von «Irland in Norwegen» [d.i. Ulster] werden. Dann heiratete Sone die Tochter des Königs von Norwegen [«Norouweghe»]. (V. 2915ff.)

(Wir wissen aus historischen Untersuchungen, daß Jean de Courci die Tochter von König Godred II. von der Isle of Man heiratete.)

Seine zweite Frau gebar Sone drei Söhne:
1. Houdourans wurde mit anderthalb Jahren zum Kaiser gekrönt; er heiratete Matabrunne.
2. Oriant heiratete Elouse, welche die berühmten Drillinge mit den goldenen Kettchen um den Hals gebar; die Kinder wurden von der bösen Stiefmutter in Schwäne verwandelt und schwammen zu Artus' Burg Galoches.
3. Elias [Lohengrin] heiratete Biautris; diese stellte die fatale Frage, woraufhin er auf seinem Horn blies und den Schwan herbeirief.

Die irischen Geschichten über den Meeresgott Llyr hatten berichtet, daß dessen Kinder sich in Schwäne verwandelten und in die kalte See hinaus schwammen – sie hatten freilich nichts davon gesagt, daß der Schwanenritter Percevals Sohn Lohengrin war. Und sie hatten auch nicht direkt behauptet, daß jene Schwäne auf der Isle of Man lebten. Man muß indes daran erinnern, daß Manannan mac Llyr, der Sohn des Llyr, als der erste König von Man galt und als der, der dieser Insel den Namen gab.

Selbst diese bloß mythologische Familiengeschichte deutet also bereits darauf hin, daß ein beachtlicher Teil des arthurischen Stoffs mittelalterlicher Texte von der Isle of Man stammt, was, wenn man einmal von Lewis Spences Hypothese über König Artus und Man absieht, von niemandem sonst vermutet worden war. Der *Sone de Nansai* stellt ferner schon ziemlich früh im Text klar, daß jenes Land, das Geoffrey von Monmouth «Norwegen» nennt, auch anderswo als eine Insel bekannt ist: dorthin gelangt Sone und begegnet dem König Alain (V. 3160, 4249, 4862 u. ö.).

Nun war der König, dem der historische Jean de Courci begegnete, Godred II. Der König, den der Held im Roman trifft, muß demnach Percevals Vater Alain gewesen sein, der Gralskönig. Etwa um die Mitte des Texts geht der Roman dazu über, eine modernisierte Biographie Percevals zu erzählen, allerdings ist die Hauptfigur der Geschichte nun Sone: ihm werden die Taten jenes alten Helden zugeschrieben.

Durch Jessie L. Weston auf die Bedeutung des *Sone de Nansai* aufmerksam gemacht, widmete Roger Sherman Loomis diesem Text immerhin sieben Seiten in seinem Buch *Celtic Myth and Arthurian Romance*. Er verstand nichts von der komplexen Besonderheit des Werks, sondern stellte lediglich und ganz pauschal fest, es sei «authentisch», ohne auch nur das mindeste von seiner Entstehung, seiner Intention und seinem historischen Gehalt zu ahnen. Er nannte es deswegen authentisch (S. 206), weil der Autor Chrétiens Romane kannte, dazu etliche Reiseromane, den *Perlesvaus* (und, so muß man jetzt hinzufügen, den *Grand Saint Graal*). Loomis meinte – irrtümlich –, das Original des Textes sei walisisch, er nannte die Handschrift «eine Quelle, die für die Erforschung der walisischen Gralsüberlieferung von sehr hohem Wert ist» (S. 207). Er glaubte offenbar, in Irland spräche man walisisch (britisch, *p*-keltisch) und nicht vielmehr gälisch (goidelisch, *q*-keltisch).

Wir sind nun inzwischen mit König Artus' Welt soweit vertraut, daß wir den Text für sich sprechen lassen können. Wir werden gespannt zusehen, wie die Gralsburg aus einem Meer von Nebel emporsteigt, und wir werden das, was der mittelalterliche französische Enzyklopädist Lambert de Saint-Omer in seinem Kompendium des Wissens so gewissenhaft ausgeführt hat, bestätigt finden und den sagenhaften Palast des Königs noch genauer kennenlernen. Wir bieten im folgenden Zusammenfassungen und einzelne übersetzte Ausschnitte aus dem Text des *Sone de Nansai*.

5. Neue Erkenntnisse: Percevals Thronbesteigung

Sone kommt auf die Insel Norwegen, die zwischen England und Irland liegt, und tritt sogleich ins Heer des Königs Alain von Norwegen ein. Dessen Truppen sammeln sich auf der Großen Wiese in der Nähe einer bedeutenden Festung.

Der Ort der Handlung liegt unweit der Küste im Südosten der Isle of Man, in der Gegend, in der sich heute der Flughafen befindet. Dort liegt die Stadt Castletown, die ihren Namen von den alten Burgruinen dort hat. An der Südküste liegt die Burg Rushen, die «bedeutende Festung», von der im Text die Rede ist. In der Schlacht, die bald folgt, werden zehntausend Männer erschlagen, darunter die zwei Söhne des Königs von Norwegen. Auch der König von Ulster kommt ums Leben, Sone kann nun dessen Witwe in Ulster heiraten. Die Karriere des Helden ähnelt anfangs der des Lancelot (den der Autor freilich an keiner Stelle mit Namen erwähnt). Nach der Schlacht und vor dem nächsten Höhepunkt der Romanhandlung bekommt der Autor/Übersetzer Gelegenheit, seinen geographischen Neigungen zu folgen. Eine hohe Hügelkette trennt Castletown von Peel an der felsigen Westküste der Isle of Man. Sone reist mit dem König von Norwegen durch bergiges Land, wo es seltsame Lebewesen gibt (V. 4285). Die beiden kommen an ein schmales Wasser mit zwei Felsen. Dort machen sich zwei Mönche bereit, sie in ihrem altertümlichen Fahrzeug überzusetzen (V. 4331). Wir haben in dieser Szene Lancelots Ankunft am Meeresarm und zugleich Percevals Ankunft bei den zwei Felsen vor Augen – es ist derselbe Ort, den auch Gawain und Yonecs Mutter vor sich sahen. Der Autor wird später auf die Fähre oder den *punt* zurückkommen.

Sone und König Alain wurden dann über das tiefe Wasser zu einem wunderschönen Palast hinübergefahren; dieser war von einer Steilmauer umgeben, die aus dem Meer emporragte. (V. 4370 ff.)

Was dann folgt, ist die erste vollständige Beschreibung der Gralsburg auf der Insel Avalon.

[Die Burg] war so wunderbar auf felsigem Grund erbaut und so weit von der Küste entfernt, daß keine Belagerungsmaschinen noch Katapulte ihr auch nur im geringsten schaden konnten, und sie war ringsum von Wellen umspült (V. 4378). Die Steilmauern standen auf felsigem Grund mit ihren vier Türmen; der höchste war zugleich das Hauptgebäude, der Palas der Burg. Die Feuerstelle im großen Saal stand auf vier Säulen mit kupfernen Röhren. Der Raum war so verschwenderisch eingerichtet, so reich mit Bildwerken geziert, so überladen mit Gold, so vornehm ausgestattet, daß jeder, der sich dort aufhielt und all den Reichtum anschauen durfte, meinen mußte, er sei im Paradies (V. 4412).

Hier scheint es nun einen Bruch im Text zu geben, denn das Folgende ist von einem anderen Standpunkt aus geschrieben: Der Beobachter scheint sich jetzt jenseits der Meerenge auf der Isle of Man zu befinden, an einer Stelle, von wo man zu der kleinen Insel mit der Gralsburg hinüberblicken kann.

Der Tisch für das Abendessen wurde in einem Lustgarten mit Blick aufs Meer gedeckt. Die Mauern des Gartens bestanden aus Marmor mit gemeißelten Bildern seltener Vögel und Fische, darüber Wetterfahnen, die sich im Wind drehten und Musik machten: jede hatte ihre besondere Melodie und ihren eigenen Rhythmus. Auf der einen Seite lag das Meer, auf der anderen ein Wald mit Erlen, Zypressen, Mandel-, Oliven- und Feigenbäumen, wo Hirsche in völliger Freiheit umherstreiften. An dem Ort flossen Süßwasser und Meerwasser zusammen, aber er war so gelegen, daß es kaum oder gar nicht möglich war, vom Land her dahin und zu der verborgenen Insel und zu der Burg auf der Insel zu gelangen (V. 4498).

Nachdem Sone bei dem Abt eines nahen Klosters gebeichtet hat, erfährt er Näheres zur Geschichte der Burg, und zwar im wesentlichen dasselbe, was wir bereits aus dem *Grand Saint Graal* wissen: Joseph von Arimathia erbaute die Gralsburg als Aufbewahrungsort für jenes licht- und nahrungspendende, wunderbar nach Weihrauch duftende Gefäß, das unter dem Namen «Gral» bekannt ist (V. 4619 ff).

Er ließ die Burg sicher und abgeschlossen von der Welt in fischreichen Gewässern erbauen, und er fischte dort, um seine Sorgen zu vergessen, und er war der erste Fischerkönig (V. 4823). Die Burg kann nicht erstürmt werden, und auch von See her kann eine feindliche Streitmacht sich nicht nähern, denn ringsherum gibt es Klippen.

Nach dem Segen öffnete der Abt ein elfenbeinernes Reliquiar mit Schnitzereien, die allerlei Szenen darstellten, und zeigte Sone den Heiligen Gral [«le saint grëal», V. 4905], der das ganze Land erhellte (V. 4906), und die Mönche weinten und sangen «Te deum laudamus». Der Gral wurde dann auf den Altar gelegt, neben das Kreuz. Dann sah Sone den weißen Speer und sein Wunder: einen Tropfen rotes Blut an seiner Spitze (V. 4919), und sah die Sarkophage [«fiertres», V. 4921] des Joseph von Arimathia und seines älteren Sohns. Sein jüngerer Sohn war Josephus, der als erster zum Bischof geweiht wurde (V. 4926).

Aus lauter Liebe zur Ordnung und zum Detail beschreibt der Autor sogar noch, wie Sone und der König namens Alain aus Galoches, das Avalon gegenüberliegt, abreisen (V. 4926).

Hier nun finden wir unsere Theorie über das Fahrzeug, das Chrétiens Lancelot benutzte, bestätigt: Als die beiden Männer die Insel verlassen, gehen sie zu der Fähre («bac»), die schon bereitsteht. Sie steigen in das eine Boot, die Pferde werden auf das zweite geführt.

5. Neue Erkenntnisse: Percevals Thronbesteigung 401

Die Überfahrt dauert nicht lang – offenbar ist es ein sehr schmaler Meeresarm. Sone hat das kostbare Schwert des Abts bei sich (es handelt sich dabei um jenes heilige Objekt, das Gawain dem Gralskönig geschenkt hatte – es wird als eine wundertätige Reliquie vor der Armee hergetragen). Mit seiner Hilfe erobert Sone Ulster.

Der Held lehnt es dann ab, sich auf der Gralsburg krönen zu lassen und die Tochter des Königs von Man zu heiraten (V. 7893). Es wird keine Begründung dafür geliefert, aber der Text hat ja an früherer Stelle mitgeteilt, daß Sone bereits mit der Königin von Ulster verheiratet war. Und außerdem wissen wir, daß Jean de Courci im Gegensatz zu Lancelot nicht in piktischer Zeit lebte und von piktischen Bräuchen nichts wußte. Das Königreich Norwegen gehörte nach dem geltenden Erbrecht der Tochter des Königs. Die Insel war einst piktisches Territorium, und darum galt in arthurischer Zeit matrilineare Erbfolge. Sone kehrt nach Burgund zurück; in Brügge betritt er kontinentalen Boden.

Um alle etwaigen Zweifel hinsichtlich der Lage der Gralsburg auszuräumen, gab der geographisch gebildete Übersetzer auch noch die genaue Route an, der Sone auf seinem Weg von Galoches nach Brügge folgte (V. 8211 ff.):

1. Er segelte nach Norden an der Küste von «Galles» entlang, die immer rechts von ihm lag.
2. Er fuhr dann weiter in den Küstengewässern von Schottland.
3. Er segelte in Richtung Dänemark mit seinen reichen Fischgründen (Lachs und Stör).
4. Er fuhr dann an Dänemark vorbei und an tückischen Klippen entlang.
5. Er gelangte schließlich nach Logarde und von dort nach Brügge.

Aber Sones Geschichte erzählt noch von einem zweiten und letzten Besuch des Helden auf der Gralsburg, und zwar nachdem er erfahren hat, daß König Alain gestorben ist.

Auf dem Heimweg von der Isle of Man segelte Sone nach Norden zum Mull of Galloway, er passierte die Mündung des Firth of Clyde und fuhr weiter durch den Nord-Kanal in die Hebriden-See. Die Reise führte weiter durch den Kleinen Minch und den Nord-Minch zum Kap Wrath, zum Point of no return der Wikinger, und von dort in den Pentland Firth zwischen Caithness und den Orkneys. Es folgte die lange Überfahrt übers offene Meer der Nordsee. Sone gelangte zur Großen Fischerbank, die etwa auf der Höhe von Jütland liegt. Er nahm dann Kurs nach Süden parallel zur dänischen Küste, an Helgoland, den Friesischen Inseln und der holländischen Küste vorbei nach «Logarde» (wahrscheinlich Leewarden), Antwerpen und schließlich Brügge. Die reichen Fischgründe, von denen die Rede ist, sind wohl die der Dogger-Bank zwischen England und Dänemark oder der Well-Bank weiter südlich.

Nach einem Besuch beim Kaiser in Köln besteigt Sone erneut in Brügge ein Schiff und fährt noch einmal nach Galoches. Dort findet er im Hafen dreihundert Fischerboote liegen, dieselbe Zahl von Schiffen lag dem *Yonec* der Marie de France zufolge im selben Hafen, dem von Avalon.

Eine Galeere war vorausgefahren und kündigte die baldige Ankunft des Bräutigams an. Die Besatzung bestand aus Mönchen, die Tag und Nacht gerudert waren, um einen feierlichen Empfang vorzubereiten. Die Landung bei der heimatlichen Abtei war ein schwieriges Unternehmen wegen der zahlreichen Riffe dort (V. 16 806). Königin Odee, die Tochter des verstorbenen Königs von Norwegen, befahl all ihren Vasallen, sich zum Empfang des Bräutigams Sone einzufinden; sie sollten entweder in kleinen Fahrzeugen kommen, die dort landen konnten, während größere Schiffe wegen der starken Brandung und der Riffe draußen auf dem Meer vor Anker gehen mußten (V. 16 859), oder aber über Land anreisen (V. 16 866). Fluß und Meer boten reichlich Nahrung für alle, die Falkner lieferten zudem Wildpret.

Was dann berichtet wird, kann sich auf niemand anderen beziehen als auf Perceval bei seiner Erhebung zum Gralskönig:

Der Abt des nahen Klosters teilt Sone mit, daß ihm, wenn er nun König wird, nicht allein die Reichsgewalt, sondern außerdem die Obhut über die Lanze, die einst Christi Seite durchbohrte, und über den Gral [«saint grëal», V. 16 941] übertragen wird. Der Abt steigt dann auf ein Gerüst hinauf, um Sone die Gebote Christi zu zeigen, die Joseph von Arimathia direkt vom heiligen Petrus empfangen hat.

Sone verläßt die Abtei, besteigt ein Schiff und wird mit seinen Vasallen nach Galoches gerudert. Dort angekommen, steigen alle sogleich hinauf zur Burg (V. 17 017). Dort zelebriert ein Erzbischof, assistiert von drei Bischöfen, die Messe und traut Sone und Königin Odee.

Der Gral und der Leuchter werden offen vor den König hingetragen. Der Gral wird anschließend wieder in seinem Reliquienschrein verwahrt.

Die zweite Beschreibung der Gralsburg bzw. von Avalon zur Zeit des Artus und Percevals schließt sich hier an:

Die Hochzeitsgesellschaft fährt dann in etlichen Schiffen zu einer kleinen Insel vor der Küste, etwa eine Meile entfernt [von Galoches, V. 17 155 ff.].

5. Neue Erkenntnisse: Percevals Thronbesteigung

Es war die hübscheste Insel der Welt. Sie war so exakt quadratisch, daß kein Mensch sagen konnte, welche Seite die längste war. Sie war nach dem heidnischen König Tadus benannt, der die Mauern erbaute, bevor er zum Christentum übertrat. Sie wurde von seinem Sohn Bademagus, dem Edelsten aller Edelleute seiner Epoche, regiert.

Die Mauern um die Insel waren sehr hoch und aus [roten] Sandsteinblöcken. Sie waren auf allen Seiten vom Meer umgeben, standen aber über der Wasserlinie auf felsigem Grund. Sie trugen Zinnen und waren so breit, daß zwei Wagen nebeneinander auf der Krone fahren konnten. An den vier Ekken standen Türme, jeder auf Säulen und Gewölben ruhend. Es gab eine mächtige Zugbrücke, die mittels Flaschenzügen bewegt wurde.

Ein Arm des Meeres reichte fast ganz bis an die Mauern. Über diesen führte die berühmte Schwertbrücke, die zu der Zeit, da Meleagant hier herrschte, viele Köpfe abschnitt.

Auf der Insel lag ein Friedhof, auf dem viele Tote unter Steinplatten, welche die Namen der einzelnen Vasallen trugen, ruhten. Viele seltene Bäume gab es auf der Insel, die verströmten süße und ganz wunderbare Düfte, und mittendrin stand ein Brunnen, der Wasser aus einem kupfernen Horn [«cor», V. 17 203] spendete. Es war süß und kalt, nirgendwo findet man besseres. Es gab nur einen Zugang zur Burg, der normalerweise geschlossen war, und der führte durch ein höchst raffiniert konstruiertes Tor.

Der Abt hatte gerade befohlen, man möge das Mahl für den König auftragen (V. 17 231 ff.), da brach plötzlich ein Unwetter los. Es wurde stockdunkel. Der Donner folgte unmittelbar auf den Blitz, man mußte jedesmal meinen, es werde direkt über den Köpfen der Anwesenden einschlagen. Der Sturm war so heftig, daß Bäume entwurzelt und gegen die Mauern geschleudert wurden. Die See tobte so wild, daß die Wellen hereinschlugen und die Insel überfluteten – die Menschen wären alle ertrunken, wenn sie sich nicht sofort auf die Mauern hinauf geflüchtet hätten.

Dann wurde das Unwetter gar noch schlimmer und tobte so fürchterlich, wie man es seit Menschengedenken nie erlebt hat. Der König kauerte sich auf der Steinmauer zusammen, neben ihm die Königin. Beide wurden von so gewaltigen Brechern überspült, daß es sie beinahe fortgeschwemmt hätte. Drei Tage und drei Nächte lang kauerten sie so, ohne Essen und Trinken, ohne Schlaf, ohne Ruhe.... Die Königinmutter starb.

Als der Himmel aufklarte, sahen sie, daß all ihre Schiffe verloren waren.... Als das Wasser abgeflossen war, stieg vom Friedhof ein gräßlicher Gestank auf.

Die Leute drüben in Galoches hatten den Sturm mit angesehen. Sie schickten nun Boote und Barken und Galeeren hinüber zur Insel, aber die meisten konnten den Geruch nicht aushalten (V. 17 315 ff.).

Überlebende des Unwetters flüchteten in die Wälder und ernährten sich von Wildpret (V. 17 423).

Als der König später zur Insel zurückkehrte, um Nachforschungen anzustellen, fand er heraus, daß der Gestank vom Leichnam der Frau des Joseph von Arimathia herrührte. Sie war eine Heidin gewesen (V. 17 453 ff.).

Der Text des *Sone de Nansai* bestätigt Informationen von Chrétien de Troyes, Marie de France, des *Perlesvaus* und des *Grand Saint Graal (Prosa-Lancelot)* über die Gralsburg. Alle diese Texte zusammen stützen etliche zentrale Feststellungen, die Geoffrey von Monmouth früher getroffen hatte: Avalon war die Isle of Man. An diesem Ort bewahrte König Artus zu einer gewissen Zeit seine Schätze auf. Dort residierte er in einem seiner mit Skulpturen geschmückten Paläste, und zwar in dem, der Galoches hieß. Das Land, in dem dieser Palast stand, war früher piktisch gewesen. Dorthin zog er sich nach seiner Verwundung in der Schlacht bei Camlan zurück.

Von dem Schatz, von dem Palast Galoches und von der Gralsburg ist nichts erhalten geblieben, und nicht einmal in der Erinnerung der Menschen jener Gegend hat etwas davon überlebt. Und doch erlaubt die Summe aller Hinweise den Schluß: Avalon alias Avallachs Insel, die berühmte Insel der arthurischen Literatur, liegt Ga-

5. Neue Erkenntnisse: Percevals Thronbesteigung 405

loches auf der Isle of Man direkt gegenüber jenseits eines schmalen Meeresarms. Das Eiland heißt heute Saint Patrick's Isle. Darauf steht die mächtige, rote Ruine von Peel Castle, von Man durch eine schmale Meerenge getrennt. Alles, was wir in den verschiedenen Quellen beschrieben finden, das Aussehen der Insel selbst, der Fluß Neb, der dort in die Irische See mündet, die Reede für die Fischerboote, die Steilmauer aus Sandstein, die gefährlichen Gewässer vor der Küste, die Felsen und Klippen der Küste, schließlich die häufigen Unwetter und Wirbelstürme, alle diese Aussagen passen ganz genau auf Saint Patrick's Isle.

Bei den zwei detaillierten und vollständigen Beschreibungen, die der *Sone de Nansai* von der kleinen Nebeninsel liefert, auf der heute die zerstörte Burg Peel und die Kirche des heiligen Germanus stehen, handelt es sich nicht um Augenzeugenberichte, die für Jean de Courci geschrieben und von seinen Nachfolgern aufbewahrt wurden. Diese Berichte und speziell auch die Schilderung der Krönungsfeier im *Sone* wurden vielmehr einem sehr viel älteren Text entnommen, der geschrieben worden sein muß, bevor die Wikinger um 800 die Burg zerstörten. Danach nämlich gab es schlicht keine breiten Steilmauern mehr, keinen Palast, keine Festung, keine Schwertbrücke, kein Tor, keine Krankenzimmer für verwundete Gralskrieger, kein Gold und kein Silber und keine Bäume. Wäre die Beschreibung zur Zeit des Jean de Courci verfaßt worden, so hätte sie die Kirche des heiligen Patrick und den Runden Turm erwähnt, deren Ruinen heute am höchsten Punkt der kleinen Insel stehen. Beide Bauten stammen archäologischen Untersuchungen zufolge aus dem zehnten Jahrhundert.

Es ist sehr sonderbar, daß Chrétien behauptet, Lancelot sei lange Zeit just in einem solchen Turm, just an einem solchen Ort – und das heißt nichts anderes als: an genau *diesem* Ort eben – von Meleagant gefangengehalten worden. Es ist aber ein anderer roter Turm, der heute in den Ruinen von Peel Castle emporragt.

Der *Sone de Nansai* erwähnt mit keinem Wort König Artus, Lancelot, Perceval, Gawain und König Urien. Vielleicht hat Branque, als er bei der Schilderung von Sones Krönung den Bericht der alten Quelle entlehnte, dieses Verfahren deswegen nicht kenntlich gemacht, weil er der Erzählung von Sone den Schein der Authentizität geben wollte. Wenn er dies beabsichtigte, so war er erfolgreich: Loomis zumindest brauchte das Werk erst gar nicht zu Ende zu lesen, um mit Überzeugung behaupten zu können, es sei «authentisch». Sones Krönung und Hochzeit sind aber mit Gewißheit alles andere als authentisch, denn zu der Zeit, als Sone König von Ulster wurde – selbst wenn wir unterstellen, die Feier der Thronerhebung habe wirklich auf Man stattgefunden –, gab es eben keinen Gral mehr und ebensowenig eine Gralsburg samt Schwert und Licht und Leuchter. Alles das war drei- oder vierhundert Jahre früher verschwunden.

Sehr wohl authentisch ist dagegen Branques topographische Beschreibung der Gralsburg, denn die Angaben über den Ort sind noch heute zu überprüfen und erweisen sich als richtig.

Von wessen Ankunft, Thronerhebung und Hochzeit erzählte jener Text aus Artus' Annalen, der für Jean de Courci passend umgeschrieben wurde, in Wirklichkeit? Er handelte nicht von Lancelot, denn dieser wurde nach Informationen von Ulrich, die sich bestätigt haben, in Stirling gekrönt. Branque unterlief ein verräterischer Fehler, der auf seine alte Quelle hinweist. Der Bearbeiter sagte nämlich, der neue König sei der Nachfolger nicht etwa von Godred II., sondern von König *Alain*, von Percevals Vater also. Wir können daraus schließen, daß es wahrscheinlich Percevals Krönungsfeier war, die in irgendeinem ganz wunderbar detailgenauen Bericht, der später verlorenging, geschildert wurde. Und Branque besaß genügend guten Geschmack, diesen Bericht in mindestens zwei Passagen unversehrt zu bewahren. Seine Aussagen über den Gral und die Gralszeremonie sind deswegen Kostbarkeiten von unschätzbarem Wert.

Das Zeugnis des *Sone* stützt Erkenntnisse, die wir bereits früher aus anderen Texten gewonnen haben, so etwa aus dem englischen *Sir Percyvelle*, dem wir entnehmen, daß Percevals Verlobte östlich der Gralsburg, deren Glockengeläute man bisweilen vernehmen konnte, wohnte. Sie lebte folglich entweder in Saint John's oder in Douglas. Vielleicht war auch sie, die den jungen Perceval, piktischem Brauch folgend, in den Besitz eines Territoriums brachte, Tochter eines Gralskönigs, ein vornehmes junges Mädchen, das von der Gralsgesellschaft erzogen worden war.

Der Text des *Sone* leidet unter jenem Hang zur Schlamperei, der für die altfranzösischen Texte ganz allgemein charakteristisch ist. Es finden sich Brüche im Zeitverlauf, die an Chrétiens Lücken im Leben von Perceval und Lancelot erinnern. Von seinem entfernten Standort auf Zypern kann der Autor nicht genau erkennen, wie die Geographie seiner Romaninsel wirklich beschaffen ist. Er weiß es ganz einfach nicht, ob der großartige goldene Palast Galoches an der

5. Neue Erkenntnisse: Percevals Thronbesteigung

Küste dem kleinen Eiland, das heute den Namen des heiligen Patrick trägt, direkt gegenüberstand oder ob die Abtei sich wirklich dort bei den zwei Felsen und nahe am Meer befand. Oder stand vielleicht die Abtei weiter im Landesinneren bei Saint Johns und dem Tynwald Hill, also bei jenem Grabhügel der Marie de France, den die Hauptstraße von Douglas nach Peel durchschneidet? Die Straße von Saint John's fällt zur Küste hin steil ab. Sie führt dort am Ufer des Neb entlang und ganz nahe bei dem kegeligen Hügel vorbei. (Wir wissen das aus den *Perceval*-Texten.) Man gelangt ziemlich unvermittelt an den hellen Strand vor dem offenen Meer und sieht jenseits der glitzernden, dunkelblauen Wasserfläche der Meerenge Ruinen, die man sich gut als die der Gralsburg, die einst hinter mächtigen roten Mauern dort auf der Insel emporragte, vorstellen kann.

Es scheint, als habe König Artus dem Zweikampf zwischen Lancelot und Meleagant von der Hauptinsel aus zugesehen. Der kegelige Hügel der Gralsinsel direkt gegenüber muß einen ganz ausgezeichneten Blick auf den Turnierplatz der Burg geboten haben.

Perceval, Lancelot und Gawain hatten Schwierigkeiten, die abschüssige Straße zu finden, die am kegeligen Hügel und am Fluß entlang und überraschend schnell an jenen Strand führte, von dem aus sie die Insel erblickten und die rötlichen Türme, die sich im Gegenlicht abzeichneten. Gibt es heute ein Flußtal, das dieser Beschreibung entspricht? Gab es ein solches Tal und einen Weg hinab zu einer Burg, die dem König Artus gehörte und Galoches hieß? Die Antwort darauf hält eine Überraschung bereit. Auch hier wieder hat Chrétien genau gearbeitet.

Die Straße zur Burg hieß 1656 «King's Vale-Royall». In diesem Jahr hielt sich ein französischer Künstler namens Chaloner in der Gegend auf und fertigte eine Zeichnung der Ruinen von Peel Castle an. Er stand auf der Kuppe des kegeligen Hügels und konnte von dort – genauso wie einst König Artus, als er Lancelot zusah – hinabblicken in das Viereck, das die alten Mauern der Burg umschlossen. R. H. Kinvig hat die Zeichnung in seinem Buch über die Geschichte von Man reproduziert. Sie beweist, daß alle die im Irrtum waren, die behauptet haben, es gebe nichts, was auf einen Zusammenhang zwischen König Artus und der Isle of Man hindeute.

Der *Sone de Nansai* bestätigt im übrigen Geoffreys Darstellung, derzufolge es eine Insel namens «Norwegen» gab, die von Artus erobert wurde. Da außerdem viele Details der Gralsburg im Land Gorre in der arthurischen Literatur beschrieben sind, nämlich Lan-

Abb. 9: «Die Burg Peel, wie sie von Osten her aussieht». (Peel Castle, Stich von Chaloner, um 1650). A. Der Hügel ist viel höher als die Burg. B. Das Meer rund um die Burg. Bei Flut können selbst die größten Schiffe das Wasser befahren und den Hafen anlaufen, bei Ebbe gelangt man trockenen Fußes zur Burg. C. Die Klippen. D. Der Burghügel. E. Die Burgmauer. F. Die Hauptkirche. G. Zwei weitere Kapellen und Wohngebäude. Die Hügel gehören zu Wale und Irland.

celots «Schwertbrücke», Percevals Zugbrücke, Maries Palast und Spital, Gawains Wasserbrücke – noch heute kann man auf der Luvseite von Peel Island den schmalen Einschnitt sehen, in dem man mit einem kleinen Boot anlegen kann, ganz nahe beim Sally Port, wo Gawain wohl in die Felsspalte fiel (auch diese Kluft im Gestein ist noch heute zu sehen) –, sogar Meleagants Turm oder doch ein runder piktischer «Broch», der genau wie jener Turm aussieht, schließlich die Quelle mit klarem Wasser, die auf Manx *Chibbir Pherick* (Patricksquelle) heißt, liegt es auf der Hand, daß Gorre und Man ein und dasselbe sind.

Gorry, das wahrscheinlich seinen Namen von dem «Riesengrab» des «König Gorry» oder «Orry» hat, ist mit der Isle of Man und deren kleiner Nebeninsel identisch. Der Steinbruch am Ufer des Meeresarms, über den Meleagants Schwester mit dem aus dem Manx stammenden Namen Jandree Lancelot in die Freiheit ruderte, ist noch da. Der Friedhof und die Gräber auf Peel Island, die im *Sone* erwähnt werden, sind auf Ansichtskarten mit Luftaufnahmen von der Isle of Man deutlich erkennbar.

5. Neue Erkenntnisse: Percevals Thronbesteigung

Abb. 10: St. Patrick, Peel, war lange Zeit ein Zufluchtsort und ein Heiligtum. Nach R. H. Kinvig: *The Isle of Man.* Liverpool 1975.

Und es finden sich auf Man noch weitere geographische Besonderheiten, die in unserem Zusammenhang relevant sind, so etwa die «große Wiese», auf der sich in alter Zeit die Krieger zur Heerschau sammelten. Und wir wissen von Frauenklöstern aus mittelalterlicher Zeit, die aber damals schon viele Jahrhunderte alt gewesen sein können. Ein solches Stift gab es in Douglas, wo wahrscheinlich Percevals Braut lebte. Perceval eroberte diese wunderschöne Besitzung für sie und sorgte dafür, daß sie vor künftigen Angriffen sicher war.

Bis in die jüngste Gegenwart hinein gab es in Castletown eine Erziehungsanstalt für Knaben. Reste spätantiker und mittelalterlicher Kirchen, die nach bedeutenden Eremitenheiligen aus arthurischer Zeit benannt sind – Brigitte, Patrick und Germanus, um nur drei Namen anzuführen –, finden sich in großer Zahl überall auf der Insel.

Bis in unsere Zeit hinein war Peel der Heimathafen einer Flotte von Heringsfängern, die dreihundert Fahrzeuge umfaßte – derselbe Ort und exakt die Zahl, die schon Marie de France und der Kleriker

Branque, der im Dienst der Burggräfin von Zypern stand, genannt hatten.

Jener Autor des *Prosa-Lancelot*, von dem die anrührenden Passagen über Lancelots Kindheit und Erziehung stammen, wurde nicht müde, die Vorzüge des Landstrichs zu rühmen, in dem Lancelot aufwuchs. Er schwärmte von dem tropischen Klima, den erquickenden Winden, der unvergleichlichen Schönheit der Landschaft. Die Isle of Man und ganz besonders Peel Castle auf seinem roten Felsen in der tosenden Brandung sind oft unter die großen Weltwunder gezählt worden. Sie sind seit neunhundert Jahren der Welt bekannt – die Zeit ihres größten Ruhms aber liegt, wie wir nun aus der arthurischen Literatur wissen, noch fünf Jahrhunderte weiter zurück.

Auf diesen Inseln errichteten König Artus und seine Gemahlin Guinevere etliche wahrhaft erstaunliche Bauten, unter ihnen die Gralsburg, auf der Guinevere und Lohot bestattet werden sollten. Zu diesem Zufluchtsort brachten Lancelot und Perceval die Gebeine ihrer hochverehrten Vorfahren. Daß die Königin Morgan König Artus zur Genesung hierher brachte, ist leicht zu glauben – es war ja genau der rechte und passende Ort.

6. Zusammenfassung und Schluß: König Artus, Legende und historische Wahrheit

Obwohl John Morris fand, König Artus sei sowohl als Herrscher wie als Kriegsheld nur «undeutlich wahrnehmbar», befaßte er sich doch in seinem historischen Werk *The Age of Arthur* eingehend mit dieser Person. Das Buch erschloß der Forschung ganz neue Arbeitsgebiete, denn bis dahin hatten sich die Historiker darauf beschränkt, die spärlichen historischen Zeugnisse zu untersuchen, und waren zu dem Schluß gelangt, König Artus sei im wesentlichen lediglich eine legendäre Figur. Oder sie meinten, da Artus erwiesenermaßen weder walisischen noch englischen noch kornischen Ursprungs sei, müsse man wohl annehmen, er sei eben überhaupt nicht historisch.

Die bedeutenderen Artus-Forscher wie Chambers, Rhys und Loomis, die auf diesem Feld der Wissenschaft etwa hundert Jahre lang den Ton angaben, hatten ebenfalls gründlich die Quellen studiert, besonders Nennius und Gildas, und waren zu der Überzeugung gekommen, Artus sei eine mythische und legendäre Figur. Für sie war er ein Bärengott oder ein Gott des Pflugs oder irgendeine Naturgottheit. In jedem Fall aber waren sie der Meinung, die Zeugnisse seien allzu dürftig; wie Leslie Alcock 1974 betonte, gebe es keine Inschrift, keine Residenz, keinen Platz oder Ort, die irgendwelche Beweise für Artus' Historizität lieferten. Dies war seine feste Überzeugung.

Ein Literaturhistoriker wie Loomis hätte darauf verweisen können, daß vieles in der Weltliteratur mythisch und doch gleichzeitig historisch sei. Das beste Beispiel dafür ist die *Ilias* des Homer, die sich in der Neuzeit dadurch als historisch wahr erwiesen hat, daß sie die Entdeckung Trojas ermöglichte.

The Age of Arthur bedeutete einen revolutionären Fortschritt deswegen, weil John Morris hier den Mythologen die kalte Schulter gezeigt und König Artus in seine Geschichte jener Epoche aufgenommen hatte.

Das Werk hat aber keineswegs seinen Gegenstand abschließend behandelt, sondern vielmehr zu einem noch gründlicheren Studium sämtlicher arthurischen Quellen geradezu herausgefordert, zu ebender Arbeit, die ich in diesem Buch hier vorstelle. Ein wesentliches Ergebnis dieser Forschungen ist, daß König Artus und sein Reich in den Borders zu suchen sind, in der Grenzregion zwischen dem heutigen Schottland und dem heutigen England. Die meisten seiner zwölf Schlachten wurden in diesem Gebiet geschlagen, und dort befanden sich auch die militärischen Stützpunkte des Königs. Er ist aller Wahrscheinlichkeit nach dort geboren, dort wuchs er auf, dort heiratete er, dort wurde er schließlich schwer verwundet. Jene Schlacht am Fluß «Dubglas», über deren Ort wir noch nichts gesagt haben, fand wohl bei Douglas an der Ostküste der Isle of Man statt, an den Ufern des Flusses gleichen Namens. Sein letztes Schatzhaus stand sehr wahrscheinlich bei Avalon, heute Saint Patrick's Isle genannt und vor der Westküste der Isle of Man gelegen, also auf der Seite der Insel, die Irland zugewandt ist. Hier ist der Grund zu suchen, weshalb verschiedene Elemente aus der irischen Mythologie und Hinweise auf einen Patrick, sei dieser nun der Heilige oder ein späterer Abt desselben Namens, sich in arthurische Quellen eingeschlichen haben oder schon immer dort ihren angestammten Platz hatten.

Dies ist das erste Buch überhaupt, das minutiös sowohl die historischen wie auch die literarischen arthurischen Quellen in ihren jeweiligen Originalsprachen untersucht hat. Es waren geographische Studien, die meine Arbeit zu einem ersten Durchbruch führten

— derartige Untersuchungen hätten gewiß auch schon im Rahmen des Forschungsprojekts von John Morris eine höchst wertvolle Ergänzung zu den rein historischen Methoden bieten können. Die Geschichte und die Literatur gleichermaßen verweisen direkt auf wirkliche Orte in der Grenzregion zwischen dem alten Reich der Pikten und jenem England der arthurischen Epoche, das damals bereits von Angeln und Sachsen erobert und besiedelt war. Da der König in seinen Schlachten siegreich blieb, kann er sie ganz offensichtlich nicht auf englischem Boden geschlagen haben, wie Historiker der Angelsachsen Jahrhunderte hindurch behauptet hatten.

Wenn ich bei der Suche nach König Artus und den wichtigsten Personen seiner Umgebung die Werke der fiktionalen Literatur des Hochmittelalters hinzuziehe, so hat dies zwei gute Gründe: 1. weil das Fiktionale ja immer zugleich auch etwas Wahres und Wirkliches enthält und 2. weil die Autoren der Artus-Literatur bei ihrer Arbeit heute längst verschollene historische Dokumente auswerteten. Der heilige Gildas, ein Zeitgenosse des Artus, wußte, daß damals bereits jene Aufzeichnungen, die man unter dem Begriff «Annalen des Nordens» zusammenfaßt, verschwunden waren. Nennius wußte ebenfalls vom Verlust dieser Dokumente. Und schließlich bestätigt auch Gaimar, einer der normannisch-französischen Übersetzer/Bearbeiter von Geoffreys *Historia*, daß sie verschollen waren.

In der Schlacht bei Camlan fielen die besten Krieger des Königs und alle Mitglieder der Tafelrunde, die ihren Herrn nicht überleben wollten. Es blieb niemand übrig, die historischen Aufzeichnungen des Reichs zu retten und zu bewahren. Der König selbst wurde, lebend oder tot, auf die Insel Avalon gebracht. Diese wurde in der Folge von beutehungrigen Wikingern erobert. Alles wurde zerstört, verbrannt, weggeschleppt. Nichts blieb übrig.

Und doch war in der Literatur das Andenken an König Artus all die Jahrhunderte hindurch lebendig. Jemand sah sein Grab in einer unterirdischen Kammer, vielleicht, so wurde behauptet, auf der Isle of Man. Unvergeßlich die Szene, wie Don Quixote in die Höhle von Montesinos fiel und wie er die schlafenden Ritter auf ihren Gräbern liegen sah. Victor Hugo redet in einer langen Passage in *Notre Dame de Paris* von der Unzerstörbarkeit der Literatur, nichts in der Welt, sagt er, trotze wie sie der Vergänglichkeit. Bücher können nicht ausgelöscht werden, irgendwelche Teile und Bruchstücke tauchen immer wieder irgendwo auf. Abschriften und Übersetzungen bleiben erhalten. Und so wird es denn auch möglich, jene verschollenen

Aufzeichnungen aus kleinen und kleinsten Bruchstücken zu rekonstruieren. Die detektivische Arbeit ist noch nicht beendet.

Unsere Suche begann mit der *Geschichte der Könige Britanniens* von Geoffrey von Monmouth, Geistlicher und Gelehrter in Oxford und ein verläßlicher, aufrichtiger Charakter, ein Mann, der starke Bindungen zu Wales hatte und möglicherweise an der Universität von Paris zu akademischen Würden gelangt war. Sein Werk wurde gründlich untersucht, dessen Wert und Aussagekraft aufs genaueste geprüft und gewogen. Geoffreys Bericht über Artus' Leben, seine frühen Schlachten und seine Krönung hielten der Prüfung im Licht all der Erkenntnisse über das arthurische Zeitalter, die man im Lauf der letzten Jahrzehnte gewonnen hat, weit besser stand, als man früher immer geglaubt hatte. Geoffrey wußte sehr wohl, daß König Artus eine Gestalt der antiken Welt, nicht des Mittelalters war. Er sah, daß der König in einer Epoche, da das Römische Reich zerfiel, als Retter Britanniens erschien, kurz nachdem sich die römischen Besatzungstruppen von der Insel zurückgezogen hatten. Artus unternahm den Versuch, der Ausbreitung der Angelsachsen über Northumbria hinaus ein Ende zu setzen. Er war darin auch durchaus erfolgreich, so glauben viele, und konnte dort im Norden Britanniens ein keltisches Reich in weiten Teilen unversehrt bewahren. Geoffrey wußte auch, daß Artus Christ war – es muß allerdings hier ergänzend hinzugefügt werden, daß er dem *keltischen* Christentum anhing, das später vom römischen Katholizismus überformt und verdrängt werden sollte. Quellen und Dokumente zu diesem speziellen Gegenstand waren in besonderem Maß gefährdet: Die religiösen Praktiken der alten Zeit wurden später streng mißbilligt, ja, sie waren regelrecht verboten. Sogar die bedeutendsten Heiligen aus Artus' Epoche wurden schon bald von Konkurrenten römischer Observanz in den Hintergrund gedrängt. Aber es war der heilige Patrick, der das Bistum von Man gegründet hatte, und zwar im Jahr 447, also noch vor Artus' Zeit.

Die Methode, die wir bei unserer Arbeit angewendet haben, bestand darin, die verschiedenen Texte nebeneinanderzustellen, um so die fähigsten Köpfe jeweils ihre Version der Geschichte vortragen zu lassen und dann die einzelnen Fassungen zu vergleichen. Ihre Berichte wurden so wie der Geoffreys mit Erkenntnissen der Geschichtswissenschaft, der Geographie, der Linguistik, der prähistorischen, der archäologischen und der kunsthistorischen Wissenschaft konfrontiert und daran gemessen. Alle Disziplinen der Wissenschaften mußten ihren Beitrag leisten, wenn es etwa galt, eine Biographie des Artus und eine Chronologie der Ereignisse zu erstellen, die Theologie jener Zeit zu erläutern oder Informationen über die Architektur des fünften und sechsten Jahrhunderts zusammenzutragen.

Nachdem Geoffrey, wie es schien, in seiner Aussage König Artus korrekt in Schottland und auf der Isle of Man (die zu Geoffreys Zeit von Norwegern beherrscht wurde und deswegen «Norwegen» genannt wurde) lokalisiert hatte, wurden seine Nachfolger in den Zeugenstand gerufen. Die Untersuchung befaßte sich dann mit Chrétien de Troyes, um zu prüfen, was aus seinem umfangreichen Werk brauchbar war, und schritt fort zu Marie de France. Das Erstaunen wuchs, als sich zeigte, daß auch jener den König nach Schottland verwies und diese den Feind des Artus, König Urien von Gorre, auf der Isle of Man lokalisierte, ja sogar noch genauer auf ebender Sankt-Patricks-Insel, wo wirklich und leibhaftig einst tote Helden in ihren Gräbern gelegen hatten.

Diesen Texte mußten nun die neueren Erkenntnisse renommierter Forscher aus verschiedenen Disziplinen gegenübergestellt werden. Die Bedeutung von Landkarten als Hilfsmittel der Forschung wuchs zusehends. Die Ergebnisse der Arbeit mußten überprüft und bestätigt werden, was eine rege Korrespondenz mit britischen und amerikanischen Gelehrten mit sich brachte, es mußten auch Bücher in in- und ausländischen Bibliotheken besorgt und beinahe jährlich Reisen nach Großbritannien unternommen werden.

Die vorliegende Untersuchung ist nun am Ende ihrer Bahn von der Wahrheit des Worts zur physischen Realität angelangt – von den Texten Geoffreys von Monmouth und Chrétiens de Troyes zu den wirklichen Wassern des Firth of Forth, von dessen Ufer wir, wie einst Lancelot, zur Burg von Stirling hinüberschauen, oder wir stehen, wie einst Perceval, auf dem kegeligen Gipfel bei Peel und sehen jenseits des Meeresarms die Gralsinsel liegen. An dem Tag, als ich auf diesem Hügel stand, wurden auf der Insel gerade Steine abgeladen, die aus dem Steinbruch an der Küste gegenüber stammten – es war alles genau so, wie es im *Sone de Nansai* beschrieben wird. Glitzerndes Sonnenlicht tanzte auf den dunkelblauen Wellen der Irischen See – genau so, wie Chrétien sagte. Und zehn Minuten später, nachdem wir in einem *punt* hinübergefahren waren, brach plötzlich ein heftiger Regenguß los, vor dessen Gewalt wir in den Schutz des Turms der Burg flüchteten. Es fehlte nicht viel, und die

Wellen wären über die zerbröckelnden gelben Mauerreste hinweg ins Innere der Burg geschwappt wie damals, als «Sone» (richtig: Perceval) hier seine Hochzeit feierte und sich eben zum festlichen Mahl niedersetzen wollte. Und genauso plötzlich verzog sich das Unwetter wieder, und die Sonne kam heraus an dem rosa-goldenen Himmel über Irland, das in der Ferne hinter Nebelschleiern auftauchte.

Geoffrey von Monmouth war Kronzeuge bei unseren Untersuchungen, seine Aussagen führten uns von einer Entdeckung zur anderen. Wir haben erlebt, wie seine Ortsangaben sich als korrekt erwiesen, wie seine Auffassung von den Ereignissen sich bewährte, wir haben gesehen, wie sehr er König Artus und Königin Guinevere bewunderte und den unbekannten König Anguselus von Schottland, der, wie sich zeigte, niemand anderer war als Lancelot vom See. Letztlich war es Geoffrey, der uns den König Artus geschenkt hat.

Mit denselben Grundsätzen gingen wir dann an das Werk des Chrétien heran und erkannten, daß dieser Autor von Geburt an mit den Verhältnissen in Schottland vertraut gewesen sein muß oder doch Zugang zu wohlgehüteten Quellen gehabt hat. Und jedenfalls wissen wir, daß der Graf von Flandern, als er bei Chrétien den *Perceval* in Auftrag gab, soeben erst aus Schottland nach Flandern heimgekehrt war und also dem Dichter Informationen aus erster Hand liefern konnte.

Die arthurische Literatur ist in fünf Themenkreise einzuteilen: 1. die Heldengeschichte des König Artus, 2. die Geschichte des Sehers und Propheten Merlin, 3. die Abenteuergeschichten des Lancelot und des Gawain, 4. die Geschichten von der Gralsuche des Perceval und des Galahad, 5. die Liebesgeschichte von Tristan und Iseut. Die zuletzt genannte Gruppe haben wir hier vernachlässigt, weil nicht anzunehmen ist, daß sie unmittelbar Erkenntnisse liefert, die uns bei der Arbeit mit den Werken der anderen Kategorien voranbringen.

Die Heldengeschichte des Artus beginnt mit der Schilderung der Kindheit des Königs – diese Berichte sind nicht erhalten –, erzählt dann von der Verteidigung Britanniens, die er in seiner Eigenschaft als *dux* der Briten leitete, von der Eroberung der Inseln im Westen, von den zwölf blutigen Schlachten, von seinen Kommandounternehmen zur See, vom Feldzug auf dem Kontinent – möglicherweise im nördlichen Teil Europas –, vom Bau eines Schatzhauses und einer königlichen Grablege auf der Isle of Man, von seiner Krönung als König von Britannien, von seiner langen Herrschaft von Carlisle aus und von Stirling und von Dumbarton Rock am Clyde unweit des heutigen Glasgow. Die 108 Belege für Carlisle als wichtigste Residenz des Königs sollten eigentlich ausreichen, um allen Zweifeln zu diesem speziellen Thema ein Ende zu bereiten.

Diese Geschichte endet, wie es sich für ein rechtes Epos gehört, mit dem Tod des Helden. Artus starb nach der Katastrophe bei Camlan am Hadrianswall, ganz nahe bei Chamot Hill, wo der König seine Truppen sammelte, in dem Waldgebiet, das heute Kershope Forest heißt, und nachdem man ihn übers Meer nach Avalon, auf die Isle of Man also, gebracht hatte. Praktisch alle, die ihm etwas bedeutet hatten, waren tot, unter ihnen auch seine Gemahlin Guinevere. Es waren andere Königinnen – Frauen, die ein derart hohes Ansehen genossen, daß sie sich ungefährdet auf jenem fürchterlichen Schlachtfeld bewegen konnten –, die den verwundeten Artus wegtrugen. Man brachte ihn wahrscheinlich von Carlisle aus nach Douglas an der Ostküste von Man, von wo eine Straße durch ziemlich flaches Land quer durch die Insel bis zu der Stelle führte, wo der Weg steil zur Küste und zur Burg hin abfällt. Die Route zur Gralsburg und alles, was die Gesellschaft der Tafelrunde und Artus' Funktion in dieser Gemeinschaft betraf, wurde geheimgehalten.

Artus, Uther Pendragon und Perceval haben Merlin persönlich gekannt, eine Figur, der – auch dies ist Geoffreys Verdienst – die Schotten bis heute ein ehrendes Angedenken bewahrt haben. Merlin baute für Aurelius Ambrosius die Begräbnisstätte auf dem Calton (Caledonian) Hill alias «Arthurs Sitz» in Edinburgh. Er war der Erzieher und Mentor des jungen Artus, er sorgte dafür, daß sein Schützling seinen Anspruch und sein Recht auf die Herrschaft demonstrieren konnte, indem er das Schwert oder das Kreuz aus dem Feuerstein-Amboß bei Carlisle zog. Merlin beriet Artus auch bei der Wahl einer Gattin, er führte eine Zeitlang den Vorsitz in der Tafelrunde, er war der offizielle Geschichtsschreiber des Königs und dessen Hofastronom, und er überlebte Artus. Er war nicht der oberste Druide des Nordens, soll aber diesem Würdenträger auf der Insel Iona Bericht erstattet haben. Während die darstellenden Künste sich, soweit wir wissen, mit Artus nie befaßten, haben sie sehr wohl Bildnisse von Merlin der Nachwelt hinterlassen, und zwar stellten sie ihn als eine Vatergestalt dar, welche «die Zeit» versinnbildlicht. Er hat eine hohe gewölbte Stirn, einen langen weißen Bart und weißes Haar. Er hält eine goldene Sichel in der Hand und trägt ein wallendes weißes Gewand, das bis zum Boden reicht. Seine Augen sind blau, von jenem linsenförmigen Schnitt, der uns aus der keltischen Kunst vertraut ist. Sie blicken umschleiert aus tiefen Augenhöhlen. «Vater Zeit», so hat man immer behauptet, herrsche auf der heiligen «Insel der Freude», wo die Toten bestattet liegen. Die drei Beine im Rad der Zeit, die im Wappen der Isle of Man zu sehen sind, versinnbildlichen die Leichtigkeit, mit der die Toten dahinschreiten.

Die Abenteuergeschichten über Lancelot und Gawain stellen die jüngere Generation der Helden vor, Artus' Frontkommandeure, die in seinem Namen das Schwert Excalibur führten, das Zeichen des ihnen übertragenen *imperium*, wie die Römer sagten, der Befehlsgewalt also. Gawain alterte sichtlich im Verlauf seiner Abenteuer, sein Gesicht war zernarbt. Er wurde schließlich von dem wesentlich jüngeren Lancelot abgelöst. Wie düstere Racheengel erscheinen beide, Männer, die ihr Leben dem Krieg geweiht hatten. Gawain wuchs in Galloway auf, so scheint es, und wird auch sonst mit dieser Region in Verbindung gebracht. Sein Mentor Sulpicius Severus wird «Papst» genannt, aber sein Name ist allzu weit verbreitet, als daß wir näher bestimmen könnten, welche Person jener Zeit damit gemeint sein könnte. Die wesentlich brillantere Erscheinung des Lancelot macht uns weniger Probleme, sobald wir uns nur erst dafür entschieden haben, Geoffreys Worte ernst zu nehmen.

Der erfolgreiche Gralsucher Perceval ist als Priesterkönig ein Vorgänger des heiligen Kolumban von Irland, der später ebenfalls sowohl priesterliche wie königliche Würden innehatte. Die folkloristische Überlieferung sagt, der Große Narr (Perceval) sei nach langer Zeit endlich so klug geworden, daß er die Tochter des Königs von Irland heiratete. Seine Gralsburg lag tatsächlich auf irischem Boden, in einem Gebiet, wo gälisch, nämlich Manx, gesprochen wurde. Perceval stieg später in den Rang eines Heiligen auf und genoß einige Verehrung in den alten keltischen Kultstätten der Borders in den Tweed Uplands. Seine Karriere nötigt uns Bewunderung für das keltische Heidentum wie auch für die keltische Kirche der alten Zeit ab, denn diese Kulte haben, wie schon Edward Gibbon bemerkte, lang andauernder harter Unterdrückung zum Trotz am Ende doch noch ihren stillen Triumph erlebt. Der heilige Kentigern war ein Mann von Percevals Schlag. Und der Schwanenritter, der im Ersten Kreuzzug Jerusalem befreite, war sein Nachkomme.

Es ist tröstlich zu wissen, daß Ruhm und Ehre der keltischen Kirche, die man überall in der arthurischen Literatur besungen findet, auf dem unzerstörbaren Felsenfundament der Gralsburg auf

Avalon ruhen. Dort wurden die Heiligen Joseph und Gildas verehrt – zu jenem gehörten das Salbgefäß, der Dornbaum, die dreizehn aus Ruten geflochtenen Hütten, der blühende Stab aus dem ersten Jahrhundert, zu diesem die Glocke, der Stab, die Quelle, die zu seinen Füßen entsprungen war. Auch vor dem heiligen Ninian, dessen hohe Gestalt alle seine Zeitgenossen überragte, tat sich eine Quelle lebendigen Wassers auf – vielleicht war es diejenige, an der Königin Guinevere und ihre Entführer auf der Reise zur Gralsburg übernachteten. Alle diese Symbole aus der Zeit zwischen den Jahren 72 und 410 sind noch heute im Christentum lebendig. Als davon berichtet wurde, wie König Artus jenem Gnadenort, den wir als den des heiligen Ninian in den Rhinns of Galloway identifiziert haben, Verehrung erwies, wurde gesagt, der König sei vor der Schwelle des Heiligtums geblieben und habe den Raum, in dem der Gottesdienst stattfand, nicht betreten. Ein solches Detail beweist die Authentizität des Texts, denn es war tatsächlich in jenen alten Zeiten der Brauch, daß die Gläubigen sich außerhalb des Gotteshauses aufhielten.

Die Gralsburg im Nabel der Meere erinnert uns an Jerusalem und an Delphi, alle drei sind uralte Kult- und Orakelstätten. Sie erinnert mit ihrer Aura der Heiligkeit, ihrer Atmosphäre, die etwas traumhaft Visionäres an sich hat, mit der Dynastie weltlicher und geistlicher Herrscher auch an andere ähnliche Orte und Stätten, von denen behauptet wird, dort sei das Paradies. Man sucht heute die Landkarte von Tibet nach dem physischen Ort des heiligen Shambhala ab, das inmitten zweier konzentrischer Ringe von schneebedeckten Gipfeln liegen soll. Auch in diesem Fall bemüht sich die Wissenschaft, einen ganz bestimmten Ort, dessen natürliche Beschaffenheit beschrieben ist, zu finden, und auch dort gibt es einen berühmten Krieger, der – wie Artus am Berg Badon – in sagenumwobenen Schlachten gekämpft hat. In beiden Fällen verbergen sich die geheimnisvollen Kultstätten hinter archaischen Ortsnamen, beide liegen jenseits unwirtlicher, wüster Landstriche. Beide Orte werden von schweren Stürmen heimgesucht, beide sind schwer zu finden, geschützt durch irreführende Wegangaben (im speziellen Fall der Gralsburg dadurch, daß konsequent die Überfahrt übers Meer verschwiegen wird), aber schließlich doch dank den einzigartigen topographischen Gegebenheiten identifizierbar – so etwa im Fall von Lancelots «Schwertbrücke», Gawains «Wasserbrücke», Percevals «Klappbrücke» und jenem Gefährt, das wahrscheinlich nichts anderes war und ist als ein *punt*. Aus den Hinweisen auf Avalon läßt sich schon fast eine ganze Litanei bilden: Seereise, Meer-

6. König Artus, Legende und historische Wahrheit 419

enge, dreihundert Schiffe im Hafen, der Fischerkönig, Abstieg vom kegeligen Hügel, der Steinbruch an der Küste gegenüber, tropische Pflanzen und Blumen, die Quelle mit silbernen Röhren. Der Schlüssel zur Lösung des Rätsels lag in dem Hinweis auf «Irland», so etwa, wenn von der extrem stürmischen See vor der irischen Küste gesprochen wurde.

Die *Chronik* des Ihon Hardyng (1543) teilt uns mit, daß Galahad der letzte Gralsherrscher war, der zwölf neue Mitglieder in den Orden vom heiligen «Graall» aufnehmen konnte.

Avalon lag im Land des König Gorry – dessen Name so, wie diese Orthographie vorschreibt, ausgesprochen wird. *Gorry* wird bis heute in der Liste der für Man typischen Familiennamen geführt. Der Abstieg vom Tynwald Hill und von Saint John's nach Avalon führt tatsächlich, wie wir mit Befriedigung feststellen, durch das «King's Vale-Royall». Wenn man sich heute ganz einfach an jene Stelle begibt, von wo man auf die Insel, die einst Avalon hieß, hinabschauen kann, lösen sich viele Probleme um König Artus wie von selbst.

Wir haben die Frage nach dem genauen Umfang seines Königreichs beantworten können: Es umfaßte die Region Schottlands, die unter dem Namen Border Country bekannt ist, und seine äußeren Begrenzungspunkte waren Berwick, Carlisle, Dumbarton und Stirling. Wir konnten beschreiben, wie Artus in diesem armen, bergigen Land seine Kriege führte. Er stellte sich in offenen Feldschlachten, zog sich anschließend zurück, um seine Truppen neu zu formieren, und verlegte sich auf die Taktik des Zermürbungskriegs, hielt den Feind hin und schwächte seine Moral durch verschiedene Unternehmungen, die Angst und Schrecken verbreiteten, etwa durch Nachtangriffe. Er verwüstete das Land des Feindes, zündete seine Palisadenfestungen an, in denen die feindlichen Krieger dann wie Schlachtvieh im Pferch gefangen waren, und überfiel die Gegner aus dem Hinterhalt. Er arbeitete mit Drohungen, Schmeicheleien, Bitten und Versprechungen – dies war der Stil, in dem er Heere und Flotten führte.

Der König konnte sich jederzeit in die zwei befestigten Stützpunkte bei Carlisle zurückziehen, inmitten des Sumpflands am Unterlauf des Eden gelegen, wo er vor Angriffen sicher war und von wo aus er schnell aufs offene Meer und zu den Inseln gelangen konnte. Die vier Grenzfestungen an den Ecken seines Reichs hatten alle Zugang zur See und dienten als Waffendepots und Sammelplätze. Die britischen Truppen unter Artus' Kommando konnten sich bei Bedarf leicht auflösen, unauffällig verstreuten sich die Männer im bergigen Landesinnern der Borders, lebten versteckt in den Schluchten und Tälern. Von überall her strömten Kämpfer zur Fahne des berühmten Kriegerkönigs; manche von ihnen, zum Beispiel Gawain und Lancelot, blieben bei ihm bis zum Tod. Artus siegte in allen seinen Kämpfen bis Camlan, das bestätigen alle Zeugen.

Wir haben auch Fragen nach den verschiedenen Rollen gestellt, die Frauen in dieser rauhen Gesellschaft spielten. Wir haben befestigte Plätze gefunden und den wichtigsten Hafen des Königs im Loch Ryan. Auch nach dem sagenumwobenen Camelot haben wir gesucht. Wir sind zu der Annahme gelangt, daß Artus in Caerlaverock, der Burg seiner Mutter am Meer, genauer: am Solway Firth, geboren wurde, nicht etwa in jenem Kloster in Südwestengland, an dessen Stelle später die Burg Tintagel erbaut wurde.

Die schwierigsten Rätsel, mit denen wir konfrontiert wurden, waren die um die Tafelrunde, um Lancelots Identität, um den Ort der Gefährlichen Furt, um das Wesen von Merlins Schwertbrücke, um den Ort jener Gedenk- und Begräbnisstätte, die ebenfalls Merlin erbaut hatte, und zwar im Auftrag des Aurelius Ambrosius, schließlich das Problem der Pikten (die als schwarze Zwerge und als dunkelhäutige Häßliche Fräulein beschrieben werden – in ebendieser Weise typisieren siegreiche blonde Eroberer sehr oft die Angehörigen unterworfener Völker). Wir haben gesehen, daß der Fluß, der mitten durch das alte piktische Siedlungsgebiet fließt, der Forth ist, der bei den Fords of Frew das piktische Hochland von den schottischen Lowlands trennt.

Wir haben Theorien zurückgewiesen, denen zufolge die Tafelrunde ein Möbel aus Holz war oder aber mit jenen flachen, runden Geländeformationen identisch ist, die man heute bei Penrith und auf der Isle of Man sehen kann und die alte Siedlungsbauten irgendeiner Art anzeigen. Die Tafelrunde war, glaube ich, in arthurischer Zeit ein Gotteshaus aus Stein.

Aber zwei Rätsel bleiben doch immer noch, da wir uns nun dem Ende der Untersuchung nähern, ungelöst. Warum konnte die Erinnerung an den König Artus überleben, da er doch scheinbar spurlos aus seiner Welt verschwand und mit ihm die Annalen seiner Herrschaft? Wie war es möglich, daß er die Phantasie der Menschen in all der Zeit von 542 bis ins Mittelalter hinein beschäftigte, als Geoffrey von Monmouth ihn wiederentdeckte? Wir wissen, daß die bloße Erinnerung an Artus König Heinrich II. im zwölften Jahrhundert derart in Schrecken hielt, daß dieser starke und mächtige Herrscher

6. König Artus, Legende und historische Wahrheit

im Verein mit seinem Verwandten, dem Abt von Glastonbury, das Schauspiel der «Entdeckung» von Artus' Grab initiierte – mit dem Ziel, die Gebeine des Toten ein für allemal zur Ruhe zu betten. Was war das für eine Gefahr, die Heinrich II. nach mehr als sechshundert Jahren noch so sehr schreckte? Waren es vielleicht die Weissagungen Merlins, die in den vergangenen Jahrhunderten Artus am Leben erhalten hatten?

Möglicherweise haben wir einen der Überlebenden von Camlan bis jetzt noch nicht genügend beachtet, einen Mann, der kein Feind des Königs war, sondern vielmehr sein allererster Förderer. Der «Wundermann» Merlin, der über so viele Talente verfügte, war Artus' Mentor und Beschützer, sein Verbündeter und weiser Lenker.

Nachdem so viele Jahrhunderte verflossen sind, erscheint König Artus als eine flüchtige, schwer greifbare und doch höchst lebendige und wirkliche Gestalt. Wir denken an ihn in poetischen Bildern, und dies obwohl, anders als in Merlins Fall, kein Werk der bildenden Kunst erhalten ist, das etwas über die Gestalt und die Physiognomie des Herrschers verraten würde. Nicht einen Augenblick lang können wir glauben, daß er dem blaßblonden Helden der Tapisserien (im Cloisters Museum, New York) ähnlich sah. Die anderen Darstellungen des Königs sind alle ganz und gar verschieden. Nur auf den Illustrationen von Gustave Doré für *Idylls of the King* zeigt sich eine gewisse Ähnlichkeit mit jenem Profil, das sich in den Salisbury Crags oberhalb von Holyrood Castle in Edinburgh abzeichnet.

Sehr wahrscheinlich kommt vieles, was unterschwellig in das Bild von Artus eingeflossen ist, und auch vieles von dem seine Gestalt umhüllenden dichterischen Symbolismus von jenem Seher her, den man in Schottland «Marvellous Merlin» nennt. Artus' Name dagegen bringt im heutigen Schottland kaum irgendwelche Saiten zum Schwingen, was uns zu einer letzten Frage veranlaßt: Warum erinnert sich gerade Schottland der Gestalt des Königs nicht mit ähnlich großer Ehrfurcht oder gar Liebe wie der Merlins, da doch andere Regionen Britanniens Artus' Andenken sehr wohl in dieser Weise bewahren? Die Antwort darauf hat, so scheint es, etwas mit den besonderen Talenten und der Karriere des Dichters und Sehers Merlin zu tun und mit seiner Rolle als «Königsmacher». Der *Prosa-Lancelot* teilt mit, daß Merlins prophetische Zeit 1690 Wochen oder zweiunddreißigeinhalb Jahre währte. Er residierte im Rad der Zeit auf der Gralsburg, auf Avalon also. Er war es, der – so Malory, Geoffrey und andere – die kryptische Bemerkung machte, daß auch der König im Rad der Fortuna, d.h. im Rad der Zeit, gefangen sei und sich mit ihm drehen müsse, einmal oben, einmal unten.

Wie das dämmernde Morgenlicht, prophezeite Merlin, werde König Artus aufsteigen und wiederkommen von seinem geheimnisumwitterten Zufluchtsort auf der Insel, aus jener dunklen Höhle, in der er verwundet darniedergelegen hatte.

Vorher aber würden sich die Sterne von den Menschen abwenden, ließ Geoffrey seinen Merlin sagen, sie würden ihnen den Rücken kehren und ihre gewohnten Bahnen am Himmel verlassen. In ihrem Zorn würden die Gestirne das Getreide auf den Feldern verdorren machen und dem Land keinen Regen mehr schicken.

Hütet euch, warnte Merlin, vor dem Bären, der seinen Maulkorb abnimmt: Er wird kämpfen.

> Der Bär wird seinen Maulkorb lösen,
> nie wieder wird er ihn sich umbinden lassen.
> Immerfort wachsen wird er mit dem Wind,
> und wie sie kommen, so werden sie fliehen.

Derart kryptische Worte Merlins sorgten das ganze Mittelalter hindurch und während der fürchterlichen Kriege zwischen England und Schottland für Unruhe und Schrecken.

Ein anderes Beispiel, das etwas von Merlins Macht ahnen läßt, stammt aus der alten englischen Chronik des Peter de Langtoft, die Robert de Brunne bearbeitet und erweitert hat:

... the clerk Merlyn sais certain, That Bretons at the last salle haf this land agayne ... [... der Kleriker Merlyn weissagt, daß die Bretonen einst dieses Land wieder besitzen werden ...] (Bd. 1)

Das sind höchst brisante, gefährliche Worte, voller Emphase und schrecklich.

Right as Merlyn spak had Edward the Kyng Scotland, as Albanack had at the be gynnyng. [Genau wie Merlyn vorhergesagt hatte, regierte der König Edward Schottland, so wie es einst Albanack regiert hatte.] (Bd. 1)

Menschen überall schwören «of Merlyn mouth» [bei Merlins Mund]. (Bd. 2)

Gestes that er olde writen of many man, thritti reames men tolde, that Kyng Arthur wan. He parted his wynnyng tille his men largely, that nouther erle ne kyng wille withsitte his cry. they were at his wille, were he neuer sohie, Bothe of gode & ille at alle his nede redie. [In alten Geschichten ist zu lesen..., daß König Arthur dreißig Reiche gewann. Er verteilte die Beute großzügig unter seine Leute, so daß kein Graf und kein König sich je geweigert hätte, seinem Ruf zu folgen. Sie waren ihm alle treu ergeben ... und gern bereit, ihm beizustehen zum Guten und zum Bösen.]

6. König Artus, Legende und historische Wahrheit

Was hat es mit diesem König Artus auf sich? fragte Peter de Langtoft. Männer, die Merlin gelesen hatten, sagten, dieser König sei allemal mittendrin gewesen in der Schlacht. Morgens wie abends war er schlicht und aufrichtig. Schurken, die ihn kränkten, und Feinde, die Streit mit ihm anfingen, bekamen von ihm, der sich von Bitten so wenig beeindrucken ließ wie von Geschenken, den Lohn, den sie verdienten. Im Rat und in der Not erwies er sich als kundig und geschickt. Nie wurde ein Herrscher mehr gerühmt als er. Niemand in der ganzen Christenheit seiner Epoche konnte ihm das Wasser reichen. Von wem wir das alles wissen? Von Merlin.

Die schottischen Seher und Propheten späterer, mittelalterlicher Zeiten, so etwa Thomas von Erceldoune, ergingen sich in düsteren Prophezeiungen, König Artus werde wiederauferstehen und seine «dreißig Reiche» zurückerobern, ganz England, von Dumbarton Rock bei Glasgow bis nach Dover am Ärmelkanal, werde er unterwerfen. Solche Propheten erzählen auch davon, wie Artus zum König gewählt wurde, wie er Schottland im Sturm nahm, wie er dann gekrönt wurde, wie seine Legionen den Süden verwüsteten, wie er schließlich – mit bösen Folgen für Britannien – Herrscher über die gesamte Insel wurde. Diese letzte Behauptung stiftete immer neue blutige Kriege, denn darauf gründete England seinen Anspruch auf Schottland. Artus wird ganz Britannien erobern und beherrschen, prophezeit eine andere alte schottische Weissagung:

> Doch diese böse Welt wird nur eine kurze Weile währen,
> bis endlich ein Führer, nicht gewählt, geadelt von eigenem Wert,
> das Land unterwirft, zum König sich macht.
> Dann werden seine Krieger den ganzen Süden erstürmen
> von Dumbartone bis Dover und das Land unter sich aufteilen.
> Ein Kind wird dieser Eroberer sein, geboren zur Herrschaft
> über ganz Britannien, so weit es sich streckt im Meer.
> Und was er erobert hat, wird ihm gehören
> und niemals wieder erobert werden.

Die alten Propheten Schottlands also behielten den toten König Artus als «Heldenkind» in Erinnerung, das wiederkehren würde, um ganz Britannien zu erobern und zu beherrschen. Aus dieser Quelle müssen Geoffrey die Merlinschen Prophezeiungen zugeflossen sein.

Unsere letzte Frage scheint damit eine Antwort gefunden zu haben. Ein schottischer Gelehrter namens James A. Murray stellte 1872 fest: «Wenn die Legenden um König Artus in ihrem eigentlichen

Heimatland ausgestorben sind, so deswegen, weil ihnen der Makel anhaftete, dem englischen Herrschaftsanspruch auf Schottland Vorschub zu leisten.» Man ließ König Artus aus Schottland fortziehen, weil unter Berufung auf ihn das Land immer wieder verwüstet worden war.

Hütet euch vor Artus, dem wilden Bären ohne Maulkorb, so warnten die alten Propheten, Merlins Worte im Sinn. In der Heraldik erscheint jetzt der Bär mit Maulkorb und oft auch noch angekettet. Aber Artus' Bannerzeichen war wohl die Bärentatze mit gefährlich gezückten Krallen. Der Klauenhammer ist das Emblem der herzoglichen Würde. Da der junge Artus den Titel *dux*, «Herzog», führte, ist es auch möglich, daß der Hammer in jener Zeit, da es noch keine systematisch ausgebildete Heraldik gab, sein Erkennungszeichen war. Manche Experten heutzutage behaupten, sein Emblem sei der rote Drache gewesen, und Lancelot habe drei weiße Löwen auf blauem Feld im Wappen geführt.

Gegen Ende des Mittelalters war das ganze Thema um König Artus zu einer sehr prekären Sache geworden, die auf prophetischen Reden und gutem Glauben ruhte. Im Jahr 1544 meinte John Leland, Artus sei ein «Patrizier» gewesen und *imperator* über alle Länder, so weit das Auge reichte. Aber für die Seher künftiger Dinge war und blieb er der sagenhafte «Heldenknabe» und der Sieger vom Berg Badon. Manche nahmen auch an, seine Grabesruhe in Glastonbury werde nicht ewig dauern, er sei nicht wirklich tot – andere glaubten dagegen, er liege unter den Dolmen in Wales, deren Form ja den Buchstaben «A» nachzubilden scheint. Oder man verkündete, er sei der Bär, der ohne Maulkorb wiederkehren werde. Aber wirklich seriöse und rationale Fragen nach Artus wurden vor dem Aufkommen der modernen Wissenschaften nicht gestellt.

Im Jahr 1801 öffnete dann Owen Jones die Tür zu einer neuen Welt, als er zum erstenmal überhaupt Texte aus vormittelalterlicher Zeit in einer wissenschaftlichen Edition veröffentlichte, und zwar in seiner *Myrvyrian Archaiology*, die in Edinburgh und Cardiff erschien, den zwei ältesten Zentren der Gelehrsamkeit in der keltischen Welt. Aber auch England, wo Geoffrey von Monmouth König Artus ans Licht der Welt gebracht hatte, leistete einen unschätzbar wertvollen Beitrag: Dort hielt Matthew Arnold 1866 seine Vorlesungen über die Schönheiten der keltischen Literatur. Die Gelehrten seiner Zeit erlebten, so Arnold, wie sich vor ihren Augen eine völlig neue Welt nach und nach offenbare, eine Welt, die zugleich britisch und antik war. Man müsse, forderte er, das Thema des

6. König Artus, Legende und historische Wahrheit

König Artus konstruktiv angehen und es nicht bei irgendwelchen «lendenlahmen und halbherzigen Vermutungen» bewenden lassen: «... denn die einzige interessante und fruchtbare Fragestellung ist ja nicht die, in welchen Fällen wohl innere Argumente *gegen* die Annahme sprechen, jene Texte gingen auf das sechste Jahrhundert zurück, sondern vielmehr, in welchen Fällen Argumente *dafür* sprechen, und wenn sich solche Relikte aus dem sechsten Jahrhundert wirklich finden lassen, wie diese zu interpretieren sind».

Diese Worte im Herzen, habe ich mich einer wissenschaftlichen Richtung, die auf Verachtung für die antiken und mittelalterlichen Autoren gründet, verweigert, als ich an das Problem des historischen König Artus heranging. Und dem Glauben an die Möglichkeit von Entdeckungen, der mich geführt hat, verdanke ich es, daß ich Artus nun ein Königreich anbieten kann.

Anhang

1. Alte Quellen

Herkunft	Autor	Dat.	Titel
Schottland	Gildas	um 500	*De excidio et conquestu Britanniae* (Über den Untergang und die Eroberung Britanniens)
Schottland	Aneirin	um 600	«Gododdin» aus *Canu Aneirin* (Buch des Aneirin)
Wales	Nennius	um 800	*Historia Brittonum* (Geschichte der Briten) B. M. Harleian 3859 enthält: die sechs Weltzeitalter, das römische Britannien, Herkunft der Briten, Geschichte (Vortigern, Vortimer), Heiligenleben (Patrick, Germanus), Artus' Schlachten, Genealogien, 28 Städte Britanniens, die Wunder Britanniens, Annalen von Wales (447–954).
Wales	Gedichte und Erzählungen	?	*Die Mabinogion*, The Black Book of Carmarthen, The Red Book of Hergest. S. auch *The Myrvyrian Archaiology of Wales*, darin: «Preiddeu Annwfn» (Der Kriegszug zum Hades, vor 1100) und das *mabinogi* (die Erzählung) «Culhwch und Olwen».
Nordbritannien, vielleicht Carlisle	?	?	*Annalen des Nordens*, ein bedeutendes Werk, seit dem dreizehnten Jahrhundert verschollen.
Flandern	Lambert de Saint-Omer	1120	*Liber floridus*

Herkunft	Autor	Dat.	Titel
Britannien und europ. Festland	Walis.-brit. Heilige (Zeitgenossen des Artus), darunter Cadocus von Llancarvan, David von Menevia und Caerleon, Dubricius von Caerleon, Eleutherius von Tournai, Iltutus von Llantwit Major, Kentigern von Glasgow, Paternus von Llanbadarn Fawr		Biographien *(Vitae)*

2. Bedeutende arthurische Texte des Hochmittelalters

1. William von Malmesbury .... *De gestis Regum Anglorum* 1125–35
   De antiquitate glastoniensis ecclesiae 1129–35
2. Geoffrey von Monmouth .... *Historia Regum Britanniae* 1136–38
   Vita Merlini *1148*
   9 Übersetzer/Bearbeiter, unter ihnen:
   Gaimar.. *Estoire de Bretons* .... um 1140
   Wace ... *Roman de Brut* .... um 1155
   Layamon.. *Brut* .... um 1190
   Der walisische *Brut Tysilio* .... (jung)
3. Caradoc von Llancarvan .... *Vita Gildae* 1129–60
4. Béroul .... *Tristan* 1160
5. Eilhart von Oberge .. *Tristan* .... um 1160–70
6. Bruder Robert ...... *Tristan* .... um 1165–70
7. Marie de France ..... *Lais* 1170–89
8. Chrétien de Troyes *Erec* .... um 1170
   Lancelot 1172
   Yvain .... *um 1175*
   Conte del graal .... um 1185
9. Robert de Boron ..... *Joseph d'Arimathie* 1160–70
   Estoire 1186
10. Gervasius von Tilbury .... *Otia imperialia* .... um 1177
11. Thomas von Bretagne .... *Tristan et Yseut* 1170
12. Anonymus .... *Didot-Perceval* 1190–1215
13. Wolfram von Eschenbach .... *Parzival* 1197–1218

14. Gottfried von Straßburg	Tristan und Isolde	1205–10
15. Anonymus	Perlesvaus	um 1191
16. Ulrich von Zatzikhoven	Lanzelet	um 1193
17.	Prosa-Lancelot	1220–30
	Bd. 1: «L'Estoire del Saint Graal»	
	Bd. 2: «L'Estoire de Merlin»	
	Bd. 3: «Li Livre de Lancelot del Lac»	
	Bd. 4: Forts.	
	Bd. 5: Forts.	
	Bd. 6: «Les Aventures, ou La Queste del Saint Graal», «La Mort le Roi Artus»	
	Bd. 7: «Le Livre d'Artus»	
18. Anonymus	Sone von Nausay (Sone de Nansai)	um 1250

3. Bedeutende arthurische Texte des englischen Spätmittelalters

Anonymus	The Alliterative Morte Arthure	um 1360
Anonymus	Gawain and the Green Knight	1380–1400
Geoffrey Chaucer	«The Wife of Bath's Tale» aus The Canterbury Tales	vor 1396
Robert Thorntons Manuskript	The Romance of Sir Perceval of Galles	um 1440
Anonymus	Arthur (Liber Rubeus Bathoniae)	um 1428
Anonymus	Merlin, or the Early History of King Arthur	um 1450–60
Sir Thomas Malory	Le Morte d'Arthure	1469
Anonymus	Balladen: The Percy Reliques	?

4. Geoffrey von Monmouth

Die einzige Biographie des König Artus wurde von Geoffrey von Monmouth (1136) in der *Historia Regum Britanniae* geschrieben; eine englische Übersetzung von Sebastian Evans erschien 1912 unter dem Titel *History of the Kings of Britain*. In der englischen Ausgabe nimmt die Geschichte des König Artus die Bücher 7 bis 12 ein, die wiederum in Kapitel unterteilt sind – in Geoffreys lateinischem Original war der gesamte Text lediglich in Abschnitte unterteilt. Ungefähr die Hälfte des Werks, die Bücher 1 bis 6, befaßt sich mit der älteren britischen Geschichte von der Zeit des Trojanischen Kriegs bis zu Artus' Vorgängern. Buch 7 enthält auf etwa zehn Seiten die kryptischen Prophezeiungen Merlins. Diese Passage erlangte schnell große Berühmtheit beim Publikum – die Nachfrage nach Abschriften des Werks war riesig.

4. Geoffrey von Monmouth

Die restlichen fünf Bücher über Artus nehmen etwa die Hälfte der *Historia* ein, circa hundert Seiten. Geoffrey arbeitete nach dem Erscheinen des Werks noch einmal zwölf Jahre an einer revidierten Fassung, und er autorisierte die erste Übersetzung ins Walisische.

Seit 1929 steht uns eine hervorragende verläßliche Edition zur Verfügung, *The Historia Regum Britanniae of Geoffrey of Monmouth with Contributions to the Study of Place in Early British History*, die von Acton Griscom und Robert Ellis Jones von der Columbia University auf der Grundlage der vier besten Handschriften erarbeitet wurde. In dieser Ausgabe finden wir unten auf jeder Seite den Text der walisischen Übersetzung parallel zum lateinischen Originaltext abgedruckt. Das Wesentliche aber ist: Diese Edition ist die erste überhaupt, die Sympathie mit Geoffrey verrät. Sie ist deswegen ein Werk von höchster Bedeutung nicht allein für die mediävistischen Wissenschaften, sondern auch für die Artus-Forschung.

«Merlins Prophezeiungen», jene wenigen Seiten der *Historia*, die in den englischen Ausgaben als Buch 7 erscheinen, sind Geoffreys erstes Buch. Sein drittes und letztes Buch war «Das Leben des Merlin», *Vita Merlini* (um 1150), ein lateinisches Werk in 1529 Versen, das davon erzählt, wie Merlin in der Wildnis lebt, während Artus seine Wunden auf Avalon auskuriert. Vom Leben des König Artus berichten die Bücher 8 bis 11 der *Historia*. Geoffrey starb 1154. Die große Zahl von erhaltenen Handschriften der *Historia* (190 Textzeugen in 49 Bibliotheken in 11 europäischen Ländern) bezeugt die gewaltige Popularität von Geoffreys historischem Werk. Es faszinierte offenbar im Mittelalter Leser überall in Europa, die nun plötzlich Zugang zu arthurischem Material hatten, und zwar in elegantem Latein geschrieben, der Universalsprache damals. Edmond Faral betonte 1929 in Frankreich, das internationale Renommee des «Geoffrey Arthur» – so wurde er zu Lebzeiten genannt – sei einfach überwältigend gewesen. Ähnliches sagt auch Sebastian Evans, der bekannteste unter den englischen Übersetzern Geoffreys.

Die zwei Widmungsexemplare der Historia an hohe Herrschaften sind ebenfalls erhalten, MS Cambridge 1706 und Codex Bernensis no. 568. Sie wurden Robert von Gloucester, Count Waleran of Mellent, und König Stephan von England (Reg. 1135–1154) geschenkt. Die «Prophezeiungen des Merlin», die in einer separaten Ausgabe früher erschienen waren, hatte Geoffrey dem Bischof Alexander von Lincoln gewidmet.

Die bekanntesten unter den Übersetzern/Bearbeitern von Geoffreys Werk sind der Anglo-Normanne Wace, der im Auftrag von König Heinrich II. arbeitete, und der Angelsachse Layamon. Beide waren der Ansicht, Geoffreys Stoff sei eigentlich epischer Natur und das Werk müsse deswegen umgeschrieben und zum Epos umgemodelt werden. Es ist klar, daß ihre Fassungen demjenigen wenig nützen, der in der Geschichte das Historische und nicht so sehr das Epische sucht – da doch normalerweise das eine mit dem anderen wenig zu tun hat. Wace veränderte in vielen Fällen die ohnehin bereits einigermaßen verwirrende Geographie Geoffreys und «übersetzte» sie ins Französische: Artus residiert dann auf der Burg Chinon. Layamon, der sich Artus als eine George-Washington-Figur vorstellte, ließ den Helden in der Gegend am Unterlauf des Severn wirken, in der Heimat des Bearbeiters also, oder in der Region Bristol und Gloucester. Man sollte meinen, Artus hätte Flügel besessen und wäre von Dumbarton zum Severn geflogen, um dort noch einmal seine alten Schlachten zu schlagen.

Um die Zeit von Geoffreys Tod hatte sich bei einer Gruppe von Autoren die Ansicht durchgesetzt, König Artus wäre in der Gegend von Glastonbury zu finden. Ein Schriftsteller namens Caradoc von Llancarvan (oder Llancarfan) schrieb in den dreißiger Jahren des zwölften Jahrhunderts eine Biographie des heiligen Gildas, in der er eine skandalöse Geschichte von Artus' Gemahlin erzählte: Königin Guinevere soll in die Sümpfe um Glastonbury entführt worden sein. Und am Ende soll der König herbeigeeilt sein und Guinevere befreit haben. Bei Geoffrey von Monmouth findet sich eine derartige in ihrer Konsequenz ehrabschneiderische Darstellung nirgends auch nur angedeutet. Er spricht von der Königin mit Respekt, wenn auch wenig, nur bei der Schilderung ihrer Krönung wird er ausführlicher. Überhaupt zollt Geoffrey von Monmouth Königinnen hohe Achtung und erweist sich darin als typischer Vertreter seiner Nation.

Ein Grund für all die Anfeindungen, denen Geoffrey später ausgesetzt war, lag wohl in der Tatsache, daß er von den Traditionen, die auf Glastonbury verwiesen, keine Notiz nahm. Daß er auch bei den Schotten unpopulär war, hat komplexere Ursachen. Jenen besonderen Unwillen, den Geoffrey in Schottland auf sich zog, kann man etwa am Beispiel William Maitlands studieren, der in der Einleitung zu seiner *History and Antiquities of Scotland from the Earliest Accounts of Time to the Death of James the First, Anno 1437* Geoffrey einen «Bösewicht» nannte,

> [dessen Werk] auf der Britischen Insel wahrscheinlich mehr Unheil gestiftet hat als alle Bücher zuvor und, so ist zu hoffen, als alle, die in Zukunft noch geschrieben werden. Denn auf diese Legende [auf die von Artus] gründete Edward I., König von England, seinen Anspruch auf die Souveränität über das Königreich Schottland, ... und dieser Anspruch verursachte jene langen und blutigen Kriege, die beide Nationen beinahe zugrunde gerichtet hätten.

Hier wird Geoffrey für etwas verantwortlich gemacht, das wahrscheinlich eher walisischen historischen Überlieferungen anzulasten ist. Die Artus-Geschichte ist nur ein Teil eines gewaltigen Korpus von Stoffen, *Ystorya*, «Historia», genannt, zu dem auch historische Aufzeichnungen aus Irland *(seanchus)* gehörten. Material aus der ältesten Schicht dieser Tradition findet sich in den walisischen *Triaden*, zu denen Geoffrey keinen Zugang hatte, denn sie wurden damals geheimgehalten und waren nur einem kleinen Kreis von Eingeweihten bekannt. Die *Triaden* und die walisischen *Mabinogion* beriefen sich auf längst vergangene Zeiten, in denen die keltischen Völker ganz Britannien beherrschten. Die Geschichte von König Artus stützte diesen Anspruch und stärkte das keltische Nationalgefühl. So wurde denn Artus tatsächlich eine ideologisch-spirituelle Messiasfigur, in der aber dennoch die Erinnerung an einen realen König des walisischen Volks bewahrt blieb. Und für die Kelten jenseits des Kanals und in Irland wurde er «die Hoffnung aus der Bretagne».

Offenbar sind Geoffrey verschiedene Irrtümer in der Kirchengeschichte unterlaufen, für die er bis heute büßen muß. Christopher Brooke hat in einem Aufsatz in den *Studies in the Early British Church* (herausgegeben von der berühmten Mediävistin Nora K. Chadwick) darauf hingewiesen, daß Geoffrey, der selbst ein Mann der Kirche war, sich irrte, wenn er glaubte, zu Artus' Lebzeiten hätte es in Canterbury und in Caerleon Erzbischöfe gegeben. Und doch hielt der renommierte Kirchenhistoriker Edward Stillingfleet noch 1842 Geoffreys Darstellung in diesem Punkt für durchaus korrekt.

Die Literaturwissenschaftlerin Rachel Bromwich von der Universität Cardiff geht – in der Erkenntnis, daß Geoffrey keinen Zugang zur geheimen keltischen Überlieferung hatte – das Problem von Geoffreys Glaubwürdigkeit in Dingen der Kirchengeschichte mit mehr Verständnis an. Für sie war er ein Normanne oder Bretone, aber jedenfalls ein kontinentaleuropäischer Kleriker und eben nicht ein Waliser mit Verbindungen zu den Barden dieses Volks. Die Irrtümer, die Edward Stillingfleet in seinen *Origines Britannicae* verbreitete, und das siebenhundert Jahre nach Geoffrey, sind nicht weniger schwerwiegend. Er bietet nämlich folgende Übersetzungen an:

Cilurnum = Silchester
Vindolan(d)a = Winchester
Amboglana = Ambleside in Westmorland

Seit der Entdeckung des «Rudge Cup» und der Schale von Amiens kennen wir die Namen der Festungen am Hadrianswall:

Cilurnum = Silchester in Muro = Chesters
Vindolanda = Chesterholm, ebenfalls am Hadrianswall
Camboglana = Birdoswald am Hadrianswall

Heute wird angenommen, daß Birdoswald der Ort ist, bei dem die Schlacht von Camlan (Geoffrey bietet die genauere Orthographie «Camblan») stattgefunden hat, jene letzte große Schlacht des Königs im Westen, bei der Artus schwer verwundet wurde. Die Korrektur solcher Fehler ermutigt uns, weiter an Geoffreys Geographie festzuhalten.

5. Arthurs Ofen

Dies macht endgültig Buchanans Vermutungen zunichte, diese *duns* seien entweder Siegeszeichen oder Grabmäler, die der Nachwelt von großen Männern Kunde geben sollten. Was aber die Ähnlichkeit dieser Bauten mit dem vermeintlichen Tempel des Terminus alias «Arthurs Ofen» am Fluß Carron in Stirlingshire angeht, so tritt, wenn man die Zeichnung des einen mit den Überresten der anderen vergleicht, keine weitere Ähnlichkeit als die der gemeinsamen runden Form zutage. Denn sowohl die abweichende Bauweise als auch die Namen erweisen jene *duns* als Festungsbauten, wohingegen diese Anlage eher privaten Zwecken gedient zu haben scheint, und keiner, könnte man meinen, wäre wahrscheinlicher als der, ein kaltes Bad darin zu nehmen, wenn auch etliche Autoren bereits eine Vielzahl anderer Möglichkeiten der Nutzung ins Gespräch gebracht haben. Was nun die Konstruktion selbst betrifft, so handelt es sich um einen Bau mit einer einfachen Mauer und einem Kuppeldach aus Wölbsteinen. Das Dach war oben offen, ich glaube aber, daß die Öffnung zufällige Ursachen hatte und nicht vom Baumeister so beabsichtigt war. Denn wäre dies der Fall, so hätte es keinen Anlaß gegeben, das Portal derart groß und weit, nämlich zehn Fuß sechs Zoll in der Höhe und sechs Fuß vier Zoll in der Breite, zu gestalten und darüber noch ein Fenster von etwa drei Fuß drei Zoll im Quadrat zu setzen, das alles bei einem doch recht kleinen Bauwerk mit einem Innendurchmesser von nur neunzehn Fuß sechs Zoll. Im übrigen gibt es nichts, was auf eine Mauerkrone hindeutet, vielmehr sieht die oberste Reihe von Steinen, die nur zur Hälfte erhalten ist, genauso aus wie alle übrigen Reihen; wenn auch ein Teil dieser Steine irgendwelchen zufälligen Gewalten oder den Unbilden der Witterung zum Opfer gefallen ist, so kann man doch klar erkennen, daß sie ursprünglich jedenfalls nicht den Abschluß der Mauer bildeten, woraus wir folgern dürfen, daß früher darauf noch weitere Reihen von Steinen lagen, die in ähnlicher Weise verlorengingen.

Nun ist das obenerwähnte Dunaliscaigh in seiner ganzen Bauweise von Arthurs Ofen so sehr verschieden – es besitzt mehrere Räume und in der Mitte eine große freie Hofflläche, die nach allem, was wir wissen, auch früher niemals überdacht war, es gibt in der Außenmauer keine Fenster –, daß wir uns, zumal sich überall im Königreich noch zahlreiche andere Bauten derselben Art finden, nicht vorstellen können, es handle sich hier um etwas anderes als um Festungsanlagen; denn diese *duns* oder Burgen scheinen, sowohl durch ihre Bauweise wie ihre Lage bedingt, überaus solide und gut gesichert. Ich nehme an, sie wurden in alter Zeit von schottischen und piktischen Edlen errichtet, die in jener frühen Periode nach Belieben und ohne Rücksicht auf die königliche Gewalt Bündnisse untereinander und gegen ihre Nachbarn eingingen; und weil somit unausgesetzt Krieg herrschte, wenn nicht in diesem Teil des Reiches, so doch in einem anderen, brauchten diese Edelleute feste Plätze, in die sie sich nach Niederlagen zurückziehen und wo sie Sicherheit finden konnten. Diese *duns*, die ja sehr klein waren, boten nur jeweils einer Familie Platz, keinesfalls konnte nach einer militärischen Schlappe eine ganze Armee sich dort verschanzen. Was die Behauptung betrifft, die *duns* seien ganz einfach Jagdhütten gewesen, so erscheint diese so abwegig wie jene andere, derzufolge die Burg Durness in der Grafschaft Strathnaver von dem sagenhaften König Dornadil erbaut wurde.

ANMERKUNG: Obwohl das nicht direkt zu dem hier behandelten Gegenstand gehört, will ich doch anmerken, daß ich mich, wenn ich zu der Zeit, da ich meine Geschichte der Stadt London schrieb, bereits so gut gälisch oder schottisch gekonnt hätte wie jetzt, zu der Überzeugung bekannt hätte, die Stadt London verdanke ihren Ursprung wie ihren Namen unseren keltischen Vorfahren und nicht etwa den Römern. Der Grund dafür ist, daß der Name London nach allem, was ich darüber in Erfahrung bringen konnte, nicht das mindeste mit dem Lateinischen zu schaffen hat, vielmehr hat es den Anschein, als handle es sich um ein Wort aus unserer alten Sprache, dem Gälischen, und zwar um ein Kompositum aus *Lon* und *Dun*: das erstere verweist auf eine Ebene, das zweite auf ein *dun*.

Wenn es auch wahr ist, daß die Erscheinungen, die oben erwähnt wurden, sich menschlicher Kunst verdanken und nicht der Natur, so glaube ich doch, daß dieser Berg, der ja doch eine gewaltige Masse besitzt, nicht ganz und gar künstlich aufgeworfen ist: Er ist an die neunzig Fuß hoch, der Durchmesser an der Basis beträgt etwa zweihundertvierzig Fuß, der Umfang etwa siebenhundert Fuß. Wäre dieser Hügel künstlich angelegt worden, so hätte der Bau einen gewaltigen Aufwand an Arbeit und Kosten erfordert; und da auch an keiner Stelle in der Umgebung Spuren davon zu finden sind, daß irgendwo so große Mengen an Erde, wie sie dieser Berg enthält, entnommen wurden, bin ich der Meinung, daß der Berg natürlichen Ursprungs ist und daß er von Menschenhand in die Form, die wir heute sehen, gebracht wurde. Aus allen diesen Gründen glaube ich, daß Buchanan jene Hügel nie wirklich zu Gesicht bekommen hat, sonst hätte er sie schwerlich in *Duniepacis* verwandeln können; denn *Dunie-pass*, das ursprüngliche gälische Wort für jene Hügel, meint *steile* Anhöhen, wie mir Macfarlane of That-ilk, ein gelehrter Kenner dieser Sprache, versichert hat. Im übrigen hätte Buchanan, wenn er je dort gewesen wäre, eine ganze Anzahl von Hügeln finden können, die, insofern, als sie mehr wie Werke von Menschenhand aussehen, für seinen Zweck besser geeignet gewesen wären – und bloß insofern nicht, als ihre Namen in keine Verbindung mit *Dunie-pacis* zu bringen sind.

Gordon, der diese Hügel ebenfalls beschreibt, ist genauso im Irrtum wie Buchanan, denn er sagt, Agricola habe die Erhöhungen aufwerfen lassen, um darauf befestigte Aussichtsposten zu errichten; aber gleich darauf behauptet er dann, einer der Hügel sei künstlich aufgeworfen, die übrigen aber seien wohl natürlichen Ursprungs. Ich für meinen Teil glaube nicht, daß die Hügel ihre Existenz in irgendeiner Weise dem *Frieden* verdanken oder daß sie aufgeworfen wurden, um als Standort von Beobachtungsstationen zu dienen, vielmehr denke ich, wie bereits angedeutet, daß der eine ganz und gar natürlich ist und der andere, natürlichen Ursprungs, aber künstlich verändert, ein *tom-moid* d. i. ein Gerichtshügel war, auf dem sowohl Zivilklagen wie Strafsachen verhandelt und entschieden wurden. Solche Hügel gibt es überall im Land in großer Zahl und besonders auch in vielen Gegenden von Schottland, Erhebungen, die ganz genau so aussehen, wie derjenige unter den Hügeln von Dunie-pass, der am weitesten östlich liegt.

Etwa zwei Meilen nordöstlich von Dunie-pass, anderthalb Meilen nördlich von Falkirk und dreihundert Yards vom Nordufer des Caron entfernt, an der Ostseite der Straße, die zum Herrensitz Stanners führt, zu Füßen einer niedrigen Erhebung an der Südwestecke des herrschaftlichen Parks stand jenes bekannte und merkwürdige Bauwerk, das nach seiner eigenartigen Form Arthurs Ofen genannt wurde.

Das Gebäude maß, wenn man das Fundament aus vier Reihen grober Feldsteine (vier Fuß sechs Zoll hoch; an der abschüssigen Westseite war das Erdreich abgetragen, und so lagen dort diese Steine frei) einschließt, in der Höhe sechsundzwanzig Fuß elf Zoll. Die Außenmauer über dem Fundament bestand aus vierundzwanzigeinhalb Reihen von Quadersteinen, die ohne Mörtel aufeinandergeschichtet waren (die oberste Reihe war nur halb erhalten – entweder hatte jemand den oberen Teil des Gebäudes abgerissen, oder das Dach war aus natürlichen Ursachen eingefallen). Die Mauer auf der Innenseite bestand aus dreiundzwanzigeinhalb Reihen von Steinen und war in derselben Bauweise errichtet – Gordon macht in seiner Zeichnung dreiundzwanzig daraus! Der Innendurchmesser des Baus betrug neunzehn Fuß sechs Zoll, die Mauer an der Basis war vier Fuß drei Zoll stark und an der

Stelle, wo die Wölbung der Kuppel begann, drei Fuß sieben Zoll. Die Außenfläche der Mauer war völlig glatt, auf der Innenseite gab es zwei vorspringende Gesimse: das niedrigere von beiden befand sich etwa vier Fuß über dem Fußboden und ragte etwa elf Zoll nach innen, das andere, vom gleichen Maß, befand sich am Fuß der Kuppelwölbung.

In der Ostfassade des Baus gab es ein großes Portal, neun Fuß hoch und sechs Fuß vier Zoll breit. Was aber jenen römischen Adler samt irgendwelchen Zeichen angeht, der nach Buchanan auf der Innenseite über dem Portalbogen eingemeißelt gewesen sein soll, so habe ich davon nicht die kleinste Spur entdecken können; ebensowenig konnte ich die Buchstaben I. A. M. P. M. P. T., von denen Sir Robert Sibbald berichtet und die angeblich im Innern des Baus eingraviert sind, finden. Da aber Buchanan versichert, zu seiner Zeit sei der Adler klar und deutlich erkennbar gewesen, so gehören ohne Zweifel der Teil eines Adlerrumpfs und die Schwinge, von denen Gordon wenigstens noch schwache Andeutungen gesehen haben will, zu Buchanans Vogel, wenn auch ich meinerseits gar nichts von alledem bemerken konnte.

Acht Fuß über dem Portal gab es ein Fenster, drei Fuß zwei Zoll hoch, unten drei Fuß zwei Zoll und oben zwei Fuß sechs Zoll breit. Die Dachöffnung, die im Durchmesser elf Fuß sechs Zoll maß, befand sich zwei Fuß drei Zoll oberhalb der Oberkante dieses Fensters.

Der Bau, der auf der Südwestseite deutliche Spuren des Verfalls infolge von Witterungseinflüssen zeigte (die Steine waren hier an vielen Stellen tief ausgewaschen), war wohl ursprünglich auf einer ebenen Fläche in einiger Entfernung von der Anhöhe im Süden errichtet worden. Aber der Untergrund bestand aus sandigem Lehm, der auf der Süd- und der Südwestseite im Lauf der Zeit immer mehr vom Regenwasser weggeschwemmt wurde, so daß schließlich das Fundament aus Feldsteinen, wie oben erwähnt, freigelegt wurde und der Bau in seiner Stabilität so sehr gefährdet war, daß er ohne Reparatur binnen weniger Jahre vielleicht von selbst zusammengestürzt und dem bösen Zerstörer antiken Kulturguts (davon in Kürze) zuvorgekommen wäre.

Die Meinungen der einzelnen Autoren über Ursprung, Bauweise und Zweckbestimmung der Anlage gehen weit auseinander. Nennius, ein Autor britischer oder walisischer Herkunft, teilt mit, das Gebäude sei von Carausius errichtet worden, der in Britannien den Purpur angenommen habe, nach dem der Fluß Caron benannt und dem zu Ehren in dieser Gegend ein Triumphbogen erbaut worden sei. Aber kein einziger römischer Schriftsteller sagt etwas davon, daß Carausius sich je im Norden Britanniens aufgehalten hätte, und so scheint es sich bei jenen Behauptungen um bloße Erfindungen zu handeln.

John Major sagt, Julius Caesar habe den Bau errichtet, daher der Name «Julius's hoss». Das ist eine ebenso absurde wie plumpe Erfindung, die bereits mit dem einfachen Hinweis abgetan werden kann, daß der große Mann seinem eigenen Bericht von seiner Expedition nach Britannien zufolge doch nur ein kurzes Stück weit ins Landesinnere vorgedrungen sein kann, und zwar, so die sachverständigen und seriösen Autoren, keinesfalls weiter als bis zur Siedlung Verulam bei St. Alban in der Grafschaft Herford zwanzig Meilen nördlich von London.

5. Arthurs Ofen 435

Hector Boece meint, Vespasian habe das Gebäude zu Ehren des Kaisers Claudius errichtet; er habe ihm und der Göttin Victoria auch Statuen aufgestellt. Weiter soll Aulus Plautius, der in Camelon starb (das Boece aber «Camelodunum» nennt), in Arthurs Ofen begraben sein. Da aber Boece mehr als jeder andere unserer Autoren für seine Fabulierkünste bekannt ist, verdient er wenig Glauben, erst recht in diesem besonderen Fall: Von Tacitus wissen wir, daß Julius Agricola, und zwar viele Jahre nach Plautius' Zeit, der erste General war, der einen Fuß in das heutige Schottland setzte, woraus hervorgeht, daß Arthurs Ofen nicht von Vespasian erbaut und Plautius dort nicht begraben sein kann.

Buchanan scheint geglaubt zu haben, das Gebäude sei ein Tempel des Gottes Terminus. Dem widerspricht die Feststellung eines Autors unserer Tage, wonach die Römer diesem Gott eben keine Tempel erbauten, sondern nur Steine oder Pfosten aufrichteten als Grenz- und Wegzeichen für die Reisenden auf den Landstraßen.

ANMERKUNG: Ob die Römer dem Terminus Tempel erbauten oder nicht, kann ich nicht entscheiden, aber daß ein Grenzzeichen dem Zweck dienen soll, den Reisenden auf der Straße die Richtung zu weisen, ist sicher ein Irrtum; denn Länder oder Territorien werden eben von Grenzlinien begrenzt und nicht von Landstraßen, die vielmehr den Erfordernissen der Reisenden dienen.

Nun scheint Buchanan zwar anfangs durchaus Zweifel hinsichtlich des Zwecks von Arthurs Ofen gehabt zu haben, weil es, wie er meinte, in den nördlichen Teilen Schottlands ähnliche Bauten gebe, aber an anderer Stelle sagt er dann doch ganz klar: «nach allem, was wir vermuten können, wurde [der Bau] zu Ehren des Gottes Terminus errichtet.» Wie auch immer – wenn Buchanan die Gebäude in der Grafschaft Ross gesehen hätte oder die auf der Insel, von denen er in dem Zusammenhang spricht, so hätte er festgestellt, daß es zwischen ihnen und Arthurs Ofen keine andere Ähnlichkeit gibt als die der runden Form. Denn die Bauten im Norden sind *duns*, also keltische Befestigungsanlagen, plump gefügte kreisrunde Trockenmauern, die sich nach oben verjüngen, in der Mitte der Anlage ein offener Platz oder Hof. Gordon hat etliche solche Anlagen gesehen. Im Tal von Glenbeck in der Grafschaft Inverness, früher zur Grafschaft Ross gehörig, gab es, wie er berichtet, vier solche Rundbauten, von zweien mit Namen Castle-chalamine und Castle-chonil waren nur mehr die Grundmauern übrig. Die dritte Anlage, Castle-telve, ist ein grober kreisförmiger Bau, die Steine zu einer Trockenmauer ohne Mörtel und ohne systematische Ordnung aufeinandergeschichtet; die unteren Steine sind relativ groß, nach oben hin werden immer kleinere Gesteinsbrocken verwendet, manche kaum mehr so stark wie ein Ziegelstein. Die einzige Öffnung nach außen war ein Loch auf der Westseite ziemlich nah am Boden, und dieses war so klein, daß unser Autor nur auf allen Vieren hineinkriechen konnte. Der Bau besaß eine doppelte Mauer, der Hohlraum dazwischen war mit flachen Steinen gedeckt; man hatte so ein geschütztes Untergeschoß geschaffen und eine weitere nutzbare Wohnfläche darüber. Außerdem dienten die Deckplatten der Stabilität der Konstruktion, da sie die zwei Mauern miteinander verbanden.

Der vierte Bau mit Namen Castle-troddan ist vielleicht das am besten erhaltene Exemplar seiner Gattung in ganz Schottland – aber wir wollen hier unseren Gewährsmann selbst zu Wort kommen lassen: «Auf der Außenseite gibt es keine Fenster, und auch die verwendeten Materialien unterscheiden sich in nichts von denen der früher erwähnten Anlagen, nur ist der Eingang etwas größer, aber das mag daran liegen, daß einige Steine aus der Mauer herausgefallen sind. Der umschlossene Raum in der Mitte ist genau kreisförmig, und es gibt Türöffnungen in der Innenmauer, und zwar eine in jeder der vier Himmelsrichtungen. Diese Öffnungen sind jeweils achteinhalb Fuß hoch und fünf Fuß breit und führen zu dem ringförmigen Zwischenraum zwischen den Mauern. Das Bauwerk ist genau dreiunddreißig Fuß hoch, die Dicke der beiden Mauern plus Zwischenraum beträgt zwölf Fuß, der Raum zwischen den Mauern ist kaum so breit, daß zwei Männer nebeneinander gehen können. Der Umfang außen beträgt hundertachtundziebzig Fuß. Das Gebäude ist in vier Stockwerke aufgeteilt, die jeweils durch dünne Steinplatten voneinander getrennt sind. Diese sind zwischen Außen- und Innenwand eingefügt und laufen um das ganze Bauwerk herum. Es gibt Wendeltreppen, ebenfalls aus solchen Platten gebaut, welche die einzelnen Stockwerke miteinander verbinden. Das unterste Stockwerk liegt etwas unter der Erde und ist breiter als die übrigen, denn der Zwischenraum verjüngt sich nach oben hin; an der Spitze stoßen die Mauern zusammen. Über jeder Tür gibt es, genau in einer Linie übereinander, neun quadratische Fenster, die Licht einlassen, und im obersten Stockwerk, über einem Gesims, das rund herum läuft, befinden sich zwischen jenen Fenstern jeweils noch drei weitere Öffnungen.»

Diese Beschreibungen einiger Rundbauten, wie man sie im Norden Schottlands häufig antrifft (ich werde an anderer Stelle noch weiter darauf zu sprechen kommen), zeigen, daß, wie bereits gesagt, diese Bauten mit Arthurs Ofen wirklich nur die runde Form gemeinsam haben. Die Tatsache, daß sie nur Fenster zum Innenhof hin besitzen und keine nach außen, deutet darauf hin, daß es sich um Verteidigungsbauten handelt, die den Bewohnern Schutz gegen Angriffe plündernder Horden boten, bis Hilfe von seiten der Nachbarn oder Freunde eintraf.

Was aber Buchanan von den Bausteinen an Arthurs Ofen sagt, daß sie nämlich verzapft oder miteinander verzinkt seien, damit das Gebäude desto stabiler werde, ist ein großer Irrtum, wie ich an gehöriger Stelle zeigen will.

Sir Robert Sibbald behauptet, ohne irgendeinen Grund für seine Annahme zu nennen, das Gebäude sei von Kaiser Severus errichtet worden. Und Dr. Stukeley meint, es verdanke seine Existenz Julius Agricola, weil es bisweilen auch Julius's hoss genannt wird, und es handle sich um einen Tempel. Ich für meinen Teil halte das für gar nicht wahrscheinlich und werde hier auch klar darlegen, weshalb. Und Gordon sagt: «Ich stimme mit meinem Freund Dr. Stukeley darin überein, daß dieses Gebäude von Julius Agricola erbaut wurde, und zwar im ersten Winter, den er in Schottland zubrachte; aber ich glaube nicht, daß es ein wirklicher Tempel war, es war vielmehr bloß ein *facellum*, also eine kleine Kapelle, die zu einer Garnison gehörte und in der die *vexilla*, die Heerzeichen der Legionen, aufbewahrt wurden. Möglicherweise wurde es außerdem als Mausoleum genutzt; in einem Hohlraum unter dem Fußboden wurde vielleicht die Asche bedeutender Römer verwahrt, die in Schottland gestorben waren.»

5. Arthurs Ofen

ANMERKUNG: Ich sehe nirgends einen Beweis dafür, daß dieser kleine Rundbau von Agricola errichtet worden ist. Und daß er als *facellum*, als eine kleine Garnisonskapelle, in der Heerzeichen aufbewahrt wurden, gedient habe, ist mir nicht im mindesten einsichtig, und zwar aus folgenden Gründen: 1. war der Bau nicht Teil einer Garnison, denn das am nächsten gelegene Römerlager, nämlich Camelon, ist anderthalb Meilen entfernt. 2. Wenn der Autor mit seiner Vermutung recht hat, die Öffnung im Dach sei so beabsichtigt gewesen, taugte das Gebäude doch nicht zum Aufbewahrungsort kunstvoll verzierter und empfindlicher Abzeichen, da diese dort ja ständig schutzlos den Unbilden des Wetters ausgesetzt gewesen und bald ruiniert worden wären. Der Autor scheint das offenbar auch selbst gemerkt zu haben – etwas unglücklich fährt er fort: «man verwendete große Sorgfalt darauf, die Adler der Legionen und die Standarten der Kohorten unversehrt zu bewahren; wenn sie dauernd schutzlos dem Wetter ausgesetzt gewesen wären, so hätten die Bilder, welche als Abzeichen der Legionen und Kohorten mitgeführt wurden, gewiß Schaden genommen. Diese *facella* waren auch geeignet, die Zeichen vor Blitzschlag zu schützen, der als schlimmes Omen galt und Niederlagen prophezeite.» Und etwas später regt der Autor, der den Widerspruch fühlt, dann die lächerliche Lösung an, die Simse im Inneren des Gebäudes könnten dazu gedient haben, irgendeine Abdeckung zu tragen, welche die Heerzeichen vor dem Wetter schützte. Das ist nun wirklich eine weit hergeholte, ja alberne Annahme, da sie den Römern eine ganz und gar törichte Handlungsweise unterstellt: Diese sollen ein Steingebäude errichtet haben, um es anschließend unbrauchbar zu machen, indem sie vier Fuß über dem Boden den Raum mit Tragbalken und Stützen für jene fatale Abdeckung vollstopften – und die ganze Konstruktion muß ja doch über die Dachöffnung (die elf Fuß sechs Zoll Durchmesser hatte) hinaus gereicht haben, um diese abzudecken, sonst wäre ja das Regenwasser in das Gebäude geflossen: woraus wir sehen, daß der Bau, und wäre er selbst durch eine derart groteske Konstruktion, eben doch einer *geschlossen* war, was freilich den Erfinder der ganzen Machination nicht freuen kann!

Aber das Schlimmste von allem ist, daß Gordon nun auch noch vermutet, der Bau könnte außerdem als Mausoleum gedient haben. Hätte er sich nämlich die Mühe gemacht, diese Vermutung auf ihre Wahrscheinlichkeit hin näher zu untersuchen, so hätte er festgestellt, daß die heidnischen Römer, anders als ihre christlichen Nachkommen, niemals Tempel oder Kapellen dadurch besudelt hätten, daß sie scheußliche Totengerippe oder auch nur die Asche von Toten dort untergebracht hätten. Vielmehr schrieben die Zwölftafelgesetze ausdrücklich vor, daß Leichen außerhalb der Stadt verbrannt und bestattet werden mußten; die Tempel aber befanden sich immer innerhalb von Städten, Stützpunkten oder Garnisonen.

Zu alledem, was über Arthurs Ofen gesagt wurde, will ich nun meine eigene Ansicht hinzufügen und sie mit den übrigen in Wettstreit treten lassen. Ich kann zwar nicht sagen, wer sein Erbauer war, will mich aber bemühen, etwas mehr über den wahren Zweck des Gebäudes herauszufinden.

Der Bau war, wie bereits gesagt, von kreisrunder Form und oben offen. Was diese Öffnung betrifft, so haben alle Autoren, die sich mit dem Gegenstand befaßten, angenommen, sie sei planvoll so beabsichtigt, wobei sie die

Tatsache ignorierten, daß es keine Schlußsteine oben auf der Mauer gab. Wäre aber die Öffnung planvoll konstruiert, so hätte es zweifellos irgendeine Art von Mauerabschluß geben müssen, nicht nur zum Schutz gegen Witterungseinflüsse, sondern auch aus Gründen der Statik, um die Steine in der Wölbung besser zusammenzuhalten und um zu verhindern, daß der Sturm das Mauerwerk lockerte und einzelne Steine herausfielen. Nun fanden sich aber auf jener Mauer keine Schlußsteine, sondern Steine, die den sonst verwendeten genau glichen, und die oberste Reihe war auch nicht vollständig, sondern nur zur Hälfte erhalten: Die übrigen waren also heruntergefallen und von irgend jemandem fortgetragen worden. Alles das spricht dafür, daß das Dach ursprünglich eben nicht offen war.

Dazu kommt nun noch das weite Fenster in der Wölbung oder dem Dach des Hauses über dem großen Portal: Es hätte für sich allein völlig genügt, den Innenraum des kleinen Rundbaus zu erhellen – eine zusätzliche Dachöffnung über diesem Fenster wäre ganz unnötig gewesen. Deswegen halte ich es für sehr unwahrscheinlich, daß es neben dem Fenster eine weitere Lichtöffnung im oberen Teil des Baus gab.

Wenn ich nun annehme, Arthurs Ofen sei ursprünglich oben geschlossen gewesen, so kann ich, wenn ich die Verhältnisse im unteren Teil der Mauer zugrunde lege, errechnen, daß auf jener nur halb erhaltenen Reihe von Steinen noch sechs weitere gelegen haben müssen, daß also der Bau insgesamt aus einunddreißig Reihen von Steinquadern, die ohne Mörtel aufeinandergeschichtet waren, bestand und daß seine Höhe ursprünglich dreiunddreißig Fuß betrug (die Basis eingeschlossen).

Da mir aus den oben dargelegten Gründen offensichtlich zu sein scheint, daß Arthurs Ofen weder ein Tempel noch ein *facellum*, also ein Ort, an dem militärische Standarten aufbewahrt wurden, noch ein Festungsbau gewesen sein kann, da ich aber verschiedene Grabbauten ebenfalls runder Form kenne, die sämtlich oben geschlossen sind und ein Fenster besitzen, bin ich zu der Überzeugung gelangt, daß er ein Mausoleum war. Damit der Leser sich ein Urteil darüber bilden kann, will ich hier die Schilderung (aus Wright's Reisebeschreibungen) eines solchen Grabmals, das unserem Gebäude überaus ähnlich ist, abdrucken:

«Wir sahen das edle Denkmal der Caecilia Metella, der Tochter des Q. C-reticus. Die Inschrift, die immer noch klar und deutlich zu lesen ist, lautet: Q. Cretici F. Metella Crassi. Es handelt sich um einen Kuppelbau ähnlich etlichen anderen antiken Mausoleen. Eine Seite ist stark beschädigt, wir konnten dort feststellen, daß die mächtigen Quader, aus denen die Mauer erbaut ist, ohne Mörtel oder andere Bindemittel zusammengefügt wurden. Es gibt einen Fries, der ein Ornament von Ochsenköpfen zeigt, nach denen der Bau vom Volk Capo di bove genannt wird. Im Hof des Palazzo Farnese steht ein fein gearbeiteter Sarkophag, der aus diesem Mausoleum stammen soll; man nimmt an, er habe einst die Gebeine jener römischen Dame enthalten. Sie war die Gemahlin des reichen Marcus Crassus, der im Krieg gegen die Perser fiel.»

Das so beschriebene Mausoleum ist dem Rundbau, mit dem wir es zu tun haben, bereits weitgehend ähnlich, ich bin aber überzeugt, daß sich, wenn Wright noch etwas mehr ins Detail gegangen wäre, gezeigt hätte, daß es auch in seiner Größe und seiner ganzen Bauweise nach Arthurs Ofen nahezu gleich ist – es fehlt nun eigentlich nur mehr ein Sarkophag zum endgültigen Beweis, daß das Gebäude ein Mausoleum war. Darauf weist auch der Standort des Baus hin: Er steht neben der Landstraße, die von Falkirk am Römerwall zum Firth of Forth führt, wohl seinerzeit eine Militärstraße; an Landstraßen aber pflegten die Römer ihre Friedhöfe anzulegen, und darin errichteten sie ihre Grabbauten.

Unser Rundbau ist unter zwei Namen bekannt: Julius's hoss und Arthurs Ofen. Der eine Name rühre, so behauptet man, von dem vermeintlichen Erbauer der Anlage, Julius Agricola, her, der andere hat seinen Grund in der Ähnlichkeit des Baus mit einem Backofen. Das mag hier genügen, da die Namen bereits von anderen untersucht wurden; wir wollen auch nicht auf gewisse Theorien weiter eingehen, die Mackenzie in die Diskussion gebracht hat (und die hier nicht zur Sache gehören), um zu beweisen, daß es sich um einen Tempel handle (er geht von dem gälischen *Ardhenan suainhe* aus, das einen heiligen Ort, an dem die Heiden der Vorzeit ihren kultischen Pflichten genügten, bezeichne).

Diese merkwürdige und berühmte kleine Rotunde, die als der am besten erhaltene römische Bau Schottlands galt, wurde im Jahr 1742 schändlicherweise niedergerissen und zerstört, und zwar auf Geheiß von Sir Michael Bruce, dem Grundstücksbesitzer, einem eingeschworenen Feind des Altertums, der damit sein Andenken auf ewig befleckt hat. Er verwendete die großen Steine, um damit einen Mühlendamm in Stanners instandzusetzen. Ich habe mich dort davon überzeugt, daß diese Steine nicht miteinander verzapft oder verzinkt waren, der besseren Stabilität wegen, wie Buchanan versichert. Das einzig Besondere, was diese Steine an sich haben, ist ihre Größe, ansonsten ist lediglich noch ein Loch zu bemerken, das es ermöglichte, die Quader mit Hilfe eines Flaschenzugs zu verlegen.

Aus W. Maitland, *The History and Antiquities of Scotland*, Bd. 1, London 1757, S. 207–213.

6. Ausschnitt aus der Chronik des Helinand de Froidmont, Eintrag für das Jahr 718

Hoc tempore in Britannia cuidam eremitae monstrata est mirabilis quaedam visio per angelum de sancto Joseph decurione, qui corpus Domini deposuit de cruce; et catino illo sive paropside, in quo Dominus coenavit cum discipulis suis; de quo ab eadem eremita discripta est historia, quae dicitur de gradali. Gradalis autem sive gradale Gallice dicitur scutella lata, et aliquantulum profunda; in qua pretiosae dapes cum suo jure divitibus solent opponi gradatim, unus morsellus post alium in diversis ordinibus; et dicitur vulgari nomine graalz, quia grata et accetabilis est in ea comedenti: tum propter continens, quia forte argentea est, vel de alia pretiosa materia; tum propter contentum, id est ordinem multiplicem pretiosarum dapum. Hanc historiam Latine scriptam invenire non potui, sed tantum Gallice scripta habetur a quibusdam proceribus, nec facile, ut aiunt, tota invenire potest. Hanc autem nondum potui ad legendum sedulo ab aliquo impetrare. Quod mox ut potuero, verisimiliora et utiliora succinte transferam in Latinum.

Zu jener Zeit wurde einem Eremiten in Britannien durch einen Engel eine wunderbare Vision zuteil, die vom heiligen Joseph [von Arimathia], von jenem Decurio, der den Leichnam des Herrn vom Kreuz abnahm, berichtete und von dem Gefäß oder Teller, aus dem unser Herr mit seinen Jüngern aß; davon handelt die «Geschichte des Grals», die jener Eremit niederschrieb. Der Gral aber – «Gradalis» oder, auf französisch, «Gradale» genannt – ist eine weite, nicht allzu tiefe Servierschale, auf der kostbare Speisen bei reichen Leuten präsentiert werden, und zwar nach und nach [gradatim], also immer nur ein Bissen bei jedem der verschiedenen Gänge [des Mahls]; und dieser Teller heißt gemeinhin Gral [«graalz»], weil er dem, der davon essen darf, angenehm und willkommen ist [graalz = grata est], erstens des Gefäßes selbst wegen, denn es ist aus Silber oder aus sonst einem kostbaren Material, zweitens auch des Inhalts wegen, denn es enthält bei jedem der zahlreichen Gänge kostbare Speisen. Ich habe jene Geschichte nicht in der lateinischen Fassung finden können, sondern nur das, was auf französisch niedergeschrieben ist und sich im Besitz gewisser vornehmer Herrschaften befindet; der vollständige Text aber, sagt man, ist möglicherweise gar nicht zu bekommen. Es ist mir noch nicht gelungen, mir von jemandem eine Abschrift auszuleihen, so daß ich mich hätte hinsetzen können, um das Ganze in Ruhe gründlich zu studieren. Sobald ich aber Gelegenheit dazu habe, will ich die Passagen, die wahrscheinlich klingen und die einigen Nutzen versprechen, ins Lateinische übersetzen.

Patrologiae Cursus Completus, Series Secunda (Latina), Bd. 212, hrsg. von J.-P. Migne (Paris, 1855).

7. Zeittafel

Die Daten, die in dieser Zeittafel vorgeschlagen werden, entsprechen gängigen Annahmen über bedeutende Ereignisse der römischen und der arthurischen Epoche Britanniens oder Hypothesen, die in den hier vorgestellten Forschungen erarbeitet wurden. Die Abfolge der Ereignisse, wie sie hier präsentiert wird, ist offen für Modifikationen, die sich aus Fortschritten in der Erkenntnis jener sehr dürftig dokumentierten Epoche ergeben mögen.

A. Römische Besatzungszeit

55 v. Chr.	Erste römische Invasion in Südbritannien durch Julius Caesar.
43 n. Chr.	Dauernde Besetzung durch Aulus Plautius, das Land wird römische Provinz.
60	Boudiccas Rebellion wird niedergeschlagen.
78–84	Unterwerfung Britanniens; Agricola umschifft die Insel; erste Befestigungsanlagen werden errichtet.
122–123	Bau des Hadrianswalls (von Carlisle bis Tynemouth).
139–143	Bau des Antoninuswalls (vom Firth of Clyde zum Firth of Forth, Glasgow-Edinburgh).

7. Zeittafel

um 150	Bewaffneter Aufstand im Norden; Angriffe am Antoninuswall.
um 156–157	Der britische König Lucius bekehrt sich zum Christentum (so Beda).
um 163	Die Römer geben den Antoninuswall auf, ziehen sich zurück und verstärken den Hadrianswall weiter südlich neu.
um 180–370	Stämme des Nordens (Pikten, Schotten, Sachsen) führen Kriege gegen die Römer.
um 208	Unterwerfung Britanniens bis Aberdeen durch Severus; der Erfolg ist nicht von Dauer.
212	Caracalla erklärt die Briten zu römischen Bürgern.
um 259	Die Römer verwalten Britannien vom gallischen Festland aus. Die Gallien gegenüberliegende Küste, Sächsische Küste genannt, wird befestigt.
286	Der römische Admiral Carausias erhält den Oberbefehl über die Sächsische Küste und Nordgallien.
um 293	Carausius (ermordet 295) befestigt den Antoninuswall neu. Die römischen Kommandeure in Britannien tragen die Titel «dux von Britannien» und «comes der Sächsischen Küste».
um 297–306	Wiedereroberung Britanniens durch Constantius Chlorus (gest. in York).
306–337	Regierungszeit von Konstantin dem Großen, dem Sohn des Constantius. Dieser gründet Konstantinopel und errichtet die Grabeskirche in Jerusalem sowie zahlreiche andere Bauten.
314	Bischöfe von London und York nehmen an der Synode von Arles teil.
347	Britische Geistliche beim Konzil von Sardica.
367–383	Die verbündeten Stämme des Nordens (Schotten, Pikten, Sachsen) greifen Stellungen der Römer an den Verteidigungswällen an. Die Römer, die ein Heer von 60 000 bis 70 000 Mann in Britannien unterhalten, bringen frische Truppen ins Land, um ihre Verluste zu ersetzen.
395	Das Römische Reich wird in ein Oströmisches und ein Weströmisches Reich geteilt.
397	Tod Martins von Tour; es entwickelt sich in der Folge das Mönchstum westlicher Prägung.
um 396–398	Völker des Nordens überqueren den Firth of Clyde und den Firth of Forth und fallen im Süden ein.
um 400	Der heilige Ninian, Apostel der Pikten, erbaut das Kloster Candida Casa in Galloway, eine berühmte Stätte der Frömmigkeit und der Bildung. Etwa um dieselbe Zeit ziehen sich die Römer von ihrer zweiten Befestigungslinie, vom Hadrianswall, zurück.
406	Germanische Völker fallen in Gallien und Spanien ein; die Verbindungslinien zwischen Britannien und Rom werden abgeschnitten.

410	Plünderung Roms durch Alarich und die Westgoten. Britische Städte *(civitates)* bitten Honorius um militärischen Beistand; dieser entläßt daraufhin Britannien aus der römischen Herrschaft.

B. Fünftes Jahrhundert

um 411	Konstantin III., ein Vorfahre von Artus väterlicherseits, wird erschlagen.
413	Orosius greift die pelagianische Irrlehre in Britannien an.
um 425–459	Ein Brite namens Vortigern (Gwrtheyrn Gwrtheneu) herrscht über Britannien.
um 425–435	Wirken des hl. Patrick in Irland (gest. um 461).
um 425–505	Wirken des hl. Illtud und seiner berühmten Schüler in Wales. Der Heilige diente eine Zeitlang in König Arthurs Heer.
428	Sächsische Kriegsschiffe vor der Ostküste Britanniens.
429, 449	Die Heiligen Germanus und Lupus werden nach Britannien geschickt mit dem Auftrag, den Pelagianismus zu bekämpfen.
430	Papst Coelestin schickt Palladius als Missionar nach Britannien.
431	Das Konzil von Ephesus erklärt die Jungfrau Maria zur Mutter Gottes (Theotocos).
446	Die Briten bitten, zum letztenmal, Rom um militärischen Beistand.
448–450	Eine größere angelsächsische Invasion in Kent. Der Anführer der Angelsachsen Hengist verbündet sich angeblich mit Vortigern gegen Völker des Nordens (Pikten, Schotten, Sachsen).
450	Angelsächsische Kriegsschiffe greifen die Ostküste Britanniens an, so Gregor von Tours.
451–452	Attila und die Hunnen dringen zweimal in den Westen Europas vor. Die hl. Geneviève rettet Paris.
um 460–475	Vermutete Regierungszeit des Ambrosius Aurelianus.
um 462–547	Wirken des hl. David, des Patrons von Wales.
465–95	Herrschaft des Königs Angus von Munster. Abtretung der Insel Arran an die Kirche.
um 475	Geburt des Artus. Um diese Zeit herrschte, so nehmen wir an, Artus' Vater Uther Pendragon.
480–495	In der Region Winchester-Southampton herrscht König Cerdic von Wessex. So die *Chronik der Angelsachsen*.
481–511	Regierungszeit des Frankenkönigs Chlodwig und der (hl.) Königin Clothilde. Die Franken unterwerfen Gallien, dieses nimmt den Namen Frankreich an.
493–526	Regierungszeit des ostgotischen Königs Theoderich, der im *Nibelungenlied* Dietrich genannt wird.
um 490–556	Angelsächsische Siege: Pevensey, Charford, Isle of Wight, Bamborough, Barbury.

7. Zeittafel

um	490–500	Artus wird von den britischen Stammenshäuptlingen des Nordens zum Oberbefehlshaber *(dux)* gewählt. Er führt zwölf Feldzüge und beendet den Krieg mit dem großen Sieg am Berg Badon *(Mons Badonis)*.

C. Sechstes Jahrhundert

um	500–542	Friedenszeit in Artus' Reich nach dem bedeutenden Sieg am Berg Badon.
um	504, 521	Ordination und Bischofsweihe des hl. Dubricius, der Artus zum König gekrönt haben soll. Die meisten Hinweise deuten auf Carlisle als Hauptstadt hin.
	510	Tod des Königs Domingart, des ersten irischen Königs von Dalriada, Westschottland.
um	515–542	König Artus wird bei Camlan am Hadrianswall schwer verwundet.
um	520–551	König Maelgwn Gwynedd regiert in Nordwales. Er soll ein Feind des Artus gewesen sein und die Schlacht bei Camlan überlebt haben. Gwynedd ist möglicherweise das Zentrum (oder eines der Zentren) in denen arthurisches Material gesammelt wurde.
um	520–550	Siege des Helden Beowulf, der den vorzeitlichen «Wurm», den Drachen, erschlug.
	527–565	Herrschaft des Justinian im Oströmischen Reich.
	531	Kometenerscheinung erwähnt.
um	540	Das Buch des hl. Gildas bezeugt die Schlacht am Berg Badon.
um	540	Bamborough in Northumbria wird von seinem neuen Herrn, König Ida von Bernizia, neu befestigt. Die Festung wird mit Lancelot in Verbindung gebracht.
	541–594	Ausbruch der Beulenpest, die, sagt Prokop, ein Drittel der Menschheit dahinrafft.
um	550	Nach einer zweiten Eroberungswelle befinden sich die Gebiete östlich der Linie Southampton-Edinburgh in angelsächsischer Hand.
um	555	Blütezeit des Königreichs Nordwales; Brude, wahrscheinlich ein Sohn des Maelgwn Gwynedd, wird König der Nordpikten in Inverness oder auf der Burg Urqhart.
	559–560	König Owain (Rheged) tötet König Ida von Bernizia. (Dieser König Owain ist möglicherweise mit jenem Ritter der Tafelrunde identisch, der auf französisch unter dem Namen Yvain bekannt ist. Und Yvain ist der Vater des heiligen Kentigern, der in der Kathedrale von Glasgow begraben liegt.)
	565	Wirken des heiligen Kolumban auf Iona; die Insel wurde ihm von einem König der Schotten oder der Pikten überlassen.
	572–592	Herrschaft des Königs Urien (Rheged) in Artus' einstiger Residenz Carlisle im Königreich Strathclyde. (Ein König

	Urien erscheint Geoffrey in der Reihe besiegter Könige, die bei Arthurs Krönung anwesend sind.)
573	Thronbesteigung des König Rederech oder Ridderch Hael in Dumbarton, Strathclyde, bei Glasgow. (Das ist möglicherweise ein weiterer Ritter der Tafelrunde, nämlich Erec. Die französischen Autoren sagen, er habe in Edinburgh geheiratet.)
573–576	Wirken des heiligen Kentigern in Glasgow.
574	Schlacht von Arderydd, Arthuret oder Arthur's Head bei Carlisle. König Aidan (gest. 603) von Dalriada wird vom heiligen Kolumban in sein Amt eingeführt. Einer von König Aidans Söhnen hieß Arthur, damals ein ungewöhnlicher Name.
um 584	Eine Begegnung der Heiligen Kentigern und Kolumban wird bezeugt (Beschreibung der Kirche des hl. Kolumban in Oban, Schottland.)
um 600	Ein Zeugnis aus Schottland: das schottische Heldengedicht des Aneirin, das die Taten der *Gododdin*, der unerhört tapferen Krieger des Nordens, preist, erwähnt König Artus als einen großen Kämpfer.
685	Das antike Carlisle ist immer noch eine große Stadt. Die Gemahlin des Königs Ecgfrith besucht in Begleitung des heiligen Cuthbert, eines Angelsachsen, Carlisle und sieht dort Ruinen großartiger römischer Bauten und Befestigungsanlagen. (Sie wartete dort den Ausgang der Schlacht von Nechtansmere gegen Krieger aus dem Norden ab, in der ihr Gemahl, König der Angeln in Bamborough, besiegt wird.)
717–718	Der Gelehrte Helinand de Froidmont bezeugt in seiner Chronik die Existenz eines sehr begehrten und sehr geheimen Buchs über den Gral *(De gradale)*. Es enthielt die Geschichte des König Artus, des Heiligen Grals und der Insel Avalon.

8. Genealogien

Von König Artus bis Colin Mor Campbell; nach drei Handschriften (vgl. Anhang 8 zu Skenes *Celtic Scotland*).

MS 1467	Kilbride MS	MacFirbis MS
	Konstantin	
Iubur	Ambrosius	Iobhar
Arthur	Arthur	Arthur
Meirbi	Smerbi	Smeirbe
Eirenaia	Feradoig	Feradoigh
Duibne	Duibne	Duibne
Malcolm	Malcolm	Malcolm
Gillespic	Duncan	Duncan
Duncan	Gillespic	Eoghan
Dugald	Dugald	Dugald
Gillespic	Gillespic	Gillespic
Colin	Colin	Colin

Stammbaum der Campbells

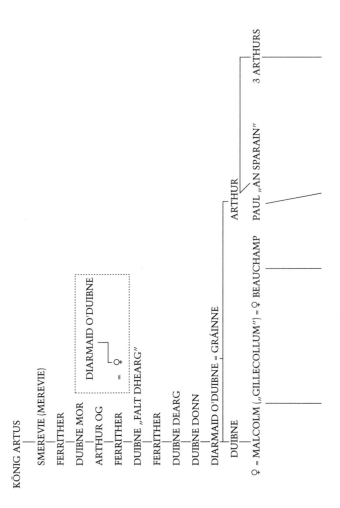

Stammbaum der Campbells

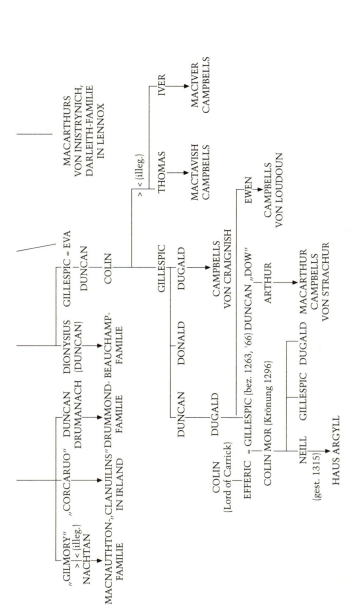

Aus sehr alten Aufzeichnungen; s. George Crawfords *Peerage of Scotland* und W. D. H. Sellars „The Earliest Campbells", *Scottisch Studies* 17, no. 2 (1973): 109–25. Meinen Dank auch an Leslie Campbell.

Karten und Abbildungen

1. Karte: Border Country 28
2. Karte: Britannien 45
3. Karte: Das Reich des König Artus 128
4. Karte: England als Reich des König Artus 169
5. Karte: Besitzungen des Hauses Anjou 178
6. Karte: Schottland und Lancelot 197
7. Karte: Der «Schlachtenkorridor» von Bannockburn 230
8. Karte: Isle of Man 384
9. Karte: Geographie des Sone de Nansai 403

Abb. 1 141
Relief über dem Nordportal des Doms von Modena. Zit. nach Loomis, Roger Sherman und Laura Hibbard. *Arthurian Legends in Medieval Art.* New York 1938, Abb. 8.

Abb. 2 165
Das Kreuz von Glastonbury. Aus: Camden, William. *Britannia.* London 1607, S. 166.

Abb. 3 218
Die Schwertbrücke aus einer Handschrift des *Prosa-Lancelot,* um 1310. Zit. nach Jenkins, Elizabeth. *The Mystery of King Arthur.* London 1975, gegenüber S. 81. Früherer Yates Thompson MS. Lancelot.

Abb. 4 233
König Artus bewundert Lancelots Gemälde. Aus einer Handschrift des *Prosa-Lancelot,* Bibliothèque Nationale, Paris, Ms. Fr. 112, vol. III, fol. 193. Zit. nach Scherer, Margaret. *About the Round Table.* New York 1945, S. 10.

Abb. 5 315
Der Kelch von Antiochien. Metropolitan Museum of Art, New York. Zit. nach *National Geographic.* Vol. 164, 6. Dec. 1983, S. 733.

Abb. 6 361
«Arthur's O'on» nach der Zeichnung von William Stukeley (1720). Zit. nach *Antiquity,* vol. 48. Gloucester 1974, S. 296.

Abb. 7 365
Skulpturfragment vom Rose Hill. Zit. nach Bruce, J. Collingwood. *The Hand-Book of the Roman Wall.* Newcastle 1925, S. 193.

Abb. 8 383
«The Three Legs of Man». Zit. nach Kinvig, R. H. *The Isle of Man. A Social, Cultural and Political History.* Liverpool 1975. Tafel 18.

Abb. 9 408
«Die Burg Peel, wie sie von Osten her aussieht». Peel Castle, nach einem Stich von Chaloner, um 1650.

Abb. 10 409
St. Patrick, Peel. Zit. nach Kinvig, R. H. *The Isle of Man. A Social, Cultural and Political History.* Liverpool 1975, Tafel 22.

Danksagung

Die Verfasserin dankt den zahlreichen Bibliotheken in den Vereinigten Staaten, in Großbritannien und in Frankreich, deren Dienste sie in den vergangenen Jahren in Anspruch genommen hat, speziell aber den Institutionen, die seltene Bücher zur Verfügung gestellt oder ihr erlaubt haben, Texte auf Mikrofilm festzuhalten: der Butler Library der Columbia University, der Bibliothek des Britischen Museums, der Bibliothèque Nationale, der Catholic University of America, der Bibliothek der University of Pennsylvania und der Cleveland Public Library. Besonderer Dank gebührt den Angestellten der Denison und der Honnold Library an den Claremont Colleges für all den Rat und die freundliche Hilfe, die ich von ihnen erfahren habe, für ihre Mühe beim Aufspüren von Büchern und für ihre Großzügigkeit bei der Anschaffung benötigter Schriften.

Die Autorin möchte auch all den Gelehrten danken, mit denen sie korrespondiert hat, in Edinburgh, Penrith, Carlisle und Glastonbury, an der Bodleiana und an den Universitäten von Cardiff, Glasgow, Cambridge und Nordwales. Herzlichen Dank an die Kollegen, den Historiker James W. Gould und die Professores Emeriti Neal H. Brogdewn und Ralph Ross. In besonderem Maß bin ich mediävistischen Fachkollegen verbunden: Professor Bradford B. Blaine für seine Vorlesungen zur mittelalterlichen Geschichte, für die Großzügigkeit, mit der er mir Bücher und Karten überlassen hat, und für seinen freundlichen Rat, außerdem dem Professor für Kunstgeschichte Arthur D. Stevens und dem Professor für mittelalterliche Musik William Chris Lengefeld.

Mit Dankbarkeit gedenkt die Autorin akademischer Lehrer aus den frühen Jahren an der University of Vermont: der Englisch-Professoren Frederick J. Tupper und George Lyman Kittredge sowie der Romanisten Arthur B. Meyrick und Reverend Jean De Forest.

Ganz privaten Dank schulde ich einer Lehrerin meiner Kindheit, Alma Elsana Falby, die mir ein erstes Exemplar der *Idylls of the King* geschenkt hat.

Vielen Dank denen, die meine Texte auf der Maschine abgeschrieben haben, meiner Freundin und Schülerin Dr. Joan Milliman,

Mrs. Carole Deane Gledhill, Jo Corbett und auch hier wieder meinem Agenten Harold Schmidt.

Ich möchte auch meiner Lektorin Elizabeth R. Hock danken, die den *König Artus* sofort in ihr Herz schloß, für ihre kompetente Arbeit bei der Fertigstellung des Buchs und für ihre Freundschaft.

Literaturverzeichnis

Adam, Frank. *The Clans, Septs and Regiments of the Scottish Highland.* Edinburgh 1918, 1965.
Adam of Domerham. *Historia de rebus gestis Glastoniensibus.* Hrsg. von Thomas Hearne. 2 Bde., Oxford 1727.
Adamnan's Life of Columba. Hrsg. von A. O. Anderson und M. O. Anderson. Edinburgh 1961. Das Werk ist eine wichtige Quelle für die Geschichte von Dalriada und so indirekt auch für die des König Artus.
Ailred. Life of Saint Ninian (vel Ninias). In: *Lives of St. Ninian and St. Kentigern,* hrsg. von A. P. Forbes, Edinburgh 1874. Ailred legt seiner Datierung das Todesjahr Martins von Tours (ca. 400) zugrunde.
Alanus de Insulis. *Prophetia Anglicana Merlini Ambrosii Britanni.* Frankfurt 1603, 1908. Arthur war zu Alanus' Zeit in Europa, Afrika, Asien und Kleinasien bekannt, s. S. 22 ff.
Alcock, Leslie. *Arthur's Britain (History and Archaeology, A. D. 367–634).* London 1974.
– «By South Cadbury That Is Camelot...». *Antiquity* 41 (1967), S. 50–53.
– *Was This Camelot? Excavations at Cadbury Castle, 1966–70.* London/New York 1972. [Deutsche Ausgabe: Camelot – Die Festung des König Artus? Ausgrabungen in Cadbury Castle, 1966–1970. Übersetzt von J. Rehork. Bergisch Gladbach 1974.]
Alexander, Marc. *Legendary Castles of the Border.* Cumbria o. J.
Aliscans. Hrsg. von E. Wienbeck, W. Hartnacke und Paul Rasch. Halle 1903. Eines der besten französischen Epen, der Titel verweist auf die «Erlenfelder», eine alte Begräbnisstätte.
Alliterative Morte Arthure... Hrsg. von John Gardner. Carbondale, Ill. 1971.
Ancient Irish Epic: Táin Bó Cúalnge. Hrsg. von Joseph Dunn. London 1914. Enthält Parallelen zu Gawains Abenteuern.
Aneirin. *The Book of Aneirin: Canu Aneirin.* Hrsg. von Ifor Williams. Cardiff 1938.
– «The Gododdin». In: *The Earlest Welsh Poetry,* hrsg. und übers. von Joseph P. Clancy, S. 33–65, London 1970.
Anglo-Saxon Chronicle. Hrsg. von James Ingram. London 1912, 1934.
– Hrsg. von Charles Plummer und John Earle. 2 Bde., Oxford 1892, 1899. Eine ganz ausgezeichnete Edition; s. den bibliographischen Essay von Dorothy Whitelock.
– Hrsg. von Benjamin Thorpe. 2 Bde., London 1861. In Bd. 1 sind 6 Mss. (A–F) abgedruckt, in Bd. 2 die Übersetzung.
Annales Cambriae (Harleian MS 3859). Hrsg. von Egerton Phillmore. *Y Cymmrodor* 9 (1888), S. 141–183.
– Hrsg. von John ab Ithel Williams. London 1860. S. auch Edmond Farals *Légende arthurienne,* Bd. 2.
Aratus. *Phaenomena.* Übers. von G. R. Mair. London/New York 1921. [Deutsche Ausgabe: Des Aratos Sternerscheinungen und Wetterzeichen. Übersetzt von J. H. Voß. Heidelberg 1824.] Ein wissenschaftliches Standardwerk für jene Au-

toren des Mittelalters, die sich mit astrologischen Fragen beschäftigten; auch
Geoffrey von Monmouth kannte das Buch.
Arnold, Matthew. *On the Study of Celtic Literature*. New York 1924.
Arthurian Chronicles. Hrsg. von Sir John Rhys. Einführung von Lucy Allen
Paton. London/New York 1912.
Ashbee, Paul. *The Bronze Age Round Barrow in Britain*. London 1960.
Ashe, Geoffrey. «A Certain Very Ancient Book, Traces of an Arthurian Source in
Geoffrey of Monmouth's History.» *Speculum*, Bd. 56, Nr. 2 (April 1981),
S. 301–323. Ashe datiert (mit Morris) die Niederlage des Riothamus im Kampf
gegen die Westgoten auf das Jahr 460 (Sharon Turner: 437), aber auch nach
dieser Korrektur erscheint Artus – der Ashe zufolge mit Riothamus identisch
ist – noch viel zu früh auf dem Kontinent, nämlich fünfzehn Jahre vor seiner
Geburt. Ashe lokalisiert Riothamus in Cadbury bei Glastonbury (nicht in der
Bretagne), ohne irgendwelche Gründe dafür anzugeben.
– *Camelot and the Vision of Albion*. New York 1971. Das ist kein Buch über
Arthur, sondern eine prophetische Phantasie frei nach William Blake (1793).
Ashe stellt das Reich des Artus als ein großes Imperium ähnlich Nazi-
Deutschland, Indien und der «Konföderation der Irokesen» dar. Es sei auf
«verzauberter keltischer Erde» gegründet gewesen. Artus ist ein Titan. Er wird
von den Toten wiederauferstehen, wird aus seinem «Grab» in den Ruinen von
Glastonbury steigen oder aus der Höhle im Hügel von Cadbury, wo er inmitten seiner Schätze schläft. Die Archäologie hat von einer solchen Höhle keine
Spur entdecken können. Die Bibliographie führt religiöse, mythologische,
ideologische und politische Schriften des zwanzigsten Jahrhunderts auf, die
jene moderne «Vision von Albion» umreißen, in die König Artus eingebunden
wird.
– *From Caesar to Arthur*. London 1960. Ein Buch, das, ohne irgendwelche Re-
geln wissenschaftlichen Arbeitens zu beachten und ohne sich je auf eine alte
Quelle zu berufen, Artus in den Jahren 500–550 in Lincoln auftreten läßt
(Kampf gegen die Angeln 505–510), im Norden (510–515), am Berg Badon und
an der Themse (517) und schließlich in dem unbekannten «Camlann». Sharon
Turners Theorie wird wiederbelebt. S. Turner. Artus' Geburtsjahr wird in die-
sem Werk mit 475 angegeben.
– *The Discovery of King Arthur*. Garden City 1985. [Deutsche Ausgabe: König
Arthur: die Entdeckung Avalons. Düsseldorf 1986.] Ashe möchte gern Geof-
frey von Monmouth als Zeugen für die ganz und gar unhaltbare Behauptung in
Anspruch nehmen, Artus sei mit jenem Riothamus identisch, der in Gallien
besiegt wurde und um 470 herum verschwand. Auch Leslie Alcocks archäo-
logische Forschungen in Cadbury werden als Argument herangezogen. Sein
Datum 469–470 für Artus, versichert Ashe nun, sei das einzig glaubwürdige.
Er behauptet nun auch schlichtweg, die gesamte arthurische Literatur und alle
Annalen aus Wales seien nichts als Legenden. Wir lesen wieder einmal, daß
Artus gar nicht «Arturus» geheißen habe, daß dieser Name vielmehr von dem
ganz ordinären römischen Infanteristen Artorius herstamme, daß er aber auch
nicht Riothamus geheißen habe, das sei bloß sein *Titel* gewesen. Mit Illustra-
tionen.
– et al. *The Quest for Arthur's Britain*. London/New York 1968.
Atkinson, R. J. C. *Stonehenge*. London 1956.
– *Stonehenge and Avebury...* London 1959.

Bain, Robert. *The Clans and Tartans of Scotland*. Glasgow/London 1938, 1984.
Baltrusaitis, J. *Art sumérien, art roman*. Paris 1935.

Barber, Richard (Hrsg.). *The Arthurian Legends.* Totowa, N. J., 1979. Eine ausgezeichnete Anthologie mit 14 Auszügen aus Texten, dazu eine Einführung. Mit Illustrationen.
— *The Figur of Arthur.* Totowa, N. J., 1972. Folgt Kemp Malones Theorie aus dem Jahr 1925: Artus war demnach der römische Offizier L. Artorius Castus, von 132 bis 135 Kommandeur der Sechsten Legion in York. Diese Behauptungen wurden von Alcock in *Arthur's Britain* und anderswo widerlegt.
Barbour, Master John. *The Bruce* (eine Chronik des fünfzehnten Jahrhunderts und eine Geschichte von Schottland). Hrsg. von Rev. Walter W. Skeat. Edinburgh/London 1894.
Baring-Gould, Rev. Sabine. *Cliff Castles and Cave Dwellings of Europe.* London 1911.
— *Curious Myths of the Middle Ages.* London/Oxford/Cambridge 1873. S. «The Fortunate Isles», S. 524–560. Interessante Theorie über den Ursprung des Protestantismus.
— *Lives of the British Saints.* 16 Bde., London 1914. Erklärt Joseph von Arimathia für eine Legende.
— *Strange Survivals.* London 1892.
Barrow, G. W. S. *The Kingdom of the Scots.* New York/London 1973. S. besonders Teil I über die ältesten Grafschaften von Schottland und Karte 14 (S. 62) zu St. Ninians und andere Orte namens *Eccles*.
Barto, P. S. *Tannhäuser and the Mountain of Venus.* New York 1916.
Batsford, Henry und Charles Fry. *The Face of Scotland.* London 1933.
Bayley, Harold. *Archaic England.* London 1919.
— *The Lost Language of Symbolism.* 2 Bde., New York 1912, 1951, 1952. Bayley stellt Zeichnungen, Wasserzeichen und Signets von Druckereien zusammen, unter denen einige, wie er glaubt, auf Camelot, die Gralsburg oder den Namen des König Artus verweisen. Mit Illustrationen.
Beda. *Historia ecclesiastica gentis Anglorum.* Hrsg. von Charles Plummer. 2 Bde., Oxford 1896. König Artus ist in dem Werk nicht erwähnt.
Beda und der Mönch von Lindisfarne. *Two Lives of St. Cuthbert.* Hrsg. von Bertram Colgrove. Cambridge 1940.
Bell, J. H. B., E. F. Bozmann und J. Fairfax-Blakeborough. *British Hills and Mountains.* London 1940, 1950. Nützlich wegen seiner Abhandlung über den Loch Lomond und die Route von dort ins Hochland und zum Firth of Firth.
Béroul. *The Romance of Tristan.* Hrsg. und ins Englische übers. von Alan S. Fredrick. London 1970, 1978. Dieser alte *Tristan*-Text bestätigt die arthurische Geographie, wie sie im vorliegenden Buch angenommen wird.
Bertrand, Michel und Jean Angelini (Jean-Michel Angebert). *The Quest and the Third Reich.* Paris 1971; New York 1974.
Bilfinger, Gustav. *Das germanische Julfest.* Stuttgart 1901. Nützlich, weil es Erkenntnisse über den mythischen Artus bestätigt (Weihnachten und die Zwölfte Nacht).
Black Book of Carmarthen. Hrsg. von J. Gwenogvryn Evans. Pwllheli 1906.
Blair, Peter Hunter. *An Introduction to Anglo-Saxon England.* Cambridge 1956.
— *Roman Britain and Early England, 55 B. C.–A. D. 871.* London 1963, 1969, 1975. S. vor allem Kap. 7 über Religion und Kap. 8 «The Age of Invasion» (S. 161 ff.) Anhang A bietet eine Zeittafel, die aber Artus nicht erwähnt.
Blake, George. *The Heart of Scotland.* London 1934, 1938, 1951. Nützlich zum Thema des «Herrn der Inseln».
Boece, Hector. *The History and Chronicles of Scotland.* Übers. von John Bellenden. Edinburgh 1822. Vielleicht unwissenschaftlich, aber doch ein faszinieren-

des Geschichtswerk aus der Zeit der Renaissance, viel zitiert von Leland (1544) und von modernen Arthur-Forschern.
Bolton, W. F. A. *A History of Anglo-Latin Literature, 597–1066.* Princeton 1967. S. 229–293. Hervorragende Bibliographie zu Gildas, Nennius, St. Columba, St. Kolumban und Pelagius.
Bone, James. *Edinburgh Revisited.* Hanslip Fletcher. London 1913. Mit Illustrationen.
Book of Ballymote. Hrsg. von R. Atkinson für die Royal Irish Academy Dublin, 1887.
Book of Conquests of Ireland (Leabhar Gabhála). Hrsg. von R. A. Stewart Macalister und John MacNeill. Dublin 1916.
Book of Leinster. Hrsg. von R. Atkinson für die Royal Irish Academy Dublin, 1880.
Book of Llan Dâv, Text of the. Hrsg. von J. Gwenogvryn Evans und Sir John Rhys. Oxford 1893.
Book of Taliesin, The. Hrsg. von Gwenogvryn Evans. Llanbedrog 1910.
Borlase, William Copeland. *Antiquities of Cornwall.* Oxford 1754.
– *Dolmens of Ireland.* 3 Bde., London 1897. Artus ist mit Raben und Krähen verwandt (2, 595).
Boutell, Charles. *Boutell's Heraldry.* London/New York 1950. Nützlich zur Frage der Verbindung Lancelots mit dem Löwen. Der Löwe ist in dem Zusammenhang vielleicht nicht so sehr ein mythisches als vielmehr ein heraldisches Motiv.
Braun, Hugh. *The English Castle.* Edinburgh 1936.
Brendan, hl. *The Voyage of Saint Brendan.* Übers. von John J. O'Meara. Dublin 1976. [Deutsche Ausgabe: Hie hebt sich aus sanct Brandons Buch was er wunders erfahren hat. Straßburg 1510.]
Brengle, Richard L. *King Arthur of Britain.* New York 1964.
Brinkley, Roberta Florence. *Arthurian Legend in the Seventeenth Century.* New York 1970. Sachlich und ganz ausgezeichnet.
Bromwich, Rachel. «Concepts of Arthur». *Studia Celtica* 10/11 (1975/76), S. 163–181.
– «The Celtic Literatures». In: *Literature in Celtic Countries,* hrsg. von J. E. Caerwyn Williams, Cardiff 1971.
Brooke, Christopher. «The Archbishops of St. David's, Llandaff, and Caerleon-on-Usk». In: *Studies in the Early British Church,* hrsg. von Nora K. Chadwick, S. 201–242. Schwere Angriffe auf Geoffrey von Monmouth.
Brown, A. C. L. *The Origin of the Grail Legend.* Cambridge 1943.
Brown, Alain G. «Gothicism, ignorance and bad taste: The Destruction of Arthur's O'on», *Antiquity* 40, XL Nr. 8 (48), 1974, S. 283–287. Eine ausgezeichnete Arbeit; Bibliographie; Reproduktion von Stukeleys Zeichnung.
Brown, P. Hume. *History of Schottland.* Bd. 1. Cambridge 1911.
Brown, Reginald A. *English Medieval Castles.* London 1954.
Bruce, J. Collingwood. *Handbook to the Roman Wall.* Hrsg. von Ian A. Richmond. Newcastle upon Tyne 1863, 1957. Mit Illustrationen. Hervorragende Karten von den einzelnen Abschnitten des Hadrianswalls. Vgl. besonders Nr. 12, Bowness-on-Solway, und allgemeiner S. 223; zum «Relieffragment» vom Hadrianswall vgl. S. 167.
Bruce, J. D. *The Evolution of Arthurian Romance from the Beginning to 1300.* Baltimore/Göttingen 1923. Auch hier eine obskure Etymologie des Namens Arthur: Krähe oder Rabe.
Brut, or Chronicles of England. Übers. von Friedrich W. D. Brie. London 1906.

Brut (Text der verschiedenen *Brut*-Versionen). Hrsg. von J. Rhys und J. G. Evans. S. *The Red Book of Hergest*, Bd. 2, Oxford 1890.

Buchanan, George. *Rerum Scoticarum Historia.* Übers. von William Bond. London 1722.

Burns, A. R. *The Romans in Britain: An Anthology of Inscriptions.* Oxford 1932.

Burton, John Hill. *The History of Scotland.* 8 Bde., Edinburgh/London 1873, 1905. Der Historiker will von Artus gar nichts wissen: «Hier ist alles Märchen; die meisten scharfsinnigen Kritiker haben in den Erzählungen keine Passagen ausmachen können, die etwa beweisbare Fakten überlieferten. Die Geschichte von Artus... widerlegt sich selbst durch ihre inneren Widersprüche und durch ihre großen Unstimmigkeiten, was die allgemeinen Bedingungen jener Zeit angeht» (1, 169).

Caesarius von Heisterbach. *The Dialogue on Miracles.* Übers. von H. E. Scott und C. C. Swinton Bland. 2 Bde., London 1929. [Eine Auswahl aus dem *Dialogus miraculorum* auf deutsch: *Caesarius von Heisterbach*. Deutsch von Ernst Müller-Holm. Berlin 1910.]

Caine, Mary. *The Glastonbury Giants.* 1. «From Sagittarius to Taurus», 2. «From Gemini to Scorpio». Glastonbury (?) o.J.

Caradoc (Caradog) von Llancarvan (Llancarfan). *The History of Wales.* Hrsg. von Dr. David Powel, bearb. von W. Wynne. London 1697. Originaltext auf Britannisch.

Carman, J. Neale. *A Study of the Pseudo-Map Cycle of Arthurian Romance.* Lawrence, Kansas, 1973.

Carrie, John. *Ancient Things in Angus.* Arbroath 1881. «In der Gegend von Glamis gibt es drei bedeutende Altertümer. Eines im herrschaftlichen Garten zeigt auf der Seite ein Kreuz, die Figuren zweier Männer, die einander gegenüberstehen (der eine hat einen Hammer in der Hand, vielleicht den Hammer des Thor), einen Löwen und einen Kentaur. Die Rückseite des Steins ist viel einfacher gestaltet: Man sieht dort einen Aal, eine Forelle und zwei Kreise abgebildet» (S. 100). Vielleicht König Artus und nicht Thor.

Cavendish, Richard. *King Arthur of the Grail: The Arthurian Legends and Their Meaning.* London 1978.

Chadwick, Nora K. *The Druids.* Cardiff 1966.
– Hrsg. *Celt and Saxon: Studies in the Early British Broder.* Cambridge 1963. Wertvoller Beitrag über Nennius, St. David und Caradoc von Llancarfan.
– *Studies in Early British History.* Cambridge 1954.
– Hrsg. *Studies in the Early British Church.* Cambridge 1958. Beiträge von Chadwick, Kathleen Hughes, Christopher Brooke und Kenneth H. Jackson.

Chamberlain, H. S. *La Genèse du XIXe siècle.* Paris 1913.

Chambers, Sir Edmund K. *Arthur of Britain.* Cambridge 1927, New York 1964.

Chanson du Chevalier au cygne et de Godefroid de Bouillon, La. Hrsg. von C. Hippeau. 2 Bde., Paris 1874, 1877.

Charpentier, Louis. *Les Géants et le mystère des origines.* Paris 1969.
– *Les Mystères Templiers.* Paris 1967. [Deutsche Ausgabe: Macht und Geheimnis der Templer. Herrsching 1986.]

Chevalerie Ogier de Danemarche, La. Hrsg. von J. B. Barrois. 2 Bde., Paris 1842. S. auch Louis Michel, *Les légends épiques carolingiennes dans l'oeuvre de Jean d'Outremeuse*, Brüssel 1935, Nr. 4, «Ogier le Danois».

Child, Heather. *Heraldic Design.* London 1965.

Childe, V. Gordon. *The Most Ancient East: The Oriental Prelude to European Prehistory.* New York 1929.

Chotzen, T. M. «Emain Ablach, Ynys Avallach, Insula Avallonis, Ile d'Avalon». *Etudes Celtiques* 4 (1948), S. 255–274.
Chrétien de Troyes. *Arthurian Romances.* Übers. von W. W. Comfort. Hrsg. und mit einer Einleitung von D. D. R. Owen. London/New York 1914, 1975.
– *Les Romans de Chrétien de Troyes.* Hrsg. von Mario Roques. 5 Bde., Paris 1955.
– *Christian von Troyes sämtliche Werke.* Hrsg. von Wendelin Foerster. 5 Bde., Halle 1884–1932. Rev. Ausgabe von Hermann Brewer, Halle 1933.
Churchill, Sir Winston S. *A History of the English-Speaking Peoples.* Bd. 1, London 1956. [Deutsche Ausgabe: Aufzeichnungen zur europäischen Geschichte. Dt. Ausz., Bern, München 1964.]
Cohen, Gustave. *Chrétien de Troyes et son oeuvre.* Paris 1931. Cohen weist darauf hin, daß Chrétien erstaunlich genaue Kenntnisse von der britischen Geographie besaß, möglicherweise aus eigener Erfahrung (S. 89–98). Vielleicht ist Chrétien, so meint Cohen, in Britannien aufgewachsen.
– *Roman courtois au XIIe siècle.* Paris 1938.
Collingwood, R. G. *The Idea of History.* New York 1946, 1956, 1966.
Collingwood, R. G., und J. N. L. Myres. *Roman Britain.* Oxford 1932.
– *Roman Britain and the English Settlements.* Oxford 1932.
Collingwood, William Gershom. *Northumbrian Crosses of the pre-Norman Age.* London 1927. Im zehnten Jahrhundert hatte die Isle of Man noch eine führende Stellung inne. Von hier aus verbreiteten sich die Rad-Kreuze nach Cumbria und in das weiter östlich gelegene Britannien. S. S. 137 ff. und die Karte (Abb. 153). Abbildungen zeigen Artus und Merlin im Rad der Zeit, das keltischen Ursprungs ist oder von der Isle of Man stammt.
Courtney, M. A. *Cornish Feasts and Folk-lore.* Penzance 1890.
Coxe, Antony D. Hippisley. *Haunted Britain.* London 1973.
Crampton, Patrick. *Stonehenge of the Kings.* London 1967, New York 1968.
Crawford, George. *The Peerage of Scotland.* Edinburgh 1716. Zu Artus' schottischen Nachkommen vgl. «Stammbaum der Campbells».
Crawford, O. G. S. «Arthur and His Battles». *Antiquity* 9 (1935), S. 277–291.
– «King Arthur's Last Battle». *Antiquity* 5 (Juni 1931), S. 236–239.
– *Topography of Roman Scotland North of the Antonine Wall.* Cambridge 1949. S. Karten S. 11–18, die 17 Festungen am Wall und den Korridor von Camelon-Stirling zeigen. S. auch die Karte des Vale of Menteith (S. 18) zum Problem der alten Fords of Frew.
– «Western Sea-ways». In: *Custom Is King,* hrsg. von L. H. Dudley Buxton, London 1936, S. 181–200.
Cross, Tom P., und Clark H. Slover *Ancient Irish Tales.* New York 1936.
Crowl, Philip A. *The Intelligent Traveller's Guide to Britain.* New York 1983. Kapitel II über das römische Britannien ist hervorragend, ebenso der Abschnitt «Sub-Roman Britain 410–550» (S. 92–97) über König Artus.
Cuchulain of Muirthemne. Übers. von Lady Augusta Gregory. Vorwort von W. B. Yeats. London 1902, 1975.
Cunliffe, Barry. *Guide to the Roman Remains of Bath.* Bath 1973.
Curle, Alexander Ormiston. *The Treasure of Traprain, a Scottish Hoard of Silver Plate.* Glasgow 1923. Dieser Schatz enthielt Münzen aus den Jahren 363 bis 423.
Curtayne, A. *Lough Derg: St. Patrick's Purgatory.* London 1944.
Curtin, Jeremiah. *Hero Tales of Ireland.* London 1894.
– *Myths and Folk-Lore of Ireland.* Boston 1890, London 1975, 1980, New York 1975.

Daniel, Glyn Edmund. *The Prehistoric Chamber Tombs of England and Wales*. Cambridge 1950.

Darby, H. C. *A New Historical Geography of England*. Cambridge 1973. *Mons Badonicus* wird hier westlich der Isle of Wight, nördlich von Pool Harbour (ein römischer Hafen), bei St. Aldhelm's Head, Isle of Purbeck, lokalisiert.

Darrah, John. *The Real Camelot. Paganism and the Arthurian Romances*. London/New York 1981. Bietet einen ausgezeichneten Überblick über die neuere angelsächsische Literatur der mythologischen Schule. In der Tradition von Sir J. G. Frazer und R. S. Loomis.

Davidson, D., und H. Aldersmith. *The Great Pyramid*. London 1941.

Davies, Edward [Rektor von Bishopton, County of Glamorgan]. *The Mythology and Rites of the British Druids ascertained by National Documents...* Mit einem Anhang und «Remarks on Ancient British Coins». London 1809.

Death of King Arthur, The. Übers. von James Cable. London 1971.

Deinert, W. *Ritter und Kosmos im Parzival*. München 1960.

Delisle, L. *La Chronique d'Hélinand*. Paris 1881. S. S. 141–154.

Didot-Perceval. S. *The Romance of Perceval in Prose*, hrsg. und übers. von Dell Skeels, Seattle/London 1966.

Dillon, Myles. *Cycle of the Kings*. London/New York 1946.

– *Early Irish Literature*. Chicago 1948.

Dillon, Myles, und Nora K. Chadwick. *The Celtic Realms*. London 1967, 1973. [Deutsche Ausgabe: Die Kelten. München 1983.] Die Schlußfolgerung: «kein ausreichender Beweis für einen historischen Artus» (S. 72).

Donaldson, Gordon. *Scottish Historical Documents*. Edinburgh 1970.

Donnelly, Ignatius. *Atlantis: The Antediluvian World*. New York/London 1882.

Dontenville, Henri. *Mythologie française*. Paris 1948, 1973.

Driesen, O. *Der Ursprung des Harlekin*. Berlin 1904. Der Autor bringt Artus mit der Wilden Jagd oder *Maisnee Hellequin* in Verbindung.

Dudley, Donald R., und Graham Webster. *The Roman Conquest of Britain A. D. 43–57*. London 1965.

Dumézil, George. *La Religion des Etrusques*. Paris 1966.

– *La Religion romaine archaïque*. Paris 1966.

– *Le Problème des Centaures*. Paris 1929.

– *Rituels indo-européens à Rome*. Paris 1954.

Dunn, Joseph. *The Ancient Irish Epic Tale* (Übersetzung des Tain Bo Cualnge). London 1914.

Duval, Paul-Marie. *Les Dieux de la Gaule*. Paris 1957.

Eisen, Dr. Gustav(us) A. *The Great Chalice of Antioch*. New York 1933. Ein kurzer populärwissenschaftlicher Auszug (so Eisen) aus seiner zweibändigen Edition von 1923. Er behauptet, der Kelch von Antiochia sei der Gral.

Ekwall, E. *Concise Oxford Dictionary of English Place-names*. Oxford 1940.

– *English River-names*. Oxford 1928.

Elcock, W. D. *The Romance Languages*. London 1975.

Elder, Isabel Hill. *Celt, Druid and Culdee*. London 1973.

Eliade, Mircéa. *Tratado de historia de las religiones*. Madrid 1954. [Deutsche Ausgabe: Die Religionen und das Heilige. Salzburg 1954.]

Ethérie, journal d'un voyage. Hrgs. und übers. von Hélène Pétré. Paris 1971. Dieses lateinische *Itinerarium* beschreibt die Route von Westeuropa nach Ägypten, zum Sinai, Jerusalem, Jericho und weiter über Antiochia nach Konstantinopel um das Jahr 400.

Etienne de Rouen. *Draco Normanicus.* In: *Chronicles of the Reign of Stephen, Henry II, and Richard I,* hrsg. von Richard Howlett, 2 Bde., London 1885. S. S. 696–707.
Evans-Wentz, J. D. *The Fairy Faith in Celtic Countries.* London 1911.

Fairbairn, Neil, und Michael Cyprien. *Kingdoms of Arthur.* London 1983. Mit Illustrationen.
Faral, Edmond. *La Légende arthurienne.* 3 Bde., Paris 1929. Quellen, auch literarische arthurische Texte.
Feast of Bricriu (Fled Bricrend). Hrsg. von George Henderson für die Irish Texts Society. Bd. 2. London 1899.
Fenton, M. B. «The Nature of the Source and Manufacture of Scottish Battle-Axes and Axe-Hammers». *Proceedings of the Prehistoric Society* 50 (1984), S. 217–243. Axthämmer von der Art, wie Artus einen benutzte, waren in den Rhinns of Galloway besonders häufig; vgl. Abb. 1 (S. 219). Die meisten dieser Waffen hat man in der Region zwischen den römischen Wällen gefunden, viele auch in den Salisbury Crags in Edinburgh.
Fletcher, Robert Huntington. *The Arthurian Material in the Chronicles.* New York 1966. Ein renommiertes Werk, das aber befremdlich wenig Respekt vor Briten und Sachsen zeigt, so auf S. 110.
Fleure, H. J. *The Races of England and Wales.* London 1923. Tritt für Geoffrey von Monmouth ein und stützt seine Darstellung.
Floire et Blancheflor. Hrsg. von E. du Méril. Paris 1856.
Floris und Blauncheflur. Hrsg. von Emil Hausknecht. Berlin 1885.
Flutre, Louis-Ferdinand. *Table de noms propres avec toutes leurs variantes figurant dans le romans du Moyen Age...* Paris 1962.
Fodor's Great Britain. New York 1979.
Fodor's Scotland. London 1983.
Foerster, Wendelin. *Kristian von Troyes, Wörterbuch zu seinen Sämtlichen Werken.* Halle 1914.
Foëx, Jean-Albert: *Histoire sous-marine des hommes.* Paris 1964.
Forbes, Alexander P., Hrsg. und Übers. *Lives of Saint Ninian and Saint Kentigern. Compiled in the Twelth Century.* Edinburgh 1874. S. Lebensbeschreibungen von Ailred und Jocelyn.
Forbes, J. F. *Giants of Britain.* Birmingham 1945.
Four Ancient Books of Wales (enthält die kymrischen Gedichte, die Barden des sechsten Jahrhunderts zugeschrieben werden). Hrsg. von William Forbes Skene. 2 Bde., Edinburgh 1868.
Fox, Denton, Hrsg. *Sir Gawain and the Green Knight.* Englewood Cliff, N. J., 1968. Heinrich Zimmer vergleicht Gawains Tod mit dem des Gilgamesch, Herakles, Theseus und Orpheus (S. 95 ff.).
Frankfort, Henri. *Kingship and the Gods.* Chicago/London 1948.
Frankfort, H., H. A. J. A. Wilson und Thorkild Jacobsen. *Before Philosophy.* Penguin Books 1949. Oder s. *The Intellectual Adventure of Ancient Man.* Chicago 1946.
Frappier, Jean. *Chrétien de Troyes et le mythe du Graal.* Paris 1972. Die Perceval-Geschichte, als Mythos betrachtet, wird hier in einer Weise wiedergegeben, die den Zuhörer mit Bewunderung für die ritterlichen Tugenden erfüllen soll. S. Bibliographie S. 1–40.
– *Etude sur la Mort le Roi Artu.* Paris 1936.

Frazer, Sir James G. *The Fear of the Dead* ... London 1933–1936.
- *The Golden Bough*. 12 Bde., New York 1935. [Deutsche Ausgabe: Der goldene Zweig. Abgek. Ausg. Übersetzt von H. v. Bauer. Leipzig 1928.]
- *A Study in Magic and Religion*. London 1911, 1913.

Gaster, Theodore H. *Les plus anciens contes de l'humanité*. Paris 1953.
- *Thespis*. New York 1961.
Gautier, Léon. *Les epopées françaises*. 4 Bde., Paris 1878, 1892.
Gelling, Peter, und Hilda Ellis Davidson. *The Chariot of the Sun*. London 1969.
Gennep, A. van. *Rites de passage*. Paris 1909.
Geoffrey von Monmouth. *Historia regum Britanniae*. Hrsg. von Acton Griscom und Robert Ellis Jones. London/New York/Toronto 1929.
- *History of the Kings of Britain*. Übers. von Sebastian Evans. Einleitung von Lucy Allen Paton. Hrsg. von Ernest Rhys. London 1912, 1944.
- *Life of Merlin, or Vita Merlini*. Hrsg., übers. und mit einer Einleitung von Basil Clarke. Cardiff 1973. [Deutsche Ausgabe: Das Leben des Zauberers Merlin. Übersetzt und herausgegeben v. I. Vielhauer. 2. Aufl. Amsterdam 1964.] Eine höchst wertvolle und aufschlußreiche wissenschaftliche Arbeit.
Gerald von Wales [Gerald de Barri, Gerald von Barry, Giraldus Cambrensis]. *The Itinerary through Wales* und *The Description of Wales*. Hrsg. und mit einer Einleitung von Ernest Rhys und W. Llewelyn Williams. London/New York 1908.
- *The Journey through Wales. The Description of Wales*. Hrsg. und übers. von Lewis Thorpe. London 1978.
- *Giraldi Cambrensis Opera*. Hrsg. von J. S. Brewer, J. F. Dimock und G. F. Warner. 8. Bde., London 1861–1891. S. Bericht von der englischen Eroberung Irlands im zwölften Jahrhundert.
Gerbert de Montreuil. «Continuation» de *Perceval*. Hrsg. von Mary Williams. 2 Bde., Paris 1922, 1925.
Gervasius von Tilbury. *Otia Imperialia*. Hrsg. von F. Liebrecht. Hannover 1856.
Gesta regum Britanniae. Hrsg. von Francisque Michel. Cardiff 1862. Eine der zahlreichen Versbearbeitungen von Geoffreys *Historia*.
Gibbon, Edward. *The Decline and Fall of the Roman Empire*. London/New York 1976. S. Bd. 3, Kap. 27: «The Final Destruction of Paganism ...». [Deutsche Ausgabe: Verfall und Untergang des Römischen Reiches. Nördlingen 1987 (gekürzt).]
Gildas. *De excidio et conquestu Britanniae*. Hrsg. von T. Mommsen. Monumenta Germaniae Historica, Bd. 3. Berlin 1898.
- *The Epistle of Gildas* («Vera effigies Gildae»), Holborne 1638.
- *The Ruin of Britain and Other Works*. Hrsg. und übers. von Michael Winterbottom. London/Chichester 1978.
Giles, Rev. John A. *Historical Documents concerning the Ancient Britons*. London 1847. S. *Alia Vita Gildae* in Bd. 1 und *Vita Sancti Gildae* und Nennius in Bd. 3.
Gilson, Etienne. «La Mystique de la Grâce dans la Queste del Saint Graal». *Romania* 51 (1925), S. 321 ff.
Giot, P. R. *Brittany*. London (?) 1960.
Gits, Alexander. *Life of Saint Mungo*. Glasgow 1967, 1975, 1977.
Gododdin, the Oldest Scottish Poem. Hrsg. von Kenneth Hurlstone Jackson. Edinburgh 1969.
Gordon, A. *Itinerarium septentrionale*. London 1726.

Gottfried von Straßburg und Thomas. *Tristan.* Kein Übers. angegeben, Einleitung von A. T. Hatto. London 1960, 1974.
Grand Saint Graal. S. *History of the Holy Grail.*
Graves, Robert. *The Greek Myths.* London 1955. [Deutsche Ausgabe: Griechische Mythologie. Reinbek bei Hamburg 1984.]
– *The White Goddess.* London 1961, 1962, 1967, 1971. [Deutsche Ausgabe: Die weiße Göttin. Sprache und Mythos. Reinbek bei Hamburg 1985.]
Gray, Louis Herbert. «Baltic Mythology». In: *Mythology of All Races,* Bd. 3, New York 1964.
Green, R. L. *King Arthur.* Harmondsworth 1973.
Gregory, Lady Augusta, Übers. *Cuchulain of Muirthemne.* Bd. 2. London 1902.
Grinsell, L. V. *The Archaeology of Wessex.* London 1958.
Gross, Charles. *A Bibliography of English History to 1485.* Hrsg. von Edgar B. Graves. Oxford 1975.
Guillaume de Normandie. *Fergus.* Hrsg. von E. Martin. Halle 1872. Ein später Roman, der eine Reihe von so genauen Angaben über Orte in Schottland enthält, daß G. Paris und G. Cohen ihn mit Chrétien in Verbindung brachten.
Guillaume de Rennes (?). *Gesta regum Britanniae.* Hrsg. von F. Michel. London 1862.
Guingamor. *Lais inédits.* Hrsg. von Gaston Paris. *Romania* 8 (1879). [Deutsche Ausgabe: Der Lai von Guingamor. Herausgegeben v. P. Kusel. Halle 1925.]

Halliday, W. R. *Indo-European Folk-Tales and Greek Legend.* Cambridge 1933.
Hanson, Richard P. C. *St. Patrick: His Origins and Career.* Oxford 1968.
Hapgood, Charles H. *Maps of the Ancient Sea Kings.* New York 1966, 1979. Kap. VI: «The Ancient Maps of the North», S. 124–150.
Hardwick, Charles. *Ancient Battlefields in Lancashire.* Manchester 1882.
Harrison, Jane Ellen. *Mythology.* New York 1924, 1963.
Hawkes, Jaquetta und Christopher. *Prehistoric Britain.* Cambridge 1953.
Hawkins, Gerald S. *Splendor in the Sky.* New York 1961.
– «Stonehenge Decoded». *Nature* 4904 (26. Oktober 1963). Reprint: London 1966.
Heinrich von dem Türlin. *Diu Crone.* Hrsg. von G. H. F. Scholl. Stuttgart 1852.
Heinrich von Huntingdon. *Historia Anglorum.* Hrsg. von Thomas Arnold. Übers. von Thomas Forester. London 1879.
– *The Chronicle of Henry of Huntingdon.* London 1853.
Heinzel, Richard. *Über die französischen Gralromane.* Wien 1891.
Helinand de Froidmont. *Chronique universelle.* Patrologiae Cursus Completus, hrsg. von Jaques Paul Migne, Series Latina, Bd. 212. Paris 1855.
Henderson, Isabel. *The Picts.* London 1967.
Herm, Gerhard. *Die Kelten: Das Volk, das aus dem Dunkel kam.* Düsseldorf 1975.
Higden, Ranulf. *Polychronicon.* EETS, Original Series Nr. 166. London 1926.
Historia Meriadoci und *De Ortu Waluuanii* (zwei lateinische Prosa-Artusromane des dreizehnten Jahrhunderts). Hrsg. von J. Douglas Bruce. Göttingen/Baltimore 1913.
History of the Holy Grail. Eine Übersetzung (von Henry Lonelich, um 1450) des *Grand Saint Graal.* Hrsg. von Frederick J. Furnivall. London 1874–1878.
Hodgkin, R. H. *A History of the Anglo-Saxons.* 2 Bde., Oxford 1935. In Bd. 1 gegenüber S. 155 eine ausgezeichnete Karte von Britannien um 550, die sehr deutlich die angelsächsische Durchdringung des Landes von Lindisfarne im Norden bis zur Kanalküste bei der Isle of Wight zeigt.

Holmes, Urban Tigner. *Chrétien de Troyes.* New York 1970.
Homeric Hymns. Hrsg. von W. T. Allen und E. E. Sekes. London 1904.
Hubner, E. *Inscriptiones Britanniae christianae.* Berlin 1876.
Hughes, Kathleen. *The Church in Early Irish Society.* London/Ithaka 1966.
- *Celtic Britain in the Early Middle Ages.* Hrsg. von David Dumville. Woodbridge/Totowa, N. J., 1980.
Hull, Eleanor. *A Textbook of Irish Literature.* Bd. 1 und 2. Dublin, o. J.
- *The Cuchillin Saga in Irish Literature.* London 1898.
Huth Merlin. Hrsg. von Gaston Paris und J. Ulrich. Paris 1886.

Irische Texte. Hrsg. von E. Windisch. Leipzig 1880.
Irish Sagas. Hrsg. von Myles Dillon. Dublin 1959.
Itineraria Romana, Bd. 1, hrsg. von O. Cuntz, Leipzig 1929. Hier sind 225 Fernstraßen im Römischen Reich inklusive Britanniens beschrieben und/oder auf Karten verzeichnet.
Irving, J. *Pace-names of Dumbartonshire.* Dumbarton 1928.
Isidor von Sevilla. *Etymologiae.* Hrsg. von W. M. Lindsay. Oxford 1911.
Ivimy, John. *The Sphinx and the Megaliths.* London 1974.

Jackson, Kenneth Hurlstone. «Arthur's Battle of Breguoin». *Antiquity* 23 (1949), S. 48 f.
- *Language and History in Early Britain.* Edinburgh 1953. Das Buch ist unverzichtbar wegen verschiedener kleinerer Beiträge wie etwa der Zeittafel (hier wurden die Werke von R. H. Hodgkin, J. N. L. Myres und F. M. Stanton ausgewertet) und der datierten Karte «The Anglo-Saxon Occupation of England», die beste zu diesem Thema, die sich finden läßt.
- «Nennius and the Twenty-eight Cities of Britain». *Antiquity* 12 (1938), S. 44–55.
- «Once Again Arthur's Battles». *Modern Philology* 43 (1945), S. 44–57.
- «The Arthur of History». In: *Arthurian Literature of the Middle Ages,* hrsg. von Roger Sherman Loomis, Oxford 1959. S. 8–10, wo die Annahme, Artus sei ein Herrscher im Norden gewesen, als bloßer «Volksglaube» abgetan wird. Jackson lokalisiert hier die Schlacht am Berg Badon in Südengland. Er gibt immerhin zu, daß vier Argumente für Artus' Historizität sprechen: die Erwähnungen in *Gododdin,* den *Annales Cambriae* bei Nennius, außerdem die Tatsache, daß später Personen nach ihm benannt wurden.
- «The Britons in Southern Scotland». *Antiquity* 29 (1955), S. 77–89.
- *The Oldest Irish Tradition: A Window on the Iron Age.* Cambridge 1964.
- «The Source for the Life of St. Kentigern». In: *Studies in the Early British Church,* hrsg. von Nora K. Chadwick, Cambridge 1958, S. 237–357. Fünf Quellen für Jocelyns *Vita* werden angenommen, S. 342. Sprachwissenschaftliche und geographische Erkenntnisse weisen auf sehr frühe Ursprünge hin; möglicherweise stammt einiges von dem Material über Kentigern aus einer Zeit, da die Erinnerung an den Heiligen noch lebendig war.
James, Edwin Oliver. *The Ancient Gods.* New York 1960. S. die ausgezeichneten Kap. 5 und 6: «The Seasonal Festivals» und «The Cult of the Dead». Sie machen vieles aus den arthurischen Texten verständlich.
- *The Cult of the Mother Goddess.* London/New York 1959.
James, M. R. *Two Ancient English Scholars: St. Aldhelm and William of Malmesbury.* Glasgow 1931.
Jarman, A. O. H. *The Legend of Merlin.* Cardiff 1960.
Jenkins, Elizabeth. *The Mystery of King Arthur.* London 1975.

Jerphanian, Guillaume de. *Le Calice d'Antioch.* Rom 1926. Mit Illustrationen. Père Guillaume datiert den Kelch auf das Jahr 500, er ist demnach also zu Artus' Lebzeiten entstanden.

Jocelyn von Furness (oder Ferns) [ein Zisterziensermönch aus Lancashire, um 1200]. *Vita Kentigerni.* Hrsg. von A. P. Forbes. Edinburgh 1874. Jocelyns Quelle war ein irischer Text («stilo scotticano dictatum»). S. die Lebensbeschreibungen der Heiligen Ninian und Kentigern.

John von Fordun. *Johannis de Fordun Chronica Gentis Scotorum.* Hrsg. und übers. von William F. Skene. 2 Bde., Edinburgh 1871/72.

John von Glastonbury. *Chronica sive historia de rebus Glastoniensibus.* Hrsg. von Thomas Hearne. 2 Bde., Oxford 1726.

Johnson, Stephen. *Later Roman Britain.* New York 1980. Enthält 22 ausgezeichnete Karten, 60 Photographien, 20 rekonstruierende Zeichnungen.

Johnstone, P. K. «Domangart and Arthur». *Antiquity* 22 (1948), S. 45f.

- «Mount Badon – a topographical clue?» *Antiquity* 20 (1946), S. 159f. S. auch einen dem widersprechenden Beitrag, der für Glastonbury votiert, von Mrs. D. P. Dobson in *Antiquity* 22 (1948), S. 43–45. Das Problem Severn versus Solway bleibt ungelöst.
- «The Date of Camlan». *Antiquity* 24 (1950), S. 44.
- «The Dual Personality of St. Gildas». *Antiquity* 20 (1946), S. 211–213.
- «The Victories of Arthur». *Antiquity* 166 (1934), S. 381f.

Joseph of Arimathie. Hrsg. von W. W. Skeat. EETS Nr. 44. London 1871.

Joyce, Patrick Weston. *A Social History of Ancient Ireland.* 2 Bde., London 1903.

- *Old Celtic Romances.* Aus dem Gälischen. London 1894. Dieses Buch muß als Klassiker gelten. Selbst die Fußnoten verdienen Bewunderung. In der Edition London 1920 wird dafür argumentiert, daß der irische Gott Lug mit Manannan, dem Meeresgott von der Isle of Man (sein Fest ist der Mittsommertag, der 24. Juni) identisch sei.

Jubainville, H. d'Arbois de. *Le Cycle mythologique irlandais et la mythologie celtique.* Paris 1884.

Judson, Harry Pratt. *Caesar's Army.* Boston 1888. Beschreibt ganz ausgezeichnet Artillerie und Belagerungstechniken, informiert auch über die Marschleistung der Infanterie.

Jung, Emma, und Marie-Louise Franz. *Die Grallegende in psychologischer Sicht,* Zürich/Stuttgart 1960.

Kahane, Henry R., *The Krater and the Grail: Hermetic Sources of the Parzival.* Urbana 1965.

Kempe, Dorothy. «The Legend of the Holy Grail, Its Sources, Character and Development». In: *The Holy Grail,* hrsg. von Lonelich, EETS, Extra Series, Nr. 95, London 1905, S. 35ff.

Kemp-Welch, Alice. *Of Six Mediaeval Women.* London 1913. Sie nimmt oft Anstoß an König Artus' Verhalten gegenüber Frauen. Anstößig ist aber das Verhalten der mittelalterlichen Autoren.

Kendrick, Sir Thomas. *Anglo-Saxon Art.* London 1938.

Ketrick, Paul John. *The Relation of Golacros and Gawane to the Old French Perceval.* Washington 1931.

Killip, Margaret. *The Folklore of the Isle of Man.* Mit Illustrationen von Norman Sayle. Totowa, N. J., 1976. Originaltexte bei *Skeealyn 'sy Ghailck* (Manx Language Society), übers. von Edward Faragher, Castletown 1973.

Kinvig, R. H. *A History of the Isle of Man.* Liverpool 1950. Enthält Landkarten, Graphiken und Photographien, außerdem ein Glossar der Ausdrücke in Manx.

Es findet sich eine ausgezeichnete Abbildung, welche die Rekonstruktion eines vorzeitlichen Wohnbaus vom Typ der «Tafelrunde» darstellt.

Kirk, G. S. *Myth: Its Meaning and Function in Ancient and Other Cultures.* Berkeley/Los Angeles 1970.

Kittredge, George Lyman. *A Study of Gawain ant the Green Knight.* Cambridge, Mass., 1916. Hier wie auch in seinen Vorlesungen betont Kittredge die Bedeutung der keltischen Quelle.

– «Kittredge Anniversary Papers». *American Journal of Philology* VII, Nr. 176 (1888). S. vor allem S. 239 ff., dort seine Theorie von Eochaid Ollathair als Allvater.

Kneen, J. J. *The Place-names of the Isle of Man.* Douglas 1925–1929.

Knowles, David. *The Monastic Order in England.* Cambridge 1941.

Kolumban, hl. *Sancti Columbani Opera.* Hrsg. und übers. von G. S. M. Walker. Dublin 1967.

Kramer, Samuel Noah. *The Sumerians.* Chicago 1963. Es scheint in früher Zeit Einflüsse aus dem Mittleren Osten auf arthurisches Material gegeben zu haben, besonders was den Marduk-Kult einerseits und Gawains Leben andererseits betrifft.

Lacroix, Paul. *Les Arts au moyen âge.* Paris 1873.

Laing, Lloyd Robert. *The Archaeology of the Late Celtic Britain and Ireland c. 400–1200 A. D.* London 1975. Anhang B bietet eine hervorragende Chronologie britischer Könige und Stammesfürsten.

Lambert de Saint-Omer. *Liber floridus* (eine mittelalterliche Enzyklopädie). «Miranda Britanniae et Angliae» (Staunenswürdige Dinge aus Britannien und England): «Est palatium in Britannia in terra pictorum Arturi militis, arte mirabili et varietate fundatum, in quo factorum bellorumque ejus omnium gesta sculpta videntur. Gessit autem bella XII contra Saxones. [Es gibt in Britannien, im Land der Pikten, einen Palast des Kriegers Arthur, einen mannigfach wunderbar kunstvollen Bau, in dem plastische Darstellungen aller seiner großen Eroberungs- und Kriegstaten zu sehen sind. Er kämpfte nämlich in zwölf Schlachten gegen die Sachsen.]»

Lancelot, oder *Lanzelet.* Hrsg. von W. J. A. Jonckbloet. 2 Bde., Den Haag 1846/1849.

Lappenberg, J. M. A. *Geschichte von England.* 2 Bde., Hamburg 1834.

Layamon's Brut, oder *Chronicle of Britain.* Hrsg. von Sir Frederic Madden. 3 Bde., London 1847, Osnabrück 1967.

Leahy, A. H. *Heroic Romances of Ireland.* London 1905, New York 1974.

Leland, John. *The Itinerary of John Leland the antiquary.* Hrsg. von Thomas Hearne. 9 Bde., Oxford 1744–1745.

Lerner, Gerda. «The Necessity of History and the Professional Historian». *National Forum: The Phi Kappa Phi Journal* 62, Nr. 3 (Sommer 1982), S. 37 f.

Leslie, S. *Saint Patrick's Purgatory.* London 1932. Gemeint ist nicht der heilige Patrick aus arthurischer Zeit, sondern ein späterer Patrick, über den auch Marie de France schrieb.

Lethbridge, T. C. *Gogmagog: The Buried Gods.* London 1957, 1975.

Levison, Wilhelm. «An Eighth-Century Poem on Ninian.» *Antiquity* 14 (1940), S. 280–291. Die längste Geschichte in dem Stück handelt von der Hostie, vom Jesuskind und vom Brot, in das sich Christus, nachdem der Priester ihn umarmt hat, verwandelt. Dieselbe Geschichte ereignet sich im *Perlesvaus,* während Artus vor dem Gotteshaus wartet.

Levitt, I. M., und Roy K. Marshall. *Star Maps for Beginners*. New York 1942, 1974.
Lewis, Charles Bertram. *Classical Mythology and Arthurian Romance*. London 1932. Der Autor kommt zu folgenden Schlußfolgerungen: 1. Chrétien hat seinen Stoff nicht erfunden. 2. Die Entführung der Königin Guinevere ist eine Dublette der Entführung der Helena nach Troja. 3. Als Stoff eines poetischen Werks wird die Geschichte erstmals in Frankreich aufgegriffen.
Lewis, Rev. Lionel Smithett. *St. Joseph of Arimathea at Glastonbury*. Cambridge 1932.
Lewis, M. J. T. *Temples in Roman Britain*. Cambridge 1966. Aus den *Gesta Pontificum Anglorum* (Taten der englischen Bischöfe) von William von Malmesbury wird hier der Bericht von einem Kuppelbau in der Gegend von Carlisle zitiert (3, 99).
Lewis, Timothy, und J. Douglas Bruce. «The Pretended Exhumation of Arthur and Guinevere». *Revue Celtique* 33 (1912), S. 432–451.
Lindsay, Jack. *Arthur and His Time*. London 1958.
Literature in Celtic Countries. Hrsg. von J. E. Caerwyn Williams. Cardiff 1971.
Lloyd, John Edward. *A History of Wales*. Bd. 1, London 1911.
Lockyer, Sir Joseph Norman. *The Dawn of Astronomy*. London 1894, Cambridge, Mass., 1964.
Loftie, W. J. *Windsor Castle*. London/New York 1887. Kap. 3 behandelt die Regierungszeit Edwards III., seine Pilgerfahrt nach Glastonbury zu König Artus' Gebeinen und den Bau einer Runden Tafel aus 52 Eichenstämmen in Windsor. Der berühmte Historiker Jean Froissart hatte in seiner Chronik berichtet, man halte Windsor Castle für die Residenz des Artus und dort habe die echte Tafelrunde ihren Platz gehabt.
Logan, James. *The Scottish Gael, or Celtic Manners*. Hartford o.J, um 1830. Großartige Sozialgeschichte.
Loomis, Laura Hibbard. *Adventures in the Middle Ages*. New York 1962.
– «The Round Table Again». *Modern Language Notes* 44 (1929), S. 511–519.
Loomis, Roger Sherman. *Celtic Myth and Arthurian Romance*. New York 1926.
– *Studies in Medieval Literature*. New York 1970.
– *The Development of Arthurian Romance*. New York 1963, 1970.
– «The Grail». In: *From Celtic Myth to Christian Symbol*, New York 1963.
– *Wales and the Arthurian Legend*. Cardiff 1956.
Loomis, Roger Sherman, und Laura Hibbard Loomis. *Arthurian Legends in Medieval Art*. New York 1938, 1975.
Lot, Ferdinand. *Etude sur le Lancelot en prose*. Paris 1918.
– Hrsg. *Nennius et l'Histoire Brittonum*. Paris 1934. Lot glaubte an die nordbritische Herkunft der Kompilation des Nennius und daran, daß Artus' zwölf Schlachten, auch die am Berg Badon, im Norden geschlagen wurden.
Loth, Joseph. *Contributions à l'etude de la Table Ronde*. Paris 1912.
– «Des nouvelles théories sur l'origine des romans arthuriens». *Revue Celtique* 13 (1892), S. 475–503.
– «L'Année celtique». *Revue Celtique* 24 (1903), S. 313–316.
– *Les mots latins dans les langues brittoniques*. Paris 1892.
Lum, Peter. *The Stars in Our Heaven: Myths and Fables*. New York 1948.
Luttrell, Claude. *The Creation of the First Arthurian Romance*. London 1974. Luttrell meint, Chrétien habe die Geschichte von *Erec et Enide* erfunden und verdanke seinen Stoff nicht etwa arthurischen Quellen, die vor 1184–1186 bereits existiert hätten.

Mabinogion. Übersetzungen: Lady Charlotte Guest, 1838, 1877, 1902; J. M. Edwards, ›1900; Gwyn und Thomas Jones, 1949, 1974; Gwyn und Mair Jones, 1974.
Macalister, Robert Alexander Stewart. *Corpus inscriptionum insularum celticarum.* Bd. 2, Dublin 1949.
- *The Archaeology of Ireland.* Rev. Ausgabe, London 1949, New York 1972.
- *Tara, a Pagan Sanctuary of Ancient Ireland.* London/New York 1931.
Macauly, E. J. *The Soul of Cambria.* London 1931.
McClure, Edmund. *British Place-Names in Their Historical Settings.* London 1910.
MacCulloch, John Arnott. *Mythology of All Races.* New York 1918, 1946, 1964. Zur Keltischen Mythologie s. Bd. 3.
- *The Religion of the Ancient Celts.* Edinburgh 1941.
MacDonald, A. *The Place-Names of West-Lothian.* Edinburgh 1941.
MacDonald, William Lloyd. *The Architecture of the Roman Empire.* New Haven 1965.
MacEwen, Alexander Robertson. *A History of the Church in Scotland.* 2 Bde., London/New York 1915. In Bd. 1 eine Studie zu den monastischen Gründungen des fünften Jahrhunderts: Carlisle und Saint Ninians, aber auch Kirkmadrine in den Rhinns of Galloway.
McGarry, Mary, Hrsg. *Great Fairy Tales of Ireland.* New York 1973.
Mackinder, Sir Halford J. *Britain and the British Seas.* Oxford 1925.
MacMullen, Ramsay. *Soldier and Civilian in the Later Roiman Empire.* Cambridge 1963. Abb. E zeigt den Grundriß des Palastes eines *dux* in Dura am Euphrat. Erinnert an Lamberts Zeugnis, das einen Palast des *dux* Artus im Land der Pikten erwähnt.
MacNeice, Louis. *Astrology.* New York 1964.
MacNeill, Eoin. *Celtic Ireland.* Dublin 1921.
McNeill, John T. *The Celtic Churches: A History, A. D. 200–1200.* Chicago/ New York 1974.
MacNeill, Máire. *The Festival of Lughnasa.* Oxford 1962.
Magnusson, Magnus. *Viking: Hammer of the North.* London/New York 1976. [Deutsche Ausgabe: Die Wikinger: Letzte Boten der germanischen Welt. Übersetzt von W. Forman. Luzern, Herrsching 1986.]
Maitland, W. [1693?-1757] *The History and Antiquities of Scotland: From the Earliest Account of Time to the Death of James the First, Anno 1437.* 2 Bde, s. Bd. 1, London 1757.
Major, John. *Historia Majoris Britanniae, tam Angliae quam Scotiae.* Paris 1521.
Mâle, Emile. *La fin du paganisme en Gaule.* Paris 1950.
- *Religious Art.* New York 1949.
Malone, Kemp. «Artorius». *Modern Philology* 22 (1925), S. 367–374. War L. Artorius Castus, ein unbekannter römischer Offizier, der wirkliche König Artus? Nichts spricht dafür. Die beiden ähneln einander nicht, und überhaupt ist jene Annahme eine Beleidigung. Artus' Name auf lateinisch lautete Arturus, nicht Artorius.
Malory, Sir Thomas. *Le Morte d'Arthur.* Hrsg. und mit einer Einleitung von Norma Lorre Goodrich. New York 1963.
- *Le Morte d'Arthur.* Hrsg. und mit einer Einleitung von Sir John Rhys. 2 Bde., London 1906, 1961, 1976.
- Die Geschichten von König Artus und den Rittern seiner Tafelrunde [= *Le Morte d'Arthur*, deutsch]. Übers. von Helmut Findeisen auf der Grundlage der Lachmannschen Übersetzung. 3 Bde. Frankfurt am Main 1977.

Maltwood, Katharine E. *The Enchantments of Britain.* Vancouver 1944.
- *Guide to Glastonbury's Temple of the Stars.* London 1934, 1964. Ein sehr hübsches und poetisches Buch, das die Theorie vertritt, irdene Abbilder in Glastonbury stellten König Artus und andere Figuren als Sternkonstellationen dar. Artus ist Schütze, Lancelot Löwe, Gawain Widder etc.

Map, Walter. *De Nugis curalium, or Courtier's Trifles.* Übers. von Professor Frederick Tupper und Marbury B. Ogle. New York 1924. Hrsg. von M. R. James. Oxford 1914.

Margary, Ivan D. *Roman Roads in Britain.* 2 Bde., London 1955, 1973. S. Bd. 2 zu den Straßen im Norden und in Wales.

Marie de France. *Espurgatoire Seint Patriz.* Hrsg. von T. Atkinson Jenkins. Philadelphia 1894.
- *Lais.* Hrsg. von Karl Warnke. Halle 1925. S. auch die Edition von Alfred Ewert, Oxford 1976, die einen diplomatischen Text bietet.

Markale, Jean. *Epopée celtique en Bretagne.* Paris 1871.
- *L'Epopée celtique d'Irlande.* Paris 1971.

Martin, E. *Zur Gralsage.* Straßburg 1880. Artus wird als der Sieche König betrachtet, S. 31 ff.

Matarasso, Pauline. *The Redemption of Chivalry: A Study of the Queste del Saint Graal.* Genf 1979.

Matthews, William. *The Tragedy of Arthur.* Berkeley/Los Angeles 1960. Eine Studie zum *Alliterative Morte Arthure.*

Maynardier, Gustavus Howard. *The Arthur of the English Poets.* Boston/New York 1907, 1935.

Megaw, Basil. «Norsemen and Native in the Kingdom of the Isles». Mit Illustrationen. *Scottish Studies,* University of Edinburgh, d. 20 (1976), S. 1–44. Prof. Megaw ist ein Fachmann für die Geschichte der Könige von Man.

Menzel, Donald H. *A Field Guide to the Stars and Planets.* Boston 1964.

Merlin: A Prose Romance. Hrsg. von Henry B. Wheatley. EETS, 2 Bde., London 1899.

Merlin: Roman en prose du XIIIe siècle. Hrsg. von Gaston Paris und Jacob Ulrich. 2 Bde., Paris 1886.

Merriman, James Douglas. *The Flower of Kings. A Study of the Arthurian Legend in England and between 1485 and 1835.* Lawrence, Kansas, 1973.

Meyer, E. H. *Die Mythologie der germanischen Miscellanea Hibernica.* Straßburg 1903. Diese Kompilation betont die «solare Natur» der zwölf Ritter von der Tafelrunde.

Meyer, Kuno. «Death Tales» from *Selections from Ancient Irish Poetry.* London 1928. [Deutsche Ausgabe: Bruchstücke der älteren Lyrik Irlands. Berlin 1919.]
- *The Death Tales of the Ulster Heroes.* Dublin 1906.

Meyer, Paul, Hrsg. «Les enfances de Gauvain». *Romania* 39 (1910), S. 1–32.

Miller, Helen Hill. *Realms of Artus.* New York 1969. Ein gewissenhaftes und lesbares Buch, das die walisische Herkunft des Artus betont. Ausgezeichnete Karten von England in arthurischer Zeit, die aber Camlan bei Camelford (Cornwall) und den *Mons Badonicus* unweit von Bath situieren. Arthurische Stätten in Wales sind mit ähnlich großer Sorgfalt verzeichnet.

Millar, Ronald. *Will the Real King Arthur Please Stand Up?* London 1978. Ein sehr witziges Buch. Artus' Schlachtfelder werden zum Scherz in der Bretagne situiert.

Millican, Charles B. *Spenser and the Round Table.* Cambridge 1932.

Morgan, Mary Louise. *Galahad in English Literature.* Cambridge 1932.

Morris, John.*The Age of Arthur.* New York 1973. S. die ausgezeichnete Zeittafel.

Morris, Richard, Hrsg. *Legends of the Holy Rood.* London 1871. Mss. aus dem Britischen Museum und den Bodleian Libraries. S. die Geschichte der hl. Helena, Mutter des Konstantin, von der Auffindung des Kreuzes in Jerusalem (S. XXI-XXIV).
Morris, William. *The Defense of Guinevere.* London 1858.
Morrison, L. *Manx Fairy Tales.* Douglas 1929.
Mort Artu. Hrsg. von Douglas Bruce. Halle 1911.
Morton, H. V. *In Search of England.* London 1927. [Deutsche Ausgabe: Wanderungen durch die Vergangenheit und Gegenwart. München 1984.] Mit Illustrationen. Ein wunderschönes Reisebuch mit viel Information über Glastonbury, den Hadrianswall und König Artus.
Muir, T. S. *East Lothian.* Cambridge 1915. Sehr gute Faltkarte (nach S. 52), die piktische Namen enthält: Ca(e)rlaverock, Moffat, Laverock, Keith, Traprain, Peffer, Tantallon, Adder, Calder, Cairndinnis, Tyne, Pencaidland, Aber, Long Niddry, Tranent.
– *Linlithgowshire.* Cambridge 1912. Muir weist darauf hin, daß die Schlacht am Berg Badon in Schottland am Bowden Hill geschlagen worden sein könnte, 8 km südöstlich der königlichen Residenz Linlithgow und somit nahe bei der Linie Glasgow-Edinburgh. Hinzuzufügen ist, daß es auch ein Dorf namens Bowden gibt, und zwar an den Hängen der Eildon Hills – auch das wäre eine Möglichkeit.
Müller, Friedrich Max. *Chips from a German Workshop.* Bd. 2, Paris 1859, New York 1897. *Comparative Mythology:* 1856, S. 1–141.
– *Essai de mythologie comparée.* Paris 1859.
Munch, R. A. *Chronicle of Man and the Sudreys.* 2 Bde., Douglas 1874. Die Sudreys sind die «südlichen Inseln»; sie waren im Mittelalter im Besitz Norwegens; zu ihnen gehörte die Isle of Man.
Murray, James A., Hrsg. *The Complaynt of Scotlande.* EETS. London 1875.
– *The Romance and Prophecies of Thomas of Erceldoune.* EETS. London 1875.
Myrvyrian Archaiology of Wales. Hrsg. von Owen Jones, Edward Williams und W. O. Pughe. Denbigh 1870. Es gab eine ältere Ausgabe in 3 Bänden, London 1801–1807, die mir nicht greifbar war.

Napier, Arthur Sampson. *History of the Holy Rood-tree.* EETS Original Series, Nr. 103. London 1894.
Nennius, *British History and the Welsh Annals.* Hrsg. von John Morris. London/Totowa, N. J., 1980. Es gibt eine Ausgabe nach Harleian 3859, die auch die Annalen von Wales *(Annales Cambriae)* enthält; diese bietet den Text von Edmond Farals Edition *(La Légende Arthurienne,* Bd. 3, Paris 1929) mit den Lesarten von Mommsens *Nennius* (Berlin 1892).
– *Historia Brittonum.* Monumenta Germaniae Historica III. Berlin 1898.
– *Nennius et l'Historia Brittonum.* Hrsg. von F. Lot. Paris 1934. S. auch Farals *La Légende arthurienne,* B. 1 zur Nennius-Handschrift Chartres MS fr. 98: *Annales Cambriae, Genealogien von Wales* und *Mirabilia Britanniae.*
Newell, William Wells. «William of Malmesbury on ‹The Antiquity of Glastonbury›». *PMLA* 18, Nr. 4 (1903), S. 459–512.
Newstead, Helaine. *Bran the Blessed in Arthurian Romance.* New York 1939, 1966.
Newton, A. P. *Travel and Travellers of the Middle Ages.* New York 1930.
Nichols, Marianne. *Man, Myth and Monument.* New York 1975. [Deutsche Ausgabe: Götter und Helden der Griechen: Mythos und historische Wirklichkeit. Bindlach 1987.]

Niel, Fernand. *Dolmens et Menhirs.* Paris 1972.
- *Albigeois et Cathares.* Paris 1965.
- *Montségur, la montagne inspirée.* Grenoble, 1967.
- *The Mysteries of Stonehenge.* Paris 1974, New York 1975. [Deutsche Ausgabe: Auf den Spuren der Großen Steine: Stonehenge, Carnac und die Megalithen. Herrsching 1989.]
Nilsson, Martin P. *The Mycenaean Origin of Greek Mythology.* Berkeley/Cambridge 1932.
Nordenskjöld, A. E. *Facsimile Atlas.* Hrsg. von J. B. Post. Stockholm 1889, New York 1973. Zwei von Ptolemäus' Karten des antiken Britannien: Boroniae 1462, Argentinae 1513. Beide zeigen Geoffreys «Caledonischen Wald» in Schottland.
Notitia Dignitatum. Hrsg. von O. Seeck. Berlin 1876. Listet Ämter, Beamte und ihre Titel im Römischen Reich auf. Titel, die Artus oft beilegt werden: *Comes der Sächsischen Küste (Comes litoris Saxonici per Britanniam)* und *dux* von Britannien *(Dux Britanniarum).*
Nutt, Alfred, T. *Studies on the Legend of the Holy Grail.* New York 1965.
- *The Critical Study of Gaelic Literature.* 1902, Reprint New York 1971.
Nutt, Alfred, und Kuno Meyer. *The Voyage of Bran.* 2 Bde., London 1895–1897.

O'Connor, D. *St. Patrick's Purgatory, Lough Derg.* Dublin 1895.
O'Dell, A. C. u.a. «The St. Ninian's Isle Silver Hoard.» *Antiquity* 33 (1959), S. 241–268. Die Ausgrabungen dort wurden 1955 von W. Douglas Simpson, dem großen Gelehrten aus Stirling, initiiert. Das Gründungsdatum von Whithorn wird in dem Buch mit 397 angegeben, also lang vor Artus.
O'Donavan, John. *Banqut of Dun na n-Gedh.* Dublin, um 1841. Zur Frage des «Allvaters» s. S. 51; die Stelle hat mich zu einer Etymologie von *Arthur* angeregt: Ollathair.
- *Tracts Relating to Ireland.* Dublin 1841.
Ogier le Danois. Ein mittelalterlicher Roman; s. die dänische Edition: *Olger Danske Kronnike,* hrsg. von C. Molbech, Kopenhagen 1842, mit Illustrationen. Die Burg Avalon, wo Artus 200 Jahre lang schlief, wird erwähnt (S. 235 f.). Er wird «König Artus von England genannt».
O'Grady, S. H., Hrsg. und Übers. *Silva Gadelica.* 2 Bde., London 1892.
Olrik, A. *The Heroic Legends of Denmark.* Übers. von Lee M. Hollander. London/New York 1919.
Olschki, Leonardo. *The Grail Castle and Its Mysteries.* Übers. von J. A. Scott. Los Angeles/Berkeley 1966.
O'Rahilly, C. *Ireland and Wales.* London 1924.
O'Rahilly, Thomas F. *Early Irish History and Mythology.* Dublin 1946.
- *The Two Patricks: A Lecture on the History of Christianity in Fifth Century Ireland.* Dublin 1942, 1957.
O Ríordain, Seán P. *Tara. The Monuments on the Hill.* Dublin 1965.
O Ríordain, Seán P., und Glyn Daniel. *New Grange and the Bend of the Boyne.* London 1965.
Orosius. *Historiarum adversus paganos.* Hrsg. und übers. von B. Thorpe. London 1854. Geschrieben um 418. [Deutsche Ausgabe: Die antike Weltgeschichte in christlicher Sicht. Übersetzt und erläutert von A. Lippold. Zürich, München 1985.]
Otto, Rudolf. *Das Heilige: Über das Irrationale in der Idee des Göttlichen und sein Verhältnis zum Rationalen.* Breslau [7]1922.
Owe, D. D. R. *Arthurian Romance.* Edinburgh/London 1933

Paien de Maisières. *La Demoiselle à la mule, ou La Mule sanz frain*. Hrsg. von Boleslas Orlowski. Paris 1911.

Pannekoek, Antoine. *A History of Astronomy*. New York 1961.

Panofsky, Erwin. *Studies in Iconology*. New York 1939, 1962. S. Kap. 3: «Father Time», aber Merlin wird nicht erwähnt. [Deutsche Ausgabe: Studien zur Ikonologie. Übersetzt v. D. Schwarz. Köln 1980.]

Paris, Gaston. *Histoire poétique de Charlemagne*. Paris 1856.

– *Mélanges de littérature française au moyen âge*. Paris 1912. Reprint früher Aufsätze über Chrétien de Troyes, in denen Paris als erster bemerkte, daß der Dichter die britische Geographie ganz auffallend gut kannte. Er vertrat auch die Ansicht, daß Chrétien wohl keltischer Herkunft war; seine Quellen seien gewiß nicht französischen Ursprungs gewesen.

Patch, H. R. *The Other World*. Cambridge, Mass., 1950, New York 1970.

Paton, Lucy Allen. «Merlin in Geoffrey of Monmouth». *Modern Philology* 41 (1943), S. 188–95.

Patrick, hl. *Libri Sancti Patricii*. Hrsg. und übers. von Newport J. D. White. London 1918.

Pauphilet, Albert. *Etudes sur la Queste del Saint Graal*. Pauphilet verficht die These, die Attribute, die dem Gral zugesprochen werden, seien dieselben wie die Gottes, die Gralsburg sei ein irdisches Pendant zum himmlischen Jerusalem. Es eröffnet sich damit eine weitere Möglichkeit der Interpretation für die Behauptung, König Artus habe eine Pilgerfahrt nach Jerusalem unternommen.

– Hrsg. *La Queste del saint graal*. Paris 1923. S. Pauphilets Einleitung.

– Hrsg. *Poètes et romanciers du Moyen Age*. Paris 1952.

Perceval li Gallois. Hrsg. von Charles Potvin. 6 Bde., Mons 1866–1871. Diese Ausgabe enthält den *Perlesvaus* und Chrétiens *Perceval* sowie die Fortsetzungen (Pseudo-Wauchier, Wauchier und Manessier).

Perlesvaus: Le Haut Livre du Graal. Hrsg. von W. A. Nitze und T. A. Jenkins. 2 Bde., Chicago 1932–1937, New York 1972. Diese unschätzbar wertvolle kritische Ausgabe ist ein Meisterstück der Textkritik.

Perlesvaus. S. *The High History of the Holy Grail*, hrsg. und übers. von Sebastian Evans (Everyman's Library, hrsg. von Ernest Rhys), London/New York o.J., Reprint 1969.

Pernoud, Régine, Hrsg. *Poésie médiévale française*. Paris 1947.

Peter de Langtofts Chronik, bearbeitet und fortgesetzt von von Robert Mannyng de Brunne (1288–1338), hrsg. von Furnivall 1725, s. *Chronicle of England*, EETS (um 1901), hrsg. von W. E. Mead.

Peutingersche Tafel, Die. Hrsg. von K. Miller. Stuttgart 1916. Eine alte Weltkarte, die 16 römische Orte an der «Sächsischen Küste» in Südwestengland zeigt.

Piankoff, Alexandre. *The Wandering of the Soul*. Hrsg. von Helen Jaquet-Gordon. Bollingen Series XL. 6. Princeton 1974. Beweist, daß Motive der irischen und der arthurischen Literatur aus viel älteren Texten des Vorderen Orients stammen.

Picard, Charles. *Les religions préhelléniques (Crète et Mycènes)*. Paris 1948.

Piggott, Stuart. *Ancient Europe*. Chicago 1965. [Deutsche Ausgabe: Vorgeschichte Europas: Vom Nomadentum zur Hochkultur. Übersetzt v. R. v. Schaewen. München 1983.] Hinweis auf Entsprechungen zwischen arthurischer und archaisch griechischer Literatur.

– *The Druids*. London 1968. In der Reihe «Ancient People and Places», hrsg. von Dr. Glyn Daniel.

– «The Sources of Geoffrey of Monmouth». *Antiquity* 15 (1941), S. 269–286.

Brillante Beweisführung zur Verteidigung Geoffreys von einem der bedeutendsten Historiker unserer Zeit.
Pindar. *Pythian Odes.* Übers. von Sir John Sandys. London/New York 1927. Wir haben uns die Gralsburg immer als ein Heiligtum von der Art der großen Orakelstätten des Altertums vorgestellt.
Plinval, G. de. «Pelage et le mouvement pelagien». In: *Histoire de l'église*, hrsg. von A. Fliche und V. Martin, Paris 1937. S. Bd. 4, S. 79–128 zu Pelagius und (somit auch) zu den Glaubensvorstellungen des Uther Pendragon.
Ponsoye, Pierre. *L'Islam et le Graal.* Paris 1958.
Pourrat, Henri. *Saints de France.* Paris 1951. Mit Illustrationen.
Powell, Thomas, G. E. *The Celts.* London 1958. [Deutsche Ausgabe: Die Kelten. Köln 1959.]
Propp, Vladimir Ja. *Morphologie du conte.* Moskau 1928, Paris 1970. [Deutsche Ausgabe: Morphologie des Märchens. Hrsg. v. K. Eimermacher. München 1972.] Eine Analyse des Märchens.
Prosa-Lancelot. S. *Romans de la Table Ronde, Vulgate Version.*
Prosa-Lancelot, Mort Artu. S. *The Death of King Arthur*, übers. von James Cable.
Prosa-Lancelot, Queste. S. *The Quest of the Holy Grail*, übers. von P. M. Matarasso.
Ptolemäus. *Claudii Ptolemaei Geographia.* Hrsg. von C. Müller. 2 Bde., Paris 1883–1901.
Puech, Henri-Charles. *Le Manichéisme.* Paris 1949.
– *La Queste du Graal.* Paris 1965.

Quest of the Holy Grail, The. Übers. von Pauline Matarasso nach der *Queste des Saint Graal* (Teil des *Prosa-Lancelot*). London 1969, 1971. Einleitung und Fußnoten.

Rahn, O. *Kreuzzug gegen den Gral.* Fribourg 1933. Vertritt die These, die Wurzeln des Grals seien bei den Albigensern zu suchen, in Südfrankreich also, nicht in Britannien.
Ralph von Coggeshall. *Chronicum Angelicanum.* Hrsg. von J. Stevesson. London 1875. S. Nr. 66.
Ravennatis Anonymi Cosmographia. Hrsg. von I. A. Richmond und O. G. S. Crawford. *Archaeologia* 93 (1949), S. 1–50. Vermittelt genaue Vorstellung von der Geographie antiker Völker.
Ravenscroft, Trevor. *The Spear of Destiny.* New York 1973. [Deutsche Ausgabe: Der Speer des Schicksals: die Geschichte der heiligen Lanze. München 1988.] Nazi-Wissenschaft und Mystizismus in Sachen Gral und Initiationsriten. S. S. 69ff.
Red Book of Hergest. S. *Mabinogion*, hrsg. von Lady Charlotte Guest, London 1877, wichtig vor allem wegen der Anmerkungen, so etwa zu den Dreizehn Schätzen Britanniens, zu denen auch Artus' Mantel gehörte, der unsichtbar machte.
Rees, Alwyn und Brinley. *Celtic Heritage.* London 1961.
Renaut de Beaujeau. *Le Bel inconnu.* Hrsg. von G. P. Williams. Paris 1929. Das Stück gehört vielleicht zum Gawain-Zyklus.
Rerum britannicarum medii aevi scriptores. Hrsg. von Rev. Josephus Stevenson. 10 Bde., London 1857–1864. Eine Sammlung von Standard-Quellen zur britischen Geschichte.
Rey, H. A. *The Stars: A New Way to See Them.* Boston, 1952 u. ö.

Rhys, Sir John. *Celtic Folklore, Welsh and Manx.* Oxford 1901.
- *Celtic Heathendom.* London/Edinburgh 1888. Das Buch ist auch unter der Bezeichnung «The Hibbert Lectures for 1886» bekannt.
- *Lectures on the Origins and Growth of Religion.* London 1892.
- *Studies in the Arthurian Legend.* London 1891, 1966.
- «The Coligny Calendar» [aus Gallien]. *Proceedings of the British Academy, 1909–10*, S. 207 ff.
- Hrsg. Vorwort und Bibliographie in *Le Morte d'Arthur* von Sir Thomas Malory, London 1906.

Rhys, Sir John, und David Brynmor Jones. *The Welsh People.* London 1900.

Richard von Cirencester. *De situ Britanniae.* in: *Six Old English Chronicles*, hrsg. von J. A. Giles, London 1900, S. 419 ff. *De situ Britanniae* ist eine Fälschung, keine Chronik, deren Aussagen ernst zu nehmen sind!

Richmond, I. A. *Roman Archaeology and Art.* London 1969. Ein Standardwerk zum Problem der Romanisierung und Latinisierung Britanniens.
- Hrsg. *Roman and Native in North Britain.* London/Edinburgh 1958.

Rickard, Peter. *Britain in Medieval French Literature: 1100–1500.* Cambridge 1956. S. Kap. 3 über arthurische Literatur, Geoffrey von Monmouth und Chrétien de Troyes. Neue Forschungen bestätigen verschiedene Thesen dieses Autors, besonders seine Aussagen zu Geoffrey von Monmouth: «Es zeigt sich... daß Geoffrey seine heroische Auffassung von Artus mit Sicherheit nicht einfach erfunden hat, er hat vielmehr den König nur aus der Versenkung, in die frühere Historiker ihn verschwinden ließen, wieder hervorgeholt» (S. 75).

Ringbom, L. J. *Graltempel und Paradies.* Stockholm 1951.

Ritchie, Graham und Anna. *Scotland: Archaeology and Early History.* Oxford 1952.

Ritchie, Robert L. G. *Chrétien de Troyes and Scotland.* Oxford 1952.

Rivet, A. L. F., und Colin Smith. *The Place-Names of Roman Britain.* Princeton 1979.

Roach, W. *Continuations of the Old French Perceval.* Philadelphia 1949–1954.

Robert de Boron. *Le Roman de l'Histoire dou Graal.* Hrsg. von William A. Nitze. Paris 1927. S. auch *Romans de la Table Ronde*, hrsg. von Paulin Paris. [Deutsche Übersetzung: *Die Geschichte des Heiligen Gral.* Übers. von Konrad Sandkühler. Stuttgart ³1979.]

Robinson, J. Armitage.*Two Glastonbury Legends: King Arthur and Joseph of Arimathea.* Cambridge 1926.

Robinson, James Harvey. «‹The Fall of Rome›». In: *The New History*, S. 154–194, New York 1912.

Roger von Wendover. *Chronica sive Flores historiarum.* Hrsg. von H. G. Hewlett. 3 Bde., London 1886–1889. Roger berichtet, zwei Mönche hätten im Jahr 458 in Jerusalem das abgeschlagene Haupt von Johannes dem Täufer gefunden. Gawain suchte dann das dazu gehörende Richtschwert, fand es und überreichte es dem Gralskönig.

Roger, Mrs. G. Albert. *The Coronation Stone.* 10. Aufl., London 1916.

Rolleston, T. W. *Myths and Legends of the Celtic Race.* London 1911, Boston o. J.

Romans de la Table Ronde. Hrsg. und übers. von Paulin Paris. 5 Bde., Paris 1868–1877. Paulin Paris, der Vater von Gaston Paris, war einer der Gründer der mediävistischen Wissenschaften und der Artus-Forschung.

Roques, Mario. *Le Graal de Chrétien et la Demoiselle du Graal.* Genf/Lille 1955.

Roscoe, Thomas. *Wanderings Through* North Wales. London o. J.

Ross, Anne. *Pagan Celtic Britain: Studies in Iconography and Tradition.* London/New York 1967.

Rongemant, Denis de. *L'Amour et l'Occident.* Paris 1939 u. ö. [Deutsche Ausgabe: Die Liebe und das Abendland. Köln und Berlin 1966].
Royal Commission. *An Inventory of the Ancient Monuments on Anglesey.* London 1937.
Saint Graal, Le. Hrsg. von Eugène Hucher. 3 Bde., Le Mans/Paris 1875–1878.
St. Vincent, Bory de. *Essai sur les Iles Furtunées et l'Atlantide.* Paris 1803.
Sakatvala, Beram. *Arthur: Roman Britain's Last Champion.* New York 1967.
Saxo Grammaticus. *The Danish History.* Übers. von Oliver Elton. 2 Bde., London u. a. 1905.
Scherer, Margaret, R. *About the Round Table.* New York 1945. Mit Illustrationen.
Schlauch, Margaret. *Romance in Ireland.* Princeton 1934.
Scott, Sir Walter. *Chivalry, Romance; The Drama.* London 1934.
– *Complete Poetical Works.* Hrsg. von Horace E. Scudder. Boston/New York 1900.
– *Provincial Antiquities of Scotland.* Edinburgh 1834.
Scudder, Vida D. *Le Morte Darthur of Sir Thomas Malory: A Study of the Book –Its Sources.* London/New York 1921.
Sculland, H. H. *Roman Britain: Outpost of the Empire.* London 1979. S. vor allem die Chronologie, S. 179 ff.
Selections from Ancient Irish Poetry. Übers. von Kuno Meyer. Edinburgh 1911.
Sellar, W. D. H. «The Earliest Campbells –Norman, Britain or Gael?» *Scottish Studies* 17, Nr. 2 (1973): S. 109–125. Eine Theorie führt die Campbells auf König Artus und das Königreich Strathclyde zurück, das er, sagt Sellar, regierte.
Severin, Tim. *The Brendan Voyage.* London 1978. Mit Illustrationen.
Severus, Sulpicius [um 425 n.Chr.?] *Vita Martini.* Hrsg. und übers. und mit einer Einleitung von Jacques Fontaine. Série des Textes monastiques d'Occident, Bd. 133. Paris 1967. S. auch die Reihe «Patrologie latine» (Amboise 1845). [Deutsche Ausgabe: Leben und Taten des heiligen Martinus, Bischofs von Tours. Saarlouis (o. J.).] Möglicherweise wird man eines Tages diesen Sulpicius als den Lehrer Gawains identifizieren. Die Verbindung zwischen dem hl. Martin und dem hl. Ninian von Galloway scheint solide.
Seznec, Jean. *The Survival of the Pagan Gods.* Übers. von Barbara F. Sessions. Bollingen Series 38. New York 1953.
Shelley, Henry C. *Untrodden English Ways.* Mit Illustrationen von H. C. Colby. Boston 1910. In Kap. 3 wird auf die Gleichung *Berg Badon* = Bath verwiesen, die sich der Autor aber nicht zu eigen macht.
Simpson, William Douglas. *St. Ninian and the Origins of the Christian Church in Scotland.* Edinburgh/London 1940. Der Bibliothekswissenschaftler stellt fest, daß archäologische Befunde seine Forschungen bestätigen, die Spuren vom Wirken des hl. Ninian ca. 400 bis ca. 432 in Schottland nachweisen.
– *Skye and the Outer Hebrides.* Worcester/London 1967.
– *Stirlingshire.* Cambridge County Geographies. Cambridge 1928. Mit Illustrationen. Sehr hilfreich zum Problem der Römerstraßen in der Umgebung des Antoninuswalls.
Singer, Samuel. *Wolfram und der Gral: Neue Parzivalstudien.* Bern 1939.
Sir Gawain and the Green Knight. Hrsg. von Denton Fox. Englewood Cliffs, N. J., 1968.
Sir Gawain and the Green Knight. Hrsg. von J. R. R. Tolkien und E. V. Gordon. Oxford 1968.

«Sir Gawain in Staffordshire». *The London Times*, 21. Mai 1958, S. 12. Der Autor verfolgt in einer glänzenden Studie Gawains Reiseroute bis zur Burg des Grünen Ritters: durch die Halbinsel Wirral, über den Fluß Dee und durch Nordwales.

Sir Gawayne: A Collection of Ancient Romance Poems... Hrsg. von Frederick Madden. Bannatyne Club 1839.

Sir Perceval of Galles. Das Thornton-Manuskript. Hrsg. von J. O. Halliwell. London 1844.

Skene, William Forbes. *Celtic Scotland: A History of Ancient Alban.* Edinburgh 1887.

– Hrsg. *Fordun's Chronicle of the Scottish Nation.* Edinburgh 1873.

– *Four Ancient Books of Wales.* 2 Bde., Edinburgh 1868. S. Buch 1, S. 297: «The Death Song of Uthyr Pendragon». Uther wurde mit dem Regenbogen gegürtet und ritt hoch über dem Toben der Schlacht dahin.

Smeaton, Oliphant. *The Story of Edinburgh.* London 1905.

Smith, Isobel F. *Windmill Hill and Avebury.* Oxford 1965.

Snell, F. J. *King Arthur Country.* London 1926.

Sone von Nansay. Hrsg. von Moritz Goldschmidt. Tübingen 1899.

Spence, Lewis. *Boadicea.* London 1937. Mit Illustrationen.

– *The Fairy Tradition in Great Britain.* London 1948.

– *The History and Origins of Druidism.* London 1947, Totowa, N. J., 1976.

– *The Mysteries of Britain.* Mit Illustrationen von Wendy Wood. London [4]1945 [?]. Die Bücher von Lewis Spence sind schwer zu finden. Sein Werk über das Druidentum enthält ein ausgezeichnetes Kapitel über Schottland und den hl. Kolumban, außerdem eine dreizehnseitige Bibliographie.

Squire, Charles. *Celtic Myth and Legend.* London o. J., wahrscheinlich 1903, Hollywood 1975.

Steiner, Rudolf. *Das Christentum als mystische Tatsache und die Mysterien des Altertums.* Dornach 1925.

Stenton, Sir Frank Merry. *Anglo-Saxon England.* Oxford 1961.

Stillingfleet, Edward. *Origines Britannicae.* Oxford 1842.

Stoker, Robert B. *The Legacy of Arthur's Chester.* London 1965. Gute Argumente für Chester als Ort von König Artus' Krönung.

– *Three Irish Glossaries.* London 1862.

Stone, J. F. S. *Wessex before the Celts.* London 1958.

Strzygowski, Joseph. *L'Ancien art chrétien de Syrie.* Paris 1936. S. den Kelch von Antiochia auf dem Frontispiz, das Christus auf dem Thron zeigt, und noch einmal gegenüber S. 88. Der Autor argumentiert dafür, daß der Kelch im Osten entstanden sei, und er scheint damit ganz recht zu haben. Meines Wissens hat nie behauptet, der Kelch sei eine keltische Arbeit.

Stuart, John. *The Sculptured Stones of Scotland.* 2 Bde., Aberdeen 1856, 1967. Steine aus Whithorn und Kirkmandrine in Galloway beweisen, daß diese Klöster bereits im fünften Jahrhundert existiert haben.

Stuart Knill, Ian. *The Pedigree of Arthur.* Devon 1972.

Stukeley, Rev. Dr. William. *An Account of a Roman Temple and other antiquities near Graham's Dike in Scotland.* London 1720.

– *Itinerarium curiosum.* London 1776.

– *Stonehenge, a British Temple restored to the British Druids and Avebury.* Teil 1 und 2, London 1740. Arbeiten und Zeichnungen von Stukeley sind in Avebury zu sehen.

Sulpicius, s. Severus.

Taliesin (Taliessin). *The Poems of Taliesin.* Hrsg. und kommentiert von Sir Ifor Williams. Dublin 1975. Einführungen und Anmerkungen sind auf englisch.
- *The Poems of Taliesin.* Übers. von J. E. Caerwyn Williams. Dublin 1967.
- «Hanes Taliesin». S. Giles' *Six Old English Chronicles,* Anhang 2, S. 501 ff.

Tatlock, John Strong Perry. *Legendary History of Britain: Geoffrey of Monmouth's Historia Regum Britanniae and Its Early Vernacular Versions.* Berkeley 1950.

Taylor, Henry Osborn. *The Classical Heritage of the Middle Ages.* New York 1901, 1911. Ein praktisches Nachschlagewerk: Namen, Autoren und Texte.

Taylor, Rev. Isaac. *Words and Places...* Der Autor meint, *Arthur* komme vielleicht vom keltischen *ard* (= hoch).

Tennyson, Alfred Lord. *Idylls of the King.* Mit Illustrationen von Gustave Doré. London 1859–1885. [Deutsche Ausgabe: Königsidyllen. Übersetzt v. C. Weiser. Leipzig ca. 1915.]

Thom, Alexander. *Megalithic Sites in Britain.* London 1967.

Thomas, Charles. *Britain and Ireland in Early Christian Times: A. D. 400–800.* London 1971. S. S. 38–42 zur Frage des *Mons Badonicus.* Nach der «derzeit herrschenden Meinung» liege dieser, behauptet der Autor fälschlich, in Dorset bei Badbury Rings.

Thomas, Nicholas. *A Guide to Prehistoric England.* London 1960. Sehr gute Karten von Glastonbury und Umgebung.

Thomas von Bretagne und Bruder Robert. *The Romance of Tristram and Ysolt.* Hrsg. und übers. von Roger Sherman Loomis. New York 1967.

Thompson, E. A. «Zosimus on the End of Roman Britain». *Antiquity* 30 (1956), S. 163–167. Zosimus ist ein griechischer Historiker (geb. 365), der eine Geschichte über den Zeitraum 407 bis 425 schrieb. Ihm zufolge hat Konstantin Britannien im Jahr 407 verlassen; danach gab es einen Aufstand.

Thompson, Stith. *Motif-index of Folk-literature.* Bloomington, Ind., 1932–1936.

Thurneysen, R. *Irische Helden- und Königssagen.* Halle 1921.

Todd, Malcolm. *The Northern Barbarians.* London 1975.

Togail Bruidne De Derga (Die Zerstörung von Da Dergas Herberge). Hrsg. von Whitley Stokes. Paris 1902.

Toland, J. *History of the Druids.* London 1726.

Tompkins, Peter. *Secrets of the Great Pyramids.* New York 1971. [Deutsche Ausgabe: Cheops: die Geheimnisse der Großen Pyramide. Bayreuth 1987.]

Toynbee, Jocelyn M. C. *Art in Roman Britain.* London 1962, 1963.

Trevelyan, M. *Folklore and Folk-Stories of Wales.* London 1909.

Trioedd Ynys Prydein (Die walisischen Triaden). Hrsg., übers., kommentiert und mit einer Einleitung von Rachel Bromwich. Cardiff 1961, 1979.

Tristan and Iseut, The Romance of. Hrsg. von Joseph Bédier und übers. von Hilaire Belloc und Paul Rosenfeld. New York 1965.

Tristan and Isolt, The Romance of. Übers. von Norman B. Spector. Vorwort von Eugène Vinaver. Evanston, Ill., 1973.

Turner, Sharon. *The History of the Anglo-Saxons.* Bd. 1, Paris 1840. Turner erwähnt zum Jahr 437 einen britischen Stammesfürsten in der Bretagne namens Riothamus, der, so Sidonius Apollinaris (III, 9), 12000 Krieger gegen die Westgoten führte. Turner stellt die Frage, of dieser Riothamus vielleicht mit Artus identisch sein könnte. S. John Morris, *The Age of Arthur,* S. 90, 251, 256; dieser ändert das Datum.

Two Old French Gawain Romances. Hrsg. von R. C. Johnston und D. D. R. Owen. Edinburgh 1972.

Tyler, F. C. *The Geometrical Arrangement of Ancient Sites.* London 1939.

Ulrich von Zatzikhoven. *Lanzelet*. Hrsg. von K. A. Hahn. Frankfurt 1845.
Uden, Grant. *Dictionary of Chivalry*. London 1968. Ganz ausgezeichnet; Namen und Beschreibungen von Waffen und Belagerungsgerät.
Van Gennep, A. «Rites de passage». In: *Religions, et moeurs et légendes*. 5 Bde., Paris 1908–1928.
Varley, Rev. Telford. *Winchester*. Mit Illustrationen von Wilfried Ball. London 1910. Dieses Werk förderte keinen Beweis dafür zutage, daß sich König Artus je in Winchester aufgehalten hätte. Der Autor sagt aber, er sei Geoffrey von Monmouth dankbar, weil dieser ebendies bezeugt habe.
Varro, M. Terentius. *Res rusticae*. Hrsg. und übers. von W. D. Harper und H. B. Ash. Cambridge/London 1954.
Vernant, J.-P. *Mythe et pensée chez les Grecs*. Paris 1965.
Vian, Francis. *La Guerre des géants*. Paris 1952.
Villemarqué, Vicomte Hersart de la. *Myrrdhinn ou l'enchanteur Merlin, son histoire, ses oeuvres, son influences*. Paris 1867.
– *Romans de la Table Ronde et les contes des anciens Bretons*. Paris 1842. Dieser Gelehrte wurde viel geschmäht, besonders seiner Anthologie arthurischer Literatur wegen. Seine erste Arbeit erschien in der *Revue de Paris* 1842. Er ist somit einer der Pioniere der Mediävistik.
Vinaver, Eugène. *Malory*. Oxford 1929.
Vincent de Beauvais. *Speculum historiale*. S. triplex, lib. 23, cap. 147. Vincent berichtet von Helinandus und dessen Bericht vom Gral; s. Anhang 8.
Vita Gildae. Caradoc of Llancarvan zugeschrieben. Hrsg. von T. Mommsen. Berlin 1894.
Vulgate Version of the Arthurian Romances. Hrsg. von Heinrich Oskar Sommer. 8 Bde., Washington 1908–1916.

Wace. *Le Roman de Brut*. Hrsg. von Le Roux de Lincy. 2 Bde., Rouen 1836.
Wace und Layamon. *Arthurian Chronicles*. Übers. von Eugene Mason, hrsg. von Gwyn Jones. London 1912, 1977.
Wacher, John S. *Roman Britain*. Berkeley/Los Angeles 1974. Der Autor nennt König Artus eine «schattenhafte Figur» (S. 267).
– *The Towns of Roman Britain*. London 1978. Zu Carlisle s. S. 406 et passim.
Waddell, L. A. *Phoenician Origin of Britons, Scots, and Anglo-Saxons*. London 1924. Liefert Material zu Geoffreys Verteidigung.
Wade, Evans, Arthur. *Welsh Christian Origins*. Oxford 1934.
Wainwright, F. T. *The Problem of the Picts*. Edinburgh 1955.
Warner, Rev. R. F. A. S. *History of the Abbey of Glastonbury*. London 1826.
Watkins, Alfred. *The Old Straight Track: British Trackways*. London 1920, 1922.
Watson, William J. *The History of the Celtic Place-Names of Scotland*. Edinburgh 1926.
Weigall, Arthur. *Wanderings in Roman Britain*. London 1926, 1938.
Wells, H. G. *Outline of History*. Bd. 1, New York 1920, 1961.
Wentz, W. Y. E. *Fairy-Faith in Celtic Countries*, Oxford 1911.
West, G. D. *French Arthurian Verse Romances, 1150–1300. An Index of Proper Names*. Toronto 1969.
Weston, Jessie L. *From Ritual to Romance*. Cambridge 1920.
– *Lancelot*. London 1901.
– *Legend of Sir Perceval*. 2 Bde., London 1906– 1909.
– *The Quest of the Holy Grail*. London 1913.

Wheeler, Sir Robert Eric Mortimer. *Maiden Castle, Dorset.* Oxford 1943.
Whitehead, Alfred North. *Religion in the Making.* The Lowell Lectures. New York 1926. [Deutsche Ausgabe: Wie entsteht Religion? Frankfurt/M. 1985.]
Whitelock, D. *English Historical Documents, c. 500–1042.* Cambridge 1954.
William von Malmesbury. *De antiquitate Glastoniensis ecclesiae.* 1129–1139. Viel zitiert in Edmond Farals *Légende arthurienne,* Bd. 2, S. 452 ff.
– *De gestis regum anglorum.* Hrsg. von William Stubbs. London 1887. Geschrieben um 1120, überarbeitet 1127, 1135 und 1140. Übersetzung unter dem Titel *Chronicle of the Kings of England* von J. A. Giles, London 1911.
Williams, Charles, und C. S. Lewis. *Arthurian Torso.* London/New York/Toronto 1948.
Williams, Sir Ifor. «Mommsen and the Vatican Nennius». *Bulletin of the Board of Celtic Studies* 11 (1944), S. 143–48.
Windisch, Ernst. *Kurzgefaßte irische Grammatik mit Lesestücken.* Leipzig 1879.
Winstanley, Lillian. «Science and the Celtic Tradition». *The Welsh Outlook* 4 (1917), S. 237 ff. Eine frühe Bestätigung und Verteidigung Geoffreys.
Winter, William. *Over the Boarder.* New York 1911. Dreiundzwanzig Abbildungen, viele von bedeutenden Stätten im arthurischen Schottland.
Wolfram von Eschenbach. *Parzival.* Hrsg. von Karl Lachmann. Berlin/Leipzig ⁶1926.
– *Parzival.* Hrsg. und übers. von A. T. Hatto. London 1980.
– *Parzival.* Hrsg. und übers. von Helen M. Mustard und Charles E. Passage. New York 1961.
– [neuhochdeutsche Übersetzung: *Parzival.* Übers. von Peter Knecht. Frankfurt a. M. 1993.]
Wood, Eric S. *Collins Field Guide to Archaeology in Britain.* London/Glasgow 1963.
Woodland, W. Lloyd. *The Story of Winchester.* London 1932.
Wood-Martin, W. G. *Traces of Elder Faiths in Ireland.* London 1902 oder 1903. Ein Exemplar im Britischen Museum, London.
Wright, J. K. *Geographical Lore in the Time of the Crusades.* New York 1925. Die Bezeichnung «König der Antipoden» für König Artus im zwölften Jahrhundert erklärt sich aus dem Wissen um zwei Hemisphären.

Young, Ella. Unveröffentlichtes Material zu den irischen Feuerfesten. Im Besitz des Scripps College. Denison Library, Women's Collection.

Zachrisson, Robert Eugen. *Romans, Kelts and Saxons in Early Britain.* Uppsala 1927.
Zarnecki, George. *Art in the Medieval World.* New York 1975.
Zimmer, Heinrich. *Nennius Vindicatus.* Berlin 1893. S. auch «Nennius Retractus», *Revue Celtique* Nr. 15, S. 174 ff.
Zumthor, Paul. *Merlin le Prophète.* Lausanne 1943.

Register

Aaron, hl., 111 ff.
Achilles, 358
Adam von Domerham, 166
Adamnan, 265 f.
Agamemnon, 358
Age of Arthur, The (Morris), 80, 264, 410 f.
Agloval, 286
Agned, Berg, 85, 90, 94
Agravaine, 190
Alain li Gros, König, 279 f., 283, 285, 398, 401, 406
Alcock, Leslie, 41, 411
Alexander, Marc, 276
Alia Vita Gildae, 158
Alliterative Morte Arthure, 34, 145
Amhar (Amr), 63, 72, 145
Amlawdd Wledic, 55
Andreas, hl., 369
Anfortas, 284
Anglesey, 376 f., 385
Anguselus, König (Lancelot), 77, 117 f., 126 f., 131, 222 f., 247, 251 f., 329 ff., 334 f.
Annalen des König Artus, 86
Annalen des Lancelot, 253
Annalen des Nordens, 86, 412
Annalen von Wales, 14 f., 80, 90, 335
Anna, 63
Antiochia, Kelch von, 314 f.
Antoninuswall, 25 ff., 66
Armonica, 55, 61
Armorica, 54 f., 61
Arnive, 23, 66, 201
Arnold, Matthew, 424
Arthuret, Schlacht von, 275, 277
Arthur's Grave, 16
Arthur's Head (Arthuret), 42, 267
Arthur's Knot, 204, 245, 348, 354
Arthur's O'on (Oven), 359–366, 368 ff., 371 f., 431–439
Arthur's Round Table, 111
Arthur's Seat, Arthurs Sitz, 73 f., 103, 338, 340
Ascham, Roger, 272

Aschil, König, 126 f., 252, 331
Ashe, Geoffrey, 241
Ataulf, König, 142 f.
Atkinson, R. J. C., 360
Augustinus von Canterbury, hl., 32, 264
Aurelius Ambrosius, 53, 55, 68–75, 78 f., 106, 159, 357, 420
Avallach/Evelake von Sarras, 373
Avalon, 8, 18, 20, 31, 95, 160 f., 311, 320–325, 372–393, 411 f., 416, 418 f.

Bademagus, König, 183, 189 f., 193, 210, 217, 220, 236 ff., 247
Badon, s. Berg Badon
Balin, Schwert des, 353
Bamborough, 27, 80 f., 103, 226, 278
Bane, König, 278
Bannockburn, 272, 351
Baring Gould, Sabine, 205, 279
Barinthus, 171, 373, 375
Baruch, Burggräfin von, 212, 397
Bass Rock, 85 f., 93
Bayley, Harold, 326
Beau Repaire, 287, 290, 302
Beda Venerabilis, 32, 58, 62, 80, 111 f., 262
Bedevere, 78, 130, 331
Beforet, 224, 226, 353
Beowulf, 23
Berg Badon, Schlacht am, 14, 18, 85, 90–94, 97–102, 105
Béroul, 203, 231, 353
Berwick Law, 340
Berwick, 27, 226, 339, 419
Binchester, 86, 89, 92, 94
Blake, William, 173
Blanchefleur, 281 f., 289 f., 302 f.
Blayse, 292
Blutige Furt, 121
Boon, George C., 69
Border Country, 339 ff., 411, 419
Bors, 267, 297
Boso, 252
Boudicca, Königin, 25, 140 f., 154

Branque, 309, 397, 399, 405f., 410
Brendan, hl., 373, 375
Brigantes, Stamm, 25, 87
Brigitte von Irland, 163, 263f.
Briocus, hl. 263
Brocéliande, Wald von, 18, 294f.
Bromwich, Rachel, 51, 63, 431
Bron(s), König, 279f., 292, 297, 306
Brooke, Christopher, 430
Brown, P. Hume, 275
Bruce, J. C., 365
Brude (Bridei), König der Pikten, 82, 337
Brugger, E., 353
Brünhilde, 154, 189, 192
Brut (Wace), 134
Burg, die sich dreht, 321f.
Burton, John Hill, 365
Butor, Michael, 186

Cadbury Castle, 41, 162
Cadoc, hl., 263f.
Cador, König von Cornwall, 118, 127, 130, 252, 331
Cadwallom Lawhir, König von Nordwales, 118, 131
Caerlaverock, Burg, 49, 66f., 201f., 245, 342, 420
Caerleon-on-Usk, 87, 110ff.
Caesar, Julius, 21
Caesarius von Arles, hl., 142
Caledon, Wald von, 341
Calton Hill, 340
Camboglanna, römische Festung, 338
Camden, William, 166
Camelon, 25, 370f.
Camelot, 162, 174, 188, 199, 243ff., 283, 301, 343f., 346–352, 387, 420
Camilla, 102f.
Camlan, Schlacht bei, 12, 14, 38, 41, 78, 82, 136, 327, 333–339, 372, 412
Candida Casa, 204, 261
Caradigan, 243f., 344f.
Caradoc von Llancarvan, 58, 147, 152, 157, 175f., 182, 248, 250, 430
Carantoc, hl., 264
Caratacus, 140
Carausius, 365f.
Carlisle, 9, 26, 87ff., 92, 96, 112ff., 190, 194, 199, 243ff., 276, 298, 301, 333, 335, 339, 345–348, 387, 416, 419

Carman, J. Neale, 278
Carrehoi, 344f.
Cartismandua, 140
Castl Cary, 120
Castletown, 399
Cavendish, Richard, 299
Celestius, 262
Celidoine, König, 279
Celidon-Wald, 85f., 89, 93
Cerdic, 80
Chadwick, H. Munro, 276f.
Chadwick, Nora, 103f., 431
Chambers, Sir Edmund K., 15, 60, 84, 377, 389, 410
Chartres, Manuskript von, 84
Château del Perron, 346, 348
Chatellaine v. d. Burg der Bärte, 145
Chesterholm, 120
Chesters, 120
Chester, 87, 114
Chlodwig, König der Franken, 23, 29, 32
Chlothilde, Königin der Franken, 23, 143
Chrétien de Troyes, 15f., 47, 117, 133, 145, 152, 174–195, 198ff., 207f., 211, 213–228, 232, 236ff., 245f., 248f., 253, 258, 269, 281, 286f., 289, 292, 310–314, 320, 337, 343f., 352–356, 379ff., 404f., 407, 414f.
Chronik der Angelsachsen, 18, 80
Chronik des Ihon Hardyng, 357, 419
Cirencester, 96f.
Cissa, 80
Clachmabenstane, 342
Clamadex, König, 281
Clarke, Basil, 59, 353
Claudas, König, 277
Coel, König, 136
Collingwood, R. G., 51, 80
Comfort, W. W., 185, 200
Condwiramurs, 284
Constans, 67
Constantius Chlorus, 64
Conte del Graal (Chrétien de Troyes), 176, 258, 281, 286, 310–318, 320, 352
Corbenic, Burg, 306f., 311, 320, 323, 373, 380, 390
Cordelia, 135
Crawford, O. G. S., 41, 49, 51, 59, 86, 88f., 229, 336, 339, 351f.

Cundrie, 201, 284, 293, 295f., 319
Cuthbert, hl., 32
Cynric, König der Westsachsen, 80

Dame vom See, 151, 182, 211, 220, 224, 256, 270, 304
Damnonii, britisches Volk, 35
Dandrane (Dindrane), 283, 293, 296f., 369ff.
David I., König von Schottland, 74, 81, 177
David, hl., 116, 267
De Excidio (Gildas), 82
Didot-Perceval, 154, 259, 280, 290, 292f., 375
Dillon, Myles, 276
Dinas Bran, 346
Dinasdaron, 344, 346
Dinguardi, 81
Dodone, 227, 229, 231f., 246, 253
Doré, Gustave, 421
Dreizehn Schätze Britanniens, 195
Dryburgh, Abtei, 341
Dubglas, 85, 93
Dubricius, Bischof, 96, 116
Dumbarton, 26, 54, 61, 92ff., 96, 102, 120, 241, 276f., 298, 339, 419
Dumbarton Rock (Rock of Clyde), 41, 97, 100ff., 306
Dumfries, 66f., 96
Dunstan, hl., 163

Edgar, König der Sachsen, 163
Edinburgh, 88, 92, 94, 106, 120, 227f., 339f., 345, 353f.
Edmund Ironside, 163
Edmund I., König der Sachsen, 163
Edward I., König von England, 164
Elaine von Astolat, 347f.
Eleonore von Aquitanien, 152, 179, 351, 392
Eleutherius, hl., 263
Erec et Enide (Chrétien de Troyes), 145, 176, 379f.
Eremitenkönig, 283, 290, 292, 296f.
Erlkönig (Goethe), 39
Ethelfleda, Königin, 142
Ethelwerds Chronik, 80
Evans, Herbert A., 81
Evans, Sebastian, 144, 316, 332, 368f., 429
Ewert, A., 353

Excalibur, 9, 160, 199, 256, 270, 272, 301, 305, 357, 416f.

Fabius Maximus, 34
Faral, Edmond, 64, 79, 84, 86, 168, 379, 429
Fischerkönig, 279, 283, 292, 294, 297, 309, 312, 317f., 321
Flutre, L.-F., 225, 243, 344
Foerster, Wendelin, 344
Fords of Frew, 89, 230f.
Frazer, Sir James, 205
Frew, 89
Frimutel, 284
Froissart, Jean, 352

Gaimar, 412
Gais li Gros, 283
Galahad (Großvater des Lancelot), 223
Galahad (Sohn des Joseph von Arimathia), 281
Galahad (Sohn des Lancelot), 31, 185, 257, 260, 267, 280f., 297, 300, 303, 419
Galahad (Taufname des Lancelot), 281
Galehaut, König von Sorelois, 190f., 236
Galla Placidia, Prinzessin, 30, 142, 147, 359
Galloway, 242f.
Galoches, 401f., 404, 406f.
Gareth, 284
Gawain, 11, 33, 35, 37, 43f., 65f., 76, 126f., 176, 188f., 195, 200ff., 219f., 251, 256, 258, 267, 284, 300, 308ff., 311f., 316, 335, 356, 358, 401, 417f., 420
Gawain und der Grüne Ritter, 38, 47, 115, 203, 209, 250, 312, 316, 348
Gefährliche Furt, 122, 203, 209
Gefährlicher Friedhof, 312, 369
Gefährlicher Sitz, Sitz der Ehre, 206, 209, 306
Gefährliches Bett, 202, 209, 309
Genealogien, 444f., 446f.
Geneviève von Paris, hl., 143, 263
Geoffrey von Monmouth, 10, 15f., 18, 21, 24, 27, 29, 33, 40f., 46, 51, 53–140, 154, 157, 168, 223, 244, 246, 251ff., 271f., 277, 326f., 331–336, 343, 345, 357, 372–376, 378–381, 407, 412–417, 421–424, 428–431

Gerald von Wales (Giraldus Cambrensis), 32, 111f., 166f., 171, 392
Gereint (Erec), 82, 113
Germanus von Auxerre, hl., 143, 156, 262f., 385, 387
Gervasius von Tilbury, 38, 316, 388
Geschichte der Könige von Britannien (Geoffrey von Monmouth), 33, 51, 53, 56ff., 134, 152, 271, 413, 428–431
Gesta incliti regis Arturi (Taten des berühmten König Arturus), 172
Gesta Pontificum Anglorum (William von Malmesbury), 366
Gibbon, Edward, 417
Gildas, hl., 21, 52, 79f., 82, 90, 98, 108, 112, 114, 118, 152, 155f., 158ff., 171, 182, 261, 264, 267, 377f., 410, 412, 418
Gilimar, König, 223
Gilson, Etienne, 314
Gits, Alexander, 275
Glasgow, 88f., 91, 96
Glastonbury, 17, 20, 155–173, 272, 320f., 374
Glein, Fluß, 85, 93
Godefroi de Leigni, 238
Gododdin, 35, 76
Godred Crovan, 389
Godred II., König, 392, 398, 406
Goethe, Johann Wolfgang von, 39
Goldschmidt, Moritz, 393
Gonemanz de Goort, 356
Gordon, A., 365
Goreu, 101
Gorneman de Gorhaut, 288
Gorre, 378
Gorry, König, 389f.
Gottfried von Bouillon, 261, 270
Gower, 378
Gral, 10, 161f., 255f., 300, 306, 310–326, 385, 400
Gralsburg, 9, 14, 20, 31f., 40f., 43, 132, 206, 209, 256, 261, 269, 289f., 292, 294ff., 298–326, 390, 393, 399–407
Gralskönige, 280ff., 284
Grand Saint Graal, The History of the Holy Grail, 260, 280, 300f., 306, 364, 373
Graves, Robert, 148, 292
Great Chesters, 120
Gregory, Lady Augusta, 65, 332, 387

Gregor, Papst, 264
Griscom, Acton, 58, 118, 123, 379, 429
Guedoloena, Königin von Britannien, 136
Guerensis, 120
Guerin, 252
Guest, Lady Charlotte, 145, 242, 274
Guinevere, Königin, 10f., 29, 47, 50, 58, 63ff., 77f., 102, 109, 131–193, 200, 203, 233f., 237f., 248–251, 304, 321–324, 328ff., 355, 357, 390
Guinevere: A Study of Her Abductions (Webster und Loomis), 154
Guinnion, Festung, 85f., 89, 94
Guintonia, 68–75, 95f.
Gunther, 189, 192

Hadrianswall, 22, 25f., 66, 120, 337ff.
Hadrian, Kaiser, 261
Hannibal, 34
Hardwick, Charles, 90
Harley Manuskript 3859, 84f., 118, 335f.
Häßliches Fräulein, 24, 38, 208f., 239, 241, 295f., 356, 420
Heinrich II., König von England, 38, 50, 113, 127, 163ff., 168, 179f., 275, 350, 392, 394
Heinrich von Huntingdon, 57, 112
Hektor, 358
Helena Augusta, Kaiserin, 116, 135f., 267
Helinand de Froidmont, 300f., 306f., 439f.
Hengist, 80
Henri de Sully, 165, 320
Herkules, 13, 24, 34, 37, 75, 358
Herr der Moore, 284, 286, 296, 351
Hieronymus, hl., 267
High History of the Holy Grail, The (Evans), 144
Historia Brittonum (Nennius), 72, 84
History of the Anglo-Saxons, A (Hodgkin), 62
Hodgkin, R. H., 62, 79, 81, 264, 371
Hoel, König, 61, 97, 101, 126f., 130, 252, 331
Holyrood, königliche Residenz, 74
Homer, 358, 411
Honorius, Kaiser, 30
Horsa, 80

Hueil, 378
Hugo, Victor, 412

Ida, König von Bernicia, 80, 275
Illtud, hl., 116, 158, 264
Imogen, 140
Ini, König der Westsachsen, 162f.
Inselfestung, 182, 202, 208, 214, 236f., 239, 253
Iona, Insel, 265, 325
Isca, 111
Islay, 99
Isle de Joie, 303
Itonje, 201
Iweret, 247

Jackson, Kenneth Hurlstone, 32, 81, 86, 89
Jakob I., König von England, 273
Jandree, Prinzessin, 145, 181f., 184, 187, 208, 215, 241
Jean de Courci, 392–398, 401, 405
Jenkins, 217, 368
Jerusalem, 267f.
Johann Ohneland, 180
Johannes der Täufer, hl., 383, 385
John Leland, 166f., 424
John Major, 118, 334
John von Fordun, 334
Johnson, Samuel, 194
Johnson, Stephen, 96
Johnstone, P. K., 336
Jones, Owen, 424
Jones, Robert, Ellis, 58, 118, 379, 429
Joseph von Arimathia, 32, 161f., 164, 172, 205, 252, 279, 283, 291, 297f., 368, 373, 400, 418
Joseus, 316
Joyeuse Garde, 81, 103, 278
Julius, hl., 111ff.
Justinian, Kaiser, 29

Kaer (Burg) Alclyd, 54
Kap Wrath, 99
Karl der Große, 261, 330, 335
Kay, Sir, 78, 130, 145, 174, 188f., 331
Kempe, Dorothy, 299
Kenneth Macalpin, König von Schottland, 81
Kentigern von Schottland (Mungo), hl., 32, 42, 144, 177, 264, 274f., 336, 417

Kershope Forest, 295
Killip, Margaret, 388f.
Kinvig, R. H., 386, 389, 391, 407, 409
Kolumban, hl., 130f., 183, 261, 265f., 321, 325, 417
Konstantin (Constantinus), 64
Konstantin der Große, Kaiser, 24, 29, 33, 64, 67
König von Chastel Mortel, 283, 285, 292, 296, 322

Laing, Lloyd Robert, 79
Lambert de Saint Omer, 343, 398
Lammermoors, 353
Lancelot, 10f., 14, 25, 33, 35, 37, 43, 44, 47f., 65, 126f., 131f., 193–254, 256ff., 267, 271ff., 276–281, 284, 300, 302–305, 320, 322ff., 330f., 334f., 342, 355f., 358, 370f., 386, 407, 417f.
Lancelot (Weston), 150
Lancelot oder der Karrenritter (Chrétien de Troyes), 152f., 173–189, 236, 245f.
Lancelot du Lak, 277
Lanval, 305
Lanval (Marie de France), 50, 305, 380f.
Lanzelet (Ulrich von Zatzikhoven), 145, 153, 170, 180, 185, 213f., 220, 223ff., 229, 238, 246–250, 328, 337, 353, 381
Lappenberg, J. M., 104
Laudine de Landunc, 246
Layamon, 36, 134f., 137, 144, 147, 355, 364, 429
Lethbridge, T. C., 62
Levison, Wilhelm, 367
Lewis, M. J. T., 364f.
Liber floridus (Lambert de Saint Omer), 343
Lion of the North, The (Prebble), 81
Llacheu, 145
Llancarvan, Kloster, 265
Llongborth, Schlacht von, 82
Lloyd, John Edward, 65, 81, 103f., 159, 377
Llyr, 386, 397
Loch Arthur, 66
Loch Lomond, 97, 276
Loch Ryan, Hafen des Königs, 242f., 245, 335, 420

Logres, 207
Lohengrin, 257, 260, 397
Lohot, 63, 144, 248, 322, 328 f.
Londres, 344 f.
Loomis, Laura Hibbard, 217, 357, 364
Loomis, Roger Sherman, 135, 148, 150, 154, 217, 219–222, 231, 236, 242, 286, 344, 346, 353, 378, 387, 398, 410 f.
Lot, F., 225, 241
Loth, König von Lothian, 46, 55, 63, 75, 126 f., 131, 136, 190, 247, 251, 283, 292, 305, 331, 334
Lowell, James Russell, 50
Lucius, König, 261
Ludwig VII., König von Frankreich, 179
Lufamour, 282
Lugh Loinnbheimionach, König von Irland, 236
Lupus von Troyes, hl., 263

Mabinogion, 35, 48, 72, 113, 136, 145, 147, 221, 260, 303, 343, 353, 430
Mackinder, Sir Halford J., 98, 105 f.
Maelgwn Gwynedd, König von Nordwales, 82, 127, 337, 376
Maitland, William, 430–439
Malcreatiure, 295
Mâle, Emile, 268
Malory, Sir Thomas, 7, 17, 19, 34, 53, 83, 125 f., 145, 148, 188 ff., 216, 220, 257, 282 f., 330, 350 ff., 355, 421
Maltwood, Katherine E., 162
Mamertus von Vienne, hl. 262
Manannan mac Llyr, 386, 397
Man, Isle of, 98, 375–378, 382–401, 404–411, 414, 419
Männer des Nordens, 62
Marcia, Königin von Britannien, 135
Margawse, 283
Marie de Champagne, 179 f., 182, 186
Marie de France, 11, 46 f., 50, 112 f., 127, 154, 167, 209, 245, 253 f., 301, 305, 309, 379–382, 391 f., 404, 414
Martial, 141
Martin, hl., 267
Matthew von Westminster, 80
Maud, Königin, 170
Mauron, Sir, 223
Maximian, Kaiser, 64
Maynardier, Howard, 347

Meleagant (Meluas), Fürst, 171 f., 182, 184, 189–193, 210, 218, 236–240, 246 f., 253 f.
Melrose, Abtei, 86 f., 341
Merlin, 12, 21, 53, 56, 67 ff., 82 f., 102, 133, 271, 292, 298, 340 f., 357 f., 365, 370, 375, 416 f., 421–424
Merlin (Robert de Boron), 83, 356, 363
Merlins Höhle, 16
Miller, Helen Hill, 91
Mirabilia (Wunder Britanniens), 72
Modred, 48 f., 76, 78, 82, 127, 132 f., 136, 172, 192, 212, 283, 305, 325, 327, 333–338
Mons Ambrii, 68 ff., 72 ff.
Mordreins, 373
Morgan, Königin, 145, 167, 171, 192 f., 210, 250, 283, 305, 316, 356, 373
Morris, John, 79 f., 264, 344, 410 f.
Morris, William, 334
Morte d'Arthur, Le (Malory), 53, 125 f., 330, 348, 350
Murray, James A., 423
Myres, J. N. L., 51, 80

Nennius, 52, 58, 60, 65, 72 f., 84, 86 ff., 92 ff., 199, 275, 343, 365, 387, 410, 412
Niel, Fernand, 360
Nikodemus-Evangelium, 279
Ninian, hl., 96, 204 f., 261, 367 f., 418
Nitze, 368
Noue, François de La, 272
Novantae, Stamm, 35
Nutt, Alfred, 299

Odee, Königin, 402
Olbricht, König von Norwegen, 127
Olschki, Leonardo, 314
Orgeluse, 202
Orosius, 262
Orquenie, 345
Owen, D. D. R., 185

Padarnus, hl., 264
Parallelbiographien (Plutarch), 34
Paris, Gaston, 180, 193
Parzival (Wolfram von Eschenbach), 259, 284, 290, 293–296, 304 f., 317–320, 364
Patrick, hl., 162 f., 261 ff., 385

Register

Peel Castle, 385, 390f., 405, 407, 409, 414
Peel, Insel, 390f.
Pelagianische Irrlehre, 52
Pelagius, 84, 262
Pelle, 281, 305
Penryhn Rhionydd, 242
Perceval, 14, 32, 37, 47, 257ff., 267, 269f., 273, 277, 280–306, 310–321, 325f., 358, 367f., 395ff., 402, 406f., 416ff.
Peredur 260, 285, 287, 292f., 303
Perlesvaus, 72, 145, 154, 245, 259, 266, 283, 285, 291, 293, 296, 312, 316, 321ff., 350–353, 359, 366–369, 387, 404
Perrault, Charles, 249
Peter de Langtoft, 422f.
Piankoff, Alexandre, 292
Pigott, Stuart, 41, 51, 59ff., 198, 358
Plutarch, 34, 83
Pope, M. K., 41, 223
Pourat, Henri, 143
Pouret, 345
Prebble, John, 81, 189
Preiddeu Annwn (Schätze der Jenseitswelt), 36
Propp, Vladimir J. A., 182ff.
Prosa-Lancelot, 48, 89, 100ff., 149, 151ff., 170, 185, 190, 203, 205, 217f., 220f., 223ff., 231–234, 240f., 246, 253, 260, 277ff., 287f., 292, 294, 304ff., 320, 323, 343ff., 349f., 355, 404, 410
Prosper, 262

Quarrois, 344f.
Queste del Saint Graal, La, 260, 296f.

Radegundis von Thüringen, hl., 143, 264
Radford, C. A. Raleigh, 346
Ralph von Coggeshall, 166
Redderch (Rydderch) Hael, König, 275
Remigius von Reims, hl., 143, 262
Res rusticae (Varro), 151
Rhys, Sir John, 15, 104, 110, 124, 148, 191f., 374f., 377f., 382, 389, 410
Richard Löwenherz, König von England, 180, 270, 272
Richmond, Ian A., 41, 50, 98
Riesengrab, 391, 408

Ritchie, R. L. Graeme, 49, 51, 176f., 201, 286
Rivet, A. F. L., 121, 123
Robert de Boron, 83, 259, 261, 269, 306, 357
Robert de Brunne, 422
Robert de Thornton, 260, 281
Robert the Bruce, 271, 342
Robert von Gloucester, 110
Robinson, J. Armitage, 168
Roland, 322, 330, 335
Roques, Mario, 193
Ross, Ann, 315f., 325
Roy Artus, Le, 125f., 364
Rushen Abbey, 390
Rushen Castle, 390, 399

Saint Patrick's Isle, 405, 411, 414
Salesburia, 68
Salisbury, 68ff., 72ff.
Samson, hl., 264
Sangive, 201
Sankt Ninians, Abtei, 204f., 342
Schachspiel-Burg, 292
Schwertbrücke, 43, 202, 210, 214–218, 224, 420
Scott, Sir Walter, 74, 267, 340f., 347, 353
Scudder, Vida D., 347
Sebile, 232
Segontium, 231, 238, 353
Selgovae, Stamm, 35
Servanus, h., 264
Sewingshields, Burg, 277, 338
Shakespeare, William, 321
Sheridan, Ronald, 315f.
Sidonius Appollinaris, 262
Siegfried, 189, 192
Sigune, 293–296, 313, 318
Silchester, 69
Simpson, W. Douglas, 368, 370
Sir Perceval of Galles (Robert de Thornton), 260, 281f., 292, 406
Skene, W. F., 117, 204
Smith, Colin, 121, 123
Snowdon, Burg, 19, 231f., 278, 286, 345f., 352ff.
Somerset, 91f., 94
Sone de Nansai, 67, 212, 219, 260, 304, 309, 317, 393–408, 414
Spence, Lewis, 388f., 398
Spirido, hl., 373

Squire, Charles, 387
Stadt der Legion, 85, 87, 89, 94, 112
Stater, König von Südwales, 118, 131
Stein der Ehre, 245
Stein-Passage, 207, 209
Stephan, König, 271
Stevens, Arthur D., 363
Stierritter, 208
Stillingfleet, Edward, 431
Stirling, Burg, 26f., 88f., 103, 204, 229–234, 276, 284, 339, 347, 350–354, 359, 361, 387, 419
Stoker, Robert B., 114
Stone of Scone, 245
Stonehenge, 36, 69ff., 357, 360
Strathclyde, 26f., 88, 94
Stukeley, William, 359–365
Sweetheart Abbey, 66f.
Synode von Whitby, 271

Tacitus, 140
Tafelrunde, 19, 38, 133, 143, 147, 235, 248, 352, 354–372, 416, 420
Taliesin, 326, 340, 373f.
Tankred von Lecce, König von Sizilien, 270
Tantallon, Burg, 85
Tatlock, J. S. P., 117f.
Taylor, Isaac, 215
Teilo, hl., 264
Tempelritter, 291
Tennyson, Alfred Lord, 7, 17, 247f.
Thameta, 144
Theoderich, König der Ostgoten, 30, 139, 143
Theodora, Kaiserin, 29
Theseus, 13, 83
Thomas the Rhymer, 340f.
Thomas von Erceldoune, 342, 423
Thompson, Yates, 217
Tintagel, Burg, 13, 17, 24, 55, 200, 345f., 420
Titurel, 284
Tolkien, J. R. R., 275
Traprain Law, 88, 103, 340
Treharne, R. F., 164
Triaden, 95, 98, 101, 145ff., 430
Tribruit, 85, 88, 94
Trimontium, 55, 67, 86
Turgot, 15
Turner, Sharon, 82, 145

Ulrich von Zatzikhoven, 47, 153, 175, 193, 213f., 226–229, 246ff., 252f., 322, 353, 381
Urien von Gorre, König (Muldamarec), 50, 63, 76, 112f., 118, 127, 131, 148, 170, 174, 183, 192f., 210f., 220, 236, 247–253, 275f., 283, 305, 322, 324, 328, 331, 380f., 390f., 414
Urien (Urian) Rheged, König, 252, 275
Uther Pendragon, 25, 52f., 55, 67, 69f., 75, 78f., 86, 357f., 365, 416

Valdone, 354
Valerin, 170, 247
Varro, M. Terentius, 151
Veremond, 15
Villemarqué, Comte J.-C.-H. de La, 221f.
Vincent de Beauvais, 300
Vision of Sir Launfal (Lowell), 50
Vita Gildae (Caradoc von Llancarvan), 152, 158f., 170f., 321
Vita Merlini (Geoffrey von Monmouth), 58f., 113, 171, 298, 429
Vortigern, 67f., 83f., 102
Votadini, Stamm, 35

Wace, 123f., 133ff., 137, 356, 359, 363f., 379, 392, 429
Wainwright, F. T., 337
Walter Map, 38, 316
Walter, Archidiakon in Oxford, 58, 84, 168
Warner, R., 161
Wasserbrücke, 43, 219f., 223
Watson, William J., 228, 242
Webster, Kenneth G. T., 154, 220ff., 231
West, G. D., 243, 344
Weston, Jessie L., 40, 65, 150, 221, 299, 398
Whitley Castle, 121
Wigalois, 301
William Marshall, Earl of Pembroke, 350
William Rufus, 276
William von Malmesbury, 42, 57, 114, 158, 162ff., 172, 222, 320, 366, 374
William von Newburgh, 58
William von Worcester, 352
William Wallace, 271, 342
Winchester, 18f., 68f.

Wirrwald, Burg, 248, 250, 390
Witwe von Camelot, 14, 33, 63, 145, 284ff., 297, 353, 368
Wolfram von Eschenbach, 132, 191, 259, 284, 290, 293–296, 304f., 317–320, 364
Woodland, W. Lloyd, 68
Wunderbare Burg, Wunderburg, 202
Wunderbett, 202, 209, 309
Wüste Kapelle, 369f.
Wüster Wald, 281, 286
Wüstes Land, 281f., 284, 288, 297f., 303, 310

Yblis (Sybilla, Sebile), Königin, 232, 238, 246
Ygerne, 23
Yglais, 283, 371
Yonec (Marie de France), 50, 112, 252, 380f., 391
York, 26, 87, 92ff., 97
Yvain (Owein), 76, 113, 127, 211, 219, 252f., 274, 380f.
Yvain (Chrétien de Troyes), 176, 232

Zeittafel, 440–444

Geschichte des Mittelalters

Hartmut Boockmann
Der Deutsche Orden
Zwölf Kapitel aus seiner Geschichte
4., durchgesehene Auflage. 1994. 319 Seiten mit
41 Abbildungen auf Tafeln und 2 Karten. Leinen
Beck's Historische Bibliothek

Alain Demurger
Die Templer
Aufstieg und Untergang 1118–1314
Aus dem Französischen von Wolfgang Kaiser
3. Auflage. 1993. 343 Seiten mit 9 Abbildungen im Text
und 5 Karten. Gebunden

Edith Ennen
Frauen im Mittelalter
5., überarbeitete und erweiterte Auflage. 1994.
320 Seiten mit 24 Abbildungen auf Tafeln und
einer Karte im Text. Leinen
Beck's Historische Bibliothek

Richard Kieckhefer
Magie im Mittelalter
Aus dem Englischen von Peter Knecht
1992. 263 Seiten mit 19 Abbildungen. Leinen

Steven Runciman
Geschichte der Kreuzzüge
Aus dem Englischen von Peter de Mendelssohn
27. Tausend. 1989. XX, 1338 Seiten. Leinen
Beck'sche Sonderausgaben

Wilhelm Volkert
Adel bis Zunft
Ein Lexikon des Mittelalters
1991. 307 Seiten. Leinen

Verlag C. H. Beck München

Briefe und Dokumente

Gustave Flaubert/George Sand (Hrsg.)
Eine Freundschaft in Briefen
Aus dem Französischen von Annette Lallemand,
Helmut Scheffel und Tobias Scheffel
Herausgegeben und erläutert von Alphonse Jacobs
1992. 555 Seiten. Leinen

Rhena Schweitzer-Miller/Gustav Woytt (Hrsg.)
Albert Schweitzer – Helene Bresslau
Die Jahre vor Lambarene Briefe 1902–1912
1992. 406 Seiten mit 19 Abbildungen. Leinen

Ruth-Alice von Bismarck/Ulrich Kabitz (Hrsg.)
Brautbriefe Zelle 92
Dietrich Bonhoeffer – Maria von Wedemeyer 1943–1945
Mit einem Nachwort von Eberhard Bethge
25.–30. Tausend. 1994. XIV, 308 Seiten mit
28 Abbildungen und 2 Faksimiles im Text. Leinen

Betty Scholem/Gershom Scholem
Mutter und Sohn im Briefwechsel 1917–1946
Herausgegeben von Itta Shedletzky in Verbindung
mit Thomas Sparr.
1989. 579 Seiten mit 13 Abbildungen und
6 Faksimiles. Leinen

José Pierre (Hrsg.)
Recherchen im Reich der Sinne
Die zwölf Gespräche der Surrealisten
über Sexualität 1928–1932
Aus dem Französischen von Martina Dervis
9.–12. Tausend. 1994. 196 Seiten. Leinen

Verlag C. H. Beck München